解放西藏史

乔石 题

《解放西藏史》编委会 著

中共党史出版社

解放西藏史顾问、编委会、编辑部成员

解放西藏实现了祖国大陆的统一伟业

宋平

二〇〇七年三月

2005 年 3 月，《解放西藏史》编委会主要人员在成都开会，讨论二审稿。图为与会全体人员。

左起一排：张少松、郄晋武、胡宗林、侯杰、江村罗布、阴法唐、陈子植、张向明、王运祥、乔学亭、姜洪泉；

二排：石洪生、王教、曹宗堃、顾草萍、杨世喜、郑英、李本信、李传恩、郎杰、车俊贤、刘光斗、魏克

三排：王富荣、王心前、张君福、路晨、杜斌、王达选、洪凯、康虎振、张成治、吴晨、王公良

四排：鲁之东、寸心灵、刘永康、杨有才、蒋成光、夏万金、王贵、李天明、彭兴、崔永忠

修订说明

《解放西藏史》于2008年3月出版后，当年10月就入选国家新闻出版总署第二届“三个一百”原创图书出版工程；2010年12月，获得国家新闻出版总署第二届中国出版政府奖图书奖提名奖；2013年元月，又获得“全国党史部门优秀成果奖”著作类一等奖。读者们普遍认为这是一本全面、系统、准确反映西藏民主革命历史的力作。有的读者认为该著“史实准确，论述恰当”，“具有较高的权威性，也具有较高的学术性”，“许多单位和个人把它当做当代西藏研究的工具书”。从出版至今，已加印四次，共计18000册，以不断满足读者的需求。

该书对于帮助国内外关注西藏的人士了解西藏的社会历史和新中国、共产党、毛泽东主席决策和平解放西藏，平息西藏反动上层发动的叛乱，实行民主改革，解放百万农奴，埋葬僧侣贵族专政的封建农奴制度，挫败外国反华势力支持西藏分裂主义势力的“西藏独立”图谋等，非常有益，能够起到正本清源、解疑释惑的积极作用。特别是书中总结的西藏民主革命15年的基本经验，对于今天的西藏工作仍然具有重要的借鉴意义。同时，读者们、特别是一些曾在西藏长期工作的老同志，也指出书中还存在少量错讹之处。两年多来，在研究西藏革命和建设历史中，又发掘出一些过去尚不掌握的新鲜史料。因此有必要给以修改和补充，使之更趋完善。

2011年，编委会主任阴法唐同志曾找过西藏自治区党史办公室和《解放西藏史》编委会一些同志讨论并研究了再版事宜，并对再版工作进行了部署和安排。2013年5月，修改和补充工作完成。虽然工作量不大，但就现在掌握的材料和认识看，较原著更为完善。对于提出修改意见的各方面的领导、专家、学者和读者，我们表示崇高的敬意和衷心地感谢！

《解放西藏史》编委会

2014年1月

序

得知《解放西藏史》即将出版发行，我感到由衷高兴。前不久，阴法唐同志来看我，专门谈到这部书的编写情况，送来了厚厚的书稿。他知道我曾陪同江泽民总书记去过西藏，要求我为该书作序。我认真翻阅书稿，崇敬之情油然而生，便欣然应允，并以此表达一名老兵对西藏人民的无限热爱和对参加进军西藏全体官兵的无比敬仰。

解放西藏，是中国新民主主义革命的重要组成部分和中国革命史上的重大事件。新中国成立之初，党中央、毛泽东主席即做出进军西藏的战略决策。在中共中央西南局、西南军区的直接指挥下，张国华、谭冠三将军率领第18军，肩负解放西藏的历史使命，由川西出发踏上了西进的征途。在新疆第2军阿里支队、青海第1军骑兵支队、云南第14军一部的配合下，从解放昌都到全藏的和平解放，经过两年的艰苦跋涉，终于把红旗插上了喜马拉雅山。进军西藏，情况复杂，斗争尖锐，条件艰苦。进藏部队按照中共中央西南局第一书记邓小平提出的“靠政策走路，靠政策吃饭”和西南局、西南军区提出的“政治重于军事、补给重于战斗”等重要原则，边进军、边修路，风餐露宿，雪拌糌粑，野菜充饥。刘伯承元帅曾把进军西藏称喻为“第二次长征”。西藏和平解放后，西藏军区部队又在成都军区、兰州军区部队配合下，平息了西藏的叛乱，参加了西藏的民主改革，取得了中印边境自卫反击作战的胜利，为西藏自治区的成立和西藏向社会主义过渡作出了重大的历史贡献。

我一直对祖国西藏这块美丽的土地十分向往，对当年奉命进军西藏、所向无敌的全体官兵充满敬意。1959年4月我在北京参加第二届全国人大会议时，见到时任中共西藏工委副书记、西藏军区司令员张国华同志，他介绍了西藏的情况和戍边战士在雪域高原忍受千辛万苦、克服无数困难、热血卫国的感人事迹。此后，我一直盼望能到西藏去看一看。1990年7月，我作为中央军委委员、中国人民解放军总参谋长，有幸陪同江泽民总书记到西藏视察工作，终于实现了这一愿望。记得在拉萨、羊八井、日喀则等地，我们与藏族同胞亲切会面，与边防战士亲切交谈。看到西藏翻天覆地的变化，我们深受鼓舞；看到西藏边防连队官兵常年驻守在高寒缺氧地带，与风雪砂石为伴，守卫着祖国的西南大门，我们深受感动。江泽民总书记为曾被国防部授予荣誉称号的“高原红色边防队”题词：“雪山红旗，永放光芒。”极大地鼓舞了西藏军区边防部队。在视察西藏后，江主席把进藏部队和地方工作人员创造的“长期建藏，边疆为家”、“一不怕苦，二不怕死”及自觉遵守政策纪律、自力更生、艰苦创业的“老西藏精神”，概括为“特别能吃苦、特别能战斗、特别能忍耐、特别能团结、特别能奉献”，并发出了“发扬老西藏精神，戍边卫国建新功”的号召。

历史是一面镜子。研究西藏的历史，对西藏的发展至关重要。《解放西藏史》这部书，从策划到成稿历时6年，参加编委有80多人，大多是80岁以上的德高望重、身经百战的老同志，其中省军级以上领导60多人。这些老同志不顾年老体弱，行动不便，与时间赛跑，呕心沥血地工作，希望在有生之年把这段无法割舍的历史写出来，留给后人。6年来，编委中已有10多位老同志相继过世，没能看到这部书的出版。他们当年为西藏的解放和繁荣献青春，现在又为编撰西藏历史献终身，这种“老西藏精神”永远值得我们学习。由于这部史书的主要内容是亲历者所写，可以说是那段历史的真实记载。我相信该书的出版，对于了解西藏历史，增进民族团结，弘扬爱国主义精神，都具有十分重要的意义。

当前，我们国家的现代化建设事业蓬勃发展，综合国力增强，人民安居乐业。西藏的今天来之不易，我们要铭记这段历史，弘扬优良传统，坚持与时俱进。衷心地祝愿西藏人民在以胡锦涛同志为总书记的党中央领导下，坚持科学发展观，一切从西藏实际出发，大力开展爱国统一战线，促进经济持续发展，社会和谐进步，民族团结和睦；衷心地希望全国一如既往地关心和支持西藏的建设。我们坚信，西藏的未来会更加美好，人民的生活会更加幸福。

为西藏的解放和繁荣，光荣牺牲的同志们，永远活在我们心中！

迟浩田

二〇〇六年三月十八日於北京

目　录

前 言

解放西藏，是中国共产党领导进藏人民解放军和地方工作人员，团结、带领西藏人民，把半殖民地的封建农奴制社会的西藏“改造为人民民主的西藏”，使西藏人民从帝国主义的羁绊和封建农奴制度的统治下挣脱出来，进而实现民族区域自治，走上社会主义道路的伟大创举。它是中国人民解放战争的继续和发展，是全国新民主主义革命以及社会主义革命的一部分，是中国革命史上的重大篇章。

中共中央和毛泽东主席将进军和经营西藏的任务交给中共中央西南局后，西南局将任务交给了中国人民解放军二野第十八军，报中央同意后，又根据毛泽东建议，中央批准成立了经营西藏、统一筹划一切的中国共产党西藏工作委员会（书记为张国华）。再后又报请中央同意，在十八军从川康方向进军的同时，由青、新、滇各派一支部队向心进兵。这样，肩负解放西藏历史使命的主要力量，初期是西藏工委、十八军（包括三个师以及和平解放西藏后进藏的十八军独立支队）和从青海、新疆、云南几支兄弟部队及进藏的地方工作人员；1951年7月，张经武作为中央代表进入西藏；1952年以后，是西藏工委（1952年3月张经武任书记）和以十八军为基础建立的西藏军区和入藏参加平叛与中印边境自卫反击作战的部队及又陆续进藏的地方工作人员。西藏工委、十八军和西藏军区在党中央、毛泽东主席的英明领导下，初期在西南局、西南军区直接指挥和西北局、西北军区协助下，以后在西南局、西南军区直接指挥和全国各族人民的支援下，进藏人民解放军和地方工作人员团结带领西藏各族人民，坚决贯彻执行中央的方针、政策，克服种种艰难险阻，赢得了西藏解放，取得了驱逐帝国主义侵略势力出西藏、统一中国大陆、实现西藏社会变革、政治制度与全国一致、百万农奴翻身解放和成立西藏自治区的伟大胜利。

西藏这段丰富精彩的历史，堪称西藏历史上最辉煌的一页，有必要大书特书，但迄今却没有一部专门的翔实系统记述这段历史的史书。过去，有关部门组织编写出版过几部关于西藏革命史、军史的宏篇巨著，编写得也比较好，得到了读者的好评，当时因限于编写条件、特别是一些历史档案尚未披露等原因，对解放西藏的这段历史，写得还不够详细和深透，有的为了回避矛盾不得不舍弃一些重要内容。社会上流传的一些书刊，涉及解放西藏这段的历史，舛误、遗漏、谬传则更多，有些是不了解情况，有些则是别有用心，特别是来自敌对势力的攻击，更是颠倒是非，造谣诬蔑；即便比较了解情况的，对有的问题也说不清楚。以致使不少对西藏这段历史本来就有“神秘感”的更加模糊不清，以讹传讹。许多在西藏工作过的老同志都为之而感叹。

为了把党中央和毛泽东怎样解决西藏问题，西藏工委和十八军、西藏军区怎样坚决而有创造性地执行中央指示，西藏人民怎样在中国共产党和毛泽东的领导下团结奋斗取得胜利这段历史交待清楚，并以之为基本根据进行爱国主义和革命传统教育，所以第一批进藏的一些老同志不辞辛劳撰写了这本书。

本书是以马列主义、毛泽东思想为指导，坚持辩证唯物主义和历史唯物主义，实事求是地反映事物的真面目，以党的正确方针政策为依据，以党在西藏的中心任务为主线，以重要的历史事件为内容，兼顾主要人物的活动。方法以叙述为主并结合必要的夹叙夹议。在介绍西藏悠久的历史发展进程中，特别重视西藏地方与中央的关系；在运用第一手真实史料阐明情况时，既实事求是，尊重历史，又顾全大局和掌握分寸，照顾影响，注意团结，有利现实工作；对其中西藏重要的人名、地名、机构官职名以及会议等专门名词加以注释，并列出藏汉文对照表附于书后，以便参考对照；在使用严谨的史书语言的同时，有的地方还穿插了一些能够说明史实的小故事和诗歌等，并配有一些珍贵的图片，使之图文并茂、生动引人。

这部书涉及解放西藏的全过程，包括政治上的解放、广大农奴的人身解放、西藏生产关系的变革和生产力的解放，直至社会制度的伟大跨越。时间跨度为十六年，即从1950年中共中央和毛泽东主席决策进军西藏、经营西藏时起，至1965年9月西藏自治区成立止。内容涵盖了自然地理、历史、政治、军事、外交、经济、文化、宗教等各个方面。为便于叙述，将这十六年划分为四个阶段，在书中写成九个篇章。

本书的开头一章，主要介绍西藏的自然地理、历史概况、民族宗教、社会制度、风土人情以及近百年来帝国主义对西藏的侵略等。这些既是制定和实践解放西藏一系列方针政策的依据，也是阅读与理解这部书的一把钥匙。

第一阶段，叙述了解放西藏初期近两年的历史。主要内容体现在本书的第二、三、四章中。着重叙述人民解放军进军西藏，完成祖国大陆统一的过程。党中央、毛泽东主席作出进军西藏、经营西藏的决策后，鉴于西藏独特的政治、社会和自然环境等原因，决定力争通过和平谈判解决西藏问题，随即制定了谈判的“十项条件”，并相应地采取了多种措施，包括派人进藏劝和、前线部队与藏军通信、中国驻印度使馆与在印的西藏官员接触等，以争取西藏当局正式派出谈判代表。但西藏地方当局在帝国主义的挑拨与策动下，加紧扩军备战，妄图以武力对抗解放，并阻挠中央派去的几路劝和团，甚至害死前去劝和的格达活佛。为了以战求和，人民解放军不可避免地在昌都地区与西藏地方武装兵戎相见。昌都战役后，西藏地方政府才派出了以阿沛·阿旺晋美为首的和谈代表到北京，同中央人民政府代表进行谈判，签订了《中央人民政府和西藏地方政府关于和平解放西藏办法的协议》(简称《十七条协议》)。协议签订后，中央人民政府派出张经武将军为中央驻藏代表，人民解放军也和平地进驻西藏各地区和国防要地，把五星红旗插上了喜马拉雅山，完成了解放中国大陆最后一个地区——西藏的历史任务。本阶段各章介绍了中共中央、毛泽东、周恩来、刘少奇、朱德和邓小平等老一代革命家对解放西藏的大量电文、信件和谈话，各路部队进军西藏的艰苦历程，西藏地方政府和帝国主义对西藏解放的态度和变化等。其中有许多是第一次公开披露的重要史料。

第二阶段，内容涉及到近八年的历史。体现在本书的第五、六章中。这一阶段重点是执行与维护《十七条协议》，斗争曲折复杂，工作繁重艰巨。当人民解放军和地方工作人员进入西藏后，即面临粮食等物资严重匮乏和能否站得住脚的严峻问题，同时还发生了以赶走人民解放军、撕毁协议为目的的“人民会议”骚乱事件，西藏上层反动集团在这一阶段与我们进行了或明或暗的多次较量，但最终都以惨败而告终。在长达八年的历史过程中，毛泽东主席和党中央为西藏工作拟定了大量的电报、批示及重要文件。西藏工委坚决执行中央对西藏的方针政策，经过中央驻藏代表及西藏工委、西藏军区进行有理、有利、有节的坚决斗争，粉碎了“人民会议”的骚乱闹事，同时通过进藏部队自力更生、开荒生产和中央采取办法给西藏运输物资，对印度、尼泊尔等国开展贸易往来，后方加紧修路和运输等，使我们赢得了政治斗争的胜利并加强了物资供应，基本上解决了我党我军在西藏站稳脚跟的问题。

这一阶段党在西藏地区的主要工作是开展上层统一战线工作，以团结争取达赖集团为主，坚定地团结班禅方面，争取大多数中上层分子向中央靠拢。经过长期耐心细致的工作，促成了达赖、班禅赴京出席第一届全国人民代表大会，协商成立了西藏自治区筹备委员会。与此同时，相应地进行了影响群众工作，争取群众的理解和拥戴，扩大共产党、解放军的政治影响。这一时期还大量培养民族干部，逐步为民主改革创造了干部、群众和上层条件。然而，由于主客观原因，西藏经历了酝酿改革——大发展——“六年不改”——紧急收缩的过程，反映了党在西藏领导革命的曲折性。

第三阶段，叙述了近三年的历史。体现于本书的七、八章中。这一阶段主要是平息西藏上层反动集团发动的全面武装叛乱和进行民主改革。《十七条协议》规定西藏要实行改革，同时明确了要采取与西藏领导人协商的办法，由西藏地方政府自动进行改革，中央不加强迫。但西藏反动上层要永远保持封建农奴制度不变，从根本上反对进行任何改革。加之美国中央情报局的策动、支持和其他原因，这场叛乱不可避免地发生了，达赖集团叛国外逃。中央人民政府下令解散西藏地方政府，西藏自治区筹委会行使西藏地方政府职权。人民解放军和地方工作人员团结西藏人民彻底平息西藏叛乱，同时大张旗鼓地发动群众，开始了轰轰烈烈的民主改革，摧毁了黑暗、反动、野蛮、残酷的封建农奴制度，长期受压迫被奴役的农奴和奴隶翻身做了主人。这两章详细介绍了西藏的全面叛乱是怎样发生的，人民解放军是如何平息叛乱的，以及在中国共产党的领导下，西藏农区、牧区、寺庙、城镇、边境地区进行民主改革的过程。

第四阶段，记述了民主改革到自治区成立近四年的历史。集中体现于本书第九章中。这是从民主改革基本完成至社会主义改造前的稳定发展阶段，也是彻底完成和巩固民主改革成果的阶段。在这一阶段里，西藏也有短暂的时间曾经仿照内地试办合作社，但很快为中央发现而制止，并提出了稳定发展的方针。据此，西藏工委分别制定了农区、牧区和边境的若干条具体政策，稳定个体所有制和稳定边境地区，办好互助组，发展农牧业经济。这期间，西藏农、牧、工、商以及科、教、文、卫、体等事业迅速发展，各方面都出现欣欣向荣景象，人民生活大为提高，西藏发展进入黄金时期。但印度扩张主义势力在中印边境大肆挑衅，妄图以武力蚕食和侵占边境的中国领土。中国边防部队奉命进行了自卫反击作战，在西藏人民特别是翻身农牧民的大力支援下，取得了重大胜利。其后，又粉碎了逃往境外的叛乱武装的回窜骚扰和境内农奴主的复辟活动。随着民主改革以及各级党政组织的陆续建立，大批的民族干部成长起来，西藏自治区于1965年9月正式成立。至此，标志着在西藏完成了民主革命的任务并进入到社会主义阶段。西藏人民与全国各民族人民一道，开始大力建设团结、富裕、文明的社会主义新西藏。

最后的几条基本经验，是根据本书的指导思想和十六年的斗争成败，紧紧扣着西藏特点，综合提炼、总结出来的，有很强的实践意义和较高的理论价值。

参与本书编写的顾问和编委会成员，绝大多数都是解放西藏时第一批从各个方向进藏的代表性较大的同志。这些同志中有出生入死、鏖战高原的老将军，有见多识广、饱经风霜的老干部，有土生土长、与藏族群众有天然联系的藏族领导，有长期从事西藏党史、军史研究工作的专家、学者等。尽管他们多已进入耄耋之年，有的身体很差，但仍积极参加编委或顾问活动，尽量回忆当时情景，一次又一次地认真审阅征求意见稿，提出意见。担负编写、统稿的编辑部同志充分运用自己亲身经历和已有的党史、军史研究成果，不断发掘新的史料，对文字表述反复推敲。同时，西藏自治区党委特别关注这部史书的编写，党史研究室积极支持、协助并直接参与全书的修改和资料补充，从而使这一部史书具有许多新材料和新观点，不仅系统和准确，而且有所拓宽、加深和提高，在有的问题上还有所突破。从这种意义上说，集思广益编成的这部史书，可以说是思想解放的产物。

编写《解放西藏史》，是资政育人、正本清源、解疑释惑、进行爱国主义和革命传统教育的需要，是建设团结、富裕、文明社会主义新西藏的需要，老一代共产党人有义务、也有责任把革命传统、老西藏精神一代代传下去。今天，在建设西藏新的征程中，尽管物质条件较之过去有很大的改善和丰富，可老一辈留下的精神财富是万万不可丢掉的，就如同井冈山精神、红军长征精神、延安精神一样，老西藏精神已成为中华民族永恒精神的一部分，是支撑我们推动西藏社会进步和经济发展的精神力量。人们欣喜地看到，西藏经过半个多世纪的革命和建设，已经发生了天翻地覆、突飞猛进的巨大变化，现在的西藏，已经开始繁荣和富裕起来，经济总量、社会事业、人民生活水平发展程度均令世人瞩目，这都是一代代人艰苦努力的结果。同时也应清醒地看到，西藏地处边疆民族地区，实现现代化的路还很长，还会长期面临国际敌对势力和分裂主义分子的破坏和捣乱。编写这部《解放西藏史》，不仅仅为了系统准确地反映过去、纠误正讹，更重要的是通过努力，能为西藏经济社会发展，特别是西藏的精神文明建设提供智力支持。愿这部书出版后能够引发人们深刻思考，获得教益，获得精神力量，并对指导当前和今后的工作产生积极的作用。

《解放西藏史》编委会
2006 年 12 月

第一章
西藏的地理特点和社会历史状况

西藏位于中国西南部，自古以来就是中国领土不可分割的一部分。藏族是中华民族大家庭中的一员，为中华民族的形成和发展做出了重要贡献。西藏曾经历过漫长的封建农奴制社会并在近代遭受过帝国主义的蹂躏。西藏人民有反帝爱国的光荣传统，在中国革命史上与其他各民族一道英勇抗击帝国主义的入侵。

西藏，在唐宋时代一般称吐蕃；元明时代一般称乌思藏；清代初期称土伯特，以后称西藏，一直延续至今。西藏的中东部地区称卫（即前藏），中西部地区称藏（即后藏），西北部地区称阿里，东南部地区称工布和塔波。工布以东为昌都地区。

第一节　西藏的自然地理特点

西藏地处祖国西南边疆，位于东经78°24′至99°09′，北纬26°50′至36°31′，拉萨和北京时差为1小时零23分钟。西藏面积120多万平方公里，约占全国总面积的八分之一。西藏北邻新疆、青海，东联四川、云南，南面与缅甸、印度、不丹、尼泊尔等国毗邻，西面与克什米尔地区接壤，边境线长达近4000公里。西藏既是祖国的边防前哨，又是祖国深远战略后方的西南屏障，战略地位十分重要。

西藏地区平均海拔4000余米，为青藏高原主体，有“世界屋脊”之称。南有气势磅礴的喜马拉雅山脉，其中屹立在中尼边界上的珠穆朗玛峰，海拔8844.43米，为世界第一高峰，有世界“第三极”之称。东部有层峦叠嶂的横断山脉。北部、西部有层峦起伏的昆仑、唐古拉和喀喇昆仑山脉。全区被上述山脉所环抱。中部横亘着冈底斯和念青唐古拉（亦称念青唐拉）两大山脉，形成南北高、中间低，由西北向东南倾斜的地势。西藏高原雪山连绵，冰川广布，海拔7000米以上的山峰就有59座。全世界海拔8000米以上的高峰有14座，西藏高原上就有10座。全区冰峰雪域，峻峰叠起，蔚为壮观。

西藏河流众多，纵横交错，奔腾湍急。流域面积大于1000平方公里的河流有20余条。其中著名的，东部有澜沧江、怒江、金沙江，中部为尼洋河、拉萨河、年楚河，西部有狮泉河、孔雀河等。南部的雅鲁藏布江由西向东横贯日喀则、拉萨、山南、林芝等地区，在墨脱县境内冲出，形成一条弯促流急的大峡谷，成为世界著名的自然奇观。全区有1500多个星罗棋布的大小湖泊，其中面积100平方公里以上的湖泊有52个。西藏河流基本是由雪山溶化的雪水汇集而成，水温低，落差大，流速急，奔腾咆哮，水势险恶，舟渡、徒涉均较困难；其中，蕴藏着巨大的水力资源。西藏的矿产和野生药物资源也很丰富。

西藏地区的高山大河，构成了独特的地形和地貌。大体分为三大类：

高原盆湖草原区。主要分布于冈底斯、念青唐古拉山脉以北，昆仑、喀喇昆仑和唐古拉山脉以南的广大地域，亦称藏北高台地，平均海拔4500余米，约占全区面积的48%，其中海拔5000米以上的地域占45.6%，大部分为空旷的无人区，自然条件十分恶劣。整个地区地形开阔，地势平坦，山的比高小，坡度较缓，气候干燥、严寒、风大、气压低、缺氧、太阳辐射强。太阳能、风能资源巨大。在此区内，生活着大量的藏羚羊、野马、野驴、野牦牛、天鹅、灰雁、野鸭等珍奇野生动物。该区湖泊密布，冬季被冰雪覆盖。夏季水草丰美，是西藏的主要牧业区。

高原宽谷区。主要分布于冈底斯山脉以南，喜马拉雅山脉以北，雅鲁藏布江中、下游以及拉萨河、年楚河、狮泉河流域地区，约占全区面积的24%。河谷海拔3000～4000米，谷宽0.5～8公里，较开阔，两侧多被海拔5000

米以上的高山阻隔，山的比高较大。植被多为半干旱草原、灌木和少数阔叶植物。该区水源充足，气候比较温和，土地肥沃，人口密度相对较大，是西藏的主要农业区。

高山峡谷密林区。主要分布于金沙江、澜沧江、怒江三江流域的横断山脉和雅鲁藏布江下游以及喜马拉雅山脉东翼及其南侧地区，约占全区面积的28%。其地势北高南低。河谷海拔2000～3000米，岭谷高差可达2500米，山势陡峭，多断崖绝壁，沟壑纵横，水流湍急，落差大，蕴藏着巨大的水力发电资源；道路较少，多有栈道、木梯、溜索等，通行困难。气候垂直变化大，山顶严寒，谷地较热，有“一山四季”之称。有的地区冬春季大雪封山，交通断绝；夏季降水充沛，常出现山洪、塌方、泥石流等灾害。该区及西藏东部和南部地区覆盖着茂密的原始森林，面积仅次于大小兴安岭，是中国的重要林区。林木为垂直分布，海拔3800～2800米为针叶原始森林；2800米以下的谷地两侧多为阔叶混杂林带。该区气候温和，生长各种作物，有“西藏江南”之美称。

西藏高原空气稀薄，气压低。全区平均气压仅为海平面的一半。空气中的含氧量仅为海平面的60%～70%。水的沸点大部分地区在84～87℃。由于空气稀薄，含氧量少，初到高原的人容易出现胸闷、头胀、憋气、呼吸短促、心跳加快、血压升高、血色素增多等不同程度的高山生理反应，需要有个逐步适应的过程，但绝大多数人能够逐渐适应。空气中含尘量少，高原天空分外清新碧蓝。

西藏高原光照充足，太阳辐射强，日照时间长。全区年平均日照时数在1600～3400小时之间，为太阳能的使用开辟了广阔前景。拉萨是著名的“日光城”，一年有近300个晴天。

西藏高原气候多变，温度低。年均温度，高原盆湖草原区在摄氏零度以下，常见六月漫天飞雪；高原宽谷区在0～10℃之间；高山峡谷密林区在10℃以上。高原气温年变化小，日变化大，垂直温差亦大，白昼天气晴朗，地面增温迅速；夜间温度急速下降，昼夜气温悬殊。因此有“一日过四季”、“十里不同天”之说。

解放前，西藏交通极为不便，全区没有公路，主要为骡马道，运输基本上靠骡马、牦牛。高山峡谷地区道路稀少，翻雪山、渡激流、趟冰河、过索桥，旅途十分艰险。当时从康定、西宁骑马或步行到拉萨，一般行程均在三四个月以上。

这种复杂独特的地理环境，影响了西藏人民与内地兄弟民族之间在政治、经济、文化上的交流，是西藏长期处于封闭或半封闭状态的一个重要原因，但也是阻挡帝国主义大规模入侵的有利条件。

第二节　西藏和祖国的历史渊源

正像现在中国疆域内各民族在历史上都有必然联系那样，西藏民族和国内很多民族有着共同的渊源。考古学、人类学家一致认定，早在1万年前，藏、汉等各民族的祖先就开始在甘、青、川、滇、藏一带不断地发生族群的分化与融合，“强则分种为酋豪，弱则为人附落”。[①]经过数千年的不断融合，逐渐形成了各霸一方的较大部族。公元7世纪初叶，松赞干布在继承其父基本上统一了卫、藏、塔波、工布地区大部分诸小邦的基业上，兼并了其他部落和部族，统一了青藏大部地区，开始定官制、立法典、规范文字，建立起奴隶制的吐蕃政权，同时派遣使者赴长安，学习、借鉴盛唐时期的封建制度和军政制度，广泛吸收内地各民族的文化，并向皇室求婚。唐太宗李世民为加强与吐蕃的交往，安定西陲，于公元641年将皇宗室女文成公主嫁给松赞干布，建立了唐朝与吐蕃之间亲密的联姻关系，强化了广泛的经济、文化交流。文

① 范文澜：《中国通史》第四册，人民出版社1978年6月版，第5页。

成公主博学多才，信奉佛教。文成公主进藏时，将释迦牟尼铜像和佛经、大量谷物种子、种畜和大批工匠艺人，以及珠宝、丝绸、医药、历算、工艺品等带到吐蕃，对于增进汉藏民族团结，促进中原与吐蕃地区政治、经济、文化的交流和发展，产生了巨大而深远的影响。

公元649年，唐太宗卒，唐高宗即位。松赞干布派专使前往长安致祭，唐高宗授予松赞干布“驸马都尉”之职，封爵“西海郡王”。松赞干布上书表示：“天子初即位，若臣下有不忠之心者，当勒兵以赴国除讨”。[①]唐高宗对松赞干布的忠心大为赞赏，下令树立松赞干布石像，与其他业绩昭著的王公将相的石像一起置于唐太宗陵旁，以示对他的奖赏。当时，唐朝对吐蕃实行了自商周以来逐渐制度化的、针对一些民族实行羁縻统治的和亲、会盟、封授等形式的和亲政策，表明唐朝对吐蕃在政治上已有一定程度的羁縻关系。后来唐朝又将金城公主嫁与藏王赤德祖赞。公元823年，唐蕃又互派大臣在拉萨会盟，立甥舅会盟碑，进一步发展了唐朝与吐蕃的关系。

公元842年，吐蕃在宫廷争斗和奴隶大起义中崩溃，所辖地区处于分裂状态，群雄割据，互不统属，这种混乱局面与唐朝自安禄山叛乱到五代十国的混乱局面相一致。公元960年，北宋王朝建立。宋朝开国不久，踞邈川、青唐（今青海省乐都、西宁）一带湟水流域的原吐蕃部落首领唃斯罗和凉州（今甘肃省武威）的藏族六谷部首领潘罗支归顺宋朝，称臣纳贡，助宋抵御西夏东犯，得到朝廷的封赏。继河陇各族自西汉由中央管理后，青海、甘肃东部藏族地区也陆续归附北宋管理，成为藏族与祖国各民族联系的天然纽带，将卫藏与中原紧密联接在一起。通过开展茶马互市[②]，农牧业产品交换，藏汉经贸往来日益增长，进一步建立了藏汉两族人民经济上相互依存的关系。

公元13世纪初，成吉思汗以其强大的军事力量在中国北方崛起，先后攻略甘、青，灭亡西夏。1229年，其继位人窝阔台汗将甘、青藏族地区作为封地划归其子阔端。1240年，阔端兵临西藏。藏传佛教[③]萨迦派（花教）首领

---

① 《旧唐书·吐蕃传》第196卷，第5222页。

② 茶叶是藏族人民的生活必需品，商人将藏区的马骡与汉地的茶叶进行以物易物的交换。

③ 藏传佛教，中国佛教两大派系之一（另一派系为汉传佛教），形成于藏族地区，是佛教融合西藏的原始苯教教规而成。传播于藏、蒙古、土、裕固、纳西等少数民族地区，是具有地方民族特色的佛教。

萨班·贡噶坚赞（简称萨班）与各地政教首领商定，遵照阔端的邀请，携其侄八思巴和恰那多吉北行，于1247年在凉州（今甘肃武威县）与阔端见面议定：西藏归附蒙古汗国，西藏官民皆为大汗之臣民；蒙古汗国确定萨迦派在西藏的佛教领导地位；其后又授予萨迦派势力管理西藏地方之权，从此西藏地方由萨迦政权统一管理。萨班致函西藏各政教首领详细阐述了上述议定内容。萨班于1251年病故于凉州，八思巴继承了萨迦派教主职位。

公元1271年，新即汗位的忽必烈（元世祖）建立元朝。忽必烈任命八思巴为帝师兼领主管全国佛教和藏区事务的宣政院。八思巴成为元朝中央政权里的一名高级官员。元朝确定宣政院所管之藏区为全国十二省中之一省，宣政院多次派员赴藏清查户口，确定卫藏为十三万户，每万户设一名万户长。万户长以上的重要官员均经宣政院或帝师提名，呈皇帝委任。元朝在藏区驻军、划区、设治、委任官员、颁印、定税、建立驿站、立法审判。皇帝对藏区政教首领拥有至高无上的统辖权。随着中国各民族地区空前大统一的元朝的建立，西藏地区也纳入了元朝中央政府的有效管辖范围，成为元朝的一个行政区域，由此也带来了西藏地方内部社会政治的统一。

公元1354年（元顺帝至正十四年），掌管西藏地方政权的萨迦派为噶举派（白教）所取代。噶举派的帕竹地方政权首领强曲坚赞派人向元顺帝请封，元顺帝封强曲坚赞为“大司徒”，命他掌管西藏地方事务。从此西藏建立了第司（即摄政）政权，山南乃东为帕竹地方政权的首府。

八思巴拜见忽必烈图（壁画）。

公元1368年建立的明

朝，基本沿袭了元朝对西藏地方的管理制度。明朝中央治藏采取“众建多封、贡市羁縻”的政策。在政治上，既册封噶举派噶玛巴为大宝法王，又承认该教派统治卫藏地区的帕竹政权。明朝还把西藏官职的管理纳入朝廷地方行政统治机构的官职系列之内，决定西藏官吏的任免、升迁，并对萨迦等教派在当地或居住北京的许多高僧也封为王、法王。藏区各地之僧俗首领纷纷进京朝贡，皇帝又多给予优厚的回赐，使进京者与日俱增，密切了明朝中央同西藏各地区上层人士的联系。在经济上，大力发展西藏地区和内地间的贸易往来，茶马互市更加发展，各民族之间的政治与经贸联系进一步加强。这种中央与西藏各地方势力之间密切的政治、经济往来，是明朝治藏施政的主要措施。

明初，藏传佛教格鲁派（黄教）兴起。其势力迅速扩展到大部分藏族聚居地区，并远及蒙古。格鲁派始祖宗喀巴于1419年（明永乐十七年）圆寂，他的诸多弟子中有两个弟子以活佛转世①的方式传承教业，即后来的达赖和班禅。迄至明末已传至第五世达赖和第四世班禅。

明朝时，在西藏的噶举派（白教）噶玛巴支派的丹迥旺布声势显赫，于公元1618年（明万历四十六年）率大军攻占了卫地区各城寨，在日喀则建立了藏巴汗政权②，大力镇压格鲁派，欲予以根本灭除。格鲁派与噶玛政权的矛盾逐步白热化。

公元1639年（明崇祯十二年），五世达赖和四世班禅派密使邀请驻牧于青海的蒙古族首领固始汗率兵入藏支持格鲁派。公元1642年，固始汗领兵入藏打败噶玛派，在拉萨建立起由固始汗支持并主导的格鲁派政权——甘丹颇章，由此形成了固始汗汗王和格鲁派（黄教）联合统治西藏的局面。

公元1644年，清朝入关取代了明朝中央政权，正式确立了对包括西藏在内的全国的统治地位。清政府采取刚柔相济、怀远羁縻、因俗而治、兴黄教以安众蒙古的政策，抬高西藏格鲁教派的地位，以利用其在蒙藏地区的巨大

---

① 藏传佛教寺院为解决其首领继承而设立的一种制度。凡活佛圆寂后，寺院上层通过占卜、降神、看神湖等方式，寻觅活佛圆寂的同时出生的若干婴儿，上报中央政府批准，通过金瓶掣签，从中选出一个灵童，作为他的转世，迎入寺中继承其宗教地位。

② 汉文史书中称丹迥旺布为藏巴汗。

影响，尽速建立对蒙古、西藏的统治。1652 年，清廷邀请五世达赖喇嘛阿旺洛桑嘉措进京，册封其为“西天大善自在佛所领天下释教普通瓦赤喇怛喇达赖喇嘛”①，颁赐金册、金印，达赖喇嘛的名号从此被清王朝正式确立。其后，历世达赖喇嘛均须经中国中央政权册封，成为定制。在清朝中央政府的大力支持下，五世达赖喇嘛及甘丹颇章政权在西藏的统治地位最终得以巩固。五世达赖将清朝皇帝敕封的名号和权利写成遗嘱，书于布达拉宫东面德央厦平台的三驾楼梯上方南侧的墙壁上，并按有五世达赖的双手掌印，以示永世不忘朝廷的恩典。1713 年，康熙皇帝又册封五世班禅额尔德尼②，颁赐金印金册。由此确定了中央政府册封班禅额尔德尼的制度。1720年，康熙皇帝以书有汉、藏、满、蒙四种文字的“当今皇帝万岁万万岁”的金字寿牌颁予七世达赖喇嘛。七世达赖喇嘛将寿牌供奉在布达拉宫顶层的殊胜三地殿中。后来，清廷又赐乾隆皇帝画像，画像挂在金字寿牌上方。每年藏历正月初一，达赖喇嘛都要率众僧俗官员向寿牌叩拜。这种礼仪后来成为西藏地方政府的定制。

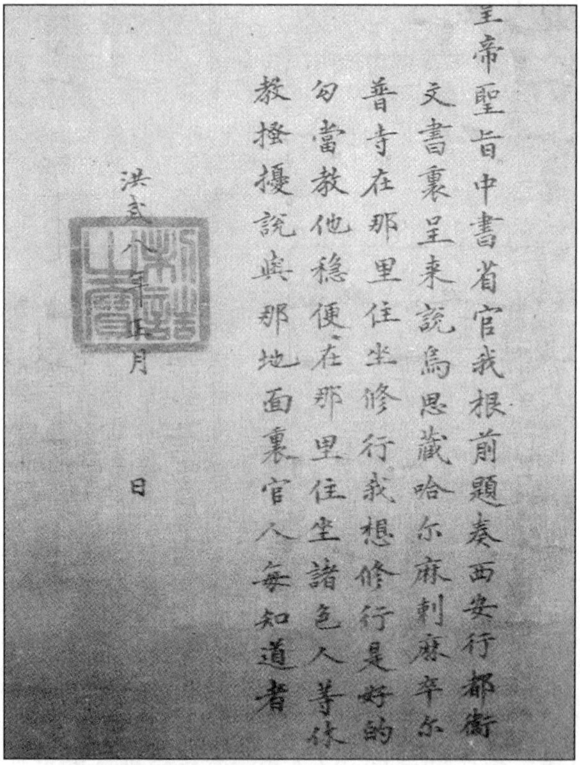
皇帝聖旨中書省官我根前題奏西安行都衛文書裏呈來說烏思藏哈尔麻剌麻卒尔普寺在那里住坐修行我想修行是好的勾當教他穩便在那里住坐諸色人等休教搔擾說與那地面裏官人每知道者

洪武八年正月　日

明太祖赐给楚布寺的敕书（“卒尔普寺”即楚布寺，“哈尔麻剌麻”即噶玛巴喇嘛）。

公元1727 年，西藏发生噶伦阿尔布巴杀害首

① “达赖”，蒙语音译，意为“大海”。“喇嘛”，藏语音译，意为“上师”。

② 班禅额尔德尼：“班”为梵文“班智达”（学者）的略称；“禅”，藏语意为“大”；“额尔德尼”为满语音译，意为“宝”。

位于拉萨城中的驻藏大臣衙门。

席噶伦[①]康济鼐事件。雍正皇帝动用三路兵马共15400人入藏平息[②]。这一事件前后，清廷加强了对西藏的施政管理，决定设驻藏正副大臣二人常驻拉萨，监督西藏政教事务；留驻拉萨、昌都等地军队2000人归驻藏大臣指挥（一直延续到清末）；1728年，作为善后措施之一，清廷决定将日喀则以西的拉孜、昂仁、彭措林三个宗划归班禅的扎什伦布寺拉章管辖。此前已将康区东部之理塘、巴塘等地划归四川管辖，而在康熙年间早已将康区南部之中甸、维西、德钦等地划归云南管辖。其后又将安多区[③]统归西宁办事大臣管辖。从此，基本上确定了延续至今的川、滇、青、甘藏族聚居地区和西藏地方各自不同的行政隶属关系。1733年，清朝中央政府在西藏进行户口统计：达赖辖区为121440户，约占总户数的95%；班禅辖区为6775户，约占总户数的5%。1751年，乾隆皇帝正式授命七世达赖执政，建立噶厦，设噶伦四人。清朝中央对西藏地方的管理更趋规范化和制度化。

公元1792年，乾隆皇帝鉴于西藏地方屡遭廓尔喀入侵的情况，派遣福康

① 噶伦，原西藏地方政府的行政官员，一般设4名，为三品官。

② 雍正皇帝接到噶伦颇罗鼐关于西藏局势的上奏后，立即派都察院左都御史查郎阿、护军都统迈禄、西宁镇总兵官周开捷率兵入藏，惩治内讧的噶伦。在此之后，清中央对西藏地方的施政进行了新的调整。

③ 藏族称川、滇藏区及西藏之昌都地区为“康区”，甘、青藏区为“安多区”。

安将军率一支清军入藏，打败了尼泊尔廓尔喀军的入侵，稳定了西藏的政治局面[①]。战后，福康安、驻藏大臣和琳拟定了各方面的施政章程，商八世达赖、七世班禅共同上报乾隆皇帝核准后，颁发给西藏地方政府。章程共有29条，称为《藏内善后章程二十九条》。时逢藏历水牛年，故亦称《水牛年文书》。章程规定：达赖、班禅等大活佛转世，须履行“金瓶掣签”[②]手续；驻藏大臣的地位与达赖、班禅平等，共同协商处理政事；噶伦等重要官员出缺，由驻藏大臣和达赖提名，呈报皇帝选择任命；建立定额为三千人的西藏地方常备军，分驻拉萨、日喀则及江孜、定日等地；西藏的涉外事宜统由驻藏大臣处理；西藏的赋税和政府收入统归驻藏大臣审核与安排，减轻民众的差徭负担；仿照内地各省，在西藏就地铸造钱币；指定外商来藏贸易通行的关卡，严格对出入边境人员的管理；确定各寺活佛、喇嘛的俸银发放数目；等等。清朝中央政府对西藏地方的政体、人事制度、边务、赋徭、贸易、币制、军队建设、寺庙管理等各个方面制订出系统、完整的规章。驻藏大臣、达赖、班禅以及各级官员均将此章程奉为法规，从而大大强化了清朝政府对西藏地方的统辖和管理。从九世到十三世达赖喇嘛每个灵童转世，均经皇帝降旨认准。驻藏大臣宣读圣旨时，灵童都要向东方行三跪九叩之大礼，拜谢皇恩。

1840年鸦片战争以后，清朝越来越不能应对西方列强的威胁和挑战。英国在完全征服印度、尼泊尔之后，于1841年和1855年先后唆使克什米尔森巴部族和尼泊尔等发动侵藏战争，并于1888年和1904年两次直接出兵侵略西藏。清廷因实力不济且受到朝中一批无能、苟安官员的掣肘，对英国人出兵侵藏未能直接派兵进藏抵抗，西藏地方兵民和原有少数清兵的抵抗屡遭失败。英帝国主义入侵西藏后，在地方政府中培植分裂势力，逼迫清政府赋予英国在藏某些特权，使清廷在西藏的影响逐渐缩小，统治力逐渐削弱。尽管

---

① 1788年尼泊尔廓尔喀人以藏政府税收官员“妄增税课”、“盐掺杂质”为由，第一次入侵西藏。1791年又以西藏不履行和约为由，第二次入侵西藏。乾隆皇帝派遣福康安将军为主帅、海蓝察为副帅，于1792年2月进藏，会同八世达赖、七世班禅，在西藏各阶层人民的支持下，5月将廓尔喀入侵者全部赶出西藏地区，解除了西藏人民的灾难，巩固了祖国西南边疆。

② “金瓶掣签”是乾隆皇帝确定建立的藏传佛教大活佛转世的一种定制。为避免遴选大活佛转世灵童出现舞弊现象，规定将所寻得的若干灵童名字写在象牙签上，置于金瓶中，在中央政府派员监督下，抽签确定。

如此，清朝中央制定的各项典章、制度依然在西藏有效地推行，驻藏大臣和清军仍不断被派驻西藏，地方政府的重大政务仍须禀报朝廷。1906年，驻藏帮办大臣张荫棠赴藏查办藏事，推行了不少有影响的整顿西藏政务措施[①]。1908年，十三世达赖喇嘛还奉旨到北京朝觐光绪皇帝和慈禧太后，奏报英国侵藏等情况。驻藏大臣联豫直到1911年辛亥革命发生时还在拉萨管理政务。此一时期，清朝还短暂地采取过加强行政和边务以求挽回藏内局势的措施。其中，川滇边务大臣赵尔丰[②]在康区推行"改土归流"[③]，以钟颖率川军直趋太昭（现工布江达一带），引起了西藏上层的疑虑和不满；1910年入藏的川军到拉萨后与僧俗人士发生冲突，加深了上层集团同清朝中央政府的对立。这些，都给英帝国主义离间藏汉民族关系、策动西藏地方分裂主义势力谋求分裂以口实。藉此因由，十三世达赖出逃印度。清廷革除十三世达赖喇嘛的名号，朝廷对西藏地方的统治效能降到了最低点。

公元1911年，辛亥革命推翻了延续两千多年的封建帝制。次年，中华民国成立。孙中山发布《中华民国临时大总统宣言书》宣告："合汉、满、蒙、回、藏诸地为一国，即合汉、满、蒙、回、藏诸族为一人，是曰民族之统一。武昌首义，十数行省先后'独立'，所谓'独立'者，对于满清为脱离，对于

---

① 19世纪末20世纪初，英帝国主义者武装进犯西藏，使西藏人民遭到空前浩劫。驻藏大臣有泰消极避让媚外求和，加之西藏上层妥协动摇，使西藏社会的各种矛盾日趋尖锐。全国人民对西藏的局势深为关切。这就迫使清政府不得不采取措施整顿藏政。1906年4月，张荫棠奉清朝中央政府之命"查办藏事"。他进藏后顶住来自朝中庸臣的阻力，惩治腐败，肃清吏治，参劾驻藏大臣有泰及以下一批满、藏、汉官员，使全藏人心振奋；他锐意改革，推行新政，提出的发展工商事业、开发矿产、便利交通、发展教育等主张，对扭转当时颓废的藏政、加强中央政府对西藏的管理、刷新吏制、改善民生起了积极的推动作用，因此深受藏族人民的称赞和敬仰。张荫棠（？—1935），广东新会人，在清政府总理衙门管理对英交涉事务。1906年（光绪三十二年）任驻藏帮办大臣到拉萨。

② 赵尔丰（1845—1911），清末汉军正蓝旗人。1905年（光绪三十一年）任建昌道，不久任川滇边务大臣。

③ "改土归流"，明清两代为加强对边疆地区的统治而废除民族地区的土司制度、任命流官统治的一项政治措施。因为这样的官员是由上面派去的，不像土司那样世袭官职，因此称为"改土归流"。新去的官员负责在原土司统治区征收赋税，编查户口，组织乡勇等。清末赵尔丰在川康藏族地区的"改土归流"还包括鼓励开矿、修路、办邮电、学校、医院等，在一定程度上促进了当地的经济发展；尤其是废除土司特权，有利于加强中央统治，但因对一些问题处置不当，且缺乏持续有力的制度支撑，反而引起了民族上层的不满和反抗。这项措施，随着清朝的灭亡而夭折。

各省为联合，蒙古、西藏意亦同此。”[①]辛亥革命发生后，西藏上层集团在英印势力的挑唆下，借驻藏清军哗变、无人主持大局之机，发动了“驱汉事件”，将驻藏大臣衙门人员、官兵及眷属一并缴械褫物，递送出藏，以示与中央政府决裂。十三世达赖于次年从印度返回西藏，并与中华民国大总统袁世凯联系。袁世凯颁令恢复了十三世达赖喇嘛名号。此时，达赖在没有驻藏大臣的情况下单独执掌西藏地方政务，表现出较强的对抗中央政府的倾向；由英国人炮制的“西藏独立”论，在西藏上层亲英势力中甚嚣尘上。

1913年，英帝国主义炮制了旨在图谋西藏独立的“西姆拉会议”，企图以条约形式分裂西藏，并利用中国国内动荡的局势诱使袁世凯让步。最后，中国政府代表陈贻范拒绝在条约正式文本上签字，维护了中国对西藏的主权。1919年，民国政府命甘肃省官员朱绣、李仲莲代表中央政府入藏，会见十三世达赖及西藏上层各界人士，恢复了民国政府中央与西藏地方政府的联系。

十三世达赖从印度返藏前后，以逼迫九世班禅辖地过多地分摊军费和税费为导火索，使双方矛盾加剧。实际上，达赖集团力图强化自身的权威，嫉恨班禅在达赖出走期间亲近中央政府的表现，加上英国极力挑拨西藏内部达赖和班禅两集团的关系，双方疑忌日甚。在惧怕噶厦迫害的情况下，九世班禅于1923年被迫从日喀则出走祖国内地[②]。十三世达赖及噶厦政府遂介入了班禅辖地的管理。但九世班禅在西藏，特别是在后藏扎什伦布寺拉章所辖地区仍有相当的影响。

十三世达赖和西藏上层集团图谋分裂的活动，当时还受到英国与俄国争夺地缘战略利益以及两国内外政策的牵制和影响。1924年，英帝国主义策动亲英分子擦绒篡夺噶厦政权的政变败露，使达赖深感亲英势力危及其地位，遂于1924年派僧人贡觉仲尼到北京任雍和宫堪布，实为达赖和噶厦的驻京代表。这样，十三世达赖便由前一时期侧重联英转为“既联英，又联汉”，实行在祖国和英国之间搞平衡的骑墙政策。由于在分裂的企图与可能实现之间有

① 中华民国临时政府公报一号。《东方杂志》第八卷，第十号。

② 1923年11月，达赖喇嘛以“亲汉”罪名，拘捕九世班禅的重要官员，使九世班禅感到人身安全受到威胁。11月15日夜，班禅带随从15人，从藏北越过唐古拉山进入青海。此后，九世班禅在内地停留达15年之久。

很大的距离，达赖集团和西藏地方上层采取了观望待变的策略。

1927年，中华民国政府定都南京。十三世达赖即派官员赴南京拜见蒋介石，声明“不背中央”。经国民政府同意，在南京设立了西藏办事处。1933年12月，十三世达赖圆寂。国民政府派军事委员会参谋次长黄慕松入藏致祭，商得西藏摄政热振和噶厦的同意，在拉萨设立了无线电台和常驻官员。以后，西藏地方政府在青海寻访达赖转世灵童的工作，都是在国民政府的支持和帮助下完成的。1940年，按照清朝的定制和惯例，国民政府派蒙藏委员会委员长吴忠信赴拉萨，主持了第十四世达赖灵童的坐床大典①，同时在西藏建立了蒙藏委员会驻拉萨办事处。

1937年12月，九世班禅在青海圆寂。其后寻访并认定转世灵童的工作，亦经过国民政府批准。1949年8月，第十世班禅的坐床大典在蒙藏委员会委员长关吉玉主持下，于青海塔尔寺举行。

1945年，国民政府驻藏办事处（拉萨八廓南街吉堆巴宅）房顶升起当时中国国旗以庆祝抗日战争胜利。

① 藏传佛教在寻找到“灵童”后，正式被册立为活佛继承者时举行的宗教仪式。按清朝政府规定，达赖和班禅的坐床典礼必须由皇帝派来的大员主持，新的达赖和班禅才能取得合法地位。

中华民国时期，中央政府对西藏的统治力和影响逐渐恢复和强化。虽然内战不断又加上日本入侵，国力孱弱，但英、美、印等深陷战争，并且受到盟国政治上的制约，倾向于维护中国的统一，中国对西藏地方的主权仍得到世界各国普遍承认。亲英的达扎活佛摄政后，特别是在20世纪40年代中后期，随着第二次世界大战结束，英、美、印再度联手介入中国的内政，西藏地方上层分裂主义势力加快了谋求脱离中国的步伐。国民党政府此时正全力发动全面内战，顾不上西藏事务，对西藏地方的影响力下降，西藏地方面临着从中国分裂出去的危险。

中国对于边疆地区的统治和管理，其有效性取决于中央政府的实力强大与否。西藏从元代纳入中央政府行政管辖后的历史证明，凡国家国力强盛时，中央政权与西藏地方的关系就紧密；反之，中央政权对西藏地方的统治力和影响力就会下降。但不论是关系紧密或影响力下降、西藏是中国的一部分，西藏地方隶属中国中央政府的事实都从未改变过。

第三节　西藏的民族、宗教状况

西藏在历史上是主要的藏族聚居地区，并有门巴、珞巴、僜人、夏尔巴人等世居民族和少部分汉、回、满、蒙、怒、纳西族等。西藏解放前夕人口有100余万。早在旧石器、新石器时代，西藏高原已经有了人类活动。藏族同祖国其他民族的形成一样，是在历史的长河中，各部族迁徙、流动、相互融合的结果。西藏史书以及敦煌帛书关于吐蕃历史的记载表明，西藏的原始社会主要形成于山南雅隆河谷地区。后来一个名叫悉补野部的首领聂尺赞普以武力征服“十二小邦王”，组成核心部落，发展成原始社会末期的部落联盟。在此阶段，开始了铜铁等金属冶炼，出现了“二牛共轭”的耕种和修渠引水的灌溉农业。后来悉补野部落势力范围扩展到拉萨河谷地区，随之向东兼并了大部落联盟苏毗，征服了藏博、塔波等地。第31代王囊日论赞向有功之臣封赐了土地和奴隶，强化了部族的集权。公元633年，第32代王松赞干布征服西部的象雄王、青藏地区的氐、羌等部族，建立起统一的奴隶制吐蕃政权。其后通过与苏毗、吐谷浑、白兰、党项等中国西部诸部族逐步融合，最终形成了今天的藏族。

松赞干布时代派大臣吞弥桑布扎到印度学习后，创制了拼音形式的藏文。

雍布拉康，相传建于公元前一世纪，是西藏古代宫殿遗址，位于山南乃东南。

后经元朝帝师八思巴作了改进，形成了流传至今有30个字母、4个元音的藏文文字。藏语按地区大体可以划分为卫藏、康巴、安多三个方言区。门巴、珞巴、怒、纳西等族和僜人、夏尔巴人又各有自己不同的风俗习惯和语言；解放前除少数门巴族人口使用藏文和纳西族有古典文字外，其他均无文字。其中少数使用藏文，多数则用结绳、刻木记事。

藏族群众性格豪爽，热情开朗，注重感情。藏民迎送宾客亲友时，互献哈达，以示尊重和吉祥。说话时视双方的地位和亲密程度不同而分别使用普通语和敬语。

藏文的历史典籍、佛教经卷非常丰富，在全国各民族语文中仅次于汉语文。其民间长篇说唱体诗歌《格萨尔王传》，是藏民族影响最大、最长的英雄史诗。藏族的文学艺术、歌舞、戏剧、建筑、绘画、雕塑等等，是中华民族乃至世界文化宝库中的重要组成部分。

居住在西藏高原上的藏族及其他民族，形成了适应高原的生活习俗。其饮食主要是糌粑、面粉、牛羊肉、酥油茶，南部有少量大米。糌粑是用青稞或豌豆炒熟后磨成面粉，将面粉盛在碗中，倒入茶水，再添加少许酥油（酥油系用牛羊奶经过搅拌分离制成），用手抓揉成团而食。茶是不可缺少的饮料。酥油茶是将酥油放入茶水中搅拌加温而成。副食主要是牛羊肉和各种奶制品，较少或基本不食蔬菜。服饰方面，农区一般人穿着用羊毛纺织的氆氇缝制的侧襟长袍，贵族穿蒙古袍。牧民一年四季穿老羊皮长袍，天暖时脱去一只或两只袖子。妇女穿藏袍，系花围裙。男人留长发，编成辫子盘在头上。牧区妇女将头发梳成许多小辫子，并缀以珊瑚、贝壳等饰物。僧人、尼姑一律光头，着紫红色无袖裙袍，再披袈裟。农区和城镇人一般均居住土、木、石结构的房屋，室内铺羊毛垫，为坐卧之用。讲究房屋门窗的朝向，忌讳大门朝西、窗口对着独树、洞穴、石崖，认为这是不吉利的。牧民则一年四季住在用牦牛毛编织的帐篷里，随着季节变化和水草状况在一定范围内迁移。

藏族婚姻家庭很具有特色。主要为一夫一妻制，也有少部分的一妻多夫、一夫多妻的情况。20世纪50年代初期的调查资料表明：西藏一夫一妻、一妻多夫和一夫多妻的家庭分别占71%、24%和5%。藏族男女严禁近亲婚配。婚后大多居住男方父母家，对过继、收养的男子，与家庭其他成员一视同仁。离婚的子女和非婚生子女视为家庭的一员，不受社会歧视。家中有人死后，要请僧人诵经超度，再进行天葬（尸躯让鹰食掉）、火葬、水葬、土葬等，并认为天葬是最干净、最积德的方式。

历史上藏族群众绝大部分笃信佛教。西藏早期以苯教为主，佛教最早在公元4世纪开始传入。到7世纪时以强劲势头从中国内地和印度两个方向传入西藏后，融汇西藏的原始苯教，逐渐形成独具西藏特色的藏传佛教。藏传佛教经过“前弘期”[①]的发展后，到10世纪以后，在全藏再度兴起，出现了藏传佛教的“后弘期”[②]，并逐渐演化分为噶当、宁玛、萨迦、噶举等教派。公元15世纪初，宗喀巴创立的格鲁教派，主张僧尼恪守戒律，独身不娶（嫁），脱离农事，超度人生苦难，并消除宗派与地域门户之见，受到了藏族人民比较广泛的崇信，同时也得到了统治集团的支持和利用。当时帕竹政权出资修建了拉萨的甘丹、色拉、哲蚌等三大寺和日喀则的扎什伦布寺，使格鲁派信徒急剧发展。以后又得到清朝政府的大力扶持，格鲁派在藏传佛教中最终占据了统治地位。佛教渗透到西藏的政治、经济、文化等各个领域。各地的佛教首领逐渐控制了地方权力，成为当地的政治首领，形成西藏的政教合一制度。[③]宗喀巴的弟子达赖，在长期施行政教合一的统治中，既是西藏的宗教领袖，又是政治领袖，成为至高无上的神权统治者。宗喀巴的另一弟子班禅，由于清朝政府的不断封赏，不但成为他所属封地上政教合一的统治者，而且亦逐渐形成为西藏仅次于达赖的宗教领袖。

在元、明、清各代朝廷的大力推崇下，西藏佛教事业得以迅速发展扩大。民主改革前，西藏各地共有大小寺庙（包括拉康、日追）2676座，僧尼114925

---

① 7世纪中叶，松赞干布派人到印度留学，返回后创制藏文，开始翻译佛经。至赤松德赞时，迎请印僧人寂护、莲花生等入藏传教，创建了桑耶寺，试度了7名贵族子弟出家。之后几代赞普也采取了供养僧人组织王臣贵族盟誓、尊佛教为国教等发展佛教的措施。史称此期为藏传佛教的“前弘期”，时间达80余年，直至赞普朗达玛上台后，兴苯灭佛，毁坏佛寺，迫害僧人，禁止佛教流传为止。

② 10世纪后期，佛教复从阿里和多康地区民间兴起，传入卫藏，再度发展，开始了“后弘期”。

③“政教合一”最早是在恩格斯所著《普鲁士国王弗里得里希——威廉四世》一书中提出的论断，指当地国王和教主由同一人担任。西藏的政教合一制度，使寺院的上层僧侣不仅担任政府官员直至最高统治者，寺院在政治、经济上也拥有种种特权，而且政府又利用群众的宗教信仰，加强政权统治力量。

人，占全区总人口的十分之一强。寺庙的建筑、雕塑、绘画集中体现了西藏人民的智慧，成为西藏文化、艺术的集中载体之一。寺庙亦是西藏民族文化教育传承发展的中心。藏胞家中普遍供奉佛龛，村舍、路旁、桥头、河堤、山口等地建造了许多玛尼堆、转经筒，岩石上刻有佛像、经文，挂着各色经幡。

广大藏族群众相信寺庙的高僧是引导自己进入佛门的导师，子女出生要请喇嘛[①]取名，结婚要请其占卜，患病要请其医治，死后更需请其诵经超度。西藏的部落、村寨，乃至地方政府遇有大事，均靠喇嘛降神、占卜来决定。日常生产中求雨、防雹、抗洪、驱虫，各种节日庆典，也要请喇嘛主持诵经。寺庙的上层喇嘛被视为神的代言人，一般人均以送子入寺为荣。

宗教紧密联系着藏民的心理和道德标准。佛教的因果报应、轮回宿命论，紧紧束缚着人们的思想，认定今生的一切都是前世所为，命里注定，不可改变；一生以虔诚奉佛之举，期盼来世投个好胎，获取善果。他们无力摆脱封建农奴制度统治下遭受的苦难，把希望寄托在宗教的梦幻世界里，求得精神

宗教影响着人们的精神生活，图为善男信女们在大昭寺前顶礼膜拜。

① 喇嘛，藏语读音，意为上师。藏族称一般出家人为“扎巴”，对寺院的大活佛等高僧才称“喇嘛”。以往习惯上称呼的“喇嘛”、“喇嘛寺”、“喇嘛教”，在本书中统称僧人、寺庙、藏传佛教。

上的寄托和慰藉。他们将许多时间和精力用于叩头、转经、拜佛等活动。封建农奴主阶级指定许多“神山”、“神水”，禁止人们上山开荒、伐木、筑路、开矿等；他们更借佛教“慈悲为本”的教义，禁忌杀生，视打猎、灭鼠、除虫等为罪孽；以宗教偏见看待打铁、鞣皮、制陶、屠宰、丧葬等职业者，将他们视作下等人。寺庙甚至对播种、收割的时间都加以干涉。这些做法，直接对生产起了破坏作用。

农奴主阶级不仅以推崇教义来禁锢人们的思想，还打着“佛法无边”的旗号来发展宗教，经常以支僧差（即一家二子或三子必须抽一子入寺为僧）的规定，向群众摊派青少年出家，甚至强行抓丁为僧，维持寺庙的僧源。广大群众只有信教的“义务”，而没有不信教的自由。寺庙在政治上、经济上拥有至高无上的特权。一些寺庙还设有监狱、法庭，备制各种刑具，豢养一批武装僧人，任意行刑，残害群众，抢夺财物，奸淫妇女，成为直接统治压迫群众的工具。

除藏传佛教以外，西藏还有少数回民信仰伊斯兰教，拉萨有清真寺。门巴族和夏尔巴人与藏族一样信奉藏传佛教。珞巴、僜人则信奉原始的巫教。盐井有一村庄，全部村民信仰天主教，该村居民的姓名亦与藏族姓名有所区别。

宗教是西藏社会上层建筑的重要组成部分，是旧西藏上层统治阶级的有力支柱，它禁锢着人们的思想，严重地阻滞社会生产力的发展。但是，宗教信仰、宗教感情以及与之相应的宗教仪式和宗教组织，都是社会历史的产物。西藏的宗教问题，具有长期性、复杂性、群众性和国际性的特点。

第四节 西藏的封建农奴制社会

公元10世纪，西藏地区开始由奴隶制社会向封建农奴制社会过渡，出现了庄园式的土地经营方式。奴隶逐步演变为封建领主的农奴，被固定在农奴主的庄园内，人身依附于农奴主，领取一小块份地耕种，过着被压迫、被奴役、被剥削的生活。公元13世纪初叶，各地的封建领主与日益兴盛的藏传佛教各教派相结合，形成政教合一的地方封建势力。元朝统一中国后，委派萨迦派管理西藏地方，建立起全区范围的政教合一的政权，最终确立了西藏的封建农奴制度。

三大领主与农奴阶级

旧西藏的封建农奴主，包括官家、贵族、寺庙三部分，通称为三大领主（藏语“雄格却松”）。官家，是指西藏地方各级政权中的僧俗官员，约有800余人。贵族，有历代中央王朝敕封及达赖、班禅等分封的世袭贵族，共200家左右，其中大贵族25家，中等贵族26家，小贵族147家。贵族还包括牧区的世袭千户、昌都地区的土司、大头人等200家，总共有400余家。寺庙，主要指寺庙中的活佛、堪布等上层僧侣，约500人左右，另有管理财务的喇嘛“基索”4000余人。三大领主约占西藏人口总数的2%，却占有西藏几乎全部耕地、牧场、森林、山川以及大部分的牲畜和农具。据民主改革前统计，西藏耕地330万克[①]中，官家占有128.37万克，贵族占有79万克，寺庙占有121.44万克，他们分别占有耕地总数的38.9%、24%和36.8%，共99.7%；边沿地区有极少数自耕农，占有约0.3%的耕地。三大领主一般不亲自经营管理所占有的庄园和牧场，而是委派一些人员代其管辖、经营。这些人统称农奴主代理人，他们分别是：管理庄园的小吏“豀堆”、为宗政府管理差税的头人“佐扎”、领主家中的大管家“强佐”（司库）、一般管家“涅巴”、各级封建政权中的世袭“根保”、“错本”、秘书等。他们直接统治和剥削农奴，并从中获得相应的收入，属于农奴主阶级的一部分，约占西藏人口总数的3%。农奴主及其代理人共占西藏人口总数的5%左右。

与三大领主相对立的是农奴阶级。这个阶级主要有差巴、堆穷和朗生三种人。

---

① “克”，藏区计算容量、重量单位以及土地面积单位的名称。容量1克，即1藏斗种籽，约折合14公斤；重量1克，即1藏斤，折合3.5公斤（1克酥油为2.5公斤）；计算耕地面积时，按播种1克种籽的土地为1克的土地面积，约合1市亩。

差巴就是束缚在农奴主差地上，无偿地为其种地和支差的农奴。农奴主将较好的、集中的土地作为自营地，由农奴主代理人经营，差巴耕种，收成归领主所有；农奴主将贫瘠、边远的土地分成若干块份地，称为差地，指派给差巴耕种，收获归差巴所有，以维系其最低的生存所需。农奴主则以此向差巴支派名目繁多、无穷无尽的差役。差巴人数约占农奴总数的60%左右。

堆穷，是没有或已经丧失了差地的农奴，但人身仍然依附于农奴主，受剥削奴役的程度更为惨重。他们约占农奴总数的30%左右。

朗生，是领主或代理人家中的家奴，人身完全为农奴主占有，受农奴主绝对支配，被农奴主视为“会说话的牲畜”，可任意将其租让、抵押、作为赌注、赠送以至出卖。许多朗生一生被转让、出卖过多次，甚至被用去交换牛马。他们占农奴总数的10%左右。西藏封建农奴制社会中存在着奴隶社会的残余，其主要表现就是朗生的存在。

此外，寺院中还有一定数量的贫苦僧人、尼姑，他们在寺院里干着背水、劈柴、扫地、喂马等繁重的劳动，备受欺压。还有失去差地又没有固定工作而四处流浪的游民。他们或捕猎，或打零工，过着半乞讨的生活，到一定时候还

农奴苦难生活的写照，三大领主的压迫沉重地压在他们身上。

要回原地向所属的农奴主交纳人头税。还有城镇中的乞丐，民主改革前拉萨市区就有三四千人，日喀则城区也有二三千人。这些也都是农奴阶级的组成部分。

差巴、堆穷、朗生加上贫苦僧尼、游民、乞丐等，共占西藏人口总数的95%。

人身占有，是封建农奴制度的一个重要特征。旧西藏政教合一的政权，对此有明令规定，农奴始终无法逃脱被奴役的命运。农奴一出生就成为农奴，就要登记在豁卡的人口清册中，作为摊派乌拉、收取人头役税的根据。农奴从15岁到59岁都得为领主支差服役，农奴死后家属要报告领主，以消除这份差役负担。农奴主对逃亡的农奴有严厉的法规和惩罚措施。农奴通婚要得到领主同意，属于不同领主之间的农奴通婚受到严格限制，特别是劳动力短缺的庄园，领主就只准农奴娶入，不准嫁出。个别要入赘别家的农奴，要交几十到几百两藏银[①]的赎身费。被领主看中了的差巴和堆穷，便让其作为自己的跟班或奴婢，使其多年不能与家人一起生活，几年不能婚嫁，实际上过着朗生的生活。领主还可以指定面临破产的差巴家庭与另一家庭合并。这种任意拆散和合并农奴家庭，也是领主的一种特权。农奴主对奴隶握有生杀予夺大权，可以随意责打、乃至杀戮农奴。江孜一带大农奴主的庄园中，每年藏历大年初一都要举行一次惩罚农奴仪式，将他们认为不好好支差、交租的农奴按在地上，向其嘴里强行灌脏水，灌得农奴死去活来。

乌拉差役

三大领主通过土地占有，对农奴进行残酷剥削。这种剥削，大量的是派"差乌拉"[②]，这是西藏特有的劳役地租形式。差乌拉包括两大类，一类称为"冈卓"，意为用腿走路，即人役、劳役和畜役，包括耕种土地，担负运输、家务劳动等；一类称为"拉顿"，意为手捧的奉献，包括交给领主的各种钱款、物品。差乌拉，项目繁多，无所不包。例如为农奴主的自营地修水渠、垒地

① 藏银系西藏的货币单位，有银币、铜币、纸币三类。币值分为100、50、10、5、1两等。西藏解放初期，藏币每15两折合1枚袁大头（民国初年铸造的有袁世凯头像）的银元。

② "差乌拉"，专指赋税和徭役。最初来源于突厥语，元朝时期随着驿站在藏区的设立，"差乌拉"成为一个混合用语，即农奴主统治者拥有驱使农奴劳役和向其收税费的权利。

堰、送肥、浇地、耕翻、播种、锄草、收割、打场，直到粮食入库、炒磨青稞糌粑等；为农奴主出牲畜驮运物资；为农奴主割草、打柴、背水、跑腿；为农奴主伐木、运料、建房、搭厩等；为农奴主放牛牧羊、挤奶、剪羊毛、打酥油等。差乌拉又有内差与外差之分。内差是农奴向直接控制他的领主支应的差役；外差是向地方各级政权机构人员支应的差役。外差又分兵差和普通差两种。兵差是自带吃穿费用为政府服兵役。普通外差是按照政府开的“乌拉牌票”，出人、出牲畜为藏政府官员、藏军、上层僧侣、商旅等运输行李、军火、军饷，为其提供坐骑，保障食宿，以及担负修路、建筑、送信等。丁青宗有个呷日本[①]的百户，规定除收割时每户要出7个工外，每年每户还要出50个工给其家庭支各种劳务差役。昌都宗规定牛马差随叫随到，且无数量限制。官府就肆意增派牛马，如差民支应困难，交五两藏银可免一次牛差、七两半藏银可免一次马差。边坝宗规定无论有无牛马均要支差。每岗地每年出牛马长差15次、短差百余次。如无牲口需要向别人租用时，长差每头牛藏银三十两，短差五至八两。总之，农奴主需要干什么活，农奴们就得支什么差，不但不给任何报酬，而且必须是随叫随到。农奴支差所付出的劳动，一般要占全家劳动力的50%—80%。农奴虽有一小块份地，但大多不能很好耕种。因大部分时间用于支差乌拉或耕种农奴主的自营地而无暇照管自家的份地，以致庄稼往往烂在地里。劳役地租是农奴主的主要剥削手段，也是农奴们的最大痛苦。一些不堪差役负担的农奴，被迫逃离家园，逃荒要饭，病死、饿死在异乡。

农奴除支劳役差外，还要向农奴主交纳定额的实物和钱款，即“拉顿”。农奴主巧立名目，花样繁多，向农奴索取各种租、税、费。如粮租、畜租、地皮税、人头税、牲畜税、屠宰税、鸡蛋税、菜油税、草税、柴税、山税、水税、牛粪税、降神税、念经费、寺庙喇嘛过节费、给官员送礼费、为达赖庆贺费、给拉萨藏政府机关的公用费、花盆费、红土费等等。各种商业税，包括茶税、出口羊毛税、盐税等等；出产石料的地方要交石板，有森林的地方要交木板、竹帚。还有，山南一些地方要交木碗，藏北要交皮口袋，墨脱要

① 呷日本，是三十九族地区的基层官员，特指稍高于百户的大百户之一。

在封建农奴制度下，贫苦农奴要给三大领主支付繁重徭役。这是1957年在亚东，农奴把贵族从印度进口的汽车拆成零件抬过乃堆拉山口并运到拉萨——亚东公路上。

交藤条、藤棍。而这些物品都由农牧民采集、制作和运输。后藏白朗宗一个中等差巴家庭，除每年付出374个人工和大量地租外，还要给地方政府交付各种杂税20项，包括给宗本的伙食费青稞10克、羊肉32藏斤（合8只羊）、酥油3克、烧柴10斤、口袋2条，宗政府送信费若干，官员应酬费青稞1克，驿站修缮费青稞5克，宗政府敬神香火费藏银2两，政府官员为喇嘛布施费用藏银3两，还有给官员每年几次的“过节费”等等。此外，农奴主看上了什么，想要收什么钱，农奴就要交什么租、税、费，而且收得很重很苛刻。为主人放牧牛羊的牧民们向三大领主、牧主交纳的酥油、毛绒等畜租，一般都占到全部畜产品的50%—60%。

高利贷

官家、寺庙和贵族普遍都放高利贷。他们疯狂地聚敛财富，将广大农奴逼到难以维持生计的贫困境地，只有依靠举债度日。高利贷的利息收入成为三大领主的另一项重要剥削收入。噶厦政府把放债、收息列为各级官员的职责，并为此制定有关的行政措施。有的官员强行给人放债，不借也得借。大小寺庙更是无一不向百姓放债。哲蚌、色拉、甘丹三大寺每年放高利贷的利息收入达青稞28万多克、藏银28万余品[①]，约占寺庙总收入的25%—30%。多数活佛私人也放高利贷。贵族们是向自己所属庄园的百姓放高利贷，其利息收入一般要占家庭收入的15%—20%。十四世达赖家族尧西达拉一年的债息收入占到家庭总收入的25%左右。高利贷的利率，官府一般为借十还十一（年利率10%），贵族借五还六（利率20%），寺院为借四还五（利率25%）。借债多在春荒季节，还债则为秋收刚结束时，实际举借仅半年，按年利率折算已达25%—50%。牧区放贷通常为年利120%。有些心黑手狠的农奴主专拣春季牧民生活最困难时去藏北放债，将茶叶、青稞等生活必需品贷给牧民，到夏秋畜产品生产旺季时，强迫牧民以高额畜产品顶债。有的春季贷出一块砖茶，秋后收羊毛20斤左右；春季贷出25斤青稞，秋季收酥油12斤。丁青宗的高利贷债主春天放青稞1克，秋天竟收虫草2斤。沙丁宗[②]的寺庙春季贷出一块砖茶，秋季竟收虫草1000根。利率虽然如此之高，但一些农（牧）奴为了活命仍不得不去借贷以维持生活，借债时还要向债主送礼、献哈达。当农奴还不起债时，农奴主往往将农奴领种的份地收回，作为抵押。但农奴为了活下去，再将拿去顶债的份地租回来。如此一来，农奴既要给农奴主支差，又要交实物地租以还债息，遭受着超出负担能力的双重剥削。

农奴们欠债是普遍的，许多农奴都欠下祖祖辈辈还不清的子孙债。据昌都地区调查，边坝宗政府附近有农奴40余户，100%欠债；倾多宗[③]叶柏洼村共有33户农奴，不欠债的仅有2户。农奴不仅负债面大，而且多超出还债能力。拉孜宗桑珠豀卡的15户差巴和6户堆穷共负债7032克粮食和650两藏

---

① “品”在藏语中称“多蔡”，是旧西藏的货币单位之一，1品藏银为50两藏银。

② 沙丁宗，今昌都地区边坝县沙丁乡。

③ 倾多宗，今林芝地区波密县扎木镇倾多乡。

银，平均每户负债粮300克；托吉谿卡27户欠债，经20世纪50年代减免核定后，尚欠债粮2605克；山南朗赛林谿卡79户农奴欠债粮24048克、藏银1234两。这些债务几辈人也难以偿还。农奴主为了逼债，除斥骂、吊打还不起债的农奴外，还任意掠夺其家中仅有的财物，甚至抢走儿童。

西藏广大农奴在封建农奴制度下，饱受残酷的经济剥削和政治压迫，处境极为艰难，生活极其贫困痛苦，普遍衣衫褴褛、食不果腹。拉萨城区的“鲁布邦仓”是一个乞丐聚集之地，来自各地逃荒的贫苦农奴，住在200多顶破烂不堪的小帐篷里。许多失明、跛足的乞丐们，挤在拉萨一些富豪的院外，争抢富人家从窗户里扔出的吃剩的肉骨头。他们一无所有，靠乞讨为生。这种乞丐帐篷群，在日喀则、昌都、那曲等城镇中，在宗（县）政府所在地都可见到。

黑暗、落后的封建农奴制度，严重阻碍了社会生产力的发展，人民群众的创造力被愚昧和贫困所吞没。农民用简陋的生产工具，如木犁或短小的铁铧犁、粗糙的木耙、小锄和镰刀等原始工具从事农业生产，许多地方耕地基本不施肥，有的地方甚至刀耕火种，社会生产力极其低下。一旦遭遇旱灾、虫灾、雪灾时，大都靠喇嘛念经“驱灾除害”，结果是颗粒无收，牲畜大批死亡。微薄的产品又被农奴主掠夺走，广大农奴挣扎在死亡线上。

沉重的压榨，悲惨的生活，导致阶级矛盾加深。农奴们多以怠工、逃跑相对抗，有的甚至用暴力等方式进行反抗。1950年工布江达宗一个村的17户农奴全部逃入深山藏身；墨竹工卡宗甲马谿卡因农奴怠工，有六分之一的旱地被荒弃；南木林宗艾马岗的康萨谿卡11户农奴耕种的390克地，因人走而土地荒芜，一片萧索景象。农奴们不堪残酷的剥削压迫，还发生过无数次的揭杆而起的反抗。1926年，波密群众为反抗西藏地方政府差役掠夺，用石头、农具杀死藏军代本以下30余人。1937年，山南隆子宗恰美的29户农奴，用乱石、刀棍将暴虐的贵族才旦·格巴击毙。噶厦派兵前来镇压，农奴们逃入森林藏匿22年之久，直至平叛胜利后农奴们才解放。1940年，那曲愤怒的牧民把两个残暴的宗本捆起来暴打，并让其在赛马会上示众。1948年，那曲罗马让学部落的牧民冲进宗政府，救出被关押的群众代表，迫使噶厦派高级官员前来接受了群众的要求。1956年，山南朗赛林谿卡的18户差民联名上书，拒绝去洛扎支送粮食的差役。西藏的阶级分化有着与全国其他地区不同的特点，群众最初的阶级意识、阶级觉悟还处在自发阶段。尽管这种处于自发斗争阶段的农奴的反抗形不成强大的力量，也在一定程度上冲击了封建农奴制度。只是在西藏和平解放之前没有革命政党——中国共产党的领导，没有先进的思想指引，不可能从根本上改变旧西藏政教合一的封建农奴制度。

政治制度与政权组织

三大领主以极其残暴的封建农奴主专政维持其统治。旧西藏的法律体现了封建农奴制度的森严等级，浸透着宗教色彩和神权观念，农奴主受到政教合一的封建政权一整套法律制度的庇护，农奴毫无权利。这些刑律，在很大程度上保持着古代或中世纪社会刑律的残酷性、森严的等级和上层极端特权等特征。如通行了几百年的《十三法典》、《十六法典》，将人分为三等九级，刑不上三大领主，对农奴则惨无人道。这些法典明文规定：农奴“勿与贤哲贵胄相争”，“民反者均犯法”，“不受主人约束者逮捕之，百姓碰撞官长者逮捕之”。“人有等级之分，因此命价也有高低”：杀死一个上等上级的人，如王子、活佛，其赔偿价

封建农奴制度等级森严，广大农奴稍有不慎，就会遭受严刑、桎梏。图为桎梏农奴的群枷。

金与尸体的重量等同；仆人反抗主人而使主人受伤较重，要砍掉仆人的手或脚；打伤活佛，属重罪，要剁脚、断手或处以推坠悬崖、抛入水中等各种死刑。通常的刑罚有鞭挞、掌嘴等，重则割鼻、割耳、割舌、砍手、剁脚、抽脚筋、剜眼珠，还有站木笼、戴铁镣、上木铐等等。民主改革前在拉萨城区，戴着脚镣手铐沿街乞讨的犯人，屡见不鲜。西藏地方政府在拉萨的司法机关“协尔康列空”以及“朗子辖列空”（拉萨市政府）、“雪列空”（拉萨专署）等，都受理诉讼案件。各级政府官员、各庄园领主、各部落头人、甚至“根保”都有权审理所属诉讼案件。他们从审案中敲诈勒索，捞取好处，成为普遍现象。

旧西藏政教合一的封建僧侣贵族专政体制，建立了从噶厦①（即西藏地方政府)到基巧（相当于专区）、宗（相当于县）、错、定（相当于乡、村）等一整套的政权组织。噶厦下设有许多办事机构，如“玛基康”（藏军总司令部）、“拉恰列空”（财政局）、“孜恰列空”（布达拉仓库）、“扎其列空”（藏币铸造和电机局）、“协尔康”（法院）等。噶厦的核心机构是“孜康”，掌管全藏的土地、牛羊、户籍的清查，审计地方政府的财政收支，负责俗官的培训和升迁任免，发布文书、政令等。孜康设四品俗官孜本4名。达赖身边设重要机构“译仓”②，负责主要僧官的培养任免和大寺院主持人任用的建议，遵照达赖的指令发布文书训令等。译仓设四品僧官仲译钦波（相当于秘书长）4名。遇有重大事件，受噶厦的委托，召开有4名仲译钦波和4名孜本参加的“仲孜会议”或全体官员会议，研究处理方案，上报达赖批准。政府各级官员，完全由上层僧侣和世俗贵族担任。其官阶遵循明、清官制，设置由一品至七品的官阶，除无一品官外，二品官为摄政和司伦等，三品官为噶伦、基巧堪布。小三品、大四品为扎萨和台吉等。四品僧俗官分别称为堪穷、仁希。扎萨和台吉以上贵族官员的子弟，一出生就获得四品官阶，称“色囊巴”，十七八岁就可出任藏政府的重要职务。中小贵族的子弟经俗官学校学习后，即可进入藏政府内任职。僧官，大部分由贵族出身的僧人担任。有了官职，就有了直接统治百姓、进行敲诈、勒索、盘剥农奴的权力。所以僧侣、贵族们为

① “噶厦”，藏语音译。“噶”系命令之意，“厦”系房屋。意为发号施令的房宅，即西藏地方最高政权机关。

② “译仓”，意为秘书处，系藏政府保管文件的机构。

谋取官职而不择手段，买官鬻爵现象司空见惯。各地寺庙中的上层僧侣，包括活佛、堪布等，本身就是披着宗教外衣的农奴主。他们常干预、操纵当地的政治、经济，是西藏社会统治集团的成员之一。

噶厦为统管西藏全区政教事务，还设立基巧级(相当于专区级)的地方行政机构，即那曲"绛基"总管，山南"洛基"总管，拉萨"雪列空"（相当于基巧级行政管理机构），工布"基巧"总管，阿里"噶本"总管，"卓木基巧"即亚东总管，日喀则"藏基"总管，昌都"多麦基巧"总管。

班禅额尔德尼在西藏原来管理的辖区有拉孜、昂仁、彭措林、岗巴4个宗和60多个谿卡，人口10多万，属寺200多个。五世班禅受清朝政府册封后，在扎什伦布寺内设立囊玛岗（内务处），下设若干机构，管理下属的宗谿。囊玛岗是仿照噶厦而设置的，也是一个政教合一的政权机构，只是规模小些，设置简单些。1923年，九世班禅被迫逃避内地，组织了班禅堪布会议厅。1931年，噶厦强行接管了班禅辖区的宗谿及其对属民的管辖权。直至1951年《十七条协议》签订后，班禅的固有地位及职权才得以恢复。

公元13世纪以后，门巴、怒、纳西等族和夏尔巴人，也随同藏族一道，大体都进入了封建农奴制社会；珞巴族和僜人仍处于原始社会末期的家长奴隶制社会阶段。

从清朝开始，在中央政府扶持下，西藏地方政府逐步建立起一支常设武装力量——藏军。藏军本质上是西藏统治阶级的工具。此前，藏军为清朝武装力量驻藏的一部分，曾抵抗过森巴、英军等外敌的入侵，在辛亥革命之后成为分裂主义势力对抗祖国统一的武装力量。1912年以来，藏军主要兵力布防于藏北及金沙江一线，对抗中央政府，破坏祖国统一。藏军总司令（马基）为三品或小三品官，代本（相当团长）为四品官。总司令和代本都必须由贵族担任。农奴出身的士兵，最高只能升至如本（相当营长）。藏军总司令部下辖若干团。清朝时期藏军定额仅有4个团，共3000人。民国初年扩展到11个团，约8000人。西藏解放前夕，在分裂主义势力操纵和帝国主义的支持下，藏军一度扩充到16个团，9000余人。藏军按英国操典训练，主要装备是第二次世界大战前后的英式步兵武器。

解放前的西藏，是全国唯一没有中国共产党组织和共产党员的省区。

第五节 近代帝国主义势力入侵西藏和西藏分裂主义的出现

英国入侵西藏

1840年，英国发动鸦片战争，打开了侵略中国的大门。随后，帝国主义列强对中国进行了疯狂的侵略和掠夺。清政府被迫与英、美、法、俄等外国侵略者签订了许多不平等条约，中国逐步沦为半殖民地半封建社会。英国觊觎中国西藏地区蓄谋已久，18世纪随着东印度公司的建立，英人逐步向北加以蚕食。英国征服印度得手后，为确保其在南亚及印度洋的殖民利益，继续向北扩张，在其势力到达中国长江流域等地的同时，开始对西藏的入侵。英国妄图以军事占领、政治讹诈等手段，将西藏纳入其势力范围。

1846年，英国以拉达克属于克什米尔为由，占领了原属于中国西藏的拉达克地区。1860年和1864年，英军先后占领了锡金、不丹两国的大片土地，开辟了入侵西藏的基地。

1888年3月，英军向邻近锡金的西藏隆吐山的藏军阵地发动进攻。藏军和民兵奋勇抵抗，伤亡惨重，被迫撤退。隆吐山口失陷后，英军进至亚东。这是英国第一次武装侵略西藏。战后，英国与清政府于1890年在加尔各答签订了不平等的《中印会议藏印条约》，锡金沦为英印的保护国，中国的西藏地区失去南部的一部分屏障。1893年，清政府又在英国的压力下，与英方签订了开亚东为商埠的续约。由于西藏地方政府对清廷开埠意图的反对，亚东开放没能立即实现，然而英印政府却由此找到了进一步侵略西藏的借口。

1903年12月，英国殖民当局为了压服西藏当局执行加尔各答条约，进一步策划了入侵西藏的战争。他们以排除沙俄势力插足西藏为借口，由麦克唐纳少将和荣赫鹏上校率领3000英军，从锡金偷越则里拉山口，进占西藏亚东、帕里。1904年3月，英军与藏军相约在堆纳以北之曲米辛古会谈。英军荣赫鹏玩弄阴谋诡计，借谈判为名欺骗藏军熄灭枪、炮火绳后，突然以机枪、火炮向谈判代表和藏军猛烈开火，当场打死藏军代本朗赛林、拉丁色二人及其他谈判官员，藏军千余人先后惨遭屠杀。4月11日，英军进抵江孜，与据守江孜宗山的江孜军民形成对峙，然后设置江孜、亚东间兵站，筹组大部队，准备进兵拉萨。噶厦为保卫拉萨，调集大批藏军和民兵于江孜宗山、康马和浪卡子、仁布、日喀则等地域防守。此时，进至江孜、康马间乃宁寺的工布民兵，已威胁到英军的补给线。英军即调集由亚东新来之大部队与进占江孜之英军从南北夹攻。工布民兵英勇抗击，血战乃宁寺，终因伤亡极大，被迫后撤。7月5日，英军向江孜宗山发起总攻。藏军和民兵在英军密集炮火袭击下，英勇抗击，弹尽粮绝，最后用石块、棍棒、刀矛与英军英勇肉搏。英军屠杀大量西藏军民后，于当月7日占领了江孜。随后英军于8月3日进抵拉萨。英方强迫西藏地方政府签订了不平等的《拉萨条约》。此役，英军先后屠杀西藏军民四五千人，焚烧了许多寺庙，掠夺了大批西藏文物、财宝。这是英国第二次武装侵略西藏。

1904年3月，英军在曲米辛古屠杀藏军1400余人。图为曲米辛古遗址。

1904年8月，英军进抵拉萨的前四天，十三世达赖仓促任命摄政后，即带少数随行人员经藏北、青海、甘肃北行，直赴外蒙古库伦（今乌兰巴托）寻求沙俄保护，并试图“引狼拒虎”，阻止英国人的进一步入侵。1906年，英国与清廷签订了《北京条约》，确认了《拉萨条约》的基本内容，开辟西藏亚东、江孜、噶大克为商埠，英印人员在该三地享有治外法权。此后，英国还获得在亚东、江孜驻扎军队和在亚东至江孜间建立邮电、驿站等特权。至此，西藏地区与全国一样，也沦为了半殖民地。1907年8月，英、俄签订了《英俄同盟条约》，除约定两国各自在西藏、新疆的地缘战略利益、划分了各自势力范围外，还出于进一步侵占西藏的政治需要，依据欧洲民族国家的经验和有关帝国主义的理论，针对当时清廷对西藏施政的软弱状况及从中日益显现的制度缺陷，把中国对西藏拥有的主权篡改为“宗主权”。

英国在武装入侵西藏得手后，为了达到将西藏从中国分离出去纳入其势力范围的罪恶目的，开始在西藏上层集团中培植亲英分裂主义分子，首先拉拢九世班禅的图谋失败后[①]，便积极拉拢主张与英议和而遭十三世达赖革职的原噶伦夏扎、雪康、强钦等人，在政治上支持他们搞“西藏独立”，在经济上通过印藏贸易给予巨大实惠，扶植了这批依附英国人的买办性贵族，使之成为西藏最初的分裂主义势力的代表。

十三世达赖从库伦南返回到青海塔尔寺后，于1907年冬奉旨进京觐见光绪皇帝和慈禧太后，向朝廷要求不经驻藏大臣直接向朝廷通报情况，索要不经驻藏大臣任命官员的权力被朝廷拒绝后，遂生怨愤，决意背弃朝廷。此时，十三世达赖原来联俄抗英的设想因俄国在日俄战争中的失败而落空，故反转而投靠英人。1909年冬，达赖从北京经甘肃、青海回到拉萨，对时任驻藏大臣联豫的前来欢迎置之不理，激起与驻藏大臣联豫的尖锐矛盾。1910年2月，清廷派统领钟颖率川军抵达拉萨。川军在拉萨与藏军发生冲突，开枪打死藏政府官员，并向布达拉宫射击。达赖遂带亲英分子夏扎等人逃往印度大吉岭。清朝中央政府根据联豫上报的情况，革去十三世达赖喇嘛的名号，至此，达赖投英之意愈坚。3月14日，达赖在英印政府驻锡金行政长官柏尔的陪同下，前往加尔各答会见英国驻印总督明托，请求帮助“驱逐汉人在西藏的势力”。这时，分裂主义势力与英帝国主义侵略势力终于融合到了一起。

1911年10月，孙中山领导的辛亥革命爆发，推翻了清王朝，建立了中华民国。驻藏川军发生内乱，拉萨局势失控。英国认为时机来临，遂怂恿达

① 英国于1905年邀请班禅赴印度会见英国皇太子，并赠予厚礼，企图使班禅自动“请英扶藏自主，归英保护”。但九世班禅不为所用，很快由印返藏。

赖派达桑占堆（即后来的擦绒）潜回西藏，组织民军，驱逐了驻拉萨的清朝官员和军队，宣布“西藏独立”，并准备举兵向川边进攻。

英国政府于1912年8月向中国政府送交备忘录，提出：“中国政府不得干涉西藏的内政”，“中国官吏不得在西藏行使与内地行省同样之权利”，“中国不得派遣军队驻扎拉萨”[①]等无理条款，要挟新成立不久的民国政府要根据以上各点订立协议，作为承认中华民国的条件。12月23日，中华民国政府外交部断然拒绝英国的横蛮无理要求，指出：“今谓中国无干涉西藏内政之权，理由甚无根据”，中国一向对西藏拥有主权，“无改订新约之必要”[②]。英国一面继续从外交上对民国政府施加压力，一面指使西藏上层反动势力加紧进行分裂祖国的活动。袁世凯政府在这种威胁和压力之下，被迫同意与英国和西藏代表谈判。由此便出现了由英帝国主义精心策划的“西姆拉会议”，讨论所谓西藏地位问题。

1913年初，十三世达赖回到拉萨，召集上层官员和各宗谿地方头人代表会议，商讨今后大政方针。许多上层官员虽然反对驻藏大臣及清军，但也不愿脱离祖国而投靠英印。会议没有取得一致意见。

西姆拉会议与“麦克马洪线”的出笼

1913年10月13日，在印度北部的西姆拉举行中英藏会议。中国政府代表为驻藏宣抚使陈贻范（原驻英使馆人员），英国代表为英印政府外务大臣亨利·麦克马洪，西藏地方政府代表为亲英分子伦钦夏扎。会议一开始，夏扎就在英国指使下，首先提出旨在分裂祖国的六项要求：“西藏疆域包括青海、理塘、巴塘等处及打箭炉”，“中国不得派员”驻藏，表明西藏是“中国不得干预”的独立国家，等等。这一议案，遭到陈贻范的反驳。陈贻范阐述了西藏是中国领土，藏族是中华民族成员的历史和现实，并相应提出七条议案。双方争论到12月，谈判毫无结果。1914年2月，英国政府鉴于袁世凯正与南方各省的讨袁大军作战，急需英国等列强支持，即挟持民国政府，由麦克马洪佯作调解人，提出一个“调解方案”，将中国的西藏和青海、西康、甘肃藏族

① 洪涤尘：《西藏史地大纲》，上海正中书局1936年版，第201页。

② 《中国大事记》，载《东方杂志》第9卷第8号（1912年9月）。

聚居地区统称为西藏，然后把金沙江和澜沧江以西划为“外藏”，以东的康区与甘青藏区称为“内藏”，中国在“内藏”享有若干主权，而“外藏自治”，实际就是要求中国政府承认西藏脱离中国而“独立”①。1914年4月27日，英方诱使夏扎在草约上签了字，然后威迫陈贻范签字。陈贻范依据中国政府的指示，陈述了中国政府在西藏问题上的严正立场，断然拒绝在正式条约上签字，并在会议上严正声明：“凡英藏本日或他日所签之约，或类似之文件，本国政府一概不能承认”；②其后又两次照会英国政府，表示“英藏双方签字，不能承认”，“中国政府不能擅让领土，致不能同意签押，并不能承认中国政府未经承诺之英、藏所签之约或类似之文牍”。③因此，未经中国政府签字的“西姆拉条约”，是完全非法的，根本无效的。由于“西姆拉条约”损害西藏地方的利益已超出了藏政府所承受的范围，十三世达赖也没有批准夏扎所签订的“西姆拉条约”。

在西姆拉会议期间，麦克马洪背着陈贻范，私下与夏扎用秘密换文方式，在一张地图上划了一条所谓的中印边界线，图谋永久侵吞中国西藏地区的门隅、珞渝、下察隅等九万多平方公里的领土。这就是使中国蒙受屈辱而遗留至今的“麦克马洪线”。这个秘密换文和附图，既没有摆上西姆拉会议日程，在西姆拉会议的记录中也找不到换文和附图文件的记录，更没有通过中国政府和中国政府代表，因而完全是非法的。就连麦克马洪本人也承认：“在我离开印度前，没有能够使中国政府在三边协定上正式签字，我对此感到极大遗憾”④。然而，英国暗中策划“西藏独立”的阴谋活动则已着手实施。

西姆拉会议后，英国赠送噶厦步枪5000支、子弹几十万发，帮助建立藏军总司令部，由亲英分子擦绒噶伦兼任总司令，并扩编藏军部队，从原4个团、3000人扩大为11个团、8000余人，并由英国派军官训练。从1917年

---

① 《西藏问题》，民国政府外交部刊。载《西藏地方是中国不可分割的一部分》，西藏人民出版社1986年8月版，第470、471页。

② 陈专员7月4日致外交部电。载《西藏地方历史资料选辑》，三联书店1963年9月版，第300页。

③ 民国政府外交部7月2日和6日致驻英公使电。载《西藏地方历史资料选辑》，三联书店1963年9月版，第302页。

④（澳）内维尔·马克斯韦尔：《印度对华战争》，三联书店1971年7月版，第45页。

起，英国两次策动藏军内犯西康、青海等地。1917年秋，藏军首陷类乌齐、恩达，进而于1918年4月攻陷昌都，连下金沙江两岸之贡觉、三岩、江达、芒康、德格、邓柯、白玉，7月进抵甘孜以西地区与川军激战后，双方对峙于雅砻江。噶厦听从英国关于藏军勿再向东冒进的劝告而息兵。后经川、藏两军代表谈判，议定临时停战退兵条约，川军退驻甘孜，藏军驻扎德格，北路以绒坝岔、南路以宁静山为界。西藏地方政府获取了贡觉、三岩、江达、芒康、德格、邓柯、白玉各县，并将噶厦之康区总管府设在昌都。

1919年五四运动前后，全国各地特别是川、滇等省爱国民众愤怒抗议声讨英国制造“西藏独立”活动。民国政府借机令甘肃督军派朱绣、李仲莲进藏，同西藏地方当局恢复直接联系。朱、李二人于当年12月抵达拉萨。这是辛亥革命后八年来中央政府首次突破英国阻挠派员进入西藏。朱、李在藏活动四个月，于1920年4月离藏前，达赖设宴饯行时表示：“此次贵代表等来藏，余甚感激”。“余誓倾心内向，同谋五族幸福”。①

英国对朱绣入藏十分忌恨，于1920年派其驻锡金政治官柏尔进藏进行挑拨离间。柏尔提出：西藏要独立，必须继续扩军，为此要增加征税；在江孜、亚东修建兵营，英国派遣军官训练藏军、警察；同西藏订立“英藏军事协定”，向西藏输入军火；由英国人在西藏江孜开办学校，培养官员和贵族的子女，选派学生赴英、印留学；建立藏印之间电报联系，控制印藏交通；在拉萨修建英国使馆；开办银行，勘探和开发西藏矿产。柏尔的上述言论和行动，遭到西藏广大爱国上层人士和藏胞的强烈反对。1921年春，参加传昭的两万多喇嘛及群众向噶厦提出“赶走洋人”的要求。柏尔被愤怒的拉萨僧俗人民轰出西藏，狼狈返回印度。②

亲英势力加紧分裂西藏的活动

英国对达赖与民国政府恢复联系、推行“西藏独立”的徘徊犹豫以及柏尔被轰走的事件颇为不满，于是转而积极扶持藏军中的亲英少壮派军人，组织秘密团体，企图策动政变。这一阴谋被十三世达赖发现。1924年，达赖采

① 朱绣：《西藏六十年大事记》，第57页。

② 陆兴祺：《西藏交涉纪要》，第96－98页。

取措施，革除了准备发动政变的首脑擦绒的藏军总司令职务，处理了亲英派军官，停办了英国在江孜办的军官训练学校。

在英帝国主义的挑动和西藏内部矛盾加深的情况下，达赖、班禅失和。1923年，九世班禅惧怕噶厦加害而出逃内地。中央政府曾多次与噶厦协商班禅返藏事宜，均遭英方破坏而未成，致使班禅长期滞留祖国内地。1936年，英国以帮助噶厦抵制中国政府支持九世班禅返藏为由，迫使西藏地方当局同意其在拉萨设立常驻机构——英国驻拉萨代表处。这一机构成为培植西藏亲英势力、进行“西藏独立”活动的新的策源地。

1927年南京国民政府成立后，十三世达赖喇嘛先后派堪布罗桑巴桑、贡觉仲尼前去拜见蒋介石，向中央报告西藏情况。1929年7月，国民政府派官员刘曼卿经西康入藏，抵拉萨后会见达赖。达赖表示“吾所最希求者即中国之真正和平统一”，“英国人对吾确有诱惑之念，但吾知主权不可失”。①1930年2月，蒋介石让贡觉仲尼携其致达赖函件及礼品返藏拜见十三世达赖。8月，西藏驻南京办事处成立，贡觉仲尼任处长。中央强化对西藏地方施政和影响力的努力有了实质性进展。

中央政府加强对西藏地方的联系与管理，显然为英帝国主义者所不容。英国于1930年6月唆使西藏当局再度大举东犯西康甘孜、新龙（瞻化），又于1932年进攻青海玉树，并向藏军供应军火。后英国又以“调解”为名，根据非法的“西姆拉条约”指责中国政府。中国政府予以严厉驳斥：所谓西姆拉条约，未经签字，自不能发生效力。至于藏军内犯，系中国内政，应由中国自己裁定，不必第三者从中斡旋。英国的阴谋被揭穿。藏军也因遭青海马步芳军和四川刘文辉军反击，军事失利，遂分别于1932年10月、1933年6月与西康、青海地方当局签订停战协定。

1933年12月，十三世达赖喇嘛圆寂，由热振②活佛出任摄政，执掌西藏

① 刘曼卿：《康藏轺征》，民族出版社1998年5月重印，第112—113页。

② 热振·土登坚白益西丹巴坚赞（1910—1947），西藏山南加查人，后被认定为转世活佛，成为第五世热振。在拉萨色拉寺学经6年。1930年，经十三世达赖喇嘛亲自考核，获格鲁派最高学位“拉巴让格西”。热振为清朝所封的呼图克图之一，在僧俗界均有较大影响。1934年担任摄政后，表现出较明确的爱国主义态度。

地方的政教事务。国民政府派军事委员会参谋本部次长黄慕松于1934年入藏致祭十三世达赖，并与噶厦商妥在拉萨设立蒙藏委员会办事处。1940年，国民政府派蒙藏委员会委员长吴忠信进藏主持十四世达赖喇嘛坐床大典。热振领导三大寺诵经，祈祷祖国抗战胜利，还采取各种措施，抑制西藏的亲英势力。

热振活佛的爱国举措和同亲英派势力的斗争，引起了英帝国主义和西藏上层分裂主义分子的仇恨，视其为实现“西藏独立”的最大障碍，以种种借口和阴谋手段，迫使热振于1941年辞去摄政职务，由达扎·阿旺松绕[①]活佛接任。达扎担任摄政后不久，便投入亲英势力的怀抱，分裂主义势力重新得势。1942年7月，噶厦在英国的唆使下，设立所谓“外交局”，并通知蒙藏委员会驻拉萨办事处以后有关接洽事宜，均与新成立的“外交局”联系，企图把国民政府也和英国、尼泊尔政府一样视同“外国”对待，以此表明西藏已是“独立国家”。此举遭到国民政府严正拒绝，并坚持蒙藏委员会驻拉萨办事处仍照旧同噶厦接洽而不同非法的“外交局”发生联系。

此时，中国人民抗日战争已进入最困难时期，英帝国主义乘势加紧了对西藏的侵略。其情报网伸向西藏各地，以设教堂、医院、学校等作掩护，进行秘密活动。英国军队在西藏已驻亚东70人、江孜60人、拉萨20人。1944年，英国派其驻锡金行政长官古德到拉萨，威胁西藏地方政府割让墨脱的白马岗及门达旺以南地区，并派兵侵占了下察隅的瓦弄，遭到西藏当局及各界爱国人士的坚决抵制。1947年，英国驻拉萨代表处代表黎吉生[②]与达扎等亲英分子密谋，捕杀了热振活佛，并血腥镇压了西藏上层人士中的爱国力量。至此以后，西藏地方政府完全为分裂主义势力所控制。

1946年底，黎吉生鼓动噶厦说：国共正在内战，“如今正是搞西藏独立的大好时机”，[③]要噶厦派人参加即将召开的泛亚洲会议，以体现西藏是个

---

① 达扎·阿旺松绕（1871—1951），原是一个地位不高的小活佛，但因为是热振的经师，被选作摄政。

② 黎吉生（H.E.Richardson），又译里查逊、黎卡逊，英国人，1934年进入英国政府外交部，1936年来华，任英国政府驻西藏江孜商务官兼拉萨使团负责官员，1940年后在重庆担任印度驻华专员公署一等秘书，1944年回印度任职，1946年复任英国驻西藏江孜商务事务官兼拉萨使团负责官员，被称为“西藏通”，为英帝国主义侵略西藏的代表人物。

③ 桑颇·登增顿珠：《“西藏代表团”出席泛亚洲会议真相》，载《西藏文史资料选辑》第2辑，1984年2月版。

"独立的国家"。据此，噶厦派代表于1947年3月出席了在印度新德里召开的"泛亚洲会议"。会场上悬挂的亚洲各国国旗中，竟有西藏的"雪山狮子"旗；所挂的地图上，也把西藏置于中国疆界之外。这一有悖于外交公理的行为，遭到中国代表团的强烈抗议，使会议主持者不得不加以更正。印度方面被迫表示西藏代表是以尼赫鲁私人名义邀请的，会议并未邀请西藏官方代表参加。但是印度方面还是让西藏代表以一个"独立国家"的身份在会上致了词。

1947年印度独立后，印政府继承英国在西藏的殖民利益，继续推行英国对西藏的政策。原英国驻拉萨代表处改为印度驻拉萨代表处，黎吉生仍任代表，代表处的全体人员照旧供职。这一年冬天，帝国主义者支持西藏地方政府组成一个"商务代表团"，名义上是去美、英、法等国考察"商务"，实则是去各国游说"西藏独立"。为获得签证和外汇，代表团被迫到了南京，国民政府极力劝阻，而美英等国则让其驻香港总领事馆和驻华大使馆直接给代表团办理了入境签证。1948年7月，代表团到美国华盛顿，10月到伦敦，后经印度返藏。他们在美英期间，进行了一系列分裂祖国的活动，但是没有一个国家承认西藏是一个独立的政治实体。

近代以来，由于帝国主义的侵略和分裂主义势力的作用，西藏一度处在与祖国分离的边缘，但中国统一不可逆转的大趋势及中华民族统一的历史规律决定了西藏最终没有被从中国分离出去。不可否认，中央政府对西藏的统治和施政曾经存在缺陷，当中央政府的统治力受到削弱时，其对西藏施政、管理的能力受到限制，以致难以完全体现中央政府的意志。这突出表现在从辛亥革命到西藏解放前夕的近40年间，西藏地方对中央政府时断时续的离心倾向。这种状态的形成，固然与当时中国的国力和中央政府管理西藏的缺陷有关，但主要根源于帝国主义的入侵、挑拨和企图通过控制西藏来改变亚洲地缘政治的野心。再加上清末以来国家政局动荡，中华民族面临着帝国主义的入侵和瓜分的危险，清末和国民党中央政府对分裂主义势力日益坐大的放任，同时也缘于历代中央政府仅通过政教合一的封建农奴主地方政权统治西藏，缺乏牢固的民众基础。这一历史事实说明，在旧西藏社会里，虽然阶级矛盾是基本的，但在帝国主义侵略和国内各民族矛盾这一历史大背景下，西藏劳动人民还面临着帝国主义、封建农奴制度的双重控制和国内民族矛盾的影响，西藏上层统治集团尚能利用民族、宗教旗帜统治西藏人民。西藏社会阶级矛盾与民族、宗教问题交织在一起，国内各民族之间的隔阂又和统一与分裂的斗争交织在一起，形成了西藏问题极其特殊的复杂性。

西藏特殊的历史、地理和社会情况，成为中共中央、毛泽东主席指导解决西藏问题，制定解放西藏一系列特殊方针、政策的重要依据和决策背景。

第二章
解放西藏的决策和部署

1949年新中国成立前后，中共中央根据国际国内形势，审时度势，作出了解放西藏的重大决策。中共中央西南局、西北局、第二野战军暨西南军区、第一野战军暨西北军区迅速进行部署，各路进藏部队展开了进军西藏的各项准备工作。

第一节 解放前夕的西藏形势，中共中央关于解放西藏的决策

随着中国人民解放战争在全国的胜利推进，国民党政权在大陆的统治摇摇欲坠，全中国大陆的解放指日可待。早就觊觎西藏的帝国主义势力，加紧了策划"西藏独立"的步伐，图谋将西藏从中国分裂出去，纳入西方势力范围。较晚插手的美国，则想把西藏作为在冷战中遏制新中国的一个基地。

"驱汉事件"和"亲善使团"

1949年6月下旬，西藏噶厦在印度驻拉萨代表处代表黎吉生的精心策划下，发动了一次驱逐国民党政府蒙藏委员会驻藏人员等的"七八事件"。黎吉生诡秘地对西藏"外交局"局长柳霞·土登塔巴说："拉萨有很多共产党的人，留他们在这里，将来就会充当内应，把共军引进来"，并拿出了共产党人的名

① 土丹旦达：《关于和平解放西藏办法的协议签订前后》，载《西藏文史资料选辑》第1辑，西藏人民出版社1981年12月版，第30页。

单。[①]这一伪造的情报，使西藏上层惊恐不安。黎吉生还直接向达扎摄政进言："目前正值中国政局大变时期，你们要立即把汉人驱逐出拉萨，如不这样，势必会里应外合引进共产党"。于是，噶厦经过紧急商讨后，决定于7月8日由首席噶伦然巴·土登滚钦"召见"国民党政府蒙藏委员会驻藏办事处代理处长陈锡璋[①]，限令办事处及其下属单位人员必须在两周内离开拉萨，同时通知了国民党政府在广州的行政院。当时蒙藏委员会驻藏办事处及其下属的小学、电台、气象测候所等单位人员共有300余人，在藏军的威逼下，分批经亚东撤离出西藏。[②]这是一起明目张胆地策划"西藏独立"的严重步骤，史称"七八事件"。此时已迁至广州的国民党政府行政院立即发表声明："西藏地方当局，此项措施，无论于理于法，实多未合"。行政院同时致函噶厦：对此事"深为骇惋"，"希即撤销前议，迅速恢复中藏固有关系"[③]。

西藏当局断绝了同中央政府的电报联系，却同英国、印度保持着密切的邮电来往。国外从黎吉生的电报中获知拉萨发生"七八事件"后，英国路透社于7月27日称："英国从未承认中国所说的西藏是中国的一部分，并受中国统治的说法"。8月10日，美国合众社也说："西藏当局利用中国之困难，可能完全脱离中国名义上的宗主权。"西藏当局此举也是对中国人民革命胜利的公然挑战。

早在1949年4月，中国人民解放军发起渡江作战前后、蒋介石逃离南京时，美国共和党就大肆攻击杜鲁门总统"丢掉了中国"。美国当局出于内政的需要，一改以往明确表示西藏属于中国的态度，开始关注"西藏独立"问题。美国国务院远东事务司的露丝·培坎（RuthE·Bacon）发表政策评述说："一旦共产党在中国获得胜利，美国不应当继续认为西藏是在中国当局权力范围之内。"她主张立即派遣美国官员赴拉萨预先建立秘密联系。美国驻印度大使韩德逊赞同培坎的意见，催促这样的代表团尽快派出。[④]经美国驻印度大使馆与西藏噶厦官员夏格巴联系，美国哥伦比亚广播公司广播评论员劳威尔·

① 陈锡璋(1891—1963)，国民党政府蒙藏委员会驻西藏办事处官员，后任代处长，1944年8月至1949年7月在藏任职，著有《西藏从政纪略》。

② 《西藏从政纪略》，载《西藏文史资料选辑》第3辑，西藏人民出版社1984年版，第136页。

③ 国民政府行政院长阎锡山致摄政和噶厦函。存南京第二历史档案馆。

④ （加）谭·戈伦夫：《现代西藏的诞生》(汉文版)，中国藏学出版社1990年8月版，第134页。

托马斯（Lowell Tomas，又译汤姆斯）父子于8月进入西藏。他们同摄政达扎以及噶厦高级官员进行密谈，鼓动西藏建立有技术的游击队，接受技术训练和军事援助等。托马斯父子在西藏活动了两个月后返回美国，在机场举行的记者招待会上宣称："美国就要担负起维护西藏独立的责任"。托马斯很快受到杜鲁门总统的接见。后来他又向国务卿艾奇逊建议，要美国给西藏以更多的现代化武器，帮助他们抵抗进入西藏的中共军事力量。西藏地方当局因为有美国人的来访而受宠若惊，急切希望得到美国的支持和援助。11月19日，美国外交人员在新德里会见了噶厦官员索康和有权势的邦达仓家族的一位代表。索康告诉这些人说，美国是"最强大和最有力量的国家"，并且是西藏的唯一希望。①这样，美国就逐渐取代了英国，成为西藏分裂势力的主要支持者。

为加快扩军备战、改善藏军装备的步伐，西藏地方当局同印度政府联系，由印度派人来西藏探讨军援和扩军问题。9月，印度派其驻锡金政治专员达亚尔带着尼赫鲁致达赖喇嘛和摄政达扎的信函到达拉萨，与噶厦进行了具体磋商，确定了西藏噶厦向印度购买军火的种类和数量，计迫击炮40门、炮弹2万发、步枪和冲锋枪子弹两百万发。9月16日，西藏官员会议讨论通过了经噶厦和基巧堪布提出的具体扩军措施。主要内容是：扩建藏军1万人；成立军饷局，统一调拨各地积蓄的粮食；进一步加强与印度的关系；同印度签订新的条约等。在此前后，藏军已由11个团陆续扩充到16个团，主要兵力部署在金沙江西岸和藏北一线。西藏地方当局妄图以武力阻止西藏的解放。

1949年底至1950年初，噶厦在印度驻拉萨代表黎吉生的直接唆使策划下，决定派出几个"亲善使团"，分赴美、英、印度、尼泊尔等国，以寻求对其"独立"的支持和军事援助。1949年12月2日，在向美国派出的使团携带的西藏"外交局"写给美国总统杜鲁门的信中称："近来中国共产党称西藏是中国的一部分，并且已经占领了新疆、西宁以及西康等地。在此万分危急的时刻，我们派出堪穷土登桑杰、定甲·多吉坚赞前往贵国，请求得到贵国政府的援助。"② 西藏向其他国家派出的使团，也携带有同样措辞的信函。当

① 《美国对外关系史》1949年，第1980—1982页。载《现代西藏的诞生》，第137页。
② 西藏历史档案馆馆藏档案噶厦卷。

西藏地方当局正在同这些国家接洽联系的时候，英国路透社对外披露了这一信息。对此，中华人民共和国中央人民政府对西藏地方当局的非法行径当即予以严厉斥责。中国外交部于1950年1月20日发表声明指出：西藏是中华人民共和国领土，拉萨当局没有权利擅自派出任何“使团”，更没有权利去表明它的所谓“独立”；“中央人民政府将不能容忍拉萨当局这种背叛祖国的行为，而任何接待这种非法‘使团’的国家，将被认为对于中华人民共和国怀抱敌意。”[①]由于中国政府的严正立场，加之美、英等国考虑自身利益，因而均表示不接纳西藏的“使团”。这样，就使西藏赴英、美、尼泊尔的“使团”未能成行，只有赴印的“使团”秘密前往了新德里。

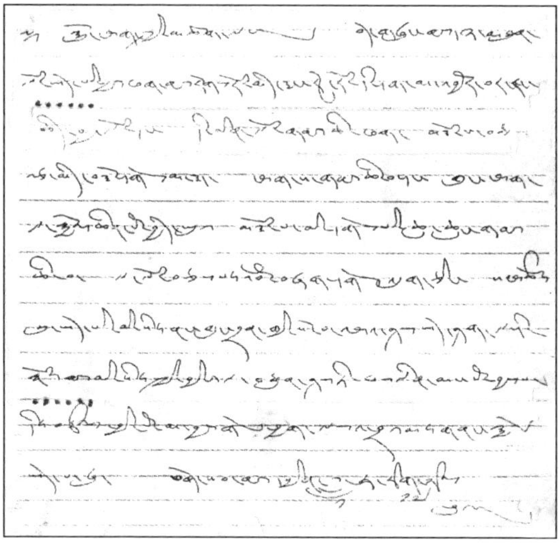

图为1950年1月17日福克斯致藏军总司令的藏文密函部分内容。

时任印度驻拉萨代表处电台台长的英国人福克斯[②]亦积极为西藏地方当局出谋献策。福克斯于1950年1月17日致函藏军总司令称：为了不使共军迅速前进，应当彻底破坏各条官道、大路、桥梁，还应在各个重要的阵地，能重创共军之地，没有桥梁的重要小河及山垭口处埋设地雷，查处煽惑公众的共军间谍等。藏军总司令立即复函福克斯表示感谢。福克斯在对西藏地方政府官员的谈话中，还详细策划了有关藏军编制、兵力部署、训练计划、军队装备、士兵给养、指挥安全等事宜，提出要噶厦派遣各级军官去印度接受军事训练，然后派往昌都等地担任指挥。[③]

① 《人民日报》1950年1月21日。

② 福克斯（Feginld Fox），英国人，曾先后任英国和印度在拉萨的代表处电台台长，在西藏居留十余年。

③ 《和平解放西藏》，西藏人民出版社1995年8月版，第244页。

帝国主义分子和西藏地方政府如此紧锣密鼓地策划“西藏独立”活动，严重地威胁中国领土主权的完整和西藏的安全。饱受帝国主义侵略之苦的中国人民包括藏族人民在内，绝不能容忍国内外反动势力分裂祖国的阴谋得逞。藏族爱国人士纷纷发表谈话、声明，对西藏当局勾结帝国主义的种种罪行表示极大的义愤，殷切盼望人民解放军早日解放西藏。

中国共产党授权新华社于9月2日发表《决不容许外国侵略者吞并中国的领土——西藏》的社论。社论在概述了百多年来西方列强对西藏的侵略过程之后指出：他们“妄想否认西藏是中国领土的一部分，这是侵略者在白昼说梦话。任何人找遍中外公开出版的地图和关于中国内政外交的文件也无法找出任何的‘根据’”。解放西藏“是中国人民、中国共产党和中国人民解放军的坚定不移的方针。任何侵略者如果不认识这一点”，“就一定要在伟大的中国人民解放军的铁拳之前碰得头破血流”。9月7日，《人民日报》又发表《中国人民一定要解放西藏》的署名文章，揭露帝国主义的阴谋，表明中国人民解放西藏的坚定立场，中国人民坚决反对分裂西藏的行径。

早在中华人民共和国中央人民政府宣告成立的前夕，新华社和《人民日报》针对“驱汉事件”发表社论和署名文章后，参加过长征的藏族干部桑吉悦希（天宝）于1949年9月8日在《人民日报》上发表文章，揭露西藏地方当局制造“驱汉事件”的阴谋，指出西藏是中国的

西藏全體同胞，準備迎接勝利的解放！
天寶（桑吉悦希）

1949年9月8日，《人民日报》发表天宝《西藏全体同胞，准备迎接胜利的解放！》的文章。

一部分，任何反动派阴谋出卖西藏，都将遭到西藏人民的反对而彻底失败。羁留青海的第十世班禅额尔德尼·确吉坚赞[①]，于10月1日致电毛泽东主席、朱德总司令称："西北已获解放，中央人民政府成立，凡有血气，同声鼓舞。今后人民之康乐可期，国家之复兴有望。西藏解放，指日可待。"12月2日，遭受亲英分子迫害而逃往内地的原西藏摄政热振活佛的近侍堪布益西楚臣，到青海西宁向人民解放军控诉帝国主义者破坏西藏内部团结的罪行，要求迅速解放西藏。著名藏传佛教大师喜饶嘉措在西安发表谈话，谴责帝国主义策划拉萨当局进行所谓"独立"的阴谋。1950年2月，西康省藏族知名人士甘孜白利寺格达活佛、康北玉隆地区大头人夏克刀登和康南巨商邦达多吉派出的代表到达北京，向中央人民政府毛主席致敬，倾诉藏族同胞迫切要求解放的热望，表示将像当年支援红军北上抗日那样支援人民解放军进军西藏。

中共中央关于解放西藏的决策

中共中央、毛泽东主席根据国际国内和西藏形势，高瞻远瞩地考虑了解放西藏的时机和策略问题。

早在1949年2月4日，毛泽东在河北省平山县西柏坡村与来访的苏联共产党中央政治局委员米高扬谈话时就指出：中国"大陆的事情比较好办，把军队开去就行了。""西藏问题也并不难解决，只是不能太快，不能过于鲁莽，因为：(一)交通困难，大军不便行动，给养供应麻烦也较多；(二)民族问题，尤其是受宗教控制的地区，解决它更需要时间，须要稳步前进，不应操之过急。"[②]

随着解放战争的节节胜利，中共中央对解决西藏问题的考虑和筹划也逐渐明晰具体。8月6日，毛泽东在给第一野战军司令员兼政治委员彭德怀的电报中指出："班禅现到兰州，你们攻兰州时请十分注意保护并尊重班禅及甘青境内的西藏人，以为解决西藏问题的准备。"[③]9月26日，人民解放军总司令朱德在中国人民政治协商会议上做出三项庄严的保证，其中第一项就是保证

---

① 班禅额尔德尼·确吉坚赞（1938—1989），青海省循化县文都乡人，幼名宫保慈丹。第九世班禅额尔德尼·曲吉尼玛园寂后，于1941年被选为转世灵童，1949年6月经国民政府批准为第十世班禅额尔德尼，8月在西宁塔尔寺举行了坐床典礼。

② 师哲：《在历史巨人身边》，中央文献出版社1991年12月版，第380页。

③《毛泽东西藏工作文选》，中央文献出版社、中国藏学出版社2001年5月版，第1页。

解放包括西藏、台湾在内的全部领土，完成中国统一大业。10月1日，中华人民共和国成立，人民解放军总部又向全军发布命令："迅速肃清国民党反动军队的残余，解放一切尚未解放的国土。"10月10日，毛泽东电示正向新疆进军的一野一兵团司令员王震："你们的进军任务，包括出兵西藏，解放藏北。"[①]10月13日，毛泽东关于西南、西北作战部署的电报中，正式明确"经营云、贵、川、康及西藏的总兵力为二野全军及十八兵团，共约六十万人。西南局的分工是邓（小平）刘（伯承）贺（龙）分任第一第二第三书记，贺为(西南)军区司令员，邓为政治委员，刘为西南军政委员会主任（后正式名称为主席）。"[②]

11月23日，毛泽东、朱德回复班禅10月1日的来电时明确表示：中央人民政府和中国人民解放军必能满足西藏人民要求早日解放的愿望。[③]

由于西北地区的陕西、甘肃、宁夏、青海、新疆在10月底前全部解放，战争已经结束，而解放西南的战役正在激烈地进行中，加上从青海去西藏的道路比较平坦，班禅行辕又在青海等原因，毛泽东考虑改由西北局为主担负解放西藏的任务。11月23日，毛泽东致电彭德怀指出："西藏问题的解决应争取于明年秋季或冬季完成之。就现在情况看来，应责成西北局担负主要的责任，西南局则担任第二位的责任。因为西北结束战争较西南为早，由青海去西藏的道路据有些人说平坦好走，班禅及其一群又在青海。解决西藏问题不出兵是不可能的，出兵当然不只有西北一路，还要有西南一路。故西南局在川康平定后，即应着手经营西藏。"[④]

1949年12月，毛泽东主席赴苏联访问，在途经满洲里时，给中共中央并西南局写了一封信。此信的大意是，印、美都在打西藏的主意，解放西藏的问题要下决心了，进军西藏宜早不宜迟，否则夜长梦多。

彭德怀接到毛泽东11月23日的电报后，即派野战军政治部联络部部长范明[⑤]对西藏情况和入藏路线进行调查。一月之后，范明交出一份调查报

---

① 《中国共产党西藏历史大事记》(1949—2004)，中共党史出版社2005年版，第4页。

② 《毛泽东军事文集》第六卷，军事科学出版社、中央文献出版社1993年12月版，第24页。

③ 《毛泽东西藏工作文选》，中央文献出版社、中国藏学出版社2001年5月版，第3页。

④ 《毛泽东西藏工作文选》，中央文献出版社、中国藏学出版社2001年5月版，第4页。

⑤ 范明，陕西临潼人，1914年生，1932年加入共青团，1938年转入中国共产党。抗日战争时期，被派往国民党第十七路军三十八军任地下的中共工委委员、该军教导队队长、搜索连连长。解放战争时期任西北局统战部处长、骑兵师政治部主任、第一野战军联络部部长。进藏时任西北西藏工委书记、十八军独立支队司令员。

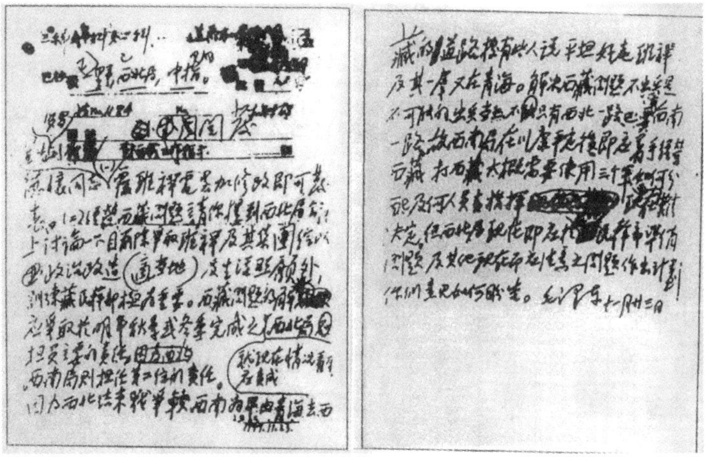

1949年11月23日毛泽东关于解放西藏问题给彭德怀的电报。

告。[①]彭德怀据此于12月30日报告中央并毛主席：据调查由青海、新疆入藏困难甚大，难以克服。由打箭炉分两路：一路经理塘，科麦。一路经甘孜，昌都。两路入藏，较青、新二路为易。如入藏任务归西北，须在和田、于田、玉树屯垦囤粮，修筑道路，完成入藏准备需要两年。且由南疆入后藏，及由大河坝入前藏，二路每年只有四个月（五月中旬至九月中旬）可通行，其余八个月，因大雪封山，不能行动。另兰州、西宁两处，现有约三百人的藏民训练班，如入藏归西南军区担任，藏民训练班将来可能争取部分送二野随军入藏。[②]

毛泽东收到彭德怀的电报后，当即于1950年1月2日由莫斯科致电中共中央、彭德怀并转邓小平、刘伯承、贺龙，将进军西藏的任务赋予西南局。电报内容如下：

“(一)德怀同志十二月三十日关于西藏情况及入藏路线的电报业已收到阅悉。此电请中央转发刘、邓、贺三同志研究。

(二) 西藏人口虽不多，但国际地位极重要，我们必须占领，并改造为人民民主的西藏。由青海及新疆向西藏进军，既有很大困难，则向西藏进军及经营西藏的任务应确定由西南局担负。

---

① 《班禅进藏》，载《解放军报》1995年1月4日。

② 《毛泽东西藏工作文选》，中央文献出版社、中国藏学出版社2001年5月版，第7页注3。

（三）既然由西北入藏每年只有五月中旬至九月中旬共四个月时间可以通行，其余八个月大雪封路不能通行，则由西康入藏之时间恐亦相同。而如果今年五月中旬至九月中旬不向西藏进军，则须推迟至一九五一年才能进军。我意如果没有不可克服的困难，应当争取于今年五月中旬开始向西藏进军，于十月以前占领全藏。为此，建议：〈甲〉请刘、邓、贺三同志于最近期内（例如一月中旬）会商一次，决定入藏的部队及领导经营西藏的负责干部等项问题，并立即开始布置一切；〈乙〉迅即占领打箭炉，以此为基地筹划入藏事宜；〈丙〉由现在（一月上旬）至五月中旬以前共三个半月内，被指定入藏的军队，应争取由打箭炉分两路，推进至西康、西藏的接境地区，修好汽车路或大车路，准备于五月中旬开始入藏；〈丁〉收集藏民，训练干部；〈戊〉闻西藏只有六千军队，而且是分散的，似乎不需要我在上次电报中提议的三个军，而只需要一个充足的军或四个师共约四万人左右的兵力，即已够用，惟需加以特殊政治训练，配备精良武器；〈己〉入藏军队可定为三年一换，以励士气。

（四）进军及经营西藏是我党光荣而艰苦的任务。西南刚才占领，西南局诸同志工作极忙，现又给以入藏任务，但因任务重要，且有时间性，故作如上建议。这些建议是否可行，请西南局筹划电复为盼。”①

毛泽东及时转换了进军西藏的战略部署，将进军西藏的主要战略方向由西北转向西南，将西北局担任进军西藏的任务转交给西南局。一场举世瞩目的历史壮举，由此拉开了序幕。

第二节　西南局、第二野战军、西南军区对解放西藏的部署

刘伯承、邓小平看到毛泽东1950年1月2日来自远方的电报后，对毛主

① 《毛泽东西藏工作文选》，中央文献出版社、中国藏学出版社2001年5月版，第6页。

席解放西藏的迫切心情和决策意图心领神会，立即缜密研究了贯彻执行这一重要指示的意见，并于1月7日[①]上报毛主席、党中央，同时发给当时尚在成都的贺龙。电报内容如下：

“一、毛主席及德怀同志关于西藏问题的两电均收到。经我们考虑后，完全同意于今年即九月占领全藏。根据敌情，尤其交通经济条件说来，在兵力派遣上先以一个军去，惟在开辟时，则准备以另一个师给予加强之。在康藏两侧之新青两省及云南邻界，各驻防兄弟部队如可能时予以协助。

二、拟定以二野之十八军担任入藏任务，以张国华[②]为统一领导的核心，已指令该军集结整训，并召张及各师干部速来重庆受领任务，解决进军西藏中的运输诸问题。

三、拟请由十八兵团在经营西康之部队中指定一个师随同十八军先期进入西康之西部。如需要时，则由张国华统一指挥参加藏东作战，任务完成后，随即归还西康。

以上意见是否可行，请中央毛主席及贺龙同志审核。”[③]

刘、邓在向中央发出这个电报的同一天，即电令“十八军主力集结乐山、丹棱地区整训待命。张国华及每师一个负责同志速来重庆受领新任务”。参加了成都战役的第十八军指战员刚刚走出硝烟弥漫的战场，正按照上级原定部署向川南开赴途中，接到刘、邓电令后，立即原地停止待命。

决定由哪个部队担任进军西藏任务，西南局是经过周密考虑的。到底由哪个部队进军西藏好，刘伯承、邓小平、张际春（副政委）、李达（参谋长）诸首长曾进行过多次研究。当时，着重考虑了两个问题：第一是从哪个方向进去？从地理上看，西北进藏道路比较方便，历史上军队也多从这个方向进

① 中央文献研究室核定为1月8日。

② 张国华（1914—1972），江西省永新县人，1929年3月上井冈山参加红军，1930年加入共青团，1931年转为中国共产党党员。历任司号员、班长、干事、政治指导员、连长、总支书记、团政委、红一军团政治部巡视团主任、八路军一一五师话剧社社长、直属队政治处主任、军分区政委、中共（微山）湖西区党委书记兼军区政委，冀鲁豫军区之军分区政委兼地委书记，晋冀鲁豫野战军第七纵队副政委，豫皖苏军区司令员，领导、开辟和巩固了豫皖苏解放区。1949年2月任第十八军军长。

③《邓小平军事文集》第二卷，军事科学出版社、中央文献出版社2004年7月第1版，第276页。

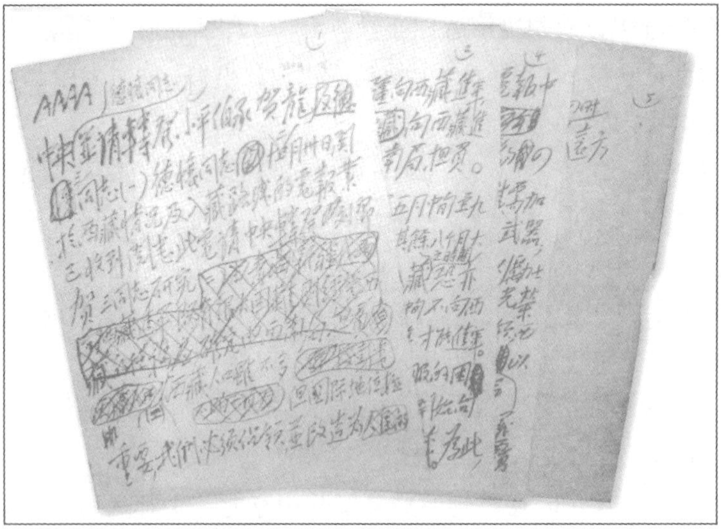

1950年1月2日，毛主席在莫斯科给中共中央和彭德怀、邓小平、刘伯承、贺龙发电报，确定进军西藏和经营西藏的任务改由西南局担任。这是毛主席电报手稿。

藏，但物资支援有困难；另一个方向是从西南进藏，物资支援比西北好，道路艰险，也可以走。清末赵尔丰经营川边，钟颖率川军进驻拉萨，都是从西南进去的。所以，从西南进军虽有很多困难，但是可行的。第二是选择哪个部队担任这一重大任务？经过反复研究，刘伯承、邓小平同时想到了十八军。认为十八军军长张国华比较年轻，既当过军事指挥员，又做过政治工作和地方工作。在解放战争时期，屡挫数倍强敌之进攻，开辟和巩固了豫皖苏解放区，对转入战略反攻和实施淮海决战起了重要作用。故决定由张国华率部队进军西藏是适当的。在部队组成上，考虑各部队都已进到指定位置，正在“安家”，是从各兵团抽调三个师组建进藏部队，还是十八军全军执行进藏任务？西南局决策层认为：进军西藏时间紧迫，任务艰巨，前者不利于统一指挥；特别是在进藏初期部队要起军政府的作用，要建党建政，要开展地方工作，要搞生产建设。十八军这支部队英勇善战，作风顽强，在军、师领导层中，有一大批老红军、老八路、老新四军干部，能够承担起这一重大任务。这样，进军西藏这一光荣而又艰巨的历史使命，最后落在十八军肩上。

刚刚由北线进到成都的西南军区司令员贺龙，得知西南局、第二野战军受领了进军西藏的任务后，立即着手对西藏情况的调查工作。他邀请华西大学教授李安宅、副教授于式玉、四川大学教授任乃强和法尊大师谢国安等①组织对康藏问题有研究的专家学者开座谈会，对进藏道路、西藏政治、经济、民族、宗教、军事及气候等情况，进行了初步的调查研究，还请任乃强绘制了康藏地区地图，由二野司令部测量队印发给进藏部队。1月10日，贺龙就进藏路线、藏军力量、康藏气候以及宗教等问题，写出详细报告，上报党中央、毛主席。报告最后在分析了达赖与班禅的历史地位和相互关系后建议："对宗教问题处理得适当与否，是一个决定的关键，因而要十分慎重。一般的见解是前方派赴易，后方勤务难；军事收拾易，政治收拾难。国民党在康藏所以失败，即由于对其内部宗教问题处理得不好，绝非捧一个在外的班禅所能决定的。英国的势力能够伸张进去，也是从宗教问题着手的。"②

尚在苏联访问的毛泽东接到西南局的电报后，即于1月10日从莫斯科致电中共中央并转刘、邓、贺及西北局，就进军和经营西藏问题作出进一步的指示：

"（一）完全同意刘、邓一月七日电之进军西藏计划。现在英国、印度、巴基斯坦均已承认我们，对于进军西藏是有利的。

（二）按照彭德怀同志所称四个月进军时间是从五月中旬算起，则由一月中旬至五月中旬尚有四个整月的准备时间（我前电写成三个半月是写错了）。只要刘、邓、贺加紧督促张国华及十八军等部，在时间上是来得及的。

（三）经营西藏应成立一个党的领导机关，叫什么名称及委员人选，请西南局拟定电告中央批准。这个领导机关应迅即确定，责成他们负责筹划一切，并定出实行计划，交西南局及中央批准。西南局对其工作则每半月或每月检查一次。第一步是限于三个半月内完成调查情况，训练干部，整训部队，修筑道路及进军至康藏交界地区。有些调查工作及干部集训工作，需待占康藏

---

① 李安宅（1900—1985），河北迁安人，北平燕京大学毕业，曾任教于美国哈佛大学，英国剑桥大学，后任四川华西大学社会学系主任，著名藏学专家。

于式玉（1904—1969）山东临淄人，李安宅夫人，早年求学于日本，长于民族、宗教文化研究。

任乃强（1893—1989），四川南充人，四川大学教授，康藏史地专家，著名藏学家。

谢国安（1887—1966），又名智慧保罗，四川甘孜人，幼年即到西藏学习佛教经文，后曾到印度、尼泊尔研究佛教。20世纪40年代在四川大学华西研究所，从事佛教研究工作。

② 《贺龙军事文选》，解放军出版社1989年2月版，第464—465页。

边界后才能完成，并为促成康人内部分化起见，务希于五月中旬以前占领康藏交界一带。

（四）关于西北局方面应协助之事项，请西南局与西北局直接遇事商定，并请西北局筹划各项应当和可能协助之事项，指导所属妥为办理。”①

十八军担任进军西藏任务后，第二野战军于1月10日电告第五兵团：十八军直属野司指挥，脱离五兵团建制。②

1月10日，张国华、谭冠三乘船由泸州到达重庆，立即受到刘伯承的接见。刘司令员询问了部队简要情况后，即传达了党中央、毛主席对进军西藏的决策和西南局、第二野战军的决定。刘伯承强调指出，解放西藏“是一个非常重要、非常艰巨、非常光荣的任务”。张、谭完全明白这三个“非常”的分量，当即坚定地表示“坚决完成任务”。

在张、谭到达重庆几天后，军参谋长陈明义率供给部长赖荣光、卫生部长陈致明、五十二师政委刘振国、五十二师副师长陈子植、五十三师师长金绍山、五十四师师长张忠到达重庆。

1月15日，刘伯承、邓小平、张际春、李达在重庆曾家岩西南局住地接见十八军军、师主要领导干部，传达了党中央、毛主席的指示和西南局的决定。

刘伯承说：“毛主席命令今年进军西藏，是根据国内外形势确定的。从政治上看，现在英国、印度、巴基斯坦均已承认我们，对于进军西藏是有利的。但是，美、英等国都在打西藏的主意，故进军西藏宜早不宜迟，否则夜长梦多。解放西藏是完成祖国大陆统一的最后一役，是党的一项光荣而又艰巨的事业，十八军担任这一任务是极其光荣的。你们都很年轻，相信你们一定能够完成进军西藏任务。”刘伯承还指出，进军西藏，经营西藏，要由民族团结入手，重视经济问题的解决，经济问题也可能引起政治问题。

邓小平指出：“解放西藏有军事问题，需要一定之军事力量，但军事与政治比较，政治是主要的。从历史上看，对西藏多次用兵未解决，而解决者多靠政治。”“政策问题极为重要，主要是民族区域自治，政教分离，团结达

---

① 《毛泽东西藏工作文选》，中央文献出版社、中国藏学出版社2001年5月版，第9页。
② 当时第二野战军之下编三个兵团，第十八军属于第五兵团建制。

1950年1月15日，刘伯承、邓小平在重庆接见十八军军、师主要领导，传达中共中央的指示和西南局的决定，同时上报了以张国华为书记、谭冠三为副书记的中共西藏工作委员会名单。图为刘伯承、邓小平在重庆。

（赖）、班（禅）两派。”邓小平特别强调：“解放西藏，要靠政策走路，靠政策吃饭”，“军事、政治协同解决。同时，（还必须）解决（好）补给（问题），解决公路（问题）。”[①]这些思想，后来西南局概括为“政治重于军事，补给重于战斗”的方针。

张国华和谭冠三[②]在刘、邓首长下达进军西藏任务之后，立即代表全军

① 刘伯承、邓小平谈话的记录稿，原件存解放军档案馆。

② 谭冠三（1908–1985），湖南耒阳人。大革命时期参加农民运动和武装斗争，1926年6月加入共青团，12月转为中共党员。任区苏维埃政府秘书长，党团书记，赤卫队队长。参加秋收起义和湘南暴动。1928年3月跟朱德，陈毅上井冈山，任红四军军需处文书，后随毛泽东参加历次反“围剿”作战，参加长征。历任纵队宣传科长，师政治训练队长，团政委，红一军团巡视团主任。到陕北后任红十五军团八十一师团政委、参加东征、西征战役。抗日战争和解放战争期间，任抗大俱乐部主任、秘书科长、冀中军区（兼第三纵队）政治部副主任、冀中第一军分区政委、南进支队政委，冀中纵队、第三纵队政治部主任，豫皖苏区第八地委书记兼军分区政委、第二野战军第十八军政委，跟随刘伯承、邓小平参加淮海、渡江和解放大西南等重要战役。新中国成立后，受命与张国华率十八军进军西藏、解放经营西藏。历任中共西藏工委副书记、西藏军区政委、中共西藏工作委员会第二书记、中共西藏自治区委员会书记处书记、西藏第一任政协主席。最高人民法院第一副院长，成都军区顾问。

将士坚决地愉快地接受下来。当刘伯承、邓小平询问进军西藏有何困难时，张国华说：全军最担心的是粮弹接济，只要粮食有保障，其他任何困难，均有信心克服。刘司令员表示：西南局、二野当采取一切措施，保障运输补给。但在领导思想上，要有饿肚子的准备，一个军在高原上前出几千里，要保证不饿肚子是非常艰苦的工作。邓政委要求军师干部深刻认识解放西藏的伟大意义，做好思想动员工作，发扬人民军队英勇顽强、艰苦奋斗的光荣传统，从思想上、组织上、工作上做好充分准备，保证完成进军西藏的任务。

1月18日，西南局向中央军委报告有关进军西藏的大体安排："十八军经营（西藏）的问题，则是我们当前极大的战略问题，也是该军在思想上一个极大的转折问题，但在我们与其师以上干部说明任务和我们决心全力支援进军的情况下，大家都愉快地接受这一光荣任务。"同日，由邓小平起草了关于进军西藏部署并成立中共西藏党的领导机构向中央的报告，报告中说："我们近日召集十八军师以上干部来重庆，讲清入藏任务并商谈具体准备，大家对此光荣任务的接受，尚称愉快。我们大体确定于二月底完成准备，三月初出动，三月底主力集结甘孜地区，四月底集结德格地区，五月间占领昌都"，"占领昌都就会震动全藏，促进内部分化"。"再者，关于西藏党的组织，我们拟成立西藏工作委员会，以张国华（军长）、谭冠三（军政委）、王其梅（军副政委）、昌炳桂（副军长）、陈明义（军参谋长）、刘振国（军政治部主任）、天宝（藏族干部、全国政协代表）等七人为委员。张国华任书记，谭冠三任副书记。请予审查批示。"①

中共中央于1月24日复电批示："同意即成立西藏工作委员会，以张国华为该委员会书记、谭冠三为副书记，再加王其梅、昌炳桂、陈明义、刘振国、天宝为委员。此外请西北局考虑是否还有其他人可以加入此委员会，望西北局提出意见"。②

至此，由第十八军担负进军西藏部队的主力，以张国华为统一领导核心的中国共产党西藏工作委员会（简称西藏工委）的组建，均经中共中央批准，

---

①《邓小平军事文集》第二卷，军事科学出版社、中央文献出版社2004年7月第1版，第281－282页。

②《西藏工作文献选编》，中央文献出版社2005年9月版，第11、12页。

确定了下来。

进军西藏、经营西藏任务确定之后，配备干部，调整组织是首要的工作。西藏工委、十八军党委提出补充干部的要求，西南局、西南军区①都尽量予以满足。首先是配齐军领导班子。1950年1月初，宣布经中央军委批准的第五十三师政委王其梅升任军副政委、第五十二师政委刘振国升任军政治部主任。时任二野司令部作战处处长的李觉主动要求参加进军西藏，回到老部队工作。刘、邓于1月21日报军委批准，李觉任十八军第二参谋长，后来又为西藏工委委员。原豫皖苏军区宣传部部长乐于泓在部队渡江后留在南京市筹建总工会。张国华建议调其进藏做外事工作，得到军委同意。乐于泓1935年在青岛作地下工作时被捕入狱，受尽敌人摧残，进藏前检查身体，发现左肺已经干瘪。西南局组织部不同意其进藏，但乐于泓态度坚决，最后决定让其试一试。李安宅、于式玉夫妇和谢国安等专家教授年纪都已五六十岁。他们放弃在内地相对较好的生活条件，乐于到艰苦的西藏工作，其精神令人十分敬佩。

进军西藏急需大量藏族干部，但当时藏族干部数量极少。中央军委根据西南局的要求，立即在全军进行物色：除已选调红军长征时在四川阿坝地区参军、后在内蒙古伊克昭盟骑兵大队任政委的天宝外，又将在阿坝地区参加红军、时在安徽滁州军分区任科长的杨东生（协饶顿珠）调到西藏工委工作。不久，西南局又批准原西康巴塘地下党组织负责人平措旺阶②调西藏工委工作。另从西南军区部队和地方的通信、机要、医疗、外事、公安等专业部门，对口调来一批干部，到西藏工委和十八军工作。

进军西藏的物资运输保障任务异常繁重艰巨。西南局、西南军区以最大决心，力求这一任务圆满完成。1月22日，刘、邓、张、李初步拟定了《关于进军西藏各项准备工作实施计划》，在向中央军委上报的同时，立即开始实施。

2月1日，西南军区支援司令部在重庆成立。十八军副军长昌炳桂任司

① 西南军区宣布成立时间是2月22日，但在2月初已正式行文。第二野战军番号逐步停止使用。

② 平措旺阶，藏族，1922年出生于西康（现四川）巴塘，1949年秋在滇西北参加中国共产党，不久返回家乡巴塘，建立起中共康藏边工委——巴塘地下党，并建立了东藏民主青年同盟，任工委书记兼盟委书记，1950年3月，平措旺阶到达重庆向西南局汇报情况后，被批准为中共西藏工委委员、西南军政委员会委员。

令员，三兵团后勤部部长胥光义任副政治委员，二野司令部军政处副处长何雨农任参谋长。7日，支援司令部到达新津，以此作为支援基地迅速展开运输物资、抢修公路的工作。西南军区后勤部立即拨给两个汽车团、一个汽车队（共有汽车800辆）、两个辎重大车团、一个辎重驮骡团。同时组成第十八兵团工兵师，连同二野工兵二团共四个工兵团，一并归支援司令部指挥，抢修公路。

兵马未动，粮草先行。为实现进军西藏计划，首先要确保部队必要的物资补给。此时公路仅通车雅安。雅安以西直到甘孜，国民党政府在20世纪40年代曾修建过公路，试通车后即告中断。原有200余座大小桥梁，多为山洪冲毁，桥墩、桥台所剩无几，路面、路基也多塌陷。西南局、西南军区决心克服一切困难，争取尽快建成雅安至甘孜段公路。除十八兵团工兵师（该师师部不久即整编为西南军区工兵司令部）的几个团全力抢修外，西南军政委员会公路局也组建两个工程大队负责抢修桥梁。

据当时了解，雅安、康定、营官寨、甘孜均有简易机场。后经实地勘察，都不能使用。西南军区考虑必要时以空运空投应急补给进藏部队，除请求中央军委空军派专人来解决通信、气象、地勤诸项设备外，即着手筹组军区空

“政治重于军事，补给重于战斗”。进藏部队供应十分困难。空军航运大队接受了为前出部队空投食物的命令。这是飞行员在研究向康定、甘孜空投的航线。

军指挥机构，集中有关人员、器材，以缴获的两架国民党军用飞机，加上从华北军区调来的几架飞机，组建西南空运大队，并以新津机场为基地，进行空运、空投的准备，担负向康定、甘孜等地空投任务。

此时，全国刚刚解放，百废待兴，国民经济正在恢复，西南地区财政十分困难。但西南局、西南军区为了保证部队向西藏进军，决心尽最大可能解决进军所需的粮食、被装、副食品、药品以及军械装备等物资。粮食，指定由川西地区负责筹集；各种副食品，由军区后勤部军需部派专人研究，以黄豆、大麦、小麦、花生、奶油等原料配制成代食粉，以面粉、白糖、食盐、猪油、奶油、鸡蛋、酵母等原料制作成饼干，以便在部队不能举火时食用；还以蛋粉、白糖、精盐、淀粉、味精等原料制成蛋黄腊佐食，并增发维生素C片。军区卫生部派专门人员调查了解康藏地区发病特点，及时调整增发医治高原不适应症的药品。还规定部队进入高原后，可以适当购买当地牛羊肉和酥油等食物。这些都是保证指战员身体健康的重要措施。为了解决适应高原地形、气候特点的行军作战被装，西南军区领导机关派人赴全国各地，特别是上海、天津、重庆、东北、西北等工业区，组织研究、设计、采购、定制。为进军西藏的指战员每人配发胶鞋、单衣、皮大衣、皮衣裤、高腰毛皮靴、毛毡裹腿、皮帽、皮手套、毛袜、包脚布、加厚的绒衣棉被、丝棉背心、风镜、雨衣和防潮垫布等，为团以上干部每人发行军床一张（后未完全做到）。因康定以西气候严寒，村庄稀少，主要需露营，故特制了小方块组合帐篷5000顶（既可作雨披，又可组合成帐篷），配制骡马防寒头罩、汽车保暖罩与解冻剂等等。

为适应高原地区行军作战要求，改善了部队武器装备，把老式的、笨重的武器换成比较新式和轻便的武器。确定每班配轻机枪1挺，每连配60迫击炮3门。每营重机枪连的6挺水冷式重机枪改为轻型的气冷式重机枪。迫击炮连只留两门迫击炮，另配4门57无后座力炮。军炮兵营改为一个山炮连（炮3门）、两个步兵炮连（炮各4门）。班长一律配汤姆式冲锋枪。排长及机关工作人员均配卡宾枪或各式手枪。全军步兵一律配中正式步枪。这些武器，除由重庆的兵工厂赶制外，均由第二野战军各军选调解决。1月13日，刘、邓、张、李电示第二野战军各军支援十八军进藏，决定从每个军抽调千匹骡马，组成辎重团；第三兵团各军共选调精壮新解放战士9000名，调92步兵炮12门，卡宾枪、汤姆式冲锋枪各300支。新任十八军第二参谋长李觉于2月22日赴任时，带着一个60余人的测量队及30辆满载新出厂的无后座力炮、重机枪和各式电台等武器装备的汽车队，由重庆到达乐山。

2月15日，西南局、西南军区、第二野战军联合发出了《解放西藏进军政治动员令》。动员令要求进军部队全体共产党员及指战员做到：

（一）深刻认识解放西藏进军的伟大政治意义，勇敢担负这个光荣的任务。从思想上、组织上、工作上作好充分准备。发扬人民军队英勇奋斗、艰苦奋斗的光荣传统，发扬阶级的团结友爱互助精神，服从指挥，执行命令，坚决完成进军中的每一任务。

（二）帮助康藏人民从压迫与落后的困苦环境中解放出来。忠实正确地执行共同纲领规定的团结友爱互助的民族政策，尊重少数民族的宗教信仰和风俗习惯，严格执行三大纪律八项注意和约法八章①，深入进行调查研究和宣传工作，学习当地语言，了解当地人民生活情况，关怀当地人民的疾苦，并积极地帮助他们解除疾苦和困难。

（三）在解放西藏进军的同时，每一个指战员必须树立长期建设西藏的思想和决心。在进军中必须尽量爱惜节省人力物力，积极修路发展交通建设。在军事行动一经停止之后，就需要大力发展西藏的经济政治文化建设，发展生产建设事业。巩固保卫祖国西南边疆，与西藏人民一块共同建设民主繁荣的西藏，使自由幸福文明的花朵，开遍祖国边疆！

2月22日，中国人民解放军西南军区宣布正式成立。贺龙任司令员，邓小平任政治委员。第十八军即直接归军区指挥。贺龙主管进军西藏工作，他在听取支援进藏情况汇报后，立即表示："后勤机关要给进藏部队最好的装备，最好的骡马。""他们需要什么，只要办得到，就尽量满足他们的要求"。

① 约法八章的主要内容是：保护全体人民的生命财产，严惩反革命分子和其他破坏分子；保护民族工商农牧业；没收官僚资本；保护一切公私学校、医院、文化教育机关、体育场所和其他一切公益事业；除怙恶不悛的战争罪犯和罪大恶极的反革命分子外，国民党大小官员和公务人员必须各安职守，服从命令，听候接收处理，违者予以惩办；一切散兵游勇，均应就地投诚缴械，违者逮捕查究；发展农业生产，有准备有步骤地废除封建土地所有制，逐步改善人民生活；保护外国侨民生命财产安全，侨民违法者予以制裁。这个约法八章，载于1949年4月25日发布的《中国人民解放军布告》中。见《毛泽东选集》第四卷，人民出版社1991年版，第1457—1459页。

贺龙与西南军区副参谋长张经武等检查验视了为进藏部队配备的新式武器，还亲自视察军需生产部门为进藏部队设计、制作的服装、用具样品，亲口品尝进藏部队途中食用的饼干等。②

西南局、西南军区对进军西藏部队无微不至的关怀，西南广大军民的大力支援，增强了部队指战员完成进军西藏任务的信心。

第三节 十八军的进军思想动员和组织工作

担负进军西藏、经营西藏的部队主力——中国人民解放军第十八军，系1949年2月18日以豫皖苏军区机关、部队和中原野战军第一纵队第二十旅合编组成。下辖三个师：五十二师（辖一五四、一五五、一五六团），师长吴忠、政委刘振国；五十三师（辖一五七、一五八、一五九团），师长金绍山、政委王其梅；五十四师（辖一六〇、一六一、一六二团），师长魏洪亮、政委罗野岗；渡江作战后，魏、罗调走，张忠任师长、惠毅然任副政委。军直属分队有警卫、侦察、通信、工兵、炮兵、辎重6个营。全军总实力29683人。十八军在河南省鹿邑县吴台庙成立后，即参加了渡江作战，出击浙赣线，后又参加了湘赣、衡宝战役和进军大西南。1949年12月参加成都战役后，全军实力已增至36000余人。

五十二师：1945年10月10日由冀鲁豫军区二军分区三团、五团、三军分区九团组建为冀鲁豫军区独立第二旅，当年11月编入晋冀鲁豫野战军第七纵队，改称二十旅，所属三个团依次改称六十团、五十八团、五十九团。1947年改为第一纵队二十旅。所辖的三个团都是在抗战烽火中诞生、成长、壮大的，在创建、巩固与扩大冀鲁豫根据地的斗争中作出过重大贡献。其中一五

② 李达：《贺龙同志在西南》，见《人民日报》1979年6月6日。

五团（五十九团）是1938年1月在中共山东省委领导下，以共产党员为核心，以农民、工人、知识分子为主体创建的抗日武装。不久即编入一一五师三四三旅（教导第三旅）建制。在抗日战争中打过无数次战斗，战果累累。特别是1940年脱离主力，在敌后积极配合地方武装，打击日伪军，创建了山东巨（野）南抗日根据地，被冀鲁豫军区授予“群众工作模范团”的称号。一五四团有两个红军连，在战争中发扬红军精神，打了不少硬仗，为团队战斗力的增长作出重大贡献。解放战争中该师战功卓著，在巨野、济宁、陇海、定陶、龙凤、滑县、巨金鱼等一系列战役中，出色地完成了作战任务，特别是攻打吕庄、章缝集、巩堂等惊心动魄的战斗中，与国民党王牌军打得惨烈，打得坚决，打得巧妙，歼灭了敌人，誉载解放军战史。在渡黄河遂行鲁西南战役、千里跃进大别山、转战中原、淮海战役、渡江南进、解放大西南、追歼宋希濂等作战中，成为一支钢铁雄师。

五十三师：1938年10月由中国共产党著名将领彭雪枫率领的一支373人的部队挺进豫皖苏敌后发展起来的一部分。1941年2月编为新四军四师十二旅。1945年10月底，十二旅三十四、三十五团由淮北津浦铁路以东，开赴津浦铁路以西，接替十一旅兼淮北第二军分区，不久改编为华中军区第八军分区。1946年12月，十二旅与冀鲁豫军区第六军分区之第三十团合并组成豫皖苏军区独立旅，成为开辟豫皖苏解放区的骨干武装。在军区直接指挥和分区及县、区武装的配合下，于1947年1至8月在敌后独立坚持游击战争期间，独立旅行程7000华里，歼敌7000余人，攻克城镇21座次，为在中原创建豫皖苏解放区、配合刘邓大军千里跃进大别山作出了巨大的贡献，迎来了全国解放战争的大反攻。此后，独立旅开辟了豫皖苏解放区的第七地区，参加了华东野战军和中原野战军在豫皖苏地区进行的各个战役及淮海决战，均取得了很好的战果，积累了打大仗、打硬仗的经验。

五十四师：所属三个团都是解放战争期间组织起来的地区骨干武装，分别面对中原地区的郑州、蚌埠、徐州三个战略重地，常与国民党正规军交锋，斗争异常复杂、激烈，在扩大与巩固豫皖苏解放区中得到了锻炼，并且都参加了淮海战役，经受过打大仗的洗礼。而这三个团所属的各营，又都是抗战期间成长起来的县级武装，为创建抗日民主根据地作出过贡献。不但经受过抗战时期“扫荡”与反“扫荡”斗争的考验，而且积累了丰富的群众工作经验。其中一六〇团二营是1938年在鲁南组织起来的矿工武装，1945年后编入华东野战军第八纵队主力部队，打过不少大仗恶仗。1949年渡江后，5月在安徽马金岭战斗中，生俘国民党安徽省主席兼保安司令张义纯，战功卓著。

早在进军西南之前，中央已决定“十八军进占贵阳，并经营贵州”①。后来随着情况发生变化，改由十七军进入贵州，十八军则在解放四川的作战任务结束后，进驻自贡、泸州、宜宾一带，负责经营川南地区，并已任命张国华为川南地区行政公署主任，谭冠三兼任自贡市委书记。军政治部主任郭影秋、五十三师政委王其梅、五十四师副政委惠毅然以及二百余名团以下干部已经先期于1949年11月到川南地区转入地方工作。

1950年1月7日，十八军部队正向川南地区进发途中，进军西藏的消息逐渐在机关、部队传开。历经多年频繁战斗、长途远征的第十八军，接到第二野战军“开赴乐山、丹棱地区整训待命”的电令时，正准备在富饶的“天府之国”川南安家的广大指战员，突然听说将去荒凉、艰苦的西藏高原，思想上受到很大震动。一些人在个人前途、家庭、婚姻、艰苦等问题上产生了种种思想问题。军党委和政治部针对这种情况，先在干部、党员及老战士中组织学习新华社元旦社论《完成胜利、巩固胜利》，使大家明确人民解放军在1950年要担负起“解放台湾、西藏、海南岛，完成统一全中国的大业”的重任。同时总结渡江以来的各项工作，评选功臣模范，在战士中进行诉苦教育，以进一步提高大家的思想认识。

1月26日，十八军党委在军部驻地乐山召开扩大会议，师以上党员干部24人、每团一个主官参加。会议传达了党中央、毛主席及西南局、西南军区首长关于进军西藏、经营西藏的决策、方针、政策和部署。经过三天认真学习，深刻领会上级指示精神，分析形势任务，研究布置了进军的有关工作。大家普遍表示愉快、积极地承担这一光荣任务，并对上级所做的种种支援工作感到满意。

军党委书记张国华在会上宣布中央批准的中国共产党西藏工作委员会的

---

①《毛泽东军事文集》第6卷，军事科学出版社、中央文献出版社1993年12月版，第30页。

组成。决定工委暂时不组建办事机构，以军政治部代行工委机关职能。

2月1日，军党委发出《进军西藏工作指示》，要求各部立即“从政治动员、物质准备、组织整顿三方面着手”，做好进军的各项准备工作。

受领进军西藏任务之初，全军机关部队思想波动较大。有的认为去西藏山高路远，天气寒冷，语言不通，生活艰苦。有的担心去了西藏，路途遥远，难以回乡，家庭困难，无法照顾；部分年龄大尚未成家的人担心婚姻问题难以解决等等。已经下到地方工作的个别干部，如一五四团副政委刘结挺等人则不愿归队。军党委针对各种思想反映，进行了认真研究，认为这些思想问题虽非主流，但应引起各级党委特别重视，必须从正面讲清道理，引导干部战士树立全局观念，作到愉快接受进藏任务。军党委主要成员张国华、谭冠三、刘振国等分别到各部队，指导和亲自做思想动员工作。

2月5日，张国华来到乐山竹根滩的五十二师师部驻地，在师的党员干

1950年2月5日，十八军五十二师在四川乐山五通桥召开进军西藏干部动员大会。张国华亲临大会讲话，号召大家奋勇前进，把红旗插上喜马拉雅山。

部大会上，针对部队的思想反映，进行动员讲话。他说："过去我们能协同兄弟部队解放一个省会，消灭几万敌人，就兴高采烈，觉得很了不起。而这次进军西藏，是以我们十八军为主，不只是解放一个省会，而是解放全西藏，完成祖国大陆统一大业。西藏过去没有党的组织，现在由我们去那里建党，开创党的工作，这还不值得我们自豪吗？""你把西藏看成是不毛之地，可英帝国主义却从不嫌它荒凉，百余年来拼命往那里钻，现在美帝国主义又积极插足。难道我们对自己的国土反倒不如帝国主义热心？""如果西藏真被帝国主义分割出去，我们的西南边防后退到金沙江，恐怕我们在四川也坐不安稳吧！"①一位老干部的日记里留下了当时人们的心态：原来有的人听说部队要进军西藏，还觉得这个消息可能是假的，一到会场看到"挺进祖国边疆——西藏动员大会"的横标，听过张军长报告后，大家迅速激起一种无法言状的光荣感、责任感和革命部队长期形成的那种革命英雄主义的自豪感，一齐把那些惶惶不安的心情和私心杂念赶跑了。大家立即高兴起来，好像进军西藏的官兵成了世界上最幸福、最被人羡慕和最受人尊敬的人了。

2月上旬，谭冠三在第五十三师召开的党委扩大会上，阐述了进军的重大意义和准备工作，对与会的人讲："我们进西藏，不怕帝国主义不高兴"。与此同时，刘振国在军直属队活动分子大会上作动员报告，号召大家要明确思想界线，站在无产阶级立场上，放下个人利益，愉快接受进军任务，坚决将革命进行到底，把五星红旗插到喜马拉雅山上。

第五十四师正在执行剿匪任务，师党委只对连以上干部传达了军党委扩大会议精神。

各单位在党的活动分子会议后，迅速展开了声势浩大的思想动员工作。首先学习《人民日报》发表的《新年献词》，弄清解放西藏、统一祖国大陆的重大意义，以提高认识。然后发动群众提出问题，解决问题。如通过解放西藏与家庭问题孰轻孰重、谁先谁后的讨论，弄清只有革命彻底胜利，家庭问题才能永远解决。"革命不彻底，土地不改革，无房无地，也没有人同自己结婚。"在对待困难问题上，既肯定进军西藏会有许多困难，又看到克服困难的

① 《吴忠追怀录》，广东人民出版社1993年4月版，第369、370页。

条件比起红军长征时要好得多。有党中央、毛主席的英明领导，有全国人民的大力支援，只要坚定信心，群策群力，任何困难都能够克服。军卫生部第三所炊事班长廉效文已经54岁，经过学习，主动请求进藏。领导考虑他年龄较大，劝其留在四川。廉效文表示："我过去给地主当长工落了个啥！女人饿死啦，三个孩子也都饿死啦，有比这再苦的吗！没有共产党、毛主席就没有我廉效文。只要我活着，就听毛主席的话，坚决执行毛主席的命令，到西藏去！"

2月6日，邓小平为进藏部队题词："接受与完成党所给予的最艰苦任务，是每个共产党员每个革命军人无上的光荣。"[①]题词向部队传达后，广大指战员受到极大鼓舞，深深感到进军西藏这一艰巨任务已历史地落在自己肩上，必须不折不扣地坚决完成。2月19日，刘伯承题词："精细研究藏族同胞物质的思想的具体生活情况，切实执行共同纲领民族政策。"贺龙后又题词："发扬革命英雄主义，为巩固西南国防而奋斗！"

经过一系列的政治学习和思想动员，指战员们纷纷写决心书，个人和单位举行挑战应战，掀起立功竞赛活动，很快出现了人人争取进军西藏，各个单位落实进军准备的热潮。

根据毛泽东1月10日电报指示精神和西南局、西南军区2月16日关于"西藏问题（包括对于散布在西康、川西北及云南境内之藏族问题）之许多政策，尤其是政教问题，必须多方调查，提出具体意见"的电报[②]，以及军区17日关于"成立政策研究室"的指示，军党委决定抽调一些师团干部为骨干，邀请李安宅、谢国安等专家、学者，组成政策研究室，由副政委王其梅兼主任。2月下旬，王其梅自地方返回军部后，立即带着政策研究室的一批人到达成都，在贺龙司令员的关怀下，充实干部和工作人员，搜集有关西藏资料，着手进行调查研究工作。

军党委扩大会后，全军进行了组织和干部调整。当时，各部队干部都有缺额：第五十二师缺连以上干部59人，第五十三师缺排以上干部250人，第五十四师缺排以上干部200人。军党委要求各师于部队到达甘孜前全部配齐，

---

① 《邓小平军事文集》第二卷，军事科学出版社、中央文献出版社2004年7月第1版，第283页。
② 《中国共产党西藏历史大事记》，中共党史出版社2005年9月版，第13页。

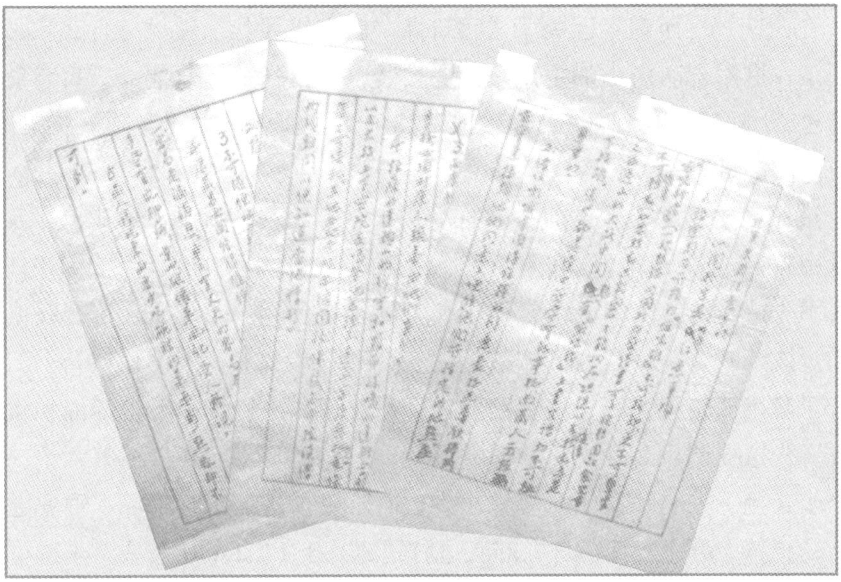

十八军接受进军西藏任务后，积极进行各项准备工作。图为军部拟制的《进军康藏注意事项》文稿。

并从第五十二师调出科、团干部20人到军直、五十三师、五十四师工作。同时，将已下到川南地方工作的200余名干部收回部队。这样，就在较短的时间内完成了组织调整工作。

2月9日，西南局、西南军区致电张国华、谭冠三并西藏工委指出：由于运输补给十分困难，“必须从各方面减少可以减少的吃饭人数，以免将来无法供应”；“确定十八军入藏部队以三万人为最高限度。因之你们应以此标准将部队彻底整编，一切不健壮之人员，应全部清理下来交川南接管。”[①]十八军依此进行精减，至4月底，共精减老、小、病、弱人员2979名，使部队人员素质大为提高。4月，十八军随营学校改称西南军政大学第八分校，并在川南、川西等地吸收了一批青年学生参军入学，培养基层干部和医务、文艺等专业人员。与此同时，军部在乐山设驻川留守处，管理留在后方的单位，安置不能随军前进的干部、家属和子女，并负责解决前方部队委托办理的事务。通过上述工作，从组织上为部队进藏作了必要的准备。

① 《西南局、西南军区给张谭并工委的指示》，载《和平解放西藏》，西藏人民出版社1995年8月版，第62页。

在西南局、西南军区关于进藏部队“前方需要什么就供应什么”的保障原则下，进军部队所需的主副食品、被装、武器弹药、通信、工兵装备以及骡马等，均陆续补充到位，改善了进军部队的衣食住行和武器装备等条件，增强了部队的战斗力。

遵照毛主席关于“迅即占领打箭炉，以此为基地筹划入藏事宜”及“应争取由打箭炉分两路，推进至西康、西藏的接境地区”的指示，2月1日组成十八军先遣支队，以第五十二师副师长陈子植为司令员，军政治部联络部部长陈竞波为政委，军司令部作战处处长薛和为参谋长，率军侦察营、工兵营执行了解康藏情况、调查进军路线、修补道路和飞机场、筹集酥油和糌粑等任务。先遣支队于2月4日由乐山出发，9日抵邛崃，10日随第六十二军的一个步兵团、一个骑兵团从邛崃出发，向雅安前进。此时邛崃、雅安之间匪特活动猖獗，沿途袭扰破坏。部队边打边走，于14日抵达雅安。先遣支队因兵力较小，被阻留在雅安。

此次出现的匪特活动，多为溃散于川西地区的国民党残余武装和潜伏特务，少数为再叛的起义部队。他们同地主恶霸封建势力相勾结，大肆进行武装袭扰，公开烧杀抢劫，扰乱社会秩序，杀害地方干部，摧毁新生的基层政权，破坏公路交通，甚至围攻某些县城。因此，除先遣支队前进受阻外，原定2月中旬开始抢修公路之计划被迫推迟，部队所需之大批粮食无法筹措，各种支援进藏物资不能前运。这一切，直接影响了进军准备工作和部队进军日程。

为了扫除匪患，打开进军通路，西南军区令张国华赴重庆，研究剿匪及进军西藏有关事宜。张国华即于2月21日抵重庆，参加了军区有关会议。26日，西南军区令十八军主力展开于川西地区，在川西军区统一指挥下投入剿匪。十八军据此立即做了部署：以五十三师进入名山、雅安、天全、芦山地区，五十四师进入新津、大邑、邛崃、灌县、金堂地区，五十二师主力进入洪雅、丹棱地区，按照“军事打击、政治瓦解、发动群众相结合”的方针，实施剿匪行动。

2月26日，西南局、西南军区向中共中央、中央军委报告：原定三月初行动之计划已难实现，建议十八军入藏时间推迟到冬季施行；十八军全部展开于蓉雅公路沿线及新津、眉山地区，以一个月的时间剿灭所有匪特，扫清进军中之直接障碍。

3月份，十八军主力集中的剿匪行动，打通了成雅公路及其两侧地区，修路和运输工作逐步展开。到10月底，共歼匪特9801人，缴获各种炮29门、各种枪12807支及其他军用物资一部，胜利完成剿匪任务，为进军西藏开辟了通路，也为作战地区的发动群众、民主建政作出了贡献。

3月4日，十八军在乐山召开“十八军庆功暨进军西藏誓师大会”，表彰全军在渡江作战、进军西南、成都战役以来涌现出的功臣模范。出席大会的有：特等功臣10人，一等功臣138人，集体立功、模范单位9个。他们是：军直警卫营一连，一五四团四连，一五五团炮兵连、二连，一五六团四连，一五七团六连，一五八团八连，一五九团七连，五十四师师直机炮连。其中有著名侦察英雄丁永泰（五十三师侦察连连长）、战斗英雄朱兴振（一五五团营长）、模范连队代表许浦（一五五团炮连指导员），他们在半年后又出席了全国战斗英雄代表会议。驻乐山的军机关、直属队和随营学校两千余人参加了庆功出师大会。另有川南行署及乐山、犍为等地各界代表及友邻部队代表应邀参加大会。当各部功臣列队进入会场时，受到部队和群众夹道热烈欢迎。会场内外彩旗飘扬，锣鼓喧天，呼口号、放鞭炮、扭秧歌，一片欢腾。张国华、谭冠三在庆功大会上先后讲话，向到会的代表表示热烈祝贺，号召全军向英模功臣们学习。接着向功臣颁发了立功喜报、立功证和纪念册，向模范连队授奖旗。乐山各界、川南行署、十军、三十师等友邻单位向大会赠送了锦旗。特等功臣廉效文（军卫生部三所炊事班长）、桑士英（五十二师模范连长）、李守仁（五十三师模范班长）在会上介绍了他们的典型事迹。庆功大会进一步激励了指战员们完成进军西藏任务的信心和革命英雄主义精神。

7日，举行进军西藏誓师大会。张国华在会上宣读进军西藏誓词。誓词内容如下：

我们是人民战士，是坚强的国防哨兵，光荣的受领了解放西藏，建设西藏，把帝国主义势力驱逐出西藏，保卫祖国边防，保卫世界持久和平的伟大任务。我们有决心，有勇气，有把握，为保证其圆满实现而奋斗。愿向党和人民宣誓：第一，坚定顽强，奋勇前进，战胜困难，完成任务。谁敢阻挠我们前进，就坚决、干净、彻底、完全把它消灭。第二，严守三大纪律八项注意，认真执行少数民族政策，真正做到纪律严明，秋毫无犯，与藏族同胞亲密团结起来，共同建设西藏。第三，做好人马健康，加强团结互助，上下一致，官兵一致。环境越艰苦，我们越团结；不叫苦，不埋怨，大家想办法，战胜一切困难。第四，爱护装具，爱护粮食，不丢失，不浪费，力求节约，减轻人民负担。

接着，张国华做了进军动员报告。他说：进军西藏，解放西藏人民，不准帝国主义侵略我们伟大祖国的一寸土地，保护和建设祖国边疆，完成祖国统一大业，是毛主席的伟大战略决策。这一艰巨的历史任务交给十八军完成，是毛主席、党中央和刘、邓、贺首长对十八军的最大信任，也是全体干部战士的光荣。全军指战员、全体共产党员，要深刻认识进军西藏的伟大政治意义，响应毛主席号召，紧急动员起来，从思想上、组织上、工作上做好充分的准备，作到一声令下，立即出动，坚决消灭敢于阻挡进军西藏之敌，驱逐帝国主义势力出西藏，誓把五星红旗和八一军旗插到喜马拉雅山上！谭冠三也在会上讲话，希望全军指战员发扬英勇顽强、艰苦奋斗的光荣传统，发扬团结互助友爱精神，坚决完成进军西藏、统一祖国大业的艰苦而光荣的任务。

大会期间，军政治部发布了《开展立功运动的指示》，规定五项立功条件：一、坚决愉快进军西藏，克服一切个人打算；二、发扬艰苦奋斗精神，忍饥耐寒，负重行远，完成进军、作战任务；三、执行政策，遵守纪律；四、保证人马健康，作到不生病、不掉队，爱护公物及粮食、马匹；五、团结互助，尊干爱兵，实行思想体力互助。以上凡是全部做到的立一等功，做到四条的立二等功，做到三条的立三等功。

在闭幕会上，张国华强调要把会议精神带回去，尤其要把廉效文、桑士英、李守仁等英雄模范事迹和经验好好地向部队传达，使全军都来学英雄、赶英雄，争取在进军西藏中再立新功。要求全军掀起一个立功高潮，制定立功计划，争取在进军西藏的艰难征途中，人人立功，事事立功。

第十八军党委为着动员教育部队和向藏族群众进行宣传，于3月27日拟定了24条口号，并逐级上报至中央。西南局接到电报后当即指出："不应忙于提出口号，而应着重民族政策教育，同时约束部队。可根据已了解的西藏社会情况、民族特点、生活习惯等，规定一些部队内部的必要守则。"两天后，毛泽东将十八军的报告批转邓小平："口号有些不适当，又太多，请你动手修改，或重拟一单。"[1]据此，十八军政治部于3月21日发出学习民族政策的指示，要求全军认真学习《中国人民政治协商会议共同纲领》[2]特别是关于民族政策和外交政策的内容；学习上级颁发的解放西藏的有关文件，行动上严格遵守三大纪律、八项注意和约法八章，尊重藏族同胞的风俗习惯，从思想上提

"靠政策吃饭，靠政策走路"。这是某部在对战士进行民族政策教育。

高对政策的认识，理解民族平等、民族团结的重要性。拟定《守则》的工作由西藏工委委员天宝[3]主持。

天宝提出初步意见后，经过军政策研究室有关人员和专家的讨论，拟定了《进军守则》。这个守则由起初的23条逐步发展到34条。其内容包括尊重

---

①《毛泽东西藏工作文选》，中央文献出版社、中国藏学出版社2001年5月版，第12页页下注。

②《中国人民政治协商会议共同纲领》，1949年9月中国人民政治协商会议第一次全体会议通过。它是在中国共产党领导下各民主党派、各人民团体和各族各界人民代表共同制定的建国纲领，是全国人民在一定时期内共同奋斗的目标和统一行动的政治基础。

③ 天宝，原名桑吉悦西，藏族，1919年出生于四川马尔康，1935年参加红军第四方面军，同年入党，担任过本地区"波巴"苏维埃政府青年部长、藏民独立骑兵师党代表，长征到达陕北后，入中央党校、延安民族学院学习，任学生会主席，后任区委书记、内蒙伊克昭盟骑兵大队政委，1949年9月为全国政协代表、中央民族事务委员会委员，1950年1月为西藏工委委员。

藏胞宗教信仰，保护喇嘛寺庙，未经许可不准进入寺庙，更不准住经堂；经同意参观寺庙经堂时，不摸佛像，不可吐痰放屁；女同志不可进经堂，男同志不可进女庙；不得在寺庙附近捕鱼、打猎；不得到“神山”砍柴、放牧；藏族有天葬、水葬习俗，严禁围观、偷看；遇藏胞对歌跳舞，可参加观看，以联络感情；部队组织晚会、放电影，可设群众观看区域；救死扶伤，积极帮助藏胞治伤看病，与喇嘛、藏医发生不同意见时，尊重藏胞自愿；与藏族同胞接触，诚恳相待，不可问谁是谁的老婆；藏族敬茶、敬酒、请吃东西，应双手接，要少吃一点，碗里要剩一点，以示礼貌；藏族同胞向我敬献哈达，可以接受，但应回敬哈达和茶叶等礼品；动用人力畜力，一律经过当地政府，和头人协商解决；雇用骡马、民工，照价付款，严禁私派“乌拉”；等等。此外，天宝还做了“西藏情况介绍”，并给干部们讲课。这些通俗明确的规定和讲解，是党的民族政策和军队纪律结合藏区情况的具体化，它规范了进藏部队人员的言行举止，既便于执行照办，又便于检查落实，具有重要的现实意义。

《立功条件》和《进军守则》颁发后，全军迅速掀起了轰轰烈烈的立功运动和学习民族政策的高潮，推动了进军西藏的思想动员教育工作更加深入扎实的开展。

第四节　十八军先遣部队挺进康区

中央军委对西南军区拟推迟十八军入藏时间的意见，于3月2日作出批复，指出：“中央和军委同意你们的各项布置。但现在不应动摇今年入藏计划的决心，而应力求在今年能完成计划。十八军在蓉雅间大体完成肃清土匪的任务后，应分批设法前进。”①

第十八军党委遵照西南军区转达的中央军委指示精神，于3月12日报告了具体执行意见：为争取今年进军西藏，决定以军副政委王其梅、第二参谋长李觉率侦察营和政策研究室及后勤人员，组成前进指挥所（简称军前指）进

① 《西藏工作文献选编》，中央文献出版社2005年9月版，第12页。

到康定，统一指挥第五十二师、第五十三师两支先遣部队。其任务是：调查西藏的政治、军事等情况，提出供确定政策的意见；调查进军路线，研究昌都战役作战计划；筹措物资，组织运输，采购牦牛以备随军运输使用；与当地政府和土司、头人协商组织牦牛运输支援等工作。决定北路先遣部队由五十二师师长吴忠、西藏工委委员天宝率一五四团配属军工兵营进到甘孜；南路先遣部队由五十三师副政委苗丕一率一五七团进到巴塘。

西南局、西南军区于3月13日批准了十八军派出先遣部队的计划。

3月29日，王其梅[①]、李觉[②]率领的军前指及北路先遣部队，自乐山出发，从而揭开了向西藏进军的序幕。

王其梅、李觉率军前指离开乐山前夕，北路先遣部队五十二师一五四团于3月27日在乐山召开了出师动员大会，军师等领导人参加，向一五四团赠送了“进军先锋”的锦旗。29日军前指和一五四团出发时，乐山党政军领导、乐山人民倾城出动，热烈欢送。同日，由吴忠率领的五十二师前指在驻地夹江纳入进军行列，向雅安前进。

1950年3月29日，由第52师师长吴忠率领的北路先遣部队从乐山出发，4月28日到达甘孜。图为部队在行进途中。

① 王其梅（1914—1967），湖南省桃源县人，大学文化程度。1932年参加反帝大同盟，1933年加入共青团，同年转入中国共产党，1935年参加一二九运动。曾任北平学联交际股股长、河南西华县委书记，豫东特委书记、水东独立团政委、水东地委书记兼军分区政委，第五十三师政委，入藏前夕任第十八军副政委。

② 李觉，1914年生于山东省沂水县，大学文化程度，1937年参加红军，同年入党。历任东北军骑兵学校教员、骑兵连副排长、红军步兵学校教员，八路军总部随营学校教员、决死总队大队总支书记、营教导员、团政治处副主任、军分区参谋处长，纵队参谋处长、副旅长、师长、第二野战军司令部作战处处长。入藏前任十八军第二参谋长。

3月31日，军前指和北路先遣部队抵达雅安，受到西康省委和驻雅安的第六十二军部队的热烈欢迎。2月底进至雅安的由陈子植、陈竞波率领的先遣支队机关和两个营，即并入军前指。

雅安是西康省省会，成雅公路的终点；再向西行已无公路，物资全靠人背马驮。4月初，军前指所属部队集结雅安。大军云集，粮食供应出现困难。西南军区支援司令部闻讯急调汽车45辆运粮食15万公斤，于4月7日赶运到雅安，并设立兵站。4月8日飞机空投粮食2250公斤，得以缓解粮食不足的困境。此次组织紧急赶运粮食，警示进军西藏的运输补给面临严峻挑战。

调查研究工作是先遣部队的重要任务之一。政策研究室与军、师前指在康定、甘孜、德格等地展开了紧张的工作。通过询问来往的商人、香客和拉萨来的人员了解情况，运用各种方法，逐步摸清了西藏政治、军事的基本情况和动向，对康藏地区的地形、道路、气候和兵要地志进行了初步的研究。这些都为后来的进军工作奠定了坚实的基础。特别是通过社会调查，对西藏政治、经济、宗教、民族等情况有了比较详细具体的认识，充实了《进军守则》，完善了进藏应注意的各种事项，使之更加切合康藏地区实际，并为上级制定政策提供了依据。还通过对西藏气候、自然灾害的调查，提出包括防冻伤、防雪盲、防冰雹、防山崩、防雪崩、防塌方、防泥石流、防高山病等方面的方法。

军、师前指及先遣部队经过一段实践，系统地总结出在高原地区行军、宿营、炊事、人马健康、爱护物资等具体经验；还总结了部队思想政治工作和群众工作的经验。这些，为后续部队加强思想政治工作和行政管理提供了重要的资料和经验。跟随军前指行动的政策研究室，经过短短两个多月艰苦的调研工作，先后编写出《西藏社会各阶层对我进军态度之分析》、《对西藏各种政策的初步意见》、《进军西藏应注意和准备事项》、《英美帝国主义干涉西藏问题之趋向和我之对策》、《西藏财经问题研究提纲》、《藏人的风俗和禁忌》以及《进军守则》等材料，还翻译了许多藏文宣传资料，编写部队藏语文课本等。这些材料上报下发，为中共中央、西南局制定方针政策，为部队进行政策教育提供了必要的依据。

3月，十八军将《对西藏各种政策的初步意见》上报西南局并中共中央，其主要内容是：

一、对西藏现行政教合一制度及对达赖、班禅的态度。西藏政教合一制度要逐步改革，实行政教分离。但由于西藏人民对宗教信仰的根深蒂固，所以这种改革必须根据西藏人民的觉悟程度，有步骤、有计划地在相当时期以后才能够达到。对西藏原有政权机构暂予保留，团结僧俗官员。目前可成立军政委员会，待条件成熟时，再成立西藏人民自治政府。

二、对西藏贵族及僧俗官员的态度。除不可挽救的、与人民为敌的、罪大恶极的应予惩办外，一般的应采取争取、团结、改造方针。

三、对喇嘛（僧官除外）的态度。喇嘛在西藏人口中占数量很大，且又极为集中，是西藏政治、文化思想上的领导集团，故应根据宗教信仰自由原则，不予干涉。但因其对西藏人民之政治、经济、文化之进步阻碍至大，故亦必须分别的逐步教育改造之。对寺庙财产一律加以保护，提倡奖励他们减轻过重的剥削。对宗教活动不予干涉，勉励他们学习生产技能，参加生产。对有德望、有地位的喇嘛保持其合法地位，争取他们成为佛教内部的开明分子。

四、对西藏农民及牧民的态度。农牧民是西藏社会财富的主要生产者，是我们的基本群众，应当亲密地和他们团结，了解并帮助解决他们的疾苦，帮助农民兴修水利，改良农具、耕种方法和技术。帮助牧民发展畜牧业，解决畜产品之出售。

五、对藏民社会福利政策。为打破民族隔阂，融洽藏汉感情，要以实际行动多为西藏人民谋福利，如进行医疗服务，举办供销社，提倡发展家庭手工业，改良交通，修桥、筑路。推广寺外教育，包括电影、图画、学校、歌舞、音乐、戏剧等等，并尽量使用藏区原有形式。

六、改革康藏乌拉差役制度意见。乌拉差役制度弊端主要在土司、头人的剥削和虐待，如去其弊端，改为运输队，给以酬金，当能积极参加支前工作。对支前运输队员，有病予以治疗，按解放军战士待遇，使他们乐于为人民解放军服务。

七、对西藏民族区域自治问题。根据共同纲领中民族政策的规定，西藏人民在中华人民共和国中央人民政府领导下，实行民族自治，使藏民族成为中华人民共和国各民族团结的大家庭的一员，西藏人民在自愿的原则下，成立人民自治政府。西藏人民有发展其语言、文字及保持或改革其风俗习惯及宗教信仰的自由。中央人民政府帮助西藏人民发展政治、经济、文化、教育等建设事业。西藏人民应和中华人民共和国的全体人民团结一致，共同反对英美帝国主义及其他外国的侵略。

八、对西藏自治区初步划界意见（略）。

《对西藏各种政策的初步意见》的报告，受到西南局和中共中央的重视，成为西南局后来制定《十条政策》的重要依据，对中共中央制订解决西藏问题的方针政策起了重要作用。

北路先遣部队在雅安进行了短暂休整、补充。吴忠、天宝于4月3日召集师前指以及一五四团连以上干部，作前进的动员部署。军前指将第十军支援的一个辎重团的骡马689匹（包括饲养员442人），以及所驮运的粮食，全部调入该部。4月4日，郄晋武团长率第一五四团一营为前卫，向西进发。到达飞仙关时，此处的铁索桥被土匪破坏，只得用简便器材架设便桥通过。接着，由吴忠、天宝率领的第五十二师前指并师侦察连、工兵连、一五四团主力、军工兵营以及由薛和率领的军侦察科、测量队等单位，相继向甘孜前进。

4月16日，军前指率侦察营由雅安出发，向康定前进。途中所需粮食，除骡马驮运外，干部战士自行携带负重达30公斤以上。在高原缺氧条件下徒步行走已不容易，负重行军更为艰难。

雅安至康定途中，要经过大小十余座桥梁。有的桥是由几根铁索上面铺装木板的铁索桥，行走时左右摇晃，上下摆动，令人头晕目眩。有的铁索桥载量有限，部队通过时人需拉大间距，骡马要卸载，所有驮载的物资，全由干部战士扛过桥去。这样，每过一道铁索桥都很艰难、费时。此时，高原已开始下雨，经常雨雪交加。淋雨、泥泞、柴湿、气压低，造饭困难，加之高原反应，病号骤增，部队十分疲惫。

20日，军前指在大雨中前进。机关人马刚过前碉桥，桥基即被洪水冲垮。后续人员和骡马驮运的粮食，均被阻于桥东。王其梅、李觉当即决定，只带电台、机要人员及少数参谋、警卫人员和测量队先进康定，前指机关大部人员和侦察营留在前碉桥至两路口之间抢修道路、桥梁，然后跟进。

21日，军前指翻越二郎山。二郎山海拔3212米，是进军西藏要翻越的第一座大山，因川西平原暖湿气流与高原冷空气在此相撞，气候变化异常，山顶有很厚的积雪，常常东坡云雾缭绕，绵绵细雨，西坡晴空万里，山顶飞雪。山高坡陡，原始森林密聚，林中漫布藤葛和横七竖八的枯树，地下是腐烂枝叶和苔藓，蜿蜒小路且泥泞不堪。加之高原空气稀薄，爬山时气喘嘘嘘，不时有人滑倒，衣服溅满泥水，有人还划破手脸，鲜血直流。王其梅、李觉等均弃马步行，与大家一起在泥泞中艰难跋涉。经过两天奋战，越过二郎山，又越过当年红军长征路过的泸定桥，继续前进。

在此同时，北路先遣部队出康定后，已翻越海拔4300米的折多山。这座山由连续三层山梁组成，百里之内荒无人烟，山上空气更加稀薄。尽管内地三四月正是艳阳天，此地却冰冻三尺，寒风凛冽，指战员们普遍有强烈的高山反应，呼吸急促，心跳过速，嘴脸干裂，还出现脸肿、眼肿、流鼻血、头晕等症状。吴忠、郄晋武、杨军等师团首长身先士卒，与干部战士一道爬山，给大家以极大鼓舞。经过各级干部、共产党员的模范带头，开展思想体力互助，终于顺利地通过进军途中这一座高海拔的大山。

4月28日，五十二师前指率一五四团胜利到达甘孜。到达甘孜的前夕，在朱倭召开了北路先遣部队党委会。在党委书记吴忠[①]、副书记天宝主持下，研究了部队抵达甘孜后的工作部署。

雅安至甘孜600余公里，先遣部队跋涉了24天，这是进军西藏初试徒步行军的第一次艰苦历程。由雅安出发时，根据骡马驮运和人员的背负能力，共携带20天食粮。为确保这点粮食能吃到甘孜，只好加大每天的行程。第一五四团从两路口翻二郎山到鸭子口宿营，一天行程55公里；自折多塘翻折多山至长坝春宿营，一天行程60公里。这种在高原条件下的负重行军，体力消耗极大，几乎到了人的生理极限。这是部队高度政治责任心和坚韧不拔的精神力量的表现，也为后续部队的组织行军管理积累了丰富经验。

吴忠此时率先遣部队进藏，碰到的不是荷枪实弹的敌人，而是粮食的极

① 吴忠（1921—1990），四川省苍溪人，1933年12岁时参加红四方面军，1935年加入共青团，同年转入中国共产党。历任班长、排长、政治处干事、连长、营长、团长。1946年在张凤集（章缝集）战斗中，身负重伤，仍坚持指挥战斗，荣获“战斗英雄”称号。解放战争时期任旅长，参加挺进大别山、淮海战役等。1949年2月任第五十二师师长。

1950年5月，十八军先遣部队在甘孜集会，部队领导动员大家克服粮荒。

度匮乏。尽管他经历过无数艰难险阻，从来没有叫过苦；但面临数千指战员缺粮断炊困境，使他不得不向上级求援。

5月5日，吴忠向军部报告说：部队携带粮食已将吃完，空投未成，征粮困难。为长期打算，节衣缩食，争取时间，已动员部队从5月1日起每人每天只吃一斤粮①。并组织部队挖野菜（亦不多），捉地老鼠，捕麻雀充饥，以补粮食不足。同时柴草也很缺乏，只有拾柴草，放牲口，战士们普遍的口号是以度过灾荒年的精神，同粮食打仗，度过飞机不能空投的日子。这个报告，西南军区转报了中央军委。

前方部队断粮，后方非常着急。先遣部队4月28日到甘孜后，空军飞机于29日准备向甘孜空投。部队听说要来飞机空投粮食，大家都翘首以待。郄晋武团长的日记中记载了那天准备接收空投的情况："战士们仰望着天空，十

① 当时部队定量是每人每天粮食一斤半。均按旧秤计算。

二时过去了，十三时又过去了，大家失望地回去了。”原来这一天二郎山上空有一雷电雨区，飞机不能通过，第一次空投失败了。雷电雨区一直稳定在二郎山地区上空，空军部队每天都向甘孜试飞，但都被迫返航。甘孜部队日益严重的粮荒情况，牵动了西南军区首长和空军指挥机关人员的心，敦促空运大队想方设法完成任务。飞行人员冒着生命危险，多次穿云破雾，勇闯高原禁区，终于5月7日在甘孜投下108包大米，稍解燃眉之急。

这108袋大米共约5000余斤，对在甘孜的4500余人的部队来说只是杯水车薪，按供应标准尚不足一日之需，但却带来了很大的精神鼓舞。此时每人每日定量减少，在繁重的体力劳动中，只能吃个半饱。然而当地寺庙却传出话来：“田鼠是地菩萨，麻雀是天菩萨。”为尊重藏族人民的风俗习惯，部队不得不停止捕捉鼠雀。后来师前指通过甘孜当地政府和康北上层人士夏克刀登[①]，代购了青稞33万斤，再加5月7日至17日六架次飞机空投了大米2.3万余斤，才缓解了缺粮困难。

甘孜地区在支援进军西藏，特别在支持昌都战役中，地位十分重要。西藏工委根据西南局指示，决定向4个县派出军代表，协助西康省甘孜地委开展新区工作。徐达文、夏仲远、杨东生（藏族）、马扎布（蒙古族）分别担任甘孜县、德格县、邓柯县、炉霍县军代表。这些干部到各县后，积极开展调查研究，团结上层人士，动员组织藏族群众支援解放军进军西藏，解放昌都，对安定社会秩序，稳定后方，都起了重要作用。

军前指于4月24到达康定后，携带的粮食也吃完，靠购买少量糌粑、土豆和挖野菜维持生活。尽管食粮严重缺乏，生活艰难，但军前指立即展开工作，调查西藏情况，研究政策意见。

康定、甘孜地区为藏族聚居地区，其间杂居着少数汉族。虽然国民党管辖下的西康省下面设有专、县等政权组织，但实际上仍由土司[②]、头人统治着

---

① 夏克刀登（1900—1959），藏族，四川德格县人，玉隆地区大头人，辖邓柯、白玉、石渠等县。解放前曾反抗过噶厦藏军和国民党巴塘驻军，1936年率部与北上红军作战被俘，后任“波巴”苏维埃政府军事部长。1949年底，曾与格达活佛等派出代表赴京，要求早日解放西康地区，支援进军西藏。

② 土司，为元、明、清时在少数民族地区设置的由少数民族首领充任的世袭官职，分为多种等级。土司除对中央政权负担规定的赋税差役外，在所辖地区内设置各种机构，统治人民群众。

藏族群众。先遣部队开展一切工作，都必须得到他们的同意与配合。军、师前指首长遵照党的民族团结政策，主动对民族、宗教上层人士开展统一战线工作。王其梅、李觉到达康定后，即前往拜访康定军管会副主任夏克刀登及委员格桑悦喜、张西郎杰、益西郎杰等人，还广泛接触其他上层人士，宣传人民解放军进军西藏、解放西藏、统一祖国大陆的任务和意义，宣传党的民族、宗教政策，希望他们努力支援进军西藏。夏克刀登系德格玉隆地区大头人，土地、牛羊颇多，拥有相当数量的枪支和武装力量。此时，夏克刀登不仅向部队出售了数十万斤粮食，还出动牦牛为部队承担大量物资运输。为解决渡过金沙江以后的随队运输，先遣部队要购买一批牦牛；通过开展统战工作，在石渠即购得牦牛6000头。德格女土司降央白姆[1]和夏克刀登等人，都

康定地区的妇女高举锦旗，手捧鲜花，热烈欢迎进军西藏的部队。

① 降央白姆（1913—1988），藏族，青海囊谦土司之女，与十二世德格土司登巴泽仁结婚，后土司亡故，子年幼，遂继任土司之职，为康区大土司之一，辖数十个牧场和农业区，但因常与其他土司、头人械斗，势力逐渐削弱。解放后，积极与人民政府合作，支援解放军进藏。后任西康省人民政府委员、昌都解委会副主任等。

向部队出售了数百到数千头牦牛。至9月底，总共购得牦牛1.4万余头，基本上解决了随军运粮问题。康北地区上层人士在支援进军西藏任务中，都做出了重要贡献。

先遣部队指战员在康定、甘孜等地，切实执行党的民族政策、宗教政策，尊重藏族群众的风俗习惯，严格遵守三大纪律八项注意，作到秋毫无犯。行军中保护沿途经幡、玛尼堆，宁可在风雪中搭帐篷宿营，也不住喇嘛寺庙。借住藏族群众民房，一般都向房东赠送茶叶等物品，以示感谢。部队每日出发前认真检查，发现有使用群众家中器物而丢失的，必定道歉并照价赔偿。购买柴草等日用物资，一律用银元付给合理价钱。到达驻地后积极做群众工作，为房东背水、扫地、劈柴，免费为群众治病。对群众有意见的事立即加以改进，如停止打鱼、不再捕捉麻雀、田鼠等。群众说这座山是“神山”，部队就到另外的山上打柴。群众说那是他们放牧的草场，部队就把军马赶到另外地方去放牧。群众经过玛尼堆从左往右边走，部队出操、散步路过玛尼堆也从左边向右转。一向遭受过往兵匪抢劫并无偿为藏军支差的藏族群众，这次见到解放军大部队，他们不但未受损失，反而得到解放军的帮助，感到特别新鲜，对部队的疑虑逐渐消失。甘孜一位藏族老人到处讲：“当年的红军回来了！我见过赵尔丰的军队、刘文辉的二十四军，也见过藏军，都是抢我们的，吃我们的。只有解放军是给我们、帮助我们的。”淳朴善良的藏族群众知道解放军是为人民服务的军队后，就迸发出巨大的拥军热情。飞机到甘孜空投时，有一次将米包、银元箱散落在数十里以外，当地群众收拾起来，用牦牛驮运送还部队。第一五四团三连班长宋毛志不慎把一支卡宾枪落入雅砻江中，被水冲到下游，被藏民格洛拾得。格洛是爱枪如命的猎手，但当他知道是解放军的枪时，还是走了很远的路，到甘孜把枪亲手交还给吴忠师长。这件事成为甘孜军民颂扬藏汉关系的佳话。部队初到甘孜，房东外出时都把门锁上，后来不但不再锁门，还请战士帮助看家。部队借住藏胞的房子，一般都是住在楼下（楼下是牛羊圈）。军民关系密切以后，群众一定要部队搬到楼上去住。他们称赞：“这次来的汉人军队和过去的汉人军队就是不一样，是‘嘉萨巴’（新汉人）”。“新汉人”成为藏汉民族团结的纽带，使党的民族政策结出了硕果。

5月6日，一五四团政委杨军率二营从甘孜出发，16日抵邓柯。邓柯位于康北金沙江东岸。二营在邓柯一面打造准备渡江的船只，一面积极调查当面藏军和道路情况。团主力和军、师直属分队在甘孜修飞机场，后转入抢修通往炉霍的公路。

6月上旬，五十二师前指接到军前指关于昌都战役的初步设想、拟将主力使用于右翼（邓柯）的电报。为进一步搞清邓柯当面和纵深情况，吴忠令郄晋武前往邓柯，同杨军政委一起进行调查研究。郄于11日率团辎重连自甘孜出发，18日到达邓柯后，即获悉藏军由贡觉增兵百余到达卡松渡，有进犯邓柯、玉树的迹象。21日，又得悉藏军近日将有所行动。郄、杨决定派人渡江向纵深进行侦察。22日凌晨3时，团侦察排渡过金沙江向纵深前进。10时，在距邓柯20公里处与藏军第三团一部遭遇，并发生战斗。12时后，邓柯方面听到金沙江西岸有枪声，杨军政委、胡焕光营长即率第六连前往支援。该连渡江后即与藏军形成对峙，战斗至黄昏，藏军后撤。此行动上报后，军前指电示五十二师前指，为避免过早暴露部队由邓柯渡江的作战意图，过江分队应立即撤回。六连等分队即遵令撤回江东。这次战斗，一五四团过江分队因轻敌麻痹，并仓促应战，因而受到不应有的损失；但是粉碎了藏军进驻西邓柯的企图，摸清了藏军一些作战特点，起到了“火力侦察的作用”。

6月18日，军司令部作战处处长薛和、西南军区司令部情报处康藏情报站（后该站编为十八军司令部侦察科）站长李奋率65人和第五十二师侦察连由甘孜出发，于26日进抵德格。德格位于金沙江东30公里。由德格渡金沙江经岗拖去昌都、拉萨，为主要通商大道。岗拖驻藏军第十团一个连。薛和等抵德格后，即大力开展对德格女土司降央白姆及其他上层人士的统战工作和积极进行对康藏地区情况的调查研究，获得了大量兵要地志资料，及时掌握了噶厦昌都总管府及藏军动向等重要情况。

6月16日，康藏公路通车康定。张国华由新津出发，沿途检查道路、运输情况，看望筑路部队，于6月29日抵康定。张国华在康定做调查研究和统战工作，并与王其梅、李觉初步议定了昌都战役作战方案，随后返回四川。王其梅、李觉率军前指于7月10日由康定出发，24日到达甘孜。王、李与第五十二师前指领导人深入研究了昌都战役的作战预案。军前指进一步进行调查研究，开展统战工作，并摆沙盘、设敌情、落实战役方案；还深入到连排，与战士共同研究负重行军、宿营、作战的办法。

由五十三师第一五七团组成的南路先遣部队，在副政委苗丕一[①]率领下，于4月3日自四川眉山出发，6日到达雅安。雅安以西的飞仙关大桥遭土匪破坏，8日，部队在此也遭到土匪袭击，交通受阻。一五七团即派出部队将此股土匪百余人消灭，后留下一个营在飞仙关维护交通。因供应困难，主力进至天全即开始一面进行修路，一面继续完成进军准备工作。公路粗通泸定后，张国华决定由苗丕一率500人（第一五七团一营及由该团抽组的兵站人员）作为先遣队，提前于5月25日向前进发，6月13日到达康定。

与此同时，由平措旺阶和陈竞波（军政治部联络部部长）率领的南路工作队，于6月8日由康定出发，沿途进行统战工作，动员土司、头人、寺庙支援运输，为南路先遣部队提前进驻巴塘做必要的准备。

康定地委为支援进军西藏，决定巴塘党组织动员党员和东藏民主青年同盟[②]盟员到十八军，5月底即有50余人到达康定。这批藏族青年大部分为中、小学文化程度，还有曾在北京、南京等地读过大学的，都会藏汉两种语言，为部队在藏区开展工作所急需。他们在康定经过动员学习，绝大部分参军加入了十八军。在他们的动员下，巴塘人民积极支援进藏人民解放军，群众将自己家的粮食主动卖给部队，帮助进藏部队度过缺粮的困难。

此外，另一批北京藏民研究班成员30余人也于6月11日到达十八军驻地新津。这批人员是在北平、南京解放之初，由中央民族事务委员会在北京大学、南京蒙藏学校等院校及原蒙藏委员会、班禅驻南京办事处等机关物色的进步藏、汉等民族青年，后集中到北京组成藏民研究班，学习党的民族、宗教政策。到达新津后，参军加入了十八军，也于7月1日进至康定。

---

① 苗丕一（1916–2005），山西省长子县人，高中文化程度，1938年6月参加八路军，先后担任一一五师三四四旅政治部缮写员、团政治处书记、宣传干事、营教导员、水东独立团政治处主任、三十团政委、团长，豫皖苏军区独立旅副旅长、副政委兼政治部主任。第十八军成立时，任第五十三师副政委兼政治部主任。

② 东藏民主青年同盟为巴塘中共地下党领导的进步青年组织，于1949年冬组成，有成员一百余人。1950年4月，该组织成员集体转为中国新民主主义青年团（即后来的共产主义青年团）团员。

巴塘地区的藏族同胞在金沙江边，捧着各种食品，慰劳人民解放军进藏部队。

西藏工委决定，将这两部分人组成西藏工作团，由天宝任团长、乐于泓[①]任副团长。西藏工作团随即进驻甘孜，进行短期政治、军事训练后，分配到机关和部队、兵站等处，担任藏语文翻译和基层干部。这一批藏族青年，在进军西藏、建设西藏中都发挥了积极作用，有的后来成了工作骨干乃至领导力量。

7月4日，苗丕一率南路先遣队由康定出发，沿途跋山涉水、修路架桥，并做土司和寺庙的统战工作；经20余日的艰苦行军，于8月2日到达巴塘。

南路先遣部队所经过的雅江至理塘之间，社会情况比较复杂，常有土匪出没。8月2日，理塘兵站铁木工队到毛垭土司[②]管辖地区上山伐木时，指导员朱红水被土匪打死，翻译受重伤。兵站要求毛垭土司维持社会治安。土司

① 乐于泓（1908—1991），江苏太仓人，1932在上大学时加入中国共产党，曾参加过五卅运动，大革命时期在上海做党的地下工作。1938年参加新四军，曾主编四师的《拂晓报》，后任淮北四分区政治部主任、豫皖苏边区党委宣传部长、十八军政治部宣传部长、西藏工委政策研究室副主任、西藏工委办公室主任等。

② 毛垭土司，有的书上称为毛鸭、毛雅、毛丫土司。因其所在地为理塘的毛垭坝，土司以地区命名。

将土匪活捉，但要自行处置，兵站不同意，要由部队处理。毛垭土司遂停止了支援解放军的物资运输，导致南线运输中断。这是当时颇有影响的“毛垭土司事件”。第十八军党委为此发出通报，要求严格执行政策纪律。后来经康定地委、南路先遣部队党委派人耐心做工作，事件才得以平息。毛垭土司于10月底恢复了支援运输工作。

巴塘为南路进入西藏的主要通道。清末赵尔丰部就是从康定经巴塘到达昌都的。巴塘以藏族为主，杂有汉、回民族，文化教育比较发达，设有师范学校和中心小学，藏汉双语教学，不少青少年兼通藏汉语言、文字。清朝末年，帝国主义势力进入巴塘，法国天主教、美国基督教均有牧师在此传教。巴塘还有国民党党部、立法委员、“国大”代表等，政治情况比较复杂。解放前夕，巴塘成立了以平措旺阶为首的共产党组织及其外围的“东藏民主青年同盟”，吸收了一批青年，成为西康地区进步力量的代表。苗丕一等到达后，根据军党委的指示，组成以苗丕一为书记、平措旺阶和陈竞波为副书记的南路先遣部队党委，统一领导巴塘地区的作战准备和支前等工作。

南路先遣部队到达巴塘后，积极组织后方运输及支前工作，加紧建造渡江作战船只，动员组织巴塘地区牦牛500头，准备随部队渡江运输。

至此，第十八军北南两路先遣部队分别在甘孜、邓柯、巴塘、德格等地建设起坚实的进军基地，为昌都战役的实施奠定了基础。

第五节　青海、新疆、云南部队准备进军西藏

为保证胜利进军和解放西藏，刘伯承、邓小平于1950年1月18日向中央军委建议，由十八军从川康进军西藏的同时，再由青、新、滇各派一支部队作向心进兵的部署。报告中详细列举了从各个方向进入西藏拉萨的地形道

路状况和行动路线[①]，并向中央建议："根据藏兵配置情况，尤其根据康藏粮柴困难，征之军用，可能引起藏民反感的情况，故进军西藏宜沿前述四省适当路线作向心的迂回部署，尤其是照顾地形与经济困难，亦以多路的向心进兵为有利。"

中共中央于1月24日致电西南局、西北局指出：

"刘邓已决定十八军为进攻西藏的主力，并提议由青海、新疆及云南各出一支兵向西藏多路向心进兵，以便解决粮食及地形上的困难。又，刘邓提议由西北局负责派工兵迅速修复由西宁经玉树至甘孜的公路，并调查玉树飞机场的情况电告。以上望西北局立即讨论并提出意见，电告中央及刘邓。由新疆向西藏西部进兵问题，望王震立即调查并提出意见。""又，据龙云说由云南丽江有一条路到西藏骡马勉强可走，在云南地区多为汉人，在西藏察隅一带气候温暖，粮产丰富，并有一条公路通至印度，和印度商业关系密切，应有一支兵从云南进到察隅。此点请刘邓在陈赓占领云南后令陈赓计划并布置。"[②]

青海、新疆、云南军区遵照中央上述指示，各自部署向西藏进军的工作：

青海方向

3月，西北军区决定以第一军骑兵团第二营和特务连为基础，扩建成第一军骑兵支队，兼玉树军分区工作，以冀春光为中共玉树地委书记兼骑兵支队政委，孙巩为支队长，魏家祯为副支队长，田惠普为副政委，郭守荣为参谋长，苏诚为政治处主任，支队下辖骑兵一、二、三连，重机枪连、炮兵连、特务连，共680人，骡马800余匹。另从第一军选调部分营、团干部共120

---

① 该电内容大体是：由西康入藏分中、南、北路。中路自康定经甘孜、昌都、嘉黎、太昭至拉萨计2046公里，昌都、嘉黎间有东、西两座雪山，海拔5000公尺以上，终年积雪。南路自康定经巴塘、察雅至昌都与中路汇合，至拉萨计2489公里，人口稍多。北路经昌都出类乌齐经黑河至拉萨，路稍近，较平坦。由青海入藏分东西两路。其东路自西宁经大河坝、玉树，沿格尔吉河至拉萨计1830公里，沿途人烟稀少，惟沿昆仑山正脉而行，较为平坦。西路自西宁经鄂陵、扎陵二湖之间，再经赛尔桥、唐古拉山口、黑河到拉萨。以上两路进军，居高临下，可直取黑河、拉萨与迂回昌都，但路经草原，粮草极缺，人烟稀少。由云南入藏分南北两路。北路由昆明经大理、盐井、宁静汇合康藏线；南路经察隅、昌都至拉萨。由新疆前进有两条路，其一，自于田向南越昆仑山入后藏多木拉经纳木湖到拉萨；其二，自新疆车尔城西南半行越哈喇崑崙山口入藏，经奇林湖到拉萨。

② 《西藏工作文献选编》，中央文献出版社2005年9月版，第11页。

人，组成玉树地委、专署及玉树、称多、囊谦三个县委及县人民政府，开展地方工作。

骑兵支队成立后，在西宁进行了两个多月的整训和思想动员。全体干部、战士表示，一定要学习当年红军爬雪山、过草地的艰苦奋斗精神，坚决把革命进行到底，誓把五星红旗插上长江源头，完成进军任务。6月5日，魏家祯率先遣连由西宁出发，勘察进军路线，同时担任警卫第一军后勤部在黄河沿设立运输补给站的任务。20日，青海省委和第一军联合举行欢送晚会。廖汉生政委作了动员，号召干部、战士安心扎根玉树地区，认真贯彻执行党的民族政策，团结各族人民，支援解放西藏，完成统一祖国的光荣使命。贺炳炎军长授军旗。支队长孙巩代表全支队宣读了誓词。21日，骑兵支队和干部大队向玉树进发。24日，支队越过日月山，进入青海南部草原藏区。7月3日越4500米的鄂伦山，因高山缺氧，3名战士心脏病发作，抢救无效而牺牲。接着穿越积石山北之花石峡，于9日到达黄河沿，补充半月粮料，徒涉黄河，再越巴颜喀拉山。过扎陵湖沼泽地带时，不少人马深陷泥中，因组织严密，无一伤亡。7月21日抵通天河，人乘牛皮船，马匹泅渡。经过23天的艰苦行军，于7月24日胜利到达玉树，行程900公里。羁留青海的原热振活佛之近侍堪布益西楚臣、班禅行辕派出的驻玉树办事处处长何巴顿等藏族人士20余

青海玉树地区藏族群众组成担架队，支援解放军进藏。

人，随骑兵支队和干部大队进入玉树地区，在藏民中开展宣传、统战等工作。参谋长郭守荣、益西楚臣带骑兵二连前出囊谦，查明昌都及黑河地区藏军分布与兵要地志、道路情况，为下一步进行昌都战役做准备。

为解决青海骑兵支队的补给运输问题，5月中旬，第一军以5700余人由青海南部大河坝开始向玉树修筑公路。此地处于青藏高原北部，平均海拔4500米。经过半年的艰苦施工，将公路修至黄河沿，并于次年通车玉树。玉树地委、军分区（骑兵支队兼）动员当地藏族群众，组织牦牛4000头由黄河沿向玉树赶运粮秣物资。在藏族民工协助下，骑支还以自己的畜力和牦牛，从玉树向囊谦囤运了一批粮物。

新疆方向

新疆部队向西藏进军的位置为阿里地区。阿里地处西藏西部、新疆以南，平均海拔4500米左右，气候异常寒冷，交通非常闭塞。离拉萨和乌鲁木齐都较偏远。为做好向阿里地区进军的准备工作，西北局第一书记、西北军区司令员彭德怀与新疆军区代司令员兼政委王震都积极提出建议。彭德怀于1950年5月2日向中央建议："新藏间，横隔昆仑高原，均高6400米有余，进军阿里，想其艰难恐不亚于长征。"还提出"（进军阿里）不宜大量出兵，应先派出一连左右的兵力先行进藏，担负侦察、设站等任务。"此建议被中央采纳。①

此前，4月28日，王震向中央并西北局报告了进藏计划：由第二军组建的独立骑兵师（何家产任师长兼政委）于5月进驻于田地区，进行修路、侦察等进军准备活动。中央和西北局同意后，独立骑兵师于5月17日自于田开始向新藏交界处修筑公路，同时决定派出一个先遣连进入西藏阿里地区。7月，王震批准独立骑兵师第一团一连为"进藏先遣连"。

先遣连由汉、回、藏、蒙古、锡伯、维吾尔、哈萨克7个民族共138名指战员（其中少数民族占40%）组成。连长曹海林，指导员李志祥，副连长彭清云。第一团保卫股长李狄三任先遣连总指挥兼党代表，并组有指挥所，配有电台、报务员和机要译电员及医务人员等，携带一年的给养。8月1日，独

---

① 袁国祥：《喀喇昆仑风云录》，2001年6月，第10页。

立骑兵师在昆仑山下的于田县普鲁村为先遣连举行出征誓师大会，何家产师长向先遣连授旗。先遣连当日从普鲁村出发，骑着战马，拉着骆驼，驮着帐篷、给养，涉冰河，穿古峡，过雪原。翻越海拔6400米的昆仑山口和海拔6000多米的冈底斯山东君拉大坂（山垭口）时，指战员们头痛欲裂，就用绳带捆住头；呕吐不止，仍强行吃饭喝水；山陡雪大，就拉着马尾攀登；帐篷被大风刮得搭不起来，就眠冰卧雪。历经半个月的千辛万苦，于8月15日，艰难地抵达藏北改则北部的两水泉；稍事休整，即分路积极地寻找并争取因疑惧而转移的藏族牧民返回住地。接着，该连奉命继续前进，穿过终年积雪、旷无人烟的藏北荒原，克服了难以想象的困难，于8月29日进至阿里改则的扎麻芒保。从于田起，走了近一个月，行程600多公里。

扎麻芒保为荒漠草原，海拔4517米，冬季最低气温零下40摄氏度，半年时间被冰雪覆盖。先遣连到达扎麻芒保就接到停止前进的命令。这时既要应付意外情况，做好战斗准备，又要做好防护寒冬的一切工作。由于后方运送物资跟不上，每人每日只吃两次玉米稀饭也难得到保证。干部战士的棉衣破了用麻包口袋缝补，没鞋就用野马皮做皮窝子穿。没有针线，用骆驼毛捻线，削羊骨做针，还用野马皮做脸盆、水桶等。经过数月艰苦奋斗，战胜了冰天雪地的严冬。但因严重缺氧，长年吃不上新鲜蔬菜，营养不良，加之缺医少药，干部战士患病者日渐增多。在这种困难条件下，李狄三股长仍带着先遣连坚持做上层统战工作和影响群众工作。扎麻芒保地区仅有少量牧民。先遣连向他们宣传党的民族政策，帮助群众放牧、捡牛粪、医治疾病，还把自己所带的有限衣服、粮食、茶叶等救济贫苦牧民。

昌都战役后，李狄三请当地藏胞与西藏噶厦派住噶大克的阿里噶本（总管）赤门·索南班觉和玛朗巴取得联系。起初当地头人非常惊恐，不准群众与先遣连接触，还想要先遣连退走。后来噶本听了改则官员接触先遣连后的汇报，才派出两名代表才旦朋杰、扎西才让与李狄三进行谈判，达成了四条协议。协议内容是：噶本政府承认解放军进驻该地区；解放军尊重群众宗教信仰和风俗习惯；实行民族平等，保护喇嘛寺庙，不住喇嘛寺庙；解放军保护藏族群众利益，不拿群众一针一线；双方持友好态度，地方政府协助部队开展群众工作。谈判过后，他们为表示对先遣连的欢迎，专门举行赛马大会；

从新疆进军西藏的骑兵部队高举〝向西藏大进军〞的大旗，英勇前进。

为看先遣连实力，又提出比武。当他们看到先遣连的枪法和箭功（副连长彭清云枪枪命中，蒙族战士巴利祥箭未出手即被折成两段）后，不得不为先遣连精湛的武艺和良好的精神面貌所折服。

11月底，阿里噶本两代表写信给毛主席，称这里“没有经过一点战争，已经实现了和平”，并保证服从中央人民政府的命令。毛泽东收到这一信息后，于12月30日用电报复信予以鼓励。信中说：“我很高兴知道你们同到达你们那里的人民解放军结成了朋友。”“如果西藏官员都能像你们一样同解放军合作，那么开进的部队就可以少一些。”①

独立骑兵师进藏先遣连顽强地战胜了种种严重的困难，扩大了共产党、解放军的政治影响，争取团结了藏族群众和上层人士。他们不仅是最早进入西藏的部队，也为昌都战役的胜利举行起了一定的配合作用，对促成西藏地方政府派代表赴京与中央人民政府和谈做出了一定的贡献。王震司令员于1951年3月发出给进藏先遣连的嘉奖电，表扬他们高度爱国主义的英雄气概，

① 《毛泽东西藏工作文选》，中央文献出版社、中国藏学出版社2001年5月版，第36页。

号召新疆全体指战员以他们为模范，并奖给解放大西北纪念章及人民功臣章各一枚。

云南方向

2月14日，刘伯承、邓小平电令第四兵团司令员陈赓、政委宋任穷：在部队到达昆明后，应立即按野司前令部署，以一个精干团或三个小团（总数不超过3000人），带3000匹骡马，配合进军西藏。3月9日，第四兵团即决定以第十四军四十二师之第一二六团配属一个骡马辎重团，组成入藏纵队。4月13日，西南军区电示陈、宋：由滇沿雅鲁藏布江入藏，以迂回拉萨，是配合其他各路部队向心合击的要着，同时又可为十八军左侧之屏障。即战略上亦以分路进军为宜。你们应命令一二六团及辎重团排除一切困难，仍沿以前指定路线前进。

十四军四十二师受领进军西藏任务后，决定第一二六团（欠三营）及一二五团三营担负入藏任务。一二六团在团长高建兴、政委成泽民的率领下，3月下旬集结于滇西北鹤庆附近，做进军准备工作。团党委召开会议，传达进军西藏任务，学习有关政策，进行思想动员，做各种物资准备。同时调查行动路线：从云南鹤庆到西藏察隅，都是骡马道，澜沧江、怒江均为溜索，人马通过困难。由门工至竹瓦根、察隅，须翻越4座5000米以上的大雪山。部队据此在行军、作战、生活诸方面进行了充分的准备。4月17日，四十二师派一二五团三营为入藏先遣队，在团政治处主任武健的率领下，经维西进驻德钦，首先开辟滇西北藏族聚居地区的工作，创建进军西藏的基地。师长廖运周亲自随部队一起行军到德钦。至7月中旬，基本完成入藏准备工作。

8月6日，一二六团从驻地向战役集结地贡山和德钦前进。高建兴团长率团机关一部和一营，经巨甸、维西渡澜沧江，翻越高黎贡山到达贡山。政委成泽民率团直属队和二营，经巨甸、中甸，翻越白马雪山进到德钦，进行参加昌都战役的准备工作。部队从原滇西北游击队和骑支队抽调懂汉藏语言的汉、藏、纳西族青年，组成35人的工作队，开展沿途的群众工作。指战员们不顾行军疲劳，争先恐后地为沿途藏族同胞背水、砍柴、治病，并将节约下来的盐巴、茶叶等赠送给贫苦藏民。部队模范执行党的民族、宗教政策，严格执行三大纪律、八项注意的行动，很快得到藏族群众的热情欢迎和拥护。

从云南出发的进藏部队。

云南入藏路线为滇西北高山密林峡谷地带，运输补给任务十分艰巨。云南省人民政府组成以陈赓为主任的支援委员会，大理、保山、丽江专区及所属有关的25个县也建立支援机构，实行分段包干运输。十四军专门组建了三个辎重团负责运输。至9月初，先后有民工两万人、军工两千人参加修筑大理至德钦的公路；滇西地区共组织骡马2.1万匹参加运输，运到贡山、德钦的粮物达16.4万余公斤。第十四军组织的辎重二团，在喜州（大理北20公里）接受各师调来的人员和骡马，计有干部、战士1800名，骡马2220匹。在团长刘得志、政委杨静生、副团长冯虎山带领下，往返行程3000公里，运粮40多万公斤，创造了在雪山深谷地区长途运粮的业绩。在越过澜沧江激流时，人员和物资全部以溜索悬渡，马匹则全部泅渡。班长王光全三次跳进澜沧江激流，抢救被洪水冲走的骡马，最后被急流巨浪冲走，为进军西藏光荣献身。

各路先遣部队在进军中，忠实执行党中央关于解放西藏的各项政策，模范遵守纪律，发扬艰苦奋斗的优良作风，有力地消除了历史上长期形成的民族隔阂，赢得了藏族人民的信赖，团结了藏区的各界人士，为建设进军基地打下了良好的基础。

第六节　进军西藏的物资保障工作

进军西藏，补给重于战斗。由于西藏特殊的地理自然条件，保障进军部队所需的物资供应，就成为组织进军的最艰巨任务，也是各级领导关注的重点。早在1950年2月8日西南局的一次会议上，邓小平就指出：进军西藏“主要困难是交通问题”。贺龙则进一步强调：“运输问题，要比用兵困难好多倍。地是冰冻的，雪很厚，卡车很难进去，好的卡车一小时只能走五公里。修路须有特别工具，路比崖还坚硬，路修不起来，运输就很难解决”。①为了做好后勤保障工作，西南局、西南军区按邓小平、贺龙指示精神，规定了“进藏部队需要什么，只要办得到的，就尽量满足他们的要求”的补给供应原则。

2月中旬，朱德总司令写信给贺龙，就进军补给工作提出具体意见：“购买本地牛羊肉为主食品，购酥油及青稞麦为副食品”；“购牛运粮，随军前进，粮完可吃牛肉”；“肉食不惯，可用野菜伴肉煮汤，再用茶，吃少量青稞，一月内可习惯”；“用现洋（银元）作伙食费”；“以丝绸、茶叶等，向藏民换取肉食、粮食”；“飞机、公路，不断运送，可壮士气”等。②

为了不增加西藏人民的负担，增强民族团结，解决进军部队的粮食补给问题，4月1日，毛泽东提出进军西藏，“不吃地方”，“一面进军，一面修路”③的方针。毛泽东指出，部队在进军的同时，应担负修路、生产的任务；部队到达西藏后，仍由中央保障供应，不增加西藏的负担。西藏工委、十八军党委不仅将此作为进藏部队后勤保障工作的方针，也成为后来在西藏长期的财经工作方针。这一重要方针也是进军西藏、经营西藏各项方针政策的重要组成部分。

为保证上述方针的实施，西南局、西南军区以很大决心和魄力，采取一系列切实有效的措施，解决进藏物资补给运输问题。

---

① 《贺龙军事文选》，解放军出版社1989年2月版，第470页。

② 朱德信的原件为军事博物馆展件。

③ 进军西藏，“不吃地方”，转引自邓小平1950年7月21日关于西南少数民族问题的讲话；《邓小平文选》第一集第167页。“一面进军，一面修路”，见张国华1950年7月9日对政策研究室的谈话，载乐于泓日记。

首先是“不惜一切代价修路”，突击抢修雅安至甘孜600多公里路段。1950年初，公路从成都只通车到雅安。由雅安到泸定，国民党政府时期曾修筑过简易公路，但因年久失修，简易公路的路基、桥梁大都毁坏，不要说汽车，连人畜也很难通行。1935年蒋介石为了堵截红军北上，将雅安至康定公路作为机动运兵通道，限期修筑通车。当年6月开工，仅修至天全就停工。1938 年4月，蒋介石再度令行辕拨款，再次组织施工，到1940年10月15日粗通泸定。当天即从天全开出一辆小客车和一辆大卡车，16日到达泸定。然后小客车用船运渡过大渡河，经人推、拉、抬，20日到达康定，以此标志“公路通车”。这一段筑路工程历时四年半，征集人工13万余人，民众饱受劳役之苦。时称“路工死亡三千，负伤者六千”，换来的仅是公路虚假通车的舆论宣传。①

解放后，才真正开始这一段公路的修建。1950年4月初，西南军区工兵司令员谭善和②指挥6个工兵团陆续投入雅（安）甘（孜）公路的施工。西南军政委员会交通部设立了雅甘工程局，统筹修路勘察设计和经费、材料供应工作，并以3000民工参加修建。经两个多月的突击奋战，于6月5日将公路修至康定。原来预计7月通车甘孜，部队即可向前开进。但适逢夏季，阴雨连绵，二郎山段公路塌方；车辆行驶受阻。6月下旬，第十八军将在川西剿匪的第五十四师一六二团调至二郎山地段、第五十三师一五八团大部调至天全至两路口地段，担负公路维修和物资装卸工作。7月下旬，突发暴雨山洪，冲毁了飞仙关等8座大桥，使公路运输完全中断。支援司令部随即组织力量紧急抢修。在高山缺氧、气候寒冷、河水刺骨的条件下，部队登高山伐木运料，下冰冷刺骨的河水中打桩架桥，日夜奋战，月余时间完成抢修8座大桥的任务。与此同时，北路先遣部队第一五四团主力和军工兵营也参加由甘孜向道孚修路。8月25日，雅安至甘孜公路通车。总计开挖土石方27万立方米，建桥梁195座、涵洞678道。军工、民工1.5万人参加施工，伤亡650余人。雅

① 《西藏公路交通史》，人民交通出版社1999年8月版，第19页。

② 谭善和（1915—1991），湖南醴陵人，1931年入党，1934年参加红军，历任干事、特派员、科长、冀鲁豫军区保卫部长、旅政委、地委书记兼军分区政委、纵队副政委、工兵纵队司令员兼政委、西南军区工兵司令员。

甘段公路通车，为举行昌都战役提供了有力的运输保障。

在修路的同时，支援司令部着手建设甘孜后勤基地，政委胥光义[①]亲自组织运输工作。在雅安至甘孜沿途设立兵站。三四月份，支援司令部以3个汽车团、3个辎重团（骡马、胶轮马车）分段进行运输。当时汽车仅有200辆，且多破旧不堪。6月底，西南军区增拨汽车850辆，其中有从苏联进口的新嘎斯车350辆，极大地增强了运输力量。在雨季道路泥泞、二郎山等地区路基经常塌陷的情况下，汽车部队克服种种困难，完成规定的运输任务。7月中旬，大渡河桥尚未架成，汽车部队将汽车分解成几大部件，用橡皮舟运过河去，再组装起来。两个月内共分解、组装汽车300余辆，有力地保证了泸定至甘孜段的汽车运输。分解汽车过河时，有两次运汽车的船脱出滑索冲入激流，汽车部件落入河中；班长陈瑞盘勇敢地潜入冰冷刺骨的大渡河里，用钢索拴住汽车部件，将其拖拉上岸，受到支援司令部的表彰，被记一等功。

8月下旬公路通车甘孜。为减少畜力运输，又以一个工兵团和一五四团两个营抢修甘孜至竹庆的马车路。9月上旬，马车路初步建成，当即以3个马车连259辆大车向前紧急运输物资，军、师负责人乘坐的吉普车也加入了抢运行列。辎重团的2380匹骡马和藏族群众的牦牛则担负竹庆至金沙江畔邓柯、德格的运输。至8月底，从甘孜方向共向前运送物资11664吨：计被服装具2515.5吨、食品（干粮）577.7吨、武器弹药418.43吨、汽车材料60.7吨、汽车油料7090吨、卫生材料116吨、通信器材84.5吨、工兵器材639.5吨，另有银元及人民币183箱以及其他物资162.42吨。所运到的粮食，除入藏部队及支援部队食用外，各地兵站尚有一批存粮。共支出人民币7673亿元（旧币），内包括黄金三千两，银元2611931元。[②]这些，为进行昌都战役奠定了坚实的物质基础。

除了已通公路的地段用汽车、马车运输外，还组织了大批牦牛运输支援进军。军前指、先遣部队和支援司令部的主要领导，以很大精力对玉隆地区

① 胥光义（1916－ ），四川平昌人，1929年加入共青团，1932年参加红军，1933年转为共产党员，历任排长、副连长、指导员、支队政治处副主任、支队政委、纵队政治部主任、冀南军区政治部副主任、三兵团后勤部长等。

② 西南军区后勤部1950年9月15日援藏工作总结。原件存解放军档案馆。

大头人夏克刀登、德格土司降央白姆、康南富商邦达多吉[①]等进行统一战线工作，动员藏族上层人士参与支前，组织藏族民工进行牦牛运输。张国华于6月底在康定宴请邦达多吉，9月与夏克刀登同行至甘孜，宣传共产党和平解放西藏的方针和民族宗教政策，协商动员组织牦牛运输等事宜。在昌都战役前后，刘振国除了抓战时政治工作外，还兼管运输支前工作。1951年3月初，刘振国与夏克刀登商妥，在玉隆召开附近头人参加的运输会议，动员群众继续大力支前，组织牦牛运输，以保证前方部队的补给需要。

为加强西康地区的支前工作，西南局指示西藏工委暂时兼管康区部分地方工作，决定张国华、谭冠三和王其梅为西康区党委委员。西藏工委、十八军向折多山以西之甘孜、德格、邓柯、炉霍、道孚、雅江、巴塘等县派出军事代表，在各县建立运输支援委员会，开展支前工作。从1950年下半年开始，在甘孜至邓柯、甘孜至德格、东俄洛至巴塘的三条运输线上，出现了十万头牦牛支援运输的空前盛况。

担负空中支援进藏任务的西南军区空运大队，突破高原空中“禁区”，在缓解了北路先遣部队的急需以后，接着又向邓柯、巴塘等地空投粮食、被服、银元等物资，总计达6200多公斤，缓解了前方部队的燃眉之急。

解决运输补给困难的最后一个办法，就是加大部队人员的携带物资的数量。进军的运输补给是按人头逐日计算的。规定战士除武器装备外，每人要携带10日的粮食，平均负重达35公斤；干部也要背负10至15公斤左右的粮食。各部队还要携带一定数量的银元，一般由干部分散背负，以备必要时采购食物救急之用。部队还购买了一批牦牛，组成牦牛队随军行动。第五十二师在康北地区购买9000余头牦牛，组成5支牦牛运输队，随军驮运物资。师机关不少干部、文工队员都参加了赶牦牛的任务。时任师司令部指导员的田涛带着30名女同志组成康藏工作队，负责赶200头驮运粮物的牦牛，从甘孜到觉雍走了27天。高原徒步行军对女同志来讲就很困难，年轻姑娘们赶着大群

① 邦达多吉（1914—1974），藏族，西藏宁静人，1935年先后与驻康之刘文辉部队和藏军对立，在红军路经甘孜建立的“波巴”苏维埃政府中任财政部长。后又为国民政府蒙藏委员会调查委员。其家族在康定、南京以及印度均有商店。四川解放前夕，曾与格达活佛等人派代表至北京，向中央人民政府致敬，后被委任为康定军管会副主任。

野性十足的牦牛走了那么长的路程，途中所受之艰辛，让现在的人们难以想象。50多年后，当年的工作队成员田涛、郭蕴中、李国柱、孙常瑜、王惠文等著文回忆这一段经历时，还感到惊心动魄，但却无怨无悔。①

两支先遣部队到达金沙江边后，为准备渡江，均自制船只。第一五四团在由乐山请来的造船工人指导下，在邓柯仅用一个多月时间，就建造出可载百人的大木船1只、二三十人的中等木船10只，载一个班的小船6只。第一五七团在巴塘造大小木船23只，大、小牛皮船40只。军直侦察、工兵两营也在德格备足渡江所需的牛皮船。这些船只，基本上能保证部队渡江的需要。

西南军区，西南军政委员会领导检查进藏部队的武器装备。前排左起：贺龙、李达、王维舟。后排左三：张经武。

① 《首批进军西藏的女兵们》上册，西藏人民出版社2001年11月版。

9月上旬，军后勤部副部长扶廷修奉张国华军长指示，在竹庆开设后勤指挥所，在海子山、邓柯、德格等地设立兵站，担负主要方向部队渡江后的补给任务。南路在东俄洛、雅江、理塘、巴塘等地设立了兵站。下旬，当参战部队从四川向前开进期间，以阎秀峰为主任的川西行署支援委员会和以方升普为主任的西康省支援委员会，积极支援进藏部队，在沿途开设食宿站、柴草供应站，供应过往部队所需有关物资。

在西南局、西南军区及相关单位的直接领导下，经过支援司令部、各地支援机构及各师、团部队辎重运输单位的紧张艰苦努力，终于在9月份完成了物资、粮食的运输和储备，保障了部队的向前开进和昌都战役的实施。

第三章
争取和平解放西藏

中共中央在决定进军西藏的同时，采取了一系列举措，争取同西藏地方政府谈判，和平解决西藏问题。西藏如能实现和平解放，对于统一祖国、加强民族团结、保持西藏社会稳定是十分有利的。为此，中共中央、西南局、西北局都大力做争取工作，制订了正确的方针政策，作为双方谈判的基础。但在国外反动势力的干涉和西藏分裂主义集团的阻挠下，西藏问题的和平解决走了一段艰难曲折的道路。

第一节　争取和平解放西藏方针的提出

早在1949年3月举行的中共中央七届二中全会上，毛泽东就把今后力争以北平（通过谈判和平解决）和绥远（暂维现状尔后解决）方式解决尚待解放的各地问题，提上了解放战争的日程。这一年，在席卷中国大陆的军事胜利形势下，相继有湖南、宁夏、新疆、云南、西康等省区得到和平解放。随着新中国的诞生，“中国人民站起来了”，这就为团结西藏民族、实现西藏的和平解放创造了有利条件，展现了光明前景。

争取和平解放西藏方针、政策的提出，有一个逐步形成发展的过程。1950年1月18日，朱德在政务院召开的西藏问题座谈会上说：“西藏问题最好采取政治解决的办法，不得已时才用兵，要向西藏贵族、王公、喇嘛们说明我们的政策。”[①]年初，当获悉西藏当局将派“亲善使团”出国寻求支持所

---

① 《朱德年谱》，人民出版社1986年12月版，第40页。

谓“西藏独立”的阴谋时，中央人民政府外交部发言人于1月20日发表声明，在谴责“美帝国主义及其侵略西藏的同谋们所导演的傀儡剧”的同时，指出“西藏人民的要求是成为中华人民共和国民主大家庭的一员，是在我们中央人民政府统一领导下适当的区域自治，而在人民政协的共同纲领上是已经规定了的。如果拉萨当局在这个原则下派出代表到北京谈判西藏的和平解放问题，那末，这样的代表自将受到接待。”①2月25日，刘少奇为中共中央起草批复西南局的电报中强调：“我军进驻西藏计划，是坚定不移的，但可采用一切方法与达赖集团进行谈判，使达赖留在西藏并与我和解”②。4月27日，周恩来在藏民研究班上讲话说：“西藏派出代表与我们商谈，我们是欢迎的，但驱除英帝国主义出西藏是要坚决执行的。解放军必须进入西藏，目的是赶走英美帝国主义势力，保护西藏人民，使其能实行自治。”③这些讲话和文件，都体现了中国共产党争取和平解放西藏的主张和方针。

西南局为制定和平解放西藏的具体政策和策略，进行了多方调查研究。贺龙在成都解放之初，即召集专家、学者座谈西藏情况，思考对西藏的政策。西南局派人在重庆与班禅原驻渝办事处以及原国民政府蒙藏委员会的部分人员座谈，了解西藏情况，收集有关西藏的档案资料，研究西藏历史、社会、地理、气候、政府及藏军等状况，提出政策意见与进军的初步方案，上报中央。

2月24日，西南局报告中央，拟派出曾经长期在拉萨与西藏上层有良好关系的汉族僧人志清法师④到西藏去做达赖喇嘛的工作。中央当即批复同意，要求通过志清说服达赖集团脱离英美帝国主义的羁绊，由达赖本人或其代表来北京协商解决西藏问题的办法，或与进军中的人民解放军前线司令部谈判。中央还指出，西北方面如有适当人选能派到拉萨去进行说服达赖集团者，亦应立即设法派去。⑤

---

①《人民日报》1950年1月21日。

②《西藏工作文献选编》，中央文献出版社2005年9月版，第14页。

③《西藏工作文献选编》，中央文献出版社2005年9月版，第16页。

④ 志清法师（1905-“文革”后期？）又名密悟法师，原名霍履庸，河北井陉人，汉族，幼时在康定出家，1925年至拉萨哲蚌寺学经。1944年考取“格西”学位。1946年回到成都，同刘文辉等人有交往，还给一些上层人士讲过经。四川解放后，志清被推荐到西南军政委员会，反映了一些西藏情况，并表示愿意前往拉萨做工作。

⑤《西藏工作文献选编》，中央文献出版社2005年9月版，第14页。

青海省委根据西北局的指示，派人到塔尔寺等寺院找到了达赖喇嘛的长兄当才活佛和夏日仓活佛等几名宗教界上层人士，准备以青海藏族代表团的名义派往西藏。同时提出了与西藏当局谈判的六项条件。5月1日，省委书记张仲良报彭德怀并西北局称：

“去西藏之夏日仓、当才、先灵等活佛，今日均到西宁，夏日仓活佛表现最积极，与西藏各方关系也较多，拟以青海藏族代表团名义，并持省府主席函赴藏。他们要求决定去藏的谈判条件，我提出初步意见如下：一、西藏当局宣布西藏为中华人民共和国组成部分，服从中央人民政府领导，愿为实现共同纲领而奋斗。二、驱逐英美特务，逮捕国民党特务如欧阳鸷等。三、协助解放军入西藏，西藏武装接受解放军领导，实行共同纲领二十条、三十二条之军事制度。四、西藏实行区域自治，各负责人由藏胞推出，呈中央人民政府任命。五、西藏各当权人，只要赞助和平解放事业者，其生命财产均受保护，如进行破坏和平解放事者必办，并没收其财产。六、保护宗教，信仰自由”。

5月11日，西南局根据各方面调查的情况分析，认为“争取西藏和平解决的可能性较前增大”，“除继续加强进军的军事准备外，拟特别加强政治工作”，包括派人入藏，并请中央人民广播电台播放的藏语节目，着眼于争取西藏上层等。为了同西藏当局谈判，西南局拟定四项条件上报中央：一、驱逐英美帝国主义势力出西藏，西藏人民回到中华人民共和国祖国的大家庭来；二、实行西藏民族区域自治；三、西藏现行各种制度暂维原状。有关西藏改革问题将来根据西藏人民的意志协商解决；四、实行宗教自由，保护寺庙，尊重西藏人民的宗教信仰和风俗习惯。[①]

中央在审阅西南局、青海省委的电报后，于5月17日批复西南局并西北局指出：“西南局的四条较好”。“当前西藏情况大致有以下几个需要注意的特点：一、政教合一，宗教神圣不可侵犯，达赖在西藏人民中有很高的信仰；二、长期以来由于帝国主义的侵略挑拨，西藏统治集团采取非爱国主义的态

① 《和平解放西藏》，西藏人民出版社1995年8月版，第75、76页。

度；三、上层有分化，三大寺（哲蚌、色拉、甘丹）和达赖某种程度的内向是可能的；四、劳动人民极其穷苦，但统治阶级利用宗教维系力仍很强；五、地形、气候、粮食对进军作战不利。”中央明确指出：“在解放西藏的既定方针下和军事进攻的同时，利用一切可能以加强政治争取工作，是完全必要的。这里基本的问题，是西藏方面必须驱逐英美帝国主义的侵略势力，协助人民解放军进入西藏。我们方面，则可承认西藏的政治制度、宗教制度、连同达赖的地位在内，以及现有的武装力量、风俗习惯，概不变更，并一律加以保护。至于西藏的亲英美官员和国民党员，只要他们不进行反抗，亦可不加追究。对国民党特务分子的处理，也不要提作条件，如藏方提出不要追究，则我可提出以不继续反抗破坏为条件。”“总之，我们提出的条件，只要有利于进军西藏这个基本前提，在策略上应该使之能够起最大限度的争取作用和分化作用。”“望西南局和西北局再加研究，各起草一个作为谈判基础的若干条，报中央审查决定（从速）。”①

西南局认真领会中央指示精神，针对西藏实际情况，由邓小平亲自起草，将原来的四条扩展为十条，于5月27日上报中央。毛泽东在审阅后，于29日批复：“除第八条应加‘西藏领导人员’数字外，均可同意。”②其内容是：

（一）西藏人民团结起来，驱逐英美帝国主义侵略势力出西藏，西藏人民回到中华人民共和国祖国的大家庭来。

（二）实行西藏民族区域自治。

（三）西藏现行各种政治制度维持原状，概不变更。达赖活佛之地位及职权不予变更。各级官员照常供职。

（四）实行宗教自由，保护喇嘛寺庙，尊重西藏人民的宗教信仰和风俗习惯。

（五）维持西藏现行军事制度不予变更，西藏现有军队成为中华人民共和国国防武装之一部分。

（六）发展西藏民族的语言文字和学校教育。

---

①《和平解放西藏》，西藏人民出版社1995年8月版，第77页；《中国共产党西藏历史大事记》，中共党史出版社2005年9月版，第18页。

②《毛泽东西藏工作文选》，中央文献出版社、中国藏学出版社2001年5月版，第16页。

（七）发展西藏的农牧工商业，改善人民生活。

（八）有关西藏的各项改革事宜，完全根据西藏人民的意志，由西藏人民及西藏领导人员采取协商方式解决。

（九）对于过去亲英美和亲国民党的官员，只要他们脱离与英美帝国主义和国民党的关系，不进行破坏和反抗，一律继续任职，不咎既往。

（十）中国人民解放军进入西藏，巩固国防。人民解放军遵守上列各项政策。人民解放军的军费完全由中央人民政府供给。人民解放军买卖公平。[①]

上述十条，又称“十大政策”或“十条公约”。它不但作为准备同西藏当局谈判的条件，实际上已成为中共中央和中央人民政府对西藏的基本方针和政策。十条的内容以不同形式传达到西藏后，受到了广大藏族人民群众和爱国上层人士的拥护。

第二节 大力开展政治争取工作

为了争取和平解放西藏，从中共中央到西南局、西北局、西藏工委、青海省委以及各进藏部队通过各种渠道，采取各种方式，同西藏地方当局进行接触，开展了一系列的政治争取工作。

中央人民广播电台开展藏语广播

为了将中央人民政府解放西藏的方针政策迅速传到西藏和整个藏族地区，中共中央决定加强广播宣传工作。西安、青海省人民广播电台较早地开办了藏语广播。中央人民广播电台经过筹备，于1950年5月9日正式开播藏语

① 《邓小平军事文集》第二卷，军事科学出版社、中央文献出版社2004年7月第1版，第295—296页。

节目。首次播出的内容，是邀请藏族学者、爱国人士喜饶嘉措[①]大师等人对西藏各界人士和地方政府官员讲话。喜饶嘉措大师说："西藏是中华人民共和国领土的一部分，人民解放军有解放全国领土的任务和力量，前后藏的解放是有其必然性的。同胞们：慎勿听信英美帝国主义侵略集团的挑拨离间，认为西藏距西康、青海、新疆较远，中有雪山、石山和荒无人迹的草原，足以阻止解放军的前进。回忆红军的奇迹，人民解放军力量已大过百倍，已经解放全国绝大部分领土，进军西藏更无问题。"[②]喜饶嘉措在讲话中不仅敦促西藏地方政府同中央谈判，还揭露台湾国民党在藏语广播中的挑拨行为。中央人民政府的声音传播到世界屋脊上，在西藏上层人士中产生了积极影响。

前线部队对藏军的争取工作

1950年4月至5 月，十八军北路先遣部队进至甘孜、邓柯等地后，消息很快传到金沙江以西。西藏地方政府昌都总管拉鲁·才旺多吉于5月26日（藏历铁虎年四月九日）致信甘孜解放军吴忠师长和天宝委员称："遥闻二公已莅甘孜，执行新政，实感庆慰。中藏情感仍应继续增进，彼此边疆尤须照旧维持和平。"[③]

吴忠、天宝认为拉鲁的来信虽系主动同解放军联系，但实质上是坚持"西藏独立"立场，企图阻止解放军西进，遂拟定了复信，并于6月12日上报西藏工委、西南局审定后发出。复信首先阐述了当前形势和中央关于解放西藏的方针、政策，然后指出："西藏素为中国领土，中央人民政府对西藏同胞怀念甚殷，本军奉毛主席、朱总司令命令，协助西藏人民驱逐一切帝国主义侵略势力，以实现祖国领土主权完整统一，巩固国防。"复信在扼要地介绍了西南局关于解放西藏的四条方针政策后说："西藏地处边陲，近百年来为帝国主义所侵凌，造成人民生活之极大痛苦。本军热望与藏胞亲密携手，共谋解放。望阁下转报达赖活佛，即派员来甘孜前线指挥部就有关进军西藏解放之各项具体问题，详作洽商。"[④]

---

① 喜饶嘉措（1883–1968），藏族，青海循化人，幼年出家，曾在甘肃拉卜楞寺、青海塔尔寺游学，后入藏学经，获"格西"学位，任达赖喇嘛侍读，国民政府时期担任过参政员、蒙藏委员会副委员长。解放后任西北军政委员会委员、青海省人民政府副主席。

② 《人民日报》1950年5月10日。

③ 《和平解放西藏》，西藏人民出版社1995年8月版，第83页页下注②。

④ 《和平解放西藏》，西藏人民出版社1995年8月版，第83、84页。

在邓柯的一五四团团长郄晋武、政委杨军也以“中国人民解放军邓柯前线指挥官”的名义，分别于7月16日和8月30日向拉鲁和当面之藏军第三团牟霞代本[1]写信，阐明和平解决西藏问题的愿望与政策。

南路先遣部队西藏工委委员平措旺阶等也于8月份向藏军第九团德格·格桑旺堆代本写信，劝其认清形势，及时做出正确抉择，并向藏军捎寄藏文宣传品等。前线部队还请夏克刀登向格桑旺堆代本写信，阐述中共中央有关解放西藏的方针和民族、宗教政策，希望他申明大义，为和平解放西藏做出贡献。上述工作产生了积极影响。特别是“十条政策”传到拉萨，在西藏上层人士中相互传播，引起震动。

派遣人员入藏劝和

中央军委有关部门在西北局的协助下，于1950年2月派出藏族干部张竞成等人，带着青海省人民政府副主席廖汉生致达赖喇嘛和达扎摄政的信件，入藏进行联络。此信送到西藏地方政府后，曾在西藏官员会议上宣读，并有回复。随后，西藏地方当局派人将张竞成等人送回青海。这是中国共产党首次派员并以持政府官员信函方式与西藏当局直接联系。

4月，志清法师由成都启程赴藏，到达德格后，因金沙江被藏军封闭而受阻。8月底，传来格达活佛在昌都遇害的消息。十八军机关指示将志清暂时留在德格，尔后移住甘孜大金寺等待时机。昌都解放后志清才从甘孜启程，于1951年8月抵达拉萨。

5月，组成青海寺院劝和代表团准备入藏。团长为青海塔尔寺当才活佛（十四世达赖喇嘛长兄），副团长为青海黄南隆务寺夏日仓活佛、大通县先灵活佛。西北军区联络部派干部迟玉锐为随团秘书，携电台同行。7月中旬，劝和代表团自西宁出发，经三个月的长途跋涉，于10月14日进至西藏聂荣宗境时，被西藏地方政府黑河总管扣留。随后，三位活佛被送往拉萨，当才活佛立即投靠西藏分裂主义集团，另两名活佛的行动受到限制。迟玉锐等四名工作人员被押送至山南泽当软禁，所带之电台被没收；直至1951年初西藏当

[1]“代本”，藏语“弓箭官” 的意思，相当于团长。过去许多文章和书籍中，都把“代本”当作藏军番号的“团”，是不准确的。藏军番号称为“玛噶”，意为“兵营”或“营房”。本书中将藏军“玛噶”均称为“团”。

局准备和谈后，才将迟等人放出。迟玉锐等人到了拉萨，收回并修复电台，立即与上级取得联系，反映了拉萨当时的情况。

7月，格达活佛[①]进藏。格达早在14年前任“波巴”苏维埃政府副主席时，就与朱德总司令、刘伯承总参谋长等熟识，是中国共产党最早结识的藏族上层爱国人士。康定解放后，格达活佛被任命为西南军政委员会委员、西康省人民政府副主席、康定军管会副主任。第十八军北路先遣部队到达甘孜后，格达随即前往甘孜拜会吴忠、天宝等领导人。吴忠、天宝向其介绍了中央人民政府关于和平解放西藏的方针政策。格达表示完全拥护，并主动提出可利用他原在拉萨寺院学习经文的有利条件，去西藏说服摄政达扎和噶厦同中央进行和谈。先遣部队将这一情况上报后，西南军区曾考虑他的安全问题，劝其等待时机。但格达不顾个人安危，坚持要去西藏，并于5月6日直接电呈朱德总司令，表明其强烈要求。朱德随即转告刘伯承、邓小平：“格达系进步人士，可用。甘孜前线如需他入藏，请代拟电答复。”

6月1日，西南局代朱德拟复格达的电报称：“先生入藏进行和平谈判，用意极嘉，无比欣慰。谈判条件当由天宝同志转告。你对此有何意见，请告。”

此时，政协第一届全国委员会第二次会议即将在京召开，已邀请格达作为特邀代表参加会议。格达表示，他很想见到毛主席和朱总司令，但解决西藏问题迫在眉睫，待西藏和平解放以后再去北京更好些。经西南局同意并由先遣部队为其做了必要的准备后，7月10日，格达自甘孜启程赴藏。从卡松渡过金沙江进入藏军防区后，他沿途宣传中央的十条政策，介绍

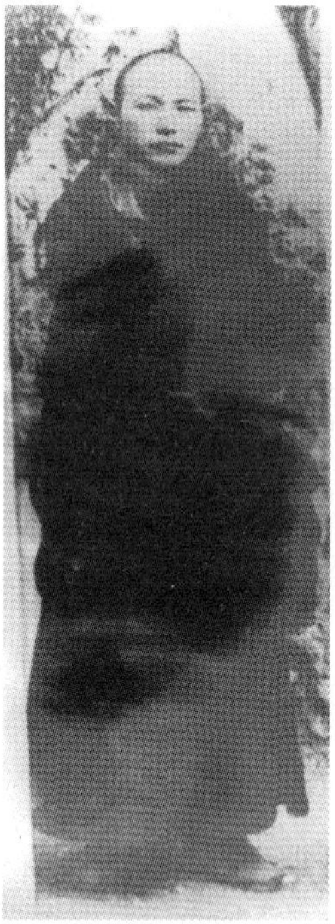

格达活佛

① 格达（1903—1950），藏族，四川甘孜人。7岁时被认定为“转世灵童”，成为白利寺活佛，取法名洛桑登增·扎巴他耶。1936年5月，红军北上抗日路过甘孜地区建立的“波巴”苏维埃政府中曾任副主席，与朱德总司令等人熟识。格达曾以粮食、畜力支援过红军，掩护过红军伤病员，是中国共产党最早结识的藏族上层爱国人士。

人民解放军尊重藏族同胞的宗教信仰和风俗习惯等情况，劝说土司、头人、藏军官兵勿与解放军为敌。7月24日，格达抵昌都，随即拜见西藏地方政府派驻昌都的总管拉鲁·才旺多吉，表明将前往拉萨会见上层人士的意愿。但在英帝国主义分子唆使下，西藏地方政府“作出了尽量拖住格达活佛的决定”。[①]既阻止格达去拉萨，又不让他返回甘孜。格达滞留昌都期间，先后给在拉萨熟悉的上层人士写信，向噶厦发电报，转达中央的方针政策，殷切希望以谈判方式解决西藏问题。他的爱国行动，遭到了帝国主义和西藏分裂主义分子的忌恨。8月22日，格达活佛在昌都遇害身亡，成为为和平解放西藏而献身的第一位藏族上层爱国志士。1951年初，西南军政委员会和第十八军分别举行了隆重的追悼大会。20世纪90年代，在甘孜修建了朱总司令与格达活佛联谊的塑像，以便让后人永远缅怀革命先驱的光辉业绩。

中国驻印使馆人员同西藏地方政府官员接触

以上对西藏当局所采取的各种争取手段，虽然都起了一定作用，但同时也都有局限性。如电台广播，只有少数拥有收音机的有钱人才能听到；对前线藏军的宣传瓦解，在没有军事压力的情况下很难奏效；派去西藏劝和的人或遭到阻挠，或被杀害，均未能成功。1950年下半年，中国驻印度使馆人员在同西藏当局派出的官员直接接触中，摸清了西藏地方政府的真实意图。

早在1950年初西藏当局派出“亲善使团”的同时，就决定派堪穷土登结波、孜本夏格巴二人率代表团，到香港等地“寻找共产党官员说明或了解情况”。该代表团于2月5日从拉萨出发，抵达印度噶伦堡后，陆续于3月15日、4月10日致信中央人民政府主席毛泽东，要求派代表赴香港谈判相互关系问题。中央人民政府秘书长林伯渠奉命于5月28日复信：“中央人民政府很关心西藏情况，欢迎你们作为西藏地方政府的代表，前来北京商谈有关西藏地方和平解放的问题。因此你们的代表团是西藏地方政府派至中央人民政府商谈西藏地方事件的代表团，不能称为西藏派赴中国外交代表团，谈判的地点必须在北京，不能在香港。”[②]这个信上的最后两句话，是毛泽东审阅时加上

① 拉鲁·才旺多吉：《回顾我所走过的道路》，载《西藏日报》1999年12月14日。
② 《和平解放西藏》，西藏人民出版社1995年8月版，第79页。

的，强调了西藏地方之于中央人民政府的从属关系。毛泽东还在另一个文件上批示：告周恩来："西藏代表必须来京谈判，不要在港谈判"，[①]明确了处理西藏问题的立场。

在这个代表团中实际起作用的是孜本夏格巴·旺秋德丹[②]。因其1947年曾率西藏"商务代表团"赴英、美等国活动过，此次一到印度，立即引起了有关方面的注意。英国驻香港总督格兰特汉表示："两年前他途经香港时给我们留下了深刻印象，他很滑头"。格兰特汉随即报告了英国政府，不赞成其在香港谈判。印度政府认为："如果汉藏谈判在印度举行，就能密切注意谈判的动向"，因而直截了当地建议西藏代表团同中国新任驻印度大使谈判。[③]由于这样的原因，英方于6月4日阻止了夏格巴等人登上前往香港的飞机。

7月下旬，中国驻印大使馆临时代办申健到达新德里后，夏格巴先是致函声称他们有意去北京，因受阻未能成行；后于9月初来到大使馆，表示愿意谈判。申健向他们讲解中央人民政府关于和平解放西藏的方针政策，并赠送了中国人民政治协商会议的《共同纲领》等文献，让其好好领会中央人民政府的施政纲领和民族、宗教政策。然而，夏格巴在此期间则频频出入于美国、英国驻印机构以及印度外交部，寻求他们对所谓"西藏独立"的支持，并于9月8日拜会印度总理尼赫鲁，

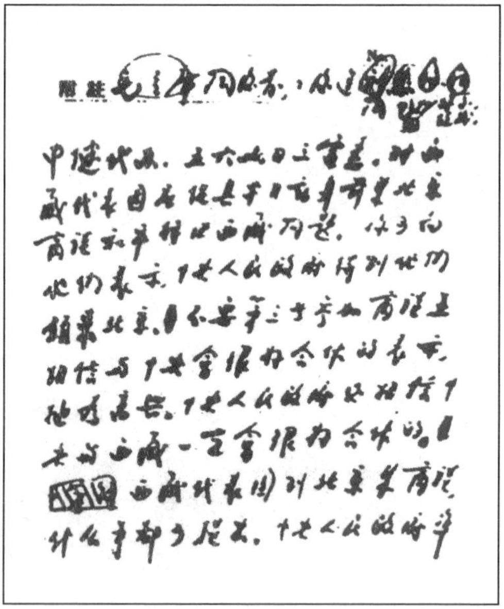

中共中央关于促使西藏代表团早日来京商谈和平解决西藏问题给申健的复示（一九五〇年九月八日）。

① 《毛泽东西藏工作文选》，中央文献出版社、中国藏学出版社2001年5月版，第15页。

② 夏格巴·旺秋德丹（1907–1989）出身西藏大贵族，其叔父曾任噶伦。本人青年时去英国上学，十几岁在噶厦担任官职，不到30岁就任孜本，一直干了十年之久。1947年曾率"商务代表团"赴英美等地游说"西藏独立"。属于西藏地方政府中的亲英派和顽固搞分裂活动的代表人物之一。

③ 《格兰特汉致英国殖民部的信》，英国外交部档案371/84468。

转达西藏地方政府的意愿，请其“在西藏和中国之间斡旋”[①]，以求阻止中国人民解放军进入西藏。

9月14日，新中国首任驻印度大使袁仲贤到任。袁仲贤随即接见夏格巴等人，明确告其西藏当局必须承认西藏是中国领土的一部分，人民解放军即将向西藏进军，西藏代表团务必于9月20日前到达北京，否则将承担由此产生的一切后果。当晚，袁设宴招待他们，耐心地说服和督促其尽快启程赴京。但夏格巴一面对袁大使虚以应付，一面继续鼓动印度政府出面阻止中国军队进入西藏。9月23日，袁仲贤邀请西藏代表团到大使馆看电影，并严正警告说：限定20日前去北京的期限已过，后果由你们负责，但仍然可以继续前往北京谈判。夏格巴禀承西藏地方政府的旨意，玩弄两面派伎俩，终于失去首开谈判解决西藏问题的良机。

9月30日，周恩来总理在中国人民政治协商会议全国委员会为建国一周年举行的庆祝大会上指出：对西藏问题，“我们愿以和平谈判的方式求得实现。西藏的爱国人士对此已经表示欢迎，我们希望西藏地方当局不再迟疑，好使问题能得到和平解决。”[②]

第三节 以打促和，实施昌都战役

中共中央、中央人民政府争取和平解放西藏的种种努力，都遭到国外反华势力和西藏当局的阻挠与拒绝。他们对中央派出的劝和代表加以阻止、软禁乃至杀害，决意关闭和谈大门；同时还陈兵金沙江西岸和昌都、类乌齐地区，妄图以武力阻挡人民解放军进军西藏。为了实现解放西藏的战略目标，中央决定以打促和，及时实施昌都战役。

① 《印度驻拉萨代表4月16日的报告》，英国外交部档案371/84468。

② 《周恩来与西藏》，中国藏学出版社1998年12月版，第116页。

藏军情况和部署

昌都位于澜沧江畔，为藏东政治、军事、经济中心，扼青、康、滇、藏交通要冲。昌都地区处于横断山脉地带，全区高山连绵，河道纵横，交通不便。因其战略地位重要，西藏地方政府在昌都设总管府，统管昌都地区军政事务，总管（多麦基巧）一职多由噶伦担任。1950年夏，西藏地方政府将孜本阿沛·阿旺晋美提升为增额噶伦，于8月底到达昌都，接替原总管拉鲁·才旺多吉的职务。西藏地方政府将藏军8个团4500余人的兵力，配置在昌都地区。其具体部署是：第十团位于江达至岗拖一线，第九团位于宁静（现芒康），第三团（包括代本牟霞、噶炯娃两部，各500人）和第六团（炮兵）一个连位于以生达为中心的周围地区，第七团位于恩达、类乌齐、甲桑卡等地，第四团位于丁青及以西之色扎，第二团一个连（总管府卫队）及第八团位于昌都。另有民兵[①]武装3000余人，分散配置于盐井、门工、波密、边坝、硕般多、洛隆和生达等地区。其部署特点是：南轻北重，前轻后重，梯次配置、分区布防。藏军扼守要道隘口，妄图凭借金沙江、澜沧江以及横断山脉之天险，阻止人民解放军西进。

藏军为西藏地方政府的武装力量，其代本均由贵族担任。他们虽受过外国人的军事训练，但实战经验少，指挥能力差。士兵按差地服役，世代相袭，年龄大，家累多。藏军内部等级森严，官兵关系紧张。行军要派“乌拉”，驻扎滋扰群众，军民关系恶劣。其装备多为第一次世界大战时期的英式武器，解放前夕从印度购置一批二次世界大战中使用的英式步枪、机枪、迫击炮等武器、弹药。藏军火力不强，通信手段落后，电台极少。但藏军多为职业兵，射击技术较好，善单兵作战，适应高原环境，生活简便，以马代步，机动较快，在分散游击时，亦能起到袭扰作用。

昌都战役的部署和战役展开

1950年8月5日，张国华在西南军区研究昌都战役的作战会议上提出：“如8月底前雅安至甘孜段公路可全线通车，在泸定以西能集中300辆汽车，

---

① 所谓民兵，是西藏地方政府向农牧民临时支派的乌拉差，与中国共产党领导下的民兵武装有本质区别。

甘孜、德格间集中5000头牦牛，所需冬衣、干粮、携带燃料等8月底可运新津，9、10两月由汽车、马车运800万斤粮食、物资到甘孜，则昌都战役可以在10月间实施”[①]。西南军区贺龙等责成张国华到前方切实了解具体情况后，再最后确定。西南军区于8月5日、14日连续向中央军委作了当年实施昌都战役的报告。

毛泽东主席看到报告后，于8月18日电询西南局：“今年如能进到昌都当然是很好的，问题是：(一)甘孜到昌都一段很长道路是否能随军队攻进速度修筑通车；(二)昌都能否修建机场及是否适于空投；(三)一个师进攻昌都是否够用，藏军似有相当强的战斗力，必须准备打几个硬仗，这方面你们有足够估计否。我们对于以上几点尚不清楚，请分析电告为盼。”[②]

西南局于20日复电毛主席称：至昌都的公路尚待勘查，明年才能修筑；飞机在昌都空投是可能的，能否修筑机场尚无确切情报；藏军的战斗力“我们曾以两个连同敌人一个代本打了一仗，以一个排冲垮敌人一个代本”，[③]加之藏军在昌都地区只有五六千人，且驻地分散，不易相互支援。因此“使用(十八军)四个团又两个营，加上玉树方面、察隅方面少数部队的配合，是够用的”。西南军区提出“在战役组织上，采取以我之主力使用于右翼(北面)，迂回昌都以西，迫使敌军聚昌都而歼之”。此外，复电还提到在10月份结束昌都战役后，昌都留3000人，主力12000人后撤甘孜准备过冬。

8月23日，毛泽东批准了这一报告。指出：“如我军能于十月占领昌都，有可能促使西藏代表团来京谈判，求得和平解决(当然也有别种可能)。现我们正采取争取西藏代表来京并使尼赫鲁[④]减少恐惧的方针”[⑤]。毛泽东的批示表明，以打促和是昌都战役的一个重要意图。

据此，西南军区于8月26日正式下达《昌都战役基本命令》，确定“歼灭藏军主力于昌都及其以西之恩达、类乌齐地区，占领昌都，打下明年进军

① 西南军区关于决定10月份占领昌都向中央军委的报告，存中央档案馆。
②《毛泽东西藏工作文选》，中央文献出版社、中国藏学出版社2001年5月版，第22页。
③ 指第一五四团6月在邓柯金沙江西岸与藏军发生的战斗。
④ 尼赫鲁，任印度政府总理。
⑤《毛泽东西藏工作文选》，中央文献出版社、中国藏学出版社2001年5月版，第23页。

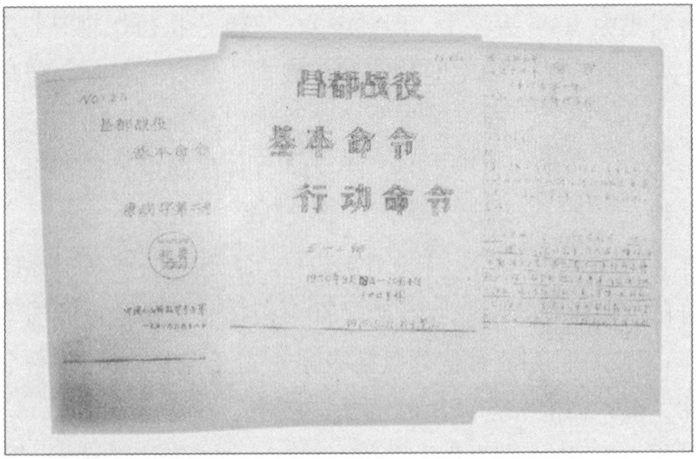

第五十二师颁布的《昌都战役基本命令行动命令》。

拉萨解放西藏之基础”①。要求十八军以主力一部并有青海骑兵支队加强，从右翼迂回昌都以西，切断藏军退路；其余各部分别从北、东、南三面向昌都攻击前进。以云南第十四军之有力一部，歼灭盐井之藏军，策应十八军行动。

各参战部队按照基本命令，立即进行战前的各项工作。

随着雅安至甘孜段公路8月26日通车，十八军军长张国华、政治部主任刘振国率军机关主要部分于次日由新津出发，9月5日抵达甘孜，与军前指汇合，组成军的前方指挥机关（简称军指），组织实施昌都战役。

9月8日，中共西藏工委在甘孜召开扩大会议。书记张国华在会上做了四个月来的工作总结。会议讨论了昌都战役的执行计划以及解放昌都后的有关政策和问题，做出了几项重要决定：报请西南局批准，成立中共昌都工作委员会，以统一领导解放后昌都地区的工作；待昌都解放后，选举产生昌都地区人民解放委员会，建立昌都地区过渡性政权机关；加强对西藏地方当局包括三十九族、波密等地的争取工作。9月10日，西藏工委发出《关于昌都解放后工作要点的决定》。9月11日，十八军向西南军区报告了昌都战役具体部署：

根据当面藏军情况和西南军区的战役基本命令，十八军决定采取正面进攻与战役大迂回相结合的战法，集中主要兵力于北线，围歼类乌齐、恩达及

① 《和平解放西藏》，西藏人民出版社1995年8月版，第87页。

澜沧江以东之藏军。北线部队为五十二师（欠一个营）、青海骑兵支队、军属炮兵营、侦察营、工兵营、第五十四师炮兵连及支司辎重团，成左、中、右三路配置：

右路，由一五四团、青海骑兵支队（以下简称骑支）、五十二师炮兵连、师骑兵侦察连（战役发起后配属青海骑兵支队）组成，担任深远的战役大迂回任务。战役发起后，一五四团自邓柯先于师主力渡过金沙江，北行至青海玉树巴塘草原，与青海骑兵支队会合后折而南下，佯作欲经黑河进军拉萨之势。进至囊谦后，经协调，骑支靠右，一五四团靠左，以神速动作直插类乌齐、恩达，切断藏军西逃通道，并阻止丁青藏军东援，配合师主力聚歼藏军于恩达以东和昌都地区。五十二师副政委阴法唐、参谋长李明等组成师前指，跟进指挥。

中路，由五十二师一五五团、一五六团（欠第二营）、军直炮兵营组成，继一五四团后自邓柯渡江，首先歼灭生达地区之藏军，尔后直取昌都，配合右路大迂回部队围歼藏军主力。

左路，由军侦察营、工兵营附五十四师炮兵连组成，担任正面攻击，自岗拖抢渡金沙江，向昌都方向攻击前进，务求抓住该地区之藏军，以配合五十二师歼灭昌都藏军主力。侦察营营长苏桐卿、军直属政治处主任王达选指挥左路部队作战。

由吴忠师长、陈子植副师长、政治部主任周家鼎组成师指挥所随中路前进，指挥北线集团作战。

南线由五十三师一五七团自巴塘渡金沙江，攻歼宁静藏军，直出邦达、八宿，切断藏军西南退路。此路由五十三师副政委苗丕一指挥。

另建议西南军区令云南四十二师部队向盐井攻击前进，防止藏军向察隅逃窜（该师部队已于8月25日做出部署，并报十四军并西南军区）。

9月12日，西南军区批准了十八军昌都战役部署报告，并指出：据查昌都经邦达、八宿至太昭，曾为清末赵尔丰入藏时藏军退却之路，望令巴塘方面之部队在歼灭宁静之藏军后，速向邦达、八宿方向前进，确实切断该路。另外，十四军参战部队在歼盐井之藏军后，亦应以一部向西北佯动，以策应十八军作战。

9月13日，十八军党委发出昌都战役政治命令，要求部队恪守政策纪律，团结藏族人民，发扬吃大苦耐大劳精神，严格节约粮食，保证“战役在军事上政治上的全胜”，“为西藏人民立下第一功”。30日，中共西藏工委发出《关于解放昌都战役工作指示》，明确要求参战部队干部战士进入西藏后，认真贯彻执行对待藏军、西藏地方各级政权和藏族上层、群众以及财政经济等各项具体政策，以实际行动同西藏人民见好面。

作为昌都战役主力部队的五十二师，除先遣部队一五四团早已到达甘孜、邓柯外，师直和另两个团在四川眉山等地，用几个月时间进行了充分的准备工作：组织部队学习有关解放西藏的方针、政策和上级各项命令、指示，听取康藏情况介绍，学习民族政策，学习简单的藏语文，进行针对藏军作战特点的军事训练（如草原、林区作战，打骑兵等）；加强部队负重行军爬山等体力锻炼，以适应康藏地理环境。在此期间，师、团、营、连各级都召开党的会议，检查整顿思想作风，以加强对进藏准备工作的组织领导。7月上旬，部队、机关进行了负重行军，搭帐篷，架锅灶，割草喂马等，实践野营生活。

7月下旬，五十二师召开活动分子会议，副政委阴法唐进行了半年来进藏准备工作的总结，副师长陈子植做了进军西藏再动员的报告。师党委向全师提出了五条要求：一、模范执行党的民族政策，同藏族人民见好面；二、树立战斗队思想，为解放西藏打响第一炮；三、发扬艰苦奋斗传统，战胜进军路上一切艰难险阻；四、进一步密切官兵关系，开展团结互助、立功运动；五、同四川人民做好告别工作。至此，全师上下厉兵秣马，整装待发。8月28日，在眉山举行了进藏誓师大会。军长张国华、政委谭冠三到会检阅部队并讲话，予以鼓励。随后，陈子植、阴法唐及参谋长李明、政治部主任周家鼎率领师主力和军直炮兵营，于8月底9月初分别自眉山、新津乘车西进，9月14日抵达甘孜，与师前指和一五四团会合。部队向甘孜开进时，沿途受到康区藏族同胞的热烈欢迎与支援。

9月15日，十八军前方指挥机关在甘孜召开作战会议，研究贯彻上级有关指示、命令及“迂回包围歼灭藏军”的作战指导思想。张国华以及吴忠分别就作战指挥、行军管理、后勤保障等方面做了详尽指示。会上响亮提出“不怕突不破，就怕包不住，包住就是胜利”的口号。18日，五十二师召开连以上干部会，张国华讲了战役有关问题，吴忠下达了作战任务。20日，十八军根据西南军区贺龙司令员关于昌都战役指导要点，强调“以歼灭敌人有生力量为战役主要目标，占领昌都为歼敌的目的”，发出作战指挥要点的指令。指令着重指出：作战中要强化纵深侦察，及时掌握敌情变化。部署上正面兵力不宜过多，使用主力进行迂回，务求切断敌退路，分割包围。以密集火力予以摧毁性杀伤，随即突击歼灭之。突击与迂回部队均应以营或连为单位，不可过于分散，保持突击力量，便于遂行机动与应付任何情况。行动中保持秘密、迅速，加强搜索警戒，防敌骑兵袭击。

9月中下旬，各参战部队按既定部署，陆续向战役出发地域开进。十八军参战部队分别由甘孜向邓柯、德格等地徒步开进。甘孜距离金沙江边约300公里。干部、战士平均负重35公斤，在高原缺氧的情况下长途行军，颇为艰辛。各部队深入思想动员，严密组织，发挥干部、党员的模范带头作用，以保证部队的持续行进能力。一五四团七连副连长张志海背着40多公斤的物资走在前头，给大家作出榜样。第一、三营教导员均带病坚持行军，做部队思想工作。一五五团三连二排的党员们发现，在行军中帮助体弱的战友扛枪背粮袋，因负担过重自己也走不动了。党小组长李金升召集排里的党员研究，以体力较强的人组成五个互助组，在每次休息时放下自己的东西，再返回接应掉队战友，从而使大家都跟上了队。这一做法很快推广到全营、全团、全师，使长途行军中的掉队现象有所减少。军直侦察营、工兵营自甘孜出发，翻越海拔5000多米的雀儿山，行程10天进至德格。

十八军副政委王其梅带领一批准备进入昌都开展工作的干部，随军直部队于10月5日抵达德格。

青海骑兵支队于7月下旬进至青海玉树后，进行了思想动员和战前训练，准备粮秣柴草马料。9月20日，支队长孙巩、副政委田惠普由玉树抵邓柯受领任务。一五四团团长郄晋武受师领导委托，与他们初步研究了敌情、道路等情况和作战实施方案。29日，吴忠、陈子植、阴法唐、李明和周家鼎抵达邓柯，向孙、田详细交待了任务，并确定由阴法唐、李明组成师前指，统一指挥右翼战役迂回部队。孙、田于10月1日离邓柯返玉树。

一五七团后续部队两个营，分别于8月27、29日抵达巴塘，做渡江准备。

云南方向，四十二师师长廖运周、政委张子明组成指挥所，前进到德钦，实施指挥。西南军区责成十四军军长兼政委李成芳“担负入藏事宜的前线指挥责任，专力计划实施这一任务”。已进抵贡山和德钦的第一二六团一营、二营和第一二五团三营，10月初开始向前推进。

至此，各路参战部队完成了战役开进与展开。10月3日，张国华、刘振国和天宝①到达玉隆，就部队过江后的物资运输问题与夏克刀登商洽后，张国华向西南军区报告了昌都战役发起的时间。

战役经过

十八军各参战部队遵照西南军区“决于10月7日开始全线渡江，执行昌都战役”的命令，准时于邓柯、德格、巴塘横渡金沙江，打响了昌都战役。金沙江系长江上游，邓柯至巴塘段江面宽60至120米，水深流急，多暗礁漩涡，水情十分险恶。邓柯为北线主要渡口。在6月下旬第一五四团侦察排和二营粉碎藏军第三团一部拟进驻西邓柯企图后，藏军一直盘踞在邓柯以西70公里的郭堆、生达一线，战役开始前，邓柯对岸无敌情。

为实现深远的战役大迂回，五十二师前指及所属一五四团提前于10月6日凌晨开始渡江，并迅速向预定目标前进，8日至青海省玉树以南的巴塘②草原；骑兵支队于7日从玉树出发，当日抵巴塘草原。五十二师骑兵侦察连已于6日到达此地，配属骑兵支队行动。郄晋武团长和军政治部宣传部部长夏川具体组织协调部队行动。师前指于8日赶到巴塘草原，8、9两日，按骑支、师前指和一五四团的序列向西南继续前进。

五十二师主力于7日开始渡江，12日渡江完毕。渡江后，一五五团在右，向生达、昌都攻击前进；一五六团（欠一个营）、军炮兵营在左，沿玉曲、都兰多之线，直取昌都。师指沿一五六团路线跟进。一五五团先头部队前进途中，获悉牙夏松多藏军和民兵驻防，即向牙夏松多奔袭，毙伤和俘虏藏军10余人，余部溃散西逃。

担负正面进攻任务的军侦察、工兵两营及第五十四师炮兵连，于6日黄

① 天宝自此离开西藏工委，到康定的西康藏族自治区工作。
② 此处的巴塘与四川省甘孜州的巴塘同名。

昏后从德格向金沙江边开进。开进中，指战员除背负武器装备和粮食外，两个人抬一只牛皮船，60人抬一条木船，乘夜暗急行几十里路，凌晨三点到达金沙江边。7日拂晓，侦察营担任突击的第一连在炮火掩护下开始渡江，向对岸岗拖藏军第十团一部发起攻击。藏军居高临下，顽强坚守。侦察营一连副连长沈景义带领突击排冲在前面，所乘的牛皮船被藏军机枪打了几个洞，不断下沉。船上8人有6人受伤1人牺牲。沈景义一手捂着伤口，一手按着船底漏洞，鼓励战士们“坚决打到西岸去”。大家临危不惧，齐心协力把船划到岸边，迅速攻占了滩头独立家屋，在炮兵掩护下，坚守了滩头阵地。后续分队强渡时，遭到藏军密集火力封锁，强渡受阻。8日凌晨，经严密组织，强渡成功，迅速攻占岗拖，毙伤和俘虏藏军30余人。驻同普的藏军第十团百余人闻迅向江达方向逃窜。此次渡江作战，参战部队牺牲26人（其中淹亡15人）、负伤10人。

由苗丕一指挥的五十三师一五七团主力，于7、8日自巴塘以北偷渡金沙江直取宁静。该团第三营于9日零时在竹巴笼渡口经过激烈战斗，强渡成功，毙伤和俘虏当面藏军第九团一个连。11日，当一五七团部队进至宁静（现芒康县）附近的古雪（古树村）时，藏军第九团代本德

向昌都进军的部队，徒涉同普的卡江。

格·格桑旺堆[1]见败局已定，经与部属和官员、头人等商议，遂偕一营长主动前来接洽和解，受到一五七团政委冉宪生的热情接待。苗丕一将格桑旺堆谋求和解的情况上报后，西南军区于12日复电，给予起义名义，予以优待。12日，格桑旺堆引导一五七团进入宁静，同时，向西南军政委员会刘伯承主席并毛主席、朱总司令发出起义通电。18日，刘伯承主席复电慰勉。在昌都战役之前，格桑旺堆收到过南路先遣部队的各种有关政策的宣传品以及平措旺阶、夏克刀登寄去的劝和信件，使他对中国共产党和人民解放军的政策有所了解。当解放军逼近宁静时，他想“还不如谈判议和，于公于私都有益”[2]，于是，毅然采取了站到人民一边来的正义行动。藏军第九团的起义，对昌都战役的胜利做出了贡献。

战役发起后第五天，十八军前指张国华、李觉根据藏军与各路进攻部队一经接触、稍事抵抗即行溃逃的情况，判断藏军有全线撤退的可能，不会固守昌都，遂于11日电令各部迅速前进，特别电令骑兵支队和一五四团兼程前进，务必完成战役迂回包围任务，务必切断藏军退路。

此时，各路部队已进入战役纵深地区，不断越高山涉激流，越走越艰险。为达成战役目的，完成作战任务，各部强化了行军的政治思想动员和组织工作，充分发挥干部和党员的模范带头作用以及党支部的战斗堡垒作用，确保军指“迅速前进”、“兼程前进”命令的实现。

五十二师决心以一五五团、一五六团协同歼灭位于生达的藏军第三团。两团兼程前进，其先头营分别于13日晚、14日中午抵生达，尚未对藏军形成包围，牟霞代本便率部西逃。一五六团立即经玉曲卡向昌都急追。16日下午在小乌拉追上藏军第三团后尾。藏军见势后撤。经生达、小乌拉两次战斗后，师主力分路继续向昌都急进。

担任战役大迂回的一五四团和青海骑兵支队进至青海囊谦后，根据师前指的具体部署，分内外两翼前进。由于大迂回路程远，从玉树巴塘草原起，即

---

① 德格·格桑旺堆（1919—1983），藏族，出身于德格土司世家，曾受训于英国在江孜办的军事训练班。1943年出任昌都总管宇妥的随从副官，1946 年担任藏军第九团代本。

② 格桑旺堆：《我率部起义的经过》，载《西藏文史资料选辑》第1辑，西藏人民出版社1981年12月版，第112页。

以每日50至60公里的速度急进。走内翼的一五四团，在穿越近百公里荒无人烟的巴塘草原时，天气异常，刚刚还是阳光灿烂，忽而突降骤雨冰雹，风雨过后又是漫天大雪，无论行军宿营都非常艰苦。14日夜，该团被大风雪和冰雹阻于囊谦寺以南高山上，干部战士和衣而眠。15日晨，整个部队已被大雪覆盖着看不到人。红军长征时留在邓柯、此次又穿上军装的老战士周大兴突发心脏病，经抢救无效，长眠在雪山上。大迂回部队在体力极度下降的情况下，日夜兼程前进，徒涉了20多条刺骨的冰河，经连续11天的强行军，于17日夺取了西藏类乌齐西北的甲桑卡铁索桥，控制了前进的要冲。走外翼的骑兵支队在行进中，顶着暴风雪，翻越海拔5200米的永嘎拉山和海拔5400米的磨格日峰时，山高缺氧，人马呼吸困难，指战员们既要照顾马匹，又互相搀扶前进，十分艰难地通过了这两座大雪山。山上多处积雪半人深，有些地段需爬行通过。经5天兼程前进，骑支先头二连于13日5时占领知牙桥，越过昂曲河，16日拂晓攻占则美，17日夺取了昌都以西要地类乌齐，毙伤和俘虏藏军第七团的一个连60余人。

侦察、工兵营强渡金沙江后，奋勇追击从同普西逃之藏军第十团。16日晚，从藏族群众中获悉“前面就有很多藏军，牛马千多头”的情况，苏桐卿、王达选立即率部连夜兼程前进15公里，在觉雍以西的拉者山口发现了藏军宿营地，迅速将藏军第三团噶炯娃部及第十团一部约200人包围，激战1小时，毙伤藏军23人，俘虏88人，缴获步枪193支、机枪2挺、乘马233匹、牦牛152头，以及粮食等一批物资。攻击分队伤亡27人。战斗结束后，立即向昌都追击前进。

当人民解放军10月7日发起战役之后，西藏地方政府昌都总管府的官员尚不知道情况。直至11日宁静等地解放、岗拖告急，各地逃回昌都的藏军带来战败的消息，才使总管府极为震惊。阿沛连日发电报向噶厦报告军情，急切等待回复。拉萨的噶伦们到12日虽知道昌都已经发生战事，但他们不相信局势会那样严重，仍然在林卡里吃喝玩乐，迟迟不予回复。这使阿沛等“文武官员曾为等待政府之命令而（承受）日夜焦虑之苦”[①]。17日，阿沛得知

① 《阿沛等40名官员给噶厦的信》，载《和平解放西藏》，西藏人民出版社1995年8月版，第174页。

藏军第三、第十两个团在觉雍遭到重创的情报后，总管府已是一片混乱，遂召集“在昌都之所有官员，就投降还是后撤的问题认真商讨，大家一致同意后撤。”[①]噶厦亦下达准其撤退的命令[②]。18日凌晨，阿沛率驻守及撤到昌都的藏军两千余人向西撤退。“当时类乌齐一带已失守，拉贡、恩达已被汉军占领，我们被包围无路可逃，只好撤回朱古寺，第三、第十团逃散官兵和第八团会合，与我主从官员合一处，大家犹如油尽之灯，陷入绝境，于是不分公私武器弹药，全部交出。”[③]

当战役正面攻击部队在16日奔袭觉雍，战役迂回部队17日攻占类乌齐、甲桑卡后，五十二师吴忠等判断：藏军可能放弃昌都西逃，遂令青海骑兵支队务于18日、一五四团务于20日前抢占恩达，截断藏军西逃退路，其余各部“不惜一切穷追歼灭之”。军指时刻关注着战役的发展，当得到第五十二师的电报后，张国华、李觉立即摘转通令各部：“上述部署完全正确，各团务必坚决达成此部署。”同时指出，北路各部完成部署后，昌都藏军可能向邦达方向溃退，责令“苗（丕一）应督促冉（宪生）柴（洪泉）率之两营加大行程，速向邦达急进”。

各部队坚决执行命令。南线部队在占领宁静后，一五七团政委冉宪生和副团长柴洪泉率两个营已于15日自宁静出发，接军指电令后，即兼程向邦达急进。青海骑兵支队在连续不断的强行军中，战马倒毙、累垮近三分之二，多数骑兵成了“步兵”；他们以马匹状况较好的第五十二师骑兵侦察连为前卫，连夜奔驰疾进，余部边行军边整顿，简装急进，于18日晨按时占领恩达。一五四团不顾部队连日强行军和连续战斗的极度疲劳，在甲桑卡稍事休息后，各级指挥员身先士卒，率领部队于17日晚以36小时的连续强行军，于19日凌晨进到类乌齐，按时于20日进抵恩达，与骑支共同完成了断敌退路的任务，奠定了战役全胜的基础。连续不断地强行军，是对部队战斗力和指战员意志

① 《阿沛等40名官员给噶厦的信》，载《和平解放西藏》，西藏人民出版社1995年8月版，第174页。

② 据当时在昌都的英国人福特《在西藏被俘》一书中说：他于17日发出阿沛请示投降或撤退的电报后，17日拉萨复电，准其率部撤退。转引自梅·戈尔斯坦：《喇嘛王国的覆灭》，时事出版社1994年6月版，第717页。

③ 《阿沛等40名官员给噶厦的信》，载《和平解放西藏》，西藏人民出版社1995年8月版，第172页。

的极大考验，许多人都是横下一条心，咬紧牙关，尽可能坚持着走，不管有多少人掉队，按时到达指定位置就是胜利。一五四团九连排长余丙祥、三营机枪连上士郑伯锋在行军中不怕苦，不怕累，积极帮助他人，有突出表现，均荣立战功。

吴忠率领的五十二师主力向昌都追击前进。一五六团两个营从16日起，已断粮四天，忍痛杀掉随行驮运物资的少量牦牛、马匹食用，又向藏胞购买了园根（蔓箐）充饥，兼程三日，于19日20时进入昌都市区，俘昌都总管府军政人员200余名。当日24时，军侦察营进入昌都，获悉昌都总管已率部西逃，立即向昌都西南方向追击。一五五团以一天半时间翻越三座高山，强行军90公里，19日晚进至昌都北郊。

战役南翼的云南参战部队在四十二师师长廖运周指挥下，由团长高建兴率领的第一二六团一营，于10月4日沿怒江北上，5日进至扎那，受到西藏地方民兵武装的阻击。6日凌晨发起攻击，俘民兵大队长（相当于营长）那恩以下13名。此次战斗，第二连六班班长魏殿堂带领全班乘夜摸到敌后，断敌退路，并奋勇追击，冲在最前面，活捉那恩，荣获“战斗英雄”称号。由团政委成泽民率领的第二营进至梅里雪山脚下。两个营均向碧土急进。8日，第一营经过90公里的急行军，以突然行动攻占碧土，俘左贡宗本(相当于县长)兼民兵总指挥多东儿司以下395人，缴获各种枪150支。10月4日，第二营开始翻越海拔6000多米的梅里雪山，歼灭了在该雪山北侧阻击解放军的民兵；经过艰苦跋涉，于10日抵达碧土，与第一营会合。随后第一营与由政治处主任武健率领的第一二五团三营相配合，于12日进占盐井。驻该地的藏军第九团一个连仓皇北逃，百余民兵就地溃散。经过第一二五团三营宣传解释政策后，群众叫回了逃散的民兵80余人。云南参战部队的作战行动，策应了昌都方向的作战。19日解放昌都后，西南军区即令该部除留一二六团一营于门工、三营九连于盐井外，其余均撤回云南德钦、中甸地区休整，以减轻供应上的困难。

20日，昌都城防司令部宣告成立，贴出安民布告。部队严格遵守三大纪律八项注意，以实际行动宣传党的民族平等、团结政策，很快就使昌都藏族群众由陌生、害怕而变为接近、支持。市区藏、回、汉族群众热情迎接解放军，协助维护社会秩序。有的群众将逃散藏军连人带枪送交解放军。昌都解放后的几天内，送交枪支达300多支。未逃走的昌都总管府军政官员和士兵500余人携械到城防司令部报到。昌都城区商贸活动迅速恢复，社会秩序稳定，人民群众生活安定。

阿沛·阿旺晋美[①]率领的昌都总管府直属人员及藏军大部，退到离昌都西南约20公里处的朱古寺后，同身边几个官员商议，决定派出两批官员分路寻找解放军接洽联系。

青海骑兵支队占领恩达后，19日分两路向昌都方向搜索前进，迎击昌都西逃藏军。担任骑兵支队先头连的五十二师骑兵侦察连于20日凌晨到达拉贡山口时，发现了藏军仓促逃跑中遗留的3门山炮。10时许，该连抵仁达，排长李茂兴报告有两名藏军前来投诚。该连指导员明宝金立即查明是阿沛派出的代表。这两人（后查明系僧官藏巴拉和俗官基甲·扎西多吉）说，"阿沛准备同解放军谈判。"明宝金与连长夏怀道决定，"由这两个官员带路，以最快的速度赶到朱古寺，"[②]一面查明藏军位置和阿沛部动向，一面设法牵住藏军不使其西逃。20日12时，骑兵侦察连沿着仁达山谷到达朱古寺，部队占领阵地后，明宝金在两名藏族官员带领下见到了阿沛·阿旺晋美。经过明宝金宣传中共中央关于和平解决西藏问题的政策和解放军对待放下武器的官兵的宽大政策，阿沛与官员协商后，遂下令总管府机关和藏军第三、第八、第十团以及其他各团和民兵一部共2700余人放下武器，并交出英籍报务员福特。[③]当日下午5时后，骑兵支队孙巩率70余人到达朱古寺，进一步落实阿沛部放下武器的具体事项。尔后，将藏军放下武器情况综合上报了五十二师指挥所。21日上午，一五四团政委杨军率领第二营赶到朱古寺，按五十二师师指的电示，杨军政委与孙巩支队长共同处理了阿沛率部放下武器的有关事宜。为发给放下武器藏军返家路费，一五四团将携带的银币3050元和一部口粮送到朱

① 阿沛·阿旺晋美，1911年生于西藏墨竹工卡，是贵族霍尔康家之子，青少年时期就读于喜饶嘉措大师门下数年，23岁应征到藏军仲扎玛噶（藏语，西藏地方政府富家子弟部队，后编为藏军第十三团）服役，历任班、排、营长（久本、定本、如本），25岁时入赘阿沛家，封小四品官，曾任昌都总管府颇本（粮台官）、噶厦协尔邦（法官），1945年任四品孜本。1950年6月，原昌都总管拉鲁任期届满，阿沛被擢升为增额噶伦，派往昌都任总管。

② 明宝金：《昌都战役中的五十二师骑兵侦察连》，载《西藏党史资料》2001年第2期。

③ 明宝金：《昌都战役中的五十二师骑兵侦察连》，载《西藏党史资料》2001年第2期。

古寺。该团因此曾一度断粮。至此，完全实现了聚歼藏军于昌都及其以西之恩达、类乌齐地区的战役意图。

23日，一五四团一营教导员王锡峰率领第三连在恩达西南执行封堵通向八宿和拉萨之道路时，发现向西逃窜的藏军一部，在藏族群众的帮助下，略经战斗，俘藏军225人，缴获步枪223支。随后又收容零散西逃藏军200余人。

昌都战役自10月6日发起，至24日结束，历时19天，共计毙、伤、俘藏军4个团的全部、3个团各一部，加上硕达洛松（即硕般多、边坝、洛隆）地区之民兵，共5700余人；其中代本以上高级军官有第三代本牟霞和噶炯娃、第八代本恰日巴、第十代本夏江苏巴以及昌都总管府颇本霍尔康、噶仲崔科、金中和宁静宗本玛雅、波密曲宗宗本基甲、江达宗本南噶江村、军械总管理员玉噶等20余名高中级官员；俘获英国特务福特、在九代本处的英国人布尔①及印籍藏人2人。缴获山炮3门、重机枪9挺、轻机枪48挺、其他长短枪3200余支、子弹5.8万发、电台2部、战马2000匹等物资。人民解放军伤亡（包括渡江淹亡在内）共114人。战役中争取了藏军第九团格桑旺堆代本率部起义。

昌都战役中，人民解放军严格执行民族团结政策，部队在行军中一律不住民房，不进寺庙，在野外搭帐篷宿营；一些部队途中断粮，由营以上单位统一采购，不妄取群众一粒粮食、一头牛羊。一五五团一营行军到洞洞竹卡时断粮，吃倒毙的驮骡乘马的肉，绝不违犯政策纪律。在他们到达离昌都还有两天的向达贡巴时，炮连走错了路，副教导员张士英把他们找回来以后，看到七八个战士正在开会批评一个战士。二连的一个党小组长向张士英报告说：三连一个战士挖了两个藏民地里的圆根吃，所以大家在批评他。那个受批评的战士向张士英报告说："我饿着肚子能行军打仗吗？"其他战士马上说："大家不都是在饿着肚子打仗！"接着那个挖圆根的战士承认了错误。张士英没有批评他，马上拿出五个银元来买了一些圆根让战士们吃，20多个战

① 布尔（Bull），英国人，29岁，自称为新教会传教师，1947年6月经印度到中国传教，并学习中文。1948年4月到达康定，主要学习藏文。1950年到达巴塘、宁静，在藏军第九代本处被俘获。

士分着吃了。张士英又向被挖圆根的藏民道了歉。战士彭菊生在路上拾到一袋糌粑，够全班吃一个星期，但他忍饥在原处坐等失主，最终将这一袋糌粑还给了失主，此事在群众中影响很大，说解放军真正是“新汉人”。尽管部队指战员负重行军十分劳累，但绝无人支派“乌拉”差役。对解放军严格执行政策纪律的行动，藏族同胞看在眼里，记在心上，由衷地佩服。刚刚解放的昌都，人心安定，局面稳定。这种形势和政治影响不胫而走。附近尚未解放的洛隆、丁青、波密等地的土司、头人纷纷派代表前来欢迎解放军进驻。

10月23日，西南军区致电西藏工委、第十八军和第十四军，祝贺昌都地区解放及争取藏军第九团起义的重大胜利。

藏族群众大力支援

藏族人民的支援，是昌都战役胜利的重要保证。人民解放军进入西康地区之后，藏族同胞强烈要求解放军解放西藏。部队通过大量的统战工作和影响群众工作，很快赢得了广大藏族同胞的拥护。他们以实际行动支援解放昌都。康北地区的邓柯、石渠、德格、白玉、甘孜等地藏族群众踊跃投入支前工作。邓柯的一个粮草供应站在20天中就供应部队25.5万公斤柴草和马料；石渠的藏族同胞很快集中了运粮的皮口袋2500条；德格竹庆地区20天内集中马草3.5万公斤、干柴5万公斤，保证了过往部队需要。为确保渡过金沙江后的物资运输，在战役发起的前夕，张国华、刘振国等亲赴玉隆，再次会见夏克刀登，刘振国后又专程前往德格会见降央白姆。昌都战役开始后，夏克刀登和降央白姆在所管辖地区分别从甘孜至邓柯、甘孜至德格的运输线上，先后出动了十万头牦牛运输支前。石渠县副县长罗布顿珠用自己的40头牦牛参加运输，还把劳务所得的一部分作为支援费用。德格县龚垭村藏族妇女曲美巴珍用自己的两头牦牛、一匹马，在120公里的运输线上，一直往返驮运物资；雨雪天，她用自己的衣服盖住驮子，保护运输物资。她与男子一起参加担架队，赶夜路抬运解放军伤员，双脚磨破，鲜血浸染藏靴，仍然坚持前进。战后，西康省人民政府主席廖志高授予她“支前模范，藏族之光”的锦旗。康南理塘、巴塘一线的藏族群众也大力支援运输，保证了南线部队的供应。

昌都地区的藏族同胞对解放西藏、支援解放军抱有很高的热情。战前，金沙江西岸的许多藏族群众就祈祷：“天菩萨派来拯救百姓的解放军，快过江

德格县龚垭村藏族妇女曲美巴珍用自己的两头牦牛一匹马，在往返120多里的运输线上来回奔波，运送伤员和物资。

来吧！”人民解放军进入昌都地区后，以文明之师的形象同藏族人民见好了面。不少藏族同胞从害怕、躲藏到热情欢迎和帮助解放军。10月16日，一五五团三营到达扎曲河边的洞洞竹卡时，下游突然来了五名骑马的藏胞，他们中间为首的叫作次成，是昌都地区一个百户头人（甲本）。随队行动的五十二师政治部宣教科长魏克与次成作了亲切交谈，宣传党的民族政策和军队纪律。次成愤怒地控诉了藏军云集昌都以后横征暴敛抢夺奸淫的罪行，以及福特残害他哥哥的仇恨。他们实在活不下去了，听说金珠玛米（解放军）来到甘孜，又听说过了金沙江，高兴极了。昌都百姓天天盼，终于盼来了解放军，所以他们冒着被砍头的危险，赶来迎接。甲本次成诚恳地表示拥护解放军，带着村民把仅有的圆根和糌粑摆在路上，迎接部队。最后解放军用银元买下了他们的糌粑和圆根。藏族同胞异口同声地称赞：“金珠玛米亚姆（好），亚姆！”①

① 魏克：《追忆藏族挚友甲本次成》，载《纵横》2001年第8期。

另有一批藏胞，从达马拉欢迎由德格、江达方向赶来昌都的解放军。

昌都战役结束后，按照原定部署，除留五十二师及军炮兵营于昌都地区外，其余部队均后撤以解决补给困难。五十三师前指率一五七团返回康南之巴塘；军侦察、工兵两营及五十四师炮兵连返回甘孜；青海骑兵支队返玉树（该支队原拟于次年自玉树出黑河，配合十八军部队进藏，后因情况变化，未实施），一二六团三营（欠留驻盐井之九连）、一二五团三营返回云南之德钦、维西。九连在盐井开展上层统战工作和影响群众工作，在上下盐井还建立了两座小学。十八军留昌都地区部队的部署是：五十二师师部及军炮兵营驻昌都，一五四团暂驻恩达、类乌齐地区，一五五团驻日通附近地区，一五六团（欠第二营）驻江达。部队在这些地区休整越冬，准备第二年继续向拉萨进军。

昌都战役是解放中国大陆的最后一役。有利的政治、军事形势和较好的物质条件，为昌都战役胜利奠定了基础。昌都战役是一场政治军事仗。以战促和的方针，要求战役指挥与作战行动必须正确处理好中央与西藏地方、国内与国外、政治与军事诸方面的关系。昌都一役，消灭了西藏地方政府藏军的主力，促使阿沛·阿旺晋美率部放下武器，争取了藏军第九团起义，震撼了西藏统治集团。昌都战区环境极其艰苦，后方补给十分困难，财政开支巨大等情况，又给战役的运筹谋划和组织指挥带来许多特殊问题。虽然交战双方投入的兵力不大，战斗也不很激烈，但作战准备持续时间之长，作战地区之广，战区地形之复杂和作战行动之艰巨，在人民解放军历史上都是罕见的。这些问题的解决，集中表现出部队的坚定灵活，无坚不摧，坚强忍耐，特别能吃大苦、耐大劳的大无畏的革命英雄主义和高度组织纪律观念。昌都战役圆满实现了预定的战役目的，打开了进军西藏的大门，扩大了共产党、解放军的政治影响，在中国革命战争史上留下了熠熠生辉的一页。刘少奇曾赞誉说："昌都战役是解放西藏的淮海战役"。[①]

① 转引自西南军区李达等1951年1月16日接见陈明义、胥光义时，军区政治部副主任王新亭的插话。

第四节　昌都战役后的形势和工作

昌都战役后的形势

昌都战役的胜利，震动了全藏和全国，在国际上也引起了强烈的反响。10月27日，英国伦敦《工人日报》记者评论中国人民解放军进军西藏问题时说："就如威尔士是英国的一部分一样，西藏也是中国的一部分。""中国像英国一样，是一个多民族的国家。英国由英格兰人、苏格兰人和威尔士人组成，中国是由汉、蒙、藏及其他较小的民族组成。中国人民解放军进入西藏，就像英国人进入卡那封（英国威尔士的一个海滨城镇）一样不是侵犯。"[①]印度舍波尔地方的康第耳瓦尔在1950年10月30日写给《印度时报》的信中表示支持中国政府解放西藏的行动时说："要是中国政府还等待下去的话，美国就要将西藏变成目前的台湾一样了。"[②]国际公正舆论都支持中国人民解放军进军西藏的正义行动。

然而，印度政府于10月28日、11月1日照会中国政府，公然指责中国"入侵西藏"，要求保留其在西藏的种种特权。中央人民政府于11月16日复照据理驳斥，重申西藏是中国领土，人民解放军必须进军西藏，有关中印两国在西藏的商业、文化关系只能通过双方正常外交途径解决的立场。11月17日，《人民日报》发表了题为《中国人民解放西藏是不容干涉的》社论，指出"印度政府企图把人民解放军向西藏进军的行动和中央人民政府和平解决西藏问题的愿望对立起来，这是完全违背事实的。事实上西藏问题的和平解决，不但不能妨碍人民解放军的进军，而且必须以和平接受人民解放军进军为条件"。印度的外交干预失败后，即派兵进占达旺，并陆续侵占非法的"麦克马洪线"以南的中国领土。美国一面操纵国际舆论，大肆诬蔑中国"侵略"西藏；一面策划联合国进行干涉。滞留印度的西藏代表团于11月7日发出所谓"呼吁书"，要求把"西藏问题托付联合国解决"。15日，美国策动中美洲的萨尔瓦多政府向联合国大会提出"西藏问题"提案。

---

① 《人民日报》1950年11月3日。
② 《人民日报》1950年12月11日。

对此，《人民日报》在11月22日发表的短评中，严厉斥责美国侵犯中国主权的阴谋。短评指出："美帝国主义现在正阴谋利用联合国来干涉中国人民解放自己的领土西藏。最近萨尔瓦多政府代表在联合国大会上所提出的干涉西藏问题的提案，就是美国这一阴谋的具体表现"。短评说："西藏一向是中国的领土，这是举世公认的事实。美国指使萨尔瓦多提出干涉西藏的提案，是露骨地侵犯中国主权的行为，是完全违反联合国宪章的。""美帝国主义者竭力阻止中国人民解放西藏，其目的就是为了保留在西藏的帝国主义势力，以便把西藏变作进一步侵略中国的军事基地。美国对朝鲜的武装侵略和对越南的干涉，实际上都是为了在军事上包围中国，以作大规模侵略中国的准备。"

萨尔瓦多政府的提案在联合国辩论中遭到多数国家的冷落，苏联代表马立克发言反对。联大总务委员会决定延期审理此案。所谓"西藏问题"提案即被搁置起来。12月30日，美国国务院在致英国驻美大使馆的一份《备忘录》中，表白美国利用联合国干涉中国内政的目的时说："假如西藏问题被作为联合国的议案提出，就会成为国际社会关心中共对西藏的图谋的充分根据。"①1951年1月11日，美国驻印度大使韩德逊写给准备前往联合国的西藏地方政府"外交局"官员索康·旺钦次旦等人的信中说："美国已经注意到了你们在1950年12月21日提交的那份呼吁书，而且，国务院对西藏的'自治'连续性表示关注，并对西藏向联合国提交的呼吁书表示同情。"②

昌都地区解放后，在北京、兰州、重庆以及西康的藏族同胞齐声欢呼，额首相庆。在京的爱国藏族同胞散丹嘉措等在座谈会上高呼："拥护进军西藏，庆祝昌都解放"。兰州西北民族学院的40名藏族学员写信慰问入藏人民解放军。在重庆的藏族人士称赞："昌都解放是西藏人民的福音"。夏克刀登说：金沙江两岸藏民积极支援解放军的事实已经告诉人们，藏族人民是怎样热爱自己的军队的。

受到极大震动的西藏上层统治集团，于10月20日、25日接连召开有高级官员和三大寺堪布参加的会议，商讨对策。会上意见分歧，争论激烈。原

① 英国驻美大使致英外交大臣信的附件，1951年1月6日。英外交部档案371/93002。转引自（美）梅·戈尔斯坦：《喇嘛王国的覆灭》，第783页。

② 美国国家档案，西藏第320号。转引自（美）梅·戈尔斯坦：《喇嘛王国的覆灭》，第782页。

不赞成打仗的人追究代表团未能去北京谈判的责任，认为中央提出的承认西藏是中国领土，由中央管理西藏对外事务，人民解放军进入西藏巩固国防三条原则，至少前两条是可以接受的，主张另派代表去昌都同人民解放军谈判。另一些人则主张调整防务，继续对抗，企望印度政府的“调停”与联合国的干涉。他们强调“拉萨危在旦夕”，要达赖喇嘛出走，藏政府外迁（在此之前两三个月，一些官员已将贵重财物运往印度噶伦堡等地）。两种意见相持不下，最后只好求“神”决断。这是西藏统治集团用宗教形式解决复杂政治问题的一种方式。10月26日，在罗布林卡达赖寝宫内，两位降神喇嘛显示神灵附体，却闭口不回答现实问题，最后匍匐于达赖喇嘛座前说：“只有佛爷（指达赖）亲自掌权，才能消除灾难，维持政教昌隆”。这样，执政十年的摄政达扎不得不辞职下台，还不到执政年龄的第十四世达赖喇嘛，[①]提前于1950年11月17日亲政。

摄政达扎的下台，标志着西藏上层集团遭到一定的挫折，但分裂主义势力根深蒂固，仍然掌控着西藏地方政府实权。在昌都失败的严酷事实面前，他们不得不改变以武力对抗的做法，于12月17日以官员会议形式决定：一面派出堪穷土登列门、仁希桑颇·登增顿珠[②]去昌都，并与阿沛·阿旺晋美一道，同人民解放军谈判，行缓兵之计；一面由达赖喇嘛携主要官员前去亚东，必要时逃往印度，企图重演40年前十三世达赖喇嘛的故伎。19日，达赖喇嘛指定孜本鲁康娃·泽旺饶登、大堪布（寺庙总主持人）本珠仓·洛桑扎西为司曹（代理摄政），留守拉萨，称为拉萨噶厦；达赖喇嘛率领索康等30余名官员出走亚东，称为亚东噶厦；并将藏政府的三百多驮金银财宝运往锡金。英国人福克斯携电台随同达赖一行到达亚东。此前，印度驻拉萨代表处代表黎吉生已于9月返回印度。

---

① 达赖喇嘛，1935年生于青海湟中县，幼名拉木登珠。第十三世达赖喇嘛·土登嘉措圆寂后，被选为转世灵童，于1939年迎至拉萨布达拉宫供养，取法名丹增嘉措。1940年2月5日，经中华民国政府批准为第十四世达赖喇嘛。按照西藏定制，达赖喇嘛未成年（不满18岁）时，只是学习佛教经文，统治西藏的政教大权由摄政代理。

② 土登列门（1902－？），原摄政达扎办公室的负责人，四品僧官。桑颇·登增顿珠（1924－1973），为孜本桑颇·才旺仁增之子，1942年22岁时即为噶准，后为仁希，四品俗官。

昌都战役后的工作

10月25日，邓小平为西南局、西南军区拟定的“昌都战役后的工作要点”中指出：“此次昌都战役（包括十四军作战）获得完满胜利，对于解决整个西藏问题打下了有利的基础。你们当前的工作是抓紧时机，善于运用俘虏或投诚官兵及昌都区地方力量，开展政治攻势，以争取和平解决拉萨问题。同时，周密布置留驻部队的冬季工作，保证他们的供给，并从军事、政治、供给诸方面准备明年开春后进军拉萨。”[①]同时，西南军政委员会，中国人民解放军西南军区也发出布告，宣布人民解放军进军昌都的宗旨，各农、牧、工商人民一律安居乐业，组织人民解放委员会，迎接西藏和平解放。西藏工委、十八军党委、十四军党委、支援司令部根据上述指示，立即作出部队过冬工作部署。

进入昌都地区的人民解放军，严格遵守各项政策纪律，认真执行“十大政策”，团结藏族各界群众，尊重藏政府官员。对放下武器的藏军官兵，均以热情诚恳的态度对待。对其下级军官和士兵宣传形势政策后，发给遣返证明、口粮和路费（每人发3至5个银元），对伤病员和藏军官兵的家眷发给乘马，民兵的私人枪支予以发还。仅在朱古寺就遣返放下武器的藏军下级军

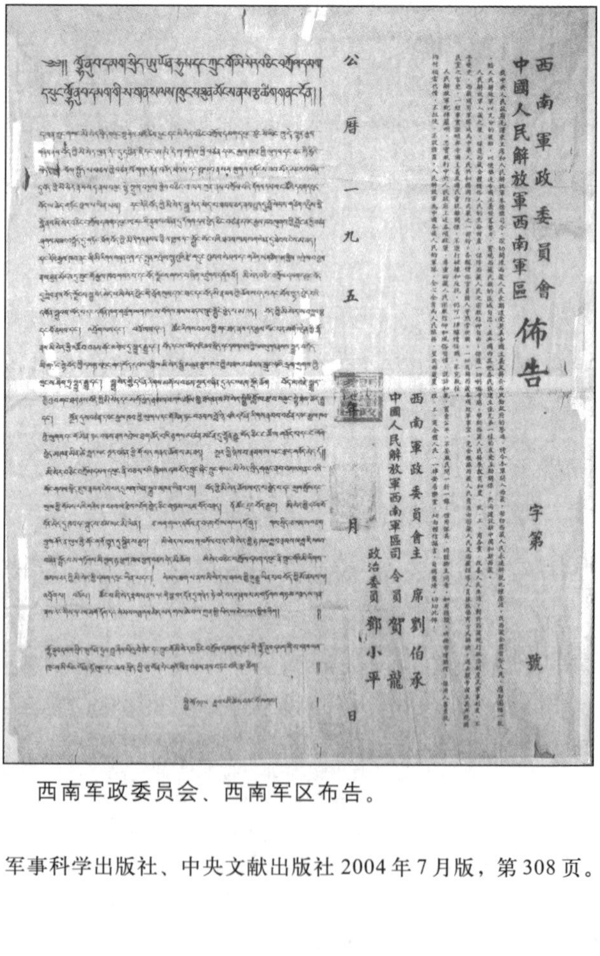
西南軍政委員會
中國人民解放軍西南軍區
佈告
字第　　號
西南軍政委員會主席　劉伯承
中國人民解放軍西南軍區司令員　賀龍
政治委員　鄧小平
公曆一九五　年　月　日

西南军政委员会、西南军区布告。

① 《邓小平军事文集》第二卷，军事科学出版社、中央文献出版社2004年7月版，第308页。

官和士兵2562人，发放银元2万多元、骡马510匹。对各级地方政府官员均以礼相待，凡未逃离岗位者允其照常供职。对所有放下武器的中、高级军政官员，实行特殊照顾。尽管当时部队供应十分困难，仍在生活上给他们以优待，在政治上视之为西藏地方政府官员，予以尊重。

10月28日，阿沛·阿旺晋美和昌都总管府官员以及藏军代本、如本等军官共85人，由五十二师参谋长李明、青海骑兵支队支队长孙巩等陪同到达昌都，受到王其梅、吴忠等领导人的热情接待。当晚还宴请了阿沛·阿旺晋美及中高级官员。王其梅等领导人与阿沛·阿旺晋美促膝谈心，解释中央解放西藏的方针、政策，盛赞他深明大义，在关键时刻下令藏军停止抵抗，放下武器，为解放西藏做出了贡献。当阿沛流露出他的坐骑“金鞍银蹬”丢了时，王其梅立即严令部队查找，终于送还了阿沛。当时正值寒冬季节，王其梅让阿沛等官员仍住在原来总管府内一座最好的楼房内，自己却搬进帐篷里住。这一切使这些官员深为感动，有的甚至流下了热泪。阿沛及藏军代本、藏政府官员在同解放军接触中，耳闻目睹解放军遵守纪律、秋毫无犯、受到各阶层的热爱和支援的情况，大部分官员思想开始发生变化，转向拥护祖国的统一，反对分裂的行为，企望尽快和平解放西藏，并表示愿为此做出努力。

11月9日，以阿沛·阿旺晋美为首的在昌都的藏军代本、藏政府官员40人联名写信给西藏当局，以其亲身经历，介绍中央和平解放西藏的政策，提出“目前藏汉和谈是个好时机”，建议迅速派出谈判代表。此信派专人日夜兼程送往拉萨。

11月10日，西南军政委员会、西南军区联合发出布告，公布了中共中央5月29日批准的十项政策。进藏部队广泛向上层人士和群众散发、张贴和宣传这一布告，并通过过往商人、释放的俘虏和朝佛的香客，将藏文布告带到拉萨等地，传播中国共产党解决西藏问题的方针、政策。

此时，康藏高原已进入隆冬季节。部队在昌都地区环境艰苦、物资匮乏、补给困难的情况下，如何安全度过进军西藏的第一个冬天，成为各级指挥员考虑的大事。10月28日，十八军发出《今冬明春工作安排》，对保证部队安全过冬提出了一系列具体措施。

五十二师党委于11月初在昌都召开党委扩大会议，进行战役总结，部署过冬休整工作。师长吴忠随即到南京军事学院学习，副政委阴法唐[①]代理师党委书记，主持全面工作。会后各部队进行了深入的思想动员和周密组织，进行评选功臣模范工作，并开表彰大会。全师有2056人立功受奖，其中记师功（相当于二等功）13人、团功（相当于三等功）119人、营功（相当于四等功）328人。过冬首要的是解决粮食短缺的困难。第五十二师部队有一段时间每日靠三五两（150至250克）代食粉稀糊度日。广大指战员在棉衣鞋袜磨损破烂以及工具缺少、高山缺氧、寒气袭人的条件下，紧张地进行过冬的各项准备工作：至年底打柴近1000万公斤，割草110多万公斤；打土坯、烧石灰、背石料、伐木料，修建简易仓库、住房和兵站；就地统一采购部分青稞、牛羊、蔬菜和食盐，以应急需。后方则加紧组织牦牛运输，将粮食、物资源源不断地运达前方。经几个月的艰苦努力，年底前基本完成了必要的过冬准备，部队转入休整。

就在这种困难条件下，部队和进藏工作人员仍在昌都地区为群众办了许多好事。首先是免除了原藏政府摊派的各种乌拉差役，为藏族群众减轻了负担；再是免费为群众治病。此外还在昌都办起了第一个现代化的小学。这些都受到了昌都人民的拥护。

遵照西藏工委1950年底发出的《关于今冬明春六个月部队工作的指示》，部队各级党委加强政治思想工作，进行长期建设西藏和准备向拉萨等边防要地进军的教育，要求克服早进早出思想，继续发扬“吃大苦、耐大劳”的精神。为使部队在进军中熟悉各项政策纪律，军政治部充实了《进军守则》，颁发了《入城纪律》、《外交纪律》和《采购纪律》等规定，并组织干部战士认真学习，为1951年继续进军做准备。

战前即离开昌都返回拉萨的原总管拉鲁，在途中接到噶厦指示，令其在洛隆一带就地负责“文武事务”，指挥由拉萨派来的藏军第十三团千余人，三大寺僧兵80余人，和从昌都溃逃的藏军第四团、第七团残部，在嘉黎、边坝、洛隆地区布防。11月初，第五十二师指挥部获悉，驻洛隆的藏军第七团正在

---

① 阴法唐，山东肥城人，1922年7月生，1938年5月参加革命，6月入党，历任山东纵队第六支队指导员、第一一五师教导第三旅组织干事、县大队政委、政治处主任、晋冀鲁豫军区第一纵队二十旅五十九团政委、第十八军一五五团团长兼政委，进军西藏之初任第五十二师副政委。

收拢散逃和被释放的藏军，沿怒江一线组织防御，伺机反扑。为粉碎西藏地方当局这一企图，促其派出代表和谈，第五十二师报经军指批准，以第一五四团及师骑兵侦察连向前推进到边坝、丁青一线，以歼灭藏军有生力量为主，并就地购粮过冬。9 日下午，团长郄晋武率团骑兵侦察排、第二连及第一营机枪连一部组成先遣队从恩达出发，第二日翻越海拔5000余米的瓦合山到达瓦合塘时，洛隆宗寺庙和土司派出代表前来迎接。11 日凌晨，郄晋武率先遣队急驰35公里，夺取了藏军正在胁迫群众破坏的嘉玉桥。当夜王坤兴营长率领得到加强的第二连，又翻越海拔4500多米的义达拉山，12 日拂晓进到洛隆，迫使尚在睡梦中的藏军第七团普隆巴·扎巴次旦代本以下30余人放下武器。缴获步枪32支、轻机枪1挺、子弹216箱、战马15匹、牛16头及粮食一部。随后，先遣队及赶来支援的一营推进到孜托、硕般多、边坝，藏军闻风西逃。第一五四团团直属队进驻洛隆宗，其三个营分驻硕般多、孜托和马利，准备过冬。

一五七团将在竹巴笼俘虏之藏军宣传政策释放后，隐藏在附近的藏军30人耳濡目染共产党、解放军的政策好，携械归降。出逃的宁静宗本遂自动返回。

11月初，平措旺阶和陈竞波奉命前往昌都工作。他们带着在巴塘地区参军的数十名藏族青年，途经宁静至察雅时，当地民兵代本洛杰拉率500民兵投诚。他们即按政策将民兵遣散回家。

第五十二师骑兵侦察连执行解放丁青的任务，于11月28日由类乌齐出发，在距离丁青一天路程时，当地政府官员出迎，藏军第四团119名官兵放下武器，交出步枪134支、马48匹、青稞3.8万斤。藏军第四团主力闻讯仓皇西撤至沙丁宗，骑兵侦察连遂进驻丁青。

12月11日，在波密地区前来的头人迎请下，一五四团政委杨军率小分队从孜托出发，翻越雪山，进入倾多、松宗、易贡等地，宣传党的政策，采购粮食，受到当地各族群众的热烈欢迎与支持。

至此，昌都地区除沙丁、色扎等宗外，已有23个宗先后获得解放。

由王其梅率领的一批开展昌都地区工作的干部，于10月24日进入昌都。以王其梅为书记、吴忠、阴法唐、平措旺阶、陈竞波为委员（11月又增补惠毅然、平措旺阶为第一、二副书记）的中共昌都工作委员会和由王其梅为主任、五十二师机关兼任的昌都警备司令部随即建立。昌都工委是西南局1950年9月11日批准成立的。昌都解放后即大力开展上层统一战线工作，筹备组织昌都地区解放委员会，并向各宗派出军事代表，有步骤地开展各项工作。

为组建昌都地区政权机构，昌都工委与上层人士共同协商，确定了各方面有代表性的人选，包括昌都地区各宗的宗本、土司、头人、主要寺院活佛以及西藏地方政府原昌都总管府主要官员和藏军代本等。1950年12月27日，昌都地区第一届人民代表会议在昌都召开。出席正式代表90人、列席代表17人、特邀代表14人。代表会议经过充分协商，于1951 年1月1日选举产生了中华人民共和国昌都地区人民解放委员会（简称昌都解委会），以王其梅为主任，帕巴拉·格列朗杰、阿沛·阿旺晋美（西藏地方政府噶伦、原昌都地区总管）、察雅·罗登协饶（察雅寺大活佛）、邦达多吉（康南地区巨商）、平措旺阶（西藏工委委员）、降央白姆（德格女土司）、惠毅然（第五十四师副政委）、德格·格桑旺堆（起义的藏军第九代本）为副主任。26名委员包括在昌都的西藏地方政府军政官员以及各地民族、宗教上层人士，还有人民解放军领导干部等。会后，相继在三十九族和波密地区建立了昌都解委会第一、第二两个办事处和23个宗（县）的解放委员会。昌都地区解委会是带有统一战线性质的过渡性政权机关，受政务院直接领导。其任务是“维护社会秩序，安定民心，广泛联络，扩大对藏区的政治影响和争取工作。”“对原有的一切官员及制度，在不反对我们的情况下，原封不

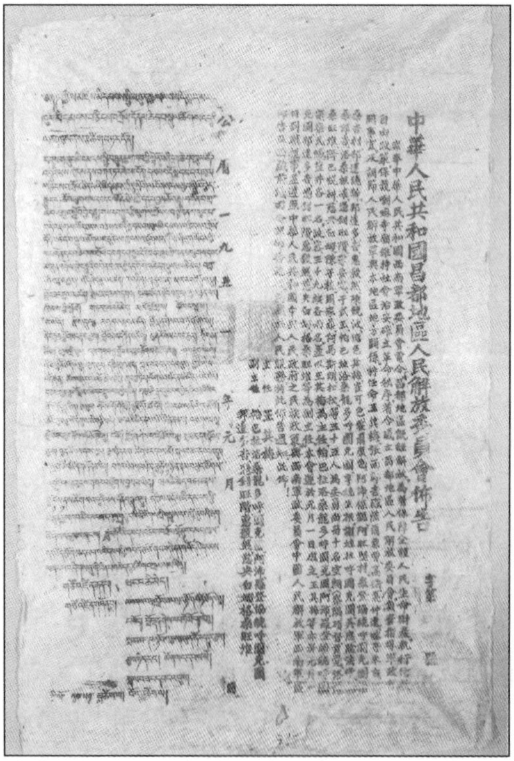
中華人民共和國昌都地區人民解放委員會佈告

主任 王其梅

公曆一九五一年元月

昌都地区人民解放委员会布告。

动，不予变更。”[①]与此同时，建立了以阿沛·阿旺晋美为主任的昌都地区僧俗人民争取和平解放西藏工作委员会，发起争取和平解放西藏的签名活动，开展对西藏地方政府的争取工作。

随后，由五十四师抽调一批干部，派往昌都、察雅、江达、贡觉、洛隆、硕般多等宗担任军事代表。军事代表们在当地宣传党的方针政策，开展统一战线工作，帮助群众发展生产，改善生活，并组织采购、运输，使昌都地区逐步建成进军西藏的基地和巩固的后方。

西藏工委对经营西藏的考虑

1950年11月9日，中共中央电示西北局、西南局：“西藏全部解放后实行民族的区域自治将涉及到许多复杂问题，如整个自治区的疆域，自治区内部行政区划，前后藏及阿里间的关系，达赖、班禅两个集团的关系，宗教派别（黄、红、花），政教关系，藏族与其他民族关系等等。这些问题又须注意到自治区机关的形式，人员配备，请你们两个中央局就有关将来决策时应该了解而现在尚未了解的问题列出，通知前线党政军负责同志协力调查研究，并提出意见报中央局和中央。”[②]11月12日，西南军区指示张国华、谭冠三要“准备西藏解放过程中及解放以后的各种政策措施，并提出意见报中央局和中央。”

根据上述指示精神，西藏工委、十八军党委领导人和政策研究室、各机关认真开展调查研究，对西藏情况做了进一步的综合分析，并将情况上报西南局、中共中央。报告的主要内容：

一、民族问题：

1.西藏民族受历代战争影响，某些地区之血统、习惯、语言，已发生某些变化，而自称一族，如三十九族称为霍尔克族，一向亲近汉族，如波密与藏政府对立，都对英印不满。

2.西藏民族因受大汉族主义压迫及帝国主义侵略控制挑拨之影响，普遍存在一种仇（视）汉（族）的情绪。现西藏贵族中一部分居统治地位者多欲

① 《西藏工委对近期经营西藏之建议》，即解放昌都后工作的初步准备向西南局的报告。

② 《和平解放西藏》，西藏人民出版社1995年8月版，第104页。

脱离中国而独立，但由于我党少数民族政策之正确及我军坚决执行少数民族政策之影响，藏民均称我们为新汉人，亲（近）汉（族）的情绪正在人民中代替仇（视）汉（族）的倾向。

二、宗教问题：

1.藏民都笃信佛教，耶（稣）回教均难插足，另由于帝国主义及国民党特务利用苏联、蒙古在处理宗教问题上的不当，及红军（路）过康区个别对寺庙不利的事情进行煽动挑拨之恶意宣传，故一般寺庙认为我们是共产党不信佛，对我们有怀疑。因我军严守中央、西南局规定之各种宗教政策，这一顾虑逐步减弱而靠近我们，但对我们是否长期保护喇嘛寺尚有疑虑。

2.藏民笃信佛教，当前宗教统治势力虽为黄教，但其他教派在某些地区仍有其统治势力，总之教派与教派、寺庙与寺庙，因土司制的割据统治亦有矛盾，尤其在康区表现最为严重。

3.宗教内部派系斗争亦尖锐，其统治背景亦有区别，现在的达赖、达扎（摄政）等当权派在帝国主义操纵下，表现亲英美，而被驱逐出藏区之班禅、热振派历史上表现亲（近）汉（族）。现在前者表现与中华人民共和国对立，后者则表现倾向中央人民政府。前者怕后者入藏，后者则正竭力收容旧部准备随军入藏。前者虽在全藏当权，而后者在三大寺、在后藏仍有一定影响。

三、现在虽是以达赖为首、以拉萨为中心统一地统治着全西藏，但若干当权者深受历代皇帝分封直属中央管理及教派等关系之影响，有自称一区不愿受拉萨管理之倾向，如三十九族、波密地区。此外若干在野人物（如班禅、热振派）以及被西藏地方政府削弱了的土司等极力向中央靠拢，以图恢复其统治地位。由此可见拉萨政府对西藏的统治仍未根本统一。

四、西藏是一个辽阔的高原，交通阻塞，气候恶劣，各方落后，人口稀少，是多事复杂的地区。而且地处边防，面对着以印度为首的英国殖民地。如不丹、锡金、尼泊尔等国。对外贸易主要是对印度、尼泊尔。而这些国家与西藏不仅有商务关系，且有宗教种族上的联系。

总之，解放西藏，经营西藏，建设国防是民族问题，同时也是宗教问题。

这一西藏情况的综合分析报告，为西藏工委甘孜会议做了思想和政策准备。

西藏工委、十八军党委甘孜工作会议

1950年12月14日，中共西藏工委、第十八军党委在甘孜召开工作会议，研究西藏解放之后如何开展工作的问题。会议认真领会中央的一系列方针政策，深入分析了西藏社会各方面的情况和西藏上层各派的政治态度，一致认为团结上层、开展上层统战工作是今后的重大任务之一，也是战略上的必要步骤。在西藏的政权组织形式上，可考虑设立军管会、解放委员会、军政委员会或派中央人民政府代表及设立前线司令部等形式。

会议认为，对西藏上层分子除亲帝国主义并坚决反对共产党、解放军者外，以争取团结教育改造为主。对班禅、热振两派的力量不可轻视，他们反帝爱国，有助于驱逐帝国主义势力出西藏及解放西藏的任务。但达赖、班禅两集团长期不和，达赖集团最担心中央人民政府武装护送班禅集团回藏，报复或取代达赖集团。为了不使目前统治着全西藏的达赖集团产生疑虑，班禅应该暂缓进藏，以免为反动派提供借口。班禅返藏时机要在与达赖谈好后再决定。

鉴于西藏地域辽阔，交通不便，补给困难，会议讨论了西藏解放后对各地区是否由各方向进军的部队及一同进入的党组织分别治理的问题。其中心意思是，由西南、西北两大区分别经营前藏、后藏和阿里，但不同意前后藏分别“自治”的主张。会议一致认为：“分割而治，群众接受不了，亦容易为帝国主义所挑拨；前后藏是达赖、班禅政治势力的划分，但宗教相同，尤其不宜变为两个政权形式”；“前后藏经济关系很深，前藏吃粮基本上由日喀则解决”，“货物要从亚东进口，若分治，问题很多；从外交上处理与印度、尼泊尔、不丹的关系来说，也不宜分治。总之，从宗教、经济、外交各方面来说，均应使前后藏统一，由西南与西北两个区域经营，领导统一。”①

会议认为，“分区经营，以西南、西北两大战略区的人力物力参加西藏之解放与建设，可以使西藏由闭塞荒凉贫困中解放出来。”“分区经营，便于我们有重点而较普遍的团结提高各种代表人物，有计划的大批培养新生力量（汉藏干部、军队），为进一步组织统一的西藏自治政府，做好各种准备条件。”

① 《西藏工委对经营西藏之建议》。参见《中国共产党西藏历史大事记》，中共党史出版社2005年9月版，第33页。

会议认为，“西藏地区是一个高原，居民几乎全为藏族，为发展提高该民族建设这一地区，分区治理只能是一个过渡时期，当统一条件成熟时，必须统一治理，否则有害于藏族之发展提高及各种建设与国防。”会议建议，班禅“在战斗进军情况下是可以随军入藏的，但和平进军时则应暂缓入藏（将来一定入藏的），以使我们就有秩序争取达赖更多的人。这才对我们有利。”

甘孜会议还对西藏解放后划分各师分片包干地区、组成各地区党的领导机构问题进行了部署。决定包干地区所需干部由各部队解决。第十八军各单位分片包干的地区是：军干校（即西南军政大学第八分校）包拉萨市，军后勤部包三十九族地区，五十二师包江孜地区，五十三师包波密地区，五十四师包昌都地区，并分别组成党的地区机构。上述党的机构均报经西南局批准。①

会议还讨论了继续进军的准备工作，开展政治攻势，部队加强时事（包括抗美援朝）、政策学习，树立长期建藏思想，进行必要的军事训练，特别是做好运输补给等工作。

西藏工委、十八军党委甘孜工作会议于12月24日结束，并将会议讨论的意见上报西南局和中共中央。这次会议对进军西藏、经营西藏作了政策、组织准备，统一了思想，提高了认识，部署了工作，意义重大。会后，进军准备工作随即全面展开。

1951年3月，各地区党的领导机构开始筹建：三十九族分工委，由十八军驻川留守处主任王兴友任书记、军政治部民运部副部长王运祥任副书记；波密分工委，由五十三师副政委苗丕一任书记；拉萨市委，由西南军政大学第八分校政委林亮任书记；江孜分工委，由五十二师副政委阴法唐任书记。②

护送班禅返藏的准备工作

昌都战役结束后，西藏工委向西南局建议，西南方面先负责经营前藏的黑河（今那曲）和拉萨地区；西北方面护送班禅返藏后，即担任后藏和阿里地区的政治任务。西南局认为这一建议可取，遂将报告转报中央，建议西北

① 《西藏工委对经营西藏之建议》。见141页注①。

② 参见《中国共产党西藏自治区组织史料》，西藏人民出版社1993年4月版。

局除承担进军后藏和阿里的军事任务外，还要承担这两地区的政治任务，以便解决经济和运输补给方面的困难。

中共中央接受了这一建议，于1950年11月9日电示西北局、西南局，提出:“因在解放西藏的整个作战中，西北人民解放军担负进军后藏和阿里地区的任务，又因后藏为班禅集团历史关系最深而现在仍保有相当影响的地区，而班禅的工作则属于西北局，故刘伯承同志提议由西北局同时担负接管后藏和阿里地区的政治任务。为此，西北局应即积极进行各种有关准备工作，如政策、人员、统战工作等。你们意见如何望告。”①

西北局于11月下旬召开会议，讨论贯彻中央的指示，决定组建专门机构，加强对班禅方面的团结争取工作，确定以西北军区政治部联络部部长范明任驻班禅行辕代表，甘肃省委统战部副部长牙含章任驻班禅行辕助理代表。西北局将有关情况报告中央后，中央于11月24日复电，同意西北局关于派范明等人到班禅行辕工作的决定，同时将周恩来总理与班禅堪厅主要成员计晋美的谈话内容告诉西北局，以便作必要的准备工作。

周恩来总理与计晋美的谈话内容是:（一）中央同班禅间的竭诚合作是建立在互相信任与互相依靠的基础上的;（二）必须尽一切可能争取达赖，主要是为了宗教关系与西藏内部的团结;（三）解放拉萨的进军还有一段时间，在此时间内大家积极作必要的准备，班禅方面主要是在西北和青海省人民政府帮助下努力训练干部。

西北方面护送班禅入藏的部队问题，毛泽东于1951年1月4日告周恩来、聂荣臻:“以现在玉树之八百骑兵为核心，招收若干青海藏人参加，能招收多少算多少，作为护送班禅入藏的兵力，尔后即作为班禅的卫队”②。西北军区副司令员张宗逊于9日报告中央军委，拟以七百五十人及一千匹马的青海骑兵支队，携带一个半月粮食，配合第十八军入藏，到拉萨及日喀则以后的供应问题由西南负责。10日，周恩来为中央军委拟的复电指出:“为配合西南入藏作战，今春在必要时，可由玉树向黑河方向出动少数骑兵。但为准备将来护送班禅入藏，则仍应以青海八百骑兵，再招收若干青海藏人，作为班禅

---

① 中央关于西北局接管后藏和阿里地区的电报。

②《毛泽东西藏工作文选》，中央文献出版社、中国藏学出版社2001年5月版，第38、39页。

卫队，入藏后并准备长期留下，成为干部”。[①] 19日，毛泽东复电张宗逊并告习仲勋(西北局第二书记)、贺龙、邓小平：“同意你的提议，用青海骑兵支队携带一个半月的粮食配合西南军队入藏，到拉萨及日喀则后由西南负责解决给养问题”；“该支队受十八军指挥，并编入十八军序列”。[②]

西北局于1950年12月25日、西北军区于1951年1月9日分别开会，讨论护送班禅入藏和配合西南军区部队进军西藏问题，并形成了若干实施意见。1951年1月30日，西北局统战部部长汪锋和范明、牙含章带着这些意见到达北京，向中央统战部做了汇报。统战部长李维汉指出：“西北军区的任务是配合西南军区，准备去接受后藏。阿里由王震同志从新疆派人进去。考虑成立西藏军政委员会，作为成立自治区的过渡。由中央一位领导人兼任军政委员会主席，达赖、班禅和西藏工委负责人担任副主席。”[③]此外还回答了西北进藏任务，组建西北西藏工委等问题。李维汉指出，关于成立西北西藏工委组织问题，由西北局定。

1月31日，李维汉和汪锋、范明、牙含章到中南海面见周恩来总理。周恩来在听取他们汇报后，对西北西藏工委进藏的任务、路线、部队隶属关系、进藏物资准备和干部等问题，进一步作了明确交代。

根据周恩来、李维汉对汪锋、范明所谈的主要内容，随后即形成了中央军委于2月13日发出的《关于西北方面参加解放西藏的准备工作的通知》。《通知》要求：“（一）今年必须全部解放西藏，西北入藏工作必须于三月底以前完成一切必要准备，不得延误。（二）确定西北入藏工委一千五百人（包括警卫部队在内），家属一千人（这一千人准备明年入藏），班禅集团一千五百人（包括警卫部队在内），共四千人，骡马八千匹，准备两年内分梯队进入西藏。（三）所有中央允许班禅集团之条件[④]，必须迅速圆满地予以实现，给班禅卫队配备干部及配备一个医务所和电台等，责成西北军区迅速解决。（四）西藏

① 《周恩来与西藏》，中国藏学出版社1998年12月版，第10—11页。

② 《毛泽东西藏工作文选》，中央文献出版社、中国藏学出版社2001年5月版，第40、41页。

③ 牙含章：《护送班禅额尔德尼返回西藏的回忆》，载《西藏革命回忆录》第一辑，西藏人民出版社1981年4月版，第79—80页。

④ 1950年8月班禅派计晋美率致敬团赴京，向中央提出十余项要求。中央于9月23日致西北局、西南局电报中指出，除其中政教组织方案目前不是时机外，其余各项包括派官员至其行辕任代表，护送班禅入藏，均酌情予以答应。

工委[①]干部配备，除由西北局负责外，军区联络部干部应尽先配备。警卫部队确定由军区抽两个加强连（约三百人）组成之。所有被服、装具、马匹、给养、文化教育、宣传用品、医药器材、卫生人员、通讯器材等，除武器弹药、通讯器材由军区解决外，其余统由西北局负责审核解决，向中央财委报销。”[②]

2月27日，西北军政委员会任命范明为驻班禅行辕代表，牙含章为助理代表。3月19日，范明在青海政协副主席扎西旺徐的陪同下，赴塔尔寺班禅行辕履行职务。27日，班禅致电毛主席，表示愿在中央人民政府领导下，效忠祖国，并希望在短期内赴京致敬等。中央于4月2 日复电同意班禅进京。

3月20日，西北局曾电告范明，拟以范明、牙含章、慕生忠等7人组建西北西藏工委；因多数人未到职而未组成，但各种准备工作已由范明、牙含章在紧张进行中。在西北局、西北军区领导下，在中央有关部门的支持下，到4月上旬，已调配进藏干部、工作人员200余人、勤杂人员160余人，以及警卫分队340人。中央调给的医疗、电影、新闻、情报工作人员160余人，加上其他人员，总数达1100余人。此外，筹集了大批物资，在陕、甘、宁、青各省购买和租用一大批牲口，包括马匹、骆驼、牦牛等，作为驮运物资之用。

至此，护送班禅返藏及由西北配合第十八军进军西藏的部署已基本确定下来。

组建十八军后方部队，修筑甘孜机场

为加强对后方支援工作的统一领导，1950年底，西南军区决定将支援司令部及其所属的2个工兵团、3个汽车团和7个兵站，与十八军留川机关和部队合并，组成十八军后方部队，设司令部（简称后司）、政治部（简称后政）及后勤部等机关，担负组织指挥进军的支援、筑路等工作。1951年1月17日，西南军区命令：十八军参谋长陈明义[③]任后方部队司令员兼政治委员，原支

① 通知中所说的“入藏工委”、“西藏工委”，即《十七条协议》签订后组成的“西北西藏工委”。

②《周恩来与西藏》，中国藏学出版社1998年12月版，第13、14页。

③ 陈明义（1917–2002），河南省商城人，1917年生，1930年加入共青团，1931年参加红军，1933年转为中共党员。历任县独立营政委、侦察队长、红四方面军作战参谋，八路军第一二九师司令部作战参谋、太行军区作战科长、旅参谋长、分区副司令员兼参谋长，冀南军区、豫皖苏军区参谋长、十八军参谋长等职。在十八军后方部队担任领导职务后，主管进军西藏的后方修路和运输工作。

援司令部参谋长何雨农为十八军副参谋长兼后司参谋长，十八军后勤部副部长扶廷修为后司第二参谋长。不久又任命军后勤部副政委白健为后方部队代理政治部主任。原支援司令部副政委胥光义任西南军区后勤部副政委，但在一定时期内仍驻十八军后方部队，代表西南军区指导支援进军西藏工作。

十八军后方部队组成后，立即决定召开党的代表会议，研究部署修路、运输、兵站等工作。1月底，军党委书记张国华从前方返回新津，指导会议的召开。张国华在会上做了昌都战役以来的工作报告，系统地总结了在民族地区开展统战工作、执行政策的经验，提出了搞好今后运输、修路方面的指导性意见。在甘孜的参谋长李觉和政治部主任刘振国①，继续领导前方部队冬季整训和准备继续进军的工作。

根据中央批准的贺龙、邓小平关于修建康藏公路的意见，1951年4月初，西南军区副司令员兼参谋长李达会同西南军政委员会交通部副部长穰明德、西南财委主任刘岱峰研究决定，由十八军后方司令部和西南交通部负责人组成公路工程委员会，就地及时处理修路有关问题。1951年5月12日，西南军区决定成立康藏公路修建司令部，十八军后方部队司令员兼政委陈明义任司令员；穰明德任政委（后又增加十八军副政委王其梅任第二政委），五十四师师长张忠任副司令员。工程指挥机构建立后，中央人民政府从全国各地抽调工程技术人员、行政管理人员600余名，先后到康藏公路修建指挥部工作。1951年6、7月，国家又将西南地区的云南大学、贵州大学、四川大学、川北大学、川南工专等大专院校的部分工科应届毕业生分配到康藏公路修建司令部及五十三师、五十四师工段参加施工。这批学生在康藏公路修建中发挥了重要的技术指导作用。

西南军区根据军委批准，西南军区空军司令部《关于修建甘孜机场的报告》，作为长期支援西进部队的空运基地，决定由西南空军和第十八军后方部队担负修建甘孜机场的任务。空军负责机场技术指导和材料筹备，后方部队负责组织施工和材料运输等。胥光义、陈明义、金绍山（第五十三师师长）、

① 刘振国（1917－1995），湖北省孝感县人，1930年参加红军，1931年加入共青团，1934年转为中共党员，历任团宣传队分队长、连指导员，参加红二十五军长征后，任营教导员、组织股长、团政治处主任、分区政治部主任、旅政委、十八军五十二师政委、军政治部主任。

傅传作（西南空军司令员）等人，冒着高原冬季的风雪严寒，到甘孜进行实地考察，商定了有关勘察设计施工等问题，随即组成以金绍山①为司令员、张忠②为副司令员的机场修建司令部。以第五十三师机关兼修建司令部机关，指挥第五十三师（欠第一五七团）、五十四师、工兵第五团、工兵第八团、西南军政大学第八分校、军卫生学校、重型机械营（由中南军区调来）、军后直属队及汽车部队，共1.4万余人于1951年4月11日投入施工。由测量队长兼政委杜斌率30余人与空司技术人员一起参加机场的测设工作。

参加修建机场的机关和部队人员，都是首次进入康藏高原，乘卡车颠簸七八天到达甘孜后，不顾途中疲劳，忍着剧烈的头痛、气喘、四肢乏力等高山反应，首先挖居住的窑洞。这种窑洞实际上是一种开放式的地窖，上以树干、树枝和黄土覆盖为顶，可避高原的严寒和暴雨、冰雹等。通过安家的劳动，对高原缺氧的气候逐渐有所适应，但部队所居窑洞因临时、简陋，常常遭到高原恶劣天气的袭击。6月的一个暴雨之夜，第五十三师机关组成的女兵连第五班正熟睡时，窑洞棚顶突然坍塌，将12名女兵全都埋在洞内。指导员赵光闻讯后即组织人用手扒开泥土和树枝树干，进行抢救。结果有6人受伤，4人死亡。牺牲人员是：副班长李淑惠和周婉兰，女战士余任难、赵子珍。她们为解放西藏献出了年轻而宝贵的生命，遗体埋葬在机场北侧的山坡上。

机场开工后，各单位按地段投入施工。劳动是简单而又艰苦的，在进军西藏神圣而光荣任务的鼓励下，施工部队及技术人员以极大的革命热情投入到工作中，一开始就掀起了劳动竞赛的热潮。以铁锹、十字镐、箩筐、扁担和铁锤、撬杠、铁磙等简单的工具，挖土包，填沟壑，平整土地；掘出跑道基地，把土运出机场范围；然后到冰冷的溪流里捞鹅卵石，运到工地，再抡铁锤把石块砸碎，一层一层地下垫卵石上铺碎石，把跑道填平，每一层都要

---

① 金绍山（1915—1957），湖北省大悟县人，1930年参加红军，1933年加入共青团，同年转为中共党员，历任连指导员、营教导员、营长、副团长、军分区政治部主任、军分区司令员、豫皖苏军区独立旅旅长、十八军五十三师师长。

② 张忠（1912—1982），安徽六安人，1930年参加红军和入党，历任排长、连长、通讯营长、警卫团副团长、团参谋长、团长、副旅长、军分区副政委、军分区司令员、十八军五十二师副师长、五十四师师长。

灌土浆；在齐腰深的水池子里倒入粘土，人跳进齐腰深的泥水中踩和，使之成浆，用人力挑到跑道施工面上灌满每层卵石和碎石；再用二三十人拉着二十多吨重的石磙把跑道一层一层地压实、碾平。为了早日解放西藏统一祖国，尽快修好机场支援前方部队，不管是兵是官，是男是女，是老是少，大家抢着干脏活累活。肩膀压红压肿了，手脚冻裂、划出口子流血，累得腰酸腿痛，没有人叫苦叫累，平均每人每天要走30多公里路，运送3000公斤左右的土石方。工效提高到标准工效的1.4倍。后期为了加速施工，指挥部运来发电机，装上电灯，挑灯夜战。

工地上安装广播喇叭，及时表扬好人好事，介绍施工经验，通知注意事项，提醒预防工伤事故等；并适时喊出鼓舞人心的口号，播唱激励意志的革命歌曲。每当在收工后，特别在休息日里，各单位都自编自演唱歌、舞蹈、快板等文娱节目，使窑洞沉浸在欢乐海洋之中，尽显革命战士的革命英雄主义和乐观主义精神风貌。

经过修建指挥部的精心组织指挥、技术人员的具体指导和施工部队以及3000名藏族民工7个多月的艰苦奋战，至11月20日机场全部建成。总计挖土方88万立方米，填石方16万立方米，完成长3200米、宽60米、厚45厘米的卵石基底、碎石道面的飞机跑道一条和可停18架飞机的停机坪。

11月22日，一架飞机前来试航。修建部队和藏族民工集合在机场两旁，甘孜附近的群众也闻讯前来观看。中午12时当飞机身影出现在东方山顶上空之时，官兵和群众欢呼雀跃，欣喜异常。飞机平稳地降落在跑道上，滑行到停机坪，后司和指挥部首长上前热烈欢迎机组人员。当晚，后司和指挥部在机场举行了“庆祝机场落成及通航大会”，陈明义司令员讲了话，指挥部在大会上表扬了立功受奖人员。

甘孜机场虽因技术指标不符合在高原起降的严格要求，后来变成迫降场，但取得了在康藏高原修建机场的科学数据和宝贵经验。同时，取得了在高原组织施工、生活管理、运输补给、思想政治工作诸方面的丰富经验，为后来修筑康藏公路打下一定的基础。参加修建甘孜机场的官兵，都经受了一次在高原生活、劳动、吃苦耐劳的锻炼，思想上是一次非常宝贵的升华。

从1951年3月份起，十八军后方部队后勤部在康藏公路已通车地段，经常保持450辆汽车日夜向前方赶运粮食物资。在尚不能通车的漫长道路上，陆续在马尼干戈、金通、昌都设立三个办事处，下辖27个兵站，分成南北两线，通过上层统战工作，发动土司、头人动员藏民组织牦牛，采取平行接力的办法向前方一站接一站地运送物资。

与此同时，新疆军区部队已开始从南疆的于田修筑至界山之公路，准备进军西藏阿里。云南入藏部队之第一二六团一营于昌都战役后即留在门工、碧土地区，进行整训，积极准备进军。

西藏地方政府确定派代表去北京和谈

昌都战役的胜利和洛隆、边坝、丁青、波密地区相继解放，使西藏上层统治集团内部惊恐不安，一片混乱。噶厦经多次密谋，一面向昌都派出谈判代表，向解放军进行试探；一面劝导达赖喇嘛出走亚东，观察事态发展，或与中央合作，或伺机逃往印度。1951年1月27日，西藏地方政府派出的谈判代表土登列门和桑颇·登增顿珠二人到达边坝，受到一五四团三营的热情接待。从边坝到昌都，两位代表又受到沿途驻军和藏族群众的热情欢迎与接待。

2月5日，两代表抵达昌都，呈递了达赖喇嘛于1950年12月17日写给王其梅的信。信中除了叙述其亲政等情况外，主要是说明“根据昌都总管噶伦阿沛及其下属的报告，此处已派出和谈办事人员”。同时，达赖还写信给阿沛·阿旺晋美，抛出了与解放军谈判的“五项条件”，并要阿沛·阿旺晋美作为谈判的主要代表，根据五项条件同解放军进行谈判。这五项条件的基本内容是：一、西藏没有帝国主义势力；二、归还过去和现在汉政府占领的西藏一切地方；三、如西藏遭到外国侵略时，请汉政府帮助；四、要求已经进驻康区和阿里的军队撤出；五、不要轻信站在汉人方面的人的谣言。[①]显然，这五项条件仍然是坚持“西藏独立”的立场。这两位代表前来谈判，是带有试探性质的。

达赖喇嘛一行于1951年1月2日到达西藏南部边境重镇亚东，立即将其驻印度的商务代办和所谓“负责汉地事务”的官员夏格巴等召回亚东，听取

① 乐于泓：《进藏日记摘抄》，载《西藏文史资料选辑》第1辑，西藏人民出版社1981年12月版，第46页。

其在国外“求援”情况的汇报。夏格巴等人报告了美国、英国、尼泊尔和印度政府对西藏的态度。

亚东噶厦的官员们认为，美英及印度等国不愿以支持“西藏独立”而损害其国家利益。他们感到这些国家在支持“西藏独立”问题上，目前是讲得多做得少，颇感失望；而中央人民政府军事上又很强大，无法对抗，昌都一战更加剧了噶厦的政治危机，中央提出的和谈条件又是很宽容的。处于进退维谷的西藏当局，经过反复权衡利弊，在中央的感召下，只得面对现实，准备同中央和谈。官员会议最后决定，正式派出代表去北京，同中央人民政府谈判和平解决西藏问题。

1月27日，达赖派人到印度新德里，请中国驻印度大使袁仲贤转呈他致中央人民政府表示愿意和平谈判的信件。2月1日，袁仲贤复信达赖喇嘛，转达毛泽东主席对他亲政的祝贺，说明中央人民政府欢迎他速派代表赴北京谈判和平解放西藏问题。达赖收到袁大使的信后，大受鼓舞。因为历来达赖喇嘛亲政，必须有中央政府的认可。毛主席的祝贺，使其感觉得到了合法承认。2月18日，达赖和亚东噶厦做出决定，除阿沛·阿旺晋美等三名代表由昌都经甘孜、康定、重庆直接赴京外，增派藏军总司令凯墨·索安旺堆①、仲译钦波（秘书长）土丹旦达②为谈判代表，并由达赖的姐夫尧西·彭措扎西等任翻译，由亚东经印度前往北京参加谈判。

凯墨和土丹旦达转道印度途中，在新德里曾拜见印度总理尼赫鲁，转交了达赖喇嘛给尼赫鲁的信件，请求印度总理对西藏与中央的谈判给予指导。尼赫鲁告诉他们，要承认西藏是属于中国的，西藏的外交要由中国统一管理。如果不承认这两条，就没法谈判。但如果承认解放军进驻西藏这一条，“西藏今后就会有很多困难；我们印度与西藏毗邻，对我们也很危险，所以不能同意。要运用巧妙办法，力争维护西藏的政治、经济权利，但切记不可与中国

① 凯墨·索安旺堆（1901—1972），原属索康家族，是索康噶伦的叔父，后入赘凯墨家。18岁参政，1921年去印度接受军事训练，后在藏军和噶厦任职。1946年作为西藏代表团成员去过南京。1948年任藏军玛基（藏军总司令），属于思想顽固的主战派成员。

② 拉乌达热·土丹旦达（1908—1985），藏族，拉萨人，曾任译仓的孜仲、波密宗本、阿里地区总管、仲译钦波兼玛基助理。

作战。那是打不赢的。”①

达赖虽已决定派和谈代表，但顽固的分裂主义分子仍然企图鼓动其逃往国外，美国中央情报局和印度的反华势力也企图引诱达赖出走。对此，周恩来总理兼外交部长于1951年3月21日约见印度驻华大使潘尼迦，郑重指出：达赖已在亚东，有人正引诱他去印度，希望他不要离开西藏，这对他是有好处的。我们尊重西藏宗教信仰自由，同意达赖作为西藏的宗教、政治领袖派代表来进行谈判。人民解放军必须进入西藏。如果达赖不走，经过谈判解决，人民解放军可以和平进入西藏，达赖的地位仍然可以保持。周恩来还指出：如果达赖去了印度，就会在中印关系上造成一种阴影。②

西藏地方政府确定派和谈代表，表明争取和平解决西藏问题的工作取得了重大突破，也充分证明了毛泽东主席关于“如我军能于十月占领昌都，有可能促使西藏代表团来京谈判”预见的正确。这一工作能够取得明显成效，首先是中共中央从西藏历史、政治和社会的实际情况出发，制定了争取西藏和平解放的正确方针和政策，这是最根本的因素。从中央有关部门到西南局、西北局以及前线部队，采取一系列积极措施，向西藏地方当局传达了中央的方针政策与殷切希望，发挥了中央方针、政策的威力。其二是新中国像巨人一样屹立于世界东方，使得外国势力不得不改变过去的一贯做法，不再敢明目张胆地支持“西藏独立”。其三是昌都战役的胜利，不仅歼灭了西藏当局赖以对抗解放军的武装力量，在政治上也沉重地打击了西藏上层统治集团中顽固的主战派，迫使其不得不寻求和平解放西藏的途径。这是促使他们派出谈判代表的直接原因。

---

① 土丹旦达：《关于和平解放西藏办法的协议签订前后》，载《西藏文史资料选集》第1辑，西藏人民出版社1981年12月版，第36页。

②《周恩来与西藏》，中国藏学出版社1998年12月版，第117页。

第四章
和平谈判，签订协议，人民解放军和平进军西藏各地

西藏地方政府派出的和平谈判代表团于1951年3月从昌都出发，4月下旬到达北京，受到了中央人民政府的热烈欢迎。和谈代表到京后，经过与中央人民政府代表谈判，于5月23日签订了《中央人民政府和西藏地方政府关于和平解放西藏办法的协议》(以下简称《十七条协议》)，西藏从此实现了和平解放，各民族迎来了一个具有划时代意义的伟大新生。《十七条协议》签订后，人民解放军各路部队向西藏各地和边防要地和平进军，完成了祖国大陆的统一。中共西藏工作委员会进驻拉萨，统一领导西藏各项工作。中国人民解放军西藏军区宣告成立，统率西藏辖域内之一切武装部队，巩固国防，建设西藏。

第一节　和平谈判与签订协议

1951年3月下旬，西藏地方政府和谈代表阿沛·阿旺晋美、土登列门、桑颇·登增顿珠在西藏工委委员、第十八军政治部民运部部长平措旺阶和西藏工委办公厅主任乐于泓的陪同下，从昌都出发赴京，沿途受到社会各界的欢迎。阿沛一行经康定于4月16日抵达重庆时，受到西南局第一书记、西南军政委员会副主席邓小平的接见。邓小平向他们讲述了中央关于和平解放西藏的十项条件和有关政策后说：“我们一定要用实事取得藏族同胞的信任，争

取达赖回来，和平进军西藏。”邓小平希望他们把中央的政策转达给取道印度赴京的代表，相信谈判是能够成功的。在听取了阿沛的意见之后，邓小平认为“问题还在于人民解放军进去，拉萨当局对此很有顾虑，他（阿沛）当积极说服由印度赴京的代表等。”[①]阿沛一行路经西安，于4月22日抵达北京。周恩来总理、郭沫若副总理前往车站欢迎。

由亚东启程取道印度的两位西藏地方政府和谈代表凯墨·索安旺堆和土丹旦达，在中国驻印度大使馆参赞申健的陪同下，绕道香港于4月27日到达北京，受到朱德副主席、周恩来总理的欢迎。

凯墨和土丹旦达带有达赖喇嘛和亚东噶厦制定的内部谈判条件，即“在不得已的情况下，对外可以承认西藏是中国的一部分，内部必须是独立自主的，但不能同意派兵到边界。中央驻拉萨的代表及其工作、服务人员，总数不可超过百人左右。”[②]这是西藏地方政府原定的西藏代表团参加谈判的基本原则。西藏地方政府和谈代表在京会合后，首先是“思想不一致，不在协议条款本身，而在于对共产党的认识”。[③]阿沛将他在昌都见到解放军执行三大纪律、八项注意，坚持民族团结、民族平等的情况，以及在沿途所见解放军不畏艰险，在高山严寒地区施工修筑公路的情景向大家特别向经印度前来的两位代表做了介绍。阿沛说，亘古以来从未见过这样好的军队，只有共产党才是真心实意帮助藏族繁荣昌盛的。西藏和谈代表们的思想统一后“一致决定：在谈判中，一般问题不请示。这是很关键的一着。因为你向噶厦请示一个问题，他就要回答一个问题，如果不同意，不仅拖延时间，还没法处理，甚至无法取得谈判成果。况且电报一来一往说不清楚，反而使问题拖延不决，无头无尾”。[④]大家都同意这个原则。为了返藏后使达赖对谈判情况确信不疑，每次协商都请达赖姐夫尧西·彭措扎西参加。

---

① 袁德全：《军事家邓小平》下卷，中国青年出版社2004年4月版，第566页。

② 阿沛·阿旺晋美：《回忆和平解放西藏协议的签订》，载《和平解放西藏》，西藏人民出版社1995年8月版，第215页。

③ 阿沛·阿旺晋美：《回顾西藏和平解放的谈判情况》，载《中共党史资料》第27辑，中共党史资料出版社1988年9月版，第7页。

④ 阿沛·阿旺晋美：《回顾西藏和平解放的谈判情况》，载《中共党史资料》第27辑，中共党史资料出版社1988年9月版，第8页。

4月28日，周恩来总理设宴为西藏和谈代表洗尘。李济深副主席，陈云、黄炎培副总理和李维汉、陈叔通、张经武、章伯钧、平措旺杰等参加。周总理在宴会上讲话，对西藏代表团来京表示欢迎，提出谈判要围绕和平解放西藏的问题进行，指明十项条件也是十条公约，大家共同遵守。同时宣布了参加和谈的代表名单。中央人民政府方面的全权代表是：首席代表为中共中央统一战线工作部部长、中央民族事务委员会主任委员李维汉，代表为中央军委办公厅主任张经武，中共西藏工委书记、人民解放军第十八军军长张国华，西南军政委员会秘书长孙志远。西藏地方政府方面的全权代表是：首席代表为西藏地方政府噶伦阿沛·阿旺晋美，代表为藏军总司令凯墨·索安旺堆、仲译钦波土丹旦达、堪穷土登列门、仁希桑颇·登增顿珠。另有平措旺阶、乐于泓为列席代表。李维汉就谈判的地点、时间、方式等问题，征求了阿沛·阿旺晋美的意见。

在西藏地方政府派代表赴京的同时，中央决定邀请班禅额尔德尼·确吉坚赞到北京参加五一节观礼，并征询意见，以便解决西藏内部的问题。班禅及班禅堪布会议厅部分官员，由西北军政委员会驻班禅行辕代表范明陪同，

1951年4月28日，周恩来总理在北京宴请西藏谈判代表，并观看电影。

于4月27日到达北京。随后，周恩来同班禅就和平谈判、民族团结、达赖与班禅的关系等问题交换了意见。

4月29日，中央人民政府和西藏地方政府关于和平解放西藏的谈判，在北京市军管会的交际厅举行。开始是预备会，双方就谈判程序、步骤等问题进行协商，听取了阿沛等代表的意见。李维汉说："我们是一家人，谈判可不拘形式，什么意见都可以说，大家商量，把事情办好"。他强调"谈判就是民主协商，就是充分发扬民主，畅所欲言，各抒己见"。[①]李维汉建议学习《共同纲领》和十项条件，以便更好地进行谈判。

"五一"国际劳动节，中央人民政府邀请西藏代表团和班禅参加观礼。阿沛·阿旺晋美登上天安门城楼，并同班禅额尔德尼友好会面。他们一起受到毛主席的接见。5月2日下午，进行第二次谈判，主要是讨论人民解放军进驻西藏问题。这是整个谈判的核心问题。

中央人民政府首席代表李维汉全面阐述了中央对西藏的方针政策，着重说明解放军进藏的必要性。西藏是中华人民共和国领土的一部分，解放军进去保卫国防，这一方针是不能改变的。这对西藏人民、西藏民族有利，对整个中华人民共和国有利。李维汉说，西藏地方政府不让解放军进去，可能有三种想法：第一种，认为西藏不是中国领土的一部分；第二种，可能是想拖一下，看一看形势再说；第三种，就是由于历代政府的欺骗、压迫太多了，害怕解放军进去以后会不会整他们？所以，还是请解放军不要进西藏为好。这也就是说不信任共产党、解放军。因此，希望你们亲自来北京看看人民政府对少数民族的态度。现在，代表们已经看到了人民政府、解放军的各项政策和措施，也研究了十条公约，相信各位代表一定会拥护中央关于和平解放西藏的方针，拥护人民解放军开进西藏去。阿沛首席代表接着说，方才李主任所讲不让解放军进西藏的三种看法是正确的。持第一、二种看法的是少数人，第三种看法，则在上层或下层中是大多数。这是因为过去历史上反动政府的欺骗、压迫太多了，所以多数人仍然有这样的怀疑，怕解放军先在国防线上，然后慢慢地往里面搞。阿沛强调，西藏地方政府承认西藏是中国领土的一部

① 阿沛·阿旺晋美：《良师诤友》，载《人民日报》1986年6月22日。

分，但不要军队进去，理由是：西藏只有南面是与印度接壤。现在印度没有侵略西藏的意图。因此，边境可以由西藏军队守卫。如果边境有事，再请求中央派兵去保护。还可以把西藏现有的军队扩大，改编成人民解放军的一部分，并对外宣称西藏已经有了解放军。

李维汉针对西藏地方政府反对进军的“理由”，逐点进行解释：第一、印度政府继承英帝国主义在西藏的特权，有无侵略野心还不能保证；第二、现在西藏根本没有国防，西藏的军队是向祖国内地部署的，要建设国防也不是那么简单的事；目前西藏更有交通、运输方面的困难，一旦有事，军队开进去谈何容易。至于西藏的军队要改编成人民解放军的一部分，那是不成问题的。谁都知道，西藏现在的军队是不能打仗的。既然承认西藏是中国领土的一部分，又不欢迎强有力的解放军去巩固国防，岂不是个矛盾吗？李维汉指出，西藏地方政府有一种设想，人民解放军开进去以后，会慢慢整他们。但是，如果解放军要这样做，用战斗的方式打胜了再搞，还要方便些。现在十条公约已经登了报，要搞就不方便了。所以，怕解放军开进西藏去搞他们，是可以设想的，但不合事实。

西藏代表听了李维汉主任的发言后，承认有那样的矛盾，但又说主要是要亚东方面西藏政府相信才行。现在，请中央告知：军队要开进多少？驻什么地方？如何供给？成立些什么机构？解放军进西藏后做些什么事情？等等，以便向西藏政府报告。

随后，西藏代表团“向在亚东的达赖喇嘛和噶厦发了电报，说明在和谈中，其他方面问题都不大，就是如不承认人民解放军进藏守卫边疆这个问题，谈判恐怕谈不成。亚东方面马上回了电报，仍坚持说不能同意解放军进藏守卫边防这一条”。面对这种情况，代表团商议认为：“我们已经承认西藏不是独立的，这么大的问题都已经解决，其他就都是小问题了。于是大家决定就这样签了吧！”①

在随后的两天休会时间里，中央代表团安排西藏代表参观和观看文艺节

① 阿沛·阿旺晋美：《回忆和平解放西藏协议的签订》，载《和平解放西藏》，西藏人民出版社1995年8月版，第216页。

目。中央代表和工作人员同西藏代表团成员亲切交谈，作深入细致的思想工作。

5月7日，第三次谈判一开始，中央代表就进军人数、驻地、供应以及藏军改编等问题作了说明。西藏代表团提出，希望进藏军队的数目尽量减少，拉萨不要多驻军，藏军要缓期改编等。中央代表都给予了明确的答复。为了慎重起见，双方各派专人具体研究拟定了《关于人民解放军进藏若干具体问题的规定》，作为协议的附件，在内部掌握。

《关于人民解放军进驻西藏的若干事项的规定》共有七条：

（一）中央人民政府派遣人民解放军进驻西藏。兵力为一个军左右。驻地为国防要点及交通要点。

（二）进军计划及驻军部署，由中央人民政府革命军事委员会根据当地实际情况，以命令行之。

（三）人民解放军向西藏进军期间，西藏现有军队仍在原驻地或原驻地附近维持治安，待人民解放军到达后，由西藏军区司令部进行统一部署和必要的调整。

（四）人民解放军进入西藏后，成立西藏军区，统一领导和指挥西藏境内之一切武装部队。军区司令员、副司令员和政治委员，统由中央人民政府委任。

（五）西藏现有军队，应有计划有步骤地改编成为人民解放军及达赖喇嘛的警卫部队和一定数量的公安部队。现有各地征调的民兵，得予逐步复员。

（六）西藏现有军队既已同意改编为人民解放军，其所需武器，中央人民政府允许将昌都战役中人民解放军所缴获的武器予以发还，并酌予必要补充。

（七）人民解放军驻西藏部队的经费，由中央人民政府供给，西藏地方政府应协助人民解放军购买和运输粮秣及其他日用品。为着国防建设的需要，修建飞机场、公路等需占用西藏人民私有土地或寺庙土地时，中央人民政府酌予补偿。

《关于西藏地方政府负责执行和平解放西藏办法的协议的声明》：

西藏地方政府全权代表声明：

（甲）西藏地方政府及其军队负责执行和平解放西藏办法的协议。

（乙）希望中央人民政府允许达赖喇嘛在西藏地方政府执行和平解放西藏办法的协议的第一年内，如因某种需要，得自行选择住地。在此期间内返职时，其地位和职权不予变更。

中央人民政府全权代表同意西藏地方政府全权代表之上项声明。①

对此，西藏代表团表示满意。

接着，谈判转到政治方面，讨论“十条公约”的条文内容，双方充分交换了意见。李维汉就西藏代表提到的关于实行西藏民族区域自治、改编藏军为人民解放军以及有关改革的问题等几条的具体含义作了细致解释。李维汉说：实行西藏民族区域自治，就是各民族在上级人民政府的领导下，按照自己的情况，自己管理自己的事情，这是中国共产党解决民族问题的基本政策。而西藏现行各种政治制度不变，则是根据西藏目前的具体情况决定的。假使人民自己愿意有所变动，那由你们自己去做，中央是说可以不变动的。关于藏军改编为人民解放军问题，中央意见是逐步地做，和你们商量着办。对有关改革的问题，你们代表团建议改革由西藏政府自己起来改革，这样提法，我们同意。至此，西藏代表团对十条公约再无其他意见。

然而，在谈判涉及到成立军政委员会②和班禅返藏两个问题时，西藏代

1951年5月，李维汉等和西藏地方政府代表进行谈判。左起：李维汉、张经武、张国华、孙志远、平措旺阶。

① 阿沛·阿旺晋美：《回忆和平解放西藏协议的签订》，载《和平解放西藏》，西藏人民出版社1995年8月版，第216页。

② 《和平解放西藏》，西藏人民出版社1995年8月版，第129—130页。

表团曾一度产生误解，谈判几乎陷于僵局。

关于西藏解放后成立军政委员会问题，西藏代表认为，十条公约的第三条已有西藏现行各种政治制度不变，达赖活佛的地位、职权不变的规定，现在又成立军政委员会，既管军，又管政，这样就和过去历史上是一样的。李维汉解释说，军政委员会是中央的代表机关，代表中央指导西藏的军政各项事情的。设立军政委员会不是改变西藏的一切制度。西藏代表希望在协定中把军政委员会的组织、性质、职权及其与中央、地方的关系，做什么事情，什么人参加等等，都写出来。不然，代表们在这里就有误解，将来带到西藏去后，可能引起更大的误解。中央代表团表示同意。

关于班禅返藏问题，是西藏民族内部长期遗留下来的问题。在谈判之初，西藏代表团就流露出噶厦没有授权他们谈判班禅问题，因而不同意对此问题进行谈判和写入协议的意向。李维汉说：宗喀巴有达赖和班禅两个弟子，传到今天已有五百多年，在很长时间里，他们是团结的，后来分裂才二三十年。这种分裂，主要是由于帝国主义和中国（国民党）反动政府的挑拨。分裂对西藏是不好的。帝国主义、国民党拉一个、打一个。或者拉达赖打班禅，或是拉班禅打达赖。这无论对西藏的政治、宗教都是不好的。中央人民政府的方针是希望你们团结起来。历史上几百年达赖、班禅各有其地位，还是按这几百年的规矩，使班禅回到西藏去。过去几十年中间，由于分裂了，彼此心中不愉快，有仇恨，但终究都是西藏人，都是宗喀巴的弟子。这一条大的方针，希望双方都同意。至于其他具体问题，再慢慢商量。相信只要西藏和平解放，在中央人民政府的领导和帮助下，大家团结起来，西藏一定不会受到外国人的欺侮，它一定会强大起来的。西藏代表团虽表示对中央代表讲的没有什么意见，但同时又强调此问题的复杂性。之后，双方各推出两人，对此问题做进一步的研究。

为了向西藏代表团宣传党的民族政策，进行爱国主义教育，促成西藏民族内部的团结，李维汉针对西藏代表团人员的思想状况，以及会上提出的原则问题，在5月16日做了长篇讲话，进行全面深刻的分析和详尽回答，从而消除了西藏代表的种种疑虑，推动了谈判的进程。

由于双方在班禅的权利问题上认识难以统一，5月19日下午，中央代表孙志远到西藏代表团下榻的北京饭店，同阿沛单独交谈，最后商定，协议中将要写的恢复班禅的地位和职权问题，是指九世班禅和十三世达赖和好相处时的地位和职权的时限，阿沛当即表示同意。这样，认识基本统一。接着，达赖喇嘛复电西藏代表团：既然共产党政府已承认班禅灵童，如果我们不承认，谈判就要破裂。这表明达赖集团已经承认了十世班禅额尔德尼·确吉坚赞。西藏代表团当即表示同意这一条款。5月20日的谈判，已属于一些枝节问题，很快达成了一致意见。[①]

协议全文由李维汉草拟，在草拟协议特别是翻译藏文的过程中，双方代表对协议条文的文字进行了推敲和润色，并经毛泽东亲自审定。为使译文准确无误，充分尊重西藏代表的意见，反复地藏汉文对译、字斟句酌，以求达到最准确的表达。5月21日的最后一次谈判，李维汉高兴地说，在座的各位为西藏人民、为全国人民作了一件有益的事情。这些文件的效果，愈向前走愈可以看得出来。西藏民族从此以后就要发生不同的变化，你们对西藏历史写了一个划时代的东西。阿沛·阿旺晋美说，谈判能达成这样的协议，我们很感谢中央人民政府。

谈判临近结尾时，李维汉特地将阿沛请到政务院秘书长办公室，作了一次亲切的谈话。李维汉希望西藏代表了解中央的政策、和平解放西藏的意义以及共产党、毛主席对西藏民族的关切。阿沛答应做好代表们的工作，回西藏后好好地按协议办事。

班禅行辕对于十世班禅系中国中央政府认定的问题，提出了真实可靠的证据，使西藏地方政府代表团无法否认，从而促成这一问题较顺利地达成协议。

双方代表经过六轮正式谈判，进行认真充分的协商后，于5月23日达成《中央人民政府和西藏地方政府关于和平解放西藏办法的协议》。

《关于和平解放西藏办法的协议》由前言和十七条条文组成。协议的全文如下：

西藏民族是中国境内具有悠久历史的民族之一，与其他许多民族一样，在伟大祖国的创造与发展过程中，尽了自己的光荣的责任。但在近百余年来，帝

① 以上有关谈判中双方代表的发言，均摘自当时的谈判记录稿。

国主义势力侵入了中国，因此也就侵入了西藏地区，并进行了各种的欺骗和挑拨。国民党反动政府对于西藏民族，则和以前的反动政府一样，继续行使其民族压迫和民族离间的政策，致使西藏民族内部发生了分裂和不团结。而西藏地方政府对于帝国主义的欺骗和挑拨没有加以反对，对伟大的祖国采取了非爱国主义的态度。这些情况使西藏民族和西藏人民陷于奴役和痛苦的深渊。一九四九年中国人民解放战争在全国范围内取得了基本的胜利，打倒了各民族的共同的内部敌人——国民党反动政府，驱逐了各民族的共同的外部敌人——帝国主义侵略势力。在此基础之上，中华人民共和国和中央人民政府宣布成立。中央人民政府依据中国人民政治协商会议通过的共同纲领，宣布中华人民共和国境内各民族一律平等，实行团结互助，反对帝国主义和各民族内部的人民公敌，使中华人民共和国成为各民族友爱合作的大家庭。在中华人民共和国各民族的大家庭之内，各少数民族聚居的地区实行民族的区域自治，各少数民族均有发展其自己的语言文字，保持或改革其风俗习惯及宗教信仰的自由，中央人民政府则帮助各少数民族发展其政治、经济和文化教育的建设事业。自此以后，国内各民族除西藏及台湾区域外，均已获得解放。在中央人民政府统一领导和各上级人民政府直接领导之下，各少数民族均已充分享受民族平等的权利，并已经实行或正在实行民族的区域自治。为了顺利地清除帝国主义侵略势力在西藏的影响，完成中华人民共和国领土和主权的统一，保卫国防，使西藏民族和西藏人民获得解放，回到中华人民共和国的大家庭中来，与国内其他各民族享受同样的民族平等的权利，发展其政治、经济、文化教育事业，中央人民政府于命令人民解放军进军西藏之际，通知西藏地方政府派遣代表来中央举行谈判，以便订立和平解放西藏办法的协议。一九五一年四月下旬西藏地方政府的全权代表到达北京。中央人民政府当即指派全权代表和西藏地方政府的全权代表于友好的基础上举行了谈判。谈判结果，双方同意成立本协议，并保证其付诸实行。

一、西藏人民团结起来，驱逐帝国主义侵略势力出西藏，西藏人民回到中华人民共和国祖国大家庭中来。

二、西藏地方政府积极协助人民解放军进入西藏，巩固国防。

三、根据中国人民政治协商会议共同纲领的民族政策，在中央人民政府统一领导之下，西藏人民有实行民族区域自治的权利。

四、对于西藏的现行政治制度，中央不予变更。达赖喇嘛的固有地位及职权，中央亦不予变更。各级官员照常供职。

五、班禅额尔德尼的固有地位及职权，应予维持。

六、达赖喇嘛和班禅额尔德尼的固有地位及职权，系指十三世达赖喇嘛与九世班禅额尔德尼彼此和好相处时的地位及职权。

七、实行中国人民政治协商会议共同纲领规定的宗教信仰自由的政策，尊重西藏人民的宗教信仰和风俗习惯，保护喇嘛寺庙。寺庙的收入，中央不予变更。

八、西藏军队逐步改编为人民解放军，成为中华人民共和国国防武装的一部分。

九、依据西藏的实际情况，逐步发展西藏民族的语言、文字和学校教育。

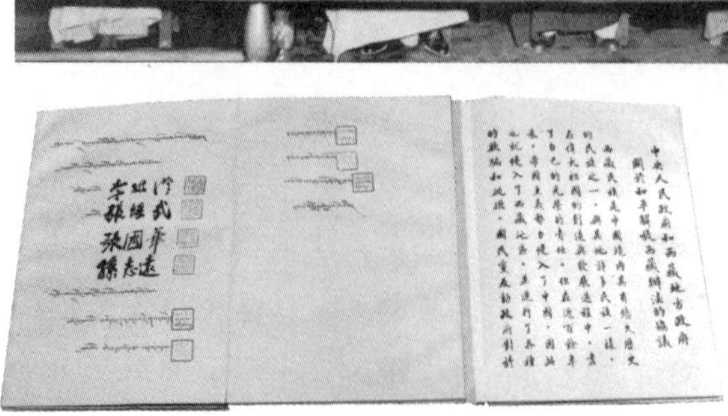

1951年5月23日，签字仪式。一排左起：桑颇·登增顿珠、土登列门、土丹旦达、凯墨·索安旺堆、阿沛·阿旺晋美、翻译彭措扎西（又名黄国桢）；二排左起：陈云、朱德、李济深、李维汉、张经武、张国华。

十、依据西藏的实际情况，逐步发展西藏的农牧工商业，改善人民生活。

十一、有关西藏的各项改革事宜，中央不加强迫。西藏地方政府应自动进行改革，人民提出改革要求时，得采取与西藏领导人员协商的方法解决之。

十二、过去亲帝国主义和亲国民党的官员，只要坚决脱离与帝国主义和国民党的关系，不进行破坏和反抗，仍可继续供职，不究既往。

十三、进入西藏的人民解放军遵守上列各项政策，同时买卖公平，不妄取人民一针一线。

十四、中央人民政府统一处理西藏地区的一切涉外事宜，并在平等、互利和互相尊重领土主权的基础上，与邻邦和平相处，建立和发展公平的通商贸易关系。

十五、为保证本协议之执行，中央人民政府在西藏设立军政委员会和军区司令部，除中央人民政府派去的人员外，尽量吸收西藏地方人员参加工作。

参加军政委员会的西藏地方人员，得包括西藏地方政府及各地区、各主要寺庙的爱国分子，由中央人民政府指定的代表与有关各方面协商提出名单，报请中央人民政府任命。

十六、军政委员会、军区司令部及入藏人民解放军所需经费，由中央人民政府供给。西藏地方政府应协助人民解放军购买和运输粮秣及其他日用品。

十七、本协议于签字盖章后立即生效。

5月23日，《中央人民政府和西藏地方政府关于和平解放西藏办法的协议》的签字仪式，在北京中南海勤政殿隆重举行。中央人民政府副主席朱德、李济深和政务院副总理陈云主持，董必武、郭沫若、黄炎培、陈叔通、聂荣臻、彭真等领导人参加签字仪式。参加签字仪式的还有班禅代表拉敏·益西楚臣、詹东·计晋美等。中央人民政府全权代表李维汉、张经武、张国华、孙志远和西藏地方政府全权代表阿沛·阿旺晋美、凯墨·索安旺堆、土丹旦达、土登列门、桑颇·登增顿珠都在协议上签字盖章。李维汉和阿沛在签字仪式上致词，朱德副主席讲了话。

《关于和平解放西藏办法的协议》是马克思列宁主义同中国革命实际相结合的产物，是毛泽东思想结合中国革命不平衡性的特点，处理西藏问题的成功结晶，是中国共产党成功地解决国内复杂民族问题的典范。它正确地回答了这一阶段由于西藏特殊情况所提出的涉及中国长远战略利益和国家安全的问题。同时，协议体现了中央对西藏上层的宽广博大胸怀。一个有强大军事力量的中央政府对一个有离心倾向的地方政府，采取谈判的办法，耐心说服教育，这在世界历史上也是罕有的。

协议签订的当天下午，毛泽东主席听取了参加和平谈判的中央人民政府代表关于协议签订工作情况的汇报。毛主席说："好哇，办了一个大事，这是一个胜利，但还是第一步，下一步实现协议要靠我们的努力。"[①]毛主席向担负进军西藏和经营西藏任务的第十八军军长张国华询问了进藏部队的思想和生活情况。张国华如实地做了汇报。讲到有的人认为西藏荒凉，环境艰苦，不愿进藏时，毛主席说：回去告诉他们，进藏对个人来说，一点好处也没有，但对党和人民的事业好处很多，是好共产党员就要举手去。[②]

毛泽东要求部队很快进军拉萨，为全部实现协议而努力。张国华说现在进军拉萨的关键是修筑公路，并表示只要抓紧施工，一年即可修到拉萨。

1951年5月24日，毛泽东主席设宴庆祝和平解放西藏办法协议的签订，班禅额尔德尼和阿沛·阿旺晋美出席了宴会。

① 张国华：《西藏，回到了祖国的怀抱》，原载1957年5月号《红旗》杂志，后收入《星火燎原》第10集，人民文学出版社1963年8月版，第533页。

② 人民日报社所办《大地》副刊，2000年第9期；《光明日报》1993年11月16日。

毛泽东叮嘱张国华："你们在西藏考虑任何问题，首先要想到民族和宗教这两件大事，一切工作必须慎重稳进。"①以后中央又有多次这样的指示。"慎重稳进"就成为西藏工作长期的重要方针。

协议签订的第二天下午，毛泽东主席在中南海怀仁堂接见参加和平谈判的西藏代表团，进行了亲切的谈话。晚上，举行盛大宴会，庆祝协议的签订。毛主席在宴会上讲话说："现在，达赖喇嘛所领导的力量与班禅额尔德尼所领导的力量与中央人民政府之间，都团结起来了。这是中国人民打倒了帝国主义及国内反动统治之后才达到的。这种团结是兄弟般的团结，不是一方面压迫另一方面。这种团结是各方面共同努力的结果。今后，在这一团结基础之上，我们各民族之间，将在各方面，将在政治、经济、文化等一切方面，得到发展和进步。"②

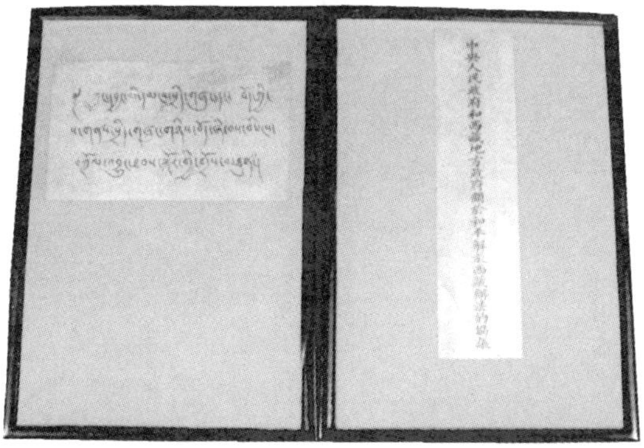

《中央人民政府和西藏地方政府关于和平解放西藏办法的协议》藏、汉文本。

5月28日，《人民日报》用藏汉两种文字对外公布协议的全文，并报道了和平谈判的经过。同时发表题为《拥护关于和平解放西藏办法的协议》的社论。社论指出：协议"是西藏民族永远脱离帝国主义的侵略和羁绊，回到中华人民共和国各民族友爱合作大家庭来，充分享受民族平等和区域自治权利，发展政治、经济、文化教育事业，改善人民生活的基石，亦即是西藏人民从黑暗和痛苦走向光明和幸福的第一步。"社论说，帝国主义及其走狗制造所谓"西藏独立"和种种反共勾当，企图使西藏民族完全脱离祖国，成为他们的奴隶的阴谋，宣告完全破产了。

① 张国华：《西藏，回到了祖国怀抱》，载《星火燎原》第10集，人民文学出版社1963年8月版，第533页。

② 《毛泽东西藏工作文选》，中央文献出版社、中国藏学出版社2001年5月版，第43页。

这篇社论是毛泽东审阅修改定稿的，其中他还增添了关于改革、尊重宗教领袖、部队和工作人员遵守政策纪律等重要内容，具有极高的政策和策略性。[①]

《十七条协议》签订后，西藏地方政府和谈代表团分成两路离京。一路是凯墨、土丹旦达、桑颇等经印度返藏，先行向达赖喇嘛和亚东噶厦作口头汇报。另一路是阿沛·阿旺晋美、土登列门等于6月初离京前往武汉，转而从武汉乘飞机到重庆。当阿沛一行抵达重庆时，中共中央西南局第一书记、西南军区政委邓小平亲自到机场迎接，并在机场至市区途中组织了隆重的欢迎仪式。身着鲜艳服饰的群众手捧鲜花，挥舞彩带，载歌载舞，气氛非常热烈。这一热烈场面使阿沛及随行人员十分感动，体会到祖国大家庭的温暖和各族人民的深情厚意。

以阿沛·阿旺晋美为首席代表的西藏地方政府代表团经过重庆时，受到中共中央西南局第一书记邓小平的热情迎接。

① 《毛泽东西藏工作文选》，中央文献出版社、中国藏学出版社2001年5月版，第50—51页。

当和平谈判进展顺利、协议即将签订、西藏和平解放的大局已定时，中央统战部于1951年5月17日请汪锋、范明商谈西北进藏问题。李维汉说："新疆进军阿里，1950年8月已到改则的扎麻芒保。现在协议就要签订，西北进军日喀则的任务可以免去，骑兵支队也可以不去了。西北西藏工委700多人，除留100余人担任护送班禅返藏任务外，其余人员遣散。"[1]汪锋、范明认为进藏工作已经准备好了，撤不下来，仍坚持要求进藏，李维汉提出要范明同张国华一起去重庆，请西南局确定西北西藏工委的行动。

1951年5月26日，在京的西南军区副司令员李达与张国华、范明一同到达重庆，张国华向西南局、邓小平汇报了谈判签订协议情况和中央军委关于下一步的进军部署等，范明汇报了西北西藏工委的组成以及进藏准备等情况。邓小平请范明将西北西藏工委的摊子写个单子。28日，范明将在兰州成立的西北西藏工委的机构开列了一个包含23个部委的单子。邓小平看后说，麻雀虽小，五脏俱全啊。[2]在邓小平的主持下，西南局考虑到西北局一直担负班禅方面的工作，护送班禅入藏是西北局的任务，班禅在后藏有较大影响，作好日喀则地区的工作需要多方努力，因而同意了西北西藏工委进藏的要求，但强调入藏后由西藏工委统一领导，"必须维护一个领导中心"。关于组织问题，邓小平提出了吸收西北西藏工委人员参加西藏工委的两个方案。经过交换意见，范明同意了第二个方案。

5月31日，西南局向中央并西北局报告说："西藏工委原为张国华、谭冠三、王其梅、昌炳桂、陈明义、李觉、刘振国（以上七人均为军级干部）、平措旺阶八人组成，张为书记，谭为副书记。为了统一领导，应吸收西北西藏工委同志参加工委组织。但参加方案可以有两个，一是西北西藏工委成员全部参加，十八军师级主要干部参加，这个方案人数较多，召集会议比较困难。二是在原有八人外，再吸收西北西藏工委之范明、慕生忠、牙含章三人参加，并增加范明为副书记。我们认为后一方案较好，便于开会商量问题。但在未会合前，两工委组织均不变。对于班禅处的原有关系仍请西北局领导，范

① 引自牙含章当时的笔记，《西北西藏工委进藏专题》附件之一。

② 范明：《把五星国旗高高地插在喜马拉雅山上》，见《西藏革命回忆录》第三集，西藏人民出版社1987年12月版，第37页。

明、牙含章两人在班禅行辕之西北军政委员会正副代表名义亦不变。"①

6月11日，中央复电西南局并西北局，"5月31日电悉。关于西藏工委组织，同意西南局的第二种方案，即在原有八人外，再吸收西北西藏工委中之范明、慕生忠、牙含章三人参加，并增加范明为副书记。今后如十八军及西北西藏工委尚有个别的适当干部必须参加工委者，仍可考虑吸收参加。在会合前，两工委组织都不变"。②

1951年6月7日，西北局组织部下达通知："西北局决定：（一）由范明、慕生忠、牙含章、白云峰等四同志组成（西北）西藏工作委员会，并由范明任书记。"③

第二节　中央人民政府代表进藏

《中央人民政府和西藏地方政府关于和平解放西藏办法的协议》一经公布，立即受到全国人民的拥护和欢迎。北京、西安、重庆以及新疆、内蒙等地各族群众集会游行，热烈庆祝《十七条协议》签订。班禅大师及班禅堪布会议厅全体人员于5月28日发表声明，拥护和平解放西藏办法的协议。6月1日，班禅又致电毛主席，表示真诚拥护协议，为实现协议，为西藏民族永远地脱离帝国主义的羁绊、获得解放和发展而努力。

为了促进协议的贯彻执行，中央决定派张经武④为中央人民政府赴藏代表，先期前往西藏亚东做达赖等人的工作。他作为中央人民政府方面的代表，

---

① 《中国共产党西藏自治区组织史资料》，西藏人民出版社1993年4月版，第15页。

② 《中国共产党西藏自治区组织史资料》，西藏人民出版社1993年4月版，第15页。

③ 《中国共产党西藏历史大事记》，中共党史出版社2005年9月版，第43、44页。

④ 张经武(1906–1971)，湖南省炎陵县（原名酃县）人，1930 年加入中国共产党，1932年参加红军。曾任红军学校政治营营长、教导团长、教导师长、野战纵队参谋长，八路军山东纵队司令员、陕甘宁留守兵团副司令员、晋绥军区参谋长、中共驻北平"军事调处执行部"参谋长、西北军区参谋长，西南军区副参谋长、中央军委人民武装部部长、中央军委办公厅主任。

曾参加了和平解放西藏的谈判。此次又受命前往西藏，宣传解释党的政策，督促协议的贯彻执行，任务十分艰巨。

行前，周恩来总理在中南海紫光阁向张经武交代了入藏的任务和对西藏的方针政策。毛泽东主席在丰泽园接见了张经武，与其谈话，分析协议签订后的西藏形势和达赖集团的动向。谈话从晚饭后一直到深夜。最后，毛主席关切地说道："任务重，时间也紧啊！还有什么困难吗？"张经武表示"请主席放心，我要尽一切努力，坚决完成任务"。毛主席把已经写好的给达赖的一封亲笔信，托张经武带去当面交给他。谈话后，毛主席将张经武送到门口，又一再叮嘱：赴藏任务重大，要注意工作方法，实行爱国一家，一定要说服达赖喇嘛返回拉萨。①

《十七条协议》的签订，打击了帝国主义势力策划"西藏独立"的阴谋。但是他们并不死心。早在西藏地方政府谈判代表前往北京前夕，美国国务院官员就到印度活动，妄图策动"达赖不应返回拉萨"，并为其去锡兰（斯里兰卡）等地"避难"作了周密安排。5月中旬，美驻印度大使馆一等秘书威尔金斯到噶伦堡，会见西藏"外交局"官员柳霞，向其转达美国的上述意图，表示："美国不仅在经济方面，而且在政治方面都对西藏非常关心"。协议签字并对外公布后，美国国务卿艾奇逊于6月2日致其驻印大使的电报中称："如果他（指达赖）留在如印度或锡兰这样靠近西藏的国家，将会对西藏人的自主（独立）事业发挥最大的作用。"美国表示愿意在大吉岭和噶伦堡与西藏建立非正式的联系。随后美国驻印度加尔各答领事馆副领事达切尔以度假的名义来到噶伦堡，于6月15日会见了夏格巴。达切尔鼓动说，"重要的是达赖喇嘛要在中共代表到达亚东之前公开否认汉藏协议。"如此，"他们将给予公开的支持"。②美国驻远东事务助理纳斯克明确提出，达赖的行动必须符合美国"给中共制造麻烦"的目标。后来达赖已经确定从亚东返拉萨，在返回途中，其随行人员还得到美国方面进行策反的信件。而此时，英国政府却不愿再插手西藏的事务，表示一切均让印度采取行动。

---

① 赵慎应：《中央驻藏代表——张经武》，西藏人民出版社1995年7月版，第6页。

② （美）梅·戈尔斯坦：《喇嘛王国的覆灭》，时事出版社1994年6月版，第814、815页。

印度政府在1950年干预西藏解放问题上碰壁后，调整了政策，既不愿恶化同中国的关系，也不情愿看到美国插手西藏事务。6月11日，印度外交部官员暗示，他们将同意达赖到印度作“人道主义式的避难”，但不允许他在印度从事政治活动。

中央人民广播电台播出《十七条协议》藏文稿，阿沛·阿旺晋美于5月31日向达赖喇嘛和亚东噶厦电告了和谈经过和协议的内容后，立即在西藏亚东和拉萨噶厦官员中引起强烈反响。7月10日，亚东噶厦召开僧俗官员会议，有30多人参加，讨论协议并表明对协议的态度。反对协议的有噶伦索康·旺清格勒、达赖的副官长帕拉·土登维登、孜本朗赛林以及达赖的家人等。他们叫嚷协议使西藏丧失了所有权利，完全不能接受；指责代表团未经报告，擅自签订了协议，并坚持让达赖出走印度。同时达赖的大哥当才活佛从印度来信，表示他已与美国驻加尔各答领事馆取得了联系，力主达赖前往印度。但多数官员认为“协议并不妨害达赖喇嘛的职权和地位及寺院生活，至少其中一些条文是可以接受的”。针对有人提出“和谈代表出卖了原则，坑害了西藏的政教宏业”的非议，仲译钦波群培土登说：“我们派去的和谈代表，都是噶厦、译仓中很有威望的人，决不会为了一杯酒就拿西藏的政教大权作交易。我们已请求外国给予援助并且依赖着这种援助，可是我们得到了什么呢？什么也没得到。达赖喇嘛必须返回拉萨，我们不能让他流落异乡。”孜恰雪康·顿珠多吉称赞《十七条协议》订得好，说：“起初夏格巴告诉我们，印度将非常隆重地欢迎我们，可是当我们已经到了印度的门口，为什么看不到他们的行动呢？依靠外国不会有好结果，还是依靠祖国可靠。”[①]多数官员表示，如果达赖喇嘛留在西藏，就有可能利用他的地位和影响来缓和中共对西藏的占领。与会者绝大多数表示支持这种意见。

最后，会议做出拥护协议、敬请达赖返回拉萨的决议。官员们经过三天的激烈争论之后，正式向噶厦建议：因为协议仍然把西藏的统治权留在达赖手里，所以达赖应当返回拉萨。但以索康为首的反对派主张这一重大决策应打卦，由神来裁决。打卦的结果是：达赖喇嘛应返回拉萨，不能去国外。

---

① 土丹旦达：《和平解放西藏办法协议签订前后》，载《西藏文史资料选辑》第1辑，西藏人民出版社1981年12月版，第39页。

中央人民政府驻藏代表张经武，就是在这种形势下，前往西藏的。

张经武带着乐于泓等随行人员和西藏地方政府和谈代表凯墨·索安旺堆、土丹旦达和桑颇·登增顿珠，于6月13日离京飞往广州。他们途经香港，绕道印度加尔各答、噶伦堡、锡金甘托克，翻越锡金与西藏边界的喜马拉雅山之乃堆拉山口，于7月14日到达亚东。次日，西藏地方政府首席噶伦然巴·土登滚钦、噶伦索康·旺清格勒、饶噶夏（朵噶·彭措饶杰）、洞波（扎西林巴·钦饶汪秋）前来拜访张经武代表，商定16日在达赖住处东噶寺与达赖喇嘛会见。

由于西藏上层统治集团中还保留着繁文缛节的旧习惯，故噶厦起初提出张经武会见达赖时，采取达赖升座、百官两旁侍奉，张代表进去，达赖下座欢迎，接毛主席信后仍升座的仪式。参加协商的乐于泓指出，这次见面仪式必须表现出地方政府对中央政府的隶属关系，这是一个原则问题；张代表会见达赖时，达赖不能升座；张代表先在帐篷中休息，然后直接到达赖卧室见面。经过交涉，此做法得到噶厦方面的同意。

人民日報

中央人民政府赴西藏代表
張經武偕西藏三代表離京赴藏
西藏三代表行前曾捐款表示將發動西藏人民捐獻武器

評和平解放西藏協議

1951年6月15日，《人民日报》第一版刊登了中央人民政府派遣张经武作为驻藏代表，绕道印度前往西藏的新闻报道。

7月16日上午11时，然巴噶伦前来迎接张经武代表。众人骑马上山，在寺前临时支起的帐篷内稍事休息后，张经武进入达赖内室。达赖起身迎接，然后并排入座。张代表先致问候，再面交毛泽东主席的亲笔信和《和平解放西藏办法的协议》抄本（正本由阿沛携带）。达赖有礼貌地问候毛主席的健康，并致意张将军，“在路上辛苦了！”

毛泽东在信中肯定了达赖亲政后派代表到北京谈判的正确做法，指出：“现在，中央人民政府全权代表和西藏地方政府全权代表，在友好基础之上，经过多次商谈，已签订了关于和平解放西藏办法的协议。这个协议是符合西藏民族和人民的利益，同时也符合于全中国各民族人民的利益。从此，西藏地方政府和西藏人民在伟大祖国大家庭中，在中央人民政府统一领导下，得以永远摆脱帝国主义的羁绊和异民族的压迫，站起来，为西藏人民自己的事业而努力。我希望你和你领导的西藏地方政府认真地实行关于和平解放西藏办法的协议，尽力协助人民解放军和平开进西藏地区。我特派张经武代表同你的代表们一道前来你处，以资联络。如你有需要他协助的地方，可随时与他接洽。”[①]

张经武介绍了谈判的情况和协议的内容，阐述了共产党的民族政策、宗教政策，并说明毛主席赠送给他的礼物随后即运到。达赖频频点头，并说对有关协议的事，要待噶厦研究后，才能表明态度。当张经武问及达赖何时返回拉萨时，达赖当即表示：我已决定回拉萨。张经武对达赖决定回拉萨表示赞赏。达赖问张经武：“您先走，还是我先走？”张经武说：“您的随行官员及随从人员多，您先走，我随后就来。”达赖表示他将于藏历六月十八日（即公历7月21日）离开亚东。

由于中国共产党民族政策的感召和《十七条协议》对达赖及西藏地方的尊重，促成了达赖决定返回拉萨。张经武代表抵亚东进行工作后，更坚定了达赖返回拉萨的决心。帝国主义势力和西藏地方反动上层怂恿达赖外逃的图谋，终于以失败而告终。

7月20日，西藏地方政府发电报给中央人民政府民族事务委员会，向毛主席报称：“张代表经武与达赖喇嘛晤面，含有亲密的友谊在前进中，甚谢。现在已决定于藏历六月十八日离开亚东返拉萨。抵拉萨后，候噶伦阿沛来接受协议正本，然后即召开全体（官员）大会研究实行后，即致达中央人民政府”。[②]

达赖从亚东启程返回拉萨时，在亚东的西藏地方政府噶伦索康以治病为由，前往印度，次年返回拉萨。孜本夏格巴则当即逃亡噶伦堡，从事分裂西藏的活动。福克斯等外国人见大势已去，亦同时去了印度。达赖的哥哥当才活佛则由印度逃往美国，成为后来与国外反华势力勾结进行“西藏独立”活

---

① 《毛泽东西藏工作文选》，中央文献出版社、中国藏学出版社2001年5月版，第45-46页。

② 新华社电讯，1951年8月14日。

动的重要人物。

7月22日，张经武离开亚东，8月8日抵达拉萨。达赖喇嘛及随行官员自亚东启程后，途中在江孜等地为朝拜的群众进行讲经、摸顶等宗教活动，于8月17日回到拉萨。

中央人民政府代表抵达拉萨时，受到西藏地方政府噶伦拉鲁·才旺多吉、代理基巧堪布噶章·洛桑仁增、代理噶伦土登饶扬及部分僧俗官员的欢迎。藏军500人列队，吹奏军乐，以军礼致敬。印度、尼泊尔驻拉萨商务代表处代表也参加了欢迎。

张经武一到拉萨，就全力投入上层统战工作，逐户登门拜访西藏地方政府主要官员以及三大寺堪布，宣传协议精神，解释中央的民族政策和宗教政策，为稳定西藏形势作了最大努力。8月10日，张经武向中央、军委报告了进抵拉萨的情况和工作计划：

（一）当我们快到亚东之前，西藏政府内部确有一部官员主张达赖到后藏去，一部官员主张达赖回拉。经过内部斗争同时我们很快到达亚东，最后决定达赖返拉。三日已由江孜起程，计十五日可到。原与达赖逃在亚东之打扎（按：即达扎）等官员均已先后返回拉萨附近，达赖下令不准其进拉萨市，达赖之兄当才已由印度逃美，值得注意。

（二）对协议态度：在江孜之噶厦及在拉萨之代理司伦一致表示待阿沛到来再谈，均不表示意见，从侧面了解他们对协议第十五条人事问题有意见。一般表示解放军来多了粮食很困难。此外怀疑对宗教不利。贵族害怕分财产。打害热振之打扎派如索康等怕报复，与英美有深厚经济关系之官员暗中仍勾结，……

乙、我们准备达赖返拉后，除解答协议精神继续了解情况外，拟首先谈军事问题。提出西藏政府如何协助解放军进军西藏进行各种准备工作。十八军进军时间路线及人数请电告，其次班禅电已转给达赖，噶厦两次问到未收到原因。我答中央已经广播故未发亚东，班禅何时经何路返藏亦请电告。①

待达赖回拉萨后，除继续了解情况、解释协议精神外，拟同西藏地方政

① 《张经武抵拉萨后的情况了解简报》。

府商谈协助人民解放军进入西藏的各项准备工作。

8月18日，中央指示：初进拉萨，对达赖及拉萨上层，主要是设法接近，进行宣传解释，以消除其顾虑，尚不宜采取进步措施。关于宣传协助部队进军问题，只一般号召，具体工作待阿沛·阿旺晋美到后，再根据需要提出。对喇嘛发放布施的数额，以不少于国民党时布施数为宜。“总之，一切活动须采取谨慎方针，从长远利益着想，不宜急躁，尤忌操切从事。”①张经武即按照中央的指示，有计划有步骤地逐一付诸实施。

贯彻执行《十七条协议》，是张经武进藏后的首要任务。张经武到达拉萨并向中央作了汇报以后，清醒地认识到形势的严重性。在“慎重稳进”方针指导下，积极开展上层统战工作。1951年9月28日，张经武带着毛泽东主席给达赖赠送的礼品二十余件，到罗布林卡面见达赖。达赖接受了毛主席的礼物，并向毛主席像致敬。礼物接受完毕后，达赖会见了张经武。张经武向达赖说明中央人民政府工作人员及人民解放军进藏部队将坚决执行和平解放西藏办法的《十七条协议》，并督促他对协议发电拥护。但由于噶厦一再拖延，达赖一直没有表态。后在张经武的几次督促下，达赖终于在10月24日以西藏地方政府和他个人的名义，发给毛主席拥护《十七条协议》的电报。张经武在几次拜会达赖喇嘛的同时，逐个走访西藏地方政府的司曹、噶伦、扎萨等主要官员和几个

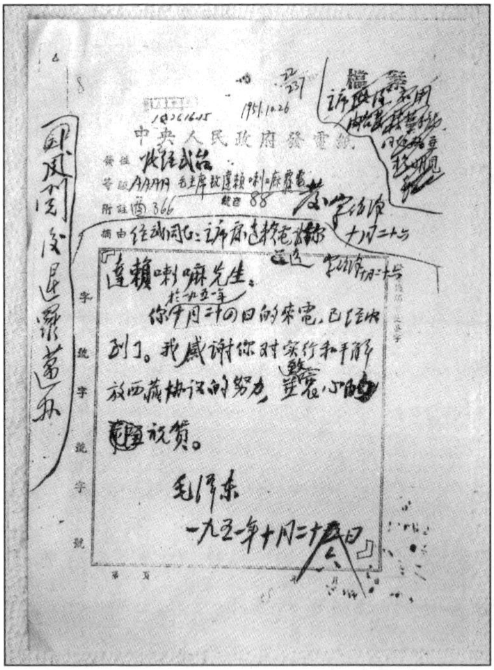
中央人民政府發電紙

達賴喇嘛先生：

你十月廿四日的來電，已經收到了。我感謝你對實行和平解放西藏協議的努力，並致衷心的祝賀。

毛澤東

一九五一年十月二十六日

1951年10月24日，达赖喇嘛致电毛主席，拥护和平解放西藏办法的协议。10月26日，毛主席复电达赖喇嘛向他致衷心祝贺。这是电报影印件。

① 《周恩来与西藏》，中国藏学出版社1998年12月版，第22页。

大寺庙的活佛、堪布，给他们赠送礼物，宣传《十七条协议》精神，解释中央人民政府的政策，加深了相互理解，初步建立了联系，团结了一些上层爱国人士，一些中间分子向共产党、解放军靠拢，顽固分子亦开始分化。

当时的西藏上层普遍对中央政策、对《协议》不了解，顾虑、怀疑较多。有些思想保守的人希望解放军少来，对执行《协议》持怀疑态度，怀疑中央的宗教政策；以鲁康娃·泽旺饶登、本珠仓·洛桑扎西为代表的一些人受帝国主义挑唆，则公开反对《协议》，反对解放军进入西藏。面对困难局面，张经武一边了解情况设法开展工作，一边还关心着进军中的部队。他根据到西藏后了解的情况，致电中央转发十八军及先遣支队，提出先遣支队入城十条注意事项。这些注意事项，为指导进藏部队正确执行中央对西藏的方针政策，处理好民族关系和军民关系，起了重大作用，实际上成为部队进藏和工作人员的守则。

第三节　各路部队向西藏和平进军

《十七条协议》的签订，使西藏形势发生了变化。中央军委遵照中共中央关于统一经营西藏的决策，对原定的进军部署作出适当调整。1951年5月22日，军委代总参谋长聂荣臻召集在京的西南军区副司令员李达、西北军区副司令员张宗逊，并有张经武、张国华参加，研究下一步进军西藏的部署，解除了西北军区军事上进军西藏的任务，拟定了新的进军方案。经毛主席23日批准，于25日由中央人民政府人民革命军事委员会毛泽东主席发布进军训令：

和平解放西藏的协议已于本月二十三日在北京签字，我人民解放军为了保证该协议的实现与巩固国防的需要，决定派必要的兵力进驻西藏。为此，特决定如下：

一、进军部署：

（一）西南军区之十八军除留两个师（五十三师、五十四师）于甘孜、昌都地区担任修筑甘孜机场与甘孜、昌都段公路任务外，五十二师进军西藏任务不变。该师应以一个团进驻拉萨，两个团（缺一个营）进驻丁青、乌所（即索宗）、嘉黎、太昭地区，师部进驻太昭，另以一个营编成独立支队，由硕督（即硕般多）地区出发，沿雅鲁藏布江之工布地区西进，担任宣传与侦察任务。

（二）西南军区之十四军一二六团应由德钦地区进驻察隅地区。

（三）西北军区之骑兵支队应由玉树进驻囊谦地区，并仍属西北军区建制。

（四）西北军区由新疆准备入藏之部队，除先头部队继续侦察到达噶大克的道路外，主力继续修通公路，以备随时入藏。

二、物资补给：

（一）补给关系，除十八军与十四军入藏部队由西南军区负责补给外，骑兵支队仍由西北军区负责补给。

（二）粮食，除十四军一二六团与骑兵支队分由云南与西北军区负责补给外，十八军入藏所需之粮食应以组织牦牛、汽车等运输为主，并在当地收买一部，不足数则由西南空司负责组织空投及其他方法解决之。

（三）修路：

A.甘孜—昌都—丁青—乌所—太昭—拉萨公路由十八军负责抢修，力争于明年年底完成。

B.西宁—黄河沿—玉树—囊谦—类乌齐—丁青公路由西北军区负责修筑，并将黄河沿—玉树—囊谦段继续修通。

C.敦煌—柴达木—黑河—拉萨线为我对西藏将来油料补给的预定路线，应由西北军区派人进行实地勘测。

（四）机场，除十八军应迅速完成甘孜机场的修建任务外，并应在丁青一带选建一临时着陆场，在拉萨修建一普通机场。

三、此次进军系在和平协议下的战备进军，各部万勿以和平协议已成而松懈战斗意志与战斗准备，因协议虽然签字，但尚未付诸实施，同时帝国主义必会用各种阴谋手段来破坏我们和平解放西藏的实现，因此应提高警惕性，随时都有应付意外情况的充分准备；同时必须加强部队的政策纪律教育，以保证解放西藏巩固国防任务的圆满实现。

四、各部接此训令后，应立即进行各种准备工作，并随时将准备情况报告军委。进军行动待军委进军命令颁布时实施之。[①]

张国华在离京前，请朱德总司令对进军西藏做指示。朱德欣然应允，题写了《进军西藏，巩固国防》八条，给进藏部队以深情嘱托与热情鼓励。全文如下：

（一）进军西藏，巩固国防，是光荣而伟大的任务。

（二）要做好行军的准备工作，衣、食、住、行件件都计算得很周到。

（三）不怕困难，不怕险阻，管你崇山峻岭、雪山草地，我们可以逢山开路、遇水搭桥，没有人民解放军通不过的道路。

（四）团结友爱，互相帮助，大家动脑筋，大家出主意，什么困难都可以克服。

（五）要发扬人民解放军艰苦奋斗的精神，要保持人民解放军纪律优良的传统。

（六）帮助西藏人民是最光荣的，要尊重藏族同胞的生活习惯，学会藏语，并且要谦虚谨慎，戒骄戒躁，和藏族同胞亲密相处。

（七）要有长期建军的思想，练好武艺，保卫国防，搞好生产，保证给养。我们是一支战斗大军，又是生产大军。

（八）学会和自然作斗争的本领，多想办法，多出主意，多种粮食，多养牛羊，用我们辛勤的劳动逐步地把高原变成沃土。

同志们！努力吧！我们一定能够胜利地完成有历史意义的任务。[②]

为了建设西藏，张国华在京时，还向中央建议，派遣一支科学工作考察队进藏。中央委托政务院文化教育委员会筹办。为此，张国华专门拜会了文教委主任兼中国科学院院长郭沫若、地质部部长李四光等，得到了他们的支持和帮助。

---

① 《毛泽东西藏工作文选》，中央文献出版社、中国藏学出版社 2001 年 5 月版，第 47−49 页。
② 《朱德选集》，人民出版社 1983 年 8 月版，第 296−297 页。

6月17日，张国华从北京路经重庆返回甘孜。28日，十八军党委在甘孜召开扩大会议，分析形势，部署进军工作。会议认为，协议签订“使西藏解放步入良好前途”，党的政治影响扩大，政策为藏族人民所欢迎，有去年进军和组织运输的经验，有去冬今春的各项准备工作，因此比去年有更多的有利条件。但是进军的道路更长（昌都至拉萨1100公里），运输距离更远，牦牛运输的困难增加几倍；部队所需物资数量更大，行动笨重，行军时间长；到拉萨后执行政策更加复杂。会议研究了向拉萨进军中的有关事项，强调必须“树立长期建藏思想”，“坚决完成（机场和公路）修建任务”。

十八军部署向西藏进军

1951年7月1日，是中国共产党成立30周年纪念日。这一天，康藏高原晴空万里。十八军军长张国华、政委谭冠三、参谋长李觉、政治部主任刘振国率军领导机关，与阿沛、土登列门等西藏和谈代表同行，离开甘孜向昌都进发；18日到达昌都，在此进一步筹划向拉萨进军工作。

《十七条协议》签订后，张国华（左一），阿沛（右一）到达昌都，受到时任昌都解放委员会主任王其梅（左二）等的热烈欢迎。

7月23日，西南局、西南军区根据张国华、陈明义和西南军区后勤部副政委胥光义最近的报告和各方汇报的材料，电示张国华、谭冠三并范明，指出：今年入藏的补给工作尚有很大的困难，并非过去所估计的那样乐观和容易。原因是公路未修到昌都，地方工作尚未普遍开展，靠牦牛由玉隆运拉萨七百万斤现粮是非常困难的。空运困难亦很多，不宜作高的指望。外贸尚未实现。据此，应对各方面的实际情况加以慎重的分析与估计，并依毛主席所指示的稳重方针，采取比较有把握的措施是必要的应该的。电报强调指出：首先尽量减少第一批入拉萨的吃饭人数。现在张经武已抵亚东，达赖已准备回拉萨。因此，正式进军时，五十二师先以一个团，加领导机关、军炮兵营、警卫部队等第一批入拉萨的总人数以不超过六千人为限。同时加强对已去拉萨部队的粮食运送，并抽调必要人员大力组织牦牛运输，还应尽量争取就地取给一部分。西南局、西南军区同时着重指出，要大力抢修公路（这是解决补给问题和战略布局的主要办法）。五十二师主力应全力抢修昌都以东公路，不急于作西进的准备。并请范明据此精神，亦将首批人员加以紧缩，以免临时发生困难。

7月下旬，西南局、西南军区批准西藏工委、第十八军的意见，组织一支精干的先遣支队，命名为“中国人民解放军进藏先遣支队”，与西藏地方政府和谈代表阿沛·阿旺晋美和土登列门同行，于7月25日从昌都出发，先期向拉萨进军，了解情况，宣传协议，筹集粮草，为后续部队进入拉萨做准备。先遣支队由王其梅任司令员兼政委，陈竞波任参谋长，顾草萍任副参谋长，林亮任政治部主任，罗家镐任供给部长，徐淡庐任联络部长，平措旺阶任民运部长。先遣支队包括宣传、统战、公安、外事干部，五十二师文工队和担任警卫任务的一五四团加强了的第八连（红军连队、200人），共计400余人。

西北西藏工委经过近半年时间的筹备，整个系统的干部除由西北军区政治部联络部调配外，中央以及西北局、西北军区、西北军政委员会所属机关、部队，陕、甘、青三省均抽调了一部。经费由政务院财政部拨给3000亿元（旧币）。到6月底，其下属机构已建立起来。

7月3日，范明报西北局、西南局并十八军：西北西藏工委确定今年入藏人员共计1100人。其中干部约700人（党员400，青年300），战士300人，勤杂人员100人，班禅集团以拉敏·益西楚臣和计晋美等共组成200人，其中干部百余人，勤警人员约60人。以上人员情绪均极高涨，斗志坚强，士气旺盛，所需被服、装具、粮秣、给养与医药、卫生、通讯器材已充分准备就绪，所需骡马4000匹，牦牛7000头，骆驼1000余峰（共计牲口12000余匹），民夫900余人，亦将得到圆满解决。现已开始向西宁和香日德集中。行军计划：拟于7月前将全部人员马匹物资集结于香日德，8月上旬以牦牛、骆驼队为前梯队，先期10天出发，以骡马队为后梯队，拟于8月15日由香日德出发，预计10月15日左右可以到达黑河。当否请示。

7月9日，张国华、谭冠三致电范明并报西南局：7月3日电悉，同意你们行动时间及路线。

7月24日，范明就其行军计划及入藏用何名义，向西北局及中央做了报告和请示。8月1日，中共中央致电西北局并西南局："西北入藏部队用十八军某某支队名义，其具体番号由十八军决定电告。必须统一用十八军名义，不应用别的名义。"①8月3日，范明报西南局、西南军区并张、谭："遵照张谭7月20日电，我处根据气候、水草等情况，按照原定行军计划，日内即从西宁、香日德全体出发。唯我处进入西藏时究用何种名义（西北西藏工委、十八军某某部队）前已请示，尚未批复。西藏方面应请早日通知，以便我们到达黑河时邂逅，免有误会。以上各项请示。"8月6日，西南局、西南军区复电范明、十八军、西北局并报中央："范明同志率领的部队可命名为人民解放军十八军独立支队。该部之行动计划，由张、谭规定之。"②

范明在接到西南局、西南军区7月23日关于紧缩首批入藏人员的电令后，于30日再报入藏人数，仍为西北西藏工委1100人、班禅行辕随同入藏之200人。同时报告人员分两个梯队前进，大部已由西宁出发，向香日德集中，不宜再减。

8月7日，张国华、谭冠三严格地坚决按照西南局、西南军区的指示，报告了进军方案：军直率一五四团及西北1200人，共6400人进驻拉萨及附近

① 《和平解放西藏》，西藏人民出版社1995年8月版，第136页。
② 《和平解放西藏》，西藏人民出版社1995年8月版，第136页页下注。

雅鲁藏布江地区。五十二师师直率一五五团及军炮兵营共约5610人进驻太昭、嘉黎、则拉宗地区，担任维护交通，采购粮物任务。一五六团、一五七团留昌都、妥坝地区修路。

西南局、西南军区对部队的进军行动十分关切，陆续发来几道指示：8月8日致张、谭并范明电中指出：你们本身西进的时间，应在王其梅到拉萨初步弄清情况后再决定，故不要在8月2日前即前进。随你们前进的部队人数，仍应本稳重精神，尤其是粮食补给无顾虑的情况下慎重定之。望再据各方条件，妥为计算，最后定案上报我们。9日再电告张、谭：已决定胥光义前往昌都，传达西南局、西南军区的指示，十八军要等一下。

西藏工委、十八军领导人经过周密计算，实事求是地分析各方面的情况后，于8月11日再次上报西南局、西南军区并告范明："进军问题我们当从最困难的情况着想，第一批入藏部队内再从机关内尽力减少不必要的人员。"至于进军时间的确定，"我们拟听取胥光义同志传达西南局、西南军区对我们的指示后再前进，主要为争取时间到三十九族地区布置解决运输中一些问题。同时，我自三十九族出发时，其梅必已到拉萨。如待其梅至拉萨后，我们才从昌都前进，一方面运输增加困难，另部队到达拉萨、太昭过冬也来不及"。西南局、西南军区8月1日复电同意。[①]至此，十八军进军方案基本确定了下来。

在《十七条协议》即将签订之时，十八军遵照西南军区指示，为探明由硕般多经通麦、则拉宗沿雅鲁藏布江西进曲水的路线，令五十二师派出精干人员分两路预作前往实地探查准备。5月，一五五团参谋长肖猛率机关人员及该团第六连160余人从昌都出发至八宿，和平解放西藏协议已经签订，即出昌都界向波密方向进发。6月1日进入波密地区的拉月。则拉宗宗本及该地藏军代表5人于6月6日抵鲁朗，与肖猛洽商。随后，肖猛率第六连进驻则拉宗。与此同时，一五六团参谋长张子超也率一个连经丁青进至索宗，实地探测从北路进入拉萨的路线。

7月中旬，十八军后方部队参谋长扶廷修率第四办事处干部及工作人员

① 十八军和西南军区几个来往电报，均存解放军档案馆。

藏族同胞用牛皮船为进军西藏的部队运送物资。

110人，由昌都出发，去索宗建立办事处，并向经黑河至拉萨，经太昭（工布江达）、墨竹工卡至拉萨两线设置兵站，组织运输，筹集粮食，保障进军部队供应。

人民解放军进藏先遣支队进军拉萨

人民解放军进藏先遣支队（以下简称先遣支队），于7月25日从昌都出发，在途经边坝时，王其梅与阿沛·阿旺晋美商妥，由阿沛派员随第四办事处主任陈之因从边坝经巴塔松多、索宗至拉萨沿途设置兵站，为提前组织牦牛运输做准备。先遣支队8月13日抵边坝以西之恩朱格，第一五四团副团长顾草萍即率该团第八连编入先遣支队序列。先遣支队于8月20日抵嘉黎时，西藏地方政府派出代表仁希多德、堪穷德旺在嘉黎以东20里处迎接，并在嘉黎召开了有僧俗群众300人参加的欢迎大会。王其梅在会上讲话宣传协议，文工队演出了《民族大团结》等舞蹈，晚上放了电影。8月25日，先遣支队抵达太昭，受到当地僧俗群众400余人以及藏军50余人的欢迎。先遣支队从昌都到达太昭，已行程一个月，携带的粮食即将吃完。阿沛早先派人将太昭附近阿沛庄园的万余斤存粮炒磨成糌粑，提前运抵太昭，使先遣支队得以补充。对此，王其梅非常感谢阿沛的及时有力支援。文工队在太昭为藏族同胞演出了节目，电影组放了电影，数十里外的群众都赶来观看，军民融洽和谐，政治影响颇佳。

中央人民政府代表张经武在得悉先遣支队即将进入拉萨时，于8月24日向张国华、谭冠三和王其梅、同时经中央转给西南局、西北局的电报中提出《对先遣支队进入拉萨应注意事项的建议》。其主要内容是：全体人员要很好研究协议精神，应成为政治宣传队；着重宣传帝国主义侵略、剥削西藏人民的事实及我军巩固国防之必要；宣传民族平等团结，特别是尊重宗教信仰；初期不宜强调人民痛苦，因短期不能改革，并引起藏政府官员不必要的疑惧；进入城市应整齐严肃，并带国旗、军旗扩大影响；购买物资应先了解当地情况，同官方大商接洽好后再进行；部队外出应有组织地分成小组，三人一路，防止坏人暗害和挑起冲突；做调查时亦可征询寺庙喇嘛、康藏官兵等的意见，对所反映的材料应加分析，不要轻易判断表示态度；对藏军可利用各种方法接近，藉以联络感情，了解情况，不要表示轻视态度，对其要团结合作，协同巩固国防；封建制度下的贵族官员自尊自大，重视礼节，干部要耐心、主动做上层统战工作；应办的事情，尽量通过西藏地方政府，以合理合法手续办理。①

西南局于9月2日指出：经武同志所提出的各项政策及注意事项都是很对的，请工委及其梅同志组织干部研究贯彻执行；并强调："西藏工作中最重要的是防止急性病，这点要使所有干部都了解。"②中央还将西南局的电报转给西北局和范明。

先遣支队在向拉萨进军中，翻越了海拔5000多米的夏贡拉、鲁贡拉（即东、西大雪山），穿越人烟稀少的"穷八站"③，所经之地，空气稀薄，冰天

---

①《中国共产党西藏历史大事记》，中共党史出版社2005年9月版，第47页。

②《中国共产党西藏历史大事记》，中共党史出版社2005年9月版，第47—48页。

③ 从昌都至拉萨，西藏地方政府设有24个驿站；其中以嘉黎为中心东往阿兰多、南至工布江达的前后各4站，途中翻越3座5000米以上大雪山，缺草少柴，道路艰险，人烟稀少，被称之为"穷八站"。

1951年9月，第十八军先遣支队乘坐牛皮船渡过拉萨河。

雪地，道路崎岖，自然环境恶劣。指战员们以顽强的意志，克服重重困难，历经45天，跋涉1000多公里，于9月7日渡过拉萨河，到达拉萨东郊的蔡公堂。中央人民政府代表张经武先派乐于泓前来迎接。次日，张经武亲自前往看望部队。

9月9日这一天是藏族的“雪顿节”。先遣支队进入拉萨市区时，举行了庄严的入城仪式。西藏地方政府搭起彩色帐篷，派出扎萨柳霞·土登塔巴和藏军总司令凯墨·索安旺堆率文武官员、僧俗各界代表前来迎接。拉萨市的藏族同胞身穿节日盛装，在街头欢迎第一支进入拉萨的人民解放军。先遣支队指战员身着草绿色毛呢军服，头戴草盔，在五星红旗引导下，高举毛主席画像，军乐队奏着解放军进行曲，威武雄壮地通过群众的欢迎行列。当文工队的女队员打着腰鼓走在古城的街道上时，藏族同胞发出阵阵欢呼。先遣支队以其严整的军容和严格的军纪，给藏族人民留下了深刻的美好印象。

王其梅率先遣支队到达拉萨与中央代表会合后，在张经武的指导下，积极走访上层人士，宣传《十七条协议》，为后续部队进驻拉萨做各种准备工作。

随先遣支队之后，十八军、五十二师又分别派出军后司第二参谋长扶廷修、五十二师参谋长李明率一批干部，在沿途向拉萨设置兵站，为后续部队筹购主副食。

达赖喇嘛于8月17日回到拉萨以后，西藏地方政府留守在拉萨的两名司曹（代理摄政）鲁康娃和洛桑扎西仍然坚持不接受《十七条协议》。尽管张经武代表一再与上层集团商讨、催促，噶厦仍然没有承认《十七条协议》的意向。一些不明真相的群众在反动分子煽动下，开始敌视、侮辱解放军，拒绝向进藏部队出售粮食。这时，西藏上层分裂主义分子朗赛林等得知人民解放军仅有三四百人，而拉萨有藏军三个团，认为是赶走解放军的好时机，阴谋策划对解放军动武。阿沛·阿旺晋美、拉鲁·才旺多吉及时向张经武、王其梅反映了这一动向。为预防不测，先遣支队做了充分的应变准备。张国华、谭冠三令一五四团急进，该团当即令前卫第三营立即火速前进。该营从嘉黎日夜兼程西进。由于大力开展宣传、统战工作，当第三营于9月27日进至墨竹工卡时，紧张局势已趋于缓和，先遣支队令该营停止前进，就地进行休整。

阿沛·阿旺晋美于9月12日回到拉萨。21日，阿沛·阿旺晋美向达赖喇嘛报告了北京和谈情况。24日，地方政府召开全体僧俗官员、三大寺堪布、藏军甲本以上军官等300多人的官员大会。阿沛详细报告了谈判经过、协议内容、签订协议的盛况，向大会出示了协议正本。最后，阿沛·阿旺晋美颇为动情地表示，愿以身家性命和财产保证，这个协议对达赖喇嘛的地位，对西藏的政教宏业，对全藏黎民百姓的利益都是有好处的。阿沛·阿旺晋美陈述之后，五名和谈代表退出会场，以便让大会充分进行讨论。会议经过两天的激烈争论，大多数人认为，协议作出了西藏可以维持其政教合一制度的承诺，对于西藏之佛法、政治、经济诸方面大有裨益，总的认为“协议本身很好”，但也提出了军政委员会的性质、希望进藏的军队要少、昌都划归西藏管辖等几个问题，建议达赖认可这项协议。大会通过了上报达赖喇嘛的呈文。官员大会所提出的几个问题转到张经武处，要求给予答复。

1951年10月19日，发放布施后，张经武在哲蚌寺大经堂前，接见全体僧人并讲话。

9月28日，张经武代表毛泽东主席向达赖喇嘛赠送礼品。送礼仪式在拉萨罗布林卡举行。礼物有毛主席画像、中国人民政治协商会议第一届会议的纪念刊、“伟大的祖国”全套照片以及许多象牙雕刻、玉器、瓷器、湘绣、绸缎等。这些礼物抬经拉萨大街时，僧俗人民争相围观。达赖喇嘛接受礼物后，高兴地瞻望着毛主席画像，表示敬意。随后，张经武转达毛主席和中央其他领导人对达赖的亲切关怀，说明人民解放军进军西藏的任务，为西藏人民服务，尊重藏族同胞的信仰和风俗习惯，坚决执行《十七条协议》。也希望达赖对协议尽快表明态度。达赖表示同意，但又说明，按照惯例，藏政府决定重大问题时，仍须官员会议讨论后才能定下来。

9月下旬至10月初，张经武在王其梅的陪同下，分别向拉萨三大寺等大小寺院的1.3万余僧众和1500余乞丐发放了布施，体现了中央人民政府对他们的关怀，扩大了中国共产党的影响。

10月14日，张经武对西藏方面提出的几个问题，经请示中央批准后，在西藏地方政府的会议上作了明确回答：一、军政委员会是中央人民政府在西藏的代理机构，是为了保证协议的贯彻执行。军政委员会设主席和副主席，拟由达赖担任主席，班禅、张国华分任副主席。二、关于军队入藏人数，西藏地方政府如果保证协议的执行，可以比原定的少一些。三、中央人民政府原则同意昌都地区划归以后成立的西藏自治区。①西藏地方政府多数官员对张经武代表的答复，表示理解和赞同。

十八军前方部队进驻拉萨和边防要地

8月中旬，西南军区后勤部副政委胥光义带着邓小平、贺龙的指示，从重庆出发，于8月17日兼程赶到昌都。西藏工委、十八军党委召开会议，听取西南局关于部队进入拉萨后的有关工作方针的指示。主要内容是：坚决贯彻执行协议是部队进军拉萨、立足西藏的政治基础。因此，要求部队必须深入反复学习，模范地执行协议和党的民族、宗教、外事政策，扩大反帝爱国统一战线，真诚团结上层人士和藏族同胞，促进藏族内部的团结，并结合实际情况修订和充实《进军手则》，严守党纪、军纪，人人争作执行党的民族政策的模范。

胥光义还传达了邓小平7月25日的指示：“西藏工作的基本方针是，应该紧紧掌握住一个‘稳’字，一切问题的处理必须是稳步前进，就是说，要摸着石头过河，不要事事都想一下搞出伟大的成绩来。要知道西藏两千年的痛苦都已经受过了，再等两三年予以解除也是可以的。因此，对西藏的财政、贸易、行政、民事等工作，我们到拉萨后，均不忙去插手”；“目前西藏应大力开展统战工作，组织精干的文工团队，广泛宣传和平协议。派下去的干部，

① 赵慎应：《中央驻藏代表——张经武》，西藏人民出版社1995年7月版，第46页。

除宣传协议，团结与争取上层分子外，更重要的是调查研究情况，不是一去就马上将《十七条协议》都一下搬出来执行，要知道对《十七条协议》的执行过程，也就是教育过程，组织过程，要较长时间才有可能贯彻。如整编军队这个工作就是一个极其艰苦的任务，绝不能采取内地整编起义的国民党军队那样简单。这一工作，因为艰苦，故目前应先做好达赖以及其他要人的争取，然后通过他们的同意，我们再派极少而强的干部到藏军内了解情况，宣传政策，团结军官，使条件成熟后，方得实施。其他诸如此类的问题都是一样。”“由于以上情势，机关干部第一步不宜多去，主要防止补给困难，而造成事事被动。尤其第一批入藏人员，要力求精干”。“大力修筑康藏公路，并且力求标准，所需经费，由国家经费内开支，不要浪费，用之适当”。[①]随后，军党委成员与胥光义共同进行了一个星期的学习讨论，研究了贯彻执行的意见。

8月21日，十八军正式发出向拉萨等地进军的命令。命令规定了军直、一五四团、五十二师师直、一五五团进军梯队的编成，出发时间，进驻地区及各部任务。23日，军政治部发出《关于长期建藏思想领导的指示》，要求把长期建藏同抗美援朝教育[②]结合起来，树立永远是战斗队思想；把热爱伟大祖国同热爱西藏、建设西藏一致起来，启发部队以艰苦为荣、以亲手参加建设祖国边疆为荣的思想，保证进军与建设任务双胜利。

8月28日，张国华、谭冠三、李觉、刘振国率军指和西藏工委机关、入藏地方干部及军直各分队共2500余人，由昌都出发，取道“小北路”，经丁青、沙丁、桑达本贡、墨竹工卡向拉萨进军。一五四团与军直同为第一梯队，该团由洛隆、边坝地区出发，取道“中路”，经嘉黎、太昭(工布江达)、墨竹工卡向拉萨挺进。五十二师师部率一五五团为第二梯队，拟10月初自昌都经边坝、沙丁向桑达本贡、太昭一线前进。这次在高原行军，军需、粮秣、物资除有限的骡马随队驮运外，大部由干部战士背负。为了多带粮食，必须加大携行量。战士平均负重40公斤，最多达50公斤，爬雪山，涉激流，风餐露宿，异常艰苦。

---

① 赵慎应：《张国华将军在西藏》，中国藏学出版社1988年10月版，第59-61页。

② 中共中央针对当时一些人的亲美、恐美、崇美思想，进行有针对性的教育。此外，也号召部队学习志愿军的艰苦奋斗、英勇战斗的精神。

9月7日，军部、工委机关第一梯队进驻丁青，在此作短暂的休整补充。丁青位于唐古拉山南麓，是三十九族地区的政治、经济中心。张国华、谭冠三到达丁青后，拜访了当地大小头人，宣传党的民族、宗教政策，宣讲《十七条协议》，与上层头人协商，动员群众组织畜力运输，支援部队进军，还帮助调解当地藏族内部纠纷。

9月15日，军直由丁青向西南行，25日到达怒江北岸，对岸为沙丁宗政府所在地。怒江水流湍急，波涛汹涌，两岸陡峭，没有桥梁。军直部队在参谋长李觉亲自组织指挥下，人员、物资用牛皮船摆渡；骡马则泅渡，有50余匹骡马被江水冲走。军直部队用了三天时间渡过怒江。在沙丁宗稍事整顿后，进入地势高寒的念青唐古拉山脉的北坡。

10月8日，军直部队、工委机关翻越念青唐古拉山脉之冷拉山口。冷拉山口海拔6000余米，自山脚到山顶均被大雪覆盖，气候严寒，空气中氧的含量只有内地的一半，道路崎岖不平。这一天早晨8时出发，风雪交加，路径难辨，只得哄赶牦牛趟路，在海拔四五千米的山道上艰难地行进了一天，未越过山口。傍晚在冷拉山口北坡露营，准备翌日翻越冷拉山口。第二天全天在冰峰雪岭之间行军。张国华患有高血压、心脏病，谭冠三年近半百；他们将乘马驮病号或驮体弱战士的背包，自己与大家一同步行，并号召党团员和干部带头帮助体弱、病员共渡难关。到了6000余米的山顶后，放眼四周，一片银色世界。山的南坡不仅坡陡，而且覆盖着厚厚的积雪，寒风卷着大雪漫天飞舞。张国华、谭冠三、李觉、刘振国等均在参谋们和警卫人员护卫下，坐在背包上同战士们一起滑下雪坡。战士们也为军首长的行动所鼓舞。李觉下了雪坡后，见几名干部战士正在救护陷在雪水坑里的驮马，他不顾疲劳参加救马行列，被挣扎的骡马拽到雪水冰潭中。刘振国走在队伍的最后边，到山顶时已近傍晚，他顶着狂暴的寒风大雪，打着电筒，收容着掉队人员，不让一人在雪山中丢失。

在翻越了这空前艰险的冷拉山口之后，人马都极度疲乏虚弱。下山时，军文工团员张国藩实在走不动了，骑在马上一头栽在雪窝里，由邓群阶等四名男队员用担架抬着急速下山，但在中途就停止了呼吸，牺牲在雪山顶上。邓群阶个大身强体壮，但因抬担架过度疲劳，到达宿营地后当晚停止了呼吸。翻越这座雪山的代价是很大的，先后有4人牺牲。他们为西藏的解放事业献出了年轻的生命。

10月8日，贺龙、邓小平致电张国华、谭冠三并告张经武、王其梅："关于入藏部队之驻地问题，经我们请示军委，规定你们进去的六千部队，应以三分之一（约两千人）开赴日喀则、江孜、亚东地区及日喀则、拉萨中间地区。这支部队可同意阿沛·阿旺晋美意见，不经过拉萨，直接或绕一点路开赴驻地。另以三分之一（约两千人）驻拉萨及附近。其余三分之一则驻拉萨、太昭之线。这样分布，既照顾拉萨当局情绪，又利于我们进行农业生产。"①

十八军进藏部队第一梯队之一五四团在团长郄晋武、政委杨军率领下，于9月7日从边坝出发，沿先遣支队路线翻越东雪山（夏贡拉）、西雪山（鲁贡拉）后，于15日经嘉黎，再翻越终年积雪的门达、戳拉两座大雪山，历经艰辛，于20日抵太昭。在太昭休整两日，补充粮食后继续前进。团主力于10月6日进至墨竹工卡，与第三营会合。10月7日，该团主力抵德庆。10月16日，第三营渡过拉萨河进入市区。

第二梯队——五十二师师直及一五五团、军炮兵营，由副师长陈子植、副政委阴法唐率领，于10月2日、5日分别由昌都出发，经洛隆、边坝、沙丁、嘉黎，于11月7日前后到达预定地区：师直进驻太昭，一五五团进驻沙丁、嘉黎间的嘉雪奔噶（现比如县白噶区）、桑达本贡一线，军炮兵营进驻太昭以西的金达，就地开展地方工作。

10月19日，十八军军部、西藏工委机关到达墨竹工卡，进入拉萨河谷地带，10月21日到达德庆，与先期到达的第一五四团会合。

十八军前方部队进军拉萨，历经110多天，穿越横断山脉，翻越4000米以上雪山12座、6000米以上的雪山1座；横渡金沙江、澜沧江、怒江等大小江河数十条，最艰难的行程是从怒江、边坝到太昭与拉萨河谷之间，不但山高水急，特别是通过"穷八站"前后这一段路程中，连续翻越丹达山、鲁贡拉、冷拉山等4座5500米以上的大雪山。骡马极度疲劳，因草料不及，死亡三分之二；随军运输的牦牛队距离本队尚远，后方补给一时接济不上，部队

① 《和平解放西藏》，西藏人民出版社1995年8月版，第141页。

在半饥饿的状态下行军，干部战士体力急剧下降。加之高原缺氧，呼吸困难。疲劳、饥饿、高原不适应症等，时刻威胁着大家的生命安全，前后有10名干部战士长眠在艰苦的进军征途中。在极其艰苦的进军中，各级党组织开展坚强的政治思想工作，依靠共产党员和广大干部的模范作用，团结互助，众志成城，发扬吃大苦、耐大劳、不怕牺牲的光荣传统，发扬革命英雄主义精神，战胜了一个又一个困难，义无反顾地顽强跋涉1500公里，胜利完成了和平大进军的任务。

与此同时，由政务院文教委员会和科学院派出的由北京大学地质系教授李朴为队长、包括有地质地理、农业气象、社会历史、语言文艺和医药卫生等五个组组成的综合科学考察队，随十八军进藏。他们在康藏公路沿线着手考察，于11月9日到达拉萨。随后根据不同分工，到西藏各地进行考察。

同时，测量队30余人在副队长吴仕杰的带领下，随军部从甘孜到昌都后，根据西南军区指示和军的安排，编成三个测量作业小组，分中、南、北三路，采取边前进边测绘的办法，测绘沿途五万分之一的地形图，并调查搜集沿途兵要地志资料。三个组分别于11月初、12月中及年底先后胜利进抵拉萨。这是西藏有史以来第一次用先进技术测绘大比例尺的地形图。

军直后梯队（包括警卫连、财经大队、后勤分队人员，和以千余头牦牛驮载的2000箱银元及一批物资），由军大八分校大队政委徐爱民、军司令部指挥科科长苏桐卿带领，经过艰难跋涉，于1952年1月17日到达拉萨，为西藏工委和十八军开展工作增加了经济实力。

10月21日，军直部队进到德庆（今达孜县）休整数日。部队即将进入拉萨，当地贵族定出苛刻条件，规定每匹马在拉萨每天啃地面的青草，要付两元银元。为顺利进入拉萨，减轻牲畜草料费用的负担，西藏工委、十八军决定：除军首长的乘马、骑兵通讯用马、驮载火炮的马匹外，所有骡马都集中起来，编成骡马运输队，留在德庆地区放牧，不得进城。军部规定了入城注意事项，干部、战士重温《入城守则》，整顿军容风纪，准备举行入城式。

10月24日，十八军和工委机关、部队乘牛皮船渡过拉萨河，进驻拉萨市东郊。张经武代表、王其梅副政委前来看望问候，商讨入城仪式和入城后的工作。

10月26日，毛泽东复电达赖喇嘛说："你于一九五一年十月二十四日的来电，已经收到了。我感谢你对实行和平解放西藏协议的努力，并致衷心的祝贺。"①

同日，达赖喇嘛致电毛泽东：中央人民政府毛主席：今年西藏地方政府特派全权代表噶伦阿沛等五人，于1951年4月底抵达北京，与中央人民政府指定的全权代表进行和谈。双方代表在友好的基础上，已于1951年5月23日签订了《关于和平解放西藏办法的协议》。西藏地方政府及藏族僧俗人民一致拥护，并在毛主席及中央人民政府领导下，积极协助人民解放军进藏部队，巩固国防，驱逐帝国主义势力出西藏，保护祖国领土主权的统一，谨电奉闻。"

就在这一天，西藏地方政府在拉萨东郊举行隆重的欢迎十八军的仪式。第一五四团部队以分列式通过主席台接受检阅，然后迈着整齐的步伐进入会场。张经武、张国华、谭冠三、王其梅、李觉、刘振国和平措旺阶在主席台左边就座；噶厦官员然巴、拉鲁·才旺多吉、阿沛·阿旺晋美、朵噶·彭措饶杰、先喀·居美多吉等在主席台右边就座。欢迎仪式在军乐队高奏国歌声中开始。西藏地方政府官员首先起立，向进藏解放军致敬，献哈达；张国华、谭冠三、王其梅、李觉、刘振国回敬哈达。接着，噶伦拉鲁致欢迎词。他说："在西藏，过去来过皇帝的军队、英国的军队、国民党的军队，我们都未欢迎过。这次来的解放军是人民的军队，所以，我们才进行了欢迎。"②张经武、张国华、阿沛·阿旺晋美都讲了话。

接着，一五四团部队在五星红旗和毛泽东、朱德画像引导下，以军乐队、红旗队、腰鼓队为前导，在《解放军进行曲》的乐曲声中，举行盛大的入城式，威武雄壮地进入拉萨城区。西藏地方政府各级官员、三大寺的活佛、堪布、藏军以及各族各界僧俗群众两万多人夹道热烈欢迎。拉萨全城红旗招展，鼓号齐鸣，哈达纷飞，街道两旁，楼顶上下，人山人海，争相目睹这一盛大的历史场面。

---

① 《毛泽东西藏工作文选》，中央文献出版社、中国藏学出版社2001年5月版，第56页。

② 《关于中央代表和进藏部队初到拉萨的情况》，《西藏文史资料选辑》第16辑，民族出版社1995年8月版，第123页。

入城式结束后，十八军首长与西藏地方政府主要官员为庆祝西藏和平解放举行团结宴会。当晚，第一五四团露宿色拉寺、布达拉宫之间的草坪上，工委机关、十八军直属队露宿于布达拉宫以南、拉萨河以北的广场上，显示出人民解放军、进藏工作人员艰苦奋斗、严守纪律的文明之师形象。

为执行中共中央、西南局、西南军区的指示，进驻后藏重镇及边境要地，实现战略展开，一五五团一营于1951年秋进军则拉宗，1952年1月进驻山南隆子宗。一五四团在拉萨稍事休整后，除第三营留拉萨担负警卫任务外，由团长郄晋武、政委杨军率团直和第二营，副团长顾草萍率第一营，分别于11月15日进驻江孜、日喀则。1952年4月，五十二师师直和第一五五团主力进驻墨竹工卡、太昭一线。7月，一五四团进驻亚东。至此，第十八军胜利完成了和平进军西藏的历史使命，把五星红旗插上了喜马拉雅山。

为加强江

1951年10月26日，第十八军领导机关在张国华军长，谭冠三政委率领下进入拉萨市，举行了庄严的入城式，受到先期到达的张经武、王其梅和西藏地方政府官员的热烈欢迎。

孜、日喀则地区工作，特别是准备迎接班禅返回日喀则，西藏工委于1951年12月8日决定成立中共江孜、日则喀临时分工委。周家鼎（五十二师政治部主任）任中共江孜临时分工委书记，委员为郄晋武、杨军、王永魁、陈雷。苗九锐（西南军政大学八分校政治部主任）任日喀则临时分工委书记，委员为顾草萍、白铭章、李天明、曹明山。1952年夏，西藏军区调整部署，五十二师副政委阴法唐、参谋长李明率师部进驻江孜；同时成立五十二师日喀则指挥部，陈子植任指挥长。6月中下旬，中共江孜、日喀则分工委正式成立，阴法唐任江孜分工委书记，刘月亮、王立仁、杨军、李明、木玉亭为委员。梁选贤任日喀则分工委书记，苗九锐、陈子植任副书记，王挺、曹明山为委员。1952年10月，成立中共阿里分工委，安志明[①]为书记，肖猛、李保明为委员。1953年1月，成立中共黑河分工委，罗曼中、侯杰为副书记，冯益龄、马佑平、雷寒柏、李金海为委员。[②]

当时西藏党的组织尚未向社会公开，对外均使用人民解放军部队的名义。西藏工委称“独立支队”，拉萨市委称“先遣支队政治部”，江孜分工委称“五十二师师部”，日喀则分工委称“五十二师指挥所”，黑河分工委称“十八军独立支队留守处”等。

十八军独立支队进军拉萨

入藏各部队已先后向西藏和平进军，十八军先遣支队将抵拉萨，十八军领率机关在张国华军长、谭冠三政委率领下向拉萨前进时，十八军独立支队也从青海省香日德出发。

8月14日，范明率西北西藏工委机关由西宁出发，翻越日月山，经倒淌河、青海湖滨等地，于17日晚到达香日德。8月22日，召开第十八军独立支队（简称“独支”）成立暨进藏誓师大会。会上范明宣布十八军独立支队成立，范明任支队司令员兼政委，慕生忠[③]任副政委（进到黄河沿后，慕生忠任政

① 安志明，1951年任由新疆入藏的独立骑兵师第二团副团长。

② 参见《中国共产党西藏自治区组织史资料》，西藏人民出版社1993年4月版，第47–56页。

③ 慕生忠(1910–1994)，陕西吴堡人，1930年参加革命，1933年入党，历任支队政委、团政委、纵队政委、军分区司令员、一野政治部民运部长、政治部秘书长、西北铁路干线工程局政治部主任、西北西藏工委委员、十八军独立支队政委等。

委），计晋美、罗曼中任参谋长，杜舒安任政治处主任。22日下午，第一梯队出发。

8月24 日，范明将十八军独立支队成立的情况报告张国华、谭冠三、李觉并西南局、西南军区、西北局、西北军区、牙含章、赵寿山、张仲良、廖汉生。电报称：

我们西北西藏工委的全体干部和战士，在8月22日的入藏动员大会上，奉命宣布成立为人民解放军十八军独立支队。我们全体入藏同志对能够参加具有光荣传统和先进民族工作经验的十八军行列，感到很大的光荣和兴奋。我们为了庆祝这一值得纪念的日子，誓以实际行动服从命令，遵守纪律，在解放西藏人民、巩固祖国边防、建设新西藏的伟大事业中，坚决完成上级分配给我们的一切任务。并致以亲切的革命敬礼。

十八军独立支队全体指战员同叩

为了完成此次艰苦的进军西藏任务，十八军独立支队制订了周密的《进藏行军计划》、《草原行军知识》和《入藏守则》，进行了深入的政治动员、严密的组织和充分的物资准备。该支队后梯队于8月28日从香日德出发，踏上进军西藏征途。独支第一梯队于9月2日进抵诺木岗山脚下。诺木岗海拔5266米，山峰有积雪，气候寒冷，空气稀薄。从此一直行进在4000至4700米以上的高原上，其间有寸草不生的荒漠，有万年冰封的永冻地带，还有分布在黄河、长江源头的沮洳[①]沼泽，每天雨雪交加，生火做饭困难，晚上休息不好，病员日增。9月8日进入黄河沿，渡过其一、二、三支流，行进中多淤泥地，人马常陷入齐腰的淤泥中，陷毙骡马20余匹，陷入的人员均被救出。在此困难之时，曲麻莱县县长率千户、百户等头人数十人前出700里来迎接。因人困马乏，独支在黄河主流南侧休息三日，继续前进。

9月20日，独支进至长江源头的通天河畔。河宽60米，时值河水暴涨，水深流急，渡河极为困难。指战员们不顾河水刺骨寒冷，人员物资用自制的

① 沮洳，由腐烂植物埋在地下而形成的泥沼。

12只牛（羊）皮筏摆渡，水冷流急，牲畜被赶下水后不远就返回岸边来，战士们下水驱赶，也无济于事，渡河受阻。

张国华、谭冠三、李觉获悉此情况后，于9月26日电告范明："高原江河、渡口或架桥处多水深流急，请考虑派人赴上游侦察，选水面较宽、支流较多处试渡，或可成功，望研究酌定。"范明等决定在以牛皮筏就地摆渡人员、物资的同时，另一部分人赶着骡马、骆驼等牲口，于27日沿河而上，寻找徒涉渡口。10月4日，范明报称："沿通天河而上，行约二百余里，终于找到了一段河汊较多、河水较平稳的河面，牲口徒涉终于成功。经过十五昼夜的努力，部队全部胜利渡过了通天河"。独支渡通天河中，共牺牲辛烈、刘益民、吴邦英、刘治明、王百宝、吴发英、马进才、张进才等8人、溺死牲畜150余头。10月5日，支队继续前进。

独立支队穿越通天河以南人迹罕至的荒原，气温下降至零下10度以下，干部、战士都感到头晕，心跳加快，呼吸急促，病号进一步增多，死亡骡马40余匹。10月19日，进到海拔4800米的唐古拉山口。此时已近隆冬季节，唐古拉山口时刻有被大雪封闭的危险。为避免在无人区陷入断粮饿毙的危险，独立支队进行了充分的动员和准备。全体指战员冒着摄氏零下20多度的严寒和刺骨的山风，克服严重缺氧、强烈高山反应的痛苦，以3天时间全力跋涉越过唐古拉山，牲口又倒毙300余头，并牺牲了牛师君、丁志荣、刘世祥、张秀等人员，闯过了入藏最后一关。后梯队的不少人员冻伤了脚，有一人被截肢。10月27日，进抵西藏北部聂荣宗，受到宗本和群众的欢迎。这是独支出发以来见到群众最多的一天。28日，西藏地方政府黑河总管派一如本持函前来欢迎。11月4日，独立支队进抵藏北重镇黑河（那曲）时，西藏地方政府黑河总管和藏军第四代本率藏兵300余人以及群众400多人热烈欢迎。由于自香日德出发两月来第一次见到民房，大家异常兴奋。独支在黑河休整了10日，召开上层人士会议，宣传协议精神，补充了粮秣。

在黑河期间，独立支队发出了《关于与十八军会师团结守则的决定》，主要内容是：

"第一，虚心和蔼亲密团结，向老大哥学习先进的民族、政治、宣传工作经验，反对骄傲自大，自以为是。

第二，尊重统一领导，坚决彻底服从一切决定，反对敷衍塞责，门户之见。

第三，独立支队全体指战员，必须服从统一分配工作，哪里需要到哪里去，反对讲价钱，闹意见。

第四，独立支队所有一切物资，必须听从调配，反对打埋伏和浪费。

第五，工作意见若有分歧时，必须首先尊重并执行老大哥的意见，然后报告组织，听候处理，反对闹是非、小广播。

第六，住房子、买东西等等，必须首先敬让老大哥，反对自私自利，不顾全局。”①

此决定报十八军后，十八军于1951年11月15日批复如下：“关于会师问题，军部已做了专门讨论并编印了教材，在部队中进行了广泛的团结教育。你们所拟定的团结守则很好，望在部队中展开深入的学习。”

11月15日，独立支队继续南进。在行进的第三天遇到剧烈地震，余震数十次，大地颤动，砂石乱飞。部队很多人头昏想呕吐，因住的是帐篷，幸无人员伤亡。11月下旬，当独支进抵林周时，西藏工委秘书处处长苗九锐前往迎接，联系安排有关事宜。

11月26日，独立支队到达拉萨近郊。张经武、张国华即派军参谋长李觉出城20里迎接。李觉向范明介绍了拉萨的政治情况、入城注意事项、欢迎仪式的安排以及因市区草料严重困难所带之驮畜不必进城留在郊外放养、噶厦只愿派与扎萨同等级的官员出迎等情况后，范明当即表示入城应同十八军一样的规格，要有地方政府噶伦官员出迎，同时也不同意留下牲畜。张国华得知范明的这一意见后，立即让王其梅通过阿沛多次与噶厦商量。噶厦回答说，独立支队是十八军的一部分，欢迎规格不能同张军长、谭政委所率领的主力一样；而且西北进藏队伍中还有班禅方面的扎萨计晋美等官员在内，也只能去同等级的官员出面迎接。11月27日，独立支队进抵距拉萨7公里处，张经武代表、张国华军长、谭冠三政委前往欢迎和慰问。

---

① 范明：《把五星国旗高高地插在喜玛拉雅山上》，载《西藏革命回忆录》第三集，西藏人民出版社1987年12月版，第87页。

由范明率领的从西北进藏第十八军独立支队1951年12月1日到达拉萨，受到先期到达的张经武、张国华、谭冠三和西藏地方政府官员的热烈欢迎。

12月1日，独立支队举行入城式。中央人民政府驻西藏代表张经武、十八军军长张国华、政委谭冠三和西藏地方政府官员、藏军两个团及万余名藏族群众夹道热烈欢迎。

12月20日，举行十八军机关与独立支队会师大会。张经武、张国华、谭冠三、范明、阿沛·阿旺晋美、詹东·计晋美讲了话。大会向毛泽东主席、朱德总司令发了致敬电。

独立支队自8月22日由香日德出发，12月1日到达拉萨，历经102天，其中行军45天，行程1400余公里，历经无数艰难困苦，胜利完成了进军任务。

云南部队进军察隅

由云南方向进军西藏察隅的十四军四十二师一二六团部队，早在昌都战役结束之后，即留驻察瓦龙地区之扎那、门工一带准备入藏。1951年6月初，由该团一营副教导员张达德率第一连一个排和藏语翻译、医务人员共60多人组成的先遣队，从扎那出发，先行进驻竹瓦根，了解情况，购买粮食，为云南入藏部队进驻察隅做准备。8月22日，团长高建兴率第一营、团机炮连、团机关部分人员和一个工作队共600多人，从扎那出发，向察隅进发。途中要穿越横断山脉，越过四座5000米以上的大雪山。高山峡谷，森林密布，道路崎岖，时值雨季，举火困难。在翻越第一座祖秀拉雪山时，一天只前进十多公里。翻日秀拉山雪山时，前两天刚下了一场大雪，地面积雪很厚，举步艰难，一天没有通过，只得在山上露营，夜间又下起鹅毛大雪，气候寒冷，病员日益增多。干部战士齐心协力战胜日秀拉山之后，进入谷地，于9月20日抵达竹瓦根，同先遣队会合。

竹瓦根至察隅100余公里，在1950年冬天发生过强烈地震，原有的道路大部被毁，人马通行甚为困难，察隅通往外地的道路被阻塞。察隅人民日常需要的茶叶、盐巴等物资价格飞涨，用16驮大米才能交换1驮茶叶，盐巴比金子还要昂贵。

9月22日，高建兴率团机关部分人员、工作队和三连进军察隅。沿途搭人梯，拴绳索攀悬崖，登峭壁，搭独木桥，编结竹绳作溜索渡激流险滩，历尽艰辛，按上级规定的时间，于10月1日胜利进驻察隅。1951年底，经上级批准，以一个排进驻非法的“麦克马洪线”北侧的沙马，一个排进驻竹瓦根以南的中缅边境中国一侧，建立起国防前哨阵地。

团政治处副主任王杰敏指挥第一、二连及一部民工，由竹瓦根向察隅修路架桥。在工具极端缺乏的情况下，用“火烧水浇”法炸裂巨石，用铁条自制成锯子伐木。经过两个多月的施工，修通了近百公里的骡马道，架设了察隅河等大小桥梁40座，基本上解决了察隅军民的供应和补给运输问题。

新疆部队进军阿里

由新疆进军西藏阿里的的后续部队两个连和机关人员280余人，在独立骑兵师第二团副团长安志明带领下，于1951年5月6日自南疆的于田出发，踏着先遣连的足迹，艰难跋涉千余公里，于28日到达阿里改则的扎麻芒保，同先遣连胜利会师。这时，率先遣连的团保卫股长李狄三患了严重的高山病，生命垂危，当见到安志明并汇报完先遣连的工作后，即溘然长逝，年仅37岁。①

① 引自1984年南疆军区编写的《进军阿里》专题资料。

扎麻芒保环境异常恶劣。先遣连干部战士想方设法在1.5米的冻土层下挖地窖过冬。没有粮食猎野物，生活极为艰难困苦。当地荒无人烟，仅偶尔能见到几个牧民群众。他们处在冰天雪地的高原环境，时刻面对严寒、饥饿和强烈的高山反应，但在党支部的坚强领导下，在李狄三和连队干部的模范带头作用下，在海拔4500米的雪原上拼搏了270多天，奇迹般地坚持到后续部队到达。由于高原严重缺氧，常年吃不到新鲜蔬菜，营养极度缺乏，加之缺医少药，先遣连有63名干部战士因病殉职，长眠在阿里高原上。

6月5日，安志明率部从扎麻芒保出发，于6月19日越过海拔6000米的冈底斯山东君拉大坂（雪山），10日后进抵喜马拉雅山脉北麓、阿里东南边境的普兰宗，受到宗本以及僧俗官员和群众的热烈欢迎。阿里噶本（专员）赤门·索南班觉特派代表才旦朋杰专程从噶大克到普兰宗迎接和慰问进藏部队。安志明除留一个连驻普兰外，率部于8月3日到达阿里首府噶大克（现噶尔县）。在副团长安志明率部进藏的同时，该团营长贺景福率一个连追击从新疆、青海等地逃窜到阿里地区的乌斯满土匪，于7月经扎麻芒保进驻日土宗。1952年2月，以这4个连队为基础，组成阿里骑兵支队，安志明任支队长兼政委，贺景福为参谋长，高峰（西藏军区派去）为政治处主任。10月，组成以安志明为书记的阿里分工委，担负起驻守阿里边境和经营阿里地区的任务。

人民解放军进藏各路部队，从受领进军西藏任务到进驻拉萨以及昌都、太昭、江孜、日喀则、亚东、黑河、倾多、隆子、察隅、噶大克等重要城镇和边防要地，历时两年之久。部队历经千辛万苦，战胜重重困难，按照预定部署，完成了进军西藏任务，实现了中国大陆领土的完全统一，为保证协议的贯彻执行，巩固西南国防，逐步在西藏各地开展工作创造了有利条件。部队在进藏过程中受到极大锻炼，增强了政策纪律观念，磨练了革命意志，培养了艰苦奋斗作风，提高了适应高原环境的能力，铸造了“老西藏精神”，为长期建藏、保卫国防奠定了基础。

第四节　西藏军区成立和西藏工委领导的调整

部队进驻拉萨以及边防要地后，根据《十七条协议》的规定，成立西藏军区一事提上日程。此前，按照中央军委统一规定，以十八军机关为基础组建西藏军区，并确定了军区司令员、政委等主要领导人选，但还要增补一两名藏族副司令员。1951年10月30日，西藏工委向西南局、西南军区并中共中央、中央军委报告：必须先成立军区，以便处理警备、交通、补给等事宜。军区副司令员可以从拉鲁与阿沛中选出一人，同时考虑从西藏地方政府官员中，吸收个别人员到军区机关工作。

西南局、西南军区31日即作了批示：西藏军区名义以早日公布为好，但须先与西藏地方当局谈好，确定了副司令员之后，才能公布。批示要求，设立军区机构不应庞大，以短小精干为原则。

西藏工委经过认真研究，很快提出两位藏族副司令员的人选，一个是原昌都总管拉鲁·才旺多吉[①]，另一个是继任昌都总管阿沛·阿旺晋美。他们均系西藏地方政府噶伦。昌都战役后，拉鲁同十八军前线部队有过书信联系，表示愿意同解放军合作。而阿沛则已接受中央关于和平解放西藏的方针，并在谈判中做出了贡献，属于上层中的爱国进步人士；但他担任噶伦时间较短(1950年5月开始)，在藏军中的影响小些。上报的这两位人选，随即得到西南局和中央的原则同意。

11月19日，中央人民政府代表张经武趁达赖喇嘛宴请进藏部队团以上干部的机会，在席间同达赖交谈了拟议中的军政委员会和西藏军区领导人问题。达赖称自己年轻，不多管政治，此事可与噶厦和司曹商量。

西藏地方政府于11月25日举行有噶伦、孜本、仲译钦波参加的官员会议，讨论两名军区藏族副司令员人选问题。会议基本同意中央提出的方案，但两司曹对西藏军区的成立却迟迟不予表态，至12月16日答复说：军区（藏

① 拉鲁·才旺多吉，祖籍后藏达那（属今谢通门县），1914年生于印度大吉岭，系贵族龙厦家之子，12岁时随父回到拉萨，入赘贵族拉鲁家，14岁进入噶厦考取官职，历任孜本、噶伦兼昌都总管等职。

族）副司令员只设一名就够了。尔后又说，藏军数量少，副司令员职务不重要，无须从噶伦中选任，可在官衔低一级的扎萨或台吉[①]中挑选就行了。他们公开抵制藏族副司令员的选定，实质是反对成立西藏军区。

这两名司曹，一个是鲁康娃·泽旺饶登，原噶厦的孜本，四品官，年逾60岁。另一位是本珠仓·洛桑扎西，53岁，曾任国民政府的立法委员和西藏驻重庆办事处副处长。此二人均是1950年底达赖喇嘛出走亚东前夕被指定留守拉萨并代理摄政（司曹）职务的。他们在政治上投靠美国和印度反华势力，是积极从事分裂活动、拒绝《十七条协议》、诋毁进藏人民解放军的头面人物。

12月21日、26日，张经武、张国华和谭冠三等先后两次参加司曹与噶伦联席会议，讨论军区藏族副司令员人选问题。两司曹又老调重弹，并提出另外的人选。到会的众噶伦慑于其权势，多不敢在会上明确表示态度。张经武反复阐述成立西藏军区的作用与和平谈判时的协商情况后，参加会议的多数人员虽赞同从噶伦中挑选一人，但具体人选则说应由达赖喇嘛确定。

12月28日，张经武、张国华会见达赖喇嘛，交谈了同司曹、噶伦们协商藏族副司令员的情况。达赖表示同意阿沛担任副司令员，而不同意拉鲁。张经武随即提出由噶伦饶噶夏[②]担任如何？达赖说他尚未考虑。达赖喇嘛亲政刚一年时间，在重大问题上尚不能完全做主，还须同身边的官员商量后才能表明态度。1952年1月11日，两司曹正式转达了达赖喇嘛同意阿沛和饶噶夏二人任职的意见。

为协商西藏军区两位藏族副司令员人选，反复周折费时两月有余。

1月18日，中央军委正式批准了西藏军区领导人的任命。

西藏军区领导班子中，既有久经革命战争锻炼、具有丰富实践经验、不同年龄和文化层次的领导干部，又有西藏上层有影响的爱国人士，是一个有开创边疆少数民族地区工作能力的领导集体。

1952年2月10日，西藏军区成立大会在拉萨河畔孜仲林卡举行。参加

---

① 扎萨，意为总管，一般为年龄较大的西藏大贵族之官衔。台吉，列扎萨之后，亦系西藏大贵族之官衔，由俗官充任。扎萨和台吉均为古代蒙古族官名，在西藏属小三品官，比噶伦的官位稍低。

② 饶噶夏，又名朵噶·彭措饶杰（1903−1957），藏族，西藏拉萨人，1939年后任噶厦孜康的办事员、噶厦的秘书、协尔邦、警察代本、藏军马基（总司令）、噶伦等职。

大会的有驻拉萨人民解放军排以上干部和藏军甲本以上军官，还有前来祝贺西藏军区成立的西藏地方政府四品以上官员、宗教界上层人士，共300余人。

1952年2月10日，张经武在西藏军区成立大会上宣读中央军事委员会任命西藏军区干部的名单。

中央人民政府代表张经武首先宣读了中央军委命令："为巩固西南国防，保证和平解放西藏办法协议的全部彻底实现，着即成立西藏军区。兹任命张国华为司令员，阿沛·阿旺晋美为第一副司令员、朵噶·彭措饶杰（即饶噶夏）为第二副司令员、昌炳桂为第三副司令员①，谭冠三为政治委员，范明、王其梅为副政治委员，李觉为参谋长，刘振国为政治部主任，陈明义为后方部队司令员兼政治委员。"

接着，西藏军区司令员张国华讲话。他在回顾了和平解放西藏以及人民解放军进军西藏的艰苦历程后，着重指出："现在西藏军区成立了，这是实现协议第十五条的一部分"。"现在的情况是，人民解放军还要继续进军，国防需要建设，交通修路尚须继续努力。和平进军西藏的任务是胜利了，但帝国主义及其侵略势力是不会因此而甘心的。"张国华提出西藏军区成立后的任务是：保卫国防，建设西藏，维护治安，保护僧俗人民的利益，中心任务是彻底实现和平解放西藏办法的协议。张国华的讲话，使军队干部深感解放西藏、经营西藏任重道远。使到会的藏族人士耳目一新。

① 昌炳桂于1950年9月即到南京军事学院学习，其职务仍保留在十八军，任命西藏军区副司令员后也未到职。

大会之后举行了庆祝宴会。这是人民解放军进驻拉萨以来招待地方各界人士最多的一次。军区把从后方经过牦牛长途运送来的精米、白面、各种酒类，还有在拉萨市场上采购到的干鲜果品、香烟等都摆了出来，显得既丰富又热烈。张经武、张国华、谭冠三等在席间频频向客人们祝酒，欢庆军民之间、藏汉之间的亲密团结。

达赖喇嘛为祝贺西藏军区成立，特地送来了“汉藏亲密的太阳永照不灭，愿所发的祥光永衬地上”的锦旗。

2月11日，在布达拉宫前的广场上举行盛大的军区成立庆祝大会。用布幔和彩旗围成的主席台上，正中挂着毛泽东主席、朱德总司令的巨幅画像，两侧是五星红旗。广场两侧竖立“保卫边疆，巩固国防”的大型标语牌。会场俭朴而又庄严。

这一天，拉萨天气晴朗，阳光灿烂。上午10时，解放军驻拉萨机关、部队近4000人高举“八一”军旗，威武雄壮地进入会场；藏军两千人打着“雪山狮子”军旗入场。近万名僧俗群众络绎不绝地到达会场。登上主席台的有：中央人民政府代表和西藏军区在拉萨的全部领导人，包括两位藏族副司令员。军区领导人身着黄绿色棉军服，头戴有“八一”军徽的解放帽，胸前佩带“中国人民解放军”符号，显得特别精神。台下藏族群众看见藏政府的两位噶伦也穿上解放军军服时，无不投以惊奇、敬慕的眼光。

12时，大会在军乐和礼炮声中开始。张经武、张国华等领导在主席台上检阅军区部队。张国华带领全体官兵向毛泽东主席、朱总司令和全国人民庄严宣誓：“我们是中华人民共和国各族人民自己的军队，保卫西藏僧俗人民的利益，维护地方治安，驱逐帝国主义势力出西藏，建设国防是我们的基本任务。我们决心全力做好民族团结工作，努力参加生产建设，保障和平解放西藏办法协议的彻底实现，粉碎帝国主义的一切可能挑衅，为建设新西藏的伟大任务而奋斗。”

然后，张国华向藏军总司令凯墨·索安旺堆及其第一、第二、第四、第六团授予中华人民共和国国旗。西藏地方政府首席噶伦然巴、班禅堪布会议厅代表何巴顿、昌都地区人民解放委员会代表等，相继向军区领导人敬献锦旗、哈达和鲜花。整个会场洋溢着团结祥和的气氛。张国华在庆祝大会上讲话，再次提出军区成立后的三项任务，并说“相信在中央军委和西南军区的领导下，一定能克服困难完成任务”。副司令员阿沛和饶噶夏致词说：“西藏军区的成立，是西藏地区史无前例的大事”。噶伦然巴称赞：“这是藏族人民继和平解放之后的又一大胜利，从此西藏人民再不受帝国主义侵略。”中央人民政府代表张经武号召解放军入藏部队和西藏地方部队在西藏军区统一领导下，做到团结、统一和进步，防止帝国主义及其走狗从内部和外部进行破坏。

大会通过向毛泽东主席和朱德总司令的致敬电后，举行了盛大的阅兵式和群众游行。

西藏军区的成立和西藏地方政府官员担任军区领导人以及给藏军授予国旗等举措，在西藏上层和群众中产生了很大影响，不仅表明了执行协议取得重大成果，也体现了汉藏民族团结一致巩固国防的共同愿望。

西藏军区属于二级边防军区。遵照西南军区关于“军区机关不应庞大，以短小精干为原则”的指示精神，设立司令部、政治部、后勤部和干部管理部。各大部下面设二级部、处。后勤部长由参谋长李觉兼任，干部管理部长由副政委王其梅兼任。

1952年2月11日，驻拉萨的人民解放军、西藏地方部队和僧俗人民为欢庆西藏军区成立举行了庆祝游行。图为张经武、张国华等检阅解放军驻藏部队。一排左起：谭冠三、张经武、张国华。二排左起：范明、阿沛·阿旺晋美。

西藏军区成立后，根据中央军委1952年3月7日关于全军兼军区部队即撤销部队番号的命令，第十八军番号即行撤销。第十八军后方部队于1953年2月改称西藏军区后方部队。

西藏军区的成立，是贯彻执行《和平解放西藏办法的协议》的胜利成果和重大步骤。有了人民解放军进驻西藏，成立军区统一领导和指挥全区武装部队，就能对外应付帝国主义的侵略干涉，对内防止分裂主义分子的捣乱破坏，使祖国统一和边疆的稳定有了可靠保障，为继续实现协议的其他条款奠定了有力基础。

十八军驻拉萨的机关部队和十八军独立支队在拉萨会师后，中共西藏工委十一位委员中，已有八位委员到达拉萨。他们是书记张国华，副书记谭冠三、范明，委员王其梅、李觉、刘振国、平措旺阶、慕生忠。另三位委员未到：昌炳桂已调南京军事学院学习；陈明义留十八军后方部队工作；牙含章留青海担任护送班禅入藏任务。12月5日，中共西藏工委会议在拉萨举行，会议讨论了西藏工委的工作和各机关部门的组成问题。会后向中共中央西南局、西北局报告了西藏工委会议情况和工委名单。西北局12月9日表示，“请西南局考虑审定并报中央批准”。西南局12月12日报中央，“该项名单，我们同意，请批示”。中央12月19日批示“同意西藏工委的组成及各部委人选”。

1952年3月7日，中央确定张经武留藏工作，并调整了西藏工委的组织，确定张经武任书记，张国华任第一副书记，谭冠三、范明分任第二、第三副书记。

西藏军区的成立，西藏工委在拉萨及各地区建立分支机构和开展工作，标志着进军西藏任务的胜利实现，而经营西藏的工作从此开始。西藏工作进入了一个新阶段。

第五章
站稳脚跟，执行和维护协议

《和平解放西藏办法的协议》签订，人民解放军各路部队和平进驻拉萨和西藏各要地后，西藏政治形势发生了划时代的变化。上层中的少数爱国人士受到鼓舞，多数观望犹豫，其中一小撮上层反动分子在帝国主义策划下，妄图撕毁协议，赶走人民解放军。西藏工委和西藏军区坚定地执行“慎重稳进”方针，开展各项工作。随着非法的“人民会议”事件的解决，大力开展上层反帝爱国统一战线工作和影响群众工作，积极开荒生产，打通内外贸易，大力组织运输，全力抢筑康藏公路，努力维护和执行协议，争取了达赖、班禅联袂赴京参加第一届全国人民代表大会。特别是康藏、青藏两条公路通车拉萨，中国共产党和人民解放军在西藏站稳了脚跟。

第一节　人民解放军进驻西藏后的形势

西藏和平解放后，按照《十七条协议》的规定，西藏仍保留着政教合一的僧侣贵族专政和封建农奴制度，达赖喇嘛的地位和职权继续维持，班禅额尔德尼的地位和职权得以恢复，地方政府各级官员照常供职。达赖喇嘛和西藏地方政府虽按《协议》的要求，接受了人民解放军进驻西藏的事实，但分裂主义分子极不情愿执行《协议》的具体事宜和支援驻藏部队的工作。西藏上层统治集团急剧分化，拥护《协议》的爱国上层人士仍为少数；中间力量对《协议》有待于进一步理解，对人民解放军的到来尚有顾虑，摇摆于内向与外向之间，谨慎地观望事态发展；分裂主义势力虽受到沉重打击，但力量还很强大，并不甘心失败，他们在帝国主义的支持与策划下，拒绝《十七条协议》，千方百计想要困死饿跑入藏的人民解放军。藏族人民群众不了解共产党和解放军的政策，还受控于三大领主，形势十分严峻。

《十七条协议》签订之后，西藏地方政府对藏军进行了整编，保留藏军6个团的编制，尚有3000至4000人的兵力。其部署为：第一团1000人为达赖喇嘛警卫团，驻拉萨罗布林卡；第二团900人驻在拉萨城郊和市内几处要点；第四团300人驻朵森格营房（位于西藏工委与西藏军区之间）；第五团500人驻定日；第六团（炮兵）300人驻日喀则。噶厦认为第三团在西邓柯和昌都战役中与解放军作战"有功"，保留其番号，驻防日喀则，进行重建和补充。其代本牟霞升任后藏总管（日喀则基宗，相当专员）。

十八军进驻拉萨、江孜、日喀则及边境重镇的部队（时称太昭以西地区部队）和进藏地方工作人员，共1.1万人，十八军主力在昌都以东修筑康藏公路。为保障进藏部队粮食、物资供应，后方部队大力组织畜力运输。自雀儿山东麓的海子山起，在北、南两线（分别为1300公里和1500公里）配置了45个兵站（后扩建为53个），向拉萨运输粮食、物资，供应太昭以西部队和筑路大军。由于路途遥远，沿途损耗巨大，远不能满足前方需要。十八军进到太昭以西的部队因供应困难，面临着能否在西藏站稳脚跟的严峻挑战。

张国华、谭冠三、范明、王其梅等领导人到达拉萨以后，在"慎重稳进"方针指导下，积极开展上层统战工作。在中央代表张经武和西藏工委的统一部署下，他们逐个走访西藏地方政府的司曹、噶伦、扎萨等主要官员和几个大寺庙的活佛、堪布，给他们赠送礼物，宣传《十七条协议》精神，解释中央人民政府的政策，促进了相互理解，初步建立了联系，团结了一些上层爱国人士，争取了中间分子向共产党、解放军有所靠拢，顽固分子亦开始有所分化。但是，西藏上层统治集团中的大多数人对《十七条协议》的接受还比较勉强，少数顽固的分裂主义分子总想寻机赶走进藏人民解放军。几个握有实权的分裂主义分子打着民族、宗教的旗号，一面破坏社会治安，煽动一些藏军、恶僧以及社会流氓等，向解放军挑衅滋事，对零星外出人员侮辱谩骂，向哨兵投掷石块，甚至割断军用电线，盗窃武器、物资等；一面控制西藏地方政府、贵族和寺庙，不向人民解放军出售粮食，并哄抬物价，扰乱市场。司曹鲁康娃·泽旺饶登竟公然向张国华叫嚷：藏军虽然在昌都打了败仗，但“饿肚子比打败仗更难受！”气焰十分嚣张。一批极端的顽固分子在两位司曹支持与唆使下，在拉萨掀起所谓“人民会议”的骚乱活动，公开反对《十七条协议》，要求解放军离开西藏。

第二节　平息“人民会议”骚乱事件

所谓“人民会议”，是1950年底达赖喇嘛出走亚东期间，在司曹鲁康娃等人的唆使下，由阿乐群则[①]等一些反对祖国统一的商人和寺庙的中层僧人拼凑起来的反动组织。1951年8月达赖从亚东返回拉萨时，噶厦批准他们的代表参加迎接达赖喇嘛的行列。由于西藏从来没有群众组织欢迎达赖的先例，因而该组织名声大噪。随后，他们公开打出“人民会议”的旗号，反对《十七条协议》，反对人民解放军进驻西藏，进行分裂祖国的活动。1951年11月，鲁康娃、洛桑扎西以分裂分子为骨干成员，指使一些商人和无业流氓，组成所谓“人民会议”请愿团，呼喊反动口号，企图阻挠《十七条协议》的贯彻执行。在中央的指示下，西藏工委本着有理、有利、有节的原则，同“人民会议”进行了第一次较量。

1952年2月15日，张国华在西藏军区成立后的首次办公会议上，提出了近期的三项任务：一、继续向边防要地亚东等地进军；在主要地区建立军分区。二、进行生产建设，争取1953年秋后粮食自给。三、逐步改编西藏地方部队为人民解放军。第一步，先在藏军中进行《十七条协议》的教育，开

① 阿乐群则，四川理塘人，在拉萨市经商，热衷于“西藏独立”，曾变卖家产，投身于分裂主义活动。1956年被监禁，后逃亡国外，写有《西藏真实情况——阿乐群则的故事》一书，供认了他组织非法的“人民会议”的经过。

始悬挂国旗，学习使用解放军的军事口令，参加“五一”、“八一”、“十一”等国家规定的纪念日的集会；开办藏族军事干部训练班，吸收优秀军官及藏族优秀子弟参加训练；在军区司令部下设参事室，以王其梅为主任，藏军正副司令凯墨和噶章为副主任，选一批藏族人士任高级参议。改编后不愿继续供职和不适宜供职的藏军军官以及参加过昌都战役的军官无现职者，均予以妥善安置。这三项任务得到了包括阿沛、饶噶夏两位藏族副司令员在内的所有到会人员的赞同。

按照协议精神，以上各项应与地方政府协商取得一致。为此，张经武、张国华、谭冠三、范明等领导人在2月18日召开的司曹、噶伦联席会议上，就军区今后的上述任务征询意见，并请给予协助。

在会上，两司曹除对军队生产表示愿意协助外，其余均持反对态度。首先反对设立军分区，说协议上无此明文规定；再就是反对在藏军中进行《十七条协议》的教育和悬挂国旗。鲁康娃叫嚷：“藏军在昌都地区被打得头破血流，现在血迹未干，仇恨在心，不能进行教育。”他们把藏军武装视为命根子，是绝不容许改编和触动的。鲁康娃还在会上大发“西藏独立”谬论，说西藏有自己的“国旗”（即“雪山狮子”旗，实际只是藏军军旗），并在“泛亚洲会议”上悬挂过；“历史上汉藏只是施主与僧人的关系，现在啥都没有搞清楚，就挂这种旗，将来取下来就不好看了”。他明目张胆地否定《十七条协议》中关于“西藏人民回到中华人民共和国祖国大家庭中来”这最根本的一条。

会后，张经武、张国华、谭冠三、范明等领导人分别同几位噶伦、代理噶伦进行交谈。其中有五人认为司曹的说法是错误的，两人模棱两可，只有一人表示支持鲁康娃的说法。

随后，在21日召开的司曹、噶伦联席会议上，张经武系统阐述了西藏地方同中央的历史关系，驳斥了鲁康娃的所谓中国和西藏只是施主与僧人关系的“西藏独立”谬论。张经武强调指出：“1947年在印度‘泛亚洲会议’上悬挂的‘雪山狮子’旗，在中国代表提出抗议后，就被迫取下来了。现在和平解放西藏协议已经签订，西藏人民已经生活在中华人民共和国的大家庭里，怎么能说藏汉关系没有搞清楚呢？”张国华列举事实，说明中央本着民族团结的愿望，几次派来西藏劝和的代表，或遭阻挠，或被软禁，或被杀害。西藏当局陈兵昌都地区，以武力相对抗，人民解放军才不得不教训一下藏军。你鲁康娃当时仅仅是个孜本，不了解整个作战情况，根本没有资格发言。

这是人民解放军入藏以来首次在会议上同分裂主义骨干分子进行面对面的较量。张经武、张国华对鲁康娃义正辞严而入情入理的批驳，既重挫了分裂主义的嚣张气焰，也深刻地教育了在场的几位噶伦。两司曹理屈词穷，佯称有些情况不了解，借此下台阶。会后，他们改变了与中央代表和军区领导当面对撞的做法，转而采取暗中纵容支持“人民会议”活动的伎俩。

2月29日（藏历水龙年正月初五日），张经武前往达赖喇嘛处拜年时，向他介绍了上述有关情况。达赖仅含糊表示：“有些人不懂事，今后做些实事给他们看后，他们就会逐渐明白过来”，对其余问题均笑而不答。

也就在这个时候，逗留印度的西藏地方政府噶伦索康·旺清格勒以及达赖的二哥嘉乐顿珠，先后从印度返回拉萨。嘉乐顿珠过去曾就读于国民党南京中央政治军事学校，南京解放前夕去了台湾，同国民党反动分子来往甚密。他们在印度期间与国外反华势力相互勾结，策划反对中央。他们一回到拉萨，形势急转直下。3月份正值藏传佛教“祈祷大法会”（即传召）期间，各地僧众两万多人云集拉萨，由“铁棒喇嘛”[①]负责拉萨市区的市政管理，社会秩序相当混乱。3月底，“人民会议”借此机会公开发难，在市区组织一些人示威游行，叫嚷“汉人的军队滚出去”，并在街头张贴经鲁康娃审定的“请愿书”。

“请愿书”的主要内容为：一、解放军进藏后，保持达赖喇嘛的固有地位和权力不变，人民表示感谢；二、中央承允保护寺庙，寺庙收入不变更，希望实行到底；三、十三世达赖喇嘛圆寂后十九年，西藏政府没有负起发展的责任；发展西藏政治很重要，如何发展随后呈文；四、靠达赖喇嘛的恩典，过去西藏人民生活自由自在；从铁兔年（1951年）起物价上涨，人民生活困难，但掌握支配利益的首脑们对大众利益不关心，使寺庙供养减少，人民生活窘迫，坏人行劫杀人，请考虑改革时首先注意到这种情况；五、如果改革西藏自己军队（指藏军）的制度，会引起人民的灰心，一个大国的制度不能相容

---

① 铁棒喇嘛，藏语为“措钦协俄”，系寺院的执法者。按西藏地方政府规定，在传召期间由他们接管拉萨市长“墨本”的管理职权。他们常带人在街头巡视，随意鞭打平民，动辄勒索罚款。因其手执镂花铁棒，故得此称谓。

于小地方，除依旧保持少量兵力（指驻藏人民解放军）外，其余希望迅速撤退；六、借口汉藏和睦，封闭商路（指对外出口），使西藏羊毛销售不出，商业倒闭；希望迅速商讨，准予依照原来的方法经商[①]。3月30日，“人民会议”分子降央达瓦等5人将“请愿书”送到布达拉宫。两司曹认为，此举对西藏有好处，并鼓动他们送给张代表。

3月31日，一批反动武装分子暗藏武器，分散布置于拉萨市各街口要道；一些僧人在市区寻衅滋事；数百名藏军趁夜暗包围了中央代表驻地和阿沛的住宅，并向阿沛住宅开枪；藏军还占领了市区周围制高点，在药王山修筑工事。两司曹密令驻日喀则的藏军第六团（炮兵）急调拉萨（于4月2日到达）。一时间拉萨阴云密布，谣言四起，商店关门，形势异常紧张。

桑都仓，是西藏大商人的宅院。1951年西藏工委将此处买下，作为中央驻藏代表张经武驻地。1952年3月31日，“人民会议”分子在此闹事，武装包围了此地，强行要求张经武接见“人民会议”的“代表”。

① 西藏自治区党史资料征集委员会：《伪人民会议始末》，载《西藏党史通讯》1989年第2期。

当日，张经武、张国华、谭冠三、范明等领导人正与西藏地方政府主要官员在西藏工委住地开会，讨论中央人民政府制定的《民族区域自治条例》(草案)。下午3时，会议正在进行，“人民会议”分子要求面见张经武代表。张经武等会同几个噶伦接见了降央达瓦等三人，接受了他们呈递的“请愿书”[①]。张经武当即向到会的噶伦们说明了市区骚乱情况，并带领他们实地察看了工委住地被藏军包围的情形。噶伦们多数甚为惊讶，承认“如幕后无人主使，即不会如此。”而索康噶伦故作镇静，不予表态。随后会议转入商讨对事件如何处置，议论了很长时间，噶伦们表示无能为力，没有提出任何有效的办法。最后，中央代表张经武决定留下阿沛、拉鲁、索康三噶伦在工委住地，与工委、军区领导人共同守夜，以观察事态变化，随时处置情况，其余噶伦各自回家。[②]当晚未发生事端。

4月1日，西藏工委、西藏军区立即将情况上报西南局、西南军区并中央，同时采取了几项应急措施：将军区、工委机关在郊区开荒生产的人员收回，按自卫方案编组，修筑工事，储存柴水，准备应付突发事件；急调驻山南隆子宗的第一五五团一营、驻金达的军区炮兵营兼程进驻拉萨附近地区；令第五十二师师部率一五五团（欠一营）进驻太昭以西至墨竹工卡之间地区待命；令驻江孜、日喀则的第一五四团进入战备状态。

与此同时，张经武以中央人民政府代表的身份紧急致函达赖喇嘛。函称：“昨天在拉萨市发现反动组织的活动，经我们调查了解和拉萨市长证明，得知参加该反动组织的分子，其中除有化装喇嘛和拉萨的流氓外，并且还有全副武装的藏军，组织反动的所谓‘拉萨解放大队’，秘密部署在我的住地周围，企图进行军事骚乱。幸赖人民解放军高度的政治忍耐和有力的军事防范，以及全体噶伦的协助，得以避免流血事件的发生，这是好的；但我必须指出，这些反动分子的活动，决不是偶然的，而是有重要的幕后人物有计划、有组织地暗中主持的。对此种活动若不立即制止，势必造成严重不良后果。请达赖喇嘛迅速下达命令，令藏军回营、僧人回寺、解散‘人民会议’，并发布安民布告。”此信由联络部徐淡庐部长送往布达拉宫，并向噶伦们口头转达了中央

---

① 《西藏文史资料选辑》第16辑，民族出版社1985年8月版，第127页。

② 徐淡庐：《高原日记摘抄》，载《西藏党史通讯》1988年第2期。

代表要求噶厦立即采取有效措施的态度。

达赖喇嘛接到张经武代表的信后，训示相关人员说："你们这样集会骚动，对汉藏团结有不好影响。"噶厦则令拉萨市长采取夜晚实行宵禁、在市区不准携带刀枪、不得仇视解放军、不要造谣等措施。但"人民会议"分子仍在继续进行活动。2日晚，藏军总司令部召开军事会议，策划更大的阴谋。张经武又于3日、4日两次书面通知达赖喇嘛，要他立即召集官员开会，制止非法活动。

1952年4月1日，中央发出关于西藏工作问题的指示："经武同志、西藏工委并西南局：你们三月三日及三月十八日电悉。你们在西藏地区工作，既须坚持既定协议的执行，又须了解各种情况，从具体情况出发，经过许多必须经过的步骤和曲折，以达稳步执行协议的目的。支持靠近中央的分子争取中间分子，孤立顽固分子（如两代理司伦），尤须进行长期的有系统的工作。你们对上述方针已经注意到了，但中央仍希望你们更有意识地在每一步骤中都注意到，特别是因为我们目前在军事、政治上都未能完全控制西藏地区，拉萨等地物价高涨，康藏公路短期难通，军队生产今年尚难自给，我们对西藏人民的物质福利一时尚难有所改进。总之，我们在西藏的基础在目前和今后一年至两年内还是不稳固的。因此我们在政治上必须采取极端谨慎的态度，稳步前进，以待公路修通、生产自给、并对藏民物质利益有所改善之后，方能谈得上某些较大的改革。目前要西藏地方政府帮助的事情，可由张经武提交噶厦，请他们办理，并于提出前先与各噶伦协商、解释，争取大多数人的同意，也要与代理司伦协商。必要而有利时可以采取座谈会议的方式，由经武（以中央人民政府代表资格）或国华（以西藏军区司令员资格）出面。经武、国华等不宜直接出席噶厦会议，尤不宜在他们的会议上形成我们与他们之间的僵局。经武系中央代表的身份，出面同各方接触时要有更多的准备，在座谈会等会议上的主张，要预期获得多数人的拥护，少数人不敢公开正面反对；否则宁肯预先多作说服解释和个别斗争的活动。此外能与达赖保持一定的直接联系是必要的。

向西藏什么地方'进军'的提法，易遭歪曲。向珞瑜进军的提出，也为时过早。珞瑜受帝国主义侵略已久，现在有帝国主义从察隅附近到不丹东境的军事防线（所谓‘巴里巴拉计划’防线）和一些部落性的傀儡政府，情况极为复杂，必须待我们将收复该区的准备工作（包括政治、军事和外交的布置）做好后，提出这一问题，始对我们有利。”①

4 日，中央同意西藏工委和军区所采取的部署和对策，指出：“请愿书”中指责达赖，不管其用意如何，当对达赖采取支持和爱护的态度，帮助他处理骚乱事件，最好由张经武亲自同达赖商谈处理办法，使之觉得对他信任；和平解放西藏办法的协议决不可动摇；关于羊毛销路问题，中央将设法解决。电报强调：军事上严密警戒，政治上多方争取瓦解，力求和平消弭骚乱，非被迫自卫，应尽一切可能避免武装冲突。

6 日，毛泽东为中共中央起草《关于西藏工作方针的指示》电报指出：“最近拉萨的示威不应看作只是两司伦②等坏人做的，而应看作是达赖集团的大多数向我们所作的表示。其请愿书内容很有策略，并不表示决裂，而只要求我们让步”。“看来不但是两司伦，而且还有达赖及其集团的多数，都觉得协定是勉强接受的，不愿意实行。我们在目前不仅没有全部实行协定的物质基础，也没有全部实行协定的群众基础，也没有全部实行协定的上层基础，勉强实行，害多利少。他们既不愿意实行，那末好吧，目前就不实行，拖一下再说。时间拖得愈久，我们的理由就愈多，他们的理由就愈少。拖下去，对我们的害处并不大，或者反而有利些。各种残民害理的坏事让他们去做，我们则只做生产、贸易、修路、医药、统战（团结多数，耐心教育）等好事，以争取群众，等候时机成熟，再谈全部实行协议的问题。”因此，“我们目前在形式上要采取攻势，责备此次示威和请愿的无理（破坏协定），但在实际上要准备让步，等候条件成熟，准备将来的进攻（即实行协定）”。“目前不要改编藏军，也不要在形式上成立军分区，也不要成立军政委员会。暂时一切仍旧，拖下去，以待一年或两年后我军确能生产自给并获得群众拥护的时候，再谈这些问题”。③中央这一重要指示，不仅为处理“人民会议”事件指明了方向，也确定了西藏工委今后相当长一个时期的工作方针。

---

①《西藏工作文献选编》，中央文献出版社 2005 年 9 月版，第 65、66 页。

② 指鲁康娃和洛桑扎西，他们实为代理司伦，藏语称为“司曹”。

③《毛泽东西藏工作文选》，中央文献出版社、中国藏学出版社 2001 年 5 月版，第 61−64 页。

1952年4月，西藏工委部分领导在中央代表驻地合影。左起：平措旺阶、慕生忠、谭冠三、范明、张经武、张国华、李觉、刘振国、王其梅。

7日，张经武出席了有两司曹参加的噶厦会议。两司曹和几位噶伦面对中央政府代表，在发言中都不敢说此次骚乱是合法的，更不敢承认参与和支持“人民会议”的活动。鲁康娃甚至赌咒发誓，说怀疑到他使他“很伤心”。张经武列举事实指出，“人民会议”的活动得到西藏地方政府官员幕后支持，其根据有四：一、西藏历史上从来没有人民会议组织和秘密活动的惯例，如果没有高级官员幕后主使，绝不敢公开武装骚乱；二、去年12月曾向噶厦提出有人组织秘密会议，并未严格禁止；三、发生骚乱后，曾向达赖喇嘛和噶厦提出处理意见，西藏当局未采取断然措施；四、藏军调动事前未向军区报告。这一切不能不令人怀疑。

当日，西南局鉴于西藏工作政策性极强，建议拉萨骚乱事件由中央直接处理。8日，毛泽东起草的电报答复：“嗣后关于我方和藏方发生的政治、军事、外交、贸易、宗教、文化等交涉、商谈和处理事件，均集中由中央解决，西藏工委直接向中央作报告，同时告知西南局”。[1]

8日，张经武应达赖邀请赴布达拉宫商谈。布达拉宫上既有藏军，又有

---

① 《毛泽东西藏工作文选》，中央文献出版社、中国藏学出版社2001年版，第65页。

武装僧人，荷枪实弹，戒备森严。张国华、谭冠三等都为张经武去布达拉宫的安全担心。经过深思熟虑的张经武说："不论出现什么情况，我都必须前往布达拉宫，向达赖当面讲明中央的态度和我们的立场，同他共同商讨处理办法，表示我们对他的尊重。这样既可以争取团结达赖和上层人士，也可以教育西藏广大人民。""我们要力争和平解决，要作到仁至义尽。"张经武还分析了清代七十八任驻藏大臣中仅一人被杀的原因在于当时清朝在藏没有驻军，并着重指出："现在我们有解放军驻在西藏，我作为中央人民政府的代表"，"又是达赖约请我去的，谅那些反动分子也不敢冒天下之大不韪，我看他们没有这个胆量"。"但如果我回不来，我将和达赖一起在布达拉宫观看同志们的自卫还击作战，你们的胜利越快，我平安返回的可能性就越大。即使万一被害，也是为革命、为西藏人民而牺牲的嘛！"[①]军区为保障张代表的安全，做了周密部署。张经武带着翻译彭哲、保卫干事李天柱和警卫员李永柯，冒着危险进入布达拉宫。在与达赖喇嘛面谈时，达赖对发生的"人民会议"事件甚为担心，怕处理不好会激起民愤。张经武帮助达赖分析情况，表示只要不再骚乱下去，除少数敌特分子外，其余一律不予追究。经张经武耐心工作，商谈气氛尚好，获得了预期效果。

9日，中央再次指示："我们的妥协政策，是向达赖及其他中间派实行的，不是向鲁康娃等反动派实行的。因此不论这次骚乱是扩大还是收场（反动派可能见势不佳，想收场），我们均必须借此无理骚乱（破坏协议、和解放军敌对）为题，尽可能将反动派痛惩一下，否则西藏政局不能稳定，爱国分子不能抬头，生产、贸易、医药、修路、统战等各项工作都不能开展，我们将经常处于被动地位。"[②]

据此，西藏工委全面分析了形势，研究了下一步应对"人民会议"的方针、策略和措施：

"（一）决心以政治斗争形式出现，公开向达赖提出撤销两司曹职，坚持实现我们四月一日所提四点。如此作法估计可能发生以下三种情况：第一，达赖和噶厦可能顺利同意撤职。第二，两司曹可能孤注一掷，发动军事反抗，则

① 赵慎应：《中央驻藏代表——张经武》，西藏人民出版社1995年7月版，第73页。
② 《中国共产党西藏历史大事记》，中共党史出版社2005年9月版，第57页。

予以坚决军事回击，在有理有利有节的原则下，争取获得军事上和政治上的胜利。第三，两司曹可能躲藏在布达拉宫，操纵达赖，拖延时间，向我讨价还价，或阴谋继续组织力量，进行反抗。如此则抓住噶厦，请求达赖迅速下令解决，撤职查办。

（二）具体工作：（1）十一日召集三大寺堪布会议，以拉萨市治安混乱理由，坚决要他们停止四月十四日起‘小召’仪式，改为各寺自行举行，我们则分别到各寺放布施，并适当进行宣传工作。另一方面则通知噶厦备案。（2）十三日由张经武用中央代表名义，将要求撤职的决定，用书面送达给达赖，要求于十四日午前宣布命令并出布告。（3）召集噶厦会议，说明中央政策和态度，并分头争取僧俗贵族及西藏和谈代表。同日召集贵族军官会议，讲明政策。（4）军事布署十二日前准备完毕。”①

西藏工委将上述意见，于10日报告了中央及西南局。

毛泽东主席于11日批准了这个报告，表示：“甚为高兴。你们的方针和步骤是正确的，这是一个有理有利有节的方针和步骤，望即坚决而镇定地付诸实行。”②

13日，下午，中央人民政府代表张经武再次带着翻译和警卫人员登上布达拉宫，向达赖严肃地揭露了两司曹破坏协议、策动骚乱的罪行，提出撤销两司曹职务的要求。达赖表示骚乱是不许可的，但对撤销两司曹职务问题则不表态。张经武严正表示：“从即日起，本代表不再承认两司曹职务，不再和他们商讨任何问题。”

同日下午，张经武代表召集噶伦、仲译钦波和孜本等人开会，揭露两司曹破坏协议、策动骚乱的罪行，提出要撤销两司曹的职务。张国华司令员在会议上揭露了两司曹敌视解放军的事实，表明了要撤职查办两司曹的态度，同时通报了军区部分部队调至拉萨的情况和目的。

在张经武、张国华的严正交涉和坚定立场面前，噶厦的态度开始软化。在15日召开的噶伦、仲译钦波、孜本以及三大寺堪布等上层人士的紧急会议上商定，“人民会议”可以解散，司曹不要撤职，并请求中央代表宽大处理。

---

① 《毛泽东西藏工作文选》，中央文献出版社、中国藏学出版社2001年5月版，第67、68页。
② 《毛泽东西藏工作文选》，中央文献出版社、中国藏学出版社2001年5月版，第67页。

16日，噶伦、仲译钦波、孜本以及三大寺堪布等上层人士20人到达中央代表处为两司曹讲情，请求不给两司曹处分。张经武郑重说明，“我和两司曹没有任何私怨，今天和两司曹是政治路线斗争问题，是亲帝国主义，还是拥护祖国？是执行协议，还是组织武装骚乱来破坏协议？这是大是大非问题。他们的罪过如此之大，绝不能原谅。”[①] 19日，他们再次来求情。张经武表示理解大家的心情，但两司曹罪不容赦，并当场表示：本着宽大为怀精神，对鲁康娃、洛桑扎西二人可以只撤职而不查办，以观后效。

鉴于处理此事的政策性极强，毛泽东于4月16日又强调：“在处理‘人民会议’的过程中，必会发生许多新情况，请你们在采取每一个具体步骤时随时向我们作报告，其中重要者须得中央批准，然后执行”。[②]

4月27日，达赖终于下令，撤去两司曹职务。随着两司曹的撤职，形成了达赖喇嘛直接领导噶厦的格局。在中央代表的督促下，噶厦又拘捕了50多名“人民会议”分子。5月1日，军区和噶厦联合发出布告，宣布“人民会议”为非法组织，予以取缔。军区部队的高度戒备并及时进驻拉萨附近地区，有力地配合了政治斗争，起到了坚强后盾的作用。部队也经受了一次维护民族团结和捍卫祖国统一斗争的锻炼。

中央决定对参加了“人民会议” 的成员由西藏地方政府进行“询问”（不叫审讯），中央代表和解放军派代表参加听取询问。这是一种特殊的斗争方式。询问在5月中旬、6月下旬一共进行了两次，对每人都是询问三句话：第一次会议是在何时、何地召开的？发了什么文件？进行了什么活动？被询问的人当场具结，保证以后不再从事非法活动。

所谓“人民会议”事件虽然处理了，但是，幕后策划者们并不死心；他们于8月底派出群则平措等三人拟前往联合国“请愿”。这些人于9月13日到达边境线附近时被截获。通过审讯，更加弄清了非法的“人民会议”的背景和目的，进一步揭露了西藏上层反动集团破坏协议、策划“西藏独立”的阴谋。

随着两司曹的撤职和“人民会议”骚乱的失败，索康噶伦等反动上层分

---

① 赵慎应：《中央驻藏代表——张经武》，西藏人民出版社1995年7月版，第78页。

② 《毛泽东西藏工作文选》，中央文献出版社、中国藏学出版社2001年5月版，第76页。

子转而采取两面派手法对付共产党、解放军。他们表面上与西藏工委、西藏军区合作，暗地里与境外反华势力相互勾结，准备力量，等待时机。嘉乐顿珠则再次潜往印度噶伦堡，同分裂主义分子夏格巴一起，与美国中央情报局、台湾当局以及印度反华势力联合，在国外继续进行“西藏独立”的活动。

此次挫败“人民会议”骚乱事件，是在党中央、毛泽东的直接领导和指示下进行的。处理这一事件的整个过程中，毛泽东先后以中央的名义写了12次重要指示，除规定斗争的方针、政策和策略外，还再三强调及时请示报告。5月19日，毛泽东“再一次指出，你们和西藏人相关的各项工作，每项均须事前报告中央，经过批准，然后执行”。[①]由于中央直接过问西藏的事务，重大问题都是毛泽东亲自决定，西藏工委又结合实际情况坚决地贯彻执行，因此，西藏工作在掌握方针、政策方面始终是非常稳当的。

平息非法的“人民会议”骚乱事件，从政治上沉重地打击了西藏上层反动势力，有力地支持了爱国力量，使许多中间人士向爱国势力靠拢，从而赢得了数年相对稳定的西藏局势，为贯彻协议和开展各项工作创造了有利的政治环境。

第三节　护送十世班禅返藏

《十七条协议》规定，“班禅额尔德尼的固有地位及职权，应予维持”。“达赖喇嘛和班禅额尔德尼的固有地位及职权，系指十三世达赖喇嘛与九世班禅额尔德尼彼此和好相处时的地位和职权。”为执行协议，中央决定在时机成熟时护送班禅返藏。

① 《毛泽东西藏工作文选》，中央文献出版社、中国藏学出版社2001年5月版，第83页。

1951 年 4 月，西北局批准正式成立驻班禅行辕代表办公室，代表范明，副代表牙含章，办公室秘书长李仲西，主要工作对象是班禅堪布会议厅、班禅警卫营、医疗队、文工队。6 月 7 日，西北局正式任命范明为西北西藏工作委员会书记。7 月，班禅行辕入藏工作委员会成立，计晋美任主任委员，纳旺金巴任副主任委员，编入十八军独立支队的行军序列。8 月 1 日，中央复电同意范明率十八军独立支队及西北工作人员进藏后，牙含章继续留班禅处工作，班禅行辕可派少数人员随范明先行入藏，西北局应注意对班禅处工作的领导。这样，驻班禅处代表如同班禅人员一样，分成了两部分。范明率十八军独立支队进军西藏，计晋美率领班禅堪厅先遣队随行，牙含章则留守西宁，一面积极准备班禅及其主要人员入藏各种事宜，一面等候中央指示班禅返藏日期。《十七条协议》签订后，就班禅入藏时机问题，中央指示俟达赖表示欢迎后，再行入藏为宜，以利更好地贯彻协议和促进西藏内部的团结。9 月 19 日，十四世达赖通过张经武亲自致电十世班禅，欢迎他返藏回寺，并同意在其进入西藏后沿途各地派乌拉做好运输工作。

12 月 15 日，西北局书记、西北军政委员会副主席习仲勋从西安到达西宁，代表毛主席、中央人民政府和西北军政委员会专程前来欢送班禅启程返藏。习仲勋还前往塔尔寺看望班禅并转达毛主席、中央人民政府对他及其一行的问候。堪布会议厅举行了有一千余僧俗群众参加的欢迎大会。班禅在大会上致欢迎词说：如果没有毛主席和中国共产党的正确领导与全国各兄弟民族的热诚帮助，西藏和平解放是根本不可能的，我们返回西藏也是不可能的。因此，我们说中国共产党和毛主席是西藏人民的大救星，是我们的大恩人，我们只有跟着共产党和毛主席走，只有同祖国各兄弟民族紧密地团结起来，我们西藏民族才能得到彻底的解放，别的道路是没有的。会后，习仲勋又在班禅的住地同他进行了亲切的谈话，习仲勋劝他回西藏后不要急，要照顾全局，首先要搞好藏族内部的团结，这样西藏各方面的工作才有希望。

12 月 19 日，青海各界在西宁城外，搭上帐篷，按藏族的民族仪式，举行了隆重欢送十世班禅启程返藏的大会。习仲勋和青海省政府、省军区领导人，塔尔寺的喇嘛与西宁市汉、回各族各界市民共约一万余人参加了大会。班禅和堪布会议厅的全体僧俗官员在牙含章等人的护送下，从西宁乘汽车出发，经过日月山、青海湖到了香日德。

在香日德停留期间，牙含章将唐古拉山有可能大雪封山的消息向中央、西藏工委作了反映。周总理和李维汉看到电报以后回电说：如果雪封山的情况属实，可考虑在香日德停留下来，等到次年夏季再走。中央虽然希望班禅早日返回西藏，但对班禅的安全非常重视，不要他们冒险前进。后来班禅决定如碰到这种情况可绕道三十九族地区。与此同时，集中到香日德的骆驼有3000余峰，全部是在甘肃省民勤县租雇的，同时还雇用当地汉族民夫300余人。由青海省蒙藏部落租雇了牦牛7000余头，同来的有蒙藏牧民700余人，另采购了2600多匹乘马、400多头骡子。

1952年1月12日，队伍从香日德出发。班禅行辕与代表办公室为了避免拥挤，一般相距五六华里。骆驼与牦牛队又分为若干小队，队与队之间相距数十华里，这样就避免发生沿途食草与饮水的困难。翻唐古拉山时，遍山是一尺多深的积雪，牲口吃不上草，人员也只能化雪烧点水解渴。由于高山缺氧，无法做饭，只吃点干粮充饥。骡马还有点豆料可以充饥，死亡不多，牦牛习惯于雪地行走，空腹几天也能支持，只有骆驼既不习惯雪地行走，更不习惯空腹行走，沿途死了将近一半，损失很大。民夫也死了十余人，全部是甘肃民勤县来的汉族农民，他们为支援班禅返藏献出了宝贵的生命。

过唐古拉山后，随即进入到聂荣宗，当地宗本和达赖派来的官员一起前来欢迎班禅的到来，并向班禅敬献了哈达。

到达黑河时，黑河总管一僧一俗四品官与当地的活佛、喇嘛以及附近的牧民共约上千人前来欢迎，在孝登寺内举行了传统的藏传佛教欢迎仪式。牙含章代表人民解放军拜访了总管、活佛，赠给他们藏汉文本的《十七条协议》和许多宣传品以及砖茶等礼品，还给寺庙发放了布施。应寺庙的要求，班禅还在黑河做了法事活动。此时，正赶上拉萨的亲帝分裂势力闹事，“人民会议”分子千余人包围了中央代表张经武的住房，要求人民解放军退出西藏。司曹鲁康娃、洛桑扎西下令拉萨附近几个宗的藏族人民，不准出卖粮食与燃料给解放军。西藏工委为安全起见，来电要班禅一行暂在黑河停留，不要前进，同时要提高警惕，严防当地坏人袭击班禅。班禅对西藏发生的政治事件非常关心，完全同意西藏工委提出的建议，对“人民会议”的反动行为表示愤慨。

他发电给达赖，一方面表示拥护达赖，另一方面谴责了“人民会议”的骚乱行为。班禅一行在黑河停留约一个月，没有发生任何意外。

4月中旬，拉萨“人民会议”事件得到和平解决，西藏政治形势趋于缓和。4月15日，班禅一行从黑河启程前往拉萨。黑河僧俗各界在市郊搭起欢送帐篷，一如来时，黑河寺的活佛、总管、宗本等官员都来给班禅献了哈达，第五团的藏军一直护送到拉萨。24日，班禅一行经过四个月的长途跋涉抵达拉萨东郊的吉日。西藏工委副书记范明、军区参谋长李觉、堪布会议厅扎萨计晋美等从拉萨前来看望班禅，并同堪布会议厅的官员共同讨论有关班禅进入拉萨的一系列问题，特别是十世班禅与十四世达赖见面时的仪式程序，以及坐位的高低等问题。经过中央代表张经武从中协调，最后达成了双方都能接受的安排。

4月28日为十世班禅进入拉萨市的大喜日子。噶厦在拉萨市东郊搭了欢迎帐篷，由首席噶伦然巴带领全体噶伦，还有西藏地方政府四品以上的僧俗官员向班禅献哈达。班禅坐在一个高床上，给每个官员都摸了顶。然后是拉

1952年4月28日，第十世班禅额尔德尼·确吉坚赞及其堪布会议厅委员会全体人员从青海返藏，到达拉萨。张经武和人民解放军驻拉萨机关、部队、西藏地方政府各级官员、西藏地方部队、三大寺喇嘛、拉萨市僧俗人民等两万多人迎接。图为张经武和班禅的合影。

萨三大寺僧众在甘丹赤巴带领下，向班禅献哈达，班禅也向他们赠了哈达。中央代表张经武和西藏军区司令员张国华、政委谭冠三、副政委范明等另搭一个欢迎帐篷，也按藏族礼节向班禅献了哈达，班禅也回赠了哈达。这天西藏地方政府出动了藏军1000多人参加欢迎。布达拉宫出动了古典仪仗队骑马出来欢迎。拉萨市民则按藏族的礼节，在每家门口用白灰画了图案，在香炉内煨了“桑”（柏树枝叶），在房顶上换了新制的经幡。男女老幼穿了新装，在班禅经过的道路两旁磕头，表示崇敬和虔诚。班禅则坐了由噶厦准备的八人抬的黄色轿子，一直到大昭寺，住在历代班禅来拉萨时居住过的门楼上面。班禅稍事休息，便乘轿前往布达拉宫，与十四世达赖举行了第一次会见。这是自九世班禅与十三世达赖失和以后，经过了29年才由十四世达赖与十世班禅实现了两大活佛的会面，在西藏民族内部大团结的路上迈出了重要一步。

班禅在拉萨停留期间，由噶厦和堪布会议厅各派出代表3人，举行谈判，以便明确恢复班禅的固有地位与职权问题。这是1951年中央人民政府与西藏地方政府的代表在北京进行和平解放西藏的谈判时，原则上达成的协议。而由下而上要具体解决恢复班禅的地位与职权，究竟有哪些内容，仍待具体落实。解决这个问题的前提是先要明确九世班禅与十三世达赖和好时期的界限。双方查阅了历史档案，一致认为，以藏历第十五饶迥的火鸡年，即清光绪二十三年（公元1897年）为“彼此和好相处”时的界限。这个问题明确后，其他的问题就都比较容易解决。

自九世班禅于1923年离开扎什伦布寺到内地的29年间，扎什伦布寺与其所属百姓是由噶厦政府管理的，现又由班禅堪布会议厅接管。西藏军区为了十世班禅的安全，从进藏部队中抽调一个连的兵力，由拉萨一直护送到扎什伦布寺。西藏地方政府决定派遣首席噶伦然巴·土登滚钦为达赖与噶厦的全权代表，陪同班禅前往扎什伦布寺，一方面是向十世班禅第一次回扎寺表示祝贺，同时也是为了处理扎寺及其所属宗谿的交接问题，以及妥善处理噶厦后藏管理机构与堪布会议厅的关系。

6月9日，班禅一行离开拉萨。噶厦在哲蚌寺前搭了欢送帐篷，全体噶伦与四品以上的僧俗官员及群众三万多人都来送行。中央代表张经武、西藏军区司令员张国华、政委谭冠三、副政委范明，以及西藏工委的全体负责干部，也在哲蚌寺前搭帐篷表示欢送。

为了欢迎班禅返回扎寺，扎什伦布寺所属的宗、谿、牧区与属寺的僧俗群众，在日喀则集中了近三万人，许多人在市郊搭了帐篷，居住等候，据说有不少人已在日喀则等候了一个多月。在日喀则，民房和寺庙僧房屋顶上都插了五星红旗，僧人住的房子里摆放了毛泽东主席的相片，充分反映了藏族人民群众自发的爱国热忱。

6月23日，十世班禅乘坐轿过年楚河进入扎什伦布寺。4000僧侣手执点燃的香，在扎寺大门外排队欢迎。群众的场面更是热闹，几万人身穿新衣夹道排列，腰鼓队、藏戏班子等唱着歌、跳着舞，最使人感动的是有许多老人，因为过于兴奋而痛哭流涕。人们手中除了哈达，还多了一面自制的五星红旗。从九世班禅被迫出走内地到十世班禅返藏回寺的29年里，班禅方面为维护祖国统一，捍卫祖国领土主权的完整，曾进行了艰难的斗争。但由于民国政府和国民政府腐败无能，西藏问题一直悬而未决，更不要说藏族内部的团结问题。只有在中国共产党的领导下才实现了西藏的和平解放，实现了班禅返藏，并重新获得其固有地位和职权。班禅返藏是贯彻执行协议的生动体现，是中央政府成功解决西藏内部问题的重要一页。

第四节 重点加强上层统一战线工作

统一战线是中国革命胜利的三大法宝之一，其基本思想是团结多数，打击少数，争取一切可以争取的力量，壮大自己，孤立敌人。西藏和平解放后，仍然保留着原来的社会制度。尽管《十七条协议》对包括上层和宗教人士在内的西藏人民都有好处，但因多种原因，完全实行协议的条件尚不成熟。而开展上层统一战线工作对实现协议具有特别重要的意义，也是西藏工委和西藏军区一项长期的中心任务。对于这件大事，部队指战员和地方工作人员不少人开始不够理解，只看到上层剥削压迫农奴的一面，忽视他们的特殊作用一面。后在不断学习和实践中提高了认识，自觉地执行统战政策，大力开展统战工作。

1952年4月2日，西南局、西南军区指示西藏工委、西藏军区：要肯定在两三年内，压倒一切的任务是扩大与巩固上层统一战线，不但在达赖地区如此，而且在班禅、昌都地区都应如此。必须了解，不通过上层，一切都做不通，社会改革更会遥遥无期。7月22日，西藏工委深入分析西藏的政治形势和上层的状况后提出："统一战线应以反帝爱国为主和以稳定上层、与帝国主义争夺上层为中心工作，不是反帝反封建同时并进的统战方针"。8月16日，中央复电西藏工委："你们对西藏政治情况的估计，基本上是正确的。""你们今后一个较长时期的工作，应以上层统一战线，首先是争取和团结达赖和班禅及其上层集团的大多数，以及争取时间解决生产自给和交通运输问题为主要任务。其他的工作均应服从这一任务。"①12月16日，中央指出：要"在西藏地方政府官员、达赖、班禅的宗教事务官员，各大寺庙的喇嘛，藏军官员及僧俗知识分子中，依据可能稳步地发展统战工作，了解他们的要求和感情，加强和他们联系"。②

西藏的统一战线，是以中国共产党和进藏人民解放军为领导力量，以《十七条协议》为纲领，以反帝爱国为主要内容的上层统一战线。凡是反帝爱国的人，不论其差别如何，只要在不同程度上接受《十七条协议》，愿意和共产党、解放军或多或少合作的上层人士，都是团结的对象。统战人士内部，按照他们的反帝爱国态度区分为左中右三派。对其中的左派进行团结、壮大；对中间的观望动摇者进行团结、争取；对右派，只要他们与帝国主义脱离联系、不进行破坏和反抗，就要加以分化、争取。总之，要团结一切可以团结的力量，反对帝国主义的侵略和奴役，巩固祖国统一，加强民族团结，从而减少阻力，增加助力，为全面贯彻执行《十七条协议》创造条件。

从进军西藏开始，西藏工委和第十八军经过调查研究后就非常重视统一战线工作。军队进驻西藏拉萨等地以后，本着上述指示精神，统战工作有了

---

① 《中国共产党西藏历史大事记》，中共党史出版社2005年9月版，第61、62页。

② 《西藏工作文献选编》，中央文献出版社2005年9月版，第92页。

进一步的加强。各级领导人亲自做这项重要工作。张经武、张国华、谭冠三、范明、王其梅、李觉、刘振国等对达赖、班禅和西藏地方政府三品以上官员以及大贵族、大寺庙负责人直接进行统战工作。从军区机关到师、团的领导人，还有各级地方党组织的负责人则对四品以下官员、中小寺庙上层僧侣以及地方实力派的贵族、头人进行统战工作。这种做法，当时称之为“兵对兵，将对将”。各级领导通过对上、中层人士的登门拜访、设宴请客、赠送礼物、组织联欢、学习谈心、庆祝节日活动以及贸易往来等形式，广泛结交朋友，联络感情，宣传协议，宣传党的民族、宗教政策，商讨问题。在同上层人士打交道时，尊重和照顾其地位、职权、声誉、习惯等，尽可能地做到既坦诚热情，又有分寸。进藏部队需要办理的一切事宜，如划拨土地开荒生产、修筑公路占地、组织畜力运输、采购粮食、物资等，也都事先同有关的上中层人士协商，在得到他们的同意后再行办理。甚至像发放农贷、助民劳动、给群众演戏或放电影、进行调查研究等，都是先与他们商量，尽可能争取共同办理。

1952年4月28日，班禅额尔德尼及班禅行辕人员自青海返回拉萨，实现了班禅与达赖的友好会晤。但由于历史的原因，双方在许多问题上有分歧和争议。中央于5月8日指出：原则性重大问题必须执行协议；具体争议一时无法弄清者暂时保留，查明后再做处理；非原则性细节进行调节，双方让步。遵照中央指示精神，张经武、张国华、范明等多次同双方协商做工作，既不赞成达赖集团强求西藏内部的统一，又不同意班禅方面强求实行分治，启发他们互谅、互让、互相尊重。通过大量的说服工作，逐步缓和了两个集团之间的紧张关系，使他们顺利地签订了《西藏地方政府和扎什伦布寺拉章谈判备忘录》，合理地解决了班禅方面有关乌拉差役、军用粮食负担和噶厦归还原属班禅的宗豀等问题，从而开始出现达赖集团和班禅集团之间团结的可喜局面。1953年3月，政务院批准班禅堪布会议厅委员会（简称堪厅）组成。以后西藏工委又不间断地进行工作，解决相互之间的历史遗留问题和现实问题，推动其不断增进团结。

西藏经济工作是统战工作的一条重要战线。第十八军进驻拉萨后，西藏上层反动集团囤积居奇，抬高物价，打乱群众正常的经济生活秩序，以引起人民不满。他们又嫁祸于解放军，挑拨与破坏藏汉关系。西藏工委、西藏军区为了团结西藏上层中的多数，首先从羊毛出口贸易着手，解决军需民用问题。因为，羊毛出口关连着西藏数十家大商贾、大贵族、大寺院的利益。西藏工委报经中央批准，由中央拨款400亿元（旧币），以高于出口印度市场的价格，收购西藏积压的羊毛。1952年粉碎“人民会议”事件之后，西藏贸易公司于5月2日向拉萨上层人士中的大商家宣布此项决定时，受到他们的一致欢迎。同时，鼓励他们从印度等地采购粮食、日用品或将自已的存粮出售，贸易公司与他们订立合同，建立正常的商贸关系。这一措施实行后，产生了积极的影响。从拉萨到印度大吉岭、从四川到昌都直至拉萨的驿道上，以及前后藏的盐粮交换市场，出现了马帮、牦牛队络绎不绝的繁荣景象。上层人士为此获得了丰厚的利润，也体会到中央是切实维护藏族人民利益的，在经济上逐渐减少了对帝国主义和反华势力的依赖和联系，积极向中央靠拢。

西藏过去没有现代意义的学校，只有极少数贵族子弟的私塾。为了提高人民的文化水平，西藏工委于1952年初倡议在拉萨开办一所小学。张经武、张国华等多次与噶厦商量办学的事，从军区和进藏工作人员中抽调合适的人选参加筹办。经过多方努力，拉萨小学终于8月初开学，到校学生600人。小

西藏和平解放后建立的第一所拉萨小学正式开学。图为孩子们愉快地在操场上做游戏。

学由张国华担任董事长，达赖的副经师赤江·洛桑益西任校长，28名董事大多数是西藏地方政府当权的官员。小学董事会成为联系西藏上层的一条渠道。此前在昌都，随后在日喀则、江孜、山南、黑河等地也办起了数十所小学，团结联系了当地的一批上层人士。在拉萨，西藏干部学校还成立了“社教班”，新闻单位设立了藏文编审委员会，在江孜组成了学习协议委员会等。通过这些组织，团结了一批藏族中、上层知识分子，使统一战线范围逐步扩大。

1952年5月4日，新民主主义青年团西藏工作委员会在拉萨成立。遵照西藏工委的指示，团工委首先在拉萨的贵族青年男女中开展广交朋友的工作。经张经武同达赖商定，1953年1月成立拉萨爱国青年文化联谊会，以达赖的三哥洛桑三旦担任会长。以后，在日喀则、江孜、昌都和阿里等地相继成立了爱国青年文化联谊会。1954年，拉萨爱国青年文化联谊会作为集体会员加入了中华全国青年联合会。1956年9月，成立了西藏爱国青年文化联谊会，会员达6000多人。1954年3月8日，成立拉萨爱国妇女联谊会，由达赖的姐姐尧西·泽仁卓玛和阿沛·阿旺晋美的夫人阿沛·才旦卓嘎任主任委员。其后，各地区相继成立了爱国妇联组织。工委副书记谭冠三兼任工委妇委主任，经常指导西藏爱国青年、爱国妇女联谊会的活动，与他们中的人士广交朋友，有的成为挚友。

这些爱国青年、妇女联谊会组织，团结了西藏各阶层的青年和妇女，组织他们定期学习政治，学习文化知识，开展文体活动，演出文艺节目，举行球类等体育比赛，提高了他们的思想文化水平，密切了军民、民族关系，并通过他们影响其家人，收到很好的效果。

8月，工委负责人与达赖协商，组织西藏参观团、致敬团赴京。这些团体的成员均为有代表性的上层人士。西藏致敬团由西藏地方政府官员扎萨柳霞·土登塔巴担任团长，参观团由土登列门任团长。两团均于8月自拉萨起程，到达北京后，致敬团向中央人民政府和毛泽东主席致敬献旗。毛泽东主席同他们亲切谈话，致敬团成员深受教育。柳霞曾将毛主席谈话的要点[①]在中央人民广播电台向西藏僧俗官员和全体藏族同胞广播。参观团、致敬团参加了天

① 《毛泽东西藏工作文选》，中央文献出版社、中国藏学出版社2001年5月版，第88–89页。

安门国庆观礼，随后又到内地十多个大中城市参观。他们开阔了眼界，增长了知识，接受了爱国主义和形势教育。这既是他们了解共产党、认识祖国、加强民族团结的好方式，也是中央直接了解西藏情况，开展上层统战工作，团结西藏民族的好方式。从此每年西藏都组织参观团或观礼团到内地参观、访问，其成员不断扩大，包括从拉萨直至西藏各地区的上层僧俗官员、寺庙喇嘛、青年和妇女。自1952年至1957年，共组织了13批1000多人次到内地参观、访问。

做西藏寺庙的上层喇嘛工作，是反帝爱国统一战线工作的重要内容。1952年5月19日，中央指出："在三大寺的统战工作，""应着重上层"。[①]10月26日又指出："必须充分估计到佛教在西藏民族的悠久历史及其深入人民的传统影响"，"必极端谨慎"。[②]中央人民政府代表张经武到达拉萨后，即主动地同宗教界特别是甘丹、哲蚌、色拉三大寺上层人士广泛接触，同他们促膝谈心，并向广大僧人发放布施。西藏工委从1952年开始，在每年拉萨传召大法会期间，向两三万名僧众发放布施；还利用参观寺庙、参加宗教节日及其他与寺庙有关的活动，与寺庙上层人士广交朋友，邀请他们参加座谈会、学习会和纪念会等，宣传《十七条协议》和党的宗教政策，鼓励寺庙中有影响的青年僧人到内地参观学习，以提高他们的爱国主义觉悟，增强祖国观念。经过协商，功德林·洛桑土登晋美嘉措活佛于1953年率西藏佛教代表团参加了全国佛教协会成立大会。在这个会上，达赖和班禅被选为全国佛教协会名誉会长，功德林活佛被选为副会长。1956年9月，成立了中国佛教协会西藏分会。通过这些统战工作，团结、争取了一批上层僧侣。

通过积极的上层统一战线工作，有效地团结了像班禅额尔德尼·确吉坚赞、阿沛·阿旺晋美、朗顿·贡噶旺秋、甘丹赤巴·土登衮噶、帕巴拉·格列朗杰、拉敏·益西楚臣、拉敏·索朗伦珠、吉普·平措次登、雪康·土登尼玛、崔科·顿珠才仁、生钦·洛桑坚赞、桑丁·多吉帕姆（女）、江中·扎西多吉、金中·坚赞平措、朵噶·彭措饶杰、唐麦·贡觉白姆（女）、定甲·

① 《西藏工作文献选编》，中央文献出版社2005年9月版，第80页。
② 《西藏工作文献选编》，中央文献出版社2005年9月版，第89页。

1952年9月，张经武、张国华等人看望不顾西藏地方政府的禁令，把寺庙库存的大量粮食卖给解放军的爱国人士德木活佛和夫人。之后，张经武、张国华多次邀请德木活佛夫妇去工委、西藏军区赴宴。左起：臣莱德钦、德木活佛、平措旺阶、张经武、张国华、谭冠三、王其梅。

多吉坚赞、噶炯·次仁顿珠、邦达多吉、格桑旺堆、霍尔加色、江巴悦西[①]等为代表的西藏各地一大批很有影响的藏族上层爱国人士，使他们成为与共产党、解放军长期合作共事的忠实朋友，有的后来还成为共产党员。西藏一条广泛的反帝爱国统一战线逐步形成，为贯彻《十七条协议》和社会进步发挥着特别重要的作用。

---

① 朗顿·贡噶旺秋，卸职司伦；甘丹赤巴·土登衮噶，西藏佛教界学位最高者、宗喀巴第97任继承人；帕巴拉·格列朗杰，昌都地区第一大活佛、昌都解委会副主任；拉敏·益西楚臣，班禅堪布会议厅主任；拉敏·索朗伦珠，日喀则贵族；吉普·平措次登，江孜宗本，分工委山南访问团副团长；雪康·土登尼玛，藏政府原僧官，西藏爱国青年文化联谊会负责人，后任共青团中央委员；崔科·顿珠才仁，藏政府四品官；生钦·洛桑坚赞，日喀则活佛；桑丁·多吉帕姆，浪卡子宗羊卓桑丁寺女活佛；江中·扎西多吉，林芝地区贵族；金中·坚赞平措，藏政府原五品官，后任自治区商业厅厅长；唐麦·贡觉白姆，拉萨贵族，西藏爱国妇女联谊会负责人；定甲·多吉坚赞，藏政府台吉，小三品官，亚东外事分处副处长；噶炯·次仁顿珠，山南地区贵族；邦达多吉，康南巨商，昌都解委会副主任；格桑旺堆，起义的藏军九代本，昌都解委会副主任；霍尔加色，三十九族地区总千户、昌都解委会第一办事处副主任；江巴悦西，色拉寺派驻波密地区的堪布、昌都解委会第二办事处副主任。

很多建设事宜，如修筑公路、建设机场、建立厂矿等，都是与西藏地方政府和上层人士协商一致后进行的。甚至在修路中遇到玛呢堆时，也是协商后请喇嘛念经后把玛呢堆转移地方。

在统一战线工作中，在涉及西藏工作全局的重大问题、尤其是关于对待达赖、班禅两集团的方针上，中央是非常明确的，而且常敲警钟、给指示，并不时纠正偏离这一方针的认识和作法。西藏工委也特别谨慎，坚决执行中央的指示，一旦出现偏差（包括中央指出的）即检查纠正，内部基本上是一致的。只是工委副书记范明认为："达赖在西藏之实际统治力量，以人口论不到三分之二，以土地论不到三分之一"，强调班禅方面是爱国进步派，达赖集团是顽固派，所以主张利用矛盾，"以进步推动落后"，让班禅管辖的地区和军事解放的昌都地区先实行自治，东西两面夹击，迫使达赖集团接受分区自治。还提出以武装（力）改编藏军想法。当时的情况是，后藏地区的政教事务是由噶厦的"藏基"（后藏总管）和班禅堪厅分别管理的。后藏全区有21个宗和亚东（卓木）基巧，其中属噶厦"藏基"总管管辖的有日喀则和南木林、仁布、定结、定日、绒辖、协噶尔、聂拉木、宗噶、吉隆、萨噶、仲巴等12个宗，直属噶厦管辖的还有江孜和帕里宗及亚东卓木基巧，以及众多的谿卡。另一个萨迦宗归萨迦法王管辖，也受噶厦节制。班禅堪厅管辖的仅有拉孜、昂仁、彭措林、岗巴等四个宗和藏北的达木萨迦、谢通门等5个相当于宗的谿卡以及间插在噶厦后藏辖区内的63个谿卡，面积占后藏地区五分之一，人口10万，约占西藏人口十分之一。班禅堪厅属寺200多座，不到西藏寺庙的十分之一。所以，不仅在全藏，就是在后藏地区，噶厦管辖的地区也是大大超过班禅堪厅管辖的地区。这一实际情况决定了，在西藏的统一战线工作，主要是争取达赖集团及其地方政府中的大多数上层人士，并高度重视团结班禅方面，发挥他们爱国的传统和作用。对于范明所提出的设想，不作内部争论，一切按照中央的指示和意图执行。

1952年8月，西藏地方政府准备组织部分官员赴京向毛主席致敬，提出以噶厦的小三品官员扎萨柳霞·土登塔巴任团长，组成噶厦致敬团。西藏工委认为很好，但为增强西藏内部团结，设想组成统一的致敬团，起初曾称"西藏地方政府致敬团"，中央指示后改称西藏致敬团，让班禅方面也有几名成员参加，并出一人任副团长。为此，西藏工委征求日喀则分工委的意见。日喀则分工委提出致敬团应设两个团长，即达赖方面一人、班禅方面一人的意见。经过工委的耐心工作，班禅方面派出官员丹巴饶杰任副团长，才使统一的致敬团组织起来。

日喀则分工委提出设立两个团长的意见，体现了班禅方面“分别自治”[①]的意图，不符合中央关于西藏统一战线工作的方针。为此，西藏工委于1952年9月10日致电日喀则分工委，要求查明班禅方面的“分治思想”问题。15日，日喀则分工委复电工委说：关于班禅方面的分治思想，是清朝统治者采取“分而治之”造成的。并说《十七条协议》明文规定恢复十三世达赖与九世班禅彼此和好相处时的地位和职权，实际上就是恢复清朝时的“分治”局面。这时，范明正在日喀则处理问题，也向中央和西藏工委作了一个与日喀则分工委一些观点相类似的报告。

从日喀则分工委的报告和工委内部的不同意见及范明在日喀则的报告看，不仅含有“分治”和统一的问题，并有班禅和达赖是应当平起平坐、地位对等，还是应有主次、高低之分的问题；即是以争取达赖集团为首要任务，还是以依靠班禅方面为主要任务的重大政策问题。对此，西藏工委于10月1日复电日喀则分工委，指出其报告中的问题，同时报告了中央。此意见也电告范明，希望他据此做好有关方面的工作。

10月27日，中共中央复电肯定“西藏工委的见解是正确的”，明确指出：“在中央人民政府统一领导之下的西藏(指前藏后藏和阿里地区，在条件成熟时还可包括昌都地区）地区的统一，对于建设和发展西藏，对于争取团结全国藏族都是有利的。统一是困难的，因此需要慎重稳步实现，不可急躁。日喀则分工委注意到这点是好的，但决不可采取先分治后统一的步骤，这样无论对目前和将来，都是不利的。因此，统一的西藏自治区，是不可动摇的。”电报还说：“在团结达赖和班禅，即力谋和平统一西藏内部时，一方面固然要

① 1950年8月1日计晋美代表班禅所拟定的《解放西藏办法及政教组织方案》，要求中央人民政府在西藏解放后，“组织一个行政区而将前后藏分别自治”，前藏自治政府包括卫（前藏）、工布、波密和昌都地区；达赖为前藏政府主席；后藏自治政府包括藏（后藏）和阿里地区，班禅为后藏政府主席。这一方案当时中央就未采纳。

估计到班禅方面在一定范围和一定程度上的进步性，并善于推进和运用这种进步性。但同时必须认识和估计到达赖的地位和影响，不仅在西藏地区而且在整个西藏民族中都比班禅为高的事实。因此在争取和平解放西藏，和平统一西藏及和平解放西藏后我们在西藏地区的各种工作政策，都不能不以争取达赖集团为首要任务。凡有利于这个任务实现的事情即应坚决地去做（这里包括团结和斗争两个方面，但斗争是为了团结，采取有理有利有节的原则，例如对‘人民会议’的斗争）。凡不利于这个任务实现的，即不应当做，或暂时不做（例如军政委员会和改编藏军就是暂时不做的例子）。因此，对于以争取达赖集团为首要任务的方针，不可有所动摇。”①这样，中央既再次明确了西藏地方内部行政统一的原则，又重申了对待达赖和班禅的方针。

西藏工委根据中共中央的指示精神，认为以达赖为首的西藏地方政府实际上统治着西藏，因此必须以争取达赖集团为首要任务。《十七条协议》的签订和贯彻，包括班禅返藏，实现西藏内部的团结等，都是争取达赖集团的结果。但班禅那时属于统战人士的左派，所以以争取达赖集团为首要任务和坚定地团结班禅方面，这是一条适合西藏实际而必须坚持的正确方针。对待两集团必须采取十分慎重的态度，避免刺激任何一方。西藏工委并认为，以班禅方面作为动力，实现西藏地区的真正统一是不可能的。目前可以让班禅方面有高度的自治权力，在处理问题时可以分开达赖、班禅两集团，不以噶厦为统一的西藏地方政府名义处理班禅方面的问题。但如果容许班禅地区先成立“自治政府”，一定会遭到西藏地方政府即达赖集团的强烈反对，从而将造成难以克服的困难。西藏工委还认为，统一战线内部不能分爱国派、顽固派，这不符合西藏反帝爱国统一战线的实际，也违背统一战线的政策和策略。

关于改编藏军问题，毛泽东主席在1952年4月6日、13日已有明确指示，即逐步改编藏军。1952年10月8日接见西藏致敬团时，又说改编藏军要“慢点执行”。藏军必须改编，这在《十七条协议》中已有明确规定。西藏工委坚决执行毛泽东主席的指示，认为当时在政治、经济、群众基础上根本没有改编藏军的条件，如果采取强迫改编藏军，定要导致脱离群众，甚至导致

①《中国共产党西藏历史大事记》，中共党史出版社2005年9月版，第64、65页。

对达赖集团的工作全部垮台。这样做显然是危险的。

在财政经济工作上，西藏工委根据中共中央、毛泽东关于“进军西藏，不吃地方”及“精打细算，生产自给”、“从印度和内地打通贸易关系”等方针和指示，提出“保障军需，兼顾民用”，“统一采购，紧缩开支”等一系列的财经政策。对藏币则是按照中央财委“以采取不理态度，逐渐削弱的方针”，不“过早地提出统一”，待“各方面条件具备”时再考虑的指示处理是正确的。

对这些问题，中央陆续都有明确指示。中央关于西藏工作的一系列指示精神陆续下发后，工委多数领导人坚定地执行中央的指示，但个别人的思想认识问题一直没有解决，以至严重地影响到工作和团结。

有鉴于此，中共中央决定于1953年10月底在京召开西藏工作讨论会。工委成员张国华、范明、王其梅、慕生忠、牙含章等参加（慕生忠中途有事离京）。会议开始时由中央统战部部长李维汉主持，以后则在刘春（国家民委副主任）主持下进行，李维汉也常去参加。在讨论工委内部争论的其他问题时，一般都能取得一致，唯独涉及对待达赖、班禅的策略问题时无法统一。

会议举行了59次，时间长达3个多月，对所争执的主要问题，始终没有统一起来。

这时恰逢中共七届四中全会在京召开，会议做出了《关于增强党的团结的决议》。决议内容一在西藏工作讨论会上传达，会议的气氛即刻转变，双方停止了争执，开始各自检讨。虽然认识还未完全统一，但会议很快就收场，并于1954年2月10日写出了《西藏工作讨论会议总结报告》。

中央批转《西藏工作讨论会议总结报告》（以下称《总结报告》）后，3月初，刘少奇、周恩来、朱德等接见了西藏工作讨论会议人员。中央领导人尖锐指出西藏工委没有维护好一个中心的教训；批评急于改编藏军的问题是个组织纪律问题，指示没有解决的问题回去后再说，不要反映西藏的落后意识，应当是接近他们，影响他们，但不能受他们的影响。还交待张经武回京休息一个时期，张国华代理工委书记、代理中央代表。

7月7日至17日，西藏工委在拉萨召开扩大会议，张国华传达了《总结报告》和中央的批示，并对党内团结和思想作风等问题进行了高姿态的自我检讨。随后，工委召开县、团以上党员会议，进一步统一政策思想，坚持统一经营西藏的方针，实行正确的统一战线政策和策略，使西藏工作更好地遵循毛泽东提出的“慎重稳进”方针前进。

时值第一届全国人民代表大会即将召开，因西藏有达赖喇嘛、班禅额尔德尼等人出席大会，中央于1954年8月2日向全国各省市发出的《关于接待达赖、班禅的招待、宣传方针》中指出：“中央的方针是在西藏地区逐步地实现统一的区域自治，在达赖第一、班禅第二，达赖为正、班禅为副的原则下，把达赖、班禅两方面的爱国力量和其他爱国力量团结起来，建立统一的西藏自治区。”这样，中央再一次把对待达赖、班禅的方针讲得非常透彻明确，进一步肯定了西藏必须建立统一的自治区，否定了“先分治后统一”，端正了对达赖、班禅的摆法。这可说是中央对西藏工作讨论会上所争论的问题作出的明确结论。

第五节　积极进行影响群众工作

影响群众工作，是进藏部队和工作人员在西藏特定条件下所采取的一种特殊的灵活的工作方式。尽管开展以争取西藏上层大多数人的反帝爱国统一战线是当时的主要工作，但对于长期受封建农奴主压迫和封建农奴制度压榨的广大劳动人民群众来说，则是在不妨碍争取与团结上层的情况下，积极地进行影响工作。这是党的根本宗旨所在，也是出于对西藏人民的当前利益与长远利益的基本考虑。影响群众工作，从广义上讲，一切有利于西藏人民的事，进藏部队和工作人员都要力所能及地去做。如做生产、贸易、修路、医药、统战（团结多数，耐心教育）等好事。从进军西藏开始，解放军遵守三大纪律八项注意，尊重群众的宗教信仰和风俗习惯，帮助群众生产劳动、修桥补路、背水扫地等，这些都给群众留下了良好的影响。

1951年10月18日，中央人民政府代表张经武首次对拉萨贫民、乞丐发

1951年10月18日，张经武和十八军先遣支队一道在色拉寺发放布施4700余份。喇嘛每人一份，每份藏银20两，铁棒喇嘛按10份发放，活佛、堪布均在10份以上。布施后，张经武与该寺众堪布进行座谈，并参观寺庙。

放布施，就是一次很好的影响群众工作。当时，拉萨市区居民不足两万人，而乞丐就有三千之多。张经武按照传统习惯对寺院僧侣发放布施之后，向噶厦提出要给乞丐发布施。噶厦对此虽不高兴，却无法反对，只好开列出六百乞丐的名单，还造谣说解放军发布施是个阴谋，谁领了谁就要“下地狱”，阻挠发放布施的工作。然而到了发布施的那一天，一群群衣服破烂、蓬头垢面、骨瘦如柴的人，络绎不绝地赶到发放布施的地方，总数超过1500人。当张经武说他是代表中央人民政府和毛主席来给大家发布施时，顿时响起热烈的欢呼声。当时给每个乞丐发放的藏银，虽然仅相当于给寺院喇嘛所发布施的四分之一，但体现了中央人民政府和毛主席对他们的关心。此举在拉萨影响很大。

为了帮助贫苦农牧民解决生产中的困难，从1952年起，每年发放无息农牧业贷款。这是另一项重要的影响群众工作。1952年5月，进藏部队派干部组成工作组分赴拉萨、曲水、山南等地的18个宗谿，代表人民银行给贫苦农牧民群众发放无息贷款银元12402元，折合青稞2.716万克；在日喀则周围发放农户284户，折合青稞2557克；在江孜宗发放近200户，折合青稞505

克。以后坚持逐年发放，到1956年，全区共发放无息农牧业贷款138.6万银元。农奴们用过去从三大领主处借债所受的高利贷盘剥相对比，第一次遇到“无息”这件新鲜事，由衷地感到惊喜和感激。发放贷款工作虽然受到少数反动上层的反对和干扰，有的贷款白天发下去，夜里又被头人收走了，但是群众从心眼里感激共产党，暗中诅咒头人和官员。第一年由人民银行发出的无息贷款，约有95%收了回来，第二年便扩大了发放范围。1955年3月，国务院根据达赖和班禅的请求，拨款170万元，为西藏购买了大批新式农具，无偿地提供给农牧民使用。但是一些地方政府官员、头人以农民不愿使用为借口，将几万件新式农具积压在拉萨等地；然而昌都地区发出5.7万件新式农具，受到农牧民的欢迎。为了支持西藏民族手工业的发展，人民银行从1952年到1956年，以低息和无息方式发放了40万银元的手工业贷款，使拉萨、日喀则、江孜等地凋零和濒临倒闭的民族手工业户得以恢复生产。

人民解放军和地方机关所做的影响群众工作中，以免费医治疾病最受欢迎，影响最大。西藏劳动人民生活贫困，严重缺医少药，并受宗教迷信束缚，有病难以得到治疗。即使一些有钱有势的人，患重病时也一筹莫展。军队各级医疗机构遇有患者来求医的，都及时给以治疗；医务人员还跋山涉水到群众家里救治危重病人。藏族群众称颂医务人员为“好门巴”（好医生）、“活菩萨”。部队进驻拉萨后，十八军卫生部休养所在驻地院内开始对群众门诊，免收医药费。最初许多群众不敢来看病；以后传开了，每天前来就诊者络绎不绝。达赖的经师林仓活佛发高烧达41度，处于昏迷状态，打卦求神无济于事。休养所闻讯后派医生前去诊治，诊断为大叶性肺炎，立即对症下药，精心治疗，很快即痊愈。此举在社会上甚至在上层中产生了很大反响。1952年5月，以军区休养所为基础，加上从内地派来的医疗工作队，正式建立拉萨人民医院，军区卫生部医务主任张学彬为院长，有内、外、妇、儿各科，设50张床位，广泛收治病人，每天挂号就诊的达四五百人，有时还要出诊。病员不仅有西藏地方政府官员和藏族群众，还有印度和尼泊尔商人，其政治影响和效果大大超出治病本身。[①]到1954年底为止，仅军队各级医疗机构就免费为藏

① 张学彬：《西藏解放初期的卫生工作》，载西藏军区政治部编：《世界屋脊风云录》第4集，1999年12月版。

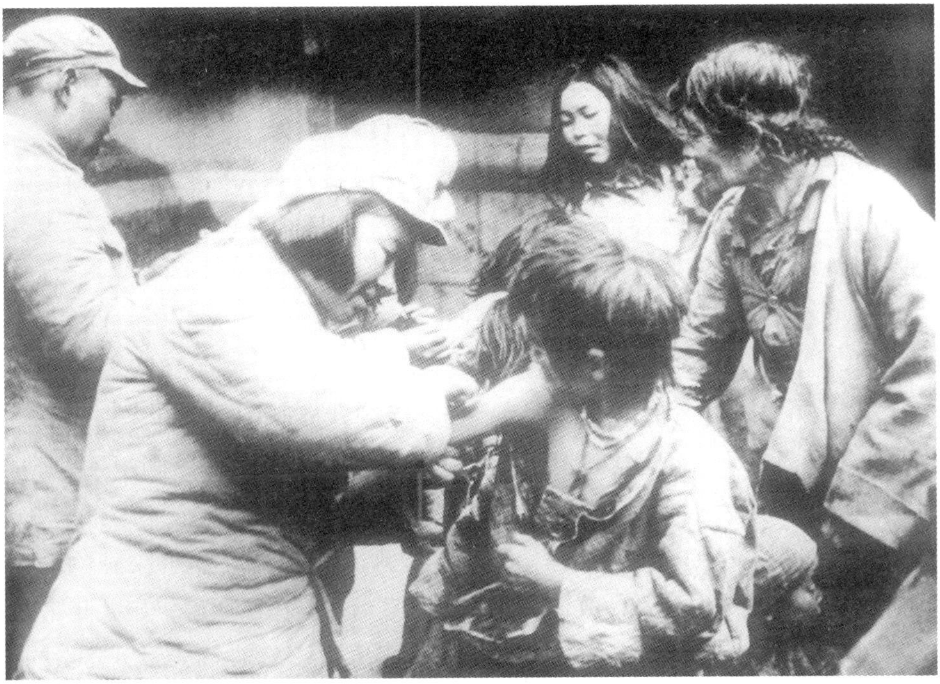

进藏军队医护人员免费为藏族同胞治病。

族群众治病达2.5万人次，在影响群众工作中发挥了特殊的作用。

文艺宣传能给群众以直接的教育和激励。这一活动包括放映电影、演出文艺节目、散发宣传品、举办展览、体育比赛，特别是在“七一”、“八一”、“十一”等节日举行庆祝活动，宣传党的方针政策，宣传祖国建设成就，宣传国内外形势以及科学文化知识等，使藏族群众大开眼界，增加了科学文化和政治知识。1951年冬，进入太昭地区的第五十二师机关，以师文工六队、电影组等组成的访问团，由副师长陈子植、副政委阴法唐分别带领，沿尼洋河和雅鲁藏布江下游的工布、塔波地区，对广大藏族群众进行宣传访问。每到一地，召开上层人士或群众座谈会，宣传《十七条协议》，演出传统的民族歌舞节目，还临时排演了藏语《十七条协议对口唱》，放映电影《解放了的新中国》等。从11月下旬到12月中旬的23天里，行程450公里，访问了9个宗，演出38场，传播了先进思想文化，扩大了党的政策影响。五十二师文工队在进军途中和到达江孜一带，用歌舞、戏剧、漫画等方式进行宣传，直接扩大了共产党、解放军的影响。1953年2月至7月，由军区政治部文化部副部长魏克率领的军区文工团到江孜、亚东、日喀则一带巡回演出76场，观众达3万多人次。十八军独立支队文工队同期也赴达孜、墨竹工卡、太昭等地，为修路民工演出。这些文艺宣传活动都收到了良好效果。

为了维护藏族群众的利益，西藏工委、军区特别重视在进军途中因运输造成的人畜伤亡和采购中的不合理价格给群众带来的损失问题。1952年9月25日，西藏军区政治部发出《关于赔偿运输采购中人民损失的指示》，规定凡在支援运输中造成人畜死亡的，一律进行赔偿或救济。人员死亡的按《参战民工抚恤条例》办理，牲畜死亡的按每头牦牛25元、犏牛35元、毛驴20元、骡马50元银元的价格进行赔偿。此举受到藏族群众的交口称赞。1953年5月，西藏工委、军区党委根据江孜分工委书记阴法唐在山南地区调查发现的情况，再次发出指示，要求在西藏各地开展大规模的赔偿工作。指示说：一些采购运输人员受旧的"乌拉"制度的影响，对政策掌握不准，在物价上涨时仍然沿用原来的价格，致使人民群众蒙受损失。指示明确提出几年来在运输、采购中群众遭受的损失，包括支援运输途中牛马死亡尚未得到赔偿的，采购牛羊、酥油、粮食、柴草等物资定价低于当时市场价格的，分别进行赔偿或补偿。指示明确具体地规定了10条赔偿原则和实施办法。各部队在当地地方政府官员的配合下，组织专人深入调查研究，切实查清损失情况和原因，然后召开村民大会，当场公开兑现赔偿金额。据西藏军区政治部1954年12月16日的《进藏部队执行民族政策遵守群众纪律情况的报告》中统计：太昭以西地区赔偿11.2万、波密地区赔偿1.9万、山南地区赔偿9.3万银元。1954年，黑河分工委组织当地部落的牦牛接运西北运输总队运来的粮食，从聂荣到拉萨途中死亡牦牛2300多头，赔偿银元7.2万余元。落实赔偿工作涉及面广，政策性强，工作十分艰巨，历时一年多才结束。它既保护了藏族群众的切身利益，又体现了共产党的政策，增进了藏汉民族关系和军民团结关系。藏族群众反映："我们从来没有见过军队向老百姓赔偿的事，真新鲜"，"解放军的政策太好了！"

1953至1954年的康藏公路西线（拉萨至巴河桥段）筑路，不仅是一项重要的交通建设，也是一项范围广、时间长的影响群众工作。参加施工的除驻太昭以西的部队外，还有来自西藏48个宗的近万名藏族民工。这些民工由第一五五团和军区炮兵营派出的干部战士带领施工。军区把它作为宣传党的民族政策、传播解放军影响的大好机会，要求部队切实模范地执行各项政策，以实际行动影响群众，沟通藏汉民族感情，团结带领民工完成了筑路任务。

这些来自农村牧区的民工，绝大部分过去没有见过解放军，开始有的把解放军同藏军一样看待，甚至对战士们的一举一动都持怀疑态度。指战员们首先以关心冷暖、饥寒的实际行动去影响民工。民工累了，就主动安排他们休息；天气冷了，战士们上山拾柴给他们烧火取暖；病了，医务人员细心治疗护理；没有酥油吃，战士们用自己的钱买来送给他们；转移工地搬家，依藏胞习俗择吉日进行。战士柳贵阁在下雨天把衣服脱下来盖着民工的糌粑和衣服，他自己却被淋得透湿。民工措美得病发高烧，神智昏迷，战士郑金发背她走了十几里路到卫生所医治，一直照顾她脱离了危险。医务人员跟班巡诊，两年中医治病伤民工1.3万人次，有42个小生命在医生精心护理下在工地降生。

许多民工从未见过公路，更没有修路的技术。每名战士要带二三十乃至五六十名民工。在施工中，战士们带头干最累最艰险的工作，耐心向民工讲解施工要求，动手作示范传授操作技术。战士华振和在施工中，每遇到爆破时，就将民工带到安全地点，由他亲自点燃炸药。为了解决施工工具不足，铁木工组帮助民工连夜整修打造工具，用柳条编制背筐，使民工工效成倍提高。解放军在生活上对民工们的关心和在施工技术上的帮助，激发了民工的劳动热情。他们每天天不亮就和战士一起上工，收工的哨子响了还不愿收工。

民工施工实行按劳取酬，根据工效和物价变化，适时调整工资定额；节假日工资照发；遇雨停工或转移工地所占用的时间，发补贴工资。由于这些民工是噶厦派来支“乌拉”差役的，而支“乌拉”差是没有任何报酬的。开始民工的工资由头人代领，屡屡有被克扣或没收的现象发生。后来部队负责人与藏族官员协商确定，民工工资中除扣除噶厦购买下发给民工的糌粑、酥油款项外，其余全部发给本人。因此，当他们第一次领到工资时，激动得热泪盈眶。这对于祖祖辈辈当牛做马的奴隶们来说是破天荒的大事，感到自己作为人的尊严和劳动的价值被承认了。与此同时，指挥部在工区开设贸易点，平价出售茶叶、胶鞋、铝锅、香烟等生活用品，让民工自由选购，直接受益。

有些民工劳动三个月，就积攒了银元两三百元。这是他们从来不敢想象的。每当发工资时，许多民工欢呼雀跃，由衷地赞颂共产党、毛主席的深情，说解放军“格根拉”（老师）教得好。一些民工甚至自愿出钱或购物，送给战士们以示谢意（当然都被战士们婉言谢绝了）。指战员们在与民工长期相处中，感受到藏族同胞纯真朴实的感情和勤劳俭朴的品格，了解到藏族同胞在旧制度下的痛苦生活，也受到深刻的阶级教育，增强了对西藏人民的热爱和长期建藏的信念。

每当一段工程竣工民工返乡时，大家总是依依不舍，难舍难分。民工们怀揣工资奖状，肩扛红旗回家，回到家乡后到处传颂共产党、解放军好，颂扬“新汉人”好。这种巨大的政治影响迅速传遍全西藏，在一定程度上动摇了西藏封建农奴制度的根基，使西藏统治集团重要人物索康噶伦惊呼：“西藏要地震了”。几年后，不少参加过修路的民工，都成为平叛支前、民主改革的积极分子和基层干部。

1954年7月16日，江孜东南的恰多湖因雪崩湖水暴涨引起湖岸突然崩溃，湖水沿年楚河倾泻而下，淹没了江孜及沿河许多村庄。江孜地区淹死691人，冲走牲畜8000余头，受灾群众达3万余人。日喀则地区受灾群众上千户，被毁民房上万间、耕地4万余克。16日的夜半三更，洪水突然虐肆江孜，瞬间全城被洪水吞没。解放军驻江孜部队和江孜分工委机关工作人员在洪水袭击面前，舍身忘死，全体出动，奋力抢救在水中挣扎和被困在屋顶上的群众。

水灾发生后，政务院立即拨款80万银元和一批物资救济灾民。江孜分工委书记阴法唐会同西藏地方政府官员仲译钦波土丹旦达、孜本雪苦巴等人组成救灾委员会，负责江孜地区救灾工作。由于陈旧观念的束缚与制约，仅参加救灾委员会的人选问题就经过多次反复协商才定下来。在讨论救济对象、方式时，他们提出只救济“差巴”、不救济“堆穷”，要将救灾的钱款、物资先发给三大领主，再由他们往下发放，而不愿直接发到灾民手里。经过耐心的反复说理，最后商定：将中央救灾的钱物直接发放到受灾群众手中，使他们灾后能够生存并能迅速恢复生产；对受灾的贵族和头人也一视同仁。江孜、日喀则驻军在当地分工委统一领导下，全力参加灾情调查，慰问灾民，组织救济等工作。此次救灾，共计救济粮食73万斤、各种物资9718件、帐篷布近2.5万米。西藏军区部队和地方工作人员在供应十分困难的条件下，仍踊跃捐钱捐物支援受灾群众，总计捐献人民币10多万元、大米和青稞15万公斤以及大批衣物。

为了重建和恢复灾区群众生产、生活，1954年10月13日，中央又下拨银元300万元，并决定以工代赈办法，修建日喀则经江孜至亚东的公路。这一举措，吸纳了4000多灾民参加筑路。他们既获得工资，又直接与解放军和进藏地方工作人员接触，受到民族团结的教育。

由于救援赈灾及时有力，灾后没有发生灾民病死饿死事件，受灾群众得以度过灾荒，重建家园，恢复生产。江孜藏族同胞反映："如果这次水灾发生在解放前，不知道要饿死多少人，多少人要离乡背井逃荒，社会秩序也不知道会乱成什么样子。"部队与群众在患难与共中进一步密切了关系。这既是一次实实在在的影响群众工作，也是一次成功的上层统战工作。①

通过影响群众工作，西藏广大农牧民群众日益认识到共产党、解放军全心全意为人民服务的本质，认识到新中国、中央人民政府与三大领主、西藏地方政府是根本不同的。西藏广大劳动群众这种思想认识上的飞跃，使共产党和解放军在西藏广大劳动人民心目中深深地扎下了根，成为后来西藏社会变革的巨大动力。

第六节　生产自给与采购

十八军部队进入拉萨后，在粮食、物资补给上遇到极大困难。能否解决这一问题，是关系到能否在西藏站稳脚跟的重大政治问题。还在先遣部队刚到拉萨、十八军主力尚在进军途中时，毛泽东就于1951年9月13日电告邓小平：部队进藏后"（公路）也许需要两年至三年才能修通（拉萨）。似此，如

① 阴法唐：《一九五四年江孜大水灾救灾纪实》，载《西藏党史资料》1990年第1期，第14—21页。

果我军不从事生产，则给养将成严重问题，靠藏政府供给，或靠购买，则对藏民影响不好。因此请你考虑是否可以定为生产与筑路并重，即令甘孜到拉萨沿途所驻部队以一部分担任生产，以一部分担任筑路，在生产季节以较多的人从事生产，在其他季节则以全力筑路。此点在现在就应确定，以便在冬季有所准备。”[①]

邓小平完全赞同毛主席的安排，立即将此电报转给西藏工委，并要求他们迅速做出实施计划。西藏工委的领导人虽然尚在向拉萨进军途中，还是立即讨论，很快上报了执行计划。

1952年4月1日，毛泽东在中共中央给西藏工委的电报中强调：“拉萨等地物价高涨，康藏公路短期难通，军队生产今年尚难自给，我们对西藏人民的物质福利一时尚难有所改进。总之，我们在西藏的基础在目前和今后一年至两年内还是不稳固的。”[②]4月6日，毛泽东起草的《中央关于西藏工作方针的指示》中又指出：在西藏“我们惟靠两条基本政策，争取群众，使自己立于不败。第一条是精打细算，生产自给，并以此影响群众，这是最基本的环节。公路即使修通，也不能靠此大量运粮。印度可能答应交换粮物入藏，但我们的立脚点，应放在将来有一天万一印度不给粮物我军也能活下去。”“凡此均须依靠精打细算，生产自给。以这一条最基本的政策为基础，才能达到目的。第二条可做和必须做的，是同印度和内地打通贸易关系，使西藏出入口趋于平衡，不因我军入藏而使藏民生活水平稍有下降，并争取使他们生活上有所改善。只要我们对生产和贸易两个问题不能解决，我们就失去存在的物资基础，坏分子就每天握有资本去煽动落后群众和藏军反对我们，我们团结多数、孤立少数的政策就将软弱无力，无法实现。”[③]毛泽东未雨绸缪，适时提出“生产与修路并重”的方针，为部队争取在藏站稳脚跟指明了方向。

张国华、谭冠三率部进入拉萨与张经武、王其梅会合后，西藏工委认真分析了形势，一致认为：《十七条协议》已经签订，人民解放军已经进入西藏，部队在政治上、军事上虽处于有利地位，但贯彻执行协议是一个艰巨漫长的

---

① 《毛泽东西藏工作文选》，中央文献出版社、中国藏学出版社2001年5月版，第54页。
② 《毛泽东西藏工作文选》，中央文献出版社、中国藏学出版社2001年5月版，第60页。
③ 《毛泽东西藏工作文选》，中央文献出版社、中国藏学出版社2001年5月版，第61、62页。

过程；西藏地方政府虽已承诺协助解放军购买和运输粮秣和其他日用品，在拉萨、日喀则等地也能购买到部分粮食，但采购工作是很复杂和困难的，不但必须与西藏地方政府和上层协商经他们同意，而且数量远远不能满足需要，购多了还影响群众生活，易被上层分裂主义分子和国外反华势力利用，并只能应急；而后方正努力筑路，公路通车拉萨尚需时日。由于供应不上，部队和进藏工作人员正处于半饥饿状态，形势相当严峻。这一形势将持续较长时间。西藏工委要求部队和进藏工作人员一方面大力开展统一战线工作，严格执行各项政策规定；一方面根据毛泽东“生产与筑路并重”的方针，前方部队以全力投入开荒生产，后方部队则全力抢筑康藏公路，大力动员组织畜力运输。为了应对当前局势，决定加紧同西藏地方政府协商，督促其按协议规定，协助人民解放军购买和运输粮秣等物资；通过统一战线工作，争取爱国上层人士出售部分粮食和牛羊；调整部署，分散部队驻地，以便能争取就地解决部分或大部食粮；部队立即开荒生产，以为长远之计。同时，压缩每日食粮定量，先由一斤减至半斤，再由半斤减至二三两，辅之以食马料、喝稀粥等办法，以维持身体的最低需要；并号召全军上下勒紧裤带，坚持忍耐，熬过这最艰难的岁月。

加紧开荒生产，力争粮食自给

根据西藏工委的部署，刚刚进入拉萨、江孜、日喀则、太昭地区的部队，为争取尽早解决粮食问题，在尚未消除几千里行军的疲劳的情况下，当年冬天即以战斗姿态投入大开荒运动。

西藏工委、十八军前方机关通过与噶厦协商，在拉萨西郊购得一片河滩荒地。参谋长李觉亲自组织测量，给各单位划分任务。政委谭冠三在动员大会上讲：“开荒生产是我们在西藏长期的、经常的政治任务和战斗任务”，号召全军发扬既是战斗队，又是生产队、又是工作队的光荣传统[①]，打好开荒生产这一政治仗，为建设西藏、保卫边疆出力。会后，张国华、谭冠三、李觉等领导人带领机关和部队70%以上人员，开赴拉萨西郊，在一片河滩地上开

① 1952年9月4日，中央军委指出：“西藏军区部队由于位于国防边疆、藏族地区和交通困难的条件下，就更须贯彻和保持永远是战斗队，又是生产队，又是工作队的建军方针。”见《西藏工作文献选编》第85页。

始“战斗”。此时正值高原冬季，天寒地冻，部队又严重缺粮，只能吃到半饱，而且生产工具仅有少量的铁锹、十字镐之类。指战员们以极大的热情和毅力，投入艰苦的开荒战斗中。军直警卫营有的连队把人员分成三班作业，人休息工具不歇；第二连有个班用帐蓬钉拴上绳子，将钉子插入地内，用人拉钉当犁用，创造出每人一天开荒半亩的成绩。军后勤部老模范李凤岭已50多岁，领导上照顾让他留在单位里，但他扛起铁锹就往西郊走，并说：“我是来建设西藏、保卫边疆的，西藏的反动派想把我们饿走，我们就要扎下根来干”。开荒中，他不怕苦，不怕累，表现出老战士的风采。开荒工地展开劳动竞赛，男女干战一起抡镐蹬锹，你追我赶，互相帮助，比质量，赛工效，一派热火朝天的景象。到12月13日，共开荒2300多亩，为第二年的生产打下了基础。

西藏军区成立后，把开荒生产作为1952年的重要任务。年初组成了以政委谭冠三为主任、参谋长李觉和政治部主任刘振国为副主任的军区生产委员会，加强对全区农副业生产的领导。军区生产委员会针对部队的不同驻地和任务，分别对驻昌都、拉萨、江孜、日喀则地区的部队提出了粮食和蔬菜自给、半自给的要求。春节刚过完，驻拉萨机关、部队全体人员出动积运肥料，铲平了布达拉宫前面几百年来堆积成小山的垃圾粪土（初步形成了后来拉萨

人民解放军进驻拉萨后，即开展了大规模的开荒生产运动。仅用17天就开荒地2300亩。这是部队在拉萨西郊开荒的情景。

市的人民广场)，扫清了市区各处陈年的粪堆，掏光了许多大户人家的厕所，开启了西藏爱国卫生运动的先河。军区机关从部、处长到参谋、干事、助理员每天早晨起来后，先往西郊生产基地背运一趟粪肥，然后才开始一天的工作。春夏时节，有25%的人员常住工地，负责修渠、灌溉、播种，进行田间管理。谭冠三政委带着帐篷住在开荒工地，直接组织指挥生产。他不仅以当年延安“南泥湾大生产”的精神教育鼓励大家，而且还拿起铁锹亲自参加劳动。各级领导干部也都身体力行，奋战在开荒生产第一线。7月的一个晚上，半夜突然传来“涨水啦”的呼喊声。人们翻身起床赶赴现场抢险。谭政委跟大家一样站在齐腰深的水里，指挥奋战了三个多小时，才把洪水堵住。为避免再度发生洪水泛滥，又增修了拉萨河防洪堤坝。

据当时有关部门统计：“到6月底，拉萨驻军共开垦荒地2800亩、积肥250万斤、播种2500亩、修渠2070米、挖土43106立方米、筑防水堤1886米，显示了人民解放军依靠自己辛勤劳动、在西藏立足生根的决心和力量，奠定了自力更生、艰苦创业的基础。”[①] 1952年8月1日，军区以拉萨西郊开垦的荒地为基础，组建起有300余人的“八一农业试验场”。农场设生产队、副业队，种植青稞、小麦等农作物2500亩，种菜30亩、花圃2亩（有20余种花卉)、苗圃半亩。农场除主要担负粮食种植外，兼有研究农业生产技术、摸索高原种植经验的任务。副业队除种蔬菜外，还加工豆腐、粉条、白酒、调料等。后来农场逐渐发展到养殖骡马、牛、羊和猪，自制犁、耙等生产农具。“八一农场”逐步成为指导全区部队农副业生产的基地。

与此同时，西藏工委也积极筹建机关农业生产基地。工委成员慕生忠带领机关工作人员前往西郊东嘎附近，搭帐篷、埋炉灶，在拉萨河畔披荆斩棘，开荒生产，建成机关的生产基地。[②]工作人员定期前往参加生产劳动，夏种秋收。在国家派出的科学工作队专家的大力协助下，于1952年7月1日创建了专业研究机构——“拉萨七一农业技术实验场”(简称“七一农场”)。这个农业实验场不仅当时为工委机关提供了大量蔬菜和部分粮食，还成为后来建立西藏农业科学研究所的基础。1953年1月，国家科学工作队农业组的十几位

① 摘自1952年西藏军区直属政治处主任吴仲品的记录。
② 王贵民：《忆军中好政委慕生忠》，载《西藏党史资料》1999年第4期。

专家开办农业技术训练班，有63名学员成为西藏第一批农业种植的技术骨干。在1953年，昌都、江孜、日喀则等地农业技术实验场也相继建立起来。

部队和地方机关的农业生产，吸引了许多藏族同胞到农场参观。他们要求解放军给予帮助指导，开始改变过去很少种菜的习惯。农场为他们免费提供种子，并派人指导种植。有一位家住农场附近年已花甲的农奴，在收获的季节，每天坐在田边，双手捧着青稞，摸着几十斤重的大萝卜，眼含热泪对战士说："我们祖祖辈辈没有见过这样好的庄稼"。他天天为解放军祈祷祝福。谭冠三政委曾邀请阿沛·阿旺晋美夫妇、饶噶夏夫妇、拉鲁·才旺多吉、雪康·土登尼玛、三大寺的大喇嘛以及达赖的亲属等人到八一农场参观，并将种出的二三十斤重的大萝卜、三四十斤重的大白菜，作为礼物相赠，以联络感情[①]，表达解放军为西藏人民服务的决心，从而得到了上层人士的交口称赞。

驻昌都、江孜、日喀则、太昭、察隅以及阿里地区的部队，也都在十分艰难的条件下开荒生产，播下了建设西藏的第一批种子。1952年全区部队共开荒1万亩，收获青稞38.5万公斤，可自给粮食两个月；收获蔬菜80.5万公斤，基本上达到自给。1953年，前方部队全力参加和带领民工修筑康藏公

战士们用从内地运来的新式马拉犁在高原上耕耘。

① 吴仲品：《谭冠三与八一农场的创建》，载《世界屋脊风云录》2001年第4集。

路西段的施工，加之遭受旱灾，全年仅收获粮食23.6万公斤，土豆23.6万公斤，但收获蔬菜180万公斤，达到了蔬菜自给有余。1952年至1953年，阿里骑兵支队在普兰、日土等地开荒900多亩，收获粮食3.75万公斤；第一二六团一营在察隅试种水稻、黄豆成功，收获水稻1400公斤、黄豆2.5万公斤、荞麦等作物6160公斤。

1952年9月4日，中央军委作出对西藏军区部队的方针任务的指示，强调："争取生活自给自足，减轻藏民负担和运输困难，是取得群众拥护，确实站稳脚跟的重要步骤，因此必须坚持生产自给的方针。"①这一年冬，西藏军区召开的第一届党的代表会议提出了"继续生产建设，争取1954年粮食全部自给、公路修到拉萨"的目标。全区部队受到更大鼓舞，掀起了农业生产高潮，为在西藏站稳脚跟做出了贡献。

进藏部队和进藏工作人员两年来的开荒生产实践，在藏族同胞中产生了广泛影响。他们不再担心解放军"会像水一样地流走了"。藏族群众对军队生产粮食、蔬菜可以平抑物价感到满意；上层爱国人士感受到共产党、解放军执行协议的决心和力量，看到了解放军与西藏人民共同建设新西藏的美好前景。广大指战员通过自己双手劳动结出的丰硕成果，不仅缓解了粮食供应紧张的状况，改善了生活，也增强了长期建设西藏的意志。1954年3月，中央全面评价了西藏部队、地方机关农业生产对站稳脚跟、团结西藏人民、带动群众生产等方面的积极作用，指出：这种增产的数量，纵然很少，甚至从财政上来说是得不偿失的，但它的实际意义却很重要，它在藏族人民中所产生的作用是不可估量的。

采购工作

进军之初，毛泽东提出了"进军西藏、不吃地方"的方针。邓小平强调指出："毛主席对西藏问题就确定了两条，第一是实行民族区域自治，第二是进军西藏'不吃地方'。这两条搞好了，才能解决西藏问题。"②西藏工委遵照"不吃地方"的要求，确定在西藏实行"保证军供，兼顾民需，稳定金融物价，

① 《西藏工作文献选编》，中央文献出版社2005年9月版，第85页。

② 《邓小平文选》第1卷，人民出版社1989年5月版，第167页。

争取站稳脚跟”的财经方针。“保证军供”，就是保证进藏部队和工作人员的粮食、生活、生产物资的供应；“兼顾民需”（后改为“调剂民需”），就是既要照顾上层的经济利益，有利于巩固和扩大反帝爱国统一战线，又要考虑适当解决人民生活的急需，为开展影响群众工作创造条件。为了贯彻实施这一方针，西藏工委设立以张国华为书记的财经委员会，统一对财经工作的领导。1952年2月拉萨建立了中国人民银行西藏办事处，4月建立了西藏贸易总公司。随后在昌都、江孜、日喀则、亚东等地也都建立起人民银行、邮电局和贸易公司，以银元为本位，以外汇支持银元，开展内外贸易工作。为了采购急需物资，国家向西藏供应了上千万银元。因银元需求量大，国家还在重庆建立银元造币厂，还从吉林、广西等地调拨了一批银元。

由于西藏物资匮乏，粮油短缺，昌都、拉萨、江孜、日喀则等城镇市场狭小，日用百货奇缺。但为解决部队急需的粮食等物资，也在市场上进行了适当的采购。尽管这种采购数量有严格限制，但总量仍然不小；加之反动分子囤积居奇，牟取暴利，使得物价不断上涨。以拉萨的粮价为例，青稞每克（折合14公斤）市价，1951年9月为2.8元，1952年为6元，1953年则为14.5元，即上涨了5倍。[①]物价上涨不但直接影响群众生活，而且成为反动分子诋毁解放军的口实。对此，西藏工委财委非常重视过度加重的市场负荷，严格控制银元的投放量。1953年10月，中央又决定将太昭以西部队和工作人员缩减为8000人，以减轻供求失调的压力。驻藏部队和工作人员所需物资，如青稞、酥油、牛羊以及蜡烛、火柴、肥皂、草纸等生活日用品，统一由供给处、贸易公司视市场总的情况，在不使群众生活受大影响的前提下，进行适量采购，严格禁止任何单位和个人在市面上自行购买物品。所采购到的粮食等物资，均由军队后勤部门和贸易总公司向所属单位配给。这项统一采购的措施，作为一项严格的财经纪律，一直延续实行到1960年民主改革期间，对稳定西藏政治形势起到了积极作用。

打通西藏地方同内地和印度的贸易，是解决物资供应、争取站稳脚跟的重要辅助措施。距祖国内地较近的昌都地区，上层人士和商人过去就有组成

① 宋赞良：《和平解放时期西藏的财经工作》，载《中国藏学》1989年第4期，第28页。

骡马商队往来于川、滇、青等省经商的习惯，每年贩运进藏商品物资两万驮，最高时达四万驮。从西宁运往拉萨的商货为五百到一千驮。昌都解放后，进一步拓宽这方面的贸易渠道，鼓励他们去内地办货。随着康藏公路修建的不断延伸，国营贸易部门亦组织大批内地货源，运抵昌都及其以西地区，改善了军队和群众的供应状况。

印度同中国西藏地方早就有传统的贸易往来。印度以布匹、铁器、纸张、煤油、香烟、火柴等商品进入西藏市场；西藏则以羊毛和药材等出口印度。西藏和平解放前，每年羊毛出口印度800万包。但自1950年冬昌都解放后，印度单方面提高羊毛进口税率，使西藏出口羊毛大量积压，引起了部分上层人士不安。1952年开始，通过上层统战工作，国营贸易公司和金融机构同贵族、寺院等商户订立购货合同，购买粮食、酥油以及日用品之类。当时拉萨有名的热邦桑松（即热振拉章、邦达仓、桑都仓三家）等商家垄断西藏日用品、贵重物品以及羊毛的进出口贸易；他们都与贸易公司、银行建立了经贸、金融联系，订立合同金额达900万银元。由贸易公司高价收购原用于出口的羊毛，解决了西藏地区积压了两年的羊毛出路。西藏工委还请中央在拨给西藏的经费中，增加外汇（印度卢比）的比重，向拉萨商家大量供应外汇，鼓励他们从事西藏地方同印度的进出口贸易，使其既获得丰厚的利润，又换来进藏部队和人民群众的急需物资。当时外汇牌价是一个银元折合三个印度卢比，印度从中赚得相当可观的利润，因而开展中印进出口贸易对双方都有利可图，进展比较顺利。夏秋季节，几乎每天都有几十头至数百头骡马来往于亚东、拉萨的商道上。1951年从亚东口岸进口物资为4.5万驮，1952年达到9万驮，1954年达到11.7万驮。这样，不仅解决了部队和群众某些物资的需要，还有了一定的物资储备。

第七节　补给与运输

保障进藏部队和工作人员的粮食补给和物资供应，一直是西藏工委和军队领导层时刻关注的重大问题，是十八军后方机关、部队的一项重要任务。它深刻地体现了进军西藏“政治重于军事，补给重于战斗”的指导原则。为实现这一艰巨任务，必须组织庞大的、有多种手段的运输系统，并坚持长期不间断的运输，才能有效地满足所需物资的供应。

随着康藏公路分段施工不断向前延伸，汽车运输也尽量前运直至公路终点，同时也逐步缩短畜力的运程以减轻群众负担。从1951年起，西南军区先后以汽车第十六团、第十七团以及后来调入的汽车第二十团共1548台汽车，从新津开始至甘孜，实行分段接力运输。1952年公路通车昌都，1953年公路通车然拉根，汽车运输线逐年延长，进藏粮食、物资补给越来越充分，物质基础逐年增强。汽车部队常年驰骋在高原粗通的公路上，不仅要克服高原缺氧和恶劣自然环境带来的困难，而且要战胜塌方、泥石流的威胁。他们发扬不畏艰险、不怕牺牲的精神，保证“公路修到那里，就把物资送到那里”。1952年夏，营官寨至道孚段多处公路桥梁被洪水冲毁，汽车第十七团一连车队被阻，该连组织人员上山伐木，架设便桥，整修便道，边走边修，终于安全通过水毁区，胜利完成运输任务。该团驾驶员李堂生在高原各种气候、路况条件下，安全行驶11.5万公里，成为高原运输线上的一面红旗。沿途兵站工作人员对到站车辆及时装卸物资。岗拖兵站平均每人每日装卸物资6吨。滥池子兵站以17人为一组，有的组一天最多装卸车107台次。从1952年至1954年的三年中，汽车共行驶7710万公里，运输物资8.5万吨、人员2.8万人次。三年中，汽车部队有304人负伤，98人献出宝贵生命。

为保证修路需要，康藏公路工程处于1951年3月成立了汽车运输队，汽车从初期的37台增至年底的185台。1952年扩编为汽车运输大队，汽车增至234台，1954年更增至418台。广大汽车兵战胜各种困难，4年间运输各种物资器材3万多吨，完成5157万吨公里。此外还委托商车运输，完成22万多吨公里。

为了保障应急运送物资，西南军区于1951年3月组建了空军航空运输第十三师，有缴获的国民党军美式运输机37架。在康藏公路沿线及部队驻地设置了7个空投场。空军指战员战胜高原恶劣的气候条件，冒着生命危险，飞往甘孜、巴塘、江达、卡贡、昌都等地83架次，空投了粮食、被服、银元等

982吨，为遭受困难的部队救了急。

在公路未通地段，主要采用畜力运输保证后勤补给。这种运输分为两大部分，一是为进军部队和进藏工作人员运送粮食和物资，数量虽不甚大，但品种繁杂，贵重物资多，且运输线路长；二是保障后方筑路部队的粮食物资及器材的供应，需求量大，时限紧迫，但运输线路短。1951年《十七条协议》签订后，十八军前方部队向拉萨及边境要地进军，康藏公路雀儿山段工程开始施工，组织畜力运输就成为西藏工委和军队前后方领导机关关注的重点，昌都、波密、丁青地区分工委和解委会也做了极大努力。

畜力运输分为南北两线进行。北线从海子山起，经邓柯、类乌齐、丁青、索宗、黑河至拉萨，全长1500公里；南线由岗拖起，经昌都、洛隆、嘉黎、太昭至拉萨，全长1325公里。为组织领导南北两线运输，在甘孜、金通、昌都、索宗设立4个办事处，下辖51个兵站，各兵站负责粮食物资的转运工作。其中设在索宗的以王兴友为主任、王运祥为政委的第四办事处，担负了向前方运输物资的主要任务，作用最大。组织畜力运输，必须通过开展广泛的反帝爱国统一战线工作，团结各地土司、头人，动员藏族群众，组织牦牛、骡马，按照指定路线，将粮食、物资运送到指定兵站，并付给相应的劳务费。为作好这项工作，在昌都、波密、三十九族地区组织了支援运输委员会，由当地有名望的土司、头人担任主任。

1951年5月5日，昌都分工委、昌都解放委员会召开昌都地区支援工作会议，参加会议的有昌都、江达、西邓柯、类乌齐、洛隆、边坝、丁青等十余个宗的宗本①、各地寺庙代表百余人。会议动员全区僧俗群众以人力畜力积极支援人民解放军进军西藏。经过协商，给各宗分配了运输任务。帕巴拉等人在会上积极表示支援进藏决心，坚决完成运输任务。会后，昌都分工委、昌都解放委员会的领导惠毅然、邦达多吉、格桑旺堆与第一六〇团政委侯杰等分赴各地督促检查，在贡觉、江达、三岩等地多次召开头人和群众会议，动员出动牦牛，落实运输计划。

1951年6月，畜力运输逐步展开。七八月份随着雨季来临，从岗拖至江

① 宗相当于县级行政单位，宗本相当于县长。

达、邓柯至郭堆的牦牛大量死亡，加之群众忙于秋收，粮食、物资运输量出现大量缺口，致使驻江达、生达部队不得不自行背粮。鉴于上述情况，后方部队参谋长何雨农、政治部代主任白健带领机关人员，分别赴南北两线办事处和兵站，开展统战工作，帮助土司、头人动员组织群众克服困难，坚持牦牛运输工作。当年，原计划20万驮粮食、物资要运过金沙江，实际只完成12万驮。其中运至拉萨地区的只有1000驮。前方部队供应发生严重困难。

1952年，按计划应运往昌都以西粮食、物资为4.8万驮，以保障进藏部队和工作人员的需要；运往后方筑路部队粮食、物资、器材16万驮，以确保康藏公路于1952年底通车昌都。因此，后方运输任务十分艰巨。3月15日，昌都解放委员会召开会议，总结布置牦牛运输工作，并派解委会副主任邦达多吉与后司第三办事处主任、昌都分工委委员金荣功一起在邦达主持召开运输支援会议，请各宗的头人参加，将运输任务分配下去。7月，后方部队派出指挥所进驻昌都，加强对运输的直接领导，使运输速度与数量有明显的提高。年底前，运往后方筑路部队物资近9万驮，对保证康藏公路通车昌都起了重要作用；运往昌都以西共3.93万驮，其中运到拉萨的1.82万驮，比上年增长了17倍，缓解了前方部队粮食、物资的匮乏。与此同时，经与玉隆地区大头人夏克刀登协商，由其派出1000余头牦牛，组成运输大队，直接将粮食、物资运往拉萨。运输大队从邓柯渡过金沙江，走北路，历经近4个月，行程2500公里，直抵拉萨。西藏军区参谋长李觉接见了运输大队的头人，高度赞扬了夏克刀登、带队头人以及藏族群众战严寒、斗风雪、拥军支援进藏部队的爱国精神。

鉴于上述运输情况，张国华上报西南军区并西北军区，请求青海玉树所辖之二十五族地区组织牦牛支援西藏运输。后方部队第二办事处主任韩宗乾专程赴玉树办理。经过协商，二十五族地区出动牦牛1500头，由郭堆起运，经囊谦运至类乌齐方向的甲桑卡。至1952年底，完成驮运粮食15万公斤，部分地缓解了运输紧张状况。

中央人民政府为了应急解决驻藏部队和工作人员的粮食问题，于1952年4月从广东省调拨5000吨大米，通过外交途径海运至印度加尔各答港，转运至锡金首府甘托克，再组织骡马驮运至亚东。由于这批粮食数量大，运输距离长，途经中印双方几次交接，手续复杂繁琐。西藏工委根据中央要求，确定由军区参谋长李觉和西藏贸易总公司经理罗家镐前往印度办理此事。李觉、罗家镐于7月上、中旬经亚东出境到达印度，在中国驻印大使馆和加尔各答领事馆的大力协助下，顺利办妥了有关接转手续，并在印度采购了大批电讯器材、布匹、生活用品和铁锹、铁镐、钢钎等生产工具。与此同时，军区派副参谋长扶廷修在亚东设立物资转运站，组织指挥一五四团紧急修建仓库和道路。同时组成以扶廷修为书记的中共亚东修建运输委员会，开展统战工作，动员群众组织骡马、牦牛担任由锡金甘托克运至亚东的转运任务。到7月30日，第一批大米运抵亚东。但因印方汽车运力不足，当年只运来2500吨。到1953年实际转运到西藏亚东的广东大米3500吨，在长途运输周转中损失了约75吨。这些大米解决了拉萨以西部队和进藏工作人员的部分粮食问题。

1952年11月20日，康藏公路通车昌都后，西藏军区后方司令部于1953年移驻昌都，公路加紧向拉萨修建。牦牛运输主要是保证修路需要，1953年度计划运输物资24.5万吨，比上年度增加30%。畜力运输任务更为艰巨。为适应这一形势，西藏军区后方部队在昌都设立指挥所，撤销了原来的第一、二办事处，将第三、四办事处分别并入昌都、丁青两警备区，所属兵站也大部撤销。后方部队机关和昌都分工委、昌都解放委员会均以很大力量投入到修路所需物资器材的运输组织工作。

昌都地区各宗的牦牛、骡马连年越境长途运输，病伤死亡很大，仅1953年头3个月参加运输的牦牛就伤亡了三分之一。西藏工委了解到这一情况后，立即作出对驮畜死亡赔偿的决定。对运输途中无论跌死、累死、病死，直至回到家中7日内死亡的驮畜，按牦牛、骡马不同情况，分别以30至60元的价格赔偿。各地均认真贯彻落实这一规定，不仅在一定程度上弥补了群众的损失，而且受到了广大藏族群众乃至上层爱国人士的赞扬。西藏三大领主的运输是派乌拉，无偿地征用人力、畜力，造成伤亡则全由自己承担，而解放军组织运输要付钱、牲畜伤亡给予赔偿，从而使藏族群众更加热爱拥护解放军，进而密切了民族关系。这一年，是畜力运输完成最好的一年，计划运输到修路工区的粮食物资为24.5万驮，实际完成22.6万驮；运往昌都以西转运到拉萨的物资为2.95万驮，也比上年有较大的增长。昌都地区支援委员会副主任洛桑根秋、张西郎杰等人以及积极组织运输的昌都、江达、察雅、左贡、宁静、贡觉、洛隆等宗，都受到后方部队司令部的通报表彰和奖励。

7月，贺龙司令员派西南军区后勤部余秋里部长到筑路工地检查工作，发现修路部队常为主副食供应不足所困扰，遂报告西南军区决定，专门组建人力运输团进藏。9月下旬，人力运输团从怒江以北开始背运，有效地增强了运输能力。至翌年6月，该运输团共完成背运粮食物资450万公斤的任务。

空前浩大的畜力运输活动，造成康藏线上道路拥挤，沿途水草载畜量已近饱和，再增加运输力十分困难。为此，西藏工委向中央建议，从西北方面向拉萨等地运送部分粮食等物资。中央批准了西藏工委的建议，责成西北局协助组成西北运输总队，以王宝珊任总队长、慕生忠任政委、张子霖任副总队长、任启明任副政委。该队由西北局和西藏工委双重领导。1953年1月，中央拨款1360亿元（旧币），由运输总队在甘肃、宁夏购买骆驼1.78万峰，雇请驼工2480名，于当年10月26日开始由青海香日德向拉萨运输。运输总队所走的路线，为当年十八军独立支队进藏路线。这条道路沿线地势高寒，水草不足。途中骆驼死亡达7000多峰。运输总队克服一切困难，至1954年春，将面粉139万公斤、黄豆25万公斤运送到西藏聂荣宗。黑河分工委副书记侯杰组织6个大部落的牦牛向拉萨转运，完成了6.2万驮的运输任务。

随着康藏公路通车里程的前伸，汽车运力大大增加，牦牛运输里程逐渐缩短，加之从印度转运的广东大米和从西北运抵拉萨的粮食等物资逐步增多，太昭以西部队和进藏工作人员的供应基本得到解决。西藏地区不断上涨的物价亦得到平抑。从1954年开始，陆续减少以至解除了康藏线上向拉萨的畜力运输任务。但是修筑康藏公路部队的供应和大量器材物资的畜力运输仍然在进行中。

1954年，康藏公路施工进入冲刺阶段，所经过的波密地区只有倾多、松宗、易贡3个宗，人口一万余，牲畜以骡马为主，数量极其有限。1月16日，后方部队陈明义司令员、张忠副司令员在松宗召开工程运输会议，要求波密地区在3月底前完成筑路施工所需194万公斤物资的运输任务。苗丕一主持波密分工委和第二办事处多次召开会议，对人力畜力精打细算，以确保完成分配的任务。1954年春节过后，已有3500匹骡马投入运输。这个数量已占波密全区畜力的三分之二。由于波密地区的春耕即将开始，加之牲畜在运输中不断死亡，此时只能出动2000匹骡马参加运输。波密分工委决心动员一部人力参加运输。全区除去老幼病伤者外，出动劳动力1300余人背运粮食。随着公路进入波密地区，3月29日，波密分工委向西藏工委、西藏军区报告了波密地区因人力、畜力大量投入运输有误农时的情况。西藏工委、西藏军区立即作出批示，凡在上一年参加运输的人和牲畜应当休息，春耕期间应予照顾。4月2日，西藏军区王其梅副政委在松宗召开后方司令部各师、分工委负责人会议，决定今后畜力运输以部队为主，当地群众为辅；修路部队所需粮食由自己背运解决；已参加运输的群众和牲畜即回去搞生产。之后，经西南局批准，全部免除了昌都地区、三十九族地区的运输任务。波密地区畜力运输到5月结束。全年畜力运输计划9.6万驮，实际完成7.4万驮。

为解决畜力运输力不足，西藏军区后方部队经对波密地区之玉扑藏布江勘察，发现从扎木至巴卡段，全长27公里，河道较宽，水势平稳，遂组成170人的水上运输队，配备折叠舟37节，橡皮船42只，担任水运任务。从2月初至5月中旬共航行2754船次，运送各种物资3468吨，缓解了畜力运输紧张的局面。

从1952年至1954年，昌都地区以及三十九族、波密地区藏族群众共出动畜力10.69万头（匹），运送粮食和各种物资52.46万驮，对保证进军西藏、修筑康藏公路作出了重大贡献。

当康藏公路东段施工进入工布地区之前，1954年2月，西藏工委、西藏军区和西藏地方政府协商，由军队和西藏地方联合在太昭设立运输支援委员会，要求下半年内完成10万驮物资的运输任务。支援委员会由波密分工委秘书长孙德泉、第一施工局局长程培兆、第一五五团团长苏桐卿、太昭兵站政委王长安和西藏地方政府工布基巧欧希以及附近4个宗的宗本组成，负责动员这一地区群众的畜力投入运输。太昭兵站全力配合了这项运输工作。

从十八军执行进军西藏任务开始，到康藏公路、青藏公路通车拉萨，康区和西藏人民群众共出动畜力（牦牛为主）40万头（匹），国家为此付出运费银元500多万元。畜力运输对人民解放军进军西藏，完成祖国大陆的统一，作出了不可磨灭的贡献。

第八节　修筑康藏、青藏公路

解放前西藏地区没有公路，边疆与祖国内地关山阻隔，交通闭塞，道路艰险。这不仅使西藏长期处于封闭状态，严重迟滞了西藏的经济文化发展，也给解放西藏、建设西藏带来巨大的困难。为此，中共中央、毛泽东主席在决策向西藏进军的同时，决定向西藏修筑公路，并规定了“一面进军，一面修路”的方针。《十七条协议》签订后，毛泽东发布的进军《训令》中，对修路的任务规定为：“甘孜——昌都——丁青——乌所——太昭——拉萨公路由十八军负责抢修，力争于明年年底完成。”4个月之后，毛泽东根据后来所得知的情况指出：“明年修通是不可能的，也许需要两年至三年才能修通”。[①]他已预见到修建康藏公路非同寻常的艰巨性。然而，尽快修通公路又是争取进藏部队在西藏站稳脚跟、经营与建设西藏的关键所在，必须尽最大努力实现。

中共中央西南局第三书记、西南军区司令员贺龙在西南局召开的会议上传达政务院关于修建康藏公路的决定。

① 《毛泽东西藏工作文选》，中央文献出版社、中国藏学出版社2001年5月版，第54页。

西南局、西南军区把修筑康藏公路作为西南地区一项重大建设任务，决定由西南交通部负责勘测设计、施工技术指导、材料工具供应，十八军后方部队全力参加施工。为统一指挥，1951年4月底组成康藏公路工程委员会（对外称修建指挥部），由十八军后方部队司令员陈明义和西南交通部副部长穰明德[①]分别担任司令员和政委。

打通雀儿山，通车到昌都

打通雀儿山，是争取1952年通车昌都的关键。1951年初冬，指挥部决定抽调修建甘孜飞机场的部分部队，突击打通雀儿山。9月底，以五十四师机关为主组成雀儿山修建指挥部，副师长干炎林带领该师之第一六〇团、第五十三师之第一五九团及工兵第八团先后进入雀儿山东西两侧施工。10月中旬，又增加第一五七团、第一六二团以及康藏公路工程处两个施工大队，总计1.2万人投入雀儿山工区施工，以争取实现次年通车昌都。

雀儿山区峰峦险峻，设计的公路线从雀儿山垭口通过。山垭口海拔5047米，上下山线路长60公里，为康藏公路线（从马尼干戈算起）第一道险关。初冬的雀儿山区，气温已降至零下20摄氏度以下，地面覆盖一两米深的积雪，冻土层达一米厚，使用镐锹等工具仅能砸出一个白印。高海拔地区水的沸点低，水烧到70至80摄氏度就沸腾，做饭半生半熟，帐篷经常被寒风吹垮，生活和施工条件非常艰苦。各级党委、支部加强思想政治工作，号召施工部队发扬“吃大苦，出大力”的精神，开展立功竞赛运动；加强行政管理，干部关心爱护战士，尽力搞好部队的生活。山口两侧的施工部队特别艰辛。第一六〇团团长孙守芳、政委李久盛，第一五九团团长冉宪仪，工兵第八团团长张启泰等多位领导干部身先士卒，与战士共甘苦同劳动，鼓励部队艰苦奋斗，发动群众开展施工民主。首先是对付冻土层，把树枝堆放在冻土上，用“火攻” 的办法，烤化一层挖一层，终于征服了20多公里的冻土带。开凿石方没有任何机械设备，全靠人工用钢钎打眼、放炮。许多战士在无法立足的悬崖峭壁上，用绳子拴在腰间，悬空打炮眼。工兵第八团五连班长杨海银在高

---

① 穰明德（1912–2000），江西莲花人，1926年参加革命，1929年入党，1931年参加红军，历任组织科长、县长、抗大总校四团政委、晋冀鲁豫军区政治部民运部部长、西南军政委员会交通部副部长、西南公路管理局局长。

山缺氧条件下，使用8磅铁锤连续打了1200锤，被誉为“千锤英雄”。第一五九团三连班长张福林创造了两炮炸掉1010立方石头的纪录，提高功效26倍。在热火朝天的劳动竞赛中，许多干部、战士打锤、挖土不止，往往停工休息的号声催促，谁也不肯放下手中工具，以至必须指挥员下命令，让共产党员带头才能停工休息。战士们豪迈而风趣地说：“我们在雀儿山上，生活劳动在5000米的高度，营地建在30度的斜坡上，气温是零下30度，开水沸点是80度，而我们的劳动热情达到了100度。”1952年通车昌都的高度政治责任感，鼓励着指战员们的忘我劳动。

12月10日中午收工后，班长张福林为了连队午后施工安全，在工地检查炮眼及装药情况时，突然被山坡上坠落的一块两立方巨石砸在身上，伤势非常严重。在抢救中，张福林艰难地对指导员说：“我不能再为人民服务了，口袋里的45000元（旧币），作为最后一次党费吧！”不久，他就停止了呼吸。在清理他的遗物中，除上级发给的简单生活用品外，还有从河南他家乡寄来准备撒播在西藏土地上的五包蔬菜种子。张福林牺牲后，后方部队党委批准追记一等功，授予“模范共产党员”称号，其所在班被命名为“张福林班”。《人民日报》为此发表《学习张福林忘我精神》的短评[①]。他的英雄业绩和建设西藏的理想，成为长期鼓舞部队艰苦奋斗的光辉榜样。

经过全体筑路部队和员工的艰苦奋战，终于在12月28日修通雀儿山段公路，为1952年通车昌都奠定了基础。在雀儿山公路施工前后，陈明义曾三次徒步登上雀儿山，从查看地形、部署任务、检查质量，直到最后验收。他同组织施工的指挥员实地商量，与作业的战士研究技术革新。公路通车前夕，陈明义来到雀儿山西坡张福林的墓前，向烈士深深三鞠躬后说：“我们有了这样的英雄战士，没有战胜不了的艰难困苦！”为了保证刚修通的雀儿山公路畅通，一六〇团于1951年冬冒着严寒在雀儿山上扫雪，受到交通部的通报表扬。

为早日通车昌都，1951年夏，五十二师即指挥一五五、一五六、一五七团，自昌都向东修筑达马拉公路。

---

① 《人民日报》1952年5月18日。

1952年3月15日，西藏军区党委在年度工作报告中说："西藏的公路建设，是有关实现和平解放西藏办法的协议及整个西藏军事、政治、经济、文化建设的重大的首要问题。如果推迟三至五年完成，长期由牦牛驮运，不仅使今后在工作（上）均处于被动地位，且脱离群众，很可能使经济上的问题发展下去，而有引起政治上变化的危险。"报告进一步强调了修筑康藏公路的必要性和迫切性。

为加速康藏公路建设，西藏军区加强了后方部队的领导。中央军委于1952年9月任命五十三师师长金绍山、五十四师师长张忠为后方部队第一、第二副司令员。

这一年，参加筑路的部队总兵力为两个师1.5万人，西南交通部第二工程局（由康藏工程处改称，后又改称第二施工局，局长郑俊杰、副局长孙楷堂）所属技工支队7000人、民工3000人，总共2.5万人。4月下旬，筑路大军在雀儿山以西至金沙江东岸一线展开。公路指挥部要求科学安排劳力，作到按时"路通、桥通、重点工程通"。部队普遍开展以"工程民主"为主要内容的立功运动，提倡钻研技术，重视点滴经验创造，强调体力与智力相结合，达到减轻劳动强度，节约材料，保证安全，提高工效的目的。指战员们发挥聪明才智，在土石方作业中创造出许多新的操作方法。工兵第八团六连战士高福印创造的"山字形"挖土法，一人一天挖土57立方米。第一五六团战士曹熹创造了大幅提高工效的"飞燕式排土法"。第一六〇团四连连长薛玉波创造的"集团爆破法"，一次取8个炮位，炸石64立方米，提高工效近三倍。工兵第八团战士吕伯权创造的"自来水打炮眼法"，工效提高两倍。这些技术创造的推广与实施，加速了工程进度，较快地征服了柯鹿洞悬崖石壁和海拔4500米的矮拉山。

1952年的施工重点在昌都以东的甲皮拉和达马拉。这两座大山均在海拔4800米以上，冰峰雪岭连绵成群，逶迤达60余公里。山区气候十分恶劣，且变化无常，时而风沙弥漫，时而大雪纷飞。第五十三师部队于8月上山时，恰逢连续七八天的大雪，指战员白天都是穿着湿衣服劳动，夜晚睡的帐篷常被大雪压塌，生活非常艰苦。有几个年轻战士被"高山病"夺去生命。甲皮拉和达马拉山脊连续几十公里的冻土层，以及冰雪溶化后形成的一米多厚的泥浆地带，施工极为艰难。作业人员踩在冰雪泥浆中施工，腿脚冻肿，裂开一道道血口子。第一五八团副政委洪凯等领导干部常在工地与干部战士同甘共苦，参加劳动，激励士气，在达马拉山上奋战了116天。战士们高唱着《达马拉山上逞英豪》的战歌，砸开冻土层，铲掉泥浆带，又从数十米外的地方背来石块、净土层层填平、夯实，筑成路基，战胜了通往昌都的最后一道难关。

11月21日，康藏公路通车昌都。毛泽东主席题词："为了帮助各兄弟民族，不怕困难，努力筑路！"西南军政委员会主席刘伯承、西南军区司令员贺龙发来了贺电。

公路通车昌都后，面临昌都至拉萨路线的选择问题。在此之前，筑路指挥部已派出数支勘测队，勘测了通往拉萨的南、北、中三条比较线路。1952年8月，工程委员会在昌都召开定线会议。参加会议的有国家公路总局负责人及苏联专家别鲁保罗多夫。经过反复论证比较，会议倾向于走南线，即昌都经邦达、波密、林芝至拉萨。此线所经地区多为农业区，人口相对较多，森林资源丰富，气候较好，可以四季施工，且靠近边境，对开发边疆、建设国防有重要价值；但是要经过地震区、泥石流地段，地质不稳定，工程难度大。9月中旬，陈明义、穰明德带领

毛主席为康藏公路题词。

有关人员到重庆，向西南军政委员会、西南军区汇报定线问题。贺龙司令员仔细询问了有关情况后，赞成走南线，并要求1954年底通车拉萨。这个方案上报后，毛泽东主席于1953年1月1日批示："同意此项意见"。至此，路线走向问题确定了下来。

突破怒江天险，劈开然乌沟石峡

康藏公路自昌都到拉萨尚有1150公里。为保证1954年底全线通车，西南军区决定东线（从昌都向西）、西线（从拉萨向东）同时动工，以加快筑路速度。

从昌都向西修筑，由于牦牛运力不足，施工部队在每一段工程开始前，均要拿出一定力量背运粮物，影响筑路工程进度。鉴于筑路部队指战员体力消耗大、营养不足等情况，西南军区批准增加了供应标准，每人每日4两肉、1两油、5钱蛋黄粉、1斤蔬菜、1斤半粮食（均为旧制16两市秤）。8月，西藏军区后方部队机关由甘孜移驻昌都，以加强对筑路的指挥和物资保障工作。

1953年的重点工程是突破怒江天堑、凿通然乌沟石峡。这两处艰险的施工任务，分别由干炎林师长、冯志芳政委率领的第五十四师，邢天仁师长、洪流政委率领的第五十三师担负。

怒江天险是指冷曲河汇入怒江前后的峡谷地带，两岸多为抬头掉帽、望不见顶的狭窄的石谷，十多公里的断壁悬崖，直立江边。当地藏族同胞说这里是"猴子难攀登，野羊也不敢下山喝水"的地方。当时正值汛期，江水流速达每秒8～9米，惊涛骇浪，声震如雷。康藏公路必须飞跨怒江，向西沿冷曲河越安久拉，再通过然乌沟进入波密。

在进入怒江工地之前，先要打通昌都以南的第一座海拔4000米的年拉山。此山大部为石山，无一滴水，无论生活或施工用水，都要从山下到江里取用。一六一团担任此段施工任务，政委徐浩等领导干部每次上工地都要亲自背很多水壶上山，以帮助解决干部战士饮用水。该团第五连一排干部、战士苦干加巧干，以三周时间完成原定三个月的开石方任务。

怒江为西藏著名大江，江面宽100余米，水深20余米。江西岸冷曲河流入怒江处，有一段连绵不断长达7公里的悬崖，无路可走。测绘人员到此地渡不过江，只好在设计图上画了一条“飞线”。7月14日，师长干炎林带领第一六二团参谋长朱庆华、工程师张天翔以及该团少数人员，来到江边实地勘测，先选定在怒江上架设便桥的位置。架便桥先要将钢丝绳拉过江对岸。六连班长李文炎和几名熟悉水性的战士，乘橡皮舟在奔腾咆哮的怒江激流上，冒着生命危险试渡了几次，终于到达对岸，并拉上钢丝绳，为架设便桥奠定了基础。李文炎因此荣获“渡江英雄”称号。第四连副排长崔锡明在实地查看怒江西岸桥址时，攀援爬行陡峭石壁800米，最后顺着石坡下滑100多米，险些掉进怒江深渊，完成了实地查看桥址任务，获“探险英雄”称号。工程师张天翔同战士们一道，攀山越岭，找藏族同胞调查，为选定线路和怒江桥址做出重要贡献，被评为“劳动模范”。随后，第一六二团团长郝洪基、工兵第五团团长解养仁分别率部在怒江两岸投入施工。穰明德政委、张忠副司令员到江边督战。架设钢架桥任务由交通部第二施工局桥工队和一六二团二营

遵照毛主席“不怕困难，努力筑路”的指示，战士们不畏艰险，悬崖作业。

承担。经过28天紧张施工，11月1日，一座长达87米、距江面33米高的“贝雷式”钢架桥终于跨过怒江。谭冠三政委为此题词：“深山峡谷显好汉，怒江两岸出英雄”。

然乌沟，海拔3900余米，从上清卡沿河而下至然乌长8公里，两岸石壁陡峭，平均悬崖高达40多米，谷深沟长，是名符其实的“一线天”。当地降水量大，雪封、雪崩为患，原始森林郁郁葱葱，遮天蔽日，是地质、气象灾害多发区。公路线是要从峭壁半腰凿出一条悬崖石道，石方作业量极大，施工很有难度。此时已近隆冬时节，气温在零下二三十摄氏度，夜晚彻骨寒冷。五十三师部队经过两年筑路，已有丰富的高原施工经验，干部战士始终情绪饱满，各连之间密切协作，工程进展顺利。在一段长约300米的作业面上，师参谋长冉宪仪等师团领导干部和工程技术人员昼夜不离工地，精心组织指挥，集中了全师施工技术最好、身体强壮的32个连队战士，分四班轮流作业，昼夜不停地施工。战士们腰间系上安全绳，悬空抡锤打炮眼，推广各种先进的开石方办法。11月19日，在雀儿山施工中成绩突出的青年英雄、工兵第八团五连排长杨茂武，在岩壁上探到一个岩洞，装入1200公斤炸药，一次炸掉1.2万多立方米坚石，节约了2万个工日。整个凿通然乌沟石峡工程，从1953年10月25日开始到年底，全师鏖战两个月，开石方21万立方米，工效达到定额的190%。最后凿通石峡的开山炮声迎来了1954年元旦，天堑从此变通途。

奋战波密泥石流

1954年，是实现康藏公路全线通车的最后一年。年初，中央派来了全国人民慰问团，到西藏慰问筑路部队。慰问团带来党中央、政务院和全国人民的关爱，使部队指战员和技术员工受到极大鼓舞，表示坚决完成1954年通车拉萨的艰巨任务。后方筑路部队经过冬季三个月的休整后，指战员体力得到了较好的恢复，又满怀信心地投入新的年度施工。

这一年公路将经过波密地区。陈明义、张忠于年初在波密的松宗召开施工、运输会议。2月，第二施工局技工支队提前动工，将公路修至列亚，向波密中心地带扎木前进。当部队在冬季休整期间，用一个月时间背运备足自身所需之粮食后，于4月下旬进入波密地区施工，进展较快。

为了集中统一领导，确保1954年通车拉萨，西南军政委员会、西南军区于5月12日决定加强康藏公路修建司令部的领导，除陈明义任司令员，穰明德任政委外，由王其梅任第二政委，张忠任副司令员，何雨农任参谋长，白健任政治部主任。

波密地区地处喜马拉雅山脉以北、念青唐古拉山脉以南的中间地带，原始森林密布，海拔较低，气候温和，雨水充沛，物产丰富，但地质灾害时有发生。地处念青唐古拉山脉南麓冰川群的扎木至通麦、迫龙一线，在夏季暴雨、山洪、冰川、雪崩的作用下，迫龙藏布江两岸泥石流不断倾泻而下，经常酿成灾害。这一年，波密地区雨季来得早，持续时间长。5月8日，山洪伴着泥石流突然爆发，冲毁淹没沿迫龙藏布江的路基和桥梁60余处，水毁路基达31.5公里，损失标准工日40万个，各种筑路物资损失严重。正在迫龙沟口“老虎嘴”施工的一五七团六连二排，随着路基突然陷塌坠入江中，当即有包括副排长郭贵相在内的9名战士被滔滔江水吞噬，另有8人负伤。部分施工地段被迫停工。就在这一段近二十天的施工中，由于洪水、塌方、飞石的袭击，总计牺牲54人、重伤38人。因道路中断，部队还一度断粮。

意外灾害造成的路毁人亡，使指战员们情绪受挫。修建司令部了解情况后，立即向各单位发出通报，指出：“千百年无人烟无资料记载的地区，水文地质情况不明，再加上任务紧迫，降低了路基线位，以致造成此次失误，责任在领导”。通报希望部队共产党员、广大指战员、修路员工振奋精神，总结经验，接受教训，准备再战；下定决心“努力筑路，年底通车拉萨！”西南军区接到报告后，即派李达副司令员赶到波密，看望部队，并传达贺龙司令员指示：要“稳而快，在稳的条件下尽量加快，避免一切快而不稳的办法，修好一段，巩固一段”。

7月4日，修建司令部在加龙坝召开有各师主管干部、工程师等40人参加的会议。李达副司令员和中央交通部潘琪副部长到会作指示，做稳定情绪、鼓舞士气的工作。陈明义、穰明德充分听取大家意见，认真分析水毁工程原因，决定把线路抬高，并做一些必要的防护工程。会后，穰明德、总工程师李昌源等带领测量设计人员，沿着迫龙藏布江右岸陡坡峭壁，冒雨攀行几十公里，改测线路和设计防护工程。工程技术人员深入工程艰巨地段，为部队讲解不同地质的施工和防止伤亡的办法，组织参观示范作业。部队各级党委（支部）和领导干部加强思想政治工作。第五十三师政委洪流、副师长郄晋武，第五十四师师长干炎林、政委冯志芳等深入基层，与指战员们一道总结经验教训，坚定年底通车拉萨的信念，同时加强生活管理。部队利用波密地区的有利条件，开荒种菜和挖野菜，调剂伙食；在工地搭设“防雨棚”、“烤火屋”，烘干被淋湿的衣服，做好防病治病工作，关心干部战士健康，充分调动了大家的积极性。

修改后的迫龙一段新线，有的在悬崖石壁的半腰上，每公里有几万立方米石方工程。按照修改后的路线施工，额外增加了24万个标准工日。第五十三师指战员决心不惧困难，不怕牺牲，把洪水吞没的时间夺回来，提出“让高山低头，叫河水让路”的口号。师《战旗》报立即写出评论、文章，宣传这一充满革命英雄主义豪情的口号。师政委洪流极力加以提倡。全师指战员们在这一口号鼓舞下，力量和智慧得到最大限度的发挥。这一口号，很快成为后方整个筑路部队的号角，催动全军把高路筑向云端。

四年之后，毛泽东在中共八大二次会议上号召全党破除迷信、鼓足干劲时，提到了这个口号。他说：“高山低头，河水让路”这句话很好，“高山嘛，我们要你低头，你还敢不低头！河水嘛，我们要你让路，你还敢不让路！”从此“让高山低头，叫河水让路”这一口号，随即传遍全党、全军、全国，成为鼓舞人们战胜困难的强大动力。

指战员们在新设计的线路上，苦干加巧干，先后创造出“单人冲钢钎”、“空心装药放炮”、“钢丝滑板运输”、“活钩翻板倒料”等新的作业方法。第一五七团团长柴洪泉除组织指挥部队施工外，还亲自参与技术革新，使工效成倍提高，荣立一等功。工兵第八团用一个月时间在崖顶开凿竖井装炸药，一次点响十炮，炸掉“老虎嘴”，填平深水潭。在技术人员秦骧远的指导下，工兵在20多米高的悬崖上，利用崖间许多豁口（最大豁口跨度30多米），用方木铺设支座，架起一座座贝雷式钢架桥，使迫龙藏布的石壁上出现一条汽车的“栈道”，大大缩短了工期，为1954年通车拉萨作出了贡献。秦骧远为此立功受奖，曾出席过全国首届群英会。

为改善公路质量，工兵机械营的机械化筑路装备（空压、推土、碾压机械），发挥了特殊作用。他们担负难度大的重点工程，加宽路面，降低坡度和抢险，在康藏公路重点工程地段留下了他们的施工印记，做出了应有的贡献。施工部队和技工以百折不挠的精神，在填实了鲁朗的沼泽地带，征服了色霁拉的“橡皮路”，穿越遮天蔽日的原始森林后，终于把公路推向尼洋河畔的巴河桥，为与西线施工部队和藏族民工筑路大军会师奠定了基础。

西线筑路

为使康藏公路尽快建成，在东线向拉萨修建的同时，西线也开始由拉萨向东修建。

早在1952年初，西南局、西南军区就已原则确定了西线筑路任务。西藏工委、西藏军区为此进行了必要的准备工作。1952年，在拉萨成立了第一工程局（后改为第一施工局），局长程培兆，总工程师谢元模；组建两个测量队，测设了墨竹工卡至太昭路段。军区测量队先后派出七人加入该段公路测设和施工测量任务。贸易公司从国外购进一批施工工具。前方部队第一五五团和军区炮兵营已经开始修建拉萨至墨竹工卡段的路基工程，修通20公里。

在平息了“人民会议”骚乱事件、拉萨局势已趋于稳定之后，西藏工委、西藏军区同西藏地方政府协商加快修建康藏公路的问题。双方决定：军区负责公路勘测、设计、施工指导和施工工具购置、维修。噶厦负责从拉萨、山南、工布等地的48个宗调集万余名藏族民工参加施工，并提供民工所需口粮；由中央方面向地方政府支付口粮款，并给民工发放工资。西藏军区和西藏地方政府联合组成筑路委员会，实施统一领导。1953年1月18日，筑路委员会宣告成立，军区政委谭冠三任主任，西藏地方政府噶伦索康·旺清格勒、军区参谋长李觉、政治部主任刘振国为副主任。其下设西线筑路指挥部，指挥长田宝瑚（原第五十四师参谋长），政委李传恩（第一五五团政委），副指挥长吞巴堪穷（地方政府四品僧官）。指挥部下辖三个施工段，分别由军队干部张铭、王磊、吴晨和地方政府官员鲁珠朗杰、夏江苏巴、玛雅等担任正副工段长。一批军队和地方干部以及西藏军区藏语文干部学校的教师和学员调到指挥部及各工段工作。工委宣传部、军区宣传部和公路局研究了对民工的宣传教育工作，编写教材，出版简报等。军区后勤部派出医务人员，在各工段设立门诊所，免费为民工治病。贸易部门在工地设立代销点，销售糌粑、酥油、盐、茶、烟、糖、衣服、胶鞋等生活用品。筑路指挥部于3月组成，4月19日进至米拉山区。

西线筑路工程由拉萨至工布地区的巴河桥，全长323公里，划分三个施工段。第一段由拉萨河南岸至墨竹工卡，由军区炮兵营负责带领民工施工，于1953年4月20日开工。第二段由墨竹工卡至米拉山口，由第一五五团负责施工并带领民工，于6月13日开工。第三段由米拉山口至巴河桥，为1954年度任务。

各地民工到达工地的最后数字是8105人，比预计数少2178人。筑路委员会开会时，谭冠三、李觉向索康询问原因。两个星期后，索康在会上回答说，噶厦确定出民工的数字，是按照他们的“铁虎年耕耘差率簿”（登记各宗谿耕地、户籍、支差数字的文册）向各宗摊派的。藏历铁虎年为公元1830年，到此时已经有123年。百多年来，人丁增减，变故甚大，仍照“老皇历”办事，岂有不出差错之理！再就是民工到了工地，口粮却未运到。在向索康查询时，他推说大批存粮还在拉孜一带，并提出粮食价格问题，想趁机抬高粮价，制造麻烦。于是，张经武代表出面与地方政府协商，最后议定粮价按每克藏银153.7两、运费一驮按每站30两支付，并在阿沛等人的支持下，军区和地方政府派人到工布等地区筹集，才逐步把民工的口粮问题落实。

参加筑路的民工编成班、队，设有班长（觉本）、队长（甲本），各宗均有头人领队。民工多为农牧民，吃苦耐劳，但不懂筑路知识及技术。为此，筑路委员会确定第一五五团、军区炮兵营除本身参加施工外，并派干部战士带领民工施工，要求做到指挥、劳动、执行政策三结合。带队的指战员们给民工讲解筑路要求、施工技术、安全知识，并教他们实际操作，使民工们的劳动热情不断增长，施工技术逐步提高，挖填土工效由日平均1立方米提高到1.8立方米，基本合乎要求。8月，随着秋收季节到来，筑路指挥部给民工放假一段时间，深受民工们的欢迎。筑路部队对民工的爱护、关心、照顾，激发了民工们的积极性、创造性。在挖填土方中，有时遇到孤立的巨大石块，藏族民工就在大石块四周放柴猛烧，再用冷水猛浇滚烫了的巨石，将巨石激裂成碎块，然后清除。筑路指挥部及时推广了民工们创造的经验，使工效不断提高。

1953年度工程结束后，筑路委员会10月底在拉萨开会，总结工作部署任务。会议肯定了施工成绩，明确了1954年民工筑路任务、民工组织、施工指导、糌粑、酥油和副食及日用品供应等工作和责任。11月又分别召开了下年度民工工作会议和民工口粮供应会议，确定民工为8660人，按6个月计，共需口粮16万克，粮价平均每克藏银160两，由西藏地方政府负责在公路两侧地区采购并运输至工地。因部队干部任职变动，军区对筑路指挥部机构、各工段负责人进行了调整，以苏桐卿（第一五五团团长）为指挥长，杨军（军区政治部组织部长）为政委、程培兆为第二政委、孙德泉（波密分工委秘书长）为副政委，潘汝扬、曹士炎、谢殿举为三个工段的负责人。噶厦方面原负责修路的官员未变。此外，还补充了施工材料和工具，并从四川等地调来两百名技术工人，加强技术指导。

1954年，民工到达工地8061人。由于阿沛·阿旺晋美等爱国上层人士的支持，口粮解决得比较好。加上有了上一年的实践经验，施工组织指挥得当，民工普遍劳动热情很高，出勤率保持在90%以上。这一年夏季的洪水，曾使工布江达的运输线中断。群众在尼洋河上架起了溜索桥，保证了粮食和工具运到被洪水围困的工地上。

第一五五团除派出一个营又两个连带领藏族民工施工外，还担负了敏拉山段艰巨的工程。敏拉山海拔4976米，山上悬崖峭壁，怪石嶙峋。8月，由政委乔学亭、参谋长刘广桐带领部队到达山顶地段施工。山顶气温低，氧气稀少，给施工和生活都带来很多困难。这时开石方的炸药严重不足，部队就自己动手熬芒硝、烧木炭，自制黑色炸药；凡能撬得动的石头，就用木杠、钢钎撬掉；撬不动的石头就用火烧水浇，以节省炸药。第二营机枪连三班采用放大炮的办法，将工效提到每天人均11.5立方米；炮班则以“子母炮”的方法，一炮炸掉坚石768立方米，使工效提高35倍。由于施工部队粮食供应不足，有一段时间每人每天只有两碗黑豌豆，再加野菜充饥，平均每人每天吃野菜两三斤，部队经常有四分之一的人外出挖野菜。大家忍受饥饿，一天仍要干十多小时，表现出为西藏建设甘愿作奉献的坚韧精神。

军民齐心协力，战胜艰难困苦，两年中共挖土方226万立方米，开石方

38万立方米，建桥涵271座。民工中有22个宗、204个班评为模范单位，2039名民工立功。

康藏公路东西对进，加快了修筑速度。1954年11月27日，东线由军区后方部队陈明义司令员、后政白健代主任率一五七团、工兵八团和领导人员，与西线筑路指挥部政委杨军率一五五团部队、藏族筑路民工及领导人员，在巴河桥胜利会师。历时四年修筑的康藏公路终于全线贯通。前后方战友分别四载，会师巴河桥头，忆征程热泪盈眶，互相拥抱欢呼。此时只剩下拉萨河大桥尚未架设。架桥工程原列入下年度任务。由于公路提前修到拉萨河边，筑路委员会决定立即架桥，确定由第二施工局的桥工队担任，部队和民工一部协助。第二施工局共有两个桥工队，在桥梁专家黄渭泉率领下，由第一桥工队工程师王开棣具体组织，穰明德亲自坐镇指挥，第一、第二两个施工局长孙楷堂、程培兆现场轮流值班。经17个昼夜的紧张施工，一座长137米的6孔钢架大桥，提前横跨在古老的拉萨河上。

康藏公路修建司令部司令员陈明义（右一）、政治委员穰明德（右二）和工程技术人员一起研究工作。

康藏公路东起西康雅安，西至西藏拉萨，全长2255公里。1955年10月，西康省撤销，康藏公路改称川藏公路，并改为以四川省会成都为起点，全长2416公里。为修筑这条通向世界屋脊的公路，部队付出了艰巨的劳动和重大牺牲。仅从马尼干戈到拉萨一段，共挖填土方1470万立方米，开石方533.9万立方米，建桥梁417座，涵洞3825道。

修筑青藏公路

青藏公路是由西北地区进入西藏的一条大通道，对于繁荣西藏经济、保卫国防具有极其重要的战略意义。

修筑青藏公路，早为中央所关注。昌都战役后，为准备继续进军，西南军区于1950年12月9日给中央军委的电报中提出：公路“从玉树经黑河到拉萨线，比较从昌都经三十九族、太昭到拉萨线要易于修筑，因前者是高原的脊背较平。据报，后者则山大河多，困难特多”。[①]毛泽东主席于1951年1月4日批示周恩来总理和聂荣臻代总参谋长明确指出：“是否令西北负责修玉树、黑河、拉萨公路？”[②]5月25日，毛泽东主席发布的进军训令中，责成西北军区负责修筑西宁——黄河沿——玉树——囊谦——类乌齐——丁青公路和派人对敦煌——柴达木——黑河——拉萨线路进行实地勘测。西北军区遵此训令作了部署，并在当年开始从黄河沿向玉树修筑公路。8月，十八军独立支队从青海省都兰县香日德出发进藏时，西北军政委员会派工程师邓郁清和两名部队测绘员，开始对香日德（从西宁到香日德段在解放前已修通）到拉萨的线路进行踏勘。1952年夏，邓郁清在答复穰明德询问勘测西北路线情况的电报中说：“沿线三分之二地段是沼泽地带，且缺乏砂石、木料等建筑材料，施工困难，建议在没有勘测比较线之前，此线不采用。”

1952年秋天，邓郁清从拉萨返回兰州前，张经武在拉萨对他交待说，“我们远离后方，粮食供应十分困难，西藏上层少数顽固分裂主义分子要发动叛乱，妄图利用我们的困难，逼迫我们退出西藏。从西南雇牦牛，从西北用骆驼运粮到拉萨，一年只能往返一趟，其运费加损耗，一斤粮食比一斤银子还

① 《毛泽东西藏工作文选》，中央文献出版社、中国藏学出版社2001年5月版，第39页。
② 《毛泽东西藏工作文选》，中央文献出版社、中国藏学出版社2001年5月版，第38页。

贵。你们随军由青海进藏勘测的路线，由于地质不良等原因，不能从那里修路，如能避过泥沼水草地，相信不难找到一条理想的路线。请西北交通部再派勘测队踏勘公路。”①

年底，邓郁清到达重庆向有关方面汇报情况后，西南军区副司令员李达、康藏公路修建司令部政委穰明德对他讲了修建青藏公路的重要性，希望他回去向西北交通部门汇报。邓郁清回到兰州后，向西北交通部作了汇报。他们认为青藏高原地理环境特殊，担心少数人去踏勘有困难，未进行公路勘察选线工作。

1953 年 2 月，中央统战部部长李维汉主持研究青藏公路线路问题的会议，政务院副秘书长兼统战部副部长徐冰、交通部公路总局局长潘琪、西藏工委副书记张国华、范明参加研究，最后仍以原所选的线路泥沼太多、工程量大不宜修筑而搁置起来。

1953年夏，西北运输总队成立后，其骆驼队沿着十八军独立支队进藏路线行走，沿途多沼泽地，非常难行。后得知解放前有马帮向西经格尔木再折向南入藏的路线，即进一步调查和派人探察，认为此路可以通行。骆驼队改走此线，自香日德经格尔木再折向南行，直到西藏聂荣宗，道路平坦好走，唯缺草场。因路途甚为遥远，倒毙骆驼甚多。总队领导考虑，不修通公路很难完成运输任务，于是决定向中央军委反映意见。

1953年9月间，总队政委慕生忠去北京开会，向军委彭德怀副主席汇报了骆驼队运输及路况，提出进一步派人赶着马车实地探路的设想，当即得到彭德怀的赞同。慕生忠返回香日德后，决定由运输总队副政委任启明担负此次探路任务。随即组成30余人的探路队，配备木轮马车2辆、骆驼50峰、骡马20余匹，携带面粉千斤，于11月中旬离开香日德，经格尔木沿骆驼队走过的路线前进。探路队在严寒的冬季，翻越昆仑山、唐古拉山，跨楚玛尔河、沱沱河，穿过莽莽亘古荒原，艰苦行程1200公里。白天遇狂风，飞沙走石劈头打来，就在野地强撑衣物遮挡。夜间狂风刮跑了帐篷，大家只能躺在大雪覆盖的被褥中。饿了，就在砂地挖坑，用牛粪烧红坑壁，把和好的面团放在

① 《西藏公路交通史》，人民交通出版社 1999 年 8 月版，第 79 页。

坑里再压上热灰焖熟了吃。渴了，就啃冰吃雪。这样，于1954年1月23日奇迹般地到达藏北重镇黑河，受到黑河分工委副书记侯杰的热情接待。此次探路，共用了70余天。不久，第二批由王廷杰带领的胶轮马车探路队亦到达聂荣宗。青藏公路的路线终于探查通了。任启明激动地赋诗一首："怒江源头水悠悠，车（指木轮马车）到黑河方解忧，迎风冒雪几千里，人生做事几春秋。"任启明立即用黑河分工委的电台，将沿途实地察看的情况报告了慕生忠。电报说，此段路线"虽群山连绵但起伏不大，高差小，多戈壁、草地。远看是山，近走是川，山高坡度缓，河多水不深，修建公路的工程量不大。"慕生忠拿着电报再去北京，找到正在开会的张国华、范明，并一同向彭德怀汇报。后经研究确定，第一步先修通格尔木至可可西里的300公里路段。

关于经费问题，彭德怀让张国华、范明向周总理写出报告。周恩来见到报告并详细问明情况后指出："青藏公路要修，它如同人的手背，平坦宜行，而且斩不断、炸不烂，非常保险。要急修，先粗通，然后再改善。康藏公路要修，但它如人手五指，横断山脉，断一处就不能通车。为了战略需要，青藏、康藏两条公路并修。平时两路都通车，万一断了一条，我们还有一条"。[①]随后，由中央财委拨款30万元，决定先修通格尔木至可可西里段（这两地都有运输总队设置的运输站）。彭德怀又指示西北军区拨给10辆汽车、1500公斤炸药、3000件工具等物资及一个工兵班。于是，青藏公路的修建进入实施准备阶段。

1953年8月，西北局成立了以慕生忠为指挥长，任启明为副指挥长的青藏公路指挥部。1953年11月，慕生忠带着吉普车、卡车各一台，以四天行程到达格尔木运输站，立即筹划修筑青藏公路，并安排植树造林，开荒70多亩，于1954年开春种了蔬菜。原西北运输总队成为施工的主要力量，由于骆驼已大部倒毙，遂将调整下来的24名干部和1200驼工，编组成6个工程队，另加西北军区调来的10名工兵，在慕生忠、任启明组织指挥下担负修筑青藏公路任务。但此段公路开始时要修建成什么样呢？曾在天水至兰州铁路指挥部工作过的慕生忠设想，应以尽快的速度，修成一条"急造公路"。任启明则

① 《西藏公路交通史》，人民交通出版社1999年8月版，第82、83页。

根据赶车探路的体会，提出公路修筑要以“平、直、近、硬”为原则。

青藏公路于1954年5月11日在格尔木以南30公里处破土动工。慕生忠带着干部和几百名驼工，扛上铁锹、铁镐走向开工点，做了动员后，即掘开了青藏公路第一锹土。

6月，工程师邓郁清受西北军政委员会交通部派遣来到工地，负责修筑青藏路的工程技术工作。他首先同工兵班及几名石工负责修建昆仑桥。此桥位于艾吉勒沟口，距格尔木70公里，为格尔木河最窄的一段。河道宽约8米、深30余米，两岸为陡峭的峡谷。建桥材料只有从兰州运来的9根仅9米长的东北松及一些原木，加上少量钢筋和铅丝。采取以原木竖桩立基、松木为梁、铅丝牵拉的办法，三天即把桥架了起来，命名为“天涯桥”（1956年4月，陈毅副总理路经此处，更名为“昆仑桥”）。此后，邓工程师带着只有几名干部和测绘人员的测量队，一直走在前面测量、设计线路。修建施工进展很快，翻越昆仑山后，几天就前进50公里，到达不冻泉。以后，一直在海拔4500米以上的冻土地带施工。进入长江源头地区，有通天河的4条支流，头一条为楚玛尔河，最大的为沱沱河。这一段地势平坦，河汊多，水不深。施工中无材料架桥，均修建简易的过水路面通过。当进入乌兰木伦河施工时，民工们踏着冰凌下水修过水路面。近处没有石头就从十里路外运来，再用羊皮筏载上石块、沙包下填到河中。水急皮筏停不住，河沙下陷站不稳，他们就在腰间和皮筏上拴绳，由岸上的人拉着在水中施工。回族民工马占元撑着载有石头的皮筏离岸后翻了，他从水中钻出，追回被冲走的筏子，又从冰冷的水底把一块块石头捞出，重新运到河心填砌。这样，终于建成过水路面。

7月下旬，公路通车到五道梁（即可可西里）。27日，范明陪同班禅到北京出席第一届全国人民代表大会，从拉萨一路骑马、坐轿至五道梁，即换乘汽车前往兰州。

两个月修通300公里到达可可西里的急造公路，完成了第一期修路任务。慕生忠再次到北京向彭德怀汇报，并提出继续修建的经费等问题。彭德怀对他们奇迹般地快速修路十分高兴，答应所提出需要的经费200万元、工兵1000人、汽车100台均由军委调拨。9月6日，中央军委批准青藏公路继续修建，车辆、机械、帐篷、经费等陆续下拨到位，并令西北军区调工兵第二团参加施工。

9月下旬，工程进入唐古拉山口，这是青藏公路的最高点。唐古拉山口海拔5231米，气温常年在零摄氏度以下，冬季甚至达到零下30摄氏度，空气中的含氧量比平原地区少一半。山口两边是冰峰雪岭，公路沿坡盘旋而上，北坡长23公里，南坡长8公里。民工们迎着风雪冰雹，奋力拼搏。此时供应困难，伙食常是加盐的面疙瘩，没有蔬菜，不见油腥。夜晚帐篷里冷得像冰窖，只好两人挤在一个被窝里睡。人人面色紫黑，嘴唇干裂，消瘦得都变了形。但为了抢在大雪封山前打通此段，大家都不畏艰难困苦，争着要求到山顶最高处施工，并在大风雪中边抡镐边喊："加油，战胜唐古拉！"这样，仅用一个月时间，提前于10月20日越过唐古拉山。29日，工兵二团以及100辆汽车进入唐古拉以南草原地带，工程进度明显加快，31日，各工程队到达西藏境内的安多，绕过4800米的安多拉，于11月16日修到黑河。公路从宽37米、水深40厘米的沙夹卵石的黑河河床通过，12月2日到达距拉萨90公里的羊八井峡谷。

羊八井峡谷地处冈底斯山脉的堆龙河谷，谷长15公里，为一大型石峡，属于青藏公路最艰巨的"卡脖子"工程地段。此时康藏公路东线的修路部队和西线的修路民工已在巴河桥会师，康藏公路全线贯通。为使青藏公路尽快通车拉萨，西藏军区决定以工兵第八团一个营从南往北，西北军区工兵第二团从北往南，合力劈开石峡，并以第一五五团从拉萨向羊八井施工。经过十个昼夜的突击施工，终于打通了石峡。12月15日下午2时，全长1200公里的格尔木至拉萨段青藏公路全线粗通，施工总共用了7个月零4天时间。青藏公路在高海拔地区修建，自然条件异常艰苦。能够在较短的时间内粗通，堪称公路建设史上的一大奇迹。

康藏公路、青藏公路同时通车拉萨，结束了西藏没有现代公路交通的历史。但却付出了3000人牺牲的代价。

毛泽东为此题词："庆贺康藏、青藏两公路的通车，巩固各民族人民的团结，建设祖国！"①

① 《毛泽东西藏工作文选》，中央文献出版社、中国藏学出版社2001年5月版，第108页。

1954年12月25日，康藏、青藏公路全线通车。图为拉萨市各界群众三万多人在布达拉宫广场举行庆祝大会。

1954年12月25日这一天，在西藏拉萨、西康雅安、青海西宁同时举行两路通车典礼。通车典礼隆重而热烈。满载筑路功臣和粮食物资的350辆汽车，从康藏、青藏两条公路汇集于拉萨布达拉宫广场时，受到西藏党政军民3万人的盛大迎接。修筑两路的领导人陈明义、穰明德、慕生忠和筑路的功臣们相互热情握手祝贺。国家交通部代表王一凡、西南军区慰问团团长胥光义、西藏军区司令员张国华、政委谭冠三以及西藏地方政府和班禅堪厅的代表都在会上讲话表示祝贺。在京出席第一届全国人民代表大会的达赖、班禅向庆祝大会发来贺电，并分别在《人民日报》上发表文章，热烈祝贺康藏、青藏公路通车。

西南军区司令员贺龙撰文说："康藏公路和青藏公路的通车，必然会促进西藏民族的政治、经济和文化事业的发展，康藏人民的物质生活和文化生活，也必然会随着祖国大规模的社会主义经济建设的发展而逐步地改善和提高，这对于加强和巩固祖国的统一，增强汉藏民族人民的团结，建设边疆，保卫祖国的社会主义建设，以及维护远东和世界和平，必然产生巨大的作用。”①

同日，《人民日报》、《光明日报》、《工人日报》都发表社论，高度评价康藏、青藏两路通车拉萨的重大意义，高度赞扬进藏部队指战员、工程技术人员和广大藏族人民为两路建设所作出的巨大贡献。

康藏、青藏公路通车拉萨，每年由汽车运入西藏的粮食、物资约10万吨，从而彻底粉碎了西藏反动上层想要把进藏部队、工作人员困死饿跑的企图。中国共产党和人民解放军在西藏坚实地站稳了脚跟。

第九节　巩固长期建设西藏的思想

树立和巩固长期建设西藏思想，是进藏部队和地方工作人员思想政治工作的一项重要内容，对于解放西藏、建设西藏、巩固国防具有战略意义。

1950年初，毛泽东在决定向西藏进军时，曾提出过“入藏军队可定为三年一换，以励士气”。②十八军部队从“川南安家”到“进军西藏”，思想弯子转得很陡。“三年一换”的口号，当时确实起过激励士气的作用。由于进军西藏经营西藏任务的艰巨复杂，1950年2月15日西南局、西南军区发出的《解放西藏进军政治动员令》中就号召：“每一个指战员必须树立长期建设西藏的思想和决心”。12月，西藏工委会议进一步明确提出：“解放西藏只是我军的第一步任务，而长期建设西藏则是党的基本方针，也是我军的长期任务。”1951年春，十八军后方部队和第五十二师驻昌都部队已着手对干部进行长期建设西藏的思想教育。当十八军主力准备向拉萨进军的前夕，军政治部于8月23日发出了《关于长期建设西藏思想领导的指示》。指示提出：各级党的组织教育全体人员，要把热爱伟大祖国同热爱西藏、建设西藏一致起来，在

① 《贺龙军事文选》，解放军出版社1989年2月版，第564—565页。

② 《毛泽东西藏工作文选》，中央文献出版社、中国藏学出版社2001年5月版，第7页。

思想政治工作上既要解决进军中的“换班”思想，又要解决修建同进军对立起来的模糊认识，“启发部队艰苦为荣、劳动为荣，亲手参加祖国边疆建设事业为荣”的积极性。这一指示的传达贯彻，对前方部队的进军边疆和后方部队的修路运输任务的完成起了有力的推动作用。

广大指战员从实践中体会到，从接受进军任务到西藏和平解放，从进军拉萨到进驻边防，就用了两年；而熟悉和适应环境、进行西藏建设和巩固国防，则需要更长时间。因此，没有在西藏长期奋斗的思想准备是不行的。十八军进驻拉萨后，谭冠三政委为表达自己“把老骨头埋在西藏”的决心，并鼓励部队长期建藏，曾赋诗“贺人民解放军进驻拉萨”。他在诗中叙述进军过程如“第二次长征”一样的艰苦困难后，坚定地表示：

> 男儿壮志当报国，藏汉团结重如山；
> 高原有幸埋忠骨，何须马革裹尸还。[①]

1952年12月1日，西藏军区成立后的第一届党代表会议在拉萨召开。驻太昭以西各部队党员代表338人参加。会议以解决西藏工作的政策、策略和长期建藏两个问题为重点。与会代表围绕着西藏地区特点、民族特点、建设西藏的意义和前景，进行了一个星期的讨论。经过深入讨论，大家认识到西藏革命道路曲折，建设西藏任务艰巨，搞好西藏的革命和建设，必然是一个长期的奋斗过程，因此必须有在西藏作长期艰苦斗争的打算。全体代表以强烈的政治责任感和对西藏同胞苦难的深切同情，一致通过向党中央、毛主席表示长期建设西藏的决心书。这是进藏部队全体将士在思想认识上从“三年一换”到“长期建藏”的飞跃，是革命坚定性的升华。

会后，各部队贯彻军区党代会精神。军区警卫营一连、一五五团九连向部队发出“长期建藏，边疆为家”的倡议，得到了全区部队的普遍响应。1953年3月1日，一五四团全团指战员集体向毛主席上书，表示长期建藏的决心。决心书在叙述了进军解放西藏的过程后表示：“为了祖国的安全，为了祖国人民的幸福生活，为了祖国的和平建设事业，我们坚决服从祖国需要，服从组

① 1985年12月6日谭冠三在成都逝世后，其骨灰运至西藏拉萨，安葬在拉萨八一农场苹果园内。

织分配，消除各种类型各种程度的‘换班’思想，一手拿枪，一手拿镐，决心长期地和勤劳朴实的藏胞一道，积极愉快地参加祖国边疆地区的一切建设事业，不懈地守卫好国防大门，随时准备粉碎任何帝国主义侵犯祖国神圣领土的阴谋和行为。”在决心书上面署名的是“步兵第一百五十四团全体同志”，下面签名的是团长郄晋武、副团长顾草萍、参谋长赵衍祥、政治处主任刘畴范以及全团营连干部和千余名战士的名字。这份决心书至今仍保存在解放军档案馆里。

毛泽东主席于1952年10月8日接见西藏致敬团时曾说过：“人民解放军进入西藏就是要执行帮助你们的政策。开始进去的时候不会有帮助，三四年之内也不可能有多的帮助，但以后就能帮助你们的，那是一定的。”[①]这就规定了帮助西藏各族人民建设西藏是驻藏部队的一项长期任务。

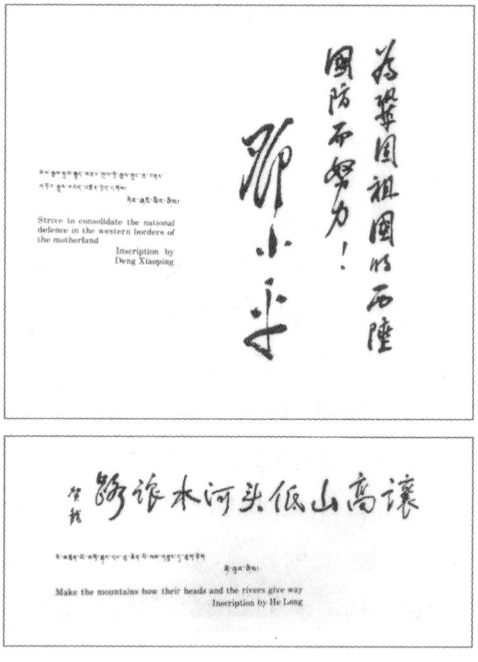

邓小平、贺龙鼓励干部战士长期建藏的题词。

“长期建设西藏”是党的方针和任务。“长期建设西藏思想”的提出，就是要求干部战士正确对待西藏环境艰苦的实际情况，解决打临时工的短期思想。其核心是树立热爱西藏，全心全意为西藏人民服务的思想。“长期建设西藏思想”的树立，一是靠不断的思想教育，勇于实践和创造；二是靠干部的奉献精神，以身作则；三是靠物质条件的逐步改善，提高生活水平。多年来，进藏部队各级党组织、各级干部正是坚持不懈地从这几个方面努力，使得“长期建设西藏思想”一步步地树立和巩固起来，普遍有了这种思想境界。“长期建藏，边疆为家，

① 《毛泽东西藏工作文选》，中央文献出版社、中国藏学出版社2001年5月版，第89页。

艰苦为荣，以苦为乐”，就成为所有进藏人员行动的准则，变成巨大的物质力量。不论在西藏恶劣的自然环境面前，还是在与敌人的搏斗中，为了西藏人民的解放，为了建设新西藏，为了捍卫祖国的统一，保卫国家的安全，广大指战员和进藏工作人员以超人的毅力，敢于将一切艰难险阻和国内外敌人踏在脚下，为西藏人民的利益作出个人的最大牺牲。这就铸就了名扬全国的“让高山低头，叫河水让路”，“一不怕苦，二不怕死”①的革命英雄主义精神。这种精神，成为驻藏部队和西藏人民的宝贵精神财富，成为建设西藏，保卫祖国西南边防安全的巨大力量。

20世纪90年代，中共中央总书记、中央军委主席江泽民到西藏视察工作，听取了西藏军区司令员姜洪泉、政委耿全礼的汇报后，对驻藏部队大加赞扬，并挥毫题词：“发扬老西藏精神，戍边卫国建新功”。后来他在“长期建藏，边疆为家”，“一不怕苦，二不怕死”，“自力更生、艰苦创业”的基础上，又概括出“特别能吃苦，特别能战斗，特别能忍耐，特别能团结，特别能奉献”。这样，将“老西藏精神”表述得更加完美并提到了一个新的高度。

第十节　中央人民政府统一管理西藏地方涉外事务，取消外国在西藏的特权

西藏是中国的领土。早在清朝乾隆皇帝时就已明确规定，西藏的涉外事宜统由驻藏大臣处理。清末民初以来，西藏地方当局在帝国主义策划与怂恿下，大搞“西藏独立”活动，出现了西藏地方政府撇开中央政府直接与外国

① 这是1962年中印边境自卫反击作战中，中国边防部队战胜自然环境、消灭侵略者的作战中表现出的英雄气概。战后，毛泽东主席在政治局听取作战情况汇报时说：“我赞成这个口号。”

打交道的极其不正常状况，有损中国的主权。1942年，西藏地方政府宣布成立“外交局”，要求外国驻藏人员以及国民政府蒙藏委员会驻藏办事处都与其联系。尽管当时正处于抗日战争的危急关头，国民政府仍予以严厉指责并完全拒绝。但这个“外交局”却一直存在着，并与英、美、印度、尼泊尔等国政府来往。当时，印度等外国人持护照不经国民政府签证，即可入境到西藏；西藏人员出国到印度，也是只要英、印政府签证即可。中国人民解放军解放西藏的第一要务，就是驱逐一切帝国主义侵略势力出西藏，维护祖国对西藏的领土主权。1951年5月关于和平解放西藏的谈判中，将上述原则作为《十七条协议》的重要内容，协议第十四条规定：“中央人民政府统一处理西藏地区的一切涉外事宜，并在平等、互利和互相尊重领土主权的基础上，与邻邦和平相处，建立和发展公平的通商贸易关系。”这体现了中央人民政府坚定地维护国家领土主权的精神。实行协议，就要逐步收回西藏地方政府非法对外交往的权力，由中央人民政府统一处理对外事宜，取消外国在西藏享有的各种特权。但因西藏特殊的历史背景，中央人民政府对此采取了十分稳妥的步骤。

为着逐步实现由中央人民政府管理西藏的对外事务，1951年底，外交部派出原西南军政委员会外事处处长杨公素到达拉萨，着手调查研究西藏的对外关系和建立中央驻西藏外事帮办机构的准备工作。

1952年9月6日，中央人民政府驻西藏代表外事帮办办公室成立，杨公素任帮办。经与噶厦协商，其原“外交局”副局长柳霞·土登塔巴为副帮办，“外交局”原部分官员参加外事帮办办公室的工作。达赖将其姐夫彭措扎西派到办公室工作，表明他对外事工作的关注。外事帮办办公室在中央人民政府外交部的领导下，具体办理西藏地方的一切涉外事宜。至此，西藏地方政府直接与外国交往的非法状况宣告结束，但噶厦的“外交局”直到1953年印度政府提出与中国政府商谈两国关系时才正式撤销。

外国在西藏地区的特权，都是由帝国主义侵略西藏造成的。英国于19世纪末20世纪初以武力入侵西藏后，攫取了许多特权，如在拉萨设立英国代表处；在江孜、亚东、噶大克派驻商务代表；在江孜、亚东驻扎武装卫队；在亚东的下司马还占据有一块租借地；英印商人均享有治外法权；英国直接经营从亚东至江孜的电话、邮政、驿站等。1947年印度独立后，印度政府继承了英国在西藏的这些特权，英国驻拉萨的代表处改名为印度代表处，原班人马全部保留，邮电、驿站、租借地改由印度经营，英国驻军变为印度军队。西藏地方政府“外交局”常派人与印度驻拉萨代表处联系，通过其寻求印度政府在政治方面的支持和武器装备方面的援助。

尼泊尔在英帝国主义的挑动下，于19世纪中叶再次武装入侵西藏，订立了不平等的《尼藏条约》①，也在西藏攫取了一些特权，包括在拉萨派驻代表、侨民享受治外法权、尼商货物免税免检，特别是噶厦每年要向尼泊尔交一万卢比的贡金等。西藏和平解放后，噶厦“外交局”还于1952年按旧例径自派人去尼泊尔送贡金，被中央人民政府驻藏代表发觉后予以制止。

新中国成立后，印度政府已同中国建立了外交关系，但仍企图保留在西藏的特权。1950年11月1日，印度驻华大使馆照会中国外交部提出：印度由于惯例和协定在西藏享有权利，即印度政府在拉萨派有代表，在江孜与亚东有商务代表，在到江孜的商路上有邮政及电讯机关。为了保护这一商路，四十多年来就一向在江孜驻了一小队卫兵。印度政府切望这些机构应该继续存在。对此，中国政府于11月16日在答复印方的照会中，在强调西藏是中国领土、中国人民解放军必须进军西藏的同时指出：有关“中印两国的友谊应该得到正常发展，中印在西藏的外交、商业和文化关系，也可以循着正常的外交途径获得适当的互利的解决”。②

由于印度是第一个同新中国建交的非社会主义国家，中国政府给予了热情的回报。1951年，中国政府为缓解印度的粮荒，在自身粮食紧缺的情况下，向印度提供了66万吨大米。印度作为联合国安理会的非常任理事国，积极主张恢复中国在联合国的席位，努力寻求解决朝鲜争端的途径。但印度始终把在西藏的特权利益抱住不放。1952年2月，印度政府向中国提出一份《关于印度在西藏利益现状》的备忘录，开列了保留七项权益：一、驻拉萨的使团，二、驻江孜和亚东的商务代表处，三、驻噶大克的商务代表处，四、在商业

① 1885年（清咸丰五年），尼泊尔以藏尼边境收税问题为由，派兵占领了吉隆、聂拉木等地。西藏地方军队几次反击失败。当时正值英法侵略军进逼京津，清政府无力顾及藏尼纠纷，只是在驻藏大臣的主持下，签定了《西藏尼泊尔条约》，规定西藏每年赔偿尼币一万，尼商在藏经营不交税，尼王室在拉萨设置官员等。

② 《中华人民共和国对外关系文件集》第1集，世界知识出版社1959年版，第167页。

市场以外地方进行商业的权利，五、在到江孜的商路上的邮政及电讯机关，六、驻江孜的军事卫兵，七、朝圣的权利。印度政府称这些权益“是由于惯例和协定而产生的”。①

1952年6月14日，周恩来总理针对印度政府历次提出在西藏的各种权益问题，向印度驻华大使潘尼迦提出处理印度和中国西藏之间关系的原则和措施。周总理指出：“中国同印度和中国西藏地方的关系的现存情况，是英国过去侵略中国过程中遗留下来的痕迹，对于这一切，新的印度政府是没有责任的。英国政府与旧中国政府基于不平等条约而产生的特权，现在已不复存在了。因此，新中国与新的印度政府在中国西藏地方的关系，要通过协商重新建立起来”。②由于解决两国在西藏的关系问题需要时间，为了处理目前一些事务，中国建议把过去印度在拉萨的代表处改为印度派驻拉萨的总领事馆。中央人民政府在西藏设立外事帮办，与印度驻拉萨总领事馆联系。为了对等，中国在印度孟买设总领事馆。印度政府同意上述原则和互设总领事馆的措施。9月10日，印度驻拉萨总领事雁谒森到达拉萨就任。9月15日，中印两国政府发布在拉萨和孟买互设总领事馆的公告。

印度政府在通过正式谈判解决上述问题之前，仍企图按原有的特权行事，遭到中国政府理所当然的拒绝。1952年8月，印度驻锡金政治专员卡布尔提出，要循惯例到西藏视察其在江孜、亚东的商务代表处和驿站等。中国政府答复，印度驻锡金专员来藏，应按国际惯例持护照经中国政府签证，中国方面当给予应有的礼遇。1952年冬，印度政府又提出要派兵到亚东、江孜换防，中国政府未予同意。

1952年8月14日，张经武、张国华代表中央人民政府通知噶厦并转告达赖，中央人民政府已与印度商定在拉萨设立总领事馆等事。达赖对设总领事馆表示拥护，对中央人民政府准备逐步结束印度在西藏的旧关系、废除不平等条约等表示感谢，但对今后凡涉及侨务、通商等事宜统由中央代表外事帮办办理，则态度暧昧，不置可否。这表明西藏地方政府对由中央人民政府统一处理西藏的对外事宜，仍有保留。

---

①《当代中国外交》，中国社会科学出版社1988年3月版，第175页。
②《当代中国外交》，中国社会科学出版社1988年3月版，第175页。

1952年9月6日，中央人民政府驻藏代表外事帮办处与原西藏地方政府“外交局”合并。合并后的中央人民政府驻藏代表外事帮办办公室在外交部的领导下，具体办理西藏地区的一切涉外事宜。图为张经武、谭冠三等工委部分领导与西藏地方政府官员及帮办办公室工作人员的合影。

1953年9月，印度尼赫鲁总理致函周恩来总理，提出商谈两国关系问题。经中印两国外交部协商，确定谈判于1953年内举行。印度派出以印度驻华大使赖嘉文为团长，外交部秘书高尔、顾问高伯拉查理为成员的代表团；中国政府派出以外交部副部长章汉夫为团长，外交部司长陈家康、西藏外事帮办杨公素为成员的代表团，在北京进行中印关系的谈判。中央非常重视这一谈判，特别组成了由周恩来、张国华、范明、杨公素以及西藏地方政府代表饶噶夏（噶伦）、噶章（藏军总司令）等人组成的中印谈判委员会，指导谈判工作。

1953年12月31日，周恩来总理在接见两国谈判代表团时提出，中印两国人民历史上是友好的，现在两国独立了，应该在互相尊重主权与领土完整、互不侵犯、互不干涉内政、平等互利、和平共处原则的基础上，发展两国的友好关系。这是和平共处五项原则第一次在国际会议上提出。印度代表对五项原则表示完全赞同。

中印谈判一开始，印度仍千方百计想保持和扩大其在西藏的特权，双方争论激烈。在1954年1月2日的第一次会议上，印度代表团团长赖嘉文做了长约两小时的发言，列举了在西藏的各种特权，说英印在西藏所享有的权益是符合西藏利益的。在第四次全体会议上，中方团长章汉夫据理驳斥了印方提出商务代理、卫队、邮政、电报、驿站、贸易、朝圣、护照、签证、许可证等问题的无理要求。中国的原则是，凡属特权的必须取消，但可以保留某些不损害中国主权的传统习惯。中印谈判一共进行了12次，还有若干次小组交换意见。经过4个多月的磋商和反复争论，双方于1954年4月29日在北京签订了《中华人民共和国、印度共和国关于中国西藏地方和印度之间的通商和交通协定》，同时互换照会。① 协定主要规定印度与中国西藏地方的交通来往办法，而互换照会主要是取消印度在西藏的特权。

按照《协定》规定，中国政府在印度新德里、加尔各答、噶伦堡设立商务代理处，印度政府在西藏亚东、江孜、噶大克设立商务代理处。中国政府同意指定亚东、江孜、帕里为贸易市场；印度政府同意按照传统习惯在印度的噶伦堡、西里古里、加尔各答等地进行贸易。此外，双方还商谈了在阿里地区开设贸易市场和两国香客朝圣等有关事宜。从互换照会之日起，6个月内，印方全部撤退其在中国西藏地方亚东和江孜的武装卫队，将所经营的邮政、电报、电话等企业及其设备以及亚东至江孜间的12个驿站折价移交给中国政府，并将其在亚东的商务代理处院墙以外占用的地皮交还中国。此次中印会谈，使印度政府正式承认西藏是中国领土的一部分。中国在西藏拥有完全的主权。②

1954年12月，中央人民政府代表外事帮办委托江孜分工委书记阴法唐、副书记侯杰和中央邮电部派来的干部晨阳、西藏地方政府官员定甲等和外事处工作人员，同印度驻拉萨总领事梅农指派的代表蔡柏尔，对上述邮电、驿站等进行清点和价格评估工作。这些设备总计价值316828印度卢比（折合人民币16.5万余元），由中国政府一次全部付清。中印双方代表于1955年4月1日在拉萨签订了印度政府移交上述企业和设备的协议书，举行了移交仪式。至此，中国政府接收了邮电、驿站等设备，收回了亚东下司马的租借地。然而，意外发生于1954年7月的年楚河上游突然暴发的大洪水，将印度在江孜

① 《当代中国的西藏》（上），当代中国出版社1991年版，第183页。

② 杨公素：《1953年我参加中印问题谈判》，载《世界知识》2000年第19期。

的商务代办处住房和兵营冲毁，印度驻军及商务代办处人员共有两百余人，除11人由中国驻军营救脱险外，其余全部被水冲走，其商务机构和兵营等建筑物自然消失，获救人员当即提前撤回印度。印度驻亚东的武装卫队则于9月全部撤走。至此，印度在中国西藏地方享有的特权被完全取消。

1955年，中国和尼泊尔正式建立外交关系。1956年8月，两国代表团在加德满都举行谈判。中国政府全权代表为中国驻印度大使潘自力，成员有中央人民政府驻西藏代表外事帮办杨公素和西藏地方政府噶伦饶噶夏。尼泊尔政府全权代表为丘·普·夏尔玛。经过谈判，于9月20日签订了《中华人民共和国和尼泊尔王国保持友好关系以及关于中国西藏地方和尼泊尔之间的通商和交通协定》。[①]尼泊尔在西藏的特权随之被取消。中尼友好关系也在新的基础上得到巩固和发展。

1954年3月和1957年8月，中央人民政府代表外事帮办办公室分别组建了江孜、亚东、日喀则外事分处，承办与印度、尼泊尔等国在该地的有关外事工作。

解放了的中国人民，在中央人民政府的主持下，顺利地解决了旧中国遗留下来的外国在西藏的特权问题。特别是1954年同印度举行的谈判，是新中国成立后第一次同资本主义国家以谈判方式取消其在华特权，并签订以和平共处五项原则为基础的通商交通协定，既维护了中国在西藏地方的主权完整，又发展了中印友好关系，对中国加强国际地位，反对美国的封锁和制裁，也起了一定作用。这充分显示了新中国独立自主的外交政策和崭新的外交风格，受到了国际上的好评。西藏各界对此也非常欣喜。1954年5月，达赖喇嘛和班禅额尔德尼分别致电毛主席，表示拥护和执行中印协定。6月3日，达赖喇嘛在罗布林卡举行座谈会和宴会，张经武代表、谭冠三政委应邀出席。达赖在座谈会上指出：中印协定是完全符合西藏民族和西藏人民利益的。阿沛在宴会上代表达赖讲话说：中印协定的签订，使我们进一步认识到祖国力量的强大和祖国大家庭的温暖。中尼协定签订后，饶噶夏说，过去尼泊尔在西藏许多不合理的做法即将改变，实在是很好的。

---

① 《当代中国的西藏》（上），当代中国出版社1991年版，第185页。

第六章
自治区筹备委员会成立，“六年不改”方针的提出

实行中央政府领导下的民族区域自治，是中国共产党根据马克思列宁主义民族问题的学说，结合中国的国情，在长期的革命实践中创造性地提出的解决中国民族问题的根本思想。西藏和平解放后，西藏工委和西藏军区遵循“慎重稳进”方针，大力开展反帝爱国统一战线工作，西藏爱国力量不断壮大，民族内部的团结日益增强，民族隔阂在逐渐消除。在此种形势下，中央邀请达赖喇嘛和班禅额尔德尼赴京，出席了第一届全国人民代表大会，西藏自治区筹备委员会成立。西藏上层对民主改革存有很多疑虑，上层反动集团极力反对改革，策动了昌都地区个别地方的暴乱。为继续贯彻执行《十七条协议》精神，稳定西藏局势，中共中央决定西藏“六年乃至更长时间不进行改革”（简称“六年不改”）。西藏工作和党、政、军、群机构进行了全面大收缩。

第一节　达赖、班禅出席第一届全国人民代表大会

1954年9月，中华人民共和国第一届全国人民代表大会第一次会议在北京隆重召开。这是中国各族人民政治生活中的一件大事，是新中国各族人民当家做主管理国家大事的具体体现。这次重要的会议，将在中国各族人民政治生活中产生重大影响。中共中央和毛泽东主席从一开始就考虑出席大会的

西藏人民代表问题。全国绝大多数地区是在经过土改，建立民主政权，实行普选后产生了人民代表，但此时西藏不具备普选条件。中央全面分析研究了西藏的实际情况，决定以中央提名与同西藏各个方面协商的方式，邀请达赖、班禅等作为西藏代表同时出席这次大会，并考虑了达赖、班禅在国家领导机关中的工作安排问题。这是贯彻党的民族政策，促进西藏地区发展，加强西藏地方政府与中央人民政府关系的又一重大举措。

1954年4月20日，中共中央通知西藏工委：西藏地区出席第一届全国人大的民族、地区代表9人（不含昌都地区解放委员会所辖地区代表）。其分配方案为：达赖方面4人，班禅方面2人，入藏工作干部中产生汉族干部2人、藏族干部1人。具体人选为：达赖喇嘛·丹增嘉措、阿沛·阿旺晋美、尧西·泽仁卓玛、赤江·罗桑益西（以上为达赖方面），班禅额尔德尼·确吉坚赞、詹东·计晋美（以上为班禅方面）。入藏干部为张国华（汉族）、范明（汉族）、杨东生（即协饶顿珠，藏族）。中共中央指出：关于代表产生的具体办法，由中央人民政府驻藏代表张经武将上述代表名额及分配办法，同时分别征得阿沛、计晋美同意后，主动向达赖、班禅提出进行协商，取得他们同意。达赖方面的人选由张经武与达赖协商决定；班禅方面的人选由张经武通知日喀则分工委书记梁选贤与班禅协商决定。

6月1日，西藏工委报告中央，请中央将第一届全国人民代表大会召开的时间和西藏出席会议的人选尽快正式通知，以争取达赖、班禅及上层人士早作准备。

6月3日，毛泽东主席批示：“达赖、班禅等藏族代表应尽早起程，九月五日前（最好九月一日前）务必到达北京，请即作部署。”①4日，中央电示西藏工委：尽一切可能争取达赖、班禅同时来京，中央欢迎他们来。张经武为出席全国人民代表大会代表（不占西藏代表名额），以便妥为照顾和保护来京的达赖、班禅。“对达赖、班禅来京问题，应立即着手部署交通和其他一切必需的准备工作，并指定专人负责，随时检查，以保证途中绝对安全为原则。达赖、班禅等代表务必于9月5日前到达北京。”中央还指出，张国华留在拉萨

① 《毛泽东西藏工作文选》，中央文献出版社、中国藏学出版社2001年5月版，第107页。

代理张经武工作，范明出席人大会议，谭冠三来京参加党代表会议。

张经武首先开始协商达赖出席全国人民代表大会的事。达赖本人早就有去内地的愿望。当张经武正式通知达赖为全国人民代表大会代表时，达赖询问了有关细节后，即给毛主席写了一封信，表达了亲自赴京晋见的愿望。

然而，达赖要到内地去的事在西藏非同小可。因为按照惯例，这样的大事必须听取噶厦和译仓两大机构的意见后才能决定。此事一经提出，立即在噶厦、三大寺内部引起激烈争论。有的人说："是宗教重要，还是大会重要？达赖喇嘛正在学经，要到23岁才能考'格西'[①]，如去内地两年，是会妨碍学经的；加上路途遥远，水土不服，也不好办"。阿沛力主达赖赴京，他阐述了中央的政策，做了大量说服工作。随后，在有噶伦和仲译钦波等参加的官员会议上，宣布达赖自己已经打卦，决定去北京。到会的成员除增额噶伦扎西林巴（洞波）仍然反对外，其余均表示赞成。6月7日再次召开官员扩大会议[②]讨论。因达赖声称已经打卦，可以前往，反对的人已无可奈何。会上则围绕着达赖在内地的时间和健康问题争论不休。阿沛坚定地表示，达赖的健康，他负责任，并保证在一年之内返回。会议开了三天，最后决定以官员会议名义，给张代表写一意见书，要求达赖喇嘛在内地的时间最多不超过一年。张经武对他们赞成达赖赴京表示欢迎和鼓励，明确表示达赖可以在一年之内返藏。

日喀则分工委书记梁选贤将班禅出席全国人民代表大会的事通知班禅堪厅后，年仅16岁的班禅一听要去北京就非常高兴，当即表示同意。堪厅委员会主任计晋美提出，西藏距北京路途遥远，大师年幼体弱，恐难以成行，最好等到公路通车拉萨后再考虑。梁选贤告诉他，青藏公路已修通一半，另沿途将有政府和部队大力帮助，会保证班禅顺利赴京的。经班禅集团内部议论，最后赞同班禅前往北京。

达赖、班禅同意赴京的情况上报后，中央民族事务委员会于6月14日分别致电达赖喇嘛和班禅额尔德尼，欢迎他们来京出席全国人民代表大会。

---

① 格西，是藏传佛教僧人的一种学位。僧人要学习相当多的经文，并经辩论测试合格等一系列过程后，才能获得。

② "官员扩大会议"，通常有噶伦、仲译钦波、孜本、拉萨三大寺的代表约20余人参加。

6月14日，噶厦向西藏全体僧俗人民发出文告说：达赖喇嘛和班禅额尔德尼将出席全国人民代表大会，通过宪法，选举中华人民共和国主席。这是我们藏族人民回到祖国大家庭享受民族平等权利的具体表现，对进一步加强祖国各民族的团结和建设新西藏都将打下良好的基础。

6月19日，班禅额尔德尼致电张经武并李维汉称："感激你对我的热爱和关怀。我已定藏历五月八日(即公历7月1日)由日喀则动身经拉萨赴京。"

6月24日，达赖喇嘛致电中央人民政府："前奉指示，今年9月间将召开全国人民代表大会，希望派代表参加等因，遵于本月24日由噶厦、译仓、孜康全体人员和三大寺堪布及各级官员代表等集会，按照中央下发名单进行讨论，经一致同意决定，西藏地方政府方面出席代表为达赖喇嘛、阿沛·阿旺晋美、赤江活佛、泽仁卓玛等4人。扎什伦布方面出席代表为班禅额尔德尼、计晋美等2人。进藏中央干部方面出席代表为张国华、范明、杨东生3人。敬悉垂首。"

达赖和班禅出席第一届全国人民代表大会的事，遭到阿乐群则、阿南拉等人的反对与阻挠。这些被取缔的"人民会议"分子，借此机会又公开活动。他们指使江孜、日喀则等地的爪牙，以给达赖念"消灾长寿经"为名，对共产党和解放军进行诬蔑、诅咒，怂恿拉萨部分寺院及群众，以"献礼"为名向达赖请愿，妄图阻止达赖赴京。他们的阴谋没能得逞。

对于西藏工委和西藏上层爱国人士力排干扰，实现达赖与班禅赴京参加第一届全国人民代表大会这件事，中央高兴，西藏人民高兴，也把《十七条协议》签订后西藏的形势和西藏民族内部的团结向前推进了一步。

西藏工委报经中央同意，安排达赖、班禅分别由正在修筑的康藏、青藏公路线出藏，在西安会合后一起进京。为了保证途中安全，西藏工委成立以张经武、范明为正副组长的领导小组，下设包括干部、警卫、医务人员在内的数百人的两个办公室。

班禅一行7月1日从日喀则出发，于10日上午到达拉萨。西藏地方政府按照迎宾礼仪，在市郊搭设帐篷迎接。张经武、张国华、谭冠三、范明以及地方政府官员和僧俗群众数千人到拉萨西郊隆重欢迎。在欢迎仪式上，张经武、班禅分别讲了话。随后在罗布林卡，达赖、班禅进行了会晤。这是班禅返藏后与达赖第二次会面，以后又将一道出席第一届全国人民代表大会，所以两人都十分高兴，畅谈赴京开会的感想。班禅在拉萨休息数日后启程。

7月15日，达赖喇嘛一行由张经武陪同离开拉萨。随同达赖出行的有经师、侍从、噶伦、扎萨在内的一批僧俗官员，还有达赖的母亲、姐夫、弟弟等亲属，加上同时赴京的西藏参观团，共计180余人。拉萨数万僧俗群众和部队指战员热烈欢送。达赖和张经武先是乘马车，沿康藏公路西段已经建成的公路进至乌斯江后，改为骑马东行。经过二十多天的艰难跋涉，进入波密塌方、泥石流等自然灾害地带。在通过泥石流地段的前一天，张经武告诉达赖，我们都得下马步行。当张经武、达赖一行到达拉月进入筑路部队工地时，受到五十三师副师长郄晋武和筑路部队的热烈欢迎。张经武、达赖对筑路部队表示了慰问。次日经过泥石流地段，筑路部队采取了严密的保护措施，排成一道道人墙，监视塌方和泥石流动向，保护张代表与达赖一行安全通过。达赖喇嘛与张经武代表携手而行，顺利地通过危险地带。8月13日，张代表、达赖喇嘛一行抵达已粗通公路的加龙坝；军区后方部队司令员陈明义、副司令员张忠在此迎候。张代表、达赖一行

1954年8月，筑路部队五十三师、五十四师官兵热烈欢迎张经武等护送达赖到达扎木。前起：张经武、一五七团团长柴洪泉、杨岗、社会部副部长张向明、李佐民等。

即乘坐后方部队为其准备的十余辆吉普车，经甘孜直驶成都。

7月16日，班禅额尔德尼由范明陪同离开拉萨。张国华、谭冠三等数千人在西郊送行。随同班禅出行的有班禅经师、侍从、堪厅官员和班禅家属等。从拉萨启程时，分别乘马坐轿，通过莽莽羌塘草原、翻越寒风凛冽的唐古拉后，于27日到达五道梁。在此之前，西北局已经得到班禅将从青藏线出藏通知，即布置成立了接待委员会，由交通局抽调了15辆吉普车、15辆大卡车，以及一批精壮骡马、骆驼，并指令在格尔木的西藏运输总队准备了马料、面粉等物。青海省委派出的统战部长冀春光，带领大小车辆，在五道梁迎候。班禅在途中接受群众朝拜，在寺庙做佛事。一行人马抵达五道梁后，登上为其准备好的汽车，沿青藏公路北上格尔木，直驶西宁。

中共中央对于达赖、班禅赴京开会十分重视。8月2日，在发给全国各省的《关于接待达赖、班禅的招待、宣传方针》的电报中，做了重要指示，指出：“达赖、班禅来京出席全国人民代表大会，是西藏进一步靠拢祖国和中央的表现，在政治上有很重要的意义。但汉藏间的民族隔阂仍然很深，帝国主义和蒋介石匪帮仍在尽力挑拨西藏同中央的关系（其中重要的一点就是捏造中央扶班禅，压达赖，并且准备以班禅代替达赖），而达赖、班禅两集团间很不和好，并且彼此都怀疑中央有偏袒。因此，在有关达赖和班禅之间的关系问题上，我们必须采取十分慎重的态度，尽可能做得恰当，避免刺激他们任何一方，避免引起他们的猜疑，并且适当地促进他们之间的团结。”“中央的方针是在西藏地区逐步地实现统一的区域自治，在达赖第一、班禅第二、达赖为正、班禅为副的原则下，把达赖、班禅两方面的爱国力量和其他爱国力量团结起来，建立统一的西藏自治区。”①

9月1日，达赖从成都、班禅从西宁分别乘坐飞机到达西安汇合。中央民委副主任汪锋专程前来西安迎接，然后陪同他们一道乘火车专列向祖国首都进发。9月4日下午，当专列到达北京车站时，中央人民政府副主席朱德、政务院总理周恩来和中央统战部部长李维汉等人前往车站热烈欢迎。达赖、班禅向朱德、周恩来敬献了哈达。

---

①《中国共产党西藏历史大事记》，中共党史出版社2005年9月版，第76、77页。

中央民委和北京市委为接待好达赖、班禅一行做了周密的安排，选择合适的住所。达赖住御河桥，班禅住畅观楼。两处分别组成招待所，负责生活、安全事宜。

9月11日，毛泽东主席接见了达赖和班禅，同他们进行了亲切的谈话。毛主席说，根据《十七条协议》，西藏本应成立军政委员会；现在宪法即将颁布，各大行政区的军政委员会业已撤销，西藏不成立军政委员会而成立西藏自治区筹备委员会。达赖、班禅表示完全同意。

9月15日，中华人民共和国第一届全国人民代表大会第一次会议在北京隆重举行。在这一划时代的大会上，达赖、班禅被选入大会主席团，同全国各民族代表一起，讨论新中国成立后拟订的第一部宪法。大会第三天，达赖、班禅分别在会上发了言。

达赖在发言中说："宪法草案总结了几年来执行毛主席的民族平等、民族团结政策的成绩和经验。特别是宪法草案上规定了各民族可以按照它的发展特点制定自治条例和单行条例，以充分行使自治权利"，"这些都是非常正确的。我们西藏全体人民热烈地表示拥护"。[①] 达赖还在发言中充分肯定了西藏三年多来执行《十七条协议》所取得的成绩，中国各兄弟民族，特别是汉藏民族正在日益走向亲密团结之中。在谈到宗教方面的问题时，达赖说：敌人造谣共产党、人民政府毁灭宗教，现在这种谣言已经全部破产了，西藏人民已经切身地体会到在宗教信仰上是有自由的。达赖表示要在汉民族的帮助下，在伟大领袖毛主席的领导下，逐步把西藏建设成为一个繁荣幸福的地方。

班禅在发言中认为：宪法草案是完全代表全国各族人民切身利益和共同愿望的。他充分肯定西藏三年多来在政治、经济、文化方面所取得的显著成就。他说："三年多来，活生生的具体事实，使我们深切体会到中国共产党、毛主席的民族政策是伟大的、正确的，全国各兄弟民族对西藏人民是热爱和帮助的。"[②]班禅表示：要搞好团结，更加热爱祖国，巩固祖国的国防，为彻底实现协议、遵守人民的宪法、建设繁荣幸福的新西藏而奋斗到底。

在全国第一届人民代表大会第一次会议上，达赖喇嘛当选为全国人民代

---

① 《人民日报》1954年9月17日。
② 《当代中国的西藏》（上），当代中国出版社1991年版，第212页。

表大会常务委员会副委员长，班禅额尔德尼当选为全国人大常务委员会委员。班禅在全国政协二届一次会议上当选为全国政协副主席。

会后，时逢中华人民共和国成立五周年。10月1日，达赖和班禅登上天安门城楼，同党和国家领导人一起，检阅数十万群众游行的队伍。随后，达赖、班禅由国家民委副主任刘格平等分别陪同，先后赴天津、上海、杭州、沈阳、鞍山、哈尔滨等城市参观访问。各地根据中央指示，都给予了热情友好的接待。

1955年2月23日，是藏历木羊年的新年。达赖、班禅特意回到北京，欢度藏历木羊新年。这一天，毛泽东又一次接见他们，并向他们祝贺新年。在听了达赖、班禅在各地参观的观感后，毛泽东说：“我们的国家是一个落后的国家，工业很不发达，有许多机器我们自己还不能制造，我们没有大量的钢。但这不要紧，我们可以建设，再过五十年，我们就可以建成一个像样子的国家。”[①]达赖表示：“我们西藏各方面的条件都很落后。但我们可以向主席保证，在您和中国共产党的领导下，我们一定做好西藏的各项工

毛泽东主席在中南海勤政殿接见达赖喇嘛·丹增嘉措（右）和班禅额尔德尼·确吉坚赞（左）。

① 《毛泽东西藏工作文选》，中央文献出版社、中国藏学出版社2001年5月版，第109页。

作，不断地提高。”[①]毛泽东说：“落后不要紧，在汉人地区也有许多落后的地方，和西藏一样，将来都要搞好。”班禅说：“过去由于国民党反动派和帝国主义的压迫，西藏是很落后的，但是我们在毛主席的领导下，有信心团结西藏人民，发展西藏的各项建设事业，使它进步。”毛泽东说：“我有信心。在你们两人的领导下，西藏的事情一定会做好，但不要急，慢慢地来，做事情要取得大多数的同意。”[②]

第二天，达赖和班禅在京为庆祝藏历木羊年举行宴会。毛泽东、刘少奇、周恩来到会祝贺，还同达赖、班禅合影，留下了历史的记忆。

达赖准备离开北京再到外地参观后返回西藏之前，提出要向毛主席辞行。3月8日，毛泽东亲自来到御河桥达赖住地看望，并和达赖进行了长达一个多小时的亲切谈话。毛泽东亲临达赖寓所送行，使达赖非常感动。他说：“主席的突然到来，我像在做梦。经过和主席的几次见面谈话，我的内心起了极大的变化。我回去之后，一定要把这些指示变成行动，一定打开以往应付的局面，真诚地互相帮助，共同努力工作。”[③]

3月9日，毛泽东又来到班禅住地畅观楼，看望班禅并和他进行了亲切的谈话。班禅说：“我们过去几十年没有回到西藏去，这一次能够回到西藏，主要是由于毛主席的领导。”毛泽东说：“这是由于共产党的领导，解放军的帮助，同时也是由于你们自己的努力，西藏人民的欢迎而来的。事情要慢慢地来，拉萨政府和你们中间有些问题，不是这次都解决了吗？”班禅说：“我回到西藏后，达赖喇嘛也很关心我，虽然我们相互之间有些问题，但是这次在首都，都获得解决了。”[④]

毛泽东说：“你们过去有点不放心，怕我们光要前藏不要你们。你们的政策搞对了，你们能主动地拥护他们，主动地让步，能让达赖喇嘛当主任，你当副主任，计晋美能主动提议让阿沛当秘书长，这是很好的”。[⑤]“不能只说汉人帮少数民族的忙，少数民族同样是帮助汉人的。西藏有这样大的一块地

① 《毛泽东西藏工作文选》，中央文献出版社、中国藏学出版社2001年5月版，第110页。
② 《毛泽东西藏工作文选》，中央文献出版社、中国藏学出版社2001年5月版，第110页。
③ 赵慎应：《中央驻藏代表——张经武》，西藏人民出版社1995年7月版，第114页。
④ 《毛泽东西藏工作文选》，中央文献出版社、中国藏学出版社2001年5月版，第118-119页。
⑤ 指将要成立的西藏自治区筹委会正副主任委员和秘书长。

方，又有很多资源，西藏民族和汉族很好地团结和互相帮助，所以你们受到祖国各方面的欢迎”。毛主席提到解放军对西藏人民的一些帮助后说：“这些帮助只能说是才开始，不过今后会逐年扩大起来的。”[①]

1955 年 3 月 10 日下午，周恩来总理在中南海举行盛大宴会，欢送即将离京的达赖和班禅一行。全国人大、国务院众多负责人出席。周恩来致欢送辞后，达赖、班禅也分别致答辞，感谢毛主席、中央人民政府的关心和爱戴，表示回去后一定把工作做好。

毛泽东同西藏两位领导人的多次会见和谆谆教导，加之他们在北京等地一系列的参观活动，使他们的思想发生了不小的变化，爱国观念明显增强，对中央人民政府的顾虑大大减少。这对增进中央人民政府和西藏地方的关系，促进西藏内部的团结，促进西藏社会的发展，都起了重要作用。

达赖喇嘛由衷地崇敬毛主席，曾写诗表达了他当时的心情：

毛主席啊！您的光辉和事业有如创造世界的大梵天和众敬国王（印度传说中的最古国的国王）！

聚积了无量数的福气才产生了这样的领袖，
好像大地上有了照耀一切的太阳。
您的著作珍贵如宝珠，
丰富有力如同海潮一直达到天空的边际。
荣誉无比的毛主席啊！愿您万寿无疆！[②]

达赖逃亡印度后，还对公众承认写过这首诗[③]。

此时康藏、青藏两条公路已经修通拉萨。达赖、班禅分别前往成都、西宁乘车返藏。达赖于 5 月 5 日从成都、班禅于 5 月 28 日从西宁启程。他们带着中央人民政府对西藏人民的亲切关怀和赠送的丰厚礼物，分乘数十辆大小汽车，回到了拉萨、日喀则。

---

① 《毛泽东西藏工作文选》，中央文献出版社、中国藏学出版社 2001 年 5 月版，第 118－120 页。

② 《西藏历史档案荟萃》，西藏自治区档案馆编，文物出版社 1994 年版，第 107 页。

③ 加拿大学者谭·戈伦夫在 20 世纪 80 年代写的《现代西藏的诞生》一书中叙述道：“在中国首都时，达赖为毛写了一首令人惊讶的诗，直到最近他才承认有这件事，并且争辩说，写诗在西藏文化中是一件很普通的事情。他在诗中泰然自若地奉承，一点不像一个对‘汉人’进藏心怀不满的人的口气。”见《现代西藏的诞生》，中国藏学出版社 1990 年 8 月版，第 171、172 页。

虽然达赖喇嘛到内地以后思想明显变化，但是跟随他一同前来的索康等分裂主义分子思想依旧，而且担心今后达赖会更加靠拢共产党和中央人民政府。

1955年6月23日，达赖喇嘛回到拉萨。阿乐群则等人遂于9月15日以“人民代表”名义向中共西藏工委递交所谓的“意见书”，公开提出反对《十七条协议》，反对成立西藏自治区筹备委员会，反对改编藏军，反对停用藏钞，反对兴办学校和修筑公路等，其反动气焰极为嚣张。对于分裂分子的罪恶活动，西藏工委根据中央指示精神，提请噶厦出面，申斥阿乐群则等人冒充“人民代表”是非法的，必须予以取缔。噶厦被迫于11月17日宣布“人民代表”为非法。“人民代表”遂转入地下，但却与西藏其他分裂主义分子互相勾结，活动更加诡秘。

第二节　成立西藏自治区筹备委员会

达赖喇嘛、班禅额尔德尼在京参加第一届全国人民代表大会之后，中共中央统战部部长、国家民委主任委员李维汉于1954年11月1日召集达赖、班禅、西藏地方政府在京的主要官员、西藏工委在京的负责干部开会，就西藏不成立军政委员会而成立西藏自治区筹备委员会的问题，做了详细说明，并对成立筹委会筹备小组和解决西藏一些历史问题发表了意见。11月4日，西藏地方政府、班禅堪布会议厅委员会、昌都地区人民解放委员会和中央政府方面的四个代表组正式组成筹备小组，并以阿沛·阿旺晋美为组长。筹备小组在两个多月时间里，多次举行小组会和组长联席会。经过反复协商，在五个方面达成了共识：一、筹委会的性质和任务；二、筹委会的人员组成；三、筹委会的下设机构；四、筹委会与国务院的隶属关系；五、筹委会的财政。1954年年底，西藏自治区筹备委员会筹备小组向国务院正式提出了成立西藏自治区筹备委员会具体方案的工作报告。

1955年3月9日，国务院举行第七次全体会议，专题研究成立西藏自治区筹备委员会及西藏建设的有关问题。国务院总理周恩来主持会议。达赖喇嘛和班禅额尔德尼列席会议。中央人民政府代表张经武、西藏地方政府噶伦阿沛·阿旺晋美、班禅堪布会议厅委员会主任詹东·计晋美分别在会上报告了西藏工作和西藏地方政府的工作、班禅堪布会议厅的工作。他们在报告中回顾西藏和平解放以来取得的成绩和存在的问题，提出了今后的工作任务，请会议审议。达赖喇嘛讲话表示，会上提出的事项，"在今天的会上经过讨

1955年3月9日，北京中南海紫光阁，周恩来总理主持国务院第七次全体会议。张经武在会上作了《关于西藏地方工作的报告》，将西藏和平解放三年多以来各方面的工作做了总结。会议还通过了《国务院关于成立西藏自治区筹备委员会的决定》等多个关系西藏的文件。自右：陈毅、邓小平、张经武、周恩来、李先念、习仲勋等。

论、修正，做出决定，我们将愉快地拥护和遵照这些决定，加强各兄弟民族间，尤其是汉藏民族间，以及西藏人民内部的团结，圆满地进行建设西藏的工作。”班禅提出：确定成立筹委会，解决历史悬案问题，“对我们西藏内部进一步的团结和整个西藏建设事业的发展，奠定了良好的基础和新的开端。”①

周恩来在会上作了重要讲话。他说：西藏和平解放三年多，“现在西藏工作已经进入一个新的阶段，即筹备成立自治区的阶段”。“西藏和平解放后，在民族团结方面，取得了很大的成绩。这种团结是新的民族平等的团结”，“旧中国不可能有民族团结，只有在中华人民共和国成立后，把汉族压迫者推翻了，也就是把少数民族的压迫者推翻了，才能实现在民族平等的基础上的团结。这种团结是有力量的团结，是共同反对帝国主义侵略的团结。”“毛主席指示，有了这样的基础，就不需要成立军政委员会，可以进一步筹备成立自治区。”周恩来还指出，达赖和班禅回去时带回一个西藏自治区筹备委员会，这当然是很好的。但只有这个，还是不够的，还需要做许多工作。要想法减轻西藏人民的负担。中央和各有关部门都要帮助西藏做很多好事，使西藏逐步发展起来，人口逐渐增多起来。“西藏是个宝库，以后可大大开发。要大发展，仅有公路还不够，还需要修铁路。”在谈到西藏改革的问题时，周恩来用了毛泽东的话：“各项改革必须得到当地人民的同意和领导人物的同意，要经过领导人物。只有在他们认为对自己有利时才能改革。对西藏社会的改革，也要一步一步的，也不能急。”周恩来说：达赖、班禅要求发展快一点，“这个愿望是好的。但你们回去后，也不要太急，发展是要一步一步的，改革也是一步一步的。”②

国务院第七次全体会议经过认真讨论，通过了《国务院关于成立西藏自治区筹备委员会的决定》、《国务院关于帮助西藏地方进行建设事项的决定》、《国务院关于有关西藏交通运输问题的决定》、《国务院关于西藏地方政府和班禅堪布会议厅委员会之间关于历史悬案问题的谈判达成的协议的批复》、《国务院对于达赖喇嘛随行官员领导小组关于西藏自治区筹备委员会组成人员名

① 《当代中国的西藏》（上），当代中国出版社 1991 年版，第 215 页。

② 《周恩来与西藏》，中国藏学出版社 1998 年 12 月版，第 124—126 页。

额、比例及其主要人员和藏钞[①]、藏军问题的报告的批复》。

《国务院关于成立西藏自治区筹备委员会的决定》指出：根据《十七条协议》规定，“在西藏应当成立军政委员会，但是现在我国已经颁布宪法，各大行政区的军政委员会业已撤销，特别是西藏和平解放三年多以来各方面的工作都有显著成绩，情况已经有了变化，因此，在西藏地区不用成立军政委员会而成立西藏自治区筹备委员会是完全符合宪法精神和西藏当前具体情况的”。决定还指出：“西藏自治区筹备委员会是负责筹备成立西藏自治区的带政权性质的机关，受国务院领导。其主要任务是依据我国宪法的规定以及关于和平解放西藏办法的协议和西藏的具体情况，筹备在西藏地区实行区域自治。”[②]

国务院决定的西藏自治区筹备委员会委员名额为51人：西藏地方政府方面15名，班禅堪布会议厅委员会方面10名，昌都地区人民解放委员会方面10名，中央派在西藏地区工作的干部5名，其他方面（包括各主要寺庙、各主要教派、社会贤达、群众团体等）11名。国务院确定：西藏地方政府、班禅堪布会议厅委员会、昌都地区人民解放委员会除按照本决定第一条规定接受西藏自治区筹备委员会领导进行各项工作以外，其他有关国家行政事宜，仍受国务院直接领导。决定还就筹委会所设办事机构和筹委会与国务院隶属关系作了明确规定。会议还决定达赖喇嘛任西藏自治区筹备委员会主任委员，班禅额尔德尼任第一副主任委员，张国华任第二副主任委员，阿沛·阿旺晋美为秘书长。

国务院会议还明确了西藏自治区筹备委员会同西藏军区的工作关系：西藏自治区筹备委员会应同西藏军区司令部取得密切联系，并应积极协助西藏军区司令部巩固国防，保护地方治安。经国务院批准的西藏自治区筹备委员会办理的有关事项，西藏军区司令部亦应遵照执行。

为确保成立西藏自治区筹备委员会有秩序地进行工作，中共中央及时向西藏工委发出一系列指示，要求积极进行自治区筹备委员会成立的筹备工作。对前一段所进行的工作，既要看到成绩，又要看到任务的艰巨，决不可由于

① 藏钞，西藏地方政府发行的纸币，亦称藏银，有单色印刷和套色印刷币各五种。

②《周恩来与西藏》，中国藏学出版社1998年12月版，第40页。

取得了进步和收获而滋长骄傲自满、急躁冒进情绪，应更广泛深入地开展统战工作，同时做好其他各项工作。西藏工委根据中央指示，在统一战线工作中，认真分析上层人士中的各种情况，恰当地处理爱国进步势力中所产生的新问题，扶持壮大左派力量，大力加强对统战对象中的中派和右派、特别是对中派的争取团结工作，孤立和打击极少数亲帝国主义分子。

中共中央、国务院对成立西藏自治区筹备委员会高度重视，十分关心。1956年1月初，国家民族事务委员会党组就此提出计划并向中央请示：建议西藏自治区筹备委员会成立时，组织中央代表团前往拉萨祝贺和访问。1月24日，中共中央批复：一、所拟计划原则同意，并应即按此作好准备；二、拟请陈毅任团长，请陈毅提出代表团的具体名单；三、各项具体工作由陈毅同志主持和指导。2月7日，中央正式发出《关于庆祝西藏自治区筹备委员会成立和去西藏进行访问组织中央代表团的几项问题的通知》，各项准备工作随即启动。中央代表团以中共中央委员、国务院副总理陈毅为团长，张经武、汪锋、黄琪翔、桑吉悦西（天宝）、王再天、栗再温、王兴纲、倪天民为副团长。代表团成员中有中央统战部、国家民委、全国总工会、共青团中央、全国妇联、教育部、粮食部、佛教协会、总政治部的负责干部，各民主党派的代表。代表团成员共有17个民族的代表。随团工作的有翻译组、新闻记者组、电影摄制组、卫生组、电影放映队，还带了一个包括歌舞团、京剧团、杂技团在内的文艺工作队，总人数达800多人。这样一个高规格的庞大代表团入藏，在中央和西藏地方、藏族同国内其他民族的关系史上都是空前的，充分显示了中共中央、中央人民政府和全国各族人民对藏族同胞的关心热爱和兄弟般的团结。

1956年2月12日，陈毅等陪同毛泽东接见了在京的西藏参观团成员。接见后，毛泽东对陈毅等代表团负责人交代了这次赴藏应注意的事项。毛泽东说："并非只有中国重视西藏，西藏的问题会引起全世界的注视。西藏只有改革才有前途，但可以有别于内地的做法，采用赎买的办法。此次赴藏应该把中央坚持改革、民族团结的政策带去，处处说通道理，做好事，不强加于人。"在谈到达赖喇嘛想出访印度的事时，毛泽东说："达赖喇嘛是西藏一位宗教领袖，也是国家领导工作人员，他的行动是自由的，可以让他明年去印度。”①

1956年2月24日，刘少奇在京与西藏赴京参观团座谈，他高兴地为参观团题词：“加强藏族内部的团结，加强中国各民族之间的相互团结，为建设繁荣、幸福的西藏自治区而奋斗！”

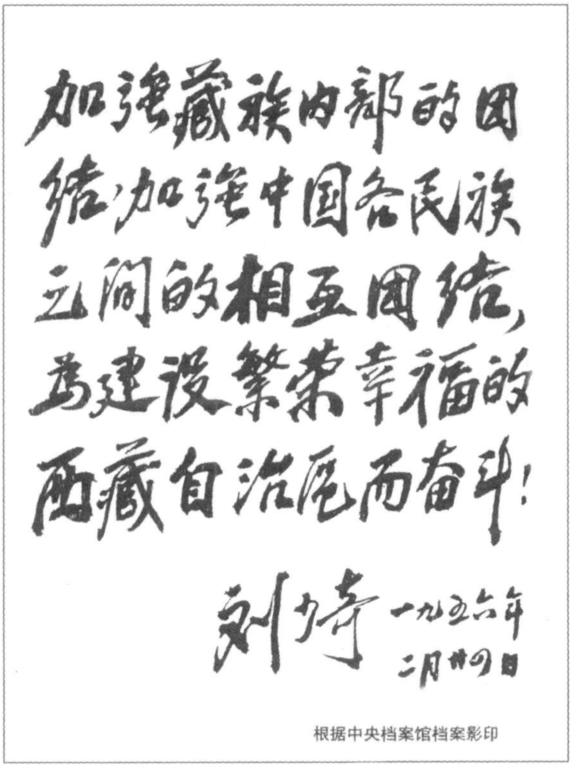

刘少奇为西藏自治区筹备委员会题词。

3月14日，毛泽东又一次召见陈毅等，在谈话时说：“西藏民族和汉族的隔阂不是一天两天就能消除的，我们在精神上应该准备等它十年二十年。这次去西藏主要是庆祝西藏自治区筹备委员会的成立，而不是去做更多的事。我们主要地反对大汉族主义，反对了大汉族主义，才能说服各民族放弃地方民族主义。这点不能颠倒过来。这次去的任务不要多，希望不要大，对于土地改革、稳定物价、妇女工作等，要看情形去作，步子不要太快。”②

3月15日，周恩来总理接见即将出发的中央代表团。周恩来说：在西藏自治区筹备委员会成立之际，中央派出有八百多人的代表团去祝贺，这是西藏历史上从未有过的大事。“我们国家版图大，人口六万万多，是祖宗做的好事，我们非常高兴。但是过去对兄弟民族采取不平等的态度，这是我们祖宗的错误。好事要继承下来，错误我们要赔不是。”“我们应本着真正的民族平

①《陈毅传》，当代中国出版社1991年8月版，第517页。
②《陈毅传》，当代中国出版社1991年8月版，第518页。

等、尊重他们的心情到那里去，”“要从心理上尊重他们，”“不能有丝毫的大民族主义。”[1]周总理特别要求代表团成员和全体工作人员必须尊重他们的风俗习惯、宗教信仰，不但要在口头上，而且要在实际上做好工作。

毛主席、周总理的指示，使代表团全体人员受到很大教育，也增强了他们做好这次祝贺和访问活动的信心。

1956年3月16日，中央代表团从北京启程，到兰州后，乘坐300多辆汽车，浩浩荡荡，经青藏公路于4月17日到达拉萨。拉萨僧俗人民倾城出动，3万多身着盛装的藏族人民，夹道热烈欢迎中央代表团。达赖喇嘛、班禅额尔德尼率西藏地方政府、班禅堪布会议厅官员，出城5公里，到接官亭迎接。旋即举行群众大会。陈毅团长向拉萨各界和数万群众发表了热情洋溢的演说。

1956年4月17日，以国务院副总理陈毅为团长的中央代表团到达拉萨，参加西藏自治区筹备委员会成立大典，受到达赖喇嘛、班禅额尔德尼及拉萨各族各界人民群众的热烈欢迎。

4月20日，周恩来主持国务院常务会议，通过了国务院任命西藏自治区筹备委员会负责人的名单。

① 《周恩来与西藏》，中国藏学出版社1998年12月版，第131页。

毛泽东热情为西藏自治区筹备委员会成立题词：“祝贺西藏自治区筹备委员会的成立”，并向达赖喇嘛和班禅额尔德尼发出贺电。刘少奇、周恩来、全国人民代表大会常务委员会及全国人民代表大会民族委员会、国家民族事务委员会也发去贺电，热烈祝贺西藏自治区筹备委员会成立。

在此之前，3月9日国务院第七次全体会议上通过了《国务院关于帮助西藏地方进行建设事项的决定》和《国务院关于有关西藏交通运输问题的决定》。这两个决定，是根据达赖喇嘛、班禅额尔德尼的提议作出的，体现了中央对西藏地方发展的关怀与支持。

《关于帮助西藏地方进行建设事项的决定》有八项：一、在拉萨建立一座水力发电厂。同时在日喀则建立小型火力发电厂。二、在拉萨建一座皮革厂、一座小型铁工厂。三、修筑拉萨河和年楚河的河堤水坝。四、以拉萨“七一”农场为基础，建成比较完备的农业实验场。五、将西藏军区干部学校，改为西藏地方干部学校，以加强培养民族工作干部。扩建日喀则小学。六、在拉萨市和日喀则市各修一条碎石路面街道。七、修建班禅堪厅办公用房和拉萨招待所。八、拨给西藏地方农具购置费一百万，由自治区筹委会分配等。

《关于有关西藏交通运输问题的决定》提出：一、在拉萨设立西藏交通局，统一领导康藏、青藏公路的运输、养护和管理工作。二、在交通局下分设康藏公路、青藏公路管理局，负责两路的管理。三、两年内购置汽车750辆，在拉萨设立汽车修理厂。四、加强康藏、青藏两条公路的养护与整修。五、部队抽调司机750名。六、修建拉萨至日喀则、日喀则至江孜公路等。

国务院责成工业部、水利部、交通部和财政部等部指导和协助办理。[①]

实施这些项目在于促进西藏地方建设事业的发展，加强藏族和其他各民族的团结，密切西藏与祖国内地的联系。为此，有关方面立即着手开工建设或进入积极筹备之中。其中拉萨市的建设尤为突出。市区从大昭寺到罗布林卡的碎石路和另外两条路，4月中旬已经完工；全长6600多米的拉萨河堤，2月份已动工修建；能容纳1200人的拉萨大礼堂，4月15日已经落成；西藏工委办公大楼、自治区筹委办公大楼、拉萨中学的校舍、拉萨爱国青年联谊

① 《西藏工作文献选编》，中央文献出版社2005年9月版，第132－135页。

会和爱国妇女联谊会共用的俱乐部等，也都在大兴土木，紧张施工；拉萨汽车修配厂已在4月19日动工兴建；拉萨农业实验场，将增加机耕面积1600多亩；4月初修好的一条5公里多长的渠道，已经开始放水灌溉农田；市里的农贷小组，已经把7400克种子粮贷给贫苦农户，农民已在田野里开始春耕播种。这些工农业建设的繁荣景象，为西藏自治区筹委会的成立创造了良好的氛围。

在西藏工委的领导和上层爱国人士的支持下，经过筹备小组的努力，筹备工作进展顺利。西藏工委报请中央同意，决定西藏自治区筹备委员会在4月22日成立。

1956年4月22日，西藏自治区筹备委员会成立大会在新落成的拉萨大礼堂隆重举行。礼堂周围彩旗飘扬。礼堂内正面挂着毛泽东主席和达赖、班禅的画像，两侧墙上贴着毛主席和其他中央领导人的祝贺题词。主席台对面挂着一幅用藏汉两种文字写成的“中国各民族大团结万岁”的巨幅标语。参加大会的委员50多人，列席代表260多人。其中包括西藏各地区、各民族、

1956年4月22日，西藏自治区筹备委员会正式成立。从此西藏人民有了统一的带政权性质的政府机关。图为西藏自治区筹备委员会成立大会会场。

各阶层、各教派和各群众团体的代表。这样一个有广泛代表性的人士欢聚一堂、民主协商、共议大事的大会，在西藏历史上还是第一次。

达赖喇嘛致开幕词。中央代表团团长、国务院副总理陈毅宣布西藏自治区筹备委员会正式成立。他宣读了国务院命令，并代表国务院把西藏自治区筹备委员会的印鉴授予达赖喇嘛。陈毅在开幕式上讲话。他首先代表中共中央、中央人民政府和毛泽东主席向达赖喇嘛、班禅额尔德尼和西藏人民致以热烈的祝贺。他指出：“西藏和平解放以来，在中国共产党和中央人民政府的领导下，经过达赖喇嘛、班禅额尔德尼和他们所领导的人员的团结合作，西藏各阶层人民的积极努力，进藏的人民解放军和工作人员的帮助，西藏地方各方面的工作都已取得了很大的成就。中央和西藏地方的关系密切了，汉藏民族间的团结和西藏内部的团结加强了。在短短的时间内，能够结束长时期以来为帝国主义者和汉族反动统治阶级蓄意制造的汉藏两大民族的对立和西藏内部分裂的状态，这就是我们几年来最根本的最大的成就。”陈毅指出：“西藏自治区筹备委员会的正式成立，是西藏民族团结进步道路上的一个新的里程碑，也是中国共产党民族政策的又一次光辉胜利。筹委会成立以后，西藏工作进入了一个新的阶段。西藏今后的主要工作就是进一步实现中央和毛主席所指示的：团结、进步和更加发展的方针。”对于今后的改革问题，陈毅指出：“改革是肯定的，《十七条协议》中已有明确规定。但中央一向主张依据本民族的志愿来做。只有西藏民族的领袖和人民有了一致的要求和决心的时候，西藏地方的改革才可以进行。今后也应如此。”①

在大会上，达赖喇嘛、班禅额尔德尼、张国华和昌都地区解放委员会主任王其梅分别作了报告，向大会汇报了西藏地方、西藏地方政府、班禅堪布会议厅委员会、昌都地区人民解放委员会在中央的领导下，西藏在农业、牧业、手工业、文教卫生、救灾和培养藏族干部等方面所取得的巨大成就。这些成就的取得，为西藏自治区筹备委员会的成立奠定了基础。

代表们在会上就西藏和平解放以来的工作、西藏自治区筹备委员会简则等事项，进行了认真的讨论。许多代表在大会上发言，表达广大藏汉群众拥

---

①《解放日报》，1956年4月22日；《陈毅传》，当代中国出版社1991年8月版，第521页。

护成立西藏自治区筹备委员会，决心在党中央和自治区筹委会的领导下，建设社会主义新西藏的强烈愿望。

大会讨论并通过了达赖、班禅、张国华、王其梅的工作报告，通过了《西藏自治区筹备委员会组织简则》，宣布了西藏自治区筹备委员会主要干部的任职：达赖喇嘛·丹增嘉措为西藏自治区筹备委员会主任委员，班禅额尔德尼·确吉坚赞为第一副主任委员，张国华为第二副主任委员，阿沛·阿旺晋美为秘书长。51名筹委会委员中，藏族48人。

4月28日，中央代表团陈毅、张经武、汪锋等在工委和西藏军区其他领导陪同下，参观了拉萨市区和罗布林卡。同时，专程到拉萨小学慰问师生。陈毅高兴地翻看孩子们的课本、作业，并鼓励孩子们要好好学习，长大成为建设新西藏的主人。

1956年4月28日，中央代表团团长陈毅和副团长张经武、汪锋等到拉萨小学视察，受到全校师生的热烈欢迎。

4月30日，陈毅接见噶厦、堪厅、昌都解委会三方代表，做了重要讲话。陈毅说，希望你们三方面能团结起来，要互相谅解，互相帮助，不要争高低。关于改革问题，陈毅说，改革是一定要改的，不改人民生活就无法提高与改善，改是改好，不是改坏。

5月1日，班禅额尔德尼致闭幕词，西藏自治区筹备委员会成立大会胜利闭幕。5月2日，拉萨的工人、农牧民、市民、学生、各阶层人士、各群众团体成员、筹委会机关工作人员共三万多人举行盛大集会，热烈庆祝西藏自治区筹委会成立。群众身着节日盛装，载歌载舞。党中央、国务院派飞机飞临拉萨上空，撒下用藏汉两种文字印制的精美传单，祝福西藏人民。欢腾的拉萨市民争相传阅。古城拉萨呈现出从未有过的欢乐景象。

陈毅于5月1日检阅了驻拉萨部队和藏军。3日，西藏工委、西藏军区召开干部大会，陈毅做了形势报告，听取了西藏军区汇报。他对驻藏部队非常关心，解决了许多实际困难和问题，亲临部队看望慰问。12日，陈毅率中央代表团第一分团抵西藏第二大城市日喀则访问，受到班禅额尔德尼和日喀则军民万余人的热烈欢迎。31日，陈毅乘当雄机场首航飞机返回北京。

西藏自治区筹备委员会成立大会闭幕后，中央代表团分成三个分团，分赴西藏各地进行访问和慰问。第一分团到了江孜、帕里、亚东，第二分团到了昌都，第三分团到了阿里。代表团向西藏农牧区赠送了大批农作物优良品种和农牧生产工具，向西藏各界赠送了大量礼品、纪念品，向寺庙僧众发放了布施。随团的各文艺团体在西藏各地演出了精采的文艺节目。代表团各分团所到之处，受到西藏各族各界人民的热烈欢迎。

1956年夏秋季，西藏自治区筹备委员会先后在拉萨、山南、江孜、日喀则、昌都、塔工、阿里地区成立了筹委会的派出机构——基巧办事处（相当于专署级）。

西藏自治区筹备委员会的成立，使西藏有了一个带政权性质的协商办事机构，是西藏实行民族区域自治的重大步骤，标志着西藏地方工作进入了一个新的阶段，反映了反帝爱国力量的发展壮大。筹委会的成立和中央代表团在西藏的活动，增强了西藏对祖国的凝聚力，因而受到西藏各族人民的拥护和全国各族人民的热烈祝贺。

第三节　西藏军区部队建设和参加地方建设

西藏军区部队肩负着保卫祖国、建设西藏的重任。它既是保卫国家安全和维护祖国统一的战斗队，又是中国共产党在西藏执行政治任务的武装集团，也是建设西藏的一支生力军。

1955年2月11日，国务院决定撤销6个大军区，全军划编为12个大军区。5月1日，西藏军区成为全军12个大军区之一。

部队体制变动和正规化建设

为适应西藏斗争形势的需要，遵照中央军委1955年1月批准的康藏公路通车后西藏军区部队整编的具体方案，军区于4月份开始进行了整编。此次整编，撤销了西藏军区后方部队，原后方部队司令员兼政委陈明义任西藏军区副司令员兼参谋长，军区原参谋长李觉任军区副司令员兼后勤部长，原后方部队第一副司令员金绍山任军区副政委兼政治部主任，原后方部队第二副司令员张忠调军事学院学习。

第五十三师整编为国防步兵师，苗丕一任师长兼政委，为西藏军区机动作战部队，下辖第一五四团、一五五团、一五七团3个步兵团和炮兵第三〇八团。原属第五十二师的第一五六团部队分别改编为五十三师的炮兵分队和组成新的一五六团（进驻则拉宗担任边防任务）；原五十三师一五九团进驻拉萨，为军区的机动部队。第五十四师师部和直属分队调归武汉军区，编为防空军第一师。该师之第一六一团调归成都军区建制，其他团队分编为新的第一六〇、一六一、一六二、一五八团，分别进驻江孜、亚东边境各要点及昌都地区。察隅公安第八团（原云南军区第一二六团进驻察隅的部分）番号改为第一五三团。军区后勤部队以及兵站、仓库、医院等，也都作了相应的调整。部队的武器装备进行了更新。

整编后，西藏军区的兵力部署大体形成拉萨、波密、昌都及江孜和日喀则四个重点地区。军区掌握了较强的机动作战部队，增强了边防和内卫力量。

1955年8月，西藏军区部队完成整编任务后，各部队开始贯彻执行全军的共同条令，加强部队正规化建设。西藏军区选送了上千名优秀干部、战士，进入各级院校和军区文化速成中学、干部学校深造，以适应部队正规化建设的需要。

1955年，西藏军区开始执行义务兵役制度。西藏军区部队的战士在革命战争年代、特别是进军西藏的斗争中经受了锻炼，为人民做出了重要贡献。经上级批准，保留了一批志愿兵参加西藏建设事业。其中第五十三师1949年以前入伍的老战士保留40%，其余各单位的志愿兵老战士亦留下一部分在西藏建立农场和营建施工队伍。6月份，第一批义务兵新战士补入部队。

1955年2月，毛泽东主席公布了经全国人大常委会通过的《中国人民解放军军官服役条例》，随即正式实行军衔制度。1955年9月27日，国务院总理周恩来发布命令，授予张经武、张国华、谭冠三、阿沛·阿旺晋美、朵噶·彭措饶杰中将军衔；授予陈明义、李觉、范明、王其梅、金绍山、刘振国、张忠少将军衔。1956年4月12日，国务院总理周恩来又发布命令，授予西藏地方政府军队玛基（总司令）凯墨·索安旺堆以少将军衔。经国防部批准，4月15日给西藏地方政府军队和班禅警卫营官兵授予军衔。与此同时，全区部队官兵相继授予军衔。

1957年6月18日，毛泽东主席颁布第237号授勋命令；7月18日，国防部颁布第95号授勋命令，分别授予张国华、谭冠三等215位在革命战争中有功人员以八一勋章、八一奖章、独立自由勋章、独立自由奖章、解放勋章、解放奖章。同时授予阿沛·阿旺晋美一级解放勋章。1958年10月，增补西藏地方政府噶伦桑颇·才旺仁增①为军区副司令员，并授予少将军衔。

1955年7月1日，经中共中央批准，中共昌都、三十九族、波密三个地区分工委机关合并为中共昌都分工委，另设丁青、波密两个中心县委；丁青、波密警备区管辖区划归昌都警备区管辖。中国共产党西藏工作委员会和各地中共分工委向社会正式公开了名称，西藏地方党委以军队番号为代号的情况遂告结束。1956年，噶厦决定在塔波、工布地区新设塔工基巧。对此，西藏工委也在该地组成了新的中共塔工分工委。

1955年7月30日，张经武被任命为中华人民共和国主席办公厅主任，间

---

①桑颇·才旺仁增（1905—1967），西藏江孜人，1919年步入仕途，曾任孜本，参加过1947年在印度举行的泛亚洲会议，1957年任噶伦。

驻北京工作，仍兼任中央驻藏代表和西藏工委书记，并于1957年1月兼任西藏军区第一政委。

进行自身建设与支援驻地农业基本建设

部队从进军西藏时期起，即严格遵守不住寺庙、不住民房的规定，常年住着帆布帐篷，条件好的单位住上用土坯垒墙、木条加泥土盖顶被称之为“干打垒”的简易房舍。吃饭蹲在地上，开会坐在背包上，学习、办公在膝上，这种野外生活方式持续了五年之久。公路通车拉萨之后，修建营房就成为一个急待解决的重要问题。1955年起，西藏军区将营房建设提上日程，并以军区驻拉萨机关和扎木地区部队所驻营房为主。本着“军工为主，技工指导，因地制宜、因陋就简”的精神，当年完成营建面积11.4万平方米，1956年又完成21.72万平方米，使机关、部队大部进驻了营房，初步改善了居住条件。在营建施工过程中，指战员们自己动手伐木料、解板材、打土坯、烧砖瓦，千方百计解决原材料困难，以很短的时间建起了土木结构的营房，包括办公、训练、宿舍、饭堂、礼堂、仓库、医院等营房及操场，部队在高原上有了基地，有了一个固定的“家”。这

西藏工委副书记、军区政委谭冠三与藏族群众一起修筑水渠。

就大大改善了部队的工作、生活和训练条件，有利于部队正规化建设，也有力地促进了广大指战员长期建设西藏思想的巩固和提高。1957年，西藏实行“六年不改”方针，部队进行收缩，将扎木等地区的近20万平方米的营房，交给当地地方政府和头人代管。拉萨仍建成医院、仓库等8万平方米。

解放军在积极进行自身建设的同时，大力开展以“军爱民”为主题的支援农业基本建设的活动。驻拉萨的部队经常派出干部战士到附近农村帮助群众整修水利设施，修建沟渠，收割庄稼，积肥送肥。驻江孜、驻日喀则的部队经常组织大批劳力开赴年楚河流域，帮助群众修筑被洪水冲垮的堤坝，修建灌溉设施，维修农具等。

遵循毛泽东的有关指示，军区部队始终将农副业生产作为长期任务，抓得很紧。1955年，全区生产粮食3.65万公斤，蔬菜278万公斤。1956年乘胜前进，全年垦荒1.22万亩，收获粮食38.9万公斤、蔬菜664.4万公斤，产猪、牛、羊肉18万余公斤。这样，部分解决了部队的粮食供应，蔬菜、肉类基本自给。1957年，随着部队收缩，土地播种面积有所减少，仅收获蔬菜378万斤。1958年收获粮食5.77万公斤，蔬菜62.2万公斤。1959年，也大体与上年持平。实践证明，发展农业生产是在西藏保证部队生活最可靠的办法之一，既平抑了物价，减轻了藏族人民的负担，又传播、示范了先进农业科学技术，促进了西藏的经济发展，并扩大了共产党、解放军在藏族人民群众中的影响，增进了藏汉民族和军民之间的团结。

修建当雄飞机场和纳金电站

为了加强西藏同祖国内地的联系和国防建设，国务院于1955年12月24日决定修建西藏拉萨机场，并要求于翌年8月底竣工。12月27日，西藏军区成立以张国华司令员为主任的西藏机场修建委员会，并以空军修建第五分部机关为基础，组成机场修建指挥部；军区副司令员陈明义任指挥长，空军第五分部负责人王建中、西藏地方政府卸任噶伦噶雪·曲结尼玛担任副指挥长。1956年1月8日开始在拉萨、曲水、羊八井、当雄、日喀则、黑河等地踏勘。经过论证比较，选定在当雄建场。4月下旬，工程兵第一〇二团、军区工兵机械营4000余人开进工地。5月初，西藏103个宗（谿）的5020名藏族民工到达工地。5月11日正式开工，迅速建成一条跑道。5月26日，一架空军伊尔—12型运输机首次在西藏试航成功。31日，参加西藏自治区筹备委员会成立大会的中央代表团团长、国务院副总理陈毅即乘坐这一首航成功的飞机离藏返京。

机场工程全面开工后，施工部队和民工在气候恶劣、机械缺乏的情况下，大干苦干，加班加点，突击施工。参加建设的民工由部队带领施工。部队十分关心民工的生活，耐心传授施工技术。民工很快就达到劳动定额，有的还超额完成任务，增加了收入。部队在民工中组织劳动竞赛活动，开展爱国主义教育，使他们的爱国觉悟和积极性不断提高。有19个宗豀、46个班排、中队被评为先进单位，21名带队头人、735名民工被评为先进工作者。后来，这批民工中很多人成为西藏平叛改革和社会主义建设的骨干力量，有的还成长为西藏地方各级领导干部，以至自治区的党、政领导干部。后来成为自治区党委副书记的巴桑（女）就是其中的一个代表。当雄机场于1956年9月5日竣工，仅用了118天的时间，是西藏高原上的第一座机场。建成后，北京至拉萨正式通航。这一航线的开辟，是中国航空史上的壮举。它和康藏、青藏公路相辅相成，对于密切西藏与祖国内地的联系，加强西藏建设和国防建设都具有重要意义。

1958年春筹备修建拉萨纳金水电站。按照国务院帮助西藏建设的决定，国家电力部成立专门勘查机构，对拉萨河、雅鲁藏布江进行了重点勘测，选定了距拉萨18公里处的纳金修建中型水电站。电站由西藏军区部队为主施工。9月组成电站工程修建指挥部，以军区司令部副参谋长扶廷修担任指挥长，军区政治部副主任洪流任政委。部队数百人首先参加施工，并以工兵机械营为突击力量。施工先修拦河水坝、溢洪堰、主厂房等。开工不久，拉萨地区出现叛乱武装活动，电站一度被迫停工。

拉萨平叛结束后，施工部队调去其他地方平叛，电站以藏族民工为主，最多时达5000人参加施工。拦水堤坝、厂房等基础建设很快建成，并陆续修建东、西、北郊变电站。发电机组运到后，从四川、云南等地来的安装队进行安装。经军民三年的艰苦奋战，于1960年4月初步建成发电。总计开挖土石方15万立方米，浇铸混凝土7000多立方米，建成厂房和职工宿舍30万平方米。纳金电站于1965年全部建成，7台机组发电，年发电量4000万千瓦时。纳金电站的修建，对发展拉萨市区的工农业生产，改善人民生活起了积极作用。这也是军区部队继修建当雄机场后，又一项支援地方建设的重要项目。

第四节　酝酿民主改革和贯彻中央“六年不改”的方针

初步酝酿民主改革

实行民主改革，既是西藏各族人民的愿望，也是西藏社会进步和发展的必然趋势。在西藏这一特殊的地区，需要根据和平解放西藏办法的协议和上层人士的认识程度来确定改革的时间和进程。实际上，初步酝酿民主改革，要先于民主改革的实际工作。

1955年3月9日，周恩来总理在国务院第七次全体会议上说，现在西藏的工作已经进入了一个新的阶段，即筹备成立自治区的新阶段。我们今后应该做的工作，一是要对西藏进行民主改革，二是要想法减轻人民的负担。9月4日，中央对西藏工作的指示说，西藏民族同国内其他先进民族一样，是一定要走上而且能够走上社会主义发展道路的。在党和工人阶级政权的领导下，经过国家对西藏民族在政治、经济、文化各方面更多的长期的援助，同时在西藏内部完成了民主改革，消灭了封建农奴制度的基础上，西藏民族可以避免资本主义的发展阶段，而通过自己的道路逐步地过渡到社会主义。同年10月23日，毛泽东主席在接见西藏参观团和西藏青年参观团时指出，西藏不要害怕民主改革，民主改革的目的是把西藏全体人民的生活搞好。同时，你们自己的生活也不会下降。西藏实行民主改革，你们这些上层人士、贵族、各寺庙的喇嘛，可以同群众一起协商，上下结合，实行改革。“改革要你们下决心，你们不干，我们不能替你们下决心。”[①]

1956年2月12日，正值农历正月初一和藏历火猴年元旦，在京的西藏参观团藏族人士拉鲁·才旺多吉、拉敏·益西楚臣、桑颇·登增顿珠等，到中南海向毛泽东主席和其他中央领导人拜年。毛泽东同他们进行了谈话。谈话中指出：西藏“进行民主改革的问题。什么时候进行，由你们自己去决定。自治区筹备委员会成立后，可以对这个问题进行研究，要由达赖喇嘛、班禅额尔德尼下决心，要由西藏的僧俗官员和寺院里的喇嘛、堪布们决定。要有一个酝酿的时期，一年、两年、三年，通过讨论、打通思想。”“贵族、喇嘛有好多人害怕改革，你们回去后要对贵族、喇嘛多做工作，不论如何改革，对他们的政治地位、生活水平都要维持”。“关于民主改革这一条，这里要讲清楚，不要回去乱讲，说我讲了西藏现在要实行土地改革了。我是要你们回去酝酿，回去报告达赖和班禅，可行即行，你们如果都不同意，我也没有办法。我不能一定叫你们做什么，我只是提建议给你们，采纳不采纳是你们的事，不要误会。”[②]

毛泽东之所以在此时同西藏上层人士讲改革问题，是因为四川省甘孜藏族自治州政府与藏族上层人士协商后，已决定实行民主改革。西藏上层人士对此十分关注。1956年2月25日，甘孜少数上层反动分子为了阻挠和破坏民主改革，首先在色达地区、紧接着于29日在义敦等地发动武装叛乱。这一消息传到西藏，引起上层人士的忧虑。毛泽东的讲话精神，由拉鲁和拉敏带回西藏传达后，在一定程度上安定了上层人士的情绪。

赴藏庆祝西藏自治区筹委会成立的中央代表团党组，于4月29日向中央报告说：“四川藏区发生叛乱的消息传到拉萨，在喇嘛、贵族上层中间引起很大的震动和恐惧，怀疑自治区筹备委员会的成立和代表团来藏是来搞改革的，对这两件事的态度由热情转为冷淡。”经过中央代表团领导和西藏工委领导“召开上层分子座谈会，广泛地进行拜会、访问和向寺院发放布施等各种活动，宣传中央的政策，解释误会，揭露谣言，局势已逐渐稳定下来。自治区筹委会成立大会已胜利闭幕。估计再继续进行一些工作之后，拉萨的局势可

① 《毛泽东西藏工作文选》，中央文献出版社、中国藏学出版社2001年5月版，第127页。
② 《毛泽东西藏工作文选》，中央文献出版社、中国藏学出版社2001年5月版，第136—138页。

进一步安定下来。”报告还说，西藏地方政府为了了解四川藏族地区民主改革和叛乱的情况，达赖喇嘛提出派人组成代表团去四川藏区，协助当地党政进行宣传和安抚工作。中央代表团已表示同意。[①]

毛泽东于5月8日将报告批转中共四川省委说：“西藏方面前往康区的考察团，不久就会到来，你们应予以热情的接待，将叛乱原因、平乱情况、党的政策和工作办法老老实实地告诉他们，我们工作中的某些缺点错误也可以告诉他们，并请他们帮助你们做些安抚劝说工作。如果他们愿意到成都和北京走一趟则更好。”[②]后来，西藏没有派考察团去四川。

为进一步阐明中共中央对西藏改革的政策，陈毅副总理和达赖喇嘛、班禅额尔德尼、张国华在西藏自治区筹委会成立大会上的讲话和报告中，都谈到西藏的民主改革问题。陈毅在讲话中说，“只有西藏民族的领袖和人民有了一致的要求和决心的时候，西藏的改革才可以进行。”张国华讲道：“西藏地区的改革问题，在适当的时候是应该研究的。但不是由少数人和中央下命令来改革，而必须依据西藏民族多数人及公众领袖的志愿来决定。如果条件不成熟，就不急于着手进行改革”。达赖喇嘛说：“有些人别有用心地说，西藏自治区筹委会成立以后，西藏就要进行改革，这完全是一种恶意的造谣和挑拨”。“社会主义和西藏现有的具体情况相距很远，我们必须逐步进行改革。但什么时候改革，如何改革，这还得看工作发展和各方面的具体情况。同时是要西藏的领导人员和广大人民自己商量去进行，而不是由别人强迫包办。这点在毛主席对西藏致敬团、参观团的谈话中均有明确指示。”班禅认为：“关于改革的方法和时机问题，中央早已有明确规定，在少数民族地区的改革，是要采取和平协商的方法。什么时候进行改革，采取什么步骤和具体方法，都要和少数民族的领袖人物、上层人士、宗教界和群众商量好了才办。只能改好，不能改坏。”[③]班禅还在会议上表示，他愿意在堪厅管辖地区首先进行民主改革试点，以便取得经验，然后推广到全西藏（事后并没有进行）。

总之，在会议上谁也没有说什么时候开始改革，只是宣传了中央对西藏

---

① 《毛泽东西藏工作文选》，中央文献出版社、中国藏学出版社2001年5月版，第143页。
② 《毛泽东西藏工作文选》，中央文献出版社、中国藏学出版社2001年5月版，第142页。
③ 以上陈毅、达赖、班禅、张国华的讲话要点，均见1956年4月22日《西藏日报》。

改革的指示精神，并没有做出任何具体决定。陈毅曾幽默地称之为："现在是君子动口不动手。"

这个时期，全国已经掀起了社会主义改造的高潮，邻近西藏几个省的少数民族地区相继开始进行或积极准备进行民主改革。西藏地区部分群众也开始有了改革要求，特别是参加修建当雄飞机场的民工后来还联名上书要求改革。在这种形势面前，中共西藏工委也想尽快改变西藏的落后面貌，希望西藏早一点进行民主改革，认为"西藏也面临着这种民主改革趋势的前夕"。1956年4月，西藏工委派出副秘书长张向明率领从工委和各分工委抽调的20多名干部，到四川省甘孜藏族自治州学习民主改革经验。①

与此同时，在西藏自治区筹委会成立前后紧张忙碌了一个多月的张国华，血压升高、心绞痛时有发作，低烧出虚汗。陈毅副总理发现并问明情况后，即请示中央批准，要张国华到北京治病。张国华随陈毅于5月31日离藏。张经武亦同机返京。张国华赴京治病期间，由范明副书记主持西藏工委工作。

西藏自治区筹委会成立后，西藏工委在部署宣传改革的同时，铺开了改革的具体准备工作。6月30日，西藏工委上报了《关于西藏地区1956年至1960年五年规划的初步意见》，认为西藏目前的政治形势已经进入了一个可能和必须着手进行民主改革的新阶段，提出"在1956年至1960年五年内，西藏地区的总任务就是要在西藏地区逐步地完成民主改革"。五年规划"都应是围绕这一总任务，并为这一总任务服务。都应当是为逐步地完成西藏地区的民主改革准备力量，创造条件，打下基础，减少阻力的措施。"五年规划提出今冬明春在昌都和日喀则班禅地区实行民主改革重点试验；各宗成立公安警察，全区共4000至6000人；再增人民武装、经济警察2400人；吸收和培养当地藏族干部4万至6万名；发展本地藏族党员2万至3万名，团员3万至5万名；从内地增调汉族干部6000名；成立西藏各级工会，发展藏族工人5万至7万人；大力扩大青妇联组织，等等。7月10日，西藏工委在《1956年第二季度工作综合报告和第三季度工作安排》中又说："西藏的民主改革已经提上了议事日程，由于达赖、班禅在自治区筹委会上提议并经过会议全体通过，

① 张向明率领的干部到达甘孜时，该州不少县区已经发生武装叛乱，部队已开始平叛，民主改革在平叛中缓慢地进行。他们只参加了两次会议，听取了有关情况介绍后，学习遂告结束。

事实上已用法律形式固定下来。过去我们对这个形势发展估计不足，现在必须抓紧这个机会，大力进行宣传和重点试办工作。”这两个文件，实际上突破了自治区筹委会成立时中央有关民主改革的指示和西藏工委领导人员在发言中对民主改革的阐述，把对民主改革的宣传讨论，变成进行民主改革的具体准备和行动。

此时在宣传舆论上已大造改革的声势。刚刚创刊的《西藏日报》大量刊登有关改革的新闻和文章。8月4日，《西藏日报》刊登了修建当雄机场的藏族民工代表要求实行民主改革给达赖的请求书。在此前后，西藏工委报请中央组织部批准，从内地各省市调2000多名汉族干部陆续进藏，并且在西藏吸收了大批藏族干部，各级党政机构和企事业单位急剧膨胀起来，形成了欲全面进行民主改革的气势。后来，人们把这一段西藏的工作称为“大发展”。

人员迅速过多增加，开支急剧增大，市场投放银元过多，引起物价上涨。这时看到改革是大势所趋而真正愿意实行改革的上层人士只占少数；大多数上层人士则心存疑虑，开始出现不安情绪。

“六年不改”方针的提出

西藏工委关于民主改革的宣传和准备工作，引起了西藏上层人士广泛议论。达赖喇嘛向毛泽东主席写信反映了西藏准备民主改革的情况。毛泽东于8月18日复信达赖说：“西藏社会改革问题，听说已经谈开了，很好。现在还不是实行改革的时候，大家谈一谈，先作充分的精神上的准备，等到大家想通了，各方面都安排好了，然后再做，可以少出乱子，最好是不出乱子。四川方面出了一些乱子，主要是亲帝国主义分子和国民党残余分子在那里煽动，我们的工作也有缺点。我希望西藏方面尽量避免出乱子。”[①]毛泽东给达赖的信，阐明了中央对西藏改革的基本态度，提醒上层人士注意帝国主义分子和国民党残余分子破坏西藏的安定局面。

中共中央客观地分析了西藏的政治形势后，认为：“西藏的改革条件目前还不成熟，勉强去做就势必出乱子。”1956年9月4日，中央正式发出《关于西藏民主改革问题的指示》（通常称“九四指示”）。指示说：“西藏地区的民

---

① 《毛泽东西藏工作文选》，中央文献出版社、中国藏学出版社2001年5月版，第150页。

主改革，必须是和平改革，要做到和平改革，对西藏上层一定要做好准备工作以后再去进行。这里所说的准备工作，主要有两条：一是同他们的各方面的领导人员协商好。要认真地反复地同他们协商，取得他们真正的同意而不是勉强的同意。如果他们没有真正表示要改革，就决不要勉强进行。二是把上层安排好。即在不降低上层的政治地位和生活水平的原则下把所有僧侣贵族的工作和生活，特别是他们的代表人物的政治地位和生活待遇，经过协商，作出适当安排。如果这两条没有做好，并没有取得上层的真正同意，勉强去做就势必要出乱子。这样，不但对于西藏劳动人民和汉族人民的团结不利，而且也会使我们在政治上处于被动。西藏地区的民主改革，要采取和平方法进行，并且要由西藏人民和公众领袖按照他们的意愿去做决定，这在和平解放西藏办法的协议中，毛主席同西藏上层人物的历次谈话中，刘少奇同志关于宪法草案的说明报告中都做过明确的交代。在实行改革的时候，不做到这一点，我们就会失信于人。在这样重大的问题上失信于西藏，是对我们很不利的。因此对西藏的民主改革，必须在充分做好准备工作，上层真正愿意改革的时候再去改，并且在改革中要坚决做到少出乱子和不出乱子，否则宁可暂缓进行，而不要去勉强进行。”①

中共中央的指示中还说：“从西藏当前的工作基础、干部条件、上层态度以及昌都地区最近发生的一些事件看来，西藏实行改革的条件还没有成熟，我们的准备工作也绝不是一两年内能够作好的。因此，实行民主改革，肯定不会是第一个五年计划期内的事，也可能不是第二个五年计划期内的事，甚至还可能要推迟到第三个五年计划期内去。在西藏的民主改革问题上，我们已经等待好几年了，现在还必须等待。应该说这是对西藏民族上层分子的一种让步。我们认为，这种让步是必要的、正确的。”“你们提出的改革重点试验，现在肯定应当停止进行”。“当然，我们的等待不是消极的，相反的必须积极地进行工作。从现在开始到进行改革这个期间，必须抓紧上层统一战线、培养藏族干部、发展党员和团员、扶助群众生产，尽可能地改善群众生活(包括减轻某些负担)和逐步使自治区政权民主化等项重要环节，努力做出成绩，以便为改革做好准备条件。”②

① 《西藏工作文献选编》，中央文献出版社 2005 年 9 月版，第 182、183 页。
② 《西藏工作文献选编》，中央文献出版社 2005 年 9 月版，第 183、184 页。

中共中央适时作出西藏六年内不实行民主改革的方针，具有重大的现实意义。中央要求西藏工委将这个精神，向达赖、班禅和西藏的其他上层人士说清楚，要他们放心，并且要同他们一道去做准备工作和安定情绪的工作。对待西藏人中间主张改革的积极分子，要作适当解释和耐心教育，告诉他们如何善于去做工作，以便造成改革的条件，不可不加关心，使其迷失方向。

正在北京出席中共第八次全国代表大会的张国华，在9月20 日的大会发言中表示：西藏的改革问题在目前已经成为西藏各阶层普遍关心的问题。对此，西藏自治区筹备委员会成立大会采取了肯定的态度。但是，这不等于说西藏的社会改革马上就要进行了，因为在西藏进行改革必须具备若干必要的条件，目前，这些条件显然不是完全具备了的。因此，改革的开始还需要一个较长的时间。

对于中共中央“六年不改”的重要方针以及要求西藏工委“对西藏的民主改革及准备工作重新加以研究，提出意见”的指示，当时主持西藏工委工作的范明同志在10月19日《1956年第三季度工作综合报告和第四季度工作安排》中说：“我们完全拥护中央9月4日关于西藏民主改革问题方面指示的精神，现已适当地收缩了宣传，但在各项准备工作上仍积极进行中。正筹备在第四季度召开的自治区筹委会第二次全体委员会议上，讨论在西藏实行民主改革前的准备工作。”①

1956年冬，张经武、张国华先后回到拉萨，主持西藏工委工作。这时，中央又调青海省委副书记周仁山到西藏工委任副书记②。1957 年1月召开的西藏工委扩大会议，认真学习了中央的“九四指示”，深入研究了西藏当时的形势，统一了思想，检讨“大发展”的错误。张国华在总结中说：由于对中央指示认识不足，体会不深，坚持不够，主观上总想给西藏人民早些、多做些好事，以及金沙江以东改革的影响等原因，对慎重稳进方针的遵守和坚持上发生了偏差，产生了急躁冒进的情绪，在1956年任务中提出了不切实际的

① 《中国共产党西藏历史大事记》，中共党史出版社2005年9月版，第101页。

② 周仁山（1912–1984），甘肃省华亭县人，1935年在读中学时参加了“一二九”运动，1937年8月参加革命，1938年在抗大学习一年，并在学习期间入党。后任西北工委民族研究室研究员、陕甘宁三边专署科长、内蒙鄂托克旗工委书记、伊克昭盟西部工委书记、青海省委民族部长、统战部长、省委常委、副书记、政协副主席。1956年11月调任西藏工委副书记、自治区筹委会副主任。

要求。2月，西藏工委拟定了《1956年工作基本总结和1957年的工作方针与任务》，提出“适当收缩，巩固提高，稳步前进的方针”。

西藏工委在拉萨召开拥护中央“六年不改”方针大会。左起：詹化雨、谭冠三、张经武、朗顿、帕巴拉活佛、察雅活佛、柳霞、阿沛·阿旺晋美。

1957年2月27日，毛泽东主席在最高国务会议第十一次（扩大）会议上发表《关于正确处理人民内部矛盾的问题》的讲话。讲话指出：“西藏由于条件还不成熟，还没有进行民主改革。按照中央和西藏地方政府的十七条协议，社会制度的改革必须实行，但是何时实行，要待西藏大多数人民群众和领袖人物认为可行的时候，才能作出决定，不能性急。现在已决定在第二个五年计划期间不进行改革。在第三个五年计划期内是否进行改革，要到那时看情况才能决定。”[①]这样，在中央“九四指示”下达半年后，就公开向全国人民和全世界宣布了中国共产党、中央人民政府对西藏地方实行“六年不改”的方针。

① 《毛泽东文集》第7卷，人民出版社1996年6月版，第227页。

西藏工作“大收缩”和“五为”、“四不为”

中共中央为了稳定西藏形势，采取了坚决有力的措施。1957年3月5日，中央指定西藏工委成员张经武、张国华、范明、周仁山、王其梅、牙含章、慕生忠等人赴京参加中央书记处扩大会议，讨论西藏工作问题。谭冠三留拉萨主持工委日常工作。中央书记处认为：西藏今后在六年内不改革是肯定的，这是对外已经宣布了的，内定不改的时间还要长，可能十一年不改。书记处认为，西藏的人员、机构、事业、财政要大下马。目前西藏以大下马为紧急任务，下马越快越好，人员内撤越快越好。要坚决地迅速地下马，坚决地迅速地内撤。

参加中共中央书记处会议的西藏工委成员，还多次开会学习讨论中共中央指示的方针、任务，并于3月19日形成了《关于今后西藏工作的决定》以及附件《关于精简机构、紧缩开支的方案》上报。中共中央于5月14日原则批准了这个决定和方案。批示中重申了西藏“六年不改”的决定，提出了今后六年内西藏工委要实行“五为”和“四不为”两个方面的工作。“五为”是今后可以做而且应当做的，即一要继续开展上层统一战线工作，并以达赖集团为主要对象；二要继续注意培养藏族干部；三要继续办些群众欢迎的、上层同意的，而我们又有条件办的，能够对群众发生积极影响的经济、文化事业；四要继续坚持把国防、外事和国防公路等项置于中央管理之下；五要经过各种适当方式，向上层和人民群众进行爱国主义教育，反对分裂活动。“四不为”是：一、停止和结束民主改革的准备工作；二、不干涉西藏的内部事务；三、不在社会上发展党员；四、不办不是西藏上层迫切要求和同意的建设事宜。①

为了加强对西藏工作的集中统一领导，中共中央重申今后西藏工作统一由中央直接领导，中共中央和国务院各部门不得直接向西藏指示工作，调动干部。

西藏工委在中央直接领导下，采取坚决措施，对人员、机构、财政等各项事业“大下马”。自治区筹委会机关撤销合并了一些机构，将筹委会的民政

---

①《中国共产党西藏历史大事记》，中共党史出版社2005年9月版，第110、111页。

处、公安处、司法处合并为民政处，建设处、工商处、财政处、农林处、畜牧处合并为财政处，撤销财经委员会，全区成立不久的7个基巧级办事处和60多个宗级办事处，除昌都地区的以外，全部撤销。其后，山南、塔工等分工委改为工作队（平叛后又恢复为分工委）。大批汉族干部、职工内调，一部分藏族干部精简，新参加工作的3400多名藏族青年送到内地学习，全区地方工作只保留3700余人。总计减少员额4.5万余人。

西藏军区遵照中央大收缩的精神，为了适应斗争需要，采取“保点、保线，自卫作战”的原则，对部队进行了全区性的缩编和部署上的调整。全区部署收缩成14个点，即拉萨、日喀则、江孜、亚东、泽当、林芝、当雄、黑河、昌都、丁青、扎木、宁静、三岩、察隅（另外，阿里地区保留噶尔、日土、普兰3个点）。撤销了第五十三师，调出了一大批部队，只保留了一些独立团，军区机关做了相应的精简，总员额减至1.8万人。交通运输方面只保留了一线两段，即：青藏公路全线及川藏公路成都至怒江桥、林芝至拉萨两段通车。这种部署，既着眼于控制西藏的全局和等待西藏上层的觉悟，又十分谨慎地采取要点驻兵，重点设防，确保交通干线，加强党、政、军领导机关及独立要点的防卫能力，以对付可能发生的叛乱武装的袭击。

地方和军队的大收缩，表明共产党提出在西藏“六年不改”的方针是真诚的，执行也是坚决的，用事实粉碎了少数分裂主义分子的造谣诬蔑，稳定了多数上层人士的不安情绪。

1957年4月22日，拉萨各族各界人民召开庆祝西藏自治区筹备委员会成立一周年集会。张国华在会上讲话说：由于对西藏地区的主客观情况全面分析研究不够，过早地着手民主改革的准备工作，有些摊子铺得大了些；我们在筹委会的工作过程中有些协调不够，没有充分发挥藏族干部（包括在筹委会工作的上层人士）的积极性和主动性，使某些工作受到一定的影响。张国华在此次会上正式向西藏人民宣布，西藏至少六年内不实行改革，现正在进行紧缩机构、精简人员，将一批汉族干部和职工调回内地。

8月8日，西藏工委发布“六年不改”的宣传提纲，并在《西藏日报》上公开发表。

在紧缩机构的同时，西藏工委根据“五为四不为”的要求，继续加强统一战线工作。大力做好对已经安排了工作的200多名上、中层人士的团结、教育、巩固和提高工作，帮助他们提高爱国主义思想和政治认识，加强对他们进行民族平等、民族团结和西藏内部团结的教育，并使他们做到有职、有权、有责，生活待遇不降低。

为了加强对民族干部的培养，西藏工委于1957年6月在陕西咸阳筹建了西藏公学，把大收缩精减下来的3000多名藏族青年绝大部分分送西藏公学学习，后来改制为西藏民族学院。这批藏族青年大多是农奴的子女，成为西藏培养和积蓄的一批民族干部。与此同时，西藏工委还选送了一批藏族干部和青年到北京、兰州、成都民族院校学习。这些经过培养学习的藏族干部、学员，后来成为西藏民主改革的骨干力量。

西藏工委通过自治区筹备委员会和爱国青年、妇女等团体，继续组织西藏上层人士学习中央一系列重要指示，对人民群众进行爱国主义教育。通过学习，使上层人士认识到，西藏人民主要的敌人是帝国主义和背叛祖国、背

为了加强对民族干部的培养，1957年6月，西藏工委决定在陕西咸阳筹建西藏公学，把大收缩精简下来的3000多名优秀青年送去学习。这批藏族青年后来成为西藏民主改革的骨干。图为当年的西藏公学大门。

叛西藏的少数分裂主义分子，必须时时提高警惕，紧密团结在祖国大家庭里，坚决和帝国主义及一小撮反动分子进行斗争。

西藏的收缩工作，到1957年8月基本结束，达到了预期的目的。

1957年8月18日，毛泽东主席在复达赖喇嘛来信中评价了这项工作："去年对实行民主改革提得早了，工作机构也太大了，这是缺点。现在决定在第二个五年计划期内不改革，并且把过大的机构作了精简，这就改正了缺点。"毛主席又说："工作中发生缺点总是难以完全避免的。对缺点，我们的态度应该是正确分析，积极改正，记取经验，继续前进。我们改掉了缺点以后，工作就会做得更好一些。"①

"六年不改"是符合西藏实际情况和《十七条协议》精神的，一经传达公布，立即受到广大爱国人士和处于中间状态的上层人士的拥护。然而，少数上层反动分子囿于他们的阶级本质，认为"六年不改" 最终还是要改的，其"美妙的"封建农奴制度仍然岌岌可危。他们采取阳奉阴违的手段，一面对中央虚与应付，一面暗中与国外反华势力相勾结，加紧策划武装叛乱和分裂祖国的活动，并加强其内部的统治和控制，极力巩固其农奴制度。

9月15日发生在江孜地区头人本根却珠毒打藏族学员旺钦平措就是一个例证。旺钦平措原是本根却珠的朗生，已参加工作并在江孜分工委举办的训练班学习。本根却珠以没有为其支差为借口，将旺钦平措叫去戴上脚镣，用皮鞭毒打数小时，身体严重致伤。分工委对此非常重视，经报请工委批准，决定给予严肃处理。后由自治区筹委派人调查，作出《关于免去西藏各族人民参加国家机关工作人员、学员的人役的决定》，同时宣布判处本根却珠向旺钦平措献哈达道歉，赔偿医药费，并拘押四个月。此举受到了广大藏族干部和群众的欢迎，有力地打击了反动统治者的气焰。②

由于西藏工委坚决贯彻中央"六年不改" 方针及以后的一系列重要指示，相应地采取了一些行之有效的措施，使上层人士中的多数情绪逐步稳定下来，顾虑有所消除，愿意继续同共产党合作共事，参加自治区筹委会的各项工作。

---

① 《毛泽东西藏工作文选》，中央文献出版社、中国藏学出版社2001年5月版，第162页。

② 李国柱：《旺钦平措事件始末》，载《西藏党史资料》1999年第4期。

这就为统一战线和影响群众工作赢得了主动。当然，这并未能改变西藏地方政府中少数掌权者妄图永远保持封建农奴制度的顽固态度。因此斗争更加复杂，工作更为艰巨。

第五节　西藏局部叛乱的发生，达赖、班禅赴印度参加宗教活动

1955年夏，在达赖由内地返西藏途经四川省时，正值四川的藏区准备进行民主改革。随同达赖的噶伦索康·旺清格勒和达赖的副经师赤江·罗桑益西到康定后，索康走北路经甘孜、德格，赤江走南路经乡城、理塘等地，沿途会见当地土司和寺院的堪布时，鼓动他们武力对抗民主改革，明确表示：“你们要很好地团结，要想尽一切办法拖延和阻止民主改革”，“必要时组织武装暴动，噶厦可以提供武力进行帮助。”

与此同时，拉萨的“人民会议”分子阿乐群则一行5人专程赶到康定等地组织策划武装叛乱。他们以迎接达赖喇嘛的名义，与理塘地区的毛垭土司（又名瓦旭云如本）等一同与赤江召集理塘寺堪布丁雍阿臣及20余名头人开会，并有长期潜伏在理塘寺的原国民党第二十四军第一三六师师长曾言枢参加。他们歃血盟誓，决定采取文武两手，策划“西藏独立”。在康区采取“武”的一手，实行武装叛乱，在拉萨采取“文”的一手，同共产党进行政治斗争。他们派人常驻康定，规定联络暗号，编制密码，利用电报业务保持联系，互通情报，指挥叛乱。①

① 阿乐群则承认：“在雅安，我看见（达赖）随行官员由于在内地参观许多地方，受到了许多教育，态度都转向祖国，觉得他们被汉人收买了。我们的基本想法是阻止西藏筹委会的成立。”见《阿乐群则谈伪人民会议情况》，载《西藏党史资料》1989年第2期。

西藏发生局部叛乱

康藏、青藏公路通车拉萨，达赖、班禅赴京，自治区筹备委员会的成立，共产党和解放军在藏族中的影响不断扩大。西藏上层分裂主义分子预感到形势对他们越来越不利，特别是西藏自治区筹备委员会的成立，更使他们惶恐不安。以维护封建农奴制度、对抗西藏人民革命为目的的局部武装叛乱，在暗地酝酿与策划之中。

1956年2月25日，“人民会议”分子乘传召大法会僧众云集拉萨期间，在市区散发反动传单，叫嚷“西藏独立”，反对进行改革，反对驻藏人民解放军。在中央人民政府驻藏代表指出后，噶厦将其头目阿乐群则等人“逮捕”。阿乐群则按事先约定，向四川理塘寺发出信号。四川甘孜藏族自治州的理塘寺、甘孜大金寺随即先后发动了武装叛乱。这些叛乱武装头目打着“保护宗教”、“保护民族利益”的旗号，提出“赶走汉人”、“永不改革”的反动口号，胁迫群众进行武装叛乱，杀害地方工作人员和积极分子数百人。美国中央情报局局长杜勒斯获悉这一情况后认为：康区的叛乱为中情局提供了“帮助藏人反抗，给中国制造麻烦的理想机会，”[①] 当即支持康区的叛乱。驻川的人民解放军奉命平息叛乱，保护人民群众生命财产，掩护地方继续进行民主改革。未被歼灭的叛乱分子则四处窜逃，其中一部分叛乱头目率其所属叛乱武装逃到金沙江以西的西藏昌都境内，一部分则逃往印度投靠嘉乐顿珠、夏格巴等人，并通过他们与美国中情局取得联系。达赖的副官长帕拉·土登维登得知四川藏族地区武装叛乱分子一部进入西藏昌都境内，立即派人同这些叛乱武装取得联系，向叛乱分子提供弹药，告诉他们要“迅速扩大武装，外国将有帮助”等。

四川德格土司属地跨金沙江两岸，即江东之德格、江西之江达两地区。康定地区酝酿改革之初，德格土司的大管家俄马日郎逃到江西，与江达大头人齐美公布（德格土司的二等管家）勾结在一起，在昌都地区开始了武装叛乱。

齐美公布系昌都地区江达宗解放委员会主任，1956年4月赴拉萨参加西

---

① （美）戴维怀斯：《撒谎的政治，政府行骗、保密与权利》，第169页。

藏自治区筹委会成立期间，曾向一位朋友说：“江东从康定到甘孜都暴动了，到底怎么看待这件事？我曾找过达赖兄长、基巧堪布洛桑三旦请教看法和指示，并向他打听过达赖对这件事的态度，洛桑三旦对我说：‘很好呀！暴动能搞起来，达赖佛爷肯定支持’。”[①] 洛桑三旦还对他说：“昌都地区应按江东地区行动”（指按照金沙江以东的康区一样进行武装叛乱）。[②] 7月中旬，齐美公布返回江达不久，江达宗召开各界代表会议，讨论贯彻执行自治区筹委会决议，实行民主改革，昌都解委会希望江达宗带头时，齐美公布坚决不愿意。当晚，他不辞而别，上山与俄马日郎勾结，开始了武装叛乱，在川藏公路岗拖至妥坝一线进行破袭抢劫活动。8月5日，叛乱武装分子在妥坝以东伏击国家地质勘测队及苏联专家组的车队。为掩护该车队，解放军小分队牺牲4人，受伤5人。8月13日，叛乱武装又在江达以西的雪霁拉山下袭击人民解放军汽车，解放军战士牺牲1人，伤2人。此后，袭击汽车事件不断发生。到8月底，这一段公路上的21个道班全部被洗劫。此外，云南丽江的叛乱分子约100人于7月24日窜到盐井地区，召集僧俗百姓开会，煽动反对民主改革。8月1日，解放军驻宁静工作组遭叛乱武装袭击，被打伤3人。

西藏自治区筹委会成立后，索康等人借口金沙江以东藏区改革的所谓“偏差”，极力反对在西藏地区进行民主改革，不但继续支持江东地区的武装叛乱，而且积极策划了昌都地区的局部武装叛乱。

面对这一形势，西藏军区于8月6日召开全区团以上干部会议，通报了情况，决定加强地方党政机关及各分散值勤分队的自卫能力，修筑防御工事，增加物资储备，配备武器弹药，并将第一五六团调至宁静地区，加强昌都地区的内卫力量。

同时，对齐美公布的教育争取工作，也在不间断地进行。9月，自治区筹委派出秘书长阿沛·阿旺晋美和十六世噶玛巴活佛前往昌都江达，做齐美公布的工作。在此之前，昌都分工委副书记张文波也曾去江达做工作。但齐美公布拒绝见面，因而均未取得预期效果。

达赖赴印度期间，受国外反华势力的策动和外区窜入西藏叛乱分子的影

---

① 《西藏革命史》，西藏人民出版社1991年2月版，第110－111页。
② 《中国共产党西藏历史大事记》，中共党史出版社2005年9月版，第97页。

响，昌都地区南部的宁静、盐井、左贡等地均发生了叛乱。一五六团刚到达宁静几天时间，宁静宗头人、宗解放委员会副主任普巴本·楚臣江村[①]就召集宁静地区“十八头人会议”，决定迅速集中人、枪，要求解放军撤走，并截断宁静地区对外交通、邮路，不卖粮草给汉人等，从而掀起了宁静、盐井地区的叛乱。11月25日，普巴本率叛乱武装60余人偷袭守卫宁静澜沧江竹卡溜索桥的解放军分队。一五六团三连副连长翟富荣、排长张保明及战士共21人全部惨遭杀害。团部闻讯，即出动两个排50余人前往增援，被数百叛乱分子阻于拉乌，双方对峙了4天。11月30日，叛乱武装700余人再次袭击解放军荣许物资转运站，守卫部队依托大米包予以还击。在解放军增援部队赶到后，叛乱武装遂撤逃。在此期间，盐井叛首贡噶喇嘛率叛乱武装300余人，曾包围盐井驻军和军代表处8天，切断水源，并烧掉上盐井村思里、仲堆曲札、列央等三位积极分子的房屋，抢走了他们的全部财产。

西藏军区为稳定昌都地区局势，要求部队必须严格执行“不打第一枪”、“人不犯我，我不犯人”的自卫原则。全区部队加强军政训练，提高战备等级。军区还决定加强地方党政机关及军区各分散值勤分队的战备，修筑防御工事，增加物资储备，配备武器弹药等。

针对昌都地区发生局部叛乱的情况，西藏工委进一步加强了上层人士的统战工作，向西藏地方政府和藏军总司令等通报了昌都地区武装叛乱的情况，提示西藏其他地区反动分子也有可能掀起叛乱，希望他们和解放军共同设法防止叛乱的发生，并明确地告诉他们：解放军为了防止万一发生的事变，已经作了适当的准备；解放军绝对不愿发生战争，出现什么问题都应经过和平协商的办法来解决。但是，如果受外国指挥的反动分子挑起叛乱，扰乱社会秩序，进攻解放军，解放军绝不怕战争，其后果对反动分子是一定不利的。工委提请西藏地方政府负起维护地方治安、保持正常社会秩序的责任。

西藏工委、军区将平息局部叛乱和维护地方治安的责任交给噶厦，而驻藏部队实行“不打第一枪”和“自卫原则”。这样做，一是为了暴露反动上层背叛祖国、背叛西藏人民的罪行，以争取上层的多数和教育群众；二是牵制西藏地方政府不敢轻易公开支持叛乱活动，缓解紧张局势，孤立反动分子；

①过去一般写为“泽仁江村”，但据新发现的可靠材料改。

三是为使解放军始终处于主动地位。

西藏工委、军区党委认真研究了昌南地区局势，于12月6日向中央报告称：昌南宁静、左贡、盐井等地区发生的叛乱，显然是金沙江江东江西一部分上层分子对改革不满的一种反抗行为，但是已有为数很大的藏族人民群众被裹胁进去，其性质是反动统治阶级利用民族和宗教煽动起的带有民族性、群众性的暴乱。因此，必须坚定地采取政治解决的方针，军事上则坚持自卫原则。建议组成昌南指挥部，并由邦达多吉（昌都解委会副主任，藏族）担任指挥部司令员。中央于13日批复，同意对昌南地区暴乱性质的分析和采取的对策，批准邦达多吉担任昌南指挥部司令员的建议。电报强调：“目前必须坚定地采取政治争取的方针，任何急躁情绪都是不利的”。①

昌都警备区昌南指挥部于1957 年1月18日成立，邦达多吉为司令员，西藏工委统战部部长陈竞波为政治委员，昌都警备区副政治委员戴毅新为副政治委员。指挥部随即进入宁静地区对普巴本等开展政治争取工作。

与此同时，经西藏工委与四川省委协调，由昌都分工委和甘孜州委研究决定，组成以昌都解委会副主任降央白姆为团长、甘孜州委副书记王启为副团长的昌东工作团，前往江达等地，做齐美公布以及江东地区逃往此地的叛乱骨干分子的工作。齐美公布是德格土司派往江达宗的一个管家。降央白姆等人去江达后，齐美公布到会听了政策解释，但仍然对改革有怀疑。下半年，降央白姆和分工委统战部长阎桃源前去做工作，齐美公布终于年底前回到了江达，表示“愿意和平解决”，停止了武装叛乱活动②。

整个昌都地区加强对“六年不改”方针的宣传和对叛乱武装的政治争取工作。加之四川康区的大股武装叛乱基本平息，正在大规模地开展争取工作。因此昌都地区紧张形势逐渐趋于缓和，开始见到宣传政策争取工作的效果。上层人士和寺庙表示：“拥护六年不进行改革”，多数头人愿意坐下来谈判。主要叛乱头子先后给昌都地区解放委员会写信，并停止了在公路沿线的袭击活动。宁静地区普巴本也出人畜担负了一部分运输。但这些叛乱头子仍掌握着一部叛乱分子，继续保持武装盘踞，窥探形势，等待时机。

① 《中国共产党西藏历史大事记》，中共党史出版社2005年9月版，第103页。

② 《苗丕一回忆录》，西藏人民出版社2005年5月版，第257页。

达赖、班禅赴印度参加宗教活动

1956年，是世界佛教创始人释迦牟尼涅槃[①]2500周年，印度将举行盛大的纪念活动。这年夏天，印度政府通过到拉萨访问之锡金王子，向达赖喇嘛和班禅额尔德尼正式转达访印的邀请。西藏地方政府开会讨论，同意达赖喇嘛接受邀请。班禅也同意去印度参加纪念活动。关于达赖喇嘛和班禅额尔德尼赴印参加纪念释迦牟尼涅槃2500周年活动问题，毛泽东主席曾对赴拉萨祝贺西藏自治区筹委会成立大会的陈毅说过："达赖喇嘛是西藏一位宗教领袖，也是国家领导工作人员，他的行动是自由的，可以让他明年去印度。"[②]此时，中央又明确指示西藏工委：对达赖、班禅不派任何人陪同，听其来去自由，他们出国后的一切活动由他们自己掌握处理。

11月6日，西藏工委书记张经武从北京返回西藏，向达赖转达周总理11月2日的指示：中央建议对达赖赴印度全由其自行决定，自由来去，并劝告达赖坐飞机、不要经过噶伦堡[③]，以确保安全等精神。张经武向达赖转达后，达赖没有表态。后来西藏地方政府借口全体官员和三大寺代表不放心，执意让达赖坐汽车而不乘飞机。

11月15日，在达赖应邀去印度参加佛事活动前夕，毛泽东在中共八届二中全会的讲话中对达赖出访可能出现的情况进行了分析，并提出了对策。毛泽东说："佛菩萨死了两千五百年，现在达赖他们想去印度朝佛。让他去，还是不让他去？中央认为，还是让他去好，不让他去不好。过几天他就要动身了。劝他坐飞机，他不坐，要坐汽车，通过噶伦堡，而噶伦堡有各国的侦探，有国民党的特务。要估计到达赖可能不回来，不仅不回来，而且天天骂娘，说'共产党侵略西藏'等等，甚至在印度宣布'西藏独立'；他也可能指使西藏上层反动分子来一个号召，大闹起事，要把我们轰走，而他自己却说他不在那里，不负责任。这种可能，是从坏的方面着想。"[④]中央于11月17

---

① 涅槃，梵文音译，意译为"圆寂"，系佛教教义称靠修行达到的最高境界。后来人们对佛教僧人的去世称为涅槃。

② 《陈毅传》，当代中国出版社1991年8月版，第517页。

③ 噶伦堡，印度东北部的一个城镇。因其地理位置紧靠西藏边境，被帝国主义和国外反华势力作为间谍活动的中心。西藏分裂主义分子夏格巴等长期驻此处，从事分裂祖国的活动。

④ 《毛泽东西藏工作文选》，中央文献出版社、中国藏学出版社2005年5月版，第152页。

日电示：达赖、班禅和他们的主要官员在国境内的一段旅程，要尽一切力量做好沿途各项工作，以保证他们的安全。[①]外交部指示中国驻印度大使馆注意印度接待的礼遇，对达赖、班禅不应有高低的区别，以免引起西藏赴印人员的内部不和。

11月20日，达赖喇嘛一行从拉萨启程。随同达赖访印的包括噶伦索康·旺清格勒、阿沛·阿旺晋美、朵噶·彭措饶杰，绒朗色·土登诺桑、扎萨凯墨·索安旺堆、欧希·土登桑却，基巧堪布洛桑三旦等52名僧俗官员和40多名仆从人员。达赖到日喀则后，与班禅一道，于22日经亚东出境。西藏军区副司令员陈明义、西藏工委统战部部长陈竞波等护送达赖、班禅到中锡边境的乃堆拉山口。

达赖喇嘛赴印度参加宗教活动，对于长期在国外从事分裂祖国活动的西藏反动分子来说，是难逢的机会。他们与美国中央情报局互相勾结，千方百计要使达赖留在印度，利用达赖这面西藏政教领袖的旗帜，妄图使国外势力与西藏内部的势力相互配合，进行“西藏独立”活动。

11月25日，达赖一行到达印度新德里，在拜会尼赫鲁总理之后，即陷入西藏反动分子的包围中。这些人中，有旅居印度的嘉乐顿珠，有专程从美国赶来的当才活佛，有长期在噶伦堡活动的夏格巴，还有新近从西藏逃到印度的鲁康娃、阿乐群则等人。他们在国外反华势力的支持下，向达赖大肆渲染四川藏区改革的“偏差”，诬蔑攻击中国共产党，一再鼓动达赖留在印度。在此之前，以夏格巴为首的一小撮西藏反动分子在噶伦堡成立了“西藏幸福事业会”，提出：前后藏和西康的汉人及军队全部撤退，撤销训练藏人的学校，两司曹复职，改变自治区（筹委会）的一切事务及制度，等等。印度政府总理两次会见达赖，暗示支持西藏的“自治”。印度一些地方政府也公开宣称“西藏是个国家”，甚至挂出“雪山狮子”旗来欢迎这位“佛爷”。这一系列的活动，影响了达赖及其随行人员，围绕着达赖回国与不回国的问题展开了激烈争论。达赖对此犹豫不决。随同达赖赴印的噶伦阿沛·阿旺晋美等爱国人士，坚决抵制夏格巴等人的无理要求，极力主张达赖喇嘛返回西藏。

与此同时，西藏境内的反动分子酝酿趁达赖赴印之机发动叛乱活动。藏

① 《中国共产党西藏历史大事记》，中共党史出版社2005年9月版，第101页。

军6个团的如本（营长）、甲本（连长）集体盟誓："誓死保卫西藏的各种制度，保卫神圣的宗教，反对在西藏进行任何改革。"西藏部分地区的形势一度相当紧张。

11月28日，周恩来总理、贺龙副总理到印度进行国事访问，利用这个机会，做达赖喇嘛及其随行人员的工作，劝说达赖回藏。同时，周总理还与印度总理尼赫鲁会谈，希望印度政府维护中印两国的友好关系。

11月29日，周恩来在同达赖谈话时指出：西藏地区的"改革，都要得到你们的同意，毛主席这次要我转达你。照毛主席看，现在肯定不谈改革，在大家都没有安置好以前不改。而先将自治区成立起来，培养干部，做好其他方面的工作，将西藏的贫困情况予以改变，使大家的生活先好过起来，这点中央一定帮助，而且也帮助得起。我们目前不做的事就不谈，免得极少数的人有借口搞乱子。"①

12月30日，周恩来再次同达赖谈话："毛主席要我告诉你，可以肯定在第二个五年计划期间根本不谈改革，过六年之后如果可以改革的话，仍然由你根据那时的情况和条件决定。"②针对达赖在返回西藏问题上的动摇不定态度，周总理耐心地对他讲，不要听信你的两个哥哥和夏格巴等人的"西藏独立"的欺骗，你之所以有这样大的名望，又被别人尊重，完全是西藏人民赋予你的，你如果留在印度，就和西藏人民脱离了关系，人民在国内，你在国外，人民不会支持你搞独立，离开人民就将丧失一切。

达赖承认随行官员中部分人思想混乱，主要是"接触了许多原来在此的西藏人，他们只说坏的，不说好的，使这些随行官员的思想被扰乱了"。

周恩来苦口婆心地劝导达赖：现在佛事活动已结束，早点回西藏好。因为拉萨有些人就是想利用你不在的机会搞乱子，使你处于困难的地位，回去也不好处理。毛主席希望你能早日回去，不去噶伦堡，到那里去，对你不利。班禅已决定不去噶伦堡。③

周恩来总理与陪同他访问的印度总理尼赫鲁，在火车上进行了交谈。周

---

① 《周恩来与西藏》，中国藏学出版社1998年12月版，第146页。
② 《周恩来与西藏》，中国藏学出版社1998年12月版，第149页。
③ 《周恩来与西藏》，中国藏学出版社1998年12月版，第151页。

恩来说，中国愿意保持西藏自治，并支持达赖为领袖，但如果外来颠覆活动不止，中国有必要加强对西藏的管理。他请印度政府注意，噶伦堡已成为美国和其他国家间谍的据点，对中国进行破坏活动。尼赫鲁做了长篇表白，承认噶伦堡是国际间谍的活动地，最后表示：不容许来到印度的中国西藏人，进行政治颠覆和危害中国主权的活动。达赖、班禅两喇嘛将由原路返回西藏。关于特务分子在噶伦堡的活动，印度将予以注意。[①]

也就在这一天，周恩来特意在中国驻印度大使馆宴请了达赖和他的母亲、姐姐和两个哥哥以及噶伦索康、阿沛等人，对他们耐心地解释了中央对西藏的方针政策。

周恩来访问巴基斯坦后，返回时路经新德里，1957年元旦同达赖进行了第三次谈话。在这次谈话中，周总理先向达赖通报了他同尼赫鲁谈话的内容，并再次重申了关于第二个五年计划期间不谈改革的意见。

同一天，周恩来总理还会见了嘉乐顿珠、当才活佛和其他几个随行官员，总理严厉地批评了达赖的两个哥哥背叛祖国、搞“西藏独立”的错误，责令他们悬崖勒马，不要再做损害达赖和西藏人民的事。针对他们鼓动达赖留在国外的阴谋，周总理严正地指出：“达赖可以留在印度，但西藏不可能搬来印度，把达赖留在印度的想法，是害达赖也害了西藏。如果把达赖留下来，西藏的工作不会因而停止。”“达赖一旦留居噶伦堡，就只不过是一个难民，没有了政治，也不能进行政治活动，只有宗教，而宗教圣地等总还是在西藏，不能搬到噶伦堡来，就逐渐把达赖放在一个极端困难的处境上。尼赫鲁已表示印度不能支持搞（西藏）独立，美国太远，要支持搞独立也搞不成。”[②]

周恩来在访印期间，一次又一次地同达赖及其家人以及随行人员推心置腹的谈话，充分体现了党中央、毛主席对西藏人民的热切关怀和对达赖喇嘛本人作用的重视。

周恩来同达赖的谈话，也有力地揭露了国内外分裂主义分子企图把达赖留在印度的阴谋，对稳定人心起了重要作用，也使达赖的立场重新坚定起来。达赖对中国驻印度大使潘自力说，这次出来，自己没有拿定主见，是一个大

① 《周恩来与西藏》，中国藏学出版社 1998 年 12 月版，第 152–153 页。

② 杨公素：《难忘的回忆》，载《周恩来与西藏》，中国藏学出版社 1998 年 12 月版，第 317 页。

缺点，许多人要他留在印度不回去，自己曾经发生动摇，经周总理谈话后，思想稳定了，随行的大部分官员也稳定了，中央完全信任他，是否回去由他自己做出决定。

由于周恩来对达赖的耐心教育和说服，加上阿沛等爱国人士的推动，达赖最终离开印度返回西藏。达赖在加尔各答参观时，夏格巴等人曾策划用汽车把达赖劫持到美国总领事馆。由于印度政府采取了措施，夏格巴的这一阴谋才没有得逞。达赖于1月22日由加尔各答到达噶伦堡，并在噶伦堡停留20余天后，才于2月15日回到亚东。西藏军区副政委金绍山、工委农村工作部部长惠毅然专程从拉萨赴亚东迎接，并陪同达赖于4月1日回到拉萨。

在此之前，同时前往印度的班禅和阿沛已于1月底乘飞机返回拉萨。随同达赖出访的噶伦饶噶夏，则因旅途劳累过度，于3月13日在日喀则病逝。

西藏工委副书记张国华、周仁山于4月2日看望达赖。达赖谈到自己在印度的一些情况，承认“这次出国访问，在印度的藏族官员和一些随从人员思想上有些混乱，也影响了我的思想。绕过了许多暗礁，最后总算是回拉萨来了”。

达赖回到西藏，是中国共产党开展上层统战工作和坚决进行反分裂斗争的结果，是爱国进步势力在维护祖国统一的斗争中的又一次胜利，也是美帝国主义支持西藏反动势力搞分裂活动的又一次失败。

西藏工委的整风会议

1957年，全党部署整风，以后又开展了反右斗争。1957年10月15日，中央还发出了《关于在少数民族中进行整风和社会主义教育的指示》。鉴于西藏的特殊情况，西藏工委在停止改革准备和制止“大发展”及贯彻中央“六年不改”方针、进行大收缩工作基本结束之后，于1957年11月19日召开扩大会议，按照中央的要求，部署在西藏各级党组织中开展整风运动，在藏族各阶层人士中进行社会主义教育和爱国主义教育。张国华在讲话中，强调西藏整风的重心是党内。社会主义教育、爱国主义教育要贯穿到一切工作中去。12月27日，西藏工委正式发出《关于党内进行整风和在社会上进行社会主义教育的指示》。西藏工委将在西藏开展社会主义教育的安排上报中央。中央认为，根据“六年不改”方针，不宜在此种形势下开展社会主义思想教育，以免引起西藏上层人士的疑虑。根据中央指示，1958年3月18日，西藏工委发出通知，要求各地（西藏公学除外）"停止在社会上农牧民中有组织的专门进行社会主义教育。"西藏工委的主要精力集中到了党内整风上来。西藏工委整风会议后期，也向反右斗争方面倾斜，并在党内一些单位开展了整风和反右斗争。

1958年1月13日，西藏工委成立了以张经武为组长的整风领导小组。1月14日，张经武在代表工委所作的整风动员报告中指出，西藏工作成绩是主要的，"但我们重要的是在贯彻中央方针、政策和加强党的团结工作上还存在着错误和缺点"，需要通过整风加以解决。1958年4月4日，西藏工委召开干部整风会议。张经武作动员报告，强调树立坚定的执行中央对西藏的方针政策的思想，克服分散主义和宗派主义，本着严肃认真又和风细雨恰如其分地批评和自我批评的精神来进行。通过整风使西藏的工作有明显提高，推动五年工作的战略规划。与会人员根据中央、毛泽东主席对西藏工作的一系列方针、政策和西藏的实际情况，检查了西藏工委工作中存在的问题，涉及面比较宽，不仅有对工委和工委负责人的意见，还有对工委机关负责人的意见。

以后整风工作逐渐深化。会议根据中央对西藏整风侧重解决的问题，在泛泛提意见的基础上，逐渐较多涉及到范明的错误。对他的主要错误归纳为：一、违背中央关于在统一战线工作中"以争取达赖集团为主要任务，同时坚定地团结班禅集团"的方针，在政策策略上仍坚持他的观点；在改编藏军、对待藏币等重大问题上也与中央的方针政策相对；在他1956年6至10月主持工委工作期间搞"大发展"，抵制、拖延贯彻执行中共中央"九四指示"，犯有急躁冒进和组织纪律的错误。二、他严重骄傲自满、宗派主义，同工委一些主要领导人长期不能很好地合作。对某些人员的调配、使用不当，并对其中个别人的错误有袒护行为。整风会议在进一步深入发展中，又发现范明自1957年12月到1958年初撰写了《新西游记提纲》。他在这个小说提纲中，发泄对工委和中央指示的不满。因此，对他问题的性质在认识上发生了变化，以致不恰当地上升到敌我矛盾的高度。在当时的政治环境中，西藏工委报中央批准，将范明定为反党集团头子、极右分子，开除党籍、军籍，撤销党内外一切职务，送陕西农场劳动改造。1962年，公安部以范明"纠集反坏分子翻案闹事”为由，将范明逮捕审查。

西藏的整风和社会主义教育仅进行了党内的整风，而党内整风又是集中开了一个工委整风会议，这个会议的重点是针对着工委领导层，主要解决的问题是执行中央方针政策和团结问题。1958 年 11 月，历时七个多月的西藏整风干部会议结束。张经武、谭冠三分别在闭幕会上作了讲话。张经武就工委领导工作中存在的缺点和错误进行了分析，承担了责任。谭冠三在总结整风工作经验时指出：针对整风中涉及的重大问题，必须坚持党的民主集中制原则，加强党委的集体领导；必须坚决地执行党对西藏的方针政策，坚决执行党的组织原则；必须加强理论学习，不断提高政策思想水平，对于党中央的方针、政策和指示，要作深入细致的钻研，作全面的了解和认真的学习，不容许有任何怀疑和歪曲；必须巩固和增强党的团结。

西藏工委整风，取得了一定的积极效果，特别是基本上统一了对达赖、班禅两集团方针政策等问题的思想，增强了团结，推动了工作。但是，由于后期受全国反右斗争影响，在批判处理范明问题时过急和定性不当，并出现了扩大化的现象，牵连到一些干部，有些干部被划为范明“反党集团成员”或右倾机会主义分子等，对他们也进行了批判，并给以党内或行政处分，对有的还开除了党籍，使有些干部受了冤枉，背了包袱。①

---

① 中共西藏自治区委员会在中共十一届三中全会之后，按照中共中央部署，对这一案件进行了复查，对受处分的人全部平反或落实了政策，安排了工作。

1980 年 7 月，中央组织部发出了中共中央批准的《关于范明问题的复查结论》，认为范明的问题不属于反党反社会主义性质，给他摘掉了反党集团头子和极右分子两顶帽子，明确了不应将他逮捕关押。决定恢复其党籍，分配适当工作。但也认为他有几方面的错误，主要是：一、在执行党的方针政策上，他对达赖、班禅两个集团的看法片面；1956 年 6 月至 10 月主持工委工作期间搞“大发展”，在统一战线中区分左、中、右的标准上犯有错误。二、犯有严重的骄傲自满、宗派主义错误。三、撰写《新西游记提纲》，是有严重错误的，把工委内部争论的某些重大问题按自己的观点写进小说提纲，对达赖集团偏于揭露，这与当时中央关于以争取达赖集团为主、同时坚定地团结班禅集团的方针不符。人物刻画影射了工委领导干部，有损于党的团结。对范明进行批判是必要的，给予必要的党纪处分也是应该的，然而上纲高了，处分重了。

西藏自治区党委认真贯彻中央对范明问题的平反和政策的落实，妥善地安排了有关善后工作。参见《中国共产党西藏历史大事记》第一卷，中共党史出版社 2005 年 8 月版，第 333、334 页。

第六节　西藏局部叛乱加剧和中央的方针

实行"六年不改"及地方、军队大收缩后，西藏多数上层人士对改革的疑虑和恐惧情绪得以缓和，昌都地区出现的局部叛乱活动有所收敛。但是，西藏上层反动统治集团为了永远保持其封建农奴制度，采取两面手法，一面表示欢迎中央的这一重大决策，以争取时间；一面继续进行破坏祖国统一，制造"西藏独立"的阴谋活动。他们与国外反华势力及邻省藏区窜逃来西藏的武装叛乱分子进一步勾结，互相利用，加紧策划西藏地区全面的武装叛乱。

"四水六岗"和"卫教军"的出现

1957年4月，四川藏区叛乱的首领之一的恩珠仓·贡布扎西[①]在西藏地方政府唆使下，着手将各地分散的叛乱骨干分子纠集在一起，准备展开更大规模的武装叛乱。4月21日，恩珠仓·贡布扎西在拉萨召集各地逃来的叛乱骨干分子，酝酿筹组以实现"西藏独立"为目的的反动组织"四水六岗"（藏语"曲细岗珠"[②]）。西藏地方政府噶伦柳霞·土登塔巴和夏苏·居美多吉到场表态给予支持。5月20日，"四水六岗"宣告成立，并决定以给达赖献"金宝座"为由，用募捐方式筹措资金，并通过这一活动，将邻省藏区的反动上层及窜来西藏的武装叛乱分子和在印度噶伦堡的西藏分裂主义分子串连起来。7月4日，恩珠仓·贡布扎西在拉萨纠集了西藏以及甘、青、川、滇藏区叛乱分子千余人，以"四水六岗"名义，在罗布林卡向达赖敬献"金宝座"，并向达赖呈递"报告书"，请求达赖统管整个"四水六岗"地区，让这些地区也像西藏一样实行"六年不改"，进而"永远不改"。达赖接受了"金宝座"及金灯、银碗等物，并向参加献礼仪式的甘、青、川、滇藏区五百名代表挂了哈达。噶厦以达赖的名义向参加仪式的叛乱分子回送了礼品。

---

① 恩珠仓·贡布扎西（1905–1964），藏族，四川理塘县人，青年时参加家乡"自卫团"马队，打家劫舍，杀人越货。1942年到拉萨，承袭其家族恩珠仓的事业，成为大商人，经商到过印度、尼泊尔等地。他拥有大量财产，有很强的民族反叛意识。

② "曲细岗珠"，原是古代藏文典籍中对青、康地区的总称，包括黄河、金沙江、怒江、澜沧江等四大河流和色莫岗、擦瓦岗、波绷岗、芒康岗、玛杂岗、木雅绕岗等六个地区。此时用"四水六岗"的名义，是泛指川、滇、甘、青等省藏族地区的全体康巴人、安多人一致起来反对汉人、反对祖国之意。

1957年，以夏格巴、嘉乐顿珠为首的蛰伏在印度噶伦堡的“西藏幸福事业会”，有计划、有组织地进行分裂祖国的活动。他们加紧同西藏上层反动统治集团秘密联系，发展反动组织成员，搜集藏族上层人士的政治情况，刺探解放军情报。他们还将在国外出版的反动刊物《西藏镜报》偷运入境，在西藏各地散发，鼓噪“西藏独立”，叫嚣“所有吃糌粑的人团结起来”，“把汉人赶出西藏”。印度政府不顾中国政府的严正要求，纵容这些反动分子的罪恶活动，使噶伦堡进一步成了西藏分裂主义势力在国外活动的重要基地。

在西藏上层反动集团的支持下，“四水六岗”于8月公开提出“保卫宗教”、“西藏独立”、“政教永存”等反动纲领和口号。西藏地方政府下令哲蚌、色拉、甘丹三大寺和西藏各宗豀支持“四水六岗”。经过秘密酝酿，“四水六岗”的头目与藏军及三大寺代表聚会，议定将所有的叛乱武装统一于“四水六岗”的组织之内，分别承担各地发动叛乱的任务。

1957年底，噶厦背着自治区筹备委员会和中央代表，擅自调整了西藏的行政区划，大量调换官员，委任了一批反动分子担任宗本、基巧，为叛乱做组织准备。

西藏地区的武装叛乱，一开始就得到美帝国主义和外国反华势力的支持。1957年春，美国中央情报局与嘉乐顿珠、当才、夏格巴等人秘密勾结，从恩珠仓叛乱队伍骨干中挑选6名康巴叛乱分子，送到西太平洋塞班岛的美国军事基地接受特工训练，学习跳伞、使用通讯设备、收集情报和编写报告，学习游击战术以及使用从步枪到60毫米迫击炮、57毫米无后座力炮的射击技能。在美国的当才和一位蒙古喇嘛担任顾问和翻译工作。此时，美国直接插手西藏的叛乱主要是帮助训练特工人员和提供武器装备。除塞班岛外，后来还在美国本土科罗拉多州高海拔地区的海尔营地分批训练了康巴“游击队员”170人，[①]以备长期在西藏进行破坏和颠覆活动，成为西藏叛乱武装的骨干。

1958年春，在噶厦的支持与策划下，甘肃、青海藏族部分地区也发生了武装叛乱。四川藏区的叛乱在继续扩大。人民解放军依靠当地群众，积极平息这些地区的叛乱。叛乱武装遭到人民解放军的沉重打击后，纷纷流窜到西

① （美）约翰·肯尼思·克瑙斯：《冷战孤儿——美国和西藏为争取生存的抗争》，第150页。

藏拉萨地区，人数达5000余人。其中从康区窜来的叛乱武装是主力，主要分为四大派系：一是以夏格仓·朗加多吉为首的四川德格、邓柯地区的叛乱分子；二是以恩珠仓·贡布扎西为首的四川理塘、乡城地区的叛乱分子；三是芒左桑松系统，主要成员是昌都地区南部宁静、左贡、桑昂曲宗（察隅）及四川义敦县的叛乱分子；四是直乌康巴系统，主要成员是以甘孜大金寺的吉索及甘孜县县长贡噶江村为首的四川甘孜、道孚、炉霍等地的叛乱分子。此外还有从甘、青两省窜来的叛乱武装。他们在噶厦的指使下，由“四水六岗”统一组织指挥，秘密策动扩大整个西藏的武装叛乱活动。1957年底，美国中央情报局利用外国人驾驶B-17飞机，将经过特工训练的理塘阿塔和洛孜二人空投到山南的桑耶寺附近①。这两人携带电台潜入拉萨，与恩珠仓·贡布扎西取得联系。1958年2月，由恩珠仓引见，在罗布林卡同达赖的副官长帕拉·土登维登进行密谈。帕拉通过他们给美国政府传递信息，要求美国对“西藏独立”事业给予“支持和援助”。

1958年6月15日，恩珠仓·贡布扎西带着空投的两名藏籍美国特务和拉萨附近的部分叛乱武装，离开拉萨到山南地区的哲古宗（现属措美县），会合四川藏区经印度、锡金从亚东入境的一批叛乱分子，建立叛乱武装“根据地”。6月16日，恩珠仓召开有27股叛乱武装的大小首领参加的会议，成立所谓“四水六岗卫教志愿军”（以下简称“卫教军”），作为“四水六岗”指挥下的武装部队，数量达3000人之多。“卫教军”由恩珠仓·贡布扎西任司令，甲马仓·桑培、夏格仓·朗加多吉、桑都仓·洛年扎等任副司令。叛乱武装总部通过美国特工阿塔、洛孜与美国中央情报局建立了无线电通讯联系，并将“卫教军”成立的情况拍成影片带到国外交给美国中央情报局。不久，中央情报局就向叛乱武装三次空投军火、物资，还经非法的“麦克马洪线”以南印度控制区从陆路运送260驮武器装备入藏。这样，山南地区就成为西藏叛乱武装的巢穴和根据地。

1958年5、6月，在拉萨的川、青、滇、甘等地叛乱分子相继离开拉萨，向当雄、黑河、日喀则等地区流窜，胁迫群众参叛，扩大叛乱武装队伍。

---

① 过去多写为桑日宗境内，本书据考证改。

西藏地方政府对叛乱武装一直采取纵容、支持的态度。噶厦多次下令，要求各地积极为叛乱武装筹措粮秣，还在山南地区打开拉康、多宗等地的粮仓，给叛乱分子发放粮食，打开军械库为叛乱分子提供武器弹药，并听任其征收粮草，胁迫群众参加叛乱。藏军也以“成伙携枪逃跑”为借口，选派机枪手、号兵去山南，协助训练叛乱武装和直接参加叛乱活动。仅藏军第二团就以“逃跑”借口向叛乱武装输送了258人，充实“卫教军”。三大寺也允诺选派僧人参加“卫教军”。

随着川、青、甘、滇和西藏局部地区武装叛乱的发生和发展，噶厦也暗地扩充藏军。1956年下半年，藏军第一团、第二团、第三团各增加250多人。1957年，第一、二、三、四团又各增加200多人。1958年，第六团又增加250多人。三年中总计新增藏军约2000人，比和平解放西藏后的1952年藏军实力增加了一倍。同时，大力改善藏军武器装备。这几个藏军的团共计增加山炮8门、迫击炮16门、掷弹筒22具、重机枪5挺、轻机枪124挺、冲锋枪298支、步枪625支。这是西藏地方政府为全面武装叛乱进行的军事力量准备。

中共中央关于西藏局部叛乱的对策

针对西藏全区形势日趋紧张的情况，中共中央指示西藏工委、军区：本着加强民族团结的精神，对西藏当权的上层人士进行教育、争取，警告他们搞武装叛乱是对国家、对西藏、对人民的犯罪，要求他们认真负责地维持西藏地方治安，制止叛乱。还要求达赖责成噶厦切实负起西藏地区平息叛乱的责任。但是，西藏地方政府阳奉阴违，虚与应付。他们表面上承认叛乱是错误的，并于1958年7月2日先后向各基巧、宗、谿发布命令，给恩珠仓为首的叛乱武装发出信函，在拉萨市区张贴布告，明令“停止聚众集结之违法活动”；另一方面却暗中大力支持叛乱武装活动，给叛乱武装补充人员、武器，鼓励叛乱，企图以叛乱武装力量作为对抗中央的资本。

与此同时，中国政府还就西藏反动分子在印度活动的问题，向印度政府提出交涉。1958年7月10日，中国外交部照会印度驻华大使馆，要求印度政府取缔在噶伦堡的美蒋特务和当地的特务以及西藏反动分子对西藏的颠覆活动。照会指出：逃亡到中国境外的西藏反动分子中，最主要的有嘉乐顿珠、夏格巴、洛桑坚赞、当才活佛、阿乐群则、鲁康娃等人。他们同美国和蒋介石的特务分子以及噶伦堡的当地的特务分子相勾结，经常在噶伦堡和噶伦堡以外的其他印度城市集会，策划对于西藏的破坏活动。他们不断向西藏派遣特务和破坏分子，同潜伏在西藏内部的反动分子取得联系。为了准备在西藏发动武装叛乱，他们曾经为此偷运武器、弹药进入西藏。照会最后说：中国政府深信，印度政府将本着它一贯地维护和平、反对侵略的政策，接受中国政府的要求，并且采取有效的措施。①

1958年6月24日，毛泽东在批转青海省委《关于镇压叛乱问题的报告》的批语中指出：“西藏要准备对付那里的可能的全局叛乱”。“只要西藏反动派敢于发动全局叛乱，那里的劳动人民就可以早日获得解放，毫无疑义”。

鉴于西藏地区可能发生全面叛乱，中共中央于7月14日指示西藏工委：“你们应当对噶伦们表示严正的态度，告诉他们，他们对西藏地区的反动分子和从江东逃入西藏地区的叛乱分子采取纵容的立场是完全错误的。这些反动分子和叛乱分子，由于噶厦的纵容，认为有所恃而企图在西藏地区发动叛乱，把西藏地区搞烂，把达赖喇嘛和其他领导人员拖下水。西藏地区的反动分子，一方面与噶伦堡的叛国分子和江东的叛乱分子勾结一气；另一方面假借西藏地方政府的不明不白的纵容态度以为掩护，正在进行种种叛乱准备。他们的阴谋如果实现，那是同西藏地方政府这种不明不白的态度，实际上是纵容的态度分不开的。中央对于藏族地区的社会改革一向坚持和平改革的方针，而对于西藏地区，更把和平改革推迟到好几年以后。但是藏族的反动分子却是根本不要改革，永远不要改革”。“如果反动分子一定要武装叛乱，中央就一定坚决实行武装平息叛乱，同时根据藏族劳动人民的志愿，积极帮助他们进行解放自己的斗争”。②

7月18日，张经武、张国华到罗布林卡会见达赖喇嘛，转达了中共中央的上述指示精神。达赖听后当即表示一定指示噶厦制止叛乱活动。但是，西藏上层反动集团无视中央的严正警告，变本加厉地支持叛乱活动。他们派出

① 杨公素：《中国反对外国侵略干涉西藏地方斗争史》，中国藏学出版社1992年1月版，第289页。
②《平息西藏叛乱》，西藏人民出版社1995年8月版，第64、65页。

与康巴叛乱武装有密切联系的重要官员孜本朗赛林·班觉晋美，前往山南“卫教军”总部送去要叛乱武装停止活动的所谓“最后通牒”，但实际上并未采取

1958年夏季，张经武、张国华在罗布林卡面见达赖，请他出面制止日益严重的局部叛乱。图为当时的罗布林卡新宫。

任何制止叛乱的措施；而朗赛林·班觉晋美随即留在叛乱武装总部，担任了“卫教军”副司令，为叛乱武装出谋划策。

在西藏地方政府上层反动统治集团的纵容支持下，叛乱武装于1958年7月21日在墨竹工卡宗格桑村以西的争莫寺，伏击解放军汽车团一辆运木料的汽车。这是在噶厦管辖区内武装叛乱行动的开始，是把西藏边远地区局部的武装叛乱扩展到西藏腹心地区的严重步骤。此后，叛乱武装多次围攻西藏各地党政机关，在主要公路干线上伏击解放军车队，攻打养路道班，抢劫运输物资。在昌都，武装叛乱扩展到大部分地区。

这些叛乱分子，披着民族和宗教外衣，打起“卫教军”的旗号，欺骗和强迫群众参加叛乱，干尽了烧杀奸淫、掠夺财物、残害藏民群众、迫害爱国进步人士、亵渎佛教的勾当，甚至寺庙僧尼也难幸免。盘踞在浪卡子宗的叛

乱头目在宗本的协同下，先是对桑顶寺不断进行骚扰打劫，由恩珠仓·贡布扎西写信进行威胁，后于1959年4月将该寺女活佛桑顶·多吉帕姆劫持去印度。[①]亚东东噶寺管家因抗拒叛乱分子抢劫，惨遭杀害。“卫教军”到岗巴宗，杀害了班禅堪厅派驻该地的宗本。在墨竹工卡县章多村有三个无辜群众被叛乱分子杀害，五人被砍伤。全县有84户群众被叛乱分子洗劫一空，连敬神的灯油、灯盏也被抢走。嘉黎县阿扎寺活佛及其管家叛乱后，不顾僧俗群众反对，劫走寺内金银珠宝。山南乃东宗的凯松谿卡是个仅有59户农奴的村庄。“卫教军”对这个村庄蹂躏达10个月之久。他们在村里设了个粮站，谿卡的农牧民家家被劫，共搜刮青稞1000多克，吃光了大部分面粉、清油和全部马草，牵走了所有较好的骡马，把村庄搞得一片凄凉。叛乱分子在乃东宗昌珠村奸污了绝大部分妇女。乃东宗一个名叫东达八扎的商人因不肯参加叛乱，被叛乱分子抓起来，他们杀死东达八扎，并强奸了他的妻子。乃东宗裁缝平措因大女儿德瑞仁珍参加革命工作，被叛乱分子剖腹掏心致死。穷结、白地、浪卡子等地屡屡发生叛乱分子强奸尼姑事件。那曲索宗养护段纪路通林场的工人（原巴青宗牧民）布德因替养护段送信而被索宗绒布寺的叛乱首领剜去双目。叛乱分子残害人民的罪行，罄竹难书。

叛乱分子的罪恶行径，激起了广大僧俗人民和上层爱国人士的极大愤慨，他们愤怒地谴责说：这哪里是“卫教军”，简直是“毁教军”。很多群众暗地里向各地党政机关和解放军控诉叛乱分子的罪行。有的群众主动为部队带路，对围攻党政机关的叛乱分子进行反击。浪卡子的岭溪群众自动组织起来抵抗叛乱分子的抢劫。

叛乱分子的暴行，在西藏地方政府的档案中也有不少记载。据噶厦统计，截至1958年8月，噶厦共收到被害群众的告状案件70多起。一些地方官员也上书反映叛乱武装横行乡里的情况。山南的贡噶宗宗本给噶厦的报告中说：“本月28日从扎堆及羊卓地方来了200名康巴骑兵，强迫我们给准备住房、草料及用品等，为数甚大。”“百姓在受他们之苦。”

---

① 多吉帕姆活佛被劫持到印度后，即设法与中国驻噶伦堡的商务代理机构取得联系，再以朝佛名义前往加尔各答，在中国驻印度大使馆的协助下，终于1959年9月20日返回北京，1960年春回到拉萨，后担任了自治区政协副主席。

在这种情况下，西藏工委、军区在对上层集团继续进行耐心教育和争取工作的同时，本着自卫原则，不得不使用部分兵力，平息直接威胁到“点”、“线”[①]安全的局部叛乱。

7月24日，工委、军区就汽车团运输车辆遭受伏击一事向中央军委报告提出：“目前如不予以有力打击，此种情况将会继续发生，并会助长敌人的气焰”。报告建议，对拉萨至林芝一线在查明情况后，以适当兵力进行打击。28日，中央军委复电同意。8月2 日至17日，军区以驻拉萨之第一五五、第一五九团各一部兵力，对窜入拉萨至林芝公路两侧10公里以内的叛乱武装进行了清剿。这是军区部队在噶厦管辖范围内首次对叛乱武装采取的军事行动。由于叛乱武装迅速逃离公路线10公里以外，部队按规定未予追击。

广大官兵对叛乱武装残害人民群众的罪行极为愤慨，纷纷要求上级批准予以坚决打击。但也发生了个别不坚定分子的叛逃事件。一五五团司令部炮兵主任（股长）姜华亭因与藏族妇女乱搞两性关系触犯军纪，在敌人诱逼下逃离部队，投入叛乱武装，背叛祖国。

9月8日，中共中央总书记邓小平在京同西藏军区司令员张国华、副司令员邓少东谈话时，对西藏的形势和应当采取的方针又作了重要指示。邓小平说：要巩固自己的阵地，维护交通。如果威胁交通，威胁你们，有把握的就打，没有把握的就不打；解放军不要轻易上阵，不要轻易把部队拿上去。

此时，“卫教军”基本组建就绪。恩珠仓·贡布扎西派藏籍美国特务阿塔从山南返回印度，要求美国中央情报局空投支援。美国随即向山南哲古一带空投了武器弹药，计有：轻机枪20挺、迫击炮2门、步枪503支、手榴弹280多枚、子弹6万多发。但他们认为这些武器还远远不能满足需要，还想夺取更多的武器装备。8月12日，恩珠仓·贡布扎西带领叛乱分子750余人、骡马近千匹，从山南哲古出发，在曲水以西之娘索渡口渡过雅鲁藏布江，北窜南木林宗。9月5日，该股叛乱武装进至甘丹青科寺，取走噶厦军械库里的迫击炮6门、机枪10挺，冲锋枪17支、步枪340支、子弹10万发。15日，该股叛乱武装离开南木林宗企图取原路返回山南，于9月17日在乌郁宗（现南

① 指保留的工作点、主要公路线。

木林县乌郁乡）以东马所拉，伏击了西藏军区门诊部前往日喀则为部队体检的汽车，将16名医护人员全部残酷杀害。

对此，军区不得不给予坚决打击，遂令驻拉萨的两个团各抽出一部，对恩珠仓部进行堵截。9月20日，第一五五团一、三营、第一五九团三营在尼木宗阻击该股叛乱武装，毙、伤和俘虏一部，其主力折向东北逃窜。第一五五团二营跟踪尾追了7天5夜，追得叛乱分子人困马乏。10月9日，叛乱武装窜至墨竹工卡东北的旦竹松多，企图跨越川藏公路，南渡雅鲁藏布江返回山南。军区以第一五五团、第一五九团、炮兵第三〇八团各一部兵力，由军区参谋长王亢[①]现地指挥，围歼这股叛乱武装。

王亢率领部队到达松多地区，在恩珠仓南窜必经之地根朗沟设伏。10日，叛乱武装先头部队进入伏击圈时，发现设伏部队，即展开战斗。其主力掉头向东北方向逃窜。第一五五团、第一五九团一营当即跟踪追击。13日，第一五五团在郭朗沟追上这股叛乱武装。第一营教导员王汉亭迅速指挥二、三连从左右两翼展开进攻，第三营营长杜效模亲自用重机枪向敌群射击，无后座力炮、迫击炮同时猛烈开火，当即毙、伤和俘虏一部。叛首恩珠仓·贡布扎西负重伤。这次战斗，共歼灭叛乱分子40余人。恩珠仓率残部向东逃窜，于10月27日到达边坝。

经过尼木、根朗沟、郭朗沟等几次平叛战斗，共毙、伤和俘虏叛乱武装分子500余人，缴获迫击炮1门、长短枪253支。解放军阵亡官兵134名、负伤111名。通过平叛，军区初步摸索了对叛乱武装作战的特点，锻炼了部队，积累了初步经验。

在前藏地区打击叛乱武装的同时，昌都警备区在昌都南部地区也进行了局部平叛作战。

7月23日，昌都地区部队第一五七团、一五三团、一五六团、一五八团各一部，在警备区参谋长赵衍祥的指挥下，配合云南丽江军分区副司令员余辅坤所率边防部队，歼灭了从云南迪庆藏族地区窜入的桑树林、吉如松、董

---

① 王亢（1911—1992），辽宁省营口人，1937年参加中华民族解放先锋队，同年加入中国共产党，历任晋西北抗日先锋总队中队长、晋察冀军区营长、团长、哈尔滨卫戍司令部参谋长、副师长兼参谋长、纵队副参谋长、军参谋长、军委作战部军务局长、西藏军区参谋长。

小狗部叛乱武装，支援了滇西北藏族地区的民主改革。9月20日至12月5日，由昌都警备区副司令员杨永恩指挥的警备区13个连的部队，在成都军区一个营的配合下，对宁静地区普巴本部展开围剿，经过数十次战斗，毙伤俘其大部，缴枪1161支，使昌南地区的局势得以暂时稳定。漏歼的叛首普巴本于第二年被击毙。

这几次局部的小规模平叛战斗，对保点保线起了积极作用，但并没有遏止住正在发展的叛乱势头。

10月11日，中共中央在分析西藏全区的形势后指出："西藏和昌都地区的形势，有由局部性叛乱发展成全面性叛乱的可能，也有在一个相当长的时期内继续像现在这样只是存在局部性叛乱的可能"。"但无论形势怎样发展，我们都必须在政治和军事各方面作充分的准备，以便在局部性叛乱发展成为全面性的叛乱时，坚决平息叛乱，彻底解放西藏的劳动人民。"在当前只是局部叛乱的情况下，应如何使用部队主动去消灭叛乱武装的问题，"应当按照中央9月10日指示的'只在叛军直接威胁我军和主要交通线的时候才上马，而且要在有把握的时候才上马'的方针办事。在当前的情况下，我们在军事上采取这样的方针，就更主动，更有利于巩固自己的阵地和最后消灭敌人。"①西藏工委、西藏军区坚决执行中共中央的指示，在某一工作点被叛乱武装围攻时，只是坚守，没有再组织部队对叛乱武装实施主动进剿。这样作虽然不能制止局部叛乱的继续与扩大，但在军事上却处于主动地位。叛乱武装对藏族人民的抢劫、迫害、奸淫烧杀，进一步激化了西藏社会的各种矛盾，使人民群众逐渐看清了西藏上层反动分子打着民族、宗教的旗帜进行欺骗的面目，剥掉了他们企图用民族矛盾掩盖阶级矛盾的政治资本，进一步唤起了西藏人民长期被禁锢思想的觉醒。

武装叛乱规模逐步扩大升级

1958年秋冬，执迷不悟的西藏地方政府及上层反动统治集团，继续加紧策划和煽动各地叛乱的步伐，叛乱武装的气焰更加嚣张。

10月22日，甲马仓·桑培的叛乱武装700余人攻击驻守泽当的山南地

---

①《平息西藏叛乱》，西藏人民出版社1995年8月版，第68页。

区工作队和驻军第一五五团九连。经过3日战斗，这股叛乱武装被九连击退。

12月18日，叛乱武装在贡噶伏击第一五五团三营营长杜效模率一个连护送山南工作队副书记张增文和向泽当运送物资的车队。次日，又在扎囊伏击第一五五团从泽当来接应该车队的分队。叛乱武装的这两次伏击均得逞。第一五五团遭受重大损失，牺牲了副团长殷春和、营长杜效模以及原山南分工委副部长沈凤楼等军队、地方干部、工作人员共93人，负伤35人。

西藏工委、军区总结近期叛乱武装行动特点，令各点部队保持高度戒备。驻拉萨和各地地方机关、企事业单位加强了必要的防卫措施，成立民兵组织，分别编成排、连、营、团，配备武器，构筑工事，储备粮弹，囤积柴草、饮水，随时准备进行自卫。

达赖喇嘛在中央代表和西藏工委负责人的多次提醒和劝导下，于1958年11月2日在罗布林卡召集噶厦官员会议，就西藏地区发生的叛乱，讲述了中央对叛乱问题的方针以及噶厦应负的责任。达赖要求到会的全体噶伦、包括藏军马基在内的僧俗官员以及三大寺的全体堪布、堪苏等，拿出一个既能使中央谅解又能使康巴的叛乱武装（指“卫教军”）平息下去的办法，要求噶厦对平叛采取积极态度，认真负起平叛的责任。这次会议由于噶厦当权者漠视，没有起到应有的作用。

12月17日，中央驻西藏代理代表、军区政委谭冠三到罗布林卡会见达赖喇嘛，传达中央指示精神，肯定了达赖喇嘛要求噶厦对平叛采取积极态度的做法是正确的，并传达了中央希望达赖于1959年春赴京出席第二届全国人民代表大会。达赖当即向谭冠三表示，一定要去参加这次重要会议。

12月5日至20日，噶厦在罗布林卡召开“仲孜会议”①。依照惯例，噶伦是不参加“仲孜会议”的。可是，这次会议却在噶伦索康·旺清格勒的主持下，以传达达赖喇嘛的训示、研究平叛措施为名，实际上开成了一个组织动员全面武装叛乱的会议。分裂主义分子在会上狂噪：“为了宗教和民族，要与中央战斗到底”，坚决实现“西藏独立”。藏军代表发誓要为维护西藏政教制度而牺牲。索康公开反对达赖喇嘛去北京出席第二届全国人民代表大会。

---

① 即有孜本和仲译钦波参加的重要官员会议。

会议做出决定："要把达赖喇嘛请到一个安全的地方，然后再同他们（中央）战斗"。

1959年1月22日，毛泽东指出："在西藏地区，现在及今后几年内，是敌我双方争夺群众和锻炼武装能力的时间。几年之后，例如三四年，五六年，或者七八年之后，总要来一次总决战，才能彻底解决问题。西藏统治者原有兵力很弱，现在他们有了一支斗志较强的万人叛乱武装，这是我们的严重敌人。但这并没有什么不好，反而是一件好事，因为有可能最后用战争解决问题。但是（一）必须在几年中将基本群众争取过来，孤立反动派；（二）把我军锻炼得很能打。这两件事，都要在我军同叛乱武装的斗争中予以完成。"[①]这是中央如何对待西藏武装叛乱问题的一个重要批示。

进入1959年，西藏武装叛乱活动更加猖獗，已发展到对远离中心区的、驻军较少的波密、丁青、泽当等地工作点的大规模围攻。窜至边坝的叛乱首领恩珠仓·贡布扎西于1958年11月初以后召集边坝、洛隆、硕般多、沙丁、八宿等几个宗的寺庙上层和头人开会，鼓噪"西藏自三世法王以来就是独立的"，"我们吃糌粑的人，要团结起来"。[②]他还要求到会者人人宣誓，每一个宗出一二百人，由他带着去打解放军。

1959年1月4日拂晓，恩珠仓·贡布扎西带着硕般多、边坝、洛隆等地被胁迫参加叛乱的人，以及波密育儿根（玉仁）叛首蔡刀等部共计1600余人，突然向中共扎木中心县委发动攻击。中心县委副书记孟宪民带领县委机关工作人员和第一五八团1个加强排共60人英勇奋战，连续击退叛乱武装的3次进攻，保卫了县委机关的安全，一直坚守战斗到1月24日，第一五七团一、二营由昌都、第一五九团一营由拉萨前来增援而解围。恩珠仓·贡布扎西率部窜入八宿，取走了95支步枪和50箱子弹，继续指挥叛乱。

在此同时，丁青头人、昌都解委会第一办事处科长呷日本率叛乱武装800余人，于1月24日突然向丁青中心县委和守备分队第一五八团二连发起攻击。中心县委副书记王正廷、李茂斋组织指挥二连和县委工作人员固守县

---

① 《毛泽东西藏工作文选》，中央文献出版社、中国藏学出版社2001年5月版，第164页。

② 顿堆曲英：《从宗本秘书到边坝地区叛军司令》，载《西藏党史通讯》1989年第1期，第58页。

委大院。呷日本迫使该地区所有大小头人全部叛乱，使叛乱武装迅速增至3000余人，将县委大院长期围困，并切断水源。围困历时90多天，直到4月中旬，昌都地区全面开始平叛后，叛乱武装才撤离。

扎木、丁青党政机关和驻军分队在敌众已寡的形势下顽强坚守，受到了中央军委总参谋部的通报表扬。

1月25日，甲马仓·桑培率2000多名叛乱武装，再次围攻中共山南党的机关和驻军，并于2月8日和18日发起两次猛烈攻击。山南工作队负责人王运祥指挥机关工作人员和第一五五团三营击退了进攻的叛乱武装，社会部副部长赵克俭、财经部副部长王一平等汉、藏族干部以及解放军战士数十人光荣牺牲。但大家英勇战斗，顽强坚守泽当达74天之久。

这个时期，许多藏族群众和爱国上层人士已经和共产党、解放军站在一起，肩并肩地同叛乱武装作斗争。在叛乱武装包围扎木中心县委的前夕，波密许木宗头人江村、普救寺代表扎西群培、活佛饶赛、民间艺人旺姆等人都搬进了县委大院，同解放军和地方干部职工一道参加了扎木保卫战。战前，群众纷纷前来县委报信；战中，白玛扎西等人深入到叛乱武装巢穴，侦察情况；当叛乱武装以迫击炮轰击县委时，江村头人的家人举枪将该炮手击毙。“卫教军”包围泽当山南分工委驻地期间，爱国人士噶炯·次仁顿珠一家四口与分工委机关干部和解放军官兵生活在一起，同生死共患难，一直坚持到平叛大军来到泽当。叛乱武装围攻丁青时，当地党政机关藏汉族干部都拿起武器进行自卫，比如的千户、昌都解委会成员达珠本就一直住在丁青解委会院里。他给群众宣传：“叛乱是没有出路的”。叛乱武装进攻索宗时，机关人员和公路道班藏族职工都拿起武器，配合解放军作战。这些情况说明，经过八年深入地开展上层统战工作和影响群众工作，共产党、解放军已经深深地扎根于西藏人民之中，并预示着西藏的全面武装叛乱必然彻底失败。

2月初，拉萨传召期间，西藏地方政府又在拉萨制造了一连串的挑衅事件。他们指使藏军在大街上绑架青藏公路管理局的两名汉族工人，由达赖姐夫、藏军第一团（即达赖警卫团）代本彭措扎西进行非法审讯，随即制造“汉人行刺达赖，凶手被当场抓获”的离奇谣言，蛊惑人心。传召的最后一天，他们取消了达赖对僧众讲经的惯例，并造谣说，贸易公司楼上架有机枪，正对着讲经台，要谋害达赖。藏军还企图对贸易公司进行搜查，蓄意制造紧张局势。在整个传召期间，分裂主义分子散发大量传单，反对《十七条协议》，叫嚣“西藏独立”，加紧制造全面叛乱的舆论。

从西藏自治区筹委会成立到“六年不改”方针的实施，西藏进入了一个斗争更加复杂尖锐的时期。“六年不改”方针得到了西藏爱国人士的拥护，上层中的不安情绪有所缓和。但是，上层反动集团策动的叛乱活动正在不断扩大，并迅速波及广大农牧区。到1958年底，全区叛乱武装已发展到2.3万多人，仅拉萨市区的叛乱武装就有7000多人。市区居民家中，几乎都涌进了叛乱分子。叛乱分子控制了拉萨的制高点，在主要街口要道构筑工事，布置了岗哨。西藏上层反动集团错误地估计了形势，认为他们在西藏进行全面武装叛乱并取胜的时机已经到来。

尽管中国共产党在西藏民主革命中采取了温和、慎重和尽可能照顾上层利益的作法，但为了解放陷于水深火热的百万农奴，最终不能不触及到封建农奴主阶级的根本利益。反动的封建农奴主们是不会自动退出历史舞台的。当他们还掌握着政权、军权，还可以打着宗教、民族旗帜欺骗人民的时候，最后的挣扎是不可避免的。他们为着永远保持其“美妙”的封建农奴社会制度，不惜孤注一掷，悍然发动全面武装叛乱。

第七章
平息西藏上层反动集团发动的叛乱

1958年前后，西藏的局部叛乱逐步升级，严重威胁到西藏各族人民和党政机关工作人员的生产、生活、生命安全。对此，中央指示西藏工委及驻藏人民解放军一再采取忍让态度，并寄希望于西藏地方政府担负起平息事态、制止叛乱的责任。然而，西藏地方政府及上层反动集团反其道而行之，由暗中支持叛乱逐步演变为公开支持并亲自组织武装叛乱。1959年3月10日，西藏地方政府和上层反动统治集团公开撕毁《十七条协议》，有组织、有计划、有步骤地发动了以拉萨为中心的全面武装叛乱。为了巩固祖国统一，维护民族团结和西藏劳动人民的彻底解放，中共中央决定"彻底平息叛乱，充分发动群众，实行民主改革"。中共西藏工委、西藏军区率领驻藏和进藏部队与工作人员，在包括爱国进步的上层人士在内的西藏人民的支持或参与下，经过两年多的斗争，取得了平息叛乱的全面胜利，为民主改革的进行铺平了道路，开创了西藏历史的新纪元。

第一节　西藏发生全面武装叛乱，中央决定彻底平息叛乱

中央政府及西藏工委、驻藏人民解放军对西藏局部叛乱的一再升级所采取的忍让克制的态度，使西藏地方政府和上层反动集团认为全面武装叛乱的时机已经成熟。1959年4月，第二届全国人民代表大会将在北京召开，中央

对达赖参加人代会高度重视，在此前多次通过各种形式希望达赖按时参加会议，达赖亦曾表示前往参会。然而，西藏上层反动集团害怕达赖再度赴京会进一步靠近中央，将失去搞“西藏独立”的旗子，因而一再阻挠达赖赴京开会。这时候，以索康·旺清格勒、柳霞·土登塔巴、帕拉·土登维登为首的上层反动集团，决定加快叛乱的步伐，密谋先用“汉人危害达赖生命安全”、“汉人消灭宗教、杀害活佛”等谣言，力求造成达赖的恐惧而自动出走国外；如果不行则在拉萨搞起骚乱，利用共产党、解放军自卫的机会，枪炮声一响，即以“佛爷”的安全受到威胁为借口，强行将达赖弄出西藏，乘势宣布“西藏独立”。他们选择了达赖本人要求去军区看戏的机会，把蓄谋已久的罪恶行动付诸实施。

1959年2月7日（藏历土狗年十二月二十九日），西藏地方政府在布达拉宫举行一年一度的“破九跳神”宗教仪式。西藏军区副司令员邓少东和西藏工委秘书长郭锡兰[①]应邀前往观看。他们在与达赖喇嘛交谈时，达赖主动提出：“听说军区文工团在内地学习回来后，演出的节目很好，我想看一次，请你们给安排一下。”邓少东、郭锡兰当即表示欢迎，并且说：请达赖喇嘛确定时间，军区随时可以派文工团到罗布林卡演出专场。达赖说，演出要舞台和布景，在罗布林卡演出不方便，就在军区礼堂演，也顺便看看军区新建的大礼堂。事情说定后，邓少东、郭锡兰随即将达赖的这一意愿当面告诉西藏地方政府的主要官员柳霞·土登塔巴、夏苏·居美多吉等几位噶伦以及达赖的副官长帕拉·土登维登等人。3月1日，工委统战部副部长何祖荫和处长李佐民专程到罗布林卡询问达赖喇嘛，请他确定观看演出的具体时间、地点。达赖回答说：时间大体在藏历二月初一、初二、初三（即3月10、11、12日），具体可与代理基巧堪布噶章·洛桑仁增联系。

藏历一月底，拉萨传召大法会结束，达赖喇嘛也考完了“格西”。噶章于3月8日下午电话通知工委统战部，说达赖看文工团演出时间定为藏历二月一

① 郭锡兰（1918-1990），山西临县人，1937年参加革命，1938年入党，曾任抗日根据地区长、科长、县长、中学校长、地委宣传部长、地委副书记、西康省党委组织部长、地委书记、省财计委党组书记。1955年调任西藏工委计划局长兼农村工作部副部长，后任西藏工委秘书长、副书记。

日下午（即3月10日下午3时）。为此，军区做了迎接达赖观看演出的周密准备。第二天，李佐民到噶章处，将军区接待达赖喇嘛的礼节、仪式、节目内容等详细安排交给噶章，并做了说明。噶章表示同意这个计划。

3月9日，阿沛·阿旺晋美获悉，噶伦柳霞·土登塔巴、功德林扎萨、达赖近侍帕拉·土登维登等人正阴谋策划挟持达赖逃走。此日傍晚，经过西藏地方政府和索康、柳霞、帕拉等反动分子精心策划的骚乱活动开始推行。首先让朗子辖墨本郭卡娃·泽旺仁增向市民公开造谣说:“达赖喇嘛明天要去军区赴宴,汉人准备在席上毒死达赖喇嘛,每家要派一个人去罗布林卡请愿,要求达赖喇嘛不去军区赴宴”。对于虔诚信佛的藏族群众来说,危及达赖喇嘛人身安全的谣言，最能煽起他们的敌对情绪。这场蓄谋已久的计划由此开始付诸行动。

3月10日上午，西藏军区大院打扫卫生，路面洒水，张挂彩旗，军区大礼堂为达赖安排了绒布软椅，准备了招待的茶点。文工团演员在后台忙着化妆，观看演出的藏汉族干部提前入座。谭冠三等负责人到场，等候迎接达赖喇嘛前来观看演出。

然而就在这时，拉萨街头谣言四起：“军区要毒死达赖喇嘛”，“军区已经准备好了直升飞机，要把达赖喇嘛劫往北京”,“大家要到罗布林卡去请愿，不能让达赖喇嘛去军区。”藏军警察代本（即第六代本）俊巴等人在街头驱使群众前往罗布林卡。一些从外地来的叛乱武装分子威胁说，达赖喇嘛要是去了军区，今天就要打仗。叛乱分子的这些谣言，搅得人心惶惶，商店纷纷关门，市民抢储食物和饮水。由于反动分子的造谣煽动，11时许，涌向罗布林卡的群众已有两千多人，其中混杂着携带枪支的叛乱分子二三百人。罗布林卡四周已被闹事的人群围了起来。上午，自治区筹委会委员、藏族爱国人士堪穷索朗降措（帕巴拉活佛之兄）听到街上传出的谣言后，骑着自行车前去探询，在罗布林卡门前被叛乱分子用石块砸死。上午10时，军区副司令员、地方政府噶伦桑颇·才旺仁增驱车前往罗布林卡，也在门前被打伤；因司机迅速调转车头开离现场，才幸免于难。[①]下午，叛乱分子用马拖着索朗降措的

① 阿沛·阿旺晋美:《一九五九年“三月十日事件”的真相》，载《中国藏学》1988年第2期，第4页。

尸体在市区游街示众，景象惨不忍睹。同时，叛乱分子胁迫千余名群众上街同他们一道“游行”，呼喊 “西藏独立了！”“汉人滚出去！”等反动口号。几个领头的人骑着马，沿途撕毁宣传画，张贴反动标语，推倒交通岗亭，用石头投掷机关大门，袭击执勤战士和汉族工作人员。拉萨市区的社会秩序急剧恶化。[①]

3月10日下午2时，西藏地方政府噶伦索康·旺清格勒、柳霞·土登塔巴、夏苏·居美多吉来到军区，向谭冠三假惺惺地说：噶厦事先不知道达赖喇嘛要到军区看戏，现在事态发展到使他们无法控制的地步，达赖喇嘛不能来看戏了。谭冠三听后非常气愤，当即严厉斥责索康等人：“几年来，达赖多次指示噶厦要执行中央的政策，维护民族团结，但噶厦一直违背达赖的指示，不执行达赖的指示，甚至使达赖连看戏的自由也没有”。“今天的事情，显然是西藏地方政府内部的反动分子有计划制造的阴谋活动。达赖喇嘛要到军区看戏是他自己提出来的，并且经过一个多月的协商安排确定的，现在你们竟说噶厦不知道，怎能使人相信！”谭冠三当面质问柳霞：“你也不知道这件事吗？”柳霞哑口无言。谭冠三严正指出，噶厦要负责保护达赖的安全，彻底追查制造事件的主谋者，惩办凶手，妥当处理死伤者的善后事宜。索康等人理屈词穷，无言以对，最后答应回去追查处理。[②]

谭冠三同工委、军区其他领导人立即研究了拉萨急转直下的形势和处置意见，当即向中央和当时在内地的张经武、张国华作了报告。中央复电同意谭冠三对索康等人的表态，指示向西藏地方政府官员和广大群众大力宣传，揭露噶厦内反动分子的叛国阴谋。

索康等人从军区返回到罗布林卡后，在堪仲大喇嘛绒朗色·土登诺桑、堪仲土登降央、孜本雪苦巴·江央凯珠、扎萨凯墨·索安旺堆等主持下，召开了有地方政府官员、三大寺堪布和叛乱武装头目等100余人参加的所谓“西藏人民代表会议”，决定：“从今天起西藏独立了，西藏人民站起来与中央决裂，为西藏独立而战斗到底”；凡参加会议的人员均按班、排、连组织起来，

① 曾任噶厦秘书的格杰巴·丹增多吉目睹了这一状况。他著文《分裂主义分子在拉萨发动武装叛乱的情况》，载《西藏文史资料选辑》第12辑，民族出版社1990年8月版，第66-67页。

②《中国共产党西藏历史大事记》，中共党史出版社2005年9月版，第128页。

准备战斗；在社会上对18至60岁的男人进行登记，凡适合作战的一律参加战斗。会上宣布，从11日起，在自治区筹委会工作的藏族官员不得再去办公。会议决定由孜本雪苦巴·江央凯珠、堪穷达热、噶伦索康·旺清格勒、藏军总司令凯墨·索安旺堆、藏军副总司令洛珠格桑等人领导“西藏独立运动”。噶厦主要成员直接出面领导、主持这样的会议作出上述决定，表明西藏地方政府及上层反动集团彻底背叛了祖国，背叛了西藏人民。至此，西藏的局部叛乱发展成为全面叛乱。

同日，“西藏人民代表会议”派出12名代表，前往印度驻拉萨总领事馆，表示西藏已经正式“独立”，要求印度政府给予支持和保护。印度驻拉萨总领事蔡伯尔接见了这些代表，答应要转告其政府。下午，叛乱分子纠集近千名群众手持小白旗，绕八廓街游行，呼喊“西藏独立了”，“汉人滚出去”等反动口号。他们沿街张贴以“西藏独立国人民会议”名义发布的布告。当晚，西藏地方政府打开布达拉宫的武器库，公开向叛乱分子发放枪支和弹药。

就在这一天，指挥叛乱武装的总司令部成立，并推举功德林扎萨·威色坚赞、洛珠格桑、孜本雪苦巴、堪穷格桑阿旺、堪穷达热、仁希夏格巴等西藏地方政府官员为叛乱武装的总领导。总部下设五个办事机构，分别负责管理人员、武器、粮秣、审讯、情况记载等。当晚，他们以保护达赖为名，命令三大寺武装喇嘛1400多人进入市区；潜伏郊区的叛乱分子也趁夜暗进入市区集结；大批叛乱武装分子、武装僧人和康区叛乱武装骨干分子进入罗布林卡。整个拉萨的叛乱武装与驻拉萨的藏军进入了临战状态。

根据中央对达赖本人仍应多方做争取工作的指示，西藏工委副书记、西藏军区政委谭冠三以中央人民政府驻西藏代理代表的名义，写信给达赖喇嘛。

敬爱的达赖喇嘛：

您表示愿意来军区，这是一件很好的事，我们表示热烈的欢迎。但是由于反动分子的阴谋挑拨给您造成很大的困难，故可暂时不来。

此致

敬礼并祝保重

谭冠三

1959年3月10日

此信译成藏文后，由达赖喇嘛的侍读江措林活佛到罗布林卡亲自送给达赖。江措林在达旦颇章宫殿（达赖新宫）左边一间房子里，见到了达赖喇嘛。达赖喇嘛坐在椅子上，双手扶着前额头，满脸愁容。江措林报告了他去军区的情况，说谭政委带来一封信。达赖喇嘛看过信后，很忧虑地说，他们说是为了我的安全，实际上是危害我。显然达赖已失去行动自由。达赖问江措林能否去军区把他的处境谈一下。当江措林准备去军区反映达赖情况时，却被叛乱分子限制了他的活动，再也没能离开罗布林卡一步。[①]

此时，经噶厦官员和所谓“西藏人民代表会议”以及三大寺堪布商议写成的与中央决裂的“西藏独立”意见书，呈送到达赖喇嘛面前。达赖看后指出：“10日发生的事情同所说西藏独立运动等，完全不符合我的愿望，根本是不行的。”达赖说他看不到他的安全有什么危险，但这种搞法反给他带来了更大的危险。达赖还说，过去中央经常批评噶厦没有把事情办好，从来没有说过达赖没把某一件事情做好。现在如果在罗布林卡开会乱搞，会使中央误会成是他领导搞的。现在没有必要开会搞这些事，如一定要开会，也不许在罗布林卡内开。达赖明确表示：“你们搞的这些活动，完全违背我的意愿，因而我绝不领导此种活动。”

达赖的这些指示传达到“人民会议”后，有的人认为达赖的指示正确，要认真考虑；有的人则认为“西藏独立运动”既已搞起来了，一不做二不休，绝对不能停止。

西藏地方政府掀起以拉萨为中心的全面武装叛乱后，从3月11日开始，在军事上进行了全面部署：一部叛乱武装以保卫达赖为名进入罗布林卡，割裂了拉萨西郊与市区的联系；藏军主力第二团占领了药王山，控制了拉萨市制高点，居高临下，直接威胁着西藏工委和军区大院的安全；叛乱武装加紧在药王山及其以北至青藏公路管理局一线的公路两侧大量构筑工事，还修筑了炮兵阵地；三大寺的武装喇嘛进入布达拉宫，修建了不少地堡，堆放了大批沙袋；在拉萨市区内的大昭寺、小昭寺和一些贵族宅院设立据点。这样，就

① 江措林活佛谈他将谭冠三将军的信送给达赖喇嘛的经历（1959年4月6日），载《平息西藏叛乱》，西藏人民出版社1995年8月版，第196—198页。

形成叛乱武装与驻市区的藏军各军营相互关联互相依托的态势，将驻拉萨的党、政、军领导机关及驻军、各企事业单位分割包围起来。

图为中共西藏工委驻地，当时遭到叛乱分子的包围。

3月11日，达赖喇嘛给谭冠三写了复信：

亲爱的谭政委同志：

昨天我决定去军区看戏，但由于少数坏人的煽动，而僧俗人民不解真象追随其后，进行阻拦，确实无法去访，使我害羞难言，忧虑交加，而处于莫知所措的境地。您毫不计较，送来的信出现在我眼前时，顿时感到无限的兴奋。

反动的坏分子们正在借口保护我的安全而进行着危害我的活动。对此我正设法平息。几天以后，情况安定了，一定同您见面。您对我有何内部的指示，请通过此人[1]坦率示知。

达赖喇嘛亲笔呈

谭冠三收到达赖喇嘛的信后，又立即给他写了第二封信：

达赖喇嘛：

现在反动分子竟敢肆无忌惮，公开地狂妄地进行军事挑衅，在国防公路沿线（罗布林卡北面的公路）修了工事，布置了大量机枪和武装反动分子，已经十分严重的破坏了国防交通安全。

过去我们曾多次向噶厦谈过，人民解放军负有保卫国防，保卫国防交通安全的责任，对于这种严重的军事挑衅行为，实难置之不理。因此，西藏军区已去信通知索康、柳霞、夏苏、帕拉等，请他们通知反动分子，立即拆除一切工事，并撤离公路。否则由此引起恶果，完全由他们自己负责。特此报告，您有何意见，亦请尽快告之。

此致

敬礼并祝保重

谭冠三

1959年3月11日

3月11日23时，中央电示西藏工委《关于西藏反动上层公开暴露叛国面貌之后应采取措施》中指出："对达赖本人仍多方做争取工作，但是不要怕反动派把达赖劫走，敌人这样做，不论是否达赖本人的决定，对我们毫无坏处。"中央还指出："对拉萨四周的反动武装进入拉市，不要阻挡，因为增加一两千人，并不可怕。如先阻挡，则在形式上是我们先打，这样政治上不利。至于药王山，目前不要控制，只在正式打开之后再行占领。"[2]中央还指示要切实保护爱国上层人士的安全，"可劝他们靠近军区，或迁入自治区筹委会内"。

经过工委、军区布置，各单位动员组织在本单位工作、学习的许多藏族

① 指阿沛·阿旺晋美。

② 《平息西藏叛乱》，西藏人民出版社1995年8月版，第79、80页。

上层人士、干部、职工及其家属迁入机关院内暂住。仅自治区筹委会和军区机关院内，就住进了包括自治区筹委会委员帕巴拉·格列朗杰、朗顿·贡噶旺秋、雪康·土登尼玛、江金·索朗杰布等著名爱国人士及其家属在内共六七百人。阿沛·阿旺晋美提出仍住在他自己的宅院中，以便对达赖和噶伦们进行工作，故不搬到军区大院为好（谭冠三写的另外两封信，就是通过阿沛转送达赖的）。军区尊重他的意见，并为他增派了警卫人员，在此之前的3月12日，阿沛·阿旺晋美婉拒了噶伦索康·旺清格勒、柳霞·土登塔巴、夏苏·居美多吉要他去噶厦开会的要求。拉鲁·才旺多吉等人经工委数次邀请而不来，最终参加了叛乱。

此前，解放军总参谋部电示西藏军区：“在敌人向我们进攻之前，应严守自卫立场，不打第一枪，以争取政治主动”。驻拉萨的解放军部队保持高度戒备，极度克制，对叛乱武装的猖獗活动未采取任何行动。

3月12日，叛乱分子又派代表去尼泊尔驻拉萨领事馆声称“西藏独立了”。这一天，达赖喇嘛见到谭冠三的信函后，立即作了回复：

亲爱的谭政委同志：

昨天经阿沛转去一信，想已收到了。今早您送来的信收到了。反动集团的违法行为，使我无限忧伤。昨天我通知噶厦，责令非法的人民会议必须立即解散，以保卫我为名而狂妄地进驻罗布林卡的反动分子必须立即撤走。对于昨天、前天发生的、以保护我的安全为名而制造的严重离间中央与地方关系的事件，我正尽一切可能设法处理。今天早

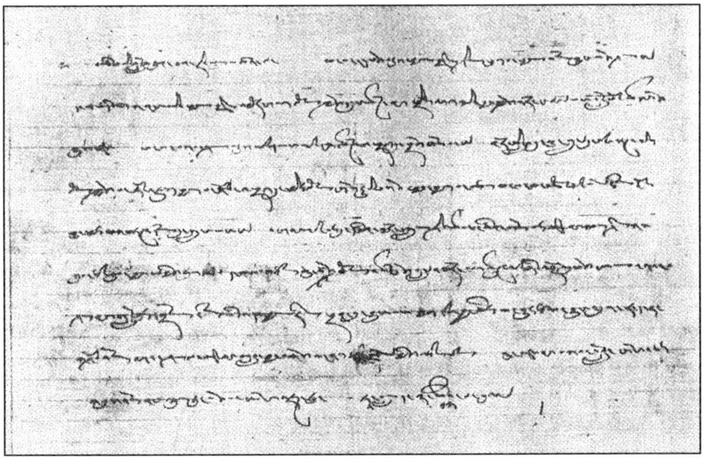

达赖喇嘛3月12日给谭冠三将军的第二封亲笔信。这封信是用铅笔写的。原件长27.3厘米，宽21.2厘米。

晨北京时间8点半钟，有少数藏军突然在青藏公路附近鸣了几枪，幸好没有发生大的骚乱。关于您来信中提的问题，我现在正打算向下属的几个人进行教育和嘱托。

您对我有何指示的意见，请知心坦率的示知。

达赖

12日呈

时在武汉的毛泽东，接到西藏工委10日、11日的电报和中央11日23时对西藏工委的电示后，于12日指出："中央的方针，完全正确。照此形势发展下去，西藏问题有被迫（这种'被迫'是很好的）早日解决的可能。看来，达赖是和其他人同谋的"。"西藏工委目前策略，应是军事上采守势，政治上采攻势。目的是：（1）分化上层，争取尽可能多的人站在我们一边，包括一部分活佛、喇嘛在内，使他们两派决裂；（2）教育下层，准备群众条件；" 毛泽东还指出："达赖及其一群，他们的心理是矛盾的，觉得胜利有望，又怕打而不胜，逃不出去。他们逃走时，我以为我军一概不要阻拦，无论去山南，去印度，让他们去。"①

由于达赖不允许叛乱分子在罗布林卡开会，从12日起，噶厦几名官员、三大寺堪布以及"人民会议"成员移至布达拉宫下面一处印制经书的地方（称为"雪"印经院）开会。到会的政府官员、"人民会议"代表以及武装叛乱分子860多人。他们着重讨论如何实现"西藏独立"的问题，争论的焦点是以"文攻"为主，还是以"武打"为主？如果失败了逃往哪里？怎样取得印度和其他国家的帮助，联合国能够出多少力？等等。由于参加会议的成员太多，议定在政府官员、三大寺和"人民会议"中选出代表开会讨论。因为原来的武装司令们要参加代表会议，又选定拉鲁·才旺多吉等五人为新的司令，负责在罗布林卡值班。拉鲁下令派康巴叛乱武装60余人占领热玛岗山头（即牛尾山），守卫拉萨河渡口，监视解放军炮兵团的动向。13日，代表会议继续讨论，并将选出的"代表"名单报送噶厦，转呈达赖喇嘛正式批准。14日，达

①《平息西藏叛乱》，西藏人民出版社1995年8月版，第81–82页。

赖召集这70余名“代表”在其宝座前听训示。达赖说：“由于三大寺、政府官员及‘人民代表’的反对，未能去军区，使我感到蒙羞；在罗布林卡安排武装，这样根本不行。我曾通过噶厦进行制止，根本没有人听。你们不仅继续开会，还要我正式委任代表。这样的代表我根本不能委任。如此搞下去，必然要造成很大恶果，谁吃此果呢？我是不吃的。”

叛乱武装总部以“西藏独立国人民会议”的名义，于13日向西藏各宗谿发出命令。命令说：“为了反对共产党和获取西藏独立的武装斗争的胜利，所有18岁到60岁的人都必须自带武器、弹药、食物等，立即赶来拉萨，不得怠慢”。盘踞拉萨的叛乱分子为了扩大队伍，召开群众大会，胁迫群众参加叛乱。“朗子辖”（拉萨市政府）强迫市民18岁至60岁的男子进行登记。到3月19日夜，由各地进入拉萨市的叛乱武装约7000人。其中盘踞在罗布林卡及其周围的有5000人左右。

噶厦官员及“代表”们在听了达赖的训示后，放出烟幕：“我们不要打仗，这次是康巴人打死的帕巴拉堪穷”，并通知商店开业，要人们上街不要带枪，不准喝酒、不准找汉人闹事。因此，在14日拉萨街头出现了短暂的“平静”。少数商店开门营业了。也就在这天下午，仍有300多名妇女被迫上街游行，呼喊反动口号。表明噶厦对达赖的训示仍是敷衍应付，并未真正执行。

15日，叛乱总部从布达拉宫下面的武器库里取出250支英式步枪和25箱子弹，分发给色拉寺参加叛乱的僧人。同时，上层反动分子加紧筹划劫持达赖出逃的工作：拟定了一个150人的随行人员名单；物色了7名年龄、相貌同达赖相似的僧人作替身，准备了与达赖喇嘛相同的衣服；选定了出逃的路线等。当天，4名叛乱分子到拉萨河热玛岗渡口做了具体安排。

3月14日，中共中央总书记邓小平亲自拟定给达赖的第三封信。这封信仍以谭冠三名义于3月15日送给了达赖。①

敬爱的达赖喇嘛：

您11日、12日两信均敬悉。西藏一部分上层有力分子所进行的叛国行动，

① 《邓小平军事文集》第二卷，军事科学出版社、中央文献出版社2004年7月版，第333页。

已经发展到不能容忍的地步。这些人勾结外国人实行反动叛国的活动，为时已久。中央过去一向宽大为怀，责成西藏地方政府认真处理，而西藏地方政府则一贯采取阳奉阴违的态度，实际上帮助了他们的活动，以致发展到现在这样严重的局面。现在中央仍然希望西藏地方政府改变错误态度，立即负起责任，平息叛乱，严惩叛国分子。否则，中央只有自己出面来维护祖国的团结和统一。

您来信中说，对于“以保护我的安全为名而制造的严重离间中央与地方关系的事件，我正尽一切可能设法处理。”对于您的这种正确态度，我们甚为欢迎。

对于您现在的处境和安全，我们甚为关怀。如果您认为需要脱离现在被叛国分子劫持的危险境地，而且又有可能的话，我们热忱地欢迎您和您的随行人员到军区来住一个短期，我们愿对您的安全负完全的责任。究竟如何措置为好，完全听候您的决定。

另外，第二届全国人民代表大会第一次会议已决定于4月17日举行。特此告诉您。

此致

敬礼并祝保重

谭冠三

1959年3月15日

毛泽东看到邓小平拟定的以谭冠三名义给达赖的信后，于15日下午批示：“十四日以谭冠三名义，答复达赖的一封信，很好，政治上使我处于主动。看他反应如何。如有复信，不论态度怎样，均应再复一信。以后礼尚往来，可再给信。这些信，准备在将来发表。为此，要准备一封信历述几年以来中央对诸大事件宽大、忍耐的目的，无非等待叛国分子、分裂分子悔悟回头，希望达赖本着十七条及历次诺言，与中央同心，平息叛乱，杜绝分裂分子，归于全民族团结，则西藏便有光明前途，否则将贻害西藏人民，终遭人民弃绝。”①

此时，在内地的张经武、张国华，时刻关注着西藏叛乱事态的发展，并

---

①《毛泽东西藏工作文选》，中央文献出版社、中国藏学出版社2001年5月版，第165页。

对工委、军区表明自己的一些策略性的意见："所有据点一律固守，继续示弱"。"驻拉萨部队主要任务是设法不让敌人逃走，待主力到达后加以聚歼。"3月15日，张国华飞到北京，准备抱病进藏。此时突然得到中央办公厅安排他和张经武去武汉的通知。张经武、张国华在武汉见到了毛泽东，听取了他对西藏地方政府和反动上层发动全面叛乱问题的许多重要指示。毛泽东说：天要下雨，娘要嫁人，阶级本质决定他们要闹事，他们总以为还有资本，总是手中发痒。他们要叛乱，无非是想把你张国华（指解放军——作者注）赶走。毛泽东还讲了关于平叛改革的方针和步骤问题。[①]

3月16日，达赖给谭冠三回复了第三封信：

亲爱的谭政委同志：

您15日的来信，方才3点钟收到。您对我的安全甚为关怀，使我甚感愉快，谢谢。

前天藏历二月五日（公历3月14日）我向政府官员等的代表70余人讲话，从各方面进行了教育，要大家认真考虑目前和长远的利害关系，安定下来，否则我的生命一定难保。这样严厉地指责之后，情况稍微好了一些。现在此间内外的情况虽然仍很难处置，但我正在用巧妙的办法，在政府官员中从内部划分进步与反对革命的两种人的界线。一旦几天之后，有了一定数量的足以信赖的力量之后，将采取秘密的方式前往军区，届时先给您去信，对此请您亦采取可靠的措施。您有何意见，请经常来信。

达赖

16日呈[②]

其实，达赖对自己的处境的忧虑，早在1956年4月就向前来祝贺自治区筹委会成立的陈毅副总理流露过：他主要是怕索康和帕拉整他。达赖知道，共产党不会整死他。他怕索康，因为索康等人把他的父亲毒死了，使其心存余悸。[③]在复谭冠三的第三封信时，达赖还给阿沛·阿旺晋美写了一封信。

① 赵慎应：《张国华将军在西藏》，中国藏学出版社1998年10月版，第108页。

② 谭冠三和达赖喇嘛的来往信件，《人民日报》于1959年3月30日公布。达赖的藏文亲笔信的照片，亦于当年4月8日《人民日报》公布。

③《毛泽东西藏工作文选》，中央文献出版社、中国藏学出版社2001年5月版，第200页。

16日，从罗布林卡传出消息说：叛乱总部要求不得惊动解放军，待大批武装人员集中拉萨后，再开始行动。当天下午，叛乱分子在罗布林卡南面的拉萨河热玛岗渡口布置了带有两挺轻机枪和两门炮的40名叛乱武装人员，加强对渡口的警戒。这表明将有要人从此处渡河的迹象。

17日，叛乱集团通过印度驻拉萨总领事馆电台，通知在印度噶伦堡的夏格巴·旺秋德丹，声称“西藏独立国”已经成立，请向所有在印度的西藏人宣布，并向印度政府和联合国报告，设法谋求他们的支持。同时，叛乱武装增加了挑衅活动，不断向解放军驻地、地方企事业单位进行射击。其中，青藏公路管理局拉萨运输站遭到射击的子弹最密集，拉萨油库挨了30多发炮弹，油库安全受到严重威胁。下午3时许，运输站民兵、经济警察曾惠山违反军区规定，擅自用60迫击炮向罗布林卡的叛乱武装还击了两炮。炮弹落在罗布林卡以北围墙外二三百米处。这两发炮弹，立即成为西藏反动上层挟持达赖出逃的口实。他们扬言达赖喇嘛人身安全已经受到严重威胁，要立即将达赖转移到一个安全的地方去。

柳霞等人一面继续策划组织叛乱活动，一面从布达拉宫金库中取出大量印度卢比、金砖、金币，征集骡马、鞍具，集中到罗布林卡。3月17日当晚，噶伦索康、柳霞、夏苏和达赖的副官长帕拉等叛乱首恶分子携达赖喇嘛及其家人，在数百藏兵的“护卫”下，仓促地从罗布林卡南侧的热玛岗渡口渡过拉萨河，在南岸牛尾山下登岸，向山南方向逃去。

军区随时掌握着达赖集团的动向，在达赖等人出逃时按中央精神未加拦阻，并迅速将情况上报中央。毛泽东得知达赖出逃后指出：“一、宣布为叛国者，以后只有在他悔过认罪之后，才可以回来；二、宣布为被人挟持者，仍然希望他脱离叛众，早日回来，罗布林卡位置及人大位置，仍给他留着。”①为此，保留了达赖喇嘛的全国人民代表大会常务委员会副委员长和西藏自治区筹备委员会主任的职务，直至1964年。此举表明中央对外逃达赖的处置是留有余地的。

达赖出逃的当天，以索康为首的叛国集团以达赖名义留给全体僧俗官员

① 《毛泽东传》（1949－1976）（下），中央文献出版社2003年12月版，第927页。

和“贵贱人民”一封公开信，宣称：“西藏过去是独立国家”，反指责“汉方违背”《十七条协议》，叫嚷“西藏全体大会扩大代表会议”合法，并解释其出逃的“原因”，是为“使佛教政治不致被毁”。达赖离开后，政治责任由“西藏全体会议”担负，武装部队由功德林扎萨·威色坚赞、藏军副玛基（副总司令）洛珠格桑等五人为总负责人。

从拉萨出走的西藏叛国集团头目和达赖一行人马，于3月24日到达山南邛多江，在此接见山南的叛乱武装分子，并参观美国空投的火炮等武器。随即带上两名空降的美国中央情报局培训的藏籍报务员及电台同行，每天直接与美国中央情报局保持联系。26日到达隆子宗后，召开群众大会，由索康代表达赖宣布“西藏独立”，成立“西藏临时政府”，定隆子宗为“临时首都”，任命原被撤职的两个司曹鲁康娃、洛桑扎西为司伦（摄政），给“卫教军”总司令恩珠仓·贡布扎西写信，授予他扎萨官衔以示鼓励。

美国中央情报局负责西藏事务的官员约翰·肯尼思·克瑙斯后来承认：“在达赖出逃的那几天里，华盛顿的少数官员，包括总统在内，都密切关注中情局前一年空降的两名发报员发回的电报。这两名发报员一直与中情局保持单线联络，他们也加入了出逃的队伍”，两人便发回电报“要求美国就达赖申请避难一事提前与印度正式交涉”。[①]美国立即就达赖避难问题与印度政府交涉，要求尼赫鲁接待达赖，并且在6小时内就得到了尼赫鲁完全的同意。[②] 3月26日，美国国务院召开第400次国家安全委员会会议，集中讨论西藏问题。中央情报局局长杜勒斯指出：“尽管叛乱不会对北平控制西藏主要城镇形成真正的威胁，但是中共也不得不面对西藏反叛者发动的游击战。由于希望避免在西藏问题上过激的行动而冒犯印度，因此形势对中共来说将会更加棘手。”[③]达赖刚刚进入印占区，杜勒斯就向美国总统艾森豪威尔递交了一份备忘录，建议支持西藏的分裂主义分子。应杜勒斯的要求，艾森豪威尔立即批准了中央情报局3月30日制定的秘密支持西藏叛乱的计划[④]。以上事实充分

---

① （美）约翰·肯尼思·克瑙斯：《冷战孤儿——美国和西藏为争取生存的抗争》，第183–184页。
② （美）约翰·肯尼思·克瑙斯：《冷战孤儿——美国和西藏为争取生存的抗争》，第184页。
③ 《美国对外关系·1958–1960年·中国》第19卷，第751页。
④ 《美国对外关系·1958–1960年·中国》第19卷，第752–753、768页。

证明，美帝国主义深深插手西藏地方武装叛乱，与中国为敌，干涉中国内政。

3月31日，达赖一行经沙则、仲昆桥，越过非法的“麦克马洪线”，进入印度占领区，受到印度政府外交部官员梅农的迎接。梅农转达印度政府的通知：“达赖喇嘛只需发表一个简短声明，感谢印度政府提供避难所”就够了。4月18日，达赖到达印度提斯普尔，会见了印度和外国的75名记者。印度外交部官员散发了由索康起草后译成英文的“达赖喇嘛的声明”。“声明”严重歪曲事实真相，鼓吹“西藏独立”。24日，尼赫鲁在穆索里会见达赖。尼赫鲁认为达赖是流亡到印度的尊贵客人，一面建议达赖“不应在一国土地上进行针对另一国的政治活动”，一面默认达赖“在印度领导秘密政治活动”。[①]

西藏地方政府及上层反动分子是达赖出逃国外的直接导演者。索康、帕拉、柳霞、夏格巴以及达赖的三个哥哥等顽固的分裂主义分子，深刻地影响着达赖的思想。特别是当他们得悉达赖决定将于1959年4月出席第二届全国人民代表大会第一次会议时，认为此一行动如果实现，达赖将会更趋倾向中央。因此，他们就不择手段，迫不及待地要把达赖带出西藏，并掀起西藏的全面武装叛乱，公开与中央决裂，妄图实现“西藏独立”。达赖本人长期在政治上表现出摇摆不定的两面性，最终滑入叛国外逃的道路，他自己是难逃历史之咎的。

① （美）约翰·肯尼思·克瑙斯：《冷战孤儿——美国和西藏为争取生存的抗争》，第190页。

第二节 平息拉萨叛乱，解散西藏地方政府

西藏地方政府及反动上层掀起“西藏独立”的骚乱之后，全区武装叛乱形势十分严峻。拉萨成为叛乱武装的指挥中心，山南地区成为叛乱武装的“根据地”，昌都地区及黑河大部分地区除党政军工作点及主要交通线外，几乎全部为叛乱武装所控制。西藏各地的叛乱武装已具有相当规模，活动异常猖獗。由于广大农（牧）奴的人身还依附于农奴主，当农奴主发动叛乱时，常胁迫其所属农（牧）奴跟随他们叛乱。叛乱分子熟悉地形，生活简单，运动灵便，比较善于伏击和偷袭，以游击战为其主要作战形式。但因其来自不同宗谿和部落，作战组织混乱，加之武器装备差，因此进攻和防御能力均较差。叛乱武装没有统一的供应，到处抢劫掠夺，造成与广大群众的尖锐矛盾。

西藏的全面武装叛乱发生时，拉萨地区麇集的叛乱武装分子已达7000余人。3月11日以后，拉萨市区到处都是荷枪实弹或腰挎长刀的叛乱分子和武装僧人。他们歇斯底里地叫嚣，吆喝驱赶市民参加游行，用石块和木棒打碎国营商店的橱窗和国家机关的门窗，在大街小巷设置路障，砍倒电杆，割断电线，袭击军车，打冷枪，搞挑衅，造成市区一片恐怖景象，直接威胁着普通市民的安全。占据大昭寺的叛乱分子强迫僧人换上藏袍，拿枪打仗，将念经的僧人赶出经堂，抢夺金佛和珍贵的佛像、法器；在光天化日之下打死了反对他们暴行的僧人钦饶江巴。叛乱分子在市区贴出“西藏独立国”布告，公然要求驻藏人民解放军和地方党政机关中的藏族干部起来反对中央，参加叛乱，气焰极为嚣张。

西藏工委和军区面对上述的严峻形势，坚决执行中央关于全力坚守防御的指示，等待后续部队入藏，内外协同将叛乱武装聚歼于拉萨地区。3月11日23时，中央电示：“你们应切实做好坚守防御的一切措施，随时准备迎击敌人的进攻，如果敌人在拉萨向你们进攻，而你们又能坚守一两个月或者更长一点时间，事情就好办了”。[①]同时，中央军委向成都、兰州、昆明军区下

① 《平息西藏叛乱》，西藏人民出版社1995年8月版，第79页。

达预令，准备调三个步兵师另两个步兵团入藏；空军一个轰炸机团，也奉命进入作战准备之中。

西藏工委、军区首先在政治方面争取达赖，分化上层，教育群众和广大爱国人士。除谭冠三政委连续给达赖写信外，有关方面负责人利用各种方式与爱国人士联络、谈话，尽量争取更多的上层人士站到中央方面来。军区政治部用有线广播向群众反复宣传中央的政策。同时，在军事方面，本着中央指出的“不打第一枪”和“自卫作战”的原则，做了充分准备。军区拟定了周密的防御作战和出击预案。驻拉萨的步兵第一五五团、第一五九团、军区警卫营、炮兵第三〇八团、汽车第十六团、工兵机械营等，也按作战预案做好了战斗准备。工委、筹委机关单位组建了民兵团，由工委秘书长郭锡兰任团长，组织部部长惠毅然任政治委员。所有机关企事业单位都组建成班、排、连、营的民兵战斗组织，发给武器，构筑工事，储备粮食、饮水、烧柴、弹药等。市区划分8个防御区域，准备长期独立坚守作战。

3月20日凌晨3时40分，步兵第一五九团副团长吴晨奉命率该团七连前往牛尾山执行侦察封堵任务时，盘踞在牛尾山的叛乱武装突然向该连猛烈射击。接着城区各处的叛乱武装分子向驻拉萨的党、政、军领导机关、部队以及企事业单位发起全面疯狂的进攻，重点是攻击罗布林卡东北的拉萨运输站及城西北拉萨建筑工程处，以打通拉萨市西郊与城区的联系。叛乱分子向运输站发起的第一次冲锋，被该站民兵勇敢地击退。拂晓6时许，罗布林卡的叛乱武装600多人又向运输站发起第二次冲锋，再次被打退。运输站民兵牺牲6人。叛乱武装在占领了距运输站十余米的拉萨中学之后，向运输站发起了第三次进攻。该站民兵组织火力坚决抗击，炊事班长王正明挺身跃出工事与叛乱分子英勇搏击，又击退了叛乱分子第三次攻击，坚守了阵地。上午8时，盘踞小昭寺的叛乱武装分子60多人向邻近的拉萨建筑工程处发起进攻，从墙上挖洞攻入院内。该工程处仅有一个排的民兵，用手榴弹击退了敌人。下午，叛乱武装用炮轰击工程处，有20多间房屋被击中着火，一名干部受重伤。该处民兵排英勇战斗一天两夜，坚守住了阵地，牵制了小昭寺内千余叛乱武装，为部队全部解决该敌争取了时间。

此时，在拉萨的西藏工委、西藏军区负责人是工委副书记、军区政委谭冠三，工委副书记周仁山和军区副司令员邓少东①、副政委詹化雨②等。

在拉萨叛乱武装发起进攻之后，谭冠三、邓少东、詹化雨和周仁山等立即于20日凌晨5时召开会议。到会的有军区司令部副参谋长扶廷修、政治部副主任周特夫、后勤部政委李华安、第一五五团政委乔学亭、第一五九团团长郭志显、炮兵第三〇八团政委宋盛祥以及机关有关人员。会议的中心是研究西藏上层反动集团在已经发动全面武装叛乱的情况下，如何根据中央指示精神做出正确处置，是继续坚守待援还是开始反击，也就是打不打、怎么打的问题。

参加会议的部队领导干部一致表示：广大指战员对叛乱武装围攻党、政、军驻地、欺压群众、杀害党、政、军人员的罪行早已忍无可忍，求战情绪非常强烈；部队作战准备已经完成，请求军区首长立即下达反击命令，保证完成作战任务，为西藏人民再立新功。

谭冠三等领导人冷静地听取了与会人员对拉萨叛乱形势的分析认为，为了吸引各地叛乱武装聚集拉萨、再等待入藏部队聚歼敌人的情况已经发生变化。谭冠三以政治家的气魄和对党、对人民勇于负责的胆略，定下了于当日10时发起反击的决心。首先攻占药王山，夺取拉萨制高点，分割敌人；然后集中兵力火力攻歼罗布林卡之敌，摧毁叛乱武装总部；继而集中兵力火力，一块一块地消灭盘踞市区的叛乱武装。为了保护文物古迹，对布达拉宫之叛乱武装围而不打，迫使其投降。上述反击计划立即报告了中央军委和毛主席。

在此同时，人民解放军西藏军区发出经过中央军委审定的平叛布告。布告在列举了西藏地方政府与上层反动集团发动叛乱的种种罪行、特别是在指出其在3月19日向拉萨人民解放军全面进攻后，强调“为了维护祖国统一和

① 邓少东（1910—1993），湖北大悟县人，1929年参加红军，同年加入共青团，1930年转入中国共产党。历任连长、指导员、手枪团分队长、新四军营教导员、团政治处主任、团政委、旅政治部主任、师政委、军副政委兼政治部主任、公安部边防保卫局局长、公安军副司令员、西藏军区副司令员。

② 詹化雨（1911—1984），安徽金寨人，1930年加入中国共产党，1931年参加红军。历任红二十八军手枪团分队长、团长、旅参谋长、副旅长、纵队参谋长、副军长、军政委、军委作战部军务局局长、测绘局政委、西藏军区副政委。

民族团结，解救西藏地区人民的疾苦，本军奉命讨伐，平息叛乱，望全藏僧俗人民，积极协助本军，讨平叛逆，不窝匪，不资敌”。布告还明确了对待叛乱分子的政策和解放军的纪律等。

在向中央军委的电报发出后，谭冠三、邓少东、詹化雨在作战室里焦急地等待着中央的批复。市区叛乱武装在市区的进攻一波紧接一波，枪炮声一浪高过一浪。各防区指挥员不断报告情况和询问处置意见。10时正，谭冠三审时度势，果断决定："打！"邓少东立即命令部队，按预定方案发起反击。10时零5分，炮兵第三〇八团对药王山叛乱武装阵地实施火力袭击。11时，担任突击的第一五九团四连(红军连)，由药王山南侧和东南侧向山顶发起冲击。

12时19分，部队占领药王山制高点，割裂了罗布林卡叛乱武装指挥部与市区各点的联系。盘踞罗布林卡之叛乱武装在药王山失陷后，慑于解放军的强大炮火威力而开始动摇，约有200余叛军骑兵渡拉萨河南逃，被一五九团七连将其击退；1000余人向北逃窜，在第三〇八团强大火力拦阻下，大部分被逼退回罗布林卡。接着一五五团在一五九团一部、汽车第十六团（组成的战斗连队）的配合下，向罗布林卡叛军发起进攻。此前，军区警卫营勇猛出击，已全部解决了该营北侧的藏军第四团。

罗布林卡东西长约2000米，南北宽约500米，有高墙围绕，四周空旷，院内有多座独立的藏式古建筑。接到攻击命令后，担任主攻的一五五团在炮兵第三〇八团的炮火支援和一五九团两个连的配合下，于19时先后从东西两个方向突入罗布林卡院内，使叛乱武装陷入极度恐慌与混乱之中。经过激烈战斗，歼灭叛军一部。驻守罗布林卡的藏军第一团一个营（该团一部随达赖集团外逃，一部投奔山南的"卫教军"），经过战场喊话，如本（营长）下令全营不得抵抗，把枪支捆起来交给解放军；接着，藏军第一团400余人和其它叛乱武装800余人也放下武器投降，至20时30分战斗结束。傍晚，位于拉萨北郊留守其营区的藏军第二团残部（其主力已分别在药王山、牛尾山等地被歼）企图北逃，被军区军士教导营拦阻，在一五九团六连的配合下，进行战场喊话，其代本桑颇·登增顿珠率400余人于次日6时投降。

罗布林卡战斗结束和藏军第二、四团被解决后，军区即令一五五团、一五九团、军区警卫营主力连夜转移至人民医院、外事处、拉萨河大桥一线，乘夜幕向市区穿插。21日8时前，对城区叛乱武装达成分割包围。城区之敌凭借坚固建筑物顽抗，其中盘踞在小昭寺内的800多名康、青叛乱武装分子和武装僧人最为顽固。军区决心首先歼灭小昭寺之敌。经过一阵炮火袭击后，一五五团二营于15时7分发起进攻。叛乱分子打出“雪山狮子旗”，依托房舍顽固抵抗。该营以短兵火器与叛乱分子逐房逐室争夺，战斗十分激烈，半个多小时，全部毙、伤和俘虏小昭寺内的武装叛乱分子。至16时30分，各部队已先后攻占了叛乱首领恩珠仓宅、朗加多吉宅、木鹿寺、然巴宅、尧西林卡等主要据点，并经喊话，争取藏军第六团大部投降。其余叛乱分子龟缩在大昭寺内。当晚，一五九团等部将大昭寺包围，军区政治部在八廓南街架设高音喇叭，组织战场喊话。爱国上层人士雪康·土登尼玛、朗顿·白玛等与部队一同向叛乱分子喊话，敦促他们停止抵抗。22日拂晓，大昭寺内900多名叛乱分子放下武器。9时，盘踞在布达拉宫之藏军第六团一部及其他叛乱武装从窗口打出白旗。反动贵族擦绒和叛乱武装800余人投降，交枪2500余支。在哲蚌寺的一股叛乱分子窜出寺院企图翻山北逃，被解放军炮火拦阻返回，然后缴械投降。

至此，经三天两夜的战斗，拉萨的武装叛乱被平息。人民解放军歼灭了聚集在拉萨市区的绝大部分叛乱武装及其指挥机构，包括叛乱武装总司令雪苦巴、格桑阿旺、拉鲁等以下5360人（其中毙545人，伤、俘4815人），[①] 缴获山炮6门、81迫击炮33门、掷弹筒49具、轻重机枪183挺、长短枪10212支、炮弹2万余发、子弹1000余万发。解放军官兵牺牲63名、负伤210名。由于平叛部队坚决贯彻了保护历史文物古迹的指示，对重点文物建筑实行“围而不打”或警告式攻击，因而使布达拉宫、罗布林卡、大昭寺以及哲蚌寺、色拉寺和甘丹寺等建筑得到很好的保护，免于战火的毁损。

战斗刚一结束，拉萨市人民群众不顾零星的枪声流弹，纷纷走出家门，焚香顶礼，额手称庆，欢呼新生。他们向党政干部和部队官兵控诉叛乱分子的罪行，帮助收缴叛乱分子遗弃和藏匿的武器，积极协助部队肃清残余叛乱分子。当反击炮声刚刚停下来时，聚集在阿沛·阿旺晋美家里的噶雪·曲结

---

① 《中国共产党西藏历史大事记》，中共党史出版社2005年9月版，第137页。

尼玛、擦第·益西朗杰、郭苏、玛朗巴等上层爱国人士，立即剪下象征旧时代官员的长发髻，纵情欢笑痛饮，畅吐胸中的闷气，举杯相庆，展望未来。市内商店陆续开门营业，郊外农民下地春耕生产，人民生活迅速恢复正常。

在拉萨战役开始的同时，西藏军区根据中央军委指示，于3月21日电令驻日喀则、黑河、亚东、定日、阿里的部队在当地党委的领导下，解除了上述地区藏军的武装。这样，西藏的日喀则、定日、江孜、帕里、亚东、当雄、黑河、泽当、太昭、林芝、扎木、丁青、昌都、察隅、噶尔昆沙等重镇完全置于军区部队控制之下。平叛取得初战的胜利，打乱了西藏地方政府及反动上层武装叛乱的计划，使全区叛乱武装失去指挥中心，处于各不相顾的混乱局面，为彻底消灭叛乱武装创造了十分有利的条件。

拉萨战役开始后，中共中央、中央军委及时确定了平息西藏叛乱的方针。同时，急速增派部队入藏作战。

中共中央于3月22日发出《关于在西藏平息叛乱中实行民主改革的若干政策问题的指示》，指示说："西藏地方政府已经撕毁了十七条协议，背叛祖

人民解放军奉命平叛，追剿叛军。

国，发动西藏的全面叛乱。中央原来决定的六年不改的政策，自然不能再继续执行下去。”“在这次平息叛乱的战争中，必须同时坚决地放手发动群众，实行民主改革。”中央指出，“我们的方针是‘边打边改，叛乱地区先改，未叛乱的地区暂时缓改。’”①

在中共中央发出上述指示的前一天，中国人民解放军总政治部于3月21日发出《关于坚决平定西藏叛乱的政治工作指示》，指出：“为了较快地、彻底地平定西藏叛乱，必须把军事打击和政治争取、发动群众三者紧密结合起来。”强调平叛部队要“随时随地注意遵守群众纪律，尊重藏族人民的宗教信仰及风俗习惯，以模范的行动去影响和争取西藏人民。”“对于爱国的西藏上层人士，应积极进行统战工作，争取他们进一步靠近我们”。“要把参加叛乱的分子和一般的藏族人民严格区别开来；在叛乱的反动集团中，又必须把坚决反动的骨干分子和胁从分子区别开来，以利于争取群众，分化和孤立敌人。”总政治部的指示还强调：“过去，中央的打算是在适当的时期，采取和平的、逐步改革的方法解决西藏问题。现在，由于西藏反动集团撕毁了和平解放西藏的协议，公开背叛祖国，就迫使我们不得不改变原来的方针，并且提前来解决西藏问题。为此，中央决定，对西藏的叛乱，坚决予以平定；并在平乱的同时，采取‘边打边改’的方针。”②

西藏工委、军区坚决贯彻中央、总政的指示，把平叛斗争和领导人民实行民主改革作为中心任务。平叛是改革的必经步骤和必要手段，只有消灭叛乱武装，推翻反动统治机构，才能打开发动群众的局面，为实现改革扫清障碍，铺平道路。改革是平叛的必然要求和根本目的，只有彻底摧毁封建农奴制度，解放西藏劳动人民，才能摧毁滋生叛乱的社会基础，巩固平叛的成果。

拉萨战役结束后，西藏军区奉命于3月23日宣布撤销拉萨朗子辖，成立拉萨市军事管制委员会。邓少东为军管会主任，惠毅然、桑颇·才旺仁增、王亢、崔科·顿珠才仁任副主任。

---

① 《中国共产党西藏历史大事记》，中共党史出版社2005年9月版，第137页。

② 《平息西藏叛乱》，西藏人民出版社1995年8月版，第94-97页。

鉴于西藏发生全面叛乱，国务院于3月28日发布命令，决定立即解散西藏地方政府，由西藏自治区筹备委员会行使西藏地方政府职权，由班禅额尔德尼副主任委员代理主任委员，任命帕巴拉·格列朗杰[①]为副主任委员、阿沛·阿旺晋美为副主任委员兼秘书长。撤销叛国分子索康·旺清格勒、柳霞·土登塔巴、先喀·居美多吉（夏苏）、赤江·罗桑益西、帕拉·土登维登等18人的自治区筹委会委员的职务。4月20日，国务院又发布布告，决定撤销昌都地区人民解放委员会及其所辖各宗人民解放委员会，在昌都地区实行军事管制。

遵照中央军委3月20日的命令，陆军第五十四军军长丁盛、政委谢家祥组织指挥所（简称丁指），率步兵第一三四师、步兵第十一师立即沿青藏公路向拉萨开进，入藏后归西藏军区指挥；由成都军区副司令员黄新廷、西藏军区副政委王其梅组成指挥所（简称黄指），率步兵第一三〇师及步兵第一六二团沿川藏公路向昌都开进，担负昌都地区平叛任务；由昆明军区步兵第四十二师政委成泽民、副师长张兴佐组成的指挥所率步兵第一二六团进至盐井地区，执行平叛任务。该指挥所和昌都警备区均归黄指指挥。

军区司令员张国华带着党中央和毛主席的指示，于3月26日自北京返回拉萨，统一对全区平叛作战指挥和民主改革的组织领导工作。接着丁盛、谢家祥也到达拉萨。

3月28日，丁指机关率第一三四师先头部队到达拉萨。为肃清拉萨地区残余叛乱武装分子，军区以步兵第一五五团一部、第一五九团一部和第一三四师一部，于3月30日至4月5日对拉萨战役中少数逃窜至拉萨东北澎波地区之叛乱武装进行清剿，俘藏军副玛基、叛乱武装司令洛珠格桑以下骨干分子33名，缴获长短枪252支。

新华社于3月28日对外发布了《关于西藏叛乱事件的公报》，叙述了西

① 帕巴拉·格列朗杰，1940年生于四川理塘，1942年被昌都强巴林寺认定为第十一世帕巴拉呼图克图。1951年任昌都地区解放委员会第一副主任，1956年为名誉主任，1959年4月任西藏自治区筹委会副主任委员，同年为政协全国委员会副主席。

藏叛乱事件的由来、经过以及人民解放军平叛情况。公报还阐述了平叛后中央关于对西藏的方针、政策、措施等。《人民日报》3月31日发表《彻底平息西藏叛乱》的社论，深刻揭示了此次平息叛乱的意义。社论指出：西藏上层反动集团不但是祖国统一和汉藏两大民族团结的破坏者，而且是西藏民族团结进步的绊脚石。中央虽然早就觉察到西藏地方政府的种种罪恶活动，但仍然采取了仁至义尽的态度。但是西藏地方政府及上层反动集团顽固不化，竟然劫走达赖喇嘛，对人民解放军驻藏部队发动全面进攻，走上了自取灭亡的道路。为了国家统一和民族团结，国务院总理已经发布命令，解散这次叛乱的组织者西藏地方政府，命令人民解放军彻底平息叛乱。

班禅额尔德尼受命代理西藏自治区筹委会主任委员后，于3月29日致电周总理、毛主席，表示拥护国务院命令。30日向全藏僧俗人民发表书面谈话，严厉谴责西藏地方政府和上层集团叛乱的罪行。4月5日，班禅额尔德尼到达拉萨，8日主持召开了自治区筹委会会议，通过了《关于贯彻国务院3月28日命令的决议》。决议号召西藏全体僧俗人民全力支持人民解放军彻底平息叛乱，紧密团结起来，建设新西藏。4月9日，班禅和阿沛赴京出席第二届全国人民代表大会第一次会议。

西藏地方上层反动分子发动的叛乱，激起了西藏各族各界人民的强烈反对。人民群众在长达八年的对比中，切身感受到共产党领导下的人民解放军及工作人员处处为西藏人民着想、为西藏人民谋利益、为西藏的社会进步的一言一行；目睹了西藏地方反动集团压迫人民、特别是叛乱分子对人民群众烧、杀、掠所带来的灾难。1959年4月，拉萨市及西藏各地群众纷纷集会，控诉西藏上层反动集团发动叛乱的罪行，要求人民解放军惩治叛乱分子，尽快平息叛乱。

4月18日，第二届全国人民代表大会第一次会议在京召开，与会代表纷纷发言痛斥西藏上层反动分子发动武装叛乱的罪行。班禅和阿沛都在会上发言。佛教大师喜饶嘉措说：这些标榜保护宗教的叛国集团，他们威胁和欺骗信教群众为保护其特权而广开杀戒，烧毁经像塔寺，劫走佛教文物珍藏，残杀喇嘛，造下了五逆十恶大罪，不仅为国法所不容，也为教规所不许，真是

1959年4月15日，拉萨市各族各界群众两万多人集会，愤怒控诉西藏上层反动集团发动叛乱的罪行，要求人民解放军平息叛乱。

披上佛教外衣的豺狼[①]。28日，会议通过《关于西藏问题的决议》，完全同意国务院对于原西藏地方政府在3月10日发动武装叛乱后所采取的各项措施，[②]对平叛的人民解放军驻藏部队表示敬意和慰问，也对积极协助解放军平叛的西藏僧俗人民和各阶层爱国人士表示敬意和慰问。

① 《西藏日报》1959年4月26日。
② 《中国共产党西藏历史大事记》，中共党史出版社2005年9月版，第145页。

第三节　平息山南等地叛乱

拉萨武装叛乱的迅速平息，打乱了西藏地方政府和上层反动集团的叛乱部署，取得了平息全面叛乱的初战胜利。接着，平叛部队奉命挥师南下，直捣山南叛乱武装的“根据地”，封锁中印边境地区，实行“关门平叛”。

山南战役

山南地区东接林芝，西邻江孜，北靠雅鲁藏布江，南与印度侵占的“麦克马洪线”以南的门隅、珞渝地区和不丹接壤，辖12个县，人口17万，面积5.6万多平方公里，气候比较温和，物产丰富，素有“西藏粮仓”之称。叛乱武装从1958年4月起就把山南地区作为“根据地”经营。该区有叛乱武装约9000余人，盘踞在隆子、哲古、泽当、穷结、打隆、拉加里（现曲松）及羊卓雍湖畔等地。拉萨战役以前，他们围攻山南党的机关和驻军，破坏公路，烧毁桥梁，抢夺民财，残害群众，把美丽富饶的山南地区蹂躏得满目疮痍，藏族同胞怨声载道，苦不堪言。

西藏军区根据山南敌我情况和中央军委指示，以4个团又2个营的兵力，由第一三四师师长白斌、政委卜占亚统一指挥，以分进合击、迂回包围手段，于1959年4月7日发起对山南地区叛乱武装的进剿。左翼第一五九团、正面四〇一团、右翼一五五团、四〇二团分别在羌纳、温宗、曲水渡过雅鲁藏布江，插向隆子宗、达马宗、错那宗、多宗一线，并以一六〇团二营、三十一团一营控制打隆、浪卡子、仁布一线，防敌西逃。参战部队出师十日，奔袭千里，日夜搜剿，英勇作战，经20天的进剿，毙、伤和俘虏叛乱武装2393人，缴获迫击炮和无后座力炮3门、各式步枪536支、土枪883支。

4月底，山南平叛转入分区清剿阶段。部队在山南分工委统一领导下，与地方干部组成党的县委、区委和工作队，采取“分片包干”的办法，深入发动群众，彻底肃清溃散叛乱分子。山南地区广大群众一年多来备受叛乱分子蹂躏之苦，一经发动和诉苦教育，便纷纷起来揭露叛乱分子罪行，积极支援解放军平叛。拉加里贫苦农奴洛桑欧珠外出侦察一个多月，向部队报告情况70多次，查出了一批隐藏的叛乱分子线索。隆子宗的贫苦农奴仁增旺杰跟随第一五九团一营行动，带路送信，争取叛乱分子投诚，后来成为当地优秀的基层干部。进驻三安曲林的部队招降了叛军连长扎西次仁，经过宽大处理和教育，扎西次仁不仅招回他本连的14人交枪投诚，还招降了隆子宗叛军司令泽仁等两名叛首。山南地区经两个多月的清剿，基本上肃清了残余叛乱武装，为建立地方人民政权和民主改革等工作的开展创造了有利条件。

山南战役一举荡平了西藏叛乱集团的主要巢穴，封锁了亚东以东、米林以西之边境实际控制线，割断了叛乱分子与国外陆路联系的重要通道，形成了关起门来进剿区内叛乱武装的态势，为彻底平息全区叛乱奠定了基础，并积累了大规模进剿作战的经验。部队在平叛中遵守各项政策纪律，尊重群众风俗习惯，受到广大藏族人民的热烈欢迎。新进藏的部队受到了很大锻炼，积累了高原行军、作战和生活的经验。山南战役无论在军事上还是政治上都取得了重大胜利。

山南地区叛乱武装主力8000余人在平叛作战部队未全部到达前，由叛乱首领朗赛林·班觉晋美、恩珠仓·贡布扎西、夏格仓·朗加多吉等率领，先后越过“麦克马洪线”及中国不丹边界，逃往印度占领区和不丹境内，然后又转往印度。

中国人民解放军平息叛乱，这本来完全是中国内政，但是印度却借此掀起了一股反华喧嚣，干涉中国内政，支持叛乱。从1959年3月至5月，印度总理尼赫鲁在印度议会连续发表8次讲话，把中国在西藏平定叛乱称为“悲剧”，把中国的平叛行动说成是对西藏人民的“压迫和镇压”和“武装干涉”，表示“非常同情”。5月6日《人民日报》发表题为《西藏的革命和尼赫鲁的哲学》的编辑部文章，全篇贯彻维护中印友好的精神，充分说理，讲究礼貌，留有余地，努力争取尼赫鲁同我国继续合作。后来，印度态度有所变化，表示了印度不奉行敌视中国的政策、渴望与中国保持友好关系的态度，重申不干涉别国内政的政策。①

为了缩小打击面，分化、孤立敌人，加强政治争取工作的力度，西藏工委于5月2日拟订《关于在当前平叛工作中几个政策问题的决定》。规定：“对叛乱分子处理总的原则是根据镇压与宽大相结合和首恶必办、胁从不问、立

① 王泰平主编：《中华人民共和国外交史》（第二卷），世界知识出版社1998年版，第70、72页。

1959年5月，中央同意西藏工委《关于当前在平叛工作中几个政策问题的决定》，指出目前西藏地区的任务是，结合平息叛乱的斗争，采取边打边改的方法，完成全区的民主改革。中央领导与出席第二届全国人民代表大会第一次会议的西藏代表谈话。参加座谈的有：副总理贺龙、副委员长李维汉、张经武、谭冠三、总书记邓小平、副总理聂荣臻、副委员长彭真、十世班禅、阿沛·阿旺晋美等人。图为座谈会的一角。

功受奖的方针，采取坚决镇压、分化瓦解、区别对待的政策”，要求严格区别叛乱武装中的叛乱首领、骨干分子、坚决分子和胁从分子四种人。5月31日，中共中央批示同意西藏工委的上述分析和决定。以后西藏工委、军区又发出指示，在对叛乱武装开展政治争取工作中，对投诚来归人员坚决实行不杀、不关、不判、不斗的“四不”政策。经过三年平叛，在西藏全区先后有近9万人次卷入过叛乱行列的人员中，解放军和人民政府将其作为叛乱分子对待的叛首、骨干、坚决分子，只有2.3万人，放在全西藏的人口中，只占2%强，其中还包括从邻省藏区窜来西藏的叛乱分子。在对这2万多叛乱分子的捕、关、管、训问题上，人民政府又实行了坦白从宽、抗拒从严的区别对待和给出路的一贯政策。①

为指导部队贯彻执行平叛改革政策，西藏军区组成了以政治部主任吕义山②为组长的“平叛改革政策办公室”。该办公室除研究制定部队在平息叛乱、参加改革中的有关政策外，并负责检查督促部队正确贯彻执行。

① 王贵等著：《西藏历史地位辨》，民族出版社2003年版，第286页。

② 吕义山（1912—1994），山西原平县人，北京大学文学院毕业，1935年加入中国共产党，1937年参加八路军，历任第一二九师秘书、教导大队政治教员、教育主任、政治处主任、宣传科长、旅供给部政委、军政治部组织部长、军委总干部部局长、西藏军区政治部主任等。

纳木湖战役

1959年5月12日，西藏军区党委召开会议，讨论1959年的工作任务。决定在年内将拉萨、山南、塔工、黑河（今那曲）4个地区的成股叛乱武装基本肃清，并首先扫清青藏公路沿线的叛乱武装，确保通向内地交通大动脉的安全。

青藏公路是西藏通往内地的交通命脉之一，是平叛部队调动、保障补给的一条主要交通干线。年初，从青海、甘肃等地窜至黑河地区的叛乱分子造谣说："共产党、解放军先收枪，再分牛羊，后杀老人"，闹得当地人心惶惶。5月间，黑河、当雄两地8个部落的反动头人开会，煽动、欺骗、裹胁群众组织叛乱武装，与流窜来的甘肃、青海叛乱武装相结合，集结于纳木湖以北一带。纳木湖属于高原湖盆区，位于念青唐古拉山北麓，青藏公路黑河至羊八井段西侧，班戈之南，申扎以东，该区人烟极少。叛乱武装在这一带活动，严重威胁着青藏公路和当雄、羊八井等地的安全。

西藏军区决心以从兰州进入西藏的十一师部队担任此项平叛任务。由师长余致泉等组成的师指挥所，率步兵第三十二团，连同此前已进藏的步兵三十一团，进入黑河地区，负责肃清青藏公路唐古拉山口以南、当雄以北公路沿线及其以西、纳木湖南岸之叛乱武装。

7月2日，三十二团（欠第一营）、三十一团二营和一三四师的四〇〇团二营以及当雄机场警卫营、军区警卫营各一部，从东、西、南三面进击该股叛乱武装。参战部队在高寒牧区冒着风雨雪雹行军，忍受缺粮断炊之苦，顽强进行战斗，将叛乱武装大部压缩在纳木湖以南的两个山沟内。6日，三十二团四连八班同十余叛乱分子遭遇，战斗中班长牺牲，战士田都来一人在子弹、手榴弹打光后，用枪托与持刀之敌搏斗，负伤13处，歼敌11名，战后荣立二等功，并被誉为"孤胆英雄"。经过分割包围，梳篦搜剿，部队在12日前将成股之叛乱武装歼灭。随即展开半月清剿，至29日结束战斗。战后，嘉乐顿珠和美国中央情报局在境外方知有此叛乱，并向纳木错湖地区空降9名藏籍特工，但未起作用。该9人经藏北到达尼泊尔后返去。

纳木湖战役，是首次在西藏牧区进行的平叛作战。战役中，军区派出工作组随部队进入纳木湖地区，在调查研究的基础上，提出了牧区平叛与发动群众的四条原则：一、牧区部落是个“活动村庄”，不仅是叛乱武装的基层组织，更是以家庭为单位的生产消费组织。在消灭了叛乱武装后，以家庭为单位的生产消费组织必须恢复和保护；二、叛乱部落中大部分群众是被欺骗裹胁的，应与叛首、骨干、坚决分子严格区别，一律不加追究，应发还其牛羊，安置其生活；对叛乱分子家属亦应给予生活出路；三、牛羊既是群众的生活资料，又是生产资料，必须予以保护，平叛保畜应当兼顾；对散失的牛羊，应组织群众认领或交群众代牧；四、对隐蔽的叛乱分子，应大力进行争取工作，对投降者一律不咎既往，坚决执行“不杀、不关、不判、不斗”的政策。这些原则，特别是严格区分部落中叛乱分子与被裹胁的群众、叛乱分子与家属的界限，以及高度注意保护牲畜的经验，成为部队在牧区平叛中执行政策、开展群众工作的准则。

参战部队切实执行了上述原则。十一师在战斗中俘虏了部落头人甲巴，经过反复宣传党的政策解除其思想顾虑并安排好他的家属后，甲巴主动交待了纳木湖地区几个部落叛乱分子的情况，并帮助部队做劝降工作，争取了358名叛乱分子（其中含部分家属）归降，缴获步枪16支、土枪42支。四〇〇团二营供给排长张书亭率10多名留守和病伤体弱的战士，积极开展争取工作，在4天内就俘虏、招降叛乱分子112名，缴获步枪23支，受到军区通令嘉奖。部队还十分注意保护牧民和牲畜。十一师在进剿中将散失在纳木湖北岸一带的8万头（只）牛羊收集起来，交给当地部落代牧。战后，湖南岸一带的2200多群众无粮无衣无帐篷，生活极为困难，有的甚至断炊；3万多头（只）牛羊又正值上膘换毛季节，如果管理不好，将会大批死亡而给群众造成难以弥补的损失。部队发动牧民，作了大量宣传组织工作，将人、畜疏散在南岸一带，视草场情况随草就牧；将其中黑河、当雄的牛羊转移回原地；还发放了救济粮，将战地缴的帐篷、衣物等发给贫苦牧民，并尽量帮助失散的家庭团聚。许多指战员将老弱妇孺背下山来安置，并组织群众认领或代牧散失的牛羊。部队自身生活很苦，但严格遵守不屠宰牛羊吃肉的规定。解放军关心群众、爱护牛羊的行动，使群众深受感动地说：“我们原不知共产党、解放军这样好，早知道就不叛乱了。”有的说：“我们错把仇人（指叛乱分子）

当亲人，把亲人（指解放军）当仇人了。”

纳木湖战役的胜利，基本上肃清了班戈、申扎、黑河之间的成股叛乱武装，消除了青藏公路西侧敌人的威胁，并为牧区平叛提供了经验。

麦地卡战役

西藏地方政府发动全面叛乱之后，在黑河地区东南、塔工地区西北、澎波地区东北之间，以麦地卡彭措湖为中心的本地区部落头人，以及由拉萨、青海、四川等地流窜来的叛乱分子共计5000余人，盘踞在这一地区，活动十分猖獗。其中，以楚臣为首的叛乱武装千余人，曾于7月9日围攻中共索宗工作队。工作队机关和公路养护段、供应站、气象站等单位共127人武装自卫，坚持自卫战斗达40天之久。在空军出动4架次飞机和地面部队支援后，才遏制了叛乱武装的进攻势头。

为确保青藏公路和昌（都）黑（河）公路运输的安全，并为翌年的平叛作战创造条件，军区决定以三十二团、四〇〇团、四〇二团、炮兵三〇八团3个连、炮兵第五四一团3个连（炮兵分队均不带炮，携步兵武器）、军区军士教导营4个连、军区装甲连、三十一团二营等共约4个团的兵力，由丁指统一指挥，发起进剿。8月17日，各部队多路开进，逐次展开，向战区逼进，于8月27日达成战役合围。后以三分之一的兵力在合围圈的要点上担任堵击，主力分多路进击。经七昼夜的连续进剿作战，歼灭了大股叛乱武装；各部又分区展开搜剿，至9月15日，基本肃清了敌人。在搜剿中，四〇〇团四连副排长胡汉钊与叛乱分子白刃格斗，两次负伤后仍不下火线，直至第三次负伤壮烈牺牲。战后胡汉钊被追认为共产党员，追记一等功。军区号召全区部队开展向胡汉钊学习的活动。

战前，军区政治部于8月8日发出“坚决贯彻在牧区的平叛方针——政治争取为主，军事打击为辅”的政治工作指示。参战部队认真贯彻这一指示，采取一切措施，大力争取叛乱分子放下武器。第四〇〇团在进剿中迫降、招降了参加叛乱的10个部落约1400人，其中有战斗力的440人，缴钢枪92支。嘉黎的桑巴部落被招降后，该部落的喇嘛又招降嘉黎寺活佛、管家等6人。四〇二团俘获如林部落27名叛乱分子后，经宣传释放回去做劝降工作，两天内就争取叛乱分子425人来归降。四〇二团九连在驻地发现两名贫苦无依的妇女带着小孩，立即给以帮助。这两个妇女极为感动，承认自己的丈夫是叛乱分子，因负伤藏匿于山洞中。九连马上派人带上担架，由该妇女领路前往救治。经过细致工作，两名受伤的叛乱分子携枪两支投降。部队在战斗中爱护群众财产，尽量避免伤害牛羊。该团在清剿中提出“宁愿饿断肠，不杀一只羊”的口号，虽断粮两天，仍坚持挖野菜充饥。此外，还派人收集流散的牛羊8000余头（只），送交群众认领。三十二团在战役中处处爱护群众，救死扶伤达400人次，并通过派出俘虏和叛属，招降叛乱分子250人，动员妇女儿童474人归来。

平叛部队坚持“政治争取为主，军事打击为辅”的方针，保证了战区群众人畜两安，取得了军政双胜，达到了战役的预期目的。

昌都地区平叛作战

昌都地区是西藏局部叛乱最早发生的地区。当地叛乱武装与川滇藏族地区逃窜来的康巴叛乱分子相勾结，叛乱范围广、危害大。1959年4月以前，昌都地区基本上是由昌都警备区所属部队执行保点保线任务，并在地方干部配合下，打击宁静（芒康）、盐井等地的武装叛乱分子。黄指于4月2日进至昌都后，立即召开昌都地区平叛作战会议，确定首先平息澜沧江以东即昌都东北地区的叛乱，然后再平息昌都东南地区的叛乱。

从4月17日开始，进行第一阶段作战。由黄指统一指挥一三〇师（师长董占林）、一五七团和一二六团，并在兰州军区骑兵十三团、十四团，昆明军区边防一团和成都军区内卫四团等部队配合下，进剿昌都东北之江达、生达、拉多等地区之叛乱武装。同时以警备区所属的4个团分别扎点、修路、掩护运输和配合进剿。经过3个多月的进剿和搜剿，基本上平息了昌都东北然日德郎等股叛乱武装和盐井地区的成股的叛乱武装。江达的齐美公布再度叛乱后，秘密前往边坝地区，暂时逃脱了被歼的命运。

6月21日，解放军副总参谋长张爱萍到昌都检查指导平叛工作，黄指召集各部队团以上干部会议，汇报总结执行“三结合”方针的经验，部署下一步平叛工作。张爱萍讲话，强调以发动群众、政治争取为主，结合军事打击解决叛乱问题。

从8月19日开始第二阶段作战，战役在昌都东南地区进行。昌都警备区除留两个团在昌都东北清剿和发动群众外，黄指以一三〇师、昌都警备区一五三团、一五六团和一二六团两个营，在成都军区内卫三团、四团一部兵力的配合下，采取南北合击、东西堵歼的战法，经3个半月的作战，基本上围歼了江达公路以南之贡觉、察雅、宁静地区包括刀登扎巴等为首的大股叛乱武装。在此期间，以盐井刚达寺活佛巴贡为首的叛乱武装据寺顽抗。经一二六团二营一个多小时的攻击，毙、伤、俘该股叛乱武装计150余人。

此后，部队分片清剿漏网叛乱武装，开展政治争取工作，在发动群众的基础上，协助地方建立基层政权。8月至9月份，争取叛乱分子1594人来归降。

在麦地卡战役、昌都东北平叛的同时，驻日喀则的一六〇团于8月4日包围了参加叛乱的南木林甘丹青柯寺。经过政治争取，使该寺叛乱武装放下武器投降，缴获长短枪914支，火枪910支。

中共西藏工委、西藏军区为加强对各地区军事工作的领导，在平叛取得阶段性胜利后，即着手组建军分区。经军委总参谋部1959年5月16日批准，西藏军区成立了拉萨、塔工（后改称林芝）、江孜、日喀则、黑河（后改称那曲）军分区。拉萨军分区副司令员李天明、周国华，副政委朱流；塔工军分区司令员杨永恩，政委李久盛；江孜军分区司令员王立峰，政委阴法唐；日喀则军分区由步兵第十一师兼；黑河军分区政委张瑞厚，副司令员文荣德、常景山。7月10日，总参谋部批准，以步兵一五九团为基础成立山南军分区，司令员柴洪泉，副司令员郭志显，副政委董志理（1960年1月增补宋开元为政委）。该团之第一、第二、第三营分别扩编为西藏军区步兵第一、第二、第三团，隶属于山南军分区建制。同时，撤销步兵第一六〇团，该团之第二、第三营分别扩编为西藏军区步兵第四团、第五团，隶属于日喀则军分区建制。

1959年12月1日，黄指奉命撤销，组成昌都地区指挥所（简称“昌指”），由第五十四军副军长赵文进[①]兼司令员、西藏军区副政委王其梅兼任政委。昌指统一指挥一三〇师、昌都警备区所属部队及一二六团，继续在昌都地区平叛。昌指由西藏军区指挥。

---

① 赵文进（1913-1998），湖北大悟县人，1929年参加红军，同年加入共青团，1932年转入共产党。历任排长、连长、营长、抗日军政大学队长、团长、军分区司令员、旅长、师长、志愿军师长、五十军副军长兼参谋长、西藏军区副司令员。

第四节　平息西藏腹心地区叛乱，争取平叛全面胜利

1959年的几次平叛战役取得巨大胜利，使西藏叛乱武装从陆路接受外援的通道被切断。叛乱武装完全处于被分割状态，孤立地盘踞在几个互不相联的地区。他们在各地横征暴敛，与藏族群众的矛盾不断加剧。参加平叛的部队经受到了锻炼，积累了边平边改以及军事打击、政治争取和发动群众三结合方面的经验。这些，为继续完成全区的平叛改革创造了极为有利的条件。

1960年初，成股的叛乱武装分别集中在恩达、丁青、嘉黎、扎木之间，温泉、黑河、巴青之间，申扎、萨噶、定日之间以及昌都东南等四个地区，军区将其依次编为一、二、三、四号地区。这些地区的叛乱武装中，叛首、骨干、坚决分子（简称三类分子）的比例约占三分之一。特别是一、二号地区的三类分子比较集中，组织较严密，战斗力较强。他们在美国中央情报局空降特务的操纵和空投武器的支援下，比较有组织有战斗力。他们妄图凭借横断山脉、荒原和高山草地，建立所谓“敌后根据地”，以便长期盘踞。但是各叛乱武装之间缺乏联络和协同动作。

1960年1月中旬，西藏军区召开有团以上主管干部参加的平叛作战会议，总结1959年平叛工作，部署1960年平叛任务。王亢参谋长详细介绍了叛乱武装情况，邓少东副司令员、詹化雨副政委分别就如何贯彻打歼灭战的指导思想和平叛的政治工作提出了要求。丁指和其他单位领导也发表了意见。张国华司令员最后强调，1960年是平叛的关键一年，要争取在年内基本解决问题。他指出“军事打击，政治争取，发动群众相结合”是一个统一的整体，必须自始至终全面贯彻；在具体运用时则根据不同情况有所侧重。一般在平叛初期和进剿阶段，应侧重于军事打击，结合进行政治争取；进入清剿阶段则以政治争取为主，并配合以有力地军事打击；不论军事打击为主或政治争取为主，都要发动群众。在作战指导上，强调集中优势兵力，各个歼灭敌人的思想，采取从四面八方将叛乱武装主力合围在一个有限地区之内，实行分进合击，分割包围，多层围堵，攻堵结合的战法，一举歼灭之。

西藏工委和军区在认真贯彻 “边平边改”方针的实践中，及时总结经验，逐步形成在军事指导上采取先平息叛乱的中心地区，后一般地区；先边沿区，后腹心区；先公路沿线（保障后方运输和兵力机动），后边远地区；先农区，后牧区；先打最疯狂、最顽固的，后打一般的。同时把平叛作战与民主改革结合起来，实行先叛先改，后叛后改，未叛缓改；“平息一地，巩固一地，再转一地”的原则。这些，就是毛泽东关于实事求是原则和各个击破敌人的策略思想在西藏平叛与改革中的具体运用。西藏工委、军区结合西藏实际，灵活正确地理解和认真执行了中共中央、中央军委的历次指示。这是平叛改革取得彻底胜利的根本保证。会议决定，1960年的平叛作战，在西藏军区统一指挥下，组成三个指挥部，分片包干完成平叛改革任务。具体划分：丁指部队负责一、二号地区，第十一师负责三号、阿里地区，昌指部队负责四号地区。

会议确定1960年的平叛重点是一、二号地区。为了出敌不意和不过多影响群众的春耕播种，进剿时间提前到冬末春初大雪封山的2月底、3月初开始。由于平叛部队数量多，规模大，多数地区交通不便，又正值大雪封山的严寒季节，除要求部队做好思想动员，发扬吃大苦、耐大劳的精神外，特别要求做好后勤保障工作，以各种手段加强物资运输，抢修道路，救治伤员，保证部队打到哪里后勤就供应到哪里。

西藏工委书记张经武到会讲话，要求部队加强政策观念，加强群众观点，严格遵守纪律，努力完成全年平息叛乱和民主改革的任务。

3月，军区司令员张国华带领部分负责干部参加了总参谋部、总政治部、总后勤部在成都召开的平叛、边防现场会议。张国华在会上就西藏平叛的基本经验做了发言，受到中央军委秘书长、总参谋长罗瑞卿的充分肯定。会上总结交流了平叛和边防斗争的经验，明确了各大区的作战任务及大军区之间的协同，通过了《关于1960年平叛作战的决定》和《西南地区边防守则》两个文件。

一号地区进剿战役

一号地区，为恩达、丁青、嘉黎、扎木之间以边坝为中心的地区。1958

年冬，恩珠仓·贡布扎西率“卫教军”一部逃窜到边坝地区，建立叛乱“根据地”。1959年秋冬，该区有叛乱武装一万余人，占全区叛乱武装数的43%，其中骨干分子5000余人，拥有各种枪支6000余支。美国中央情报局从1959年9月以后在该地区空降藏籍美特德格顿约等18人，空投高射机枪、无后座力炮、30式步枪、手榴弹等武器弹药和电台等物资8架次。在空投特务的控制和指挥下，该地区的叛乱武装于10月在边坝组成“四水六岗卫教军总部”和最高指挥机构“团结会”。比如寺活佛夏仲、边坝寺活佛阿旺洛桑、昌都寺第二活佛谢瓦拉等为首领，德格小土司乌嘎、江达头人齐美公布、丁青头人呷日本·才旺多吉、波密地区玉仁头人蔡刀、边坝宗本秘书普顿堆等十余人为各路叛军司令。他们强迫当地18岁至60岁的男子参加叛乱，并编成班、排、连，配发武器，组织训练，妄图进行游击战争，与解放军长期抗衡。[①]

由丁指直接指挥第一三〇师（欠炮兵团）、一三四师、一五七团共7个步兵团、1个炮兵团（不带炮，携带轻武器）共约1.8万人的兵力，担任围歼该区叛乱武装的任务。参战部队于2月25日前进到战区边沿位置集结，对叛乱武装形成合围态势。然后采取封堵结合、分进合击、穿插包围、各个歼灭的战法，向该地区叛乱武装发起进攻。战役于29日开始，分为三个阶段。

2月29日，各部队分别对盘踞于当堆、中仲比寺、沙丁、拉若、朗吉贡等5个外围地区之叛乱武装奔袭合围，扫清了外围地区之敌，然后于3月12日前，分别进至怒江南岸、念青唐古拉山分水岭以北、洛隆以西、丹达山以东地区，使叛乱武装主力盘踞之中心地区暴露在进击部队面前。

3月13日，各进攻部队在战役合围圈边沿一线地区留置8个步兵营和师、团属炮兵部（分）队，实行严密封锁；13个步兵营和3个骑兵支队先后于12日晚、13日拂晓分别翻越念青唐古拉山各山口，横渡怒江，以营或骑兵支队为作战单位，多路向其中心地区进击。经数十次大小战斗，毙伤和俘虏叛乱武装一部，缴枪1800余支。残敌化为小股，隐蔽流窜于深山密林之中。

自3月22日起，各部队在中心区和外围区展开全面搜剿。在军事打击的

① 顿堆曲英：《从宗本秘书到边坝地区叛军司令》，载《西藏党史通讯》1989年第1期，第58-60页。

同时，大力开展政治攻势。经连续25天搜剿，毙伤和俘获包括大部分空降特务及叛乱骨干在内的万余叛乱分子，俘获夏仲、乌嘎、康多嘎多、普顿堆、齐美公布、呷日本，缴获无后座力炮7门、高射机枪1挺、轻机枪119挺、各式步枪3750支、土枪3040支、子弹38万发、电台6部、马2061匹，以及降落伞268顶等军用物资。战役获得圆满胜利。

在战役中，一三〇师由东向西开进，担负歼灭以硕般多为中心的色扎、生俄松多、八宿、类乌齐地区之叛乱武装。部队在扫清外围后，冒雪急进，发现作战区域内敌电台活动后，即分路进行搜捕，在海拔5500米高的荒山密林中连续清剿4天4夜。经大小战斗16次，歼灭叛乱武装一部，缴获电台6部。第三八九团两个营在念青唐古拉山区担任堵击任务，巡逻地区海拔在5500米以上，气温在零下40摄氏度以下。指战员们靠冰雪垒墙防寒，以生米、炒面充饥。3月18日，第一连行进在东拉山口突遇雪崩，30多人被埋在雪下，牺牲7人，20多人冻伤。3月24日，第三连连长李文喜率31人在6700高地巡逻，突遭龙卷风袭击，李文喜等27人被风卷起，又埋在雪下，全部壮烈牺牲。担任堵击任务的部队，在这种极为艰苦的条件下，顽强堵截43昼夜，歼灭企图外窜之叛乱分子一部，击毙空降特务2名，出色地完成了任务，受到上级领导机关的高度赞扬。第一三四师由西向东开进，主力直插叛乱武装指挥中心边坝县，将敌主力聚歼后，又将分散之敌分割成数块，然后分片清剿。部队认真贯彻“三结合”的方针政策，充分发动群众，进行政治争取，使多数被胁迫群众脱离了叛乱武装的控制，并主动向平叛部队反映叛乱武装情况。如藏族群众罗松向随队的工作组送来情报说：一批叛乱武装将在沙丁宗附近集结开会。第四〇一团迅速歼灭了这股叛乱武装，俘虏了叛首夏仲活佛。

一三四师提出“人人开口、仗仗喊话”，多次取得一枪未发就劝使敌人投降的胜利。第四〇一团一营搜山时，俘获下山取粮的叛众4人，经宣传教育后，了解到附近有叛乱武装百余人，部队迅速予以包围，并利用俘虏喊话招降，争取了110名叛乱武装分子投降，缴枪78支。第四〇〇团在进剿阶段歼敌911名，其中争取投降的占69%。一三〇师三九〇团在进剿一股叛乱武装时，班长翁平安等5人在以火力拦阻的同时，高声喊话，迫使62名缴械投降。班长许哲安和两名战士以汉话加藏话喊道：“缴枪不杀！”，促使叛乱武装副司令乌嘎放下武器。后又利用乌嘎喊话，争取了叛首、骨干分子14人投降。一五七团三连一支35人的武装宣传队在卡达寺附近开展火线喊话，未打过仗的藏族女翻译也在敌前积极喊话，使以副司令康多嘎多为首的68名叛乱分子全部放下武器。

中央军委于1960年3月26日发出通报，嘉奖参加一号地区平叛的部队。嘉奖电指出：西藏平叛部队于3月初发起进剿，广大指战员艰苦奋斗，克服了冰山陡壁、怒江激流的障碍，战胜了雪崩地塌、给养缺乏等各种困难，发扬了高度的坚韧不拔的精神和英勇机智的战斗作风。经过20余昼夜的穷追猛打，配合政治争取，取得了战役进剿阶段的胜利。这一胜利，不仅为全部消灭当前西藏主要叛区的叛乱武装取得了决定性的胜利，而且为全年肃清全西藏叛乱武装开辟了有利局面。

二号地区进剿战役

一号地区进剿结束后，西藏军区立即按年初作战方案调整部署，于4月底对二号地区之叛乱武装发起进剿作战。

二号地区系青海、西藏交界的唐古拉山高寒牧区，盘踞着部分青海、西藏的叛乱武装。美国中央情报局从1959年12月到1960年3月在该地区空降扎西次科、阿旺沛穷为首的16名藏籍特务，空投枪支、弹药等物资12架次。在特务控制指挥下，各股叛乱武装于3月份先后集中于青海百合色宗和尼热错更为中心的地区。从一号地区逃脱的叛首、骨干和特务分子也纷纷潜入该区。这一地区的叛乱武装总数达到5000余人，组成了以青海杂多县龙卡寺洛巴（老哇）喇嘛及西藏聂荣宗索德部落头人罗布次仁为总指挥的“青海总司令部”，编成团、连、班建制。他们拥有各式步枪3561余支、轻机枪191余挺、高射机枪9挺、无座力炮10门、电台6部，并集中进行了军事训练，因而具有一定的战斗力。这一地区成为青藏边境叛乱武装的“指挥中心”和“根据地”。

由一三四师统一指挥三十二团、一五七团、四〇一团、一五八团3个连、军区军士教导营、装甲车连、一三四师骑兵大队、重炮营等部（分）队，并在兰州军区骑兵二团、十三团、十四团、摩托大队和装甲车营2个连的配合下，共7个多团的兵力，进剿该地区叛乱武装。战役开始前，西藏军区派政治部群众工作部部长魏克与第一三四师参谋长张进和到青海玉树的兰州军区指挥部，与之协调作战部署和平叛中的方针政策等问题。对在牧区平叛中，严格区分叛乱分子和群众、保护部落中的妇女儿童、严禁宰杀牛羊与征用马匹等政策统一了认识。

各部队分别于4月29日至5月2日隐蔽开进，5月5日拂晓达成战役合围。5、6两日，空军出动32架次各型轰炸机进行轮番轰炸扫射。地面部队各以三分之一的兵力在战役合围圈地带控制要地，阻敌突围；步兵以营、骑兵以团为作战单位，分多路向中心地区之叛乱武装发起总攻。至13日，将其主力逐股歼灭，随即以连为单位全面展开搜剿。广大指战员在高寒缺氧的牧区顽强战斗。5月8日上午，四〇一团一连藏族班长赤来率两名战士以仅有的一支冲锋枪向隐蔽在山洞内之叛乱分子射击。洞内30余敌蜂拥而出，将赤来等人包围。赤来等3名战士临危不惧，一起投出4枚手榴弹，将叛乱分子赶回洞内。赤来负伤5处，忍痛坚持爬到洞口，继续战斗，在支援分队赶到后，赤来立即喊话，迫使39名叛乱分子缴械投降。战后，赤来荣立一等功。一五八团一连七班阻击企图突围之60余叛乱分子，全班7人中有5人牺牲、2人负伤，仍坚守阵地，未放走一个叛乱分子，在友邻分队赶到后，全歼了该股敌人。5月13日，三十二团和一五七团各以两个营围攻叛首盘踞的5500高地，激战一日，付出较大的伤亡代价，击毙叛乱骨干多人，生俘叛首罗布次仁。

此役的一大特点是叛乱武装非常顽固，但部队仍严格执行政策，大力开展政治争取。第一五七团在章清包围敌人后，发现有20名妇女幼童混杂在敌群中，就让翻译大力喊话，叫他们离开，然后才发起冲击。三十二团八连在进剿中吃了7天炒面糊，后又断粮一天半，但没有宰杀一头牛羊。炊事员拾牛粪作燃料时，拣到几根牛毛帐篷杆，战士们说："这些木棒棒就是藏民的房柱子，千万不能烧"，并将其送还群众。该连在18天连续战斗中，救济群众、叛属18人，治病11人，拾衣物100多件。该团组织群众认领失物58驮。牧民们感动地说："土匪抢我们的东西，解放军帮我们找回东西，看来过去土匪说的都是假的。"叛乱分子加达之子经部队救护治疗后，其妻陈拉十分感动，立即召回加达等3人携带两支枪来投降。第四〇一团九连三班在索德战斗中，当敌群失去指挥、出现混乱时，战士徐光辉及时利用俘虏喊话，争取了41名叛乱分子缴械投降。各部队在战斗间隙召开群众会、座谈会，宣传政策，访贫问苦，帮助群众背水、拾牛粪、收集失散牛羊，采取各种措施安定民心，恢复牧业生产。仅四〇一团和兰州军区骑兵二团从战役开始到5月19日就派出干部39人、翻译13人，组成6个工作组，开展群众工作，共争取群众1194人返回，收集牛羊21116头（只），招降叛乱分子16人，收枪20支。

二号地区进剿作战持续38天，除个别叛首、特务率亲信骨干漏网外，全歼了包括叛首罗布次仁在内的5255人，其中有空降特务7人。缴获无后座力炮7门、高射机枪6挺、轻机枪180挺、各式步枪2252支、电台6部、降落伞148顶。这次进剿行动，空军出动各型飞机132架次支援地面部队行动。其中实施侦察53架次，轰炸37架次，空投给养42架次。

这一地区海拔高，气候寒冷，严重缺氧，部队昼夜兼程连续作战20多天，"一把炒面一把雪"。战斗间隙，席地合衣而卧，官兵体力消耗甚大，普遍高山反应严重，但都不怕艰苦困难，直至圆满完成任务。

二号地区战役是在高寒牧区进行的一次较大规模的陆空协同和大区之间协同的作战，一举歼灭了该地区的叛乱武装，不仅保障了青藏公路畅通、运输安全，还彻底地粉碎了美国中央情报局和国外敌对势力企图在青藏腹地建立所谓"敌后根据地"、"坚持中国战略后方的游击斗争"的阴谋。

胜利实施这两个地区的战役，使盘踞在西藏腹地的叛乱武装主力被全部歼灭，对于加速西藏彻底平息叛乱，具有重要的意义。

三号地区进剿和阿里战役

三号地区是指申扎以西以及萨噶、定日之间的广大高寒牧区，幅员辽阔，人烟稀少，交通不便，补给困难。该区盘踞着以申扎宗大头人保保阿公和青海大喇嘛阿热仓为首的部落性叛乱武装7股，共3700多人，其主力在门董寺一带。按年初的预定作战方案，由十一师指挥第三十一团（欠第二营），三十三团、一五五团、三十二团三营及师临时组建的骑兵支队共约10个营的兵力，担任歼灭该股叛乱武装的任务。

从2月21日起，各部先后向战区开进。在接近展开地区时侦悉，敌主力已经沿坦羊湖南侧西窜。第十一师师指当即调整部署，合围高伦、门董寺为中心的地区，并令军区步兵第五团3个连由拉孜进至萨噶以北担任堵击。各部队按调整后的部署，继续向西开进。十一师骑支、一五五团在吉普土山口、取从、高朱干等地各歼灭叛乱武装一部。一五五团冒着零下30摄氏度的严寒，日夜奋进，先后作战20余次，歼叛乱分子650余人（含招降144人）。二营营部通信员陈树伦在送信途中与10名叛乱分子遭遇。他临危不惧，迅速占领有利地形，机智灵活地将敌人全部击毙，缴获各式步枪6支、土枪2支、大刀7把，战后荣记二等功，被誉为“孤胆英雄”。二连排长帅全兴率全排冒着大雪追击逃敌3天3夜，将130多名叛乱分子全歼。3月8日，部队进至门董寺，查知叛乱武装主力早于2月中旬即向西南方向的中（国）尼（泊尔）边境地区窜去。部队遂就地转入清剿。战役于5月10日结束。

参战部队在军事打击的同时，大力开展政治争取和发动群众工作，将招降工作宣传站设到距部队驻地四五十里以外的地方。一五五团、三十三团见牧民一人就宣传一人，揭露敌人谣言，安定群众情绪，稳定了驻地附近的群众137人，并发动他们进行争取工作，7天之内争取叛乱分子132人投降，收缴步枪7支、土枪41支、战刀33把。三十三团在门董寺开展宣传后，一些喇嘛将宣传内容告知未听宣传的牧民，使附近19户原有疑虑打算逃跑的群众安定下来。一五五团首长召集未叛部落头人和叛属等反复讲解“四不”政策，三天内争取叛乱分子88人来降。

6月下旬，军区又对盘踞在马泉河以南、中尼边境线以北、里孜以西、公珠湖以东之仲巴地区叛乱武装发起进剿。由于当时仲巴属阿里地区，故这次平叛作战又称为“阿里战役”。活动在该地区的多系日喀则、黑河地区的叛乱武装及川、青地区逃来的叛乱分子，共3000余人。十一师师指除指挥原参加三号地区进剿的部队外，还指挥西藏军区步兵五团3个连，阿里骑兵支队两个连以及新疆军区步兵四师十团（欠一营）共约5个团的兵力发起进剿。20日，部队向战区开进。27日占领边境线中国一侧之要地，阻敌外窜。各部队主力对预定目标区实施远程奔袭，以搜、追、堵相结合的手段展开围剿。至7月3日，基本歼灭了10人以上成股之叛乱武装。部队继续展开清剿，至7月28日，肃清了日喀则、阿里两地区结合部的叛乱武装。7月21日，十一师侦察支队在马泉河附近歼灭了空降特务卓玛顿珠等5名。23日十一师改则工作队又歼灭了4名叛乱分子，包括俘虏的1名空降特务哲德·扎西顿珠。共计缴获半自动步枪7支、加拿大手枪5支、望远镜3具、特制地图44张及反动文件、照片等。受到了总参谋部8月23日的通报表扬。此外，一五五团发现一名敌特突然夺马逃跑时，战士艾知生忍着伤痛追击10多里，将敌击毙在

平叛采取军事进剿和政治争取相结合原则。图为解放军向被俘人员发放路费和生活费。

距国境线不远的地方。艾知生荣记二等功。此战全歼一小股叛乱武装，缴长短枪14支、匕首7把、地图7张，受到军区表扬。

各部在对叛乱武装实施军事打击的同时，大力进行政治争取工作。一五五团一营在毕久拉以西包围一股青海叛乱武装，通过喊话，争取其60多人来降。全团歼敌365人，动员696名妇女儿童返家。清剿期间，部队在各地普设宣传站、招降站，在宣传平叛形势及优待俘虏政策的基础上，开展亲串亲、友联友、妻劝夫、父唤子的招降活动，共派出劝降者31人次，写劝降信8封，发挥了政策威力，促使许多叛乱武装分子投诚。拉让、穷果、布多、戈尔登四个参叛部落共108户，就是在了解到党的政策后投诚的，其中叛乱分子约

百人，交步枪4支、土枪31支。部队高度重视“人畜两安”。十一师师指就此专门下发指示。各部将叛乱分子遗弃的无主牛羊集中起来交叛属、贫苦牧民代牧，对无主牛羊还集中组织放牧，从而避免了牛羊大量死亡。至7月底，一五五团集中并组织放牧无主牛1803头、羊3659只，召集群众前来认领。这些措施都深受牧民和归降叛众的拥护。经过宽待俘虏和对被裹胁的群众进行教育，组织诉苦，一些出身贫苦的俘虏起来揭发叛首的罪行，还收回了一些叛首藏匿的武器。

此次进剿发生了一次失误。军区步兵五团四连在封锁中尼边境时，于6月28日在昆木加正面之科里山口，误将前来接洽盐粮交换事宜的尼泊尔军排长击毙，造成了涉外事件。周恩来总理为此公开向尼泊尔政府道歉，并赔偿损失5万卢比。

经过以上各次战役，到9月底，西藏全区除昌都和墨脱地区外，已基本上肃清了20人以上的成股叛乱武装。

四号地区作战和宁（静）三（岩）战役

四号地区为昌都东南之贡觉、三岩、宁静之间，以普巴本、曲美多吉、康古、马西路荣等为首的叛股1800余人、1000余枪，经过1959年夏秋平叛、以后，其残余仍活动于山林、牧区。进入1960年初，一五六团于1月25日首先在宁静以北追歼该地区四年前最早叛乱的叛乱头子普巴本叛股，受到西藏军区通报表扬。3月5日，四号地区战役打响。第一天，在宁静追歼吉措本叛股78人，缴枪30支。随后，俘宁静18头人之一的吉措本；追歼曲美多吉叛股78人。至4月10日结束，共计歼灭叛乱分子1024人（其中击毙107人、俘366人、争取投降551人）。缴获各种枪支597支（其中钢枪141支，土枪456支）。由于一三〇师和一五七团参加一号地区战役，此区兵力不足，未能全歼这一地区的叛乱武装。总参谋部、总政治部于4月22日发出通报表扬昌都平叛部队取得的重大胜利。5月1日，骑兵一团在贡觉的豆巴沟战斗中失利。5月底，一五三团在察隅以北追歼曲美多吉叛股，歼180余人，曲本人被迫投江自杀毙命。8月初，骑兵一团在总结豆巴沟战斗失利的教训以后，团长杨秀山率3个连于则松牧场歼灭豆巴沟之宿敌，俘40余人，击毙叛首加荣向巴。但是，仍有个别叛首未被歼灭，他们还能裹胁控制不少群众。局部地区也有复叛、新叛的情况发生。为此，军委总参谋部决定派五十四军军长丁盛为代表，于7月下旬抵昌都，检查平叛情况。随后，张国华司令员亦于8月中旬抵昌都，召开军队和地方干部会议，进行检查整顿，强化党的一元化领导，统一对"军事打击，政治争取，发动群众"三结合方针和"平息一地、巩固一地、再转一地"原则的认识，并采取一系列有针对性的措施，从而逐步扭转了该地区平叛改革的被动局面。

10月中旬，经过整顿后的昌指部队，在昌都地方干部的配合下，再次对昌都东南的宁静、三岩地区之叛乱武装发起进剿。在这一地区活动的，有以巴塘康宁寺八角喇嘛（国民党军少将参议）、色阿比等为首之叛乱武装19股、490余人、340余支枪。他们利用澜沧江两岸高山峡谷的复杂地形，分散藏匿，隐蔽流窜，成为昌都地区残存叛乱武装的巢穴。昌指以一三〇师第三八八团以及一五六团、骑兵一团、一二六团两个营、成都军区内卫三团、四团一营共5400多人的兵力，重点围歼公达种、察拉寺以南、喜曲以北、达拉曲以东、金沙江以西地区之叛乱武装。当时称之为"宁三战役"。

进剿部队于10月16日对叛乱武装达成合围后，各部队分路进击，首歼马相本、戈波本等股叛乱武装之大部。叛首色阿比率众窜至澜沧江西岸之沙夷、加卡地区。11月17日，以一二六团、骑兵一团、一五六团各一部共12个连的兵力合围搜剿，将色阿比叛股大部歼灭。后又组织一五三团两个连、三九〇团炮兵营，将窜至怒江西岸之贡噶叛股大部歼灭。在军事打击的同时，部队抽调干部战士540人，与地方干部一起，组成多个工作队、组，在昌东南各地以召开大会、座谈会、访贫问苦等方式，宣传解放军的平叛决心、进展情况和有关政策，动员了许多群众返乡生产。

主力部队在宁静、三岩地区作战的同时，昌指其余部队在昌都以北地区及盐井、扎玉等地展开清剿。至12月26日，共歼灭叛乱武装21股，缴枪686支。这样就基本上扭转了昌都地区特别是昌都东南地区对敌斗争的被动局面，为开展昌都地区的改革工作创造了有利条件。

1960年11月，经总参谋部批准，昌都警备区改称昌都军分区，并调整了领导班子，张怀礼任军分区司令员，贾桂文任政委。

1960年，西藏地区无论平叛或改革都取得巨大成绩。经过对一、二、三、四号地区、阿里地区和昌都宁三地区共6次大的进剿行动，加上各地的清剿，基本上平息了全区的叛乱活动。在此基础上，民主改革全面展开，在西藏87万人口的农业区中，有77万人口的地区完成了土地改革。25万人口的牧区中，有18万人口的地区结束了“三反两利”（反叛乱、反乌拉、反奴役和牧主牧工两利）运动。西藏各地群众有些已发动起来，有些也基本上发动起来了；基层政权初步建立，平叛和改革取得了决定性的胜利。

第五节　彻底肃清残余叛乱分子，消除叛乱滋生的基础

经过1959、1960两年的平叛作战，全区只剩下为数不多的小股、分散和残余叛乱分子，共约2000余人枪。他们主要分布在昌都东南地区；其次分布在昌都以西（原一号）地区和拉萨、林芝、那曲结合部地区；少量残留在申扎、班戈西部地区。此外，在青藏公路以东、丁青以西的青海、西藏交界地区，也还有少数叛乱骨干分子跨界活动。这些叛乱分子处于穷途末路，为逃避歼灭而疲于奔命。美国中央情报局对西藏叛乱的失败仍不甘心，继续空投特务和武器弹药，妄图使这些残存的叛乱武装作最后的垂死挣扎。1961年3月30日，一架美国飞机在察雅、宁静两县交界处的然次卡空投藏籍美国特务益西旺加（普巴本之子）等7人、各种枪21支、电台2部。特务与宁静地区叛首扎巴喇嘛等人会合，指挥此地的叛乱武装活动。虽然美国已承认在“西藏空中行动的结局令人沮丧。自1957年开始，总共空投了49名队员，只有12名生还，其中10人经过精疲力竭、危机四伏的长途跋涉之后出逃到印度，

① （美）约翰·肯尼思·克瑙斯：《冷战孤儿——美国和西藏为争取生存的抗争》，第259页。

一名投降，一名被俘”[①]，但美国仍然贼心不死，继续做这种蠢事。

1961年2月中旬，总参谋部对西藏彻底平息叛乱提出了四条“净化”标准：一、公开活动的叛乱分子和隐藏的叛乱首领、骨干已彻底搞光；二、掌握在反动分子手中的枪支、反动证件全部或基本上收光；三、基本群众已充分发动，反动的社会基础已被彻底打垮，基层政权已巩固，政治优势已稳定地树立起来；四、杜绝了较大的叛乱反复现象。中央军委于4月指出，“完全消灭这些残余的叛乱武装，主要的要靠政治，要靠群众，同时进行坚决的军事打击。”

2月21日，军区党委召开扩大会议，总结1960年平叛作战和参加民主改革斗争的经验教训，着重研究贯彻总参谋部提出的四条“净化”标准，部署1961年的平叛斗争任务：积极发动群众，大力开展政治争取工作，结合有力的军事打击，基本肃清残敌，保证民主改革的进一步发展，并防止复叛和及时平息新叛。总的部署原则，仍然是采取统一领导下的分区包干办法。对成股之叛乱分子活动地区，采取先进剿、后清剿的办法；对残存叛乱分子地区，采取分散扎点与机动侦捕相结合的办法；对残敌已基本肃清但情况仍比较复杂的地区，采取要点驻兵，深入发动群众完成“净化”[①]任务，防止新叛复叛，做好巩固工作。

为了彻底肃清昌都地区叛乱武装，军区决定加强昌都地区的力量，配置了9个团又1个营的兵力，其中在昌东南地区约为7个团。3月27日成立“西藏军区昌都地区指挥所”（仍简称昌指），由军区副司令员赵文进兼司令员、军区副政委詹化雨兼政委，统一指挥一三〇师、昌都军分区部队及一二六团进行平叛作战。工委调郭锡兰到昌都任分工委第一书记。分工委大批干部深入宁静地区，随部队发动群众。军区还将拉萨、林芝、那曲三个专区的结合部以及7个县的各一部地区划成一个清剿区，指定拉萨军分区组织前指，吸收有关7个县的县委书记或县长参加前指党委，统一领导该区的发动群众和清剿残敌工作。

① “净化”，即把叛首、骨干和叛乱分子彻底搞净，把反动分子的枪收交干净，把反动文件清查干净。

巩固平叛斗争胜利的关键，是自觉严格、认真地执行政策。3月28日，军区政治部发出《关于平叛中若干具体政策的规定》，其中特别强调严格区分群众与叛乱分子的界线；严格执行俘虏政策，切实做到宽待俘虏；区别再叛与外逃上山闹事的界线，现行反革命分子与一般违法乱纪行为的农奴主及代理人的界线；对投诚来归者，一律欢迎，不咎既往，立功者受奖；在牧区或半农半牧区应认真保护牛羊，达到“人畜两安”；严格执行宗教政策，正确处理叛乱寺庙问题；严格区分叛乱武装回窜与外逃群众回归的界线，严格遵守边防政策，打击回窜叛乱武装。

各部队在进入任务包干区内，针对不同的地形、敌情和社会情况，积极展开清剿作战行动，结合发动群众，大力开展政治争取工作，并分别采取重点合围搜剿，专案侦捕和边侦边打的作战手段，歼灭漏网的重要叛乱骨干、叛首，收到了立竿见影的效果。

年初，昌指组成专案侦捕指挥所，在成都军区过江部队的配合下，对从四川巴塘窜到宁静以西地区、经数次进剿漏网的顽固叛首康宁寺八角喇嘛，进行连续5天的追捕；在歼灭其70余人后，该叛股内部动摇。这时，部队在附近召开群众大会6次，向700多人宣传“四不”政策，发出80多封招降信，多次派人招降，还组织群众千余人昼夜喊话。在有力的军事打击和强大的政治攻势下，难以躲藏的八角喇嘛之妻和岳父母遂先向部队投诚。经当面宣传教育，其妻、岳父母返回去劝告八角喇嘛，终于促使其率20余人携枪两支于2月10日投诚。昌都专区安排了八角喇嘛为专区参事。此事对昌东南以至整个昌都地区都有较大影响，也使其他一些叛首相继来归降。

在此前后，步兵第一六二团六连8名干部战士与江达民防自卫队员15人联合行动，于1月24日击毙昌都东北地区重要叛首四郎巴登等4人、俘虏4人。2月19日，一三〇师三八八团在宗西地区组织军民联合搜山，于次日击毙宁静地区重要叛首尼玛本·杜荣。

美国中央情报局空降在然次卡的特务益西旺加等与宁静叛首扎巴喇嘛、麦巴本会合时，正值一三〇师前指、三八八团在当地大力进行宣传、发动群众工作。群众提高认识后，不再向叛乱分子提供粮食。严重缺粮的叛首扎巴派登甲群培下山回家取粮时，妻子抱住登甲的腿劝降，儿子将他的枪藏起来，迫使登甲向解放军投诚。扎巴、麦巴本连续断粮9天，陷入绝境，至5月18日不得不出来抢粮时，被一三〇师前指部队将其包围于奇比地区，全歼该两叛首以下17人和空降特务益西旺加等8人，缴获各式步枪32支、电台1部。此战，受到总参谋部、总政治部通报表扬。

6月10日，昌指又争取了宁静重要叛首吉错本·龙中郭布投诚。7月20日，昌指侦捕队在边坝地区迫降原一号地区叛乱武装副司令、边坝寺活佛阿旺洛桑和强堆才旺。8月30日，又迫使一号地区叛首乌金尼玛（青海囊谦土司的大管家）等人归降。

在藏北地区清剿的十一师三十二团与申扎县委紧密配合，争取了申扎宗各部落的总头人、叛首保保阿公归降。这个叛首在1960年三号地区战役中漏网。部队后来进行了60多次围追、堵截，未能将其全歼。保保阿公曾多次拒绝劝降。1960年12月6日，第三十二团在克龙战斗中将其打散，缴获了牛羊等生活资料，迫使其逃进木嘎山区。此处气候恶劣，生活艰难；加之部队对其所属陆续来降的88人予以宽大处理所产生的影响，使其残部逐渐动摇。1961年春，三十二团和申扎县委先后派出了8起26人对其招降。保保阿公要求见申扎县委韩副书记。韩当即亲自写信向其劝降。再经与保保阿公相识的统战人士前往规劝，保保阿公终于3月31日率18人归降，交出步枪7支、手枪2支、冲锋枪1支、土枪7支、刀17把。保保阿公表示悔罪并给尚在逃的其他叛乱骨干写招降信件，于4、5月份又争取了49人来降。那曲地区安排保保阿公为地区政协委员。此举在藏北牧区震动很大。军区政治部及时通报了他们的做法，推动了全区争取工作的进一步开展。

1961年全区共歼灭2132名叛乱分子。至年底，除墨脱地区因交通不便，又靠近“麦克马洪线”，总参指示暂不进剿外，全区公开活动之武装叛乱分子全部肃清。至1962年3月，西藏全区平息叛乱胜利结束。

三年平叛作战，共毙、伤、俘、降叛首、骨干、坚决分子为2.3万人，占当时西藏全区人口的2%。毙美国中央情报局派遣的空降特务33名、俘6名。全区先后曾有9万人次卷入叛乱行动，其中被胁迫参加叛乱的劳动群众近7万人。不论他们是否主动放下武器，解放军都没有当叛乱分子看待，而是把他们从叛乱营垒中解放出来，发给路费遣送回家生产。许多受蒙蔽、被裹胁参加叛乱的群众被遣返回家后，都十分感谢共产党、解放军，反转过来参加了平叛与支前。三年平叛作战，共缴获各式步、机枪35523支（挺）、各种炮70门、电台41部。反动分子手中的枪支、反动文件基本收光，基本群众已充分发动起来，全区基本上完成了土地改革，各级人民政权普遍建立，开始了新西藏的建设。

西藏地方政府发动的全面武装叛乱，是西藏反动农奴主的一次最后挣扎。他们原本图谋从这场叛乱中渔利。但是，由于中国共产党及其领导下的人民解放军、各地方干部及工作人员有八年的工作基础，西藏广大群众和上层爱国人士在战争发生后迅速站到共产党、解放军一边来，使这场斗争成为由共产党领导的西藏人民群众同反动农奴主之间的一场激烈的阶级斗争。全面叛乱开始后，叛乱分子到处烧杀奸淫，无恶不作，引起了人民群众的强烈愤慨，许多群众到人民解放军驻地投诉叛匪的罪行，要求人民解放军乘胜追击，彻底消灭叛乱武装。这场平叛斗争，以人民的完全胜利而告终。

平叛结束后，根据中央军委命令，除十一师转归西藏军区建制外，其他入藏平叛部队相继撤出西藏。1961年3月，丁指率一三四师返川归建；10月，一三〇师返川归建；1962年3月，第一二六团返滇归建。1961年10月，成都军区将一五四团、内卫二团、三团拨归西藏军区建制，二团改为西藏军区步兵六团，三团恢复第一六一团番号。

随着西藏全区叛乱的平息和各军分区的建立，边防部队陆续全面进驻中印、中尼、中不、中锡、中缅边境要地，设立哨所，进行巡逻，从而改变了西藏近4000公里边境线上过去长期有边无防的状况。

西藏地域辽阔，人烟稀少，交通闭塞，经济落后，就地筹措物资十分困难。这些都给平叛部队的行军作战带来很大影响。平叛的后勤保障工作任务异常艰巨。西藏和平解放以来，先后修建了康藏、青藏等大小十多条公路，还改建了当雄机场等设施。这在一定程度上减少了地形、气候造成的障碍。为保障物资供应，军区采取了依托公路线，并抢修临时军用公路，在合围圈内外分层设站供应，以汽车与畜力运输相互衔接、部队携行为主及空投救急为辅的办法解决物资补给。为了不间断地供应，各级后勤机构、汽车部队、地方党政机关特别是广大藏族群众都为此做出了很大贡献。自治区筹委会交通处组织大批车辆从格尔木向拉萨和各战区运输物资。即使有了这些保障措施，仍然发生了一些部队在一定时间内断粮的情况。参加平叛作战的部队发扬了吃大苦、耐大劳的精神，克服在高原吃饭穿衣、野外露营、负重行军方面的种种困难，并严守政策纪律，宁愿饿断肠，也不妄取群众一撮粮。

彻底平息西藏地区叛乱，胜利来之不易。人民解放军进藏部队指战员为彻底解放西藏人民，维护国家统一和民族团结，做出了重大贡献，付出了很高的代价，三年中，解放军官兵共计牺牲1551名（其中干部168名），负伤1987名（其中干部200名）。

由于平叛完全代表了西藏人民的利益，反映了最广大农奴群众的愿望，因此自始至终得到了他们的拥护和支持。西藏广大农牧民群众，从一开始就争先恐后地支援平叛作战部队。他们为部队当向导，抬担架，搞运输。许多藏族民工宁愿自己睡在冰雪湿地上，也要找些树枝、石头把所运物资垫起防潮。遇到雨雪天气，宁可自己受冻，也要脱下衣服遮盖运送的物资。有的牲口累垮了，民工们就自己背上物资前进。麦地卡战役中，基层干部多吉带领

西藏人民群众积极支援解放军平叛。

10多名民工、赶着100多头牦牛支前，在雪地里走了一天，晚上又主动将磨破了的麻袋、面粉袋一针针地缝好，同别人一起把罐头箱、油桶等不怕受潮的东西放在底下，把大米、面粉袋等放在上面，盖上雨布，压上石头，才去支帐篷做饭休息。多吉先后参加支前10次，送粮几十万斤，参加战斗10余次，被叛乱分子的枪弹打伤过手臂，但一直坚持支前，每次都出色完成任务，成为那曲地区支前模范，还加入了中国共产党。一号地区战役时，跟随第三八八团行动的民工队，因牲口累垮而用人背粮食、扛弹药赶路的就有150余人次。在向后方运送伤病员、烈士遗体时，他们轻抬轻放，给伤病员端茶送水，开饭时先送给伤病员。许多民工还参加战场喊话，对俘虏进行教育，向战区群众宣传党的政策。有的民工奋不顾身，同部队一起战斗。跟随第四〇一团五连行动的民工齐米加布在一次激烈战斗中，把负伤的副连长背到隐蔽安全地点后，又上山帮助部队修工事，鼓励战士狠狠打击敌人。伤员要喝水，他又冒着敌人的炮火跑到300米外去打水。战斗结束后，他放下自己的东西，背上伤员的全部东西，安全送到目的地。山南加查县邦达乡女乡长次仁琼宗，带领群众和叛乱分子进行坚决斗争，一次她被两名叛乱分子拦在路上，敌人要她投降，她不怕威胁，只身与叛乱分子搏斗，被连砍9刀，壮烈牺牲。在一号地区作战时，昌都分工委指定八宿、洛隆、类乌齐三县的县长亲自带领民工、牦牛、骡马运输。三个县出动了几千人畜支前。在二号地区作战时，仅那曲地区就出动民工1700人、骡马1380头、牦牛8518头，担负运输支援任务。据不完全统计，在三年平叛中，全区出动支前民工达1.58万余人次，计43.9万余工日；出动民畜10.4万余头（匹）次，计286.6万余工日。平叛的胜利是同西藏人民群众全力支援分不开的。

此外，在平叛中，川藏、青藏两条公路以及西藏区内各条公路总共300多个道班的工人也武装起来。经中央军委批准，军区发给这些道班2000多支步枪、100挺轻机枪和10万发子弹。许多道班的藏汉工人都与叛乱武装打过仗，先后共作战50余次，对维护道班的安全、保持公路交通的畅通起了积极作用。青藏公路那曲养护段林场工人、牧民出身的布德为解救被围困的养护段林场，冲出叛乱武装重围，深夜为纪路通林场送信，被叛乱分子抓获，叛乱分子逼他说出林场的情况，他宁死不屈，竟被叛乱首领残忍地挖去双眼。

在世界屋脊，雪域高原，叛乱武装分散在广阔的高山峡谷之中，人民解放军能不能很快平息叛乱，安定西藏社会，这时已成为举世关注的问题。好心人难免担忧，居心不良者幸灾乐祸。美国专栏作家艾尔普索写了一篇文章说：没有二十万军队，西藏的叛乱是平息不了的。二十万军队每天要一万吨物资，而西藏山高路远，修路困难，工具缺乏。所以，他料定叛乱分子是消灭不了的。解放前夕去美国后又逃到台湾的胡适也预言，西藏地势特别高且地形复杂，像喜马拉雅山、雅鲁藏布江（只有若干小段河道通牛皮船），共产党如何能打叛军呢？但他们估计错了。结果合计只用了五万多军队、两年半时间，就彻底平息了西藏叛乱。[①]

1961年10月10日，中央军委发出通令，嘉奖所有执行平叛任务的部队。嘉奖令说：几年来，执行平叛任务的部队，坚决执行了中央的平叛方针，在有关军区和地方党委的直接领导下，在人民群众的大力支援下，已经取得了平叛斗争的伟大胜利。这一斗争的伟大胜利，彻底粉碎了叛乱集团勾结帝国主义和外国反动派制造的叛乱，维护了祖国的统一和民族的团结，进一步巩固了中国的战略后方，保卫了西南边防的安全；使广大藏族人民从极端野蛮残暴的封建制度下解放出来，走上了建设民主和社会主义的康庄大道。平叛斗争的胜利是毛泽东军事思想和党的政策的伟大胜利。参加平叛的各部队贯彻执行了中央的军事打击、政治争取、发动群众三结合的平叛方针，全体指战员发扬了英勇顽强、机智灵活、艰苦奋斗的战斗作风；个个意气风发，斗志昂扬，夜以继日地战斗在地广人稀、交通不便、补给困难、气候干寒、空气稀薄的雪山草地和深山老林；忍饥耐寒，卧雪饮冰，连续作战，反复清剿，创造了许多可歌可泣的英雄事迹和光辉战例。

嘉奖令充分肯定了平叛部队认真执行党的各项政策，严格执行了三大纪律八项注意，得到了广大藏族人民群众的拥护和支援，从而使叛乱分子完全陷于孤立，终于土崩瓦解。这一斗争也使部队得到了很好的锻炼，提高了阶级觉悟和政策水平，增强了战斗力，对于加强部队的建设具有重要意义。

---

① 《毛泽东西藏工作文选》，中央文献出版社、中国藏学出版社2001年5月版，第177、179、189、190页。

第八章
西藏的民主改革

西藏地方政府及上层反动集团发动全面叛乱后，中央政府为消除叛国分裂活动的根源，彻底解放西藏农奴，使西藏走上社会主义道路，决定在西藏彻底平息叛乱的同时，进行民主改革。民主改革的进程是随着平叛而逐步展开的，首先是在已经平息叛乱的拉萨、山南地区农村和曾经参加叛乱的寺庙里进行，然后在其他城镇、牧区、边境地区进行。中央提出改革的方针、政策后，西藏工委又制定了一系列的具体政策，并采取有力措施，保证了西藏民主改革的顺利进行。民主改革的胜利，使西藏人民摆脱了封建农奴制度的束缚，实现了西藏社会历史进程的伟大跨越。

第一节　中央关于西藏民主改革的方针、政策

西藏旧的社会制度是必须改革的，不改革，西藏不能进步和发展，改革的范围涉及“政治、经济、文化、宗教等项固有制度的改革以及风俗习惯的改革”。[①]早在1951年5月签订的《十七条协议》中，就规定了改革的条款；但同时又明确：“有关西藏的各项改革事宜，中央不加强迫。西藏地方政府应自动进行改革，人民提出改革要求时，得采取与西藏领导人员协商的方法解决之。”1952年中央特决定：“西藏至少在两三年内不能实行减租，不能实行

① 《人民日报》社论：《拥护关于和平解放西藏办法的协议》，1951年5月27日。

土改”。[①]在全国已经进入社会主义改造的1956年，中央又提出，西藏的改革在“第二个五年计划时期是不能实行的，第三个五年计划时期也还要看情况如何才能决定”。[②]毛泽东特别强调，西藏的改革应由西藏人民及西藏领导人员协商解决，他还针对西藏上层的顾虑，反复指出西藏的改革不同于内地，“贵族的生活不变，照老样子，可能还有些提高。宗教信仰也全照老样子，以前信什么，照样信什么”，[③]“少数民族地区的地主（指以后划分的农奴主、代理人）在民主改革以后不剥夺选举权，还可以做官”。[④]“将来金沙江以西藏区的改革，一定要避免打仗，尽一切可能去做工作，打仗是可能避免的”。[⑤]等等。毛泽东之所以不厌其烦地讲这些话，中央之所以如此耐心等待，并一再推延西藏民主改革时间，无非是教育和期待西藏领导人员乃至整个上层集团认清形势，顺应历史潮流，逐渐赞同并接受中央提出的原则，“达到不流血地在多年内逐步地改革西藏经济、政治的目的。”[⑥]然而，西藏上层反动集团却逆历史潮流而动，坚决反对任何形式的改革，以求保持所谓最美妙的封建农奴制度，直至悍然发动以实现“西藏独立”为目的的全面武装叛乱，从而由他们自己敲响了彻底埋葬封建农奴制度的丧钟。

对此，中共中央根据形势的变化，宣布：“局势迫使我们提前同西藏上层反动分裂分子进行决战，进行一次彻底解决西藏问题的平息叛乱的战争”。“原来决定的六年不改的政策，自然不能再继续执行下去。”[⑦]

毛泽东深刻剖析西藏的社会结构，针对社会生产力低下、严重阻碍社会发展的极其落后、黑暗、反动、残酷的社会制度指出：“我看，西藏的农奴制度，就像我们春秋战国时代那个庄园制度，说奴隶不是奴隶，说自由农民不是自由农民，是介乎这两者之间的一种农奴制度。”这个“旧制度不好，对西藏人民不利，一不人兴，二不财旺”。“西藏的老百姓痛苦得不得了。那里的

① 《毛泽东西藏工作文选》，中央文献出版社、中国藏学出版社2001年5月版，第61页。
② 《毛泽东西藏工作文选》，中央文献出版社、中国藏学出版社2001年5月版，第154页。
③ 《毛泽东西藏工作文选》，中央文献出版社、中国藏学出版社2001年5月版，第136页。
④ 《毛泽东西藏工作文选》，中央文献出版社、中国藏学出版社2001年5月版，第147页。
⑤ 《毛泽东西藏工作文选》，中央文献出版社、中国藏学出版社2001年5月版，第148页。
⑥ 《毛泽东西藏工作文选》，中央文献出版社、中国藏学出版社2001年5月版，第62页。
⑦ 《西藏的民主改革》，西藏人民出版社1995年8月版，第68页。

反动农奴主对老百姓硬是挖眼，硬是抽筋，甚至把十几岁女孩子的脚骨拿来做乐器，还有拿人的头骨作饮器喝酒”。[①]这样野蛮透顶的制度，能够允许其永远存在而不改革吗？

中共中央于1959年3月22日发出《中央关于在西藏平息叛乱中实现民主改革的若干政策问题的指示》说：“在这次平息叛乱的战争中，必须同时坚决地放手发动群众，实行民主改革，以便彻底解放藏族人民群众，引导西藏地区走上社会主义的道路，从根本上消除叛国分裂活动的根源。”中央还明确指出：民主改革要“依靠劳动人民，团结一切可能团结的力量，有步骤、有区别地消灭封建农奴制度。”“西藏地方政府拥有的耕地必须分给农民所有，其债务、乌拉和差役应予废除。对于贵族的封建占有制也要一律废除。但在作法上应根据他们的政治情况，加以区别对待：凡参加叛乱的分子，他们所有的耕地、房屋、耕畜、粮食和农具一律没收，分给农民；其债务、乌拉和差役一律废除。对没有参加叛乱的分子，应该经过和他们协商，将土地和多余的房屋、耕畜和农具分给农民，废除其债务、乌拉和差役。对于在平息叛乱和民主改革中表现进步并且政治上还有较大影响的进步分子，可采取赎买的办法”。[②]不久，中央又决定“对于没有参加叛乱的贵族的土地和多余的农具、耕畜、房屋，一律仿照内地对待资产阶级的办法，实行赎买政策”。[③]中央对牧区、寺庙的民主改革以及对待工商业等方面的问题，也都做出了具体规定。这些规定，为西藏的民主改革指明了方向。

全面平叛开始，正值西藏高原春耕播种季节。农奴群众又高兴又焦急。高兴的是平叛胜利了，将要实行土改；焦急的是正当春耕大忙季节，三大领主不敢经营土地了，农奴缺少种子、耕畜、农具等，难以播种，如果地种不上，秋后没饭吃。拉萨市委负责人惠毅然、何祖荫到郊区蔡公堂和堆龙德庆的羊达等地调查了解这一情况并征求意见，群众一致的意见是：先把地种上，秋后谁种谁收，不影响土改。市委将此意见上报了工委。西藏工委立即于4月4日报请中央批准，在1959年对参加叛乱者的土地实行“谁种谁收”政策。

---

① 《毛泽东西藏工作文选》，中央文献出版社、中国藏学出版社2001年5月版，第175、176、178页。

② 《西藏的民主改革》，西藏人民出版社1995年8月版，第68、69页。

③ 《平息西藏叛乱》，西藏人民出版社1995年8月版，第103页。

同时，迅速以军管会名义宣布没收原西藏地方政府和参加叛乱的贵族、寺庙的土地，由农民耕种，实行谁种谁收，未叛的贵族、寺庙的土地实行“减租减息”政策。这样，就迅速调动了广大农民的生产积极性，保证了当年农区适时春耕播种。4月17日，西藏工委发出《对当前平叛中有关农业生产问题的紧急指示》，要求保证所有耕地及时耕种好。为此，工委、军区及时向各宗、豁派出军事代表，经过与农奴群众酝酿，由他们在平叛和生产中涌现出来的积极分子中提名，经军代表审批后，成立各乡、镇的平叛生产委员会。这样，各地先后组织了上千个平叛生产委员会，领导当地平息叛乱、维护治安和生产等工作，保证平叛生产两不误。

毛泽东极其关心藏区的情况和民主改革政策的确定问题，特地于4月7日致信中央统战部副部长、国家民委副主任汪锋，索要有关藏区情况的十三个方面的材料：（1）西藏的人口；（2）西藏面积；（3）农奴制内容；（4）喇嘛人数；（5）贵族对农奴的政治关系；（6）寺庙对农奴的剥削压迫情形；（7）寺庙内部的剥削压迫情形；（8）藏军的经费来源；（9）叛乱者占总人口的百分比；（10）剥削阶级中的左、中、右派比例；（11）滇、川、甘、青各省的藏人数字；（12）以上四省藏区的面积；（13）青、甘、川省藏区寺庙诉苦运动情况。[①] 毛主席还指示新华总社要长期调查研究藏区情况。

4月下旬至5月上旬，西藏工委讨论拟定了《关于在当前平叛工作中几个政策问题的决定》（草案，简称“十三项政策”），就接管旧政权、调整行政区划、对旧官员和对叛乱分子的处理、交通运输、财经工作、涉外事宜、收缴枪支、建立地方武装、农牧区工作、寺庙改革、组织机构和干部的调配等十三个方面，制订了平叛改革的一系列政策。草案提出：关于农村工作，当前要有重点地掀起反叛乱、反乌拉、反奴役和减租减息的“三反双减”运动，肃清叛乱分子，打掉反动上层的威风，树立贫苦农奴的优势，搞好生产，为土地改革打好基础；关于牧区改革，当前的基本任务是平息叛乱，建立政权，保护牲畜，未参叛牧主的牲畜仍归牧主所有，实行牧工牧主两利政策；关于寺庙问题，总的任务是坚持宗教信仰自由政策，保护爱国守法的寺庙和宗教界

① 《毛泽东西藏工作文选》，中央文献出版社、中国藏学出版社2001年5月版，第173—174页。

人士，彻底肃清寺庙的叛乱，摧毁寺庙的封建特权。中共中央于5月31日批准了这个草案，认为所定的各项政策都是正确的。中央指出，改革将在充分照顾西藏地区特点的条件下进行，把自下而上的充分发动群众同自上而下的协商结合起来。目前西藏地区的任务是：结合平息叛乱的斗争，采取边打边改的方法，完成全区的民主改革。中央指出，西藏民主改革分两步走。第一步以“三反双减”为内容，第二步以分配土地为内容。明令宣布废除乌拉差役制度，废除高利贷，解除农牧民的人身依附；没收参加叛乱的贵族、寺庙及原西藏地方政府的土地，由原耕农民耕种。按照毛泽东的多次提议，中共中央创造性地确定了对没有参加叛乱的贵族的土地和多余的农具、耕畜、房屋实行赎买政策。①

这些改革是中国共产党根据中国革命不平衡性的特点，正确处理民族地区共性与个性、一般与特殊的结果，是党的民族政策在特定时间、地点灵活应用的充分体现。特别是在全国已经进入轰轰烈烈的社会主义建设时期，对西藏统治阶级采取的特别温和宽松的一系列政策，体现了党中央对西藏民主改革的慎重态度，对西藏社会的历史进程有着深远的影响。

为做好民主改革的准备工作，西藏工委于1959年5月中旬通知各分工委，要求在近日内查告当地三大领主占有土地、耕畜、农具、粮食情况，贵族和寺庙参加叛乱情况，以及大差巴的人数、占有土地、耕畜、农具、房屋和剥削等情况。紧接着，西藏工委副书记张国华、周仁山和军区副政委詹化雨于5月15日至6月3日到山南的贡噶、乃东、扎囊、隆子等地农村，深入实地进行调查研究，访问贫苦农奴及爱国上层人士，调查阶级状况，为制订民主改革的具体方针、政策做准备。

6月28日至7月17日，西藏自治区筹备委员会举行第二次全体会议，通过了《关于西藏全区进行民主改革的决议》、《西藏地区减租减息办法》和《西藏地区各县、区、乡农民协会的组织章程》。8月27日，西藏工委提出了《关于西藏土地制度改革方案》的报告。报告规定：改变封建土地所有制，主要根据是叛乱与未叛乱的区别，分别采取没收和赎买政策。叛乱与未叛乱是基

① 《平息西藏叛乱》，西藏人民出版社1995年8月版，第102—103页。

西藏民主改革开始施行，张国华在农村调查研究。

本界限。因此，原西藏地方政府的所有耕地及其他农业生产资料一律没收，分配给农奴（含奴隶）所有。对于叛乱的贵族的耕地、房屋、耕畜、农具，一律没收，分配给农奴所有。而对未叛乱的贵族的耕地和多余的房屋、耕畜、农具，实行赎买后分给农奴所有。对寺庙所属谿卡的耕地、房屋、农具、耕畜，也按叛乱与未叛的界限，分别采取没收和赎买政策，分配给农奴所有。9月5日，张国华、谭冠三和到西藏进行调研的汪锋，向中央报告了关于西藏民主改革中的若干问题（包括赎买价格、牧区工作、宗教问题、废除债务、培养藏族干部等）。这两个报告得到中共中央的原则批准。随后，西藏自治区筹委会第三次会议于9月22日通过了《关于废除封建农奴主所有制，实行农民土地所有制的决议》和《关于西藏地区土地制度改革的实施办法》等重要文件。《实施办法》明确指出："西藏地区的土地制度的改革，实行和平改革的方针"。"废除农奴主及其代理人的一切封建特权，依照中华人民共和国宪法，保护公民的基本权利"。9月上旬至11月上旬，西藏工委扩大会议讨论通过了《关于划分西藏农村阶级的方案》、《关于西藏地区土地制度改革方案》、《关于执行赎买政策的具体办法》、《关于当前牧区工作的指示》、《关于三大寺若干问题的处理意见》等一系列的具体政策规定，并先后获得中央批准。

这些政策规定的主要内容是：

在农业区的改革，只划分农奴主阶级（包括农奴主和农奴主代理人）、农奴阶级（包括富裕农奴、中等农奴、贫苦农奴、奴隶），而不划富农阶级。民主改革分两步走。第一步以“三反双减”为内容，第二步以分配土地为内容。改革的阶级路线是：依靠贫苦农奴，巩固地团结中等农奴和团结一切可以团结的力量，打击叛乱的和最反动的封建农奴主及其代理人；[①]废除封建农奴主阶级的生产资料所有制，实行劳动人民的个体所有制。对叛乱农奴主的土地，一律没收分给农奴。对未叛乱农奴主的土地，除其应留的一份外，多余部分实行赎买，分给农奴。

牧区（包括半农半牧区）的民主改革，实行反叛乱、反乌拉、反奴役和牧工牧主两利的“三反两利”政策。没收叛乱的农奴主及其代理人和叛乱牧主的牲畜，除抽出一部分给贫苦牧民外，谁放牧归谁所有。在牧区不分配牲畜和牧场，对牧主不斗争，不公开划分阶级。整个牧区生产资料所有制基本不变，以稳定牧业，保证人畜两旺。

对寺庙的民主改革，除少数上层僧侣外，多数是中下层和贫苦僧尼，不划分阶级。民主改革中，实行反叛乱、反封建特权、反封建剥削，算政治迫害账、等级压迫账、经济剥削账的“三反三算”政策，彻底废除寺庙的剥削压迫和封建特权制度。坚持宗教信仰自由政策，废除寺庙向各地摊派群众为僧的制度，禁止寺庙强迫群众为僧。保护爱国守法的宗教界人士，保护历史文物古迹。实行政治统一，政教分离，选举民主管理委员会进行管理。对留寺僧尼的生活，由政府用补贴的办法解决。

在拉萨、江孜、昌都等城镇，开展反叛乱、反封建制度、反封建剥削、反封建特权的“四反”运动。保护工商业，安置贫民、乞丐，处理游民，组织就业，扶持手工业，加强城乡物资交流，发展工商业，逐步进行市场管理。

对边境地区的民主改革，实行更加稳慎、灵活和宽松的政策，并推迟进行。

① 《西藏的民主改革》，西藏人民出版社1995年8月版，第156页。

西藏的党、政、军、民在西藏工委的一元化领导下，认真贯彻上述各项方针政策，积极稳妥地进行工作，并严格地进行了复查，从而保证了民主改革任务的健康发展，顺利完成。

第二节　农区的民主改革

遵照中央“边平边改”的精神，西藏农区的民主改革随着平息叛乱的胜利进行而逐步展开。为加强对各地民主改革的领导，中共党的地区组织于3月底陆续恢复：原在1953年8月撤销的拉萨市委恢复后，以西藏工委常委、组织部长惠毅然兼任市委书记，何祖荫、宋子元任副书记。将大收缩时改为山南、塔工两地的工作队，分别恢复为地区分工委。以工委农村工作部部长王运祥任山南分工委书记、张增文任副书记；以工委组织部副部长张平凡任塔工分工委书记。4月初，当山南地区平叛即将开始时，西藏工委从各有关单位抽调党政军干部120人，组成12个工作队，跟随平叛部队进入山南地区，在其所属的12个宗（县）担负接管旧政权，发动群众，收缴枪支，捕捉反革命分子，建立革命秩序的任务。4月23日，中央军委在对西藏山南地区平叛及当前工作的指示中指出：山南地区“大规模的战役行动即将结束。今后的任务是在军事胜利的基础上，逐步发动群众，摧毁敌人的反动社会基础，从根本上改变山南地区的面貌，把整个山南地区从叛乱武装的根据地，变为人民统治的地区。这是一项艰巨的政治任务。这个任务在地方工作干部还很少的目前，必须主要由部队承担起来”。①据此，西藏军区指示各部队立即组织工作队，原则上每个团组织四个工作队，每队十人左右，投入地方的民主改革工作。4月底前，拉萨、山南、那曲、塔工、江孜、昌都等地即陆续建立起

① 《平息西藏叛乱》，西藏人民出版社1995年8月版，第99页。

军事管制委员会，接管原西藏各基巧（相当专署）、各宗的旧政权。

西藏地区民主改革的政策性很强。根据西藏工委的统一部署，各地、市都采取了先行试点然后逐步铺开的办法。这一工作首先在拉萨、山南、昌都地区有重点地开始进行。西藏工委派出政策研究室主任张向明带领的工作组到堆龙德庆宗的羊达谿卡，山南分工委副书记张增文到乃东宗的凯（克）松和凯墨谿卡，昌都分工委第二书记苗丕一到昌都寺的生格、白格等5个村，副书记李本信到江达宗，拉萨市委书记惠毅然、副书记何祖荫到郊区的蔡公堂，江孜分工委书记阴法唐到打隆宗的打隆村，塔工分工委书记张平凡到林芝的尼池村等地，进行民主改革的调查准备和试点工作。此外，西藏工委另派出自治区筹委会公安处处长陈卓、工委组织部副部长杨东生到山南地区蹲点，对该区平叛改革工作进行调查研究和试点。

第一阶段，“三反双减”

为适应西藏农村的实际情况，并使群众能充分发动，根据中央指示精神，农区改革分两步进行。第一步为“三反双减”，第二步分配土地。“三反双减”的主要内容，是发动群众进行“反叛乱、反乌拉、反奴役和减租、减息”运动。

堆龙德庆县羊达乡农民召开大会，庆祝“三反双减”胜利。

各地工作组进村以后，首先从访贫问苦入手，与贫苦农奴群众实行“三同一交”[①]，白天在田间地头帮助群众劳动，晚上深入到群众中宣传国务院关于平叛的命令和中央、西藏工委关于改革的文件，讲解各种政策。然后发动群众，揭露和批判叛乱分子祸国殃民的罪行，深挖隐藏的残余叛乱分子。工作组通过扎根串连，逐步摸清依靠、团结、打击的对象，物色、培养积极分子，开展诉苦运动，把阶级队伍组织起来。各地在宣传发动群众的基础上，召开了“吐苦水，挖穷根” 的集会。农奴们用亲身经历的事实，控诉叛乱分子和反动农奴主的罪行。在诉苦会上，许多被叛乱分子烧杀抢掠的受害者、被农奴主残害的亲人家属、被逼得妻离子散家破人亡的农奴们，一个个高呼：“要伸冤”，“要报仇”，要打倒吃人肉、喝人血的“阿达松”（三大领主）。农奴们用血和泪控诉：差役乌拉、高利贷和人身奴役，像三条毒蛇世世代代缠在他们身上。农奴们要求解放，要求推翻野蛮的旧社会。

经过诉苦算账和说理斗争，打掉了农奴主的威风，初步树立起贫苦农奴的政治优势。在反对叛乱的基础上，再开展反高利贷、反乌拉差役、反人身奴役的斗争，解放奴隶，并帮助他们安家和实行减租减息政策，使劳动人民初步获得改革的实惠。

山南地区是西藏封建农奴制度最为完整的主要农业区之一。西藏地方政府系统197家贵族中，就有86家在山南占有庄园和牧场，包括大贵族、叛国骨干分子索康·旺清格勒、凯墨·索安旺堆、赤江·罗桑益西、朗赛林等以及达赖母亲等人在内。另噶厦、哲蚌寺等农奴主也在该地区占有庄园。其中最大的为叛国分子索康·旺清格勒在乃东的庄园凯松谿卡（索康拥有十几处庄园和牧场，仅在山南地区就有6座庄园），共有300多个农奴（大人小孩在内），其中差巴24户、堆穷35户、朗生50多人，由一个代理人恩久多杰管理。庄园有土地1200多克（每克相当于1亩，约合1200亩），其中差地370多克，是差巴户的“份地”，收入归各户差巴所有；自营地660克，由谿堆直接经营，24户差巴常年派出36人无偿劳役耕种，每年收青稞、豌豆7000多克（每克约28斤，约合196000市斤），其中4500克上交领主索康·旺清格

① 即同吃、同住、同劳动和与群众交心。

勒，其余归谿堆所得；出租地150克，由差巴耕种，收入归各户差巴所有，按定额交租。全庄园除谿堆、根保[①]和一个大差巴三户人外，其他人均为受剥削压迫的农奴。35户没有耕种差地的堆穷，靠替差巴打短工、织氆氇、纳鞋底乃至乞讨活命。50多个朗生，专做家务、背水、做饭、喂马等劳动，也有在地里作农活的。他们全靠主人提供的最低生活条件，只能吃半饱、穿破氆氇片、住牛栏马棚，以维持生命及延续后代，供主人奴役，其他一无所有，且毫无人身自由。朗生生的子女仍是朗生，8岁开始就放牛羊，15岁至60岁参加各种繁重劳役，到老年或丧失劳动能力以后，就被赶出庄园，以乞讨为生。

整个凯松谿卡的土地年收获粮食15万斤左右，要向索康交纳青稞11.3万多斤，面粉1500多斤，猪、牛、羊、鸡几百只。索康家住拉萨，每年向拉萨运送这些物资，要用大量人力、畜力。谿堆除派差巴无偿耕作、运输外，每年还收地租青稞500克（约合14000市斤），向养奶牛户收酥油二三斤，向每个差巴收搓毛线的藏银15两。谿堆每年要到穷结做生意一天，由差巴派牲口15头驮运。堆穷每人每年要交人头税藏银3～15两。凯松谿卡为噶厦出藏军3名，包括其每年口粮青稞24克，服装费藏银400两，钱粮由24户差巴分摊。谿卡每年为噶厦运送官粮，要出15人、45头牲畜；还要负担噶厦官员路过此地的食宿费和支差用的马匹，交纳寺院僧人为农作物遭受冰雹、虫害“念经消灾”的粮食和费用等。全年要负担近一百种乌拉差役，全部落在140个有劳动力的差巴身上。全庄园59户农奴，除大差巴扎西每年放高利贷青稞数百克外，其余有51户都借高利贷；另有7户堆穷因一无所有，想借也没有人借给他们。差巴乌金从祖父时起有债主多个，积累下来的债务有青稞53克、藏银2500两；他每年全部收获连付利息都不够。民觉一家原是差巴，因负债累累，最后兄弟三人被迫卖身为奴，其中民觉成为扎西家的朗生。

1959年4月底，工作组进驻凯松谿卡后，经过深入访贫问苦，调查研究，在给断粮群众解决酥油、糌粑的同时，为春播提供种子粮，大力宣传“谁种谁收”政策，掀起春耕春播高潮。在群众初步发动起来以后，组织起生产互助组，成立了以朗生、堆穷为主的山南地区第一个村级农民协会，代行政权

① 根保，相当于内地的保长。

职能。6月10日，凯松谿卡召开斗争叛乱分子大会。朗生出身的农民协会主任尼玛次仁讲话说："过去，贵族索康、谿堆、根保坐在上面，把我们踩在下面，剥削压迫我们，最后发动了叛乱，阻挡我们翻身。现在人民政府和解放军帮助我们把他们打垮了，赶走了，消灭了。我们从地下站起来啦！"受苦受难的农奴群众纷纷奋起控诉农奴主、代理人的罪行。斗争大会后，随即开展减租、减息工作。凡领主1958年前借给劳动人民的高利贷一律废除；未参加叛乱的领主和1959年放的新债，一律减息，按月息一厘计算。16日，凯松谿卡和凯墨、昌珠、乃东几个谿卡的农奴集合在一起，举行示威游行。他们打着红旗和经幡，擂着羊皮鼓，一路高呼着："消灭叛匪"，"消灭乌拉"，"消灭高利贷"的口号。各谿卡群众队伍之间，互相呼喊着："你们的苦，就是我们的苦！""团结就是胜利"。队伍汇集在泽当寺前，举行数千人的大会，向三个放高利贷的管家进行说理斗争，讨回了高利贷的借据，收回了抵押品，大长了农奴的志气，大灭了农奴主的威风。

翻身农奴喜分牛羊。

“三反双减”工作的一项重要内容，就是解放奴隶，让奴隶获得做人的权利。朗生过去人身完全依附于农奴主，无任何生产资料。现在朗生们一方面为得到解放而欢呼，一方面又因长期做奴隶缺乏生活、生产能力而发愁。因此，工作组帮助朗生们安家，解决生产、生活问题。到1959年6月底，凯松谿卡的61个朗生都已得到解放并安了家。农会把原属谿卡的15头奶牛、18头驴子、7匹马分给了朗生、堆穷。给谿卡养了半辈子奶牛和骡马的其美措姆、格桑都得到最好的奶牛和马后，满怀激情地说：“过去喂马的人没有马骑，种地的人没有饭吃；共产党给我分了地和马，我可要好好过下半辈子。”7月5日，凯松乡农民协会成立。6月19日，乃东县又成立了西藏第一个县级农民协会。山南地区随着平叛的胜利发展，按照凯松的经验和步骤，全面展开了民主改革运动。

昌都地区于1959年5月初成立军管会后，先在城区开展声势浩大的反叛乱宣传，收缴武器。在“谁种谁收”政策的鼓舞下，广大农民随即投入春耕春播生产。5月中旬，分工委派出5个工作组进入生格村等五处进行“三反双减”的试点。苗丕一直接抓生格村的试点工作。6月2日召开了昌都县各试点单位诉苦大会，清算三大领主的罪行，产生了很大影响。

拉萨市委派出的工作组分别在东郊的蔡公堂和市区进行试点工作，深入发动群众，组织阶级队伍，揭露隐藏的残余叛乱分子，揭批叛乱罪行。7月26日，拉萨万余僧俗人民集会，控诉原西藏地方政府噶伦、拉萨叛乱武装司令拉鲁·才旺多吉。“反对叛乱”、“打倒万恶的封建农奴制度”等口号声此起彼伏，群情激愤。拉萨市委副书记宋子元在现场作群众工作，防止拉鲁遭到殴打。

西藏工委总结各地试点经验后，于7月1日正式发出指示，开展民主改革的第一步“三反双减”运动。随后，西藏农业区的民主改革运动逐步铺开。到下半年，全区有51个县的650多个相当于乡的地方、45万农业人口地区完成了“三反双减”运动。山南、拉萨、日喀则、江孜、塔工5个地区共废除三大领主的高利贷债务合粮食850万克（约合2.3 亿市斤），减租减息折粮30万克，共计折合粮食840万斤，使翻身农奴仅人均债务就免除粮食1500斤。拉萨、山南等地解放朗生两万多人，发放安家粮58万克，还给他们分了房屋、农具以及生活用品。这些过去“受牛马苦，吃猪狗食”的奴隶们，开始站起来了。他们强烈要求分配土地，彻底“挖掉穷根，栽上富根，要做土地的主人”。

在声势浩大的民主改革运动中，一方面是深入发动群众、组织群众，使他们成为这场革命运动的主体。如乃东县群众发动起来之后，迸发出极大的热情，他们积极参加民主改革运动，愤怒声讨三大领主的罪恶，控诉他们剥削农奴，残害农奴的罪行，气愤地烧毁了强加在他们头上的一切高利贷、契约和债务。另一方面,对许多未参加叛乱的上层人士进行教育,使他们逐步站到劳动人民方面来，拥护改革。有关改革中的重要问题都同爱国进步的和中间的上层人士商量，取得他们的同意。这不仅是完成民主改革的需要，也是和平改革的重要体现。

翻身农奴愤怒烧毁三大领主强加给他们的契约。

随着西藏全区民主改革的逐步展开，在拉萨各机关已抽调上千名藏、汉族干部赴改革第一线的基础上，7月中旬，西藏工委、西藏军区党委决定，抽调千名军队干部参加民主改革。在陕西咸阳西藏公学的3000多名藏族学员，纷纷要求回乡参加民主改革。工委随即决定他们分批回到西藏。月底，由青海、四川、陕西、甘肃、北京、河南、河北、山东、湖北等省调来的3000名干部陆续进藏，被分配到拉萨、山南、江孜、日喀则、塔工、黑河、昌都地区工作。至此，已有万人改革大军奔赴民主改革的第一线，为农区民主改革转入第二阶段提供了强有力的组织保证。

第二阶段，分配土地

土地改革是在“三反双减”的基础上进行的，是农区民主改革的核心。在进一步发动群众，深挖穷根，弄清“谁养活谁” 的道理之后，广大农奴和奴隶认识到三大领主对土地、生产资料的占有，是他们世代受苦的根源。江孜的翻身农奴说：“过去我们总认为是靠达赖养活的，现在才知道不是达赖养活了我们，而是我们养活了达赖。”他们懂得了要彻底翻身，必须消灭阶级剥削，铲除社会不公平，将土地分配给劳动农民所有，使“土地还家”。普遍建立的农民协会，已经成为具有政权性质的基层组织。分配土地的工作，就由农民协会直接组织进行。

正确划分农村阶级，是搞好土地改革的根据。按照对生产资料的占有、人口、生活状况、剥削或被剥削的程度等情况，西藏农区划分为农奴主（包括代理人）、农奴两大阶级。凡占有大量土地和农奴，握有封建特权，不劳动，依靠剥削压迫农奴为生的贵族、土司和占有土地、农奴的寺庙活佛、堪布、政府官员等，划为农奴主；代表农奴主直接统治农奴的管家、谿堆、佐扎、世袭根保和少数大差巴等划为代理人。这两部分人为农奴主阶级，其人口不到农村人口的5%。既受农奴主剥削又剥削他人的，剥削与被剥削量相抵消后，纯剥削量占其家庭收入的25%～50%的划为富裕农奴，约占农村人口的3%；既受剥削又剥削他人的，剥削量不超过25%的，划为中等农奴，约占农村人口的17%；其余70%的人均划为贫苦农奴；奴隶约占农村人口的5%左右。与内地不同的是，西藏农村不划富农阶级，因为富裕农奴的人身也依附于领主。这是西藏土改中的一大特点。其目的是为了扩大团结面，缩小打击面。

干部和积极分子通过学习政策，掌握了标准。划分阶级时，自报公议，由村民代表大会或农民协会会员大会民主评定。先划农奴主和代理人，后划劳动人民中的阶层，然后报请区农民协会批准，张榜公布。划分阶级的过程，是进一步深入发动群众和重新组织阶级队伍的过程，也是揭露农奴主剥削，使其认识罪恶的过程。阶级划定后，阶级阵线分明，有利于依靠贫苦农奴和奴隶，团结中等农奴（包括富裕农奴）和团结一切可能团结的力量，打击叛乱的和最反动的农奴主和农奴主代理人，彻底消灭农奴制度，消灭农奴主阶级。

各地工作组坚决贯彻依靠贫苦农奴和奴隶、团结中等农奴（含富裕农奴）的阶级路线，积极支持农民协会，认真搞好分配土地，并在工作中具体做到四点：一是以乡为单位计算出人均土地数，然后再以村为单位，在照顾原来耕种者的基础上，按土地数量、质量、离村子的远近，抽多补少，好坏搭配；二是尽可能满足贫苦农奴和奴隶对土地的要求，予以照顾；三是对中等农奴（包括富裕农奴）原来耕种的农奴主的土地，在分配土地时原则不动，让他们经营好；只对少数富裕农奴原耕地超过当地人均土地数一倍以上时，经过协商同意，将多余的土地抽出进行调剂；四是对于自愿还俗回农村的僧尼和被俘或投降后释放回乡的参加叛乱的贫苦农奴人员，与劳动人民一样分给一份土地和其他生产资料。

农民协会组成分配土地评议小组，对全村、全乡的耕地进行全面登记和勘查，彻底弄清本地所有耕地面积、质量、离村远近、原耕种人、农奴主或代理人及叛与未叛等情况，做到领导和群众心中有数。经过反复评比和群众多次讨论，正式公布分配土地方案。各阶层对这种分配办法是比较满意的。

拉萨东郊蔡公堂的蔡村是市委民主改革的试点。这里共有7个谿卡、两座寺庙，居民116户、417人。在完成“三反双减”后，于8月20日开始划分阶级的准备工作。干部和积极分子经过学习党的方针政策，掌握划分阶级标准和方法，初步试划，定案公布，到9月5日结束，共划出农奴主2户2人、代理人5户10人，富裕农奴4户25人，中等农奴18户113人，贫苦农奴54户166人，奴隶30户67人，贫苦僧人32人。9月7日进入土地分配阶段。全村土地3469克（约合3469亩），按照抽多补少、照顾远近、肥瘦原则，富裕农奴平均每人分8.7克，中等农奴平均每人8.63克，贫苦农奴平均每人6.34克，奴隶平均每人6.7克，贫苦僧人平均每人7克。农会在分配的土地上插上木牌，写上新主人的名字和土地的面积。工作组和农会干部带着农奴和奴隶，逐户逐块指认土地。10月下旬，拉萨东郊区在完成土地分配后，近万名翻身农奴和奴隶连日载歌载舞，开会庆祝自己做了土地的主人。许多贫苦农奴和奴隶第一次站在属于自己的土地上，心情激动，热泪盈眶，更对共产党和毛主席充满无限热爱。贫苦农奴仁增卓玛说："没想到我还有自己的土地啊！现在我们再也不当牛做马啦！"翻了身的农奴们欢呼："达赖的太阳照在贵族身上，毛主席的太阳照在我们穷人身上。现在达赖的太阳下山了，我们的太阳升起来了。"

1959年，一场翻天覆地的民主改革运动在西藏高原广泛开展。图为山南地区的贫苦农民热烈欢呼废除农奴制度下的一切债务。

拉萨西郊堆龙德庆县的羊达乡拉鲁谿卡，共有14户差巴、106人，劳动力和半劳力61个，分种农奴主拉鲁的300多亩地，每年却要派出16个半人作为常年乌拉供农奴主驱使，缴纳粮食300多克。截至1959年初，这14户差巴尚欠钱粮债合2800克，没有一户能吃饱肚子。土改后，差巴们分得500

多克土地、几十头牲畜和大批农具，所有的债务全部废除了。农奴次尼过去背着祖祖辈辈传下来的永远还不清的高利贷债务，喘不过气来，土改后却第一次在银行新立户头存了钱。乡农会主任丹增是一个30多年的农奴，他说："我们脊梁上至今残留着农奴主的鞭痕，我们心灵里至今装满了过去的痛苦。现在就像一根结实的牦牛绳一样，把我们和党紧紧地连在一起。没有党就没有我们农奴的一切。"

山南乃东县凯松谿卡的翻身农奴分得土地后，农民次旺扎西说："过去家里穷，养不起孩子，不得不把他们分给人家当奴隶。现在政府给我家分了14克地，就再也不发愁了，孩子们也回家团聚了。这真像千年枯树得了甘露，我们有好日子过了。要没有共产党、毛主席，我们也不会有土地。"68岁的次仁卓嘎老阿妈高兴得逢人就说："我支了一辈子乌拉差，从没想过自己能有一块地，整天担心挨饿；现在政府给我们分了地，再也不怕挨饿了。"75岁的索朗老大爷说："过去种主人一点差地，白天黑夜都成了人家的人，半夜叫支差，不敢到天明去啊！现在地分给我，真是睡觉香、吃饭甜；我每晚吃饭时就向孩子们谈共产党和毛主席给穷人带来的好处。"乃东昌珠村的翻身农奴发自内心的喜悦，尽情地歌唱道：

共产党啊解放军，
像东方的太阳高升起；
被夺去千年的土地，如今回了家；
今年双手种下的庄稼，全都归了自己；
冰雹不要打啊，莫要辜负人民政府的大恩情。①

江孜帕拉家族，仅在江孜、白朗就占有27个庄园、12个牧场、3万多克耕地、12000多头牛羊，并占有农奴3000余人。达赖的副官长帕拉·土登维登之弟帕拉·旺秋直接管的庄园（不含下属的20多个小谿卡），就有自营地565克，差巴24户，每户差巴下属两个堆穷，每户堆穷种地3~7克不等。另有朗生27户、41人。经过土地改革，原来被领主称为"连自己的糌粑口袋

① 尹锐：《西藏纪事》，西藏人民出版社2001年4月版，第50页。

都管不好的穷鬼们”，现在接管了领主的耕地、牲畜、农具，有条不紊地组织生产，各方面都发生了翻天覆地的变化。至今保存完好的帕拉庄园，已成为西藏民主革命教育和爱国主义教育的基地。

凯松、蔡村、拉鲁䜩卡、帕拉䜩卡等地的民主改革情况，就是全西藏农区土地改革过程的缩影。

到1959年底，西藏全区已有57个县、74万人口的地区，开展了民主改革运动，有32个县、约43万人口的地区完成了土地改革。[①]其余农业县也在1960年6月前后全部完成。

班禅堪厅所辖的日喀则部分地区，属于未叛乱地区。在此地区，实行区别对待政策。1960年3月，张经武、张国华、周仁山与班禅、计晋美、拉敏·益西楚臣等人协商了堪厅所属地区的民主改革问题，并规定了相应的方针、政策。这些地区的民主改革，比全区推迟了一年时间才进行，方式方法更加缓和。

实行赎买政策

西藏的民主改革依靠对象为贫苦农奴和奴隶，同时要团结中等农奴和团结一切可以团结的对象，包括上层爱国人士在内。西藏的上层爱国人士从和平解放西藏以来，长期同中国共产党合作，在各个历史阶段都发挥了重要作用。进入民主改革时期，他们的作用更是不能忽视的。中央明确指示：“对于改革中的重要问题，要和上层中的进步人士和中间人士进行反复协商，尽可能取得他们同意”。他们中的代表到达北京时，都受到党和国家领导人的热情接待。毛泽东、周恩来等领导人同到达北京的阿沛、班禅、帕巴拉等，分别促膝谈心，共商改革大计。在民主改革期间，西藏工委在制定改革的政策、规定时，都事先同他们酝酿商讨，在协商一致后，再提交自治区筹委会讨论通过。自治区筹委会还数次组织上层人士到农牧区视察。政府对未叛的上层爱国人士一直采取保护态度，并向劳动群众说明他们做过有益于人民的事情，帮助他们取得劳动群众的谅解。因此，这些上层爱国人士都拥护共产党的各项方针政策，并在民主改革中发挥了积极作用。10月6日召开的自治区筹委

① 《西藏的民主改革》，西藏人民出版社1995年8月版，第194页；《西藏革命史》，西藏人民出版社1991年2月版，第167页。

会第三次会议，决定成立土地制度改革委员会，张国华任主任委员，阿沛·阿旺晋美、詹东·计晋美、郭锡兰任副主任委员。22名常委中，有帕巴拉·格列朗杰、崔科·顿珠才仁、拉敏·益西楚臣、江措林·土登格桑、坚白赤列、江金·索朗杰布、雪康·土登尼玛、丁杰·洛桑班丹等，半数是西藏爱国进步上层人士。

中央还明确提出：对坚持爱国进步的阿沛、班禅和帕巴拉等上层人士所辖地区和庄园，属于未叛地区，民主改革应缓进行，并实行和平改革的方针。不仅对上层爱国人士如此，对没有参加叛乱的农奴主，也实行这一方针，即对其多余的生产资料实行赎买，而不是实行没收的办法。这是西藏实行民主改革中一项区别于全国其他省、区的特殊政策，是毛泽东运用马克思列宁主义关于民族理论解决西藏问题的创造和发展。1959年4月15日，毛泽东在第十六次最高国务会议上的讲话中说：在西藏民主改革中，“对那些站在进步方面主张改革的革命的贵族，以及还不那么革命、站在中间动动摇摇但不站在反革命方面的中间派”，“对于他们的土地、他们的庄园，是不是可以用我们对待民族资产阶级的办法，即实行赎买政策”。①5月12日，周恩来同班禅等人具体地谈到了实行赎买政策。他说：西藏“贵族不过几百户，连二地主也不过一千多户，这是好安置的。内地资本家那么大的数量我们都可以养起来，可以采取赎买政策，西藏只有这么一点人，为何不可以实行赎买政策？”“把他们养起来，西藏的改革就会搞得顺利。改革搞好了，生产就会得到发展，人口就会增加，人民生活就会逐步改善。”②

西藏民主改革时期，全区共有贵族、大头人642户，其中叛乱的462户，未叛乱的172户，情况不清的8户。全区农奴主代理人约4000户，其中未叛乱的共2800户，需要赎买的耕地90万克（约合90万亩）、牲畜82.4万头（只）、房屋6.42万间。③西藏工委制定的《关于执行赎买政策的具体办法》中规定，对他们的生产资料作价，以多数劳动人民和贵族觉得比较合理为宜。按当时的市场物价计算：耕地每克30元，骡马每匹100元，耕牛每头50元，

① 《毛泽东西藏工作文选》，中央文献出版社、中国藏学出版社2001年5月版，第176页。
② 《周恩来与西藏》，中国藏学出版社1998年12月版，第198页。
③ 《西藏的民主改革》，西藏人民出版社1995年8月版，第160、161页。

毛驴每头25元，绵羊每只5元，山羊每只2元，房屋按好坏区分每柱（西藏房屋按立柱多少计算面积）16～24元，农具每套20元。预计全区需付赎买金约6000万元。[①]赎买金分期付款，按时兑现。5万元以下者8年付清，5～10万元者10年付清，10万元以上者13年付清。不动他们的底财。

当然，要办好这件事，还是有许多工作要做的。一方面要说服贵族们接受改革的各项政策，自动地把多余的土地等生产资料拿出来实行赎买；另一方面要说服干部和群众，正确认识这一政策的重大意义。为了做好对未叛领主、代理人生产资料的赎买工作，西藏工委和各分工委领导人都亲自抓。各级组成专门的机构，吸收有代表性的上层人士参加，并派出工作组调查研究，召开有关会议，进行宣传教育，反复核实赎买的土地、房屋、耕畜等生产资料，认真登记作价，力求使赎买对象和群众都觉得满意。未叛农奴主对待赎买政策有不同态度，有的要求进步，想放弃赎买金；有的因不了解政策，愿意放弃多余的土地等生产资料，不要赎金；还有的害怕被斗争，认为只要不斗争，什么都可以不要；也有个别的人将生产资料以少报多、以次充好，想多要赎买金等。有些干部和群众开始时对赎买政策理解不深，重视不够，认为农奴主的财产是剥削来的，不应再给钱赎买；有的认为土地和其他生产资料作价越低越好等。对这些问题，经过各级党的组织进行宣传教育，都得到了较好的解决。

自治区赎买办公室直接办理了占有生产资料最多的23家。其中包括自治区筹委会副主任委员兼秘书长阿沛·阿旺晋美、自治区政协副主席朗顿·贡噶旺秋、桑颇·才旺仁增和拉萨市市长崔科·顿珠才仁等。桑颇·才旺仁增的一个儿子参加了叛乱，政府只没收了他儿子的财产，对桑颇及其家庭的其他成员多余的生产资料，仍然进行赎买，所付赎金按政策兑现。参加叛乱的农奴主拉鲁·才旺多吉的妻子拉鲁·央宗叛乱前和拉鲁分居，因此只没收了拉鲁的财产，而对央宗占有的多余的生产资料仍然实行赎买。据山南专区6个县统计，有170户被赎买，支付赎买金126万元。全专区60多名中上层爱国人士都在人民政府里安排了适当工作。这样就达到了使他们“生活上有保

① 《西藏的民主改革》，西藏人民出版社1995年8月版，第162页。

障，政治上有前途”。到1961年8月底，全区共给2085户赎买对象办清了手续，共支付赎买金2000多万元。

在整个平叛改革过程中，始终抓紧了生产这一中心环节。西藏工委和自治区筹备委员会几次发出有关生产工作的指示，强调在翻身农奴自愿互利的原则下，组织他们生产互助，深翻土地，选种积肥，整修水利，修补和改良农具。各地干部一手抓改革，一手抓生产，因而取得了改革、生产双胜利。1959年，拉萨、山南、江孜、日喀则、昌都等地区生产粮食比1958年增加10%以上。1960年，全区农业生产互助组发展到1.5万个，粮食总产量比1959年增长15%。

到1960年10月，西藏全区基本上完成了土地改革工作。共没收和赎买农奴主土地280多万克（约合280多万亩），分给了无地的农奴和奴隶20万户、80万人所有。1961年初，颁发了土地所有证，确认了农民的土地所有权。西藏和平解放后到平叛改革前的八年中，中共在西藏的党组织，除工委和各分工委以及少数县委外，尚未建立农牧区党的基层组织。当时发展藏族党员，也只是在党、政、军机关和企事业单位吸收的藏族干部、工作人员中进行，没有在农牧区发展党员。随着民主改革的进行，在农村建党的问题就提上了议事日程。1959年11月，西藏工委发出《关于在农村中进行建党工作的指示》，指出：“为了进一步加强党同群众的联系，加强党对群众的领导，保证党的各项任务和政策的完满贯彻执行，本着‘积极慎重’的建党方针，在民主改革运动中结合做好建党的准备工作，并在民主改革完成的基础上，紧接着经过试点，有计划、有步骤地在农村发展新党员，建立党的组织，已经成为西藏地区全党的一项严重的政治任务和组织任务。”《指示》提出：挑选和培养发展党员的对象是：（1）成份好（贫苦农奴和奴隶）、历史清楚、思想纯正、能够分清敌我界限；（2）劳动好、工作积极、斗争坚决；（3）能密切联系群众，在群众中有威信；（4）要求进步，对党忠诚，听党的话。《指示》要求：在民主改革完成后，分工委或县委应开办训练班，有计划地分批对发展党员的对象进行系统的共产党、共产主义和党员标准的教育，着重解决对共产主义的认识，正确处理党的利益和个人利益关系、党与人民群众的关系以及理解无神论等问题。课程内容要简练通俗，教育方法要生动活泼，联系实际和思想，切实提高政治觉悟。《指示》还规定，“建团工作原则上应与建党工作同时进行，具体作法也应与建党工作基本一致。”[①]各分工委、县委认真执行工委的上述指示，自1959年冬季起，在完成民主改革的地区，通过试点，积极慎重地发展农村党员，逐步建立起党的基层组织。全区最早完成民主改革的山南乃东县凯松乡，也是全区最先建立农村党支部的地区之一。经土改工作组的培养教育和党员介绍，乡农会主任尼玛次仁（奴隶出身）等7名民主改革中的积极分子光荣地加入了中国共产党。各地翻身农奴中的积极分子，许多都热烈要求入党。江孜县龙马区吸收了十多名翻身农奴中的先进分子入党后，一个贫苦农奴出身、苦大仇深、在民主改革中立场坚定、斗争积极的副乡长，走了很远的路来找区委书记张立人要求入党。张立人肯定了他的优秀品质和工作成绩，认为他基本符合共产党员条件，但指出他有两个妻子（旧西藏遗留的婚姻习俗），并说明共产党要求一夫一妻。副乡长问：“一个妻子我就可以入党了吗？”张立人点头肯定。副乡长马上返家说服解决了

获得新生的百万农奴，在高原上建设社会主义幸福新生活。

① 《西藏的民主改革》，西藏人民出版社1995年8月版，第181−184页。

这一问题。张立人深深地为他的入党决心而感动。不久，该副乡长就被吸收入党。在整个民主改革过程中，西藏农村共发展了629名共产党员、1967名共产主义青年团员，建立了123个共产党支部、252个共产主义青年团支部。

百万翻身农奴作为新社会的主人，在建设新西藏的事业中，迸发出极大的政治热情和生产积极性。农村供销社、信用社、民办小学、夜校、识字班、电影放映队、医疗卫生机构等，像雨后春笋般地发展起来。广大农村出现了以劳动互助为中心的爱国生产运动热潮。

西藏农区民主改革进展顺利，成绩斐然。但是由于情况复杂，时间短，任务重，干部缺乏在少数民族地区进行民主改革的经验，有些地方改革搞得比较粗糙，存在群众发动不够充分，对敌人打击不力等问题。1959年底，全区发生阶级敌人杀害积极分子、基层农会干部及其家属200余人，反革命气焰嚣张。而干部队伍中却存在着轻敌麻痹思想，打击反革命活动不力等现象。对此，西藏工委于1960年1月发出《民主改革运动中彻底肃清残匪、加强对敌斗争的指示》，对打击阶级敌人破坏、保卫民主改革成果起了重要作用。但在具体执行中，有的地方对“准、稳、狠”的方针掌握不够全面，发生了一些偏差，伤害了一些群众和朋友。随后工委进行了清理和纠正。同时，对改革中的遗留问题进行复查。2月4日，西藏工委发出《关于土改复查的几个问题的指示》，要求各地选择有代表性的地方进行一次复查工作。据此，各地进行了复查工作试点，发现了土改中确实存在一些问题。有的基层组织不纯，乡农会干部与阶级敌人有勾结；有的本身就是叛乱武装的连排长；有的地方划分阶级中有偏高、偏低或错划、漏划现象；在没收、分配土地中侵犯中等农奴利益；有些该分配给群众的果实，被少数人占用；有的干部作风不纯，强迫命令，脱离群众等。鉴于此，西藏工委于3月召开扩大会议，强调指出搞好复查是彻底完成民主改革任务的一个重要步骤。张经武在会上提出从六个方面进行复查：一查土地分配是否合理，二查群众优势是否树立，三查封建阶级威风是否打倒，四查生产措施和劳动互助是否正常发展，五查干部立场、作风是否健康，六查寺庙工作处理和安排是否妥当。会后，各地、市广泛进行宣传教育，深入发动群众，充分揭露和处理问题，整顿农会和互助组，建党建团，掀起爱国增产热潮。经过四个月的复查工作，西藏工委于7月20日再次发出《关于必须彻底进行土改复查工作的紧急指示》，同时纠正复查中出现的一些偏差，要求切实把这一工作做好，使土地改革更加健康完善。

在民主改革这样一场伟大的社会变革中，西藏工委非常重视解决实践过程中发生的偏差和失误。从上到下采取有力措施，使一度发生的偏差和失误得到及时纠正。

第三节　牧区的民主改革

西藏牧区的改革要比农区晚一些。1959 年 7 月 1 日，西藏工委发出《关于牧区工作的几个问题的决定》中，原则上规定牧区改革依靠劳动牧民，团结包括牧主在内的一切可以团结的力量，做好牧区的牛羊保护和发展工作，并实行“谁放牧归谁所有”的政策。随着纳木湖、麦地卡战役的结束，由西藏军区和入藏作战部队派出的工作组，在黑河、安多、当雄等地处理叛乱武装裹胁参叛群众的牛羊问题。1958年以来，有一些部落反动头人威逼牧民参加叛乱，造成牛羊损失。黑河牧区平叛结束时，集中了 11 余万头无主牛羊。这些牲畜曾暂时交牧民代为放牧，结果发现不少牧民拼命挤奶，任意宰杀。后改为凡是能找到原主的通知其迅速认领，属于没收参加叛乱的三大领主的以及无人认领的，则分配给放牧者，确定其所有权。这样，就保护了畜牧业的正常生产和发展。

西藏的牧区幅员辽阔，约有70万平方公里，主要集中在那曲、阿里地区以及日喀则、山南和昌都一些高寒地区。拉萨、日喀则、山南等地还有一些半农半牧区。西藏牧区面积占全区总面积的大半。牧业经济在西藏经济生活中占有重要地位。西藏的对外贸易也以畜产品为主。西藏牧业主要靠天放牧，分散经营，抵御自然灾害能力弱。牧民们靠牛羊肉及奶制品等生活，牲畜既是生产资料，又是生活资料，而且极易遭到破坏，破坏后又不易较快恢复。叛乱武装对许多牧区的破坏程度相当严重。黑河地区绝大部分是牧区，共有大小部落426个、24387户、12.3万人，有牲畜251.8万头。该地区有的部落的牛羊被叛乱分子抢劫了一半左右。安多县有一个部落原有2.4万头牛、2.6万只羊，几乎被叛乱分子洗劫一空。这些遭叛乱武装蹂躏的牧区，群众生活十分困难，牧民情绪不安。

牧区的大部分草场、牧场为三大领主所占有。作为主要生产资料的牲畜，三大领主占有25%～30%。其余70%～75%的牲畜则由牧主和牧民所有。牧民占牧区人口的95%，占有牲畜的50%左右；牧主只占人口的1%，却占有牲畜的20%左右。三大寺共占有牧场26个、牲畜11万头、农（牧）奴共4万多人。三十九族地区的千户达珠本一家就占有牦牛2000多头、羊6000多只、骡马200多匹。牧民在三大领主的草场放牧牛羊，要受三大领主和牧主的双重剥削，他们要交纳各种差税，特别是遭受“吉美其美（意为不生不死，即领主将牲畜租给牧奴，不论牲畜生死，永远按定额向牧奴收取畜租)”或“吉约其约（意为有生有死，即按存活牲畜数收取畜租)”的盘剥，两种承租形式的量都在60%～70%。牧主直接经营大量牲畜，靠牧工、牧奴从事放牧生产，也有靠出租牛羊或放高利贷来进行盘剥的。牧主的雇工经营，带有资本主义性质。但牧主也要向三大领主支乌拉差役，受一定程度的剥削。他们在政治上、经济上的地位都与三大领主不同。

西藏工委根据牧区特点，对牧区的民主改革采取了更为宽松的政策和灵活的办法。1959年9月1日，西藏工委发出《关于当前牧区工作的指示》，决定在牧区采取不改变所有制，不分配牲畜的方针，不在牧区公开划分阶级、不斗争；强调牧区工作宁肯稳些、缓些，不要急于求成；要把保护牲畜、保护牧场，作为牧区长期的中心任务。牧区民主改革的任务是充分发动群众，彻底平息叛乱，实行反叛乱、反乌拉、反奴役和牧工牧主两利的“三反两利”政策，建立人民政权，安排好群众生活，尽快恢复和发展牧业经济。半农半牧区的畜牧业也按牧区的政策执行；农区的零散牲畜则作为农业的副业生产处理。[①]西藏工委在1959年12月和1961年6月曾两次召开牧区工作会议，讨

① 《西藏的民主改革》，西藏人民出版社1995年8月版，第128—133页；《西藏革命史》，西藏人民出版社1991年2月版，第173页。

论解决牧区“三反两利”运动中的有关政策问题和部署工作，保证了牧区工作的正常发展。

牧区民主改革，首先在1959年下半年结束平叛的黑河、安多、当雄等地牧区开始试点。牧区工作的阶级路线是：依靠劳动牧民（特别是牧工和贫苦牧民），团结一切可以团结的力量（包括未叛牧主），打击叛乱的三大领主及其代理人和叛乱牧主。[①]1960年上半年，在牧区和半农半牧区进行平叛的一、二、三号地区战役和阿里战役结束后，部队和有关县委机关随即在战区范围内的丁青、边坝、巴青、申扎、萨嘎、定日等县陆续派出工作组，深入到牧民点和帐篷内，与牧民同吃同住同劳动，宣传党的牧区政策，发动群众，深挖叛乱分子，收集散失牛羊，建立平叛保畜委员会，维持牲畜的正常放牧和管理，有步骤地开展了“三反两利”运动。

这一工作大体分为三步：第一步是发动牧民协助解放军肃清叛乱分子，控诉叛乱分子罪行，收缴枪支，逐步建立平叛保畜委员会和各级基层政权，把叛乱的三大领主、代理人以及叛乱牧主的牲畜先行没收，并实行谁放牧归谁所有的原则，而不是打乱平分。对叛乱分子及其家属则按当地一般生活水平，留给所需的牛羊；而未叛的农奴主和牧主的牲畜一律归原主人经营，采取不分、不斗的政策，让他们安心生产。第二步是明确宣布废除三大领主在牧区的封建特权和封建剥削，牧区的草场按原来放牧的习惯，继续放牧，除个别需要调整的以外，草场一律不分配。三大领主霸占的草场、牧场和收取草场税租等封建特权一律废除。第三步是废除牧区名目繁多的乌拉差役，对农奴主及其代理人借给劳动牧民的高利贷，宣布一律废除；对未叛农奴主1959年借出的新债，按月息一厘计算，重新立约。明确宣布废除剥削最严重的“吉美其美”畜租形式，以后出租牲畜一律比照农区“二八减租”的办法，由出租与承租双方自行商定。牧区实行“三反两利”，特别注意保护草场、牧场，明确宣布不改变原来的所有权和使用权。即使没收叛乱分子的草场、牧场也不重新分配，而是按原有放牧习惯，归牧民放牧使用。这些政策的贯彻执行，调动了牧主、牧民的生产积极性，稳定了牧区社会秩序，使生产形势蒸蒸日

① 《西藏革命史》，西藏人民出版社1991年2月版，第174页。

民主改革，使牧区生产发展起来，牧民望着成群的牛羊笑逐颜开。

上。牧民从心底里感谢民主改革带来的幸福生活。

牧区在进行“三反”的基础上，贯彻实行牧工牧主“两利”的政策。牧区的阶级差别是客观存在的，只是因为牧业经济的特殊性，不去公开划分阶级。但为了工作便利，在内部还是要把牧主划出来，作为人民内部问题处理，其他统称牧民（包括牧工）。划分牧主的条件是：占有大量牲畜（按当地习惯牲畜折合绵羊有200只以上）雇用长工3人以上（180个短工折合一个长工），剥削收入占其总收入的70%以上。实行牧工、牧主两利的政策，主要是为了变封建的主奴关系为资本主义的雇佣关系，减轻牧主对牧工的剥削，适当提高牧工生活待遇，保障牧工的政治权利。既要使牧主安心经营牧业，有发展生产的信心，又要使牧工有放牧的积极性。“两利”政策就是要达到这个目的。

黑河地区工作组在门堆、赤巴、多仁三个部落试点“两利”政策时，了解到牧主的主要顾虑是怕分、怕斗、怕牧工揭他底、怕“两利”不利，因而出现解雇牧工、拉拢利诱牧工等现象。牧工的主要顾虑是：怕解雇，怕与主人关系搞坏以后生活上受虐待，怕工作组走了牧主不给工资等。掌握了这些思想情况后，就进行针对性的宣传教育。工作组多次召开会议，宣传党的政策，启发群众算账对比，先以大量事实说明了牧主对牧工的剥削。部落的老牧工然伙说："我给六家牧主当了57年牧工，牧主对我都是一样的心肠，不是打就是骂，不给吃饱穿暖，不给工资，不把我当人看。只有共产党把我们当主人，懂得我们的苦。"牧工多尔吉说："牧主不劳动只享受，牧工只劳动没享受；牧主虽有牛羊，但没有牧工放牧、挤奶，他还是活不了。"通过算账对比，召开牧主、雇主会议，讲清"两利"政策，也使牧主受到教育，逐步认识了自己的剥削行为，并从党的政策中解除了顾虑。不少牧主反映："只要不分我们的牛羊，叫我干什么都行。"有的说："现在要好好经营牲畜，不然就对不起共产党。"在进行宣传教育，使牧工、牧主掌握政策的基础上，协商确定了牧工应有的报酬以及在生产上的义务，牧工牧主签订两利合同。按当时的物价水平，牧主除负责牧工吃穿外，还要付给牧工抚养两个小孩的费用，另给年工资50～80元。对此，牧工牧主都愿意接受，比较满意。牧工感到真正翻了身，劳动生活有了保障，表示要放好牛羊。牧主表示相信共产党的政策，要努力发展牧业生产。赤巴部落的牧工有了工资后，很快搭起了羊圈，对牛羊更加关心；牧主对牧工的态度好了，给牧工做了新皮衣，让其喝酥油茶。"三反两利"运动给牧区带来了盎然生机。①由于按政策正确处理了牲畜和草场，使牧工、牧主都很满意。牧民高兴地唱道："草原上升起不落的太阳，牧民有了幸福，心里暖洋洋"。

黑河县桑雄牧区，于1960年4月开始开展"三反两利"运动，在工作组的帮助下，各乡由群众选举过去受压迫奴役最深的牧工和贫苦牧民组成牧民协会，代行乡政权的职能。过去那些趾高气扬的部落头人，现在也要有礼貌地找牧民协会办事了。牧民协会组织牧民揭发领主代理人、叛乱分子维色朗杰的罪恶，吐出了世世代代的苦水。在工作组的支持下，牧民协会没收了叛乱领主、牧主的牛羊，分给贫苦牧民和牧工放牧。在谷露牧区，共没收叛乱领主的牛6217头、绵羊1417只、山羊26只，全部分给了贫苦牧民和牧工。原来没有一只牛羊的牧工扎西彭措、扎央和群单多吉各分得16头牛、35只绵

①黑河分工委副书记旅克栋在工委牧区会议上的发言，载于《西藏的民主改革》，西藏人民出版社1995年8月版，第325—338页。

羊；丹增和白玛才塔各分得20头牛、45只绵羊。此外每户还分得一顶帐篷以及一些简单的家俱、衣服和食物等。这些过去一贫如洗、没条件结婚的牧工们，有了牛羊、帐篷和家俱后，组成了幸福的家庭。丹增就和女牧工才却结婚，白玛才塔和女牧工朗吉结婚。牧工们激动地说："我们过去的吃穿，是主人给什么就是什么，大雪天也得不到休息。晚上都是和牛羊挤在一起睡，'白天是人，晚上是狗'，那时心酸得想死；现在头顶撑着自己的帐篷，家里摆着自己的家俱，门口圈着自己的牛羊，真是做梦也没有想到。毛主席和共产党的恩情是说不完的。"①

翻身农奴载歌载舞庆新生。

桑雄的这些情况，就是全西藏牧区"三反两利"运动的缩影。

① 《黑河县桑雄地区阿巴部落调查报告》，中国科学院民族研究所西藏少数民族社会历史调查组1964年编印，第200—201页。

昌都地区丁青县是叛乱的重灾区。1960年春平息叛乱后，县委立即在全县发动牧民群众，彻底清查叛乱骨干分子，收缴散失民间的枪支，然后组建起牧民协会和基层政权，落实牧工、牧主两利政策，迅速稳定了全县形势。黑河地区巴青县拉西乡贫苦牧奴布德，以其亲身经历在巴青以及附近各县愤怒控诉叛乱武装的罪行，积极投入民主改革运动中。在建立基层政权时，被选为拉西乡副乡长，以后还被选为全国人大代表，受到群众的拥戴。

到1961年上半年，西藏牧区28万人口中，已有25万人口地区开展了“三反两利”运动，并在21万人口的地区完成了“三反两利”运动。[①]牧区县、区、乡人民政府普遍建立，并开始在牧区发展党员，建立基层党的组织。牧民协会、民办小学、供销社、信用社等陆续办起来，并根据中央指示规定至少五年之内不办牧业生产合作社，稳定牧民的个体所有制，进一步发挥了牧工的生产积极性和牧主的经营积极性，大力开展爱国增产保畜运动，开展自由交换，允许自由借贷，活跃牧区经济。这些措施，使牧业生产得到稳定发展。到1961年底，全区牲畜总数达到1205万头（只），超过了平叛前的任何一年。牧区社会安定，出现了人畜两旺的新气象。

在牧区的民主改革中，个别地方也出现过一些问题，如硬将牛羊集中放牧，造成损失；将未叛领主的牛羊分配给贫苦牧民等。这些问题一经发现，各地都根据上级指示作了纠正。就整个牧区民主改革说，成绩是巨大的。

第四节　寺庙的民主改革

西藏的寺庙是封建农奴制度的重要支柱，不少寺庙还是直接组织和支持武装叛乱的巢穴。因此，平息叛乱不能不触及寺庙，进而清理参加叛乱的僧

① 《西藏革命史》，西藏人民出版社1991年2月版，第177页。

人。随着每一次平叛战役的结束，当地寺庙的民主改革也随之展开。拉萨叛乱平息后的第三天，工委就向三大寺派驻军管会和工作组，发动僧众深挖叛乱分子和武器，进行调查研究，准备民主改革。山南、昌都等地区也是在平息武装叛乱后，即向寺庙派驻工作组，进行改革的准备工作。

民主改革前，西藏全区共有寺庙2676座，僧众114925人。其中大小活佛等上层僧侣约500人，掌握经济实权的僧侣共4000余人。寺庙占有全区耕地的36.8%，约121万克，还占有牧区大量牲畜和牧场。仅拉萨的哲蚌、色拉、甘丹三大寺僧人就超过1.6万人，共占有庄园321个、土地14.7万多克，占有牧场450个、牲畜11万头、占有农牧奴6万多人。寺庙利用其封建特权，残酷地剥削广大农牧民。僧人不参加生产劳动，全靠农牧民供养。寺庙是西藏最大的高利贷主，三大寺放高利贷的利息每年收入28万多克青稞、藏银28万余品（每品合50两），约占三大寺总收入的25%～30%。农奴耕种寺庙的土地，要交纳各种租税，还要无偿地支应各种乌拉差役。寺庙的上层僧侣残酷压迫贫苦僧尼，直接参与政治活动；僧侣担任从噶伦到宗本等各级政府官员，很多政府机构中均以僧官为首。达赖就是集神权与王权于一身的最高统治者。寺庙本应是念经礼佛、普渡众生的净地，但许多寺庙设有监狱、法庭，对广大农奴滥施刑罚，随意杀戮。多数寺庙中的上层喇嘛组织策划或支持了叛乱。全区参加叛乱的寺庙1486座，占总数的55.5%。①1959年5月12日，周恩来同班禅等人谈话时指出：关于宗教问题，“民主改革，就是要打击像喜饶嘉措所说的‘披着袈裟的豺狼’，去掉宗教被封建农奴制度玷污了的东西，恢复宗教的本来面目。现在存在的这些被封建农奴制度所玷污的东西是很不慈悲的。”②所以对寺庙进行民主改革，也是广大农奴和众多贫苦僧尼的要求和愿望。

西藏寺庙的民主改革，基本上是同当地农牧区的民主改革同步进行的。1959年7月17日，西藏自治区筹委会通过《关于进行民主改革的决议》中，对寺庙民主改革问题做了明确规定：一方面继续保护宗教信仰自由，保护爱国守法和有历史意义的寺庙和文物古迹；一方面在寺庙中必须开展反对叛乱、

①《西藏革命史》，西藏人民出版社1991年2月版，第178页。
②《周恩来与西藏》，中国藏学出版社1998年12月版，第199页。

反对封建特权、反对剥削制度的“三反”运动。西藏工委9月2日制定的《关于三大寺若干问题的处理意见》中做出十项具体规定：一、彻底摧毁一切叛乱组织和反革命组织（如“西藏独立国人民会议”、“西藏自由同盟”和“四水六岗”等）；彻底肃清寺内的叛乱分子和反革命分子。二、坚决废除寺庙的各种封建特权，包括寺庙委派官员、管理市政；私设法庭、监牢、刑罚和私藏武器；没收群众财产，流放人民；干涉诉讼，干涉婚姻自由和干涉文化教育卫生事业等。三、废除寺庙放给农奴和贫苦喇嘛的所有高利贷债权。四、依法没收三个寺庙（哲蚌寺、色拉寺、甘丹寺）所占有的牧场、庄园及一切生产资料（包括牛羊、土地、房屋、农具和耕畜等）。五、废除寺庙向群众派乌拉、派差役，对群众进行人身奴役的封建特权制度。六、不准寺庙向群众敲诈勒索财物和强行摊派；取缔其非法工商业和强买强卖；严禁其投机倒把和走私漏税行为。七、废除寺庙向宗、谿、部落摊派群众当喇嘛的制度，禁止寺庙强迫群众当喇嘛。八、废除寺庙内的封建统治和封建等级制度，废除寺庙内的打罚制度。九、废除寺庙间的封建统治隶属关系。十、废除寺庙利用宗教节日（如传召）行使的一切封建特权，包括接管市政，对人民横征暴敛，巧取豪夺，没收人民财产，强奸妇女，残害人民等。①这些对寺庙的改革规定，实质上就是对藏传佛教的一次重大改革，借以切断宗教干预政治、经济生活的一切特权，达到实现政教分离的目的，从根本上改变旧西藏政教合一的制度，使寺庙成为纯宗教活动的场所。

由于拉萨的哲蚌、色拉、甘丹三大寺均参加了叛乱，三大寺在西藏封建政治中又具有举足轻重的地位，因此，在拉萨平叛战斗刚一结束，西藏工委和军区即向三大寺派出了军事代表和工作组：哲蚌寺以工委宣传部部长方驰辛、自治区筹委会宗教局局长卫璜为正副组长；色拉寺以工委副秘书长宋赞良、筹委会文教处副处长多杰才旦为正副组长；甘丹寺以工委组织部副部长杨东生②、军区政治部群众工作部部长魏克为正副组长。他们率领一批藏汉

① 《西藏的民主改革》，西藏人民出版社1995年8月版，第135、136页。

② 杨东生（1918—1982），四川省金川县卓斯甲人，1935年参加红军，经长征到达陕北后，在中央党校少数民族班学习，并加入中国共产党。抗日战争时期在新四军任干事、电台队长，解放战争时期任侦通股长、情报总站教导员、军分区直政科长。1950年4月调十八军政策研究室研究员、西藏工作团支部书记。1953年任西藏工委组织部副部长，1958年任西藏民族学院副院长，后任院长。

族干部，迅速进驻三大寺，发动贫苦僧众，团结爱国的上层僧侣，开展了反叛乱、反封建特权、反封建剥削，算政治迫害账、算等级压迫账、算经济剥削账的“三反三算”运动。通过这一运动，挖出了一批叛乱分子和叛乱组织，收缴了大量枪支，揭露了三大寺以宗教为外衣策动叛乱、残害农奴和贫苦喇嘛的残暴罪行。

6月以后，三大寺的“三反三算”运动与附近农村的“三反双减”运动紧密结合进行。尽管广大群众笃信宗教，崇敬喇嘛，但当他们一旦知道三大寺是西藏叛乱的一大祸根时，就勇敢地站起来控诉寺庙中反动僧侣的累累罪行。

色拉寺有僧众5000人，占有谿卡81个、农奴1.3万余人，牧场81处、牧民1.2万人。6月，寺里的贫苦喇嘛和拉萨东郊50个谿卡的800多农奴联合起来开会，控诉寺庙反动上层喇嘛，揭露出该寺一个强佐（管家）供应叛乱分子粮食，委派两个喇嘛担任代本、掌管武装，派人领取枪支，威逼寺内修筑工事、参加叛乱会议等情况。一个参加叛乱的堪布一贯欺压人民，无恶不作，要求每个入寺为僧的人向他交50两藏银。这个堪布可以随意没收别人的财产，向群众征收各种赋税。工作组将其剥削来的财产在拉萨办展览，其中一部分就价值200多万元。寺里专管放高利贷的基索，放债范围遍及拉萨、林周、东噶、曲水等地200余户人家，债务藏银达50万两。[①]

哲蚌寺占有175个谿卡、151个牧场，农奴2万多人；每年这些农奴的大部分劳动成果几乎都交给了寺庙；直到1959年，农奴们还欠寺庙青稞1000多万克、藏银2000万两，平均每个农奴负债青稞500多克（约合14000市斤）。东噶宗郎中谿卡一户差巴，百年前借哲蚌寺15克青稞，每年偿还6克，此时还欠下200多克（约合5600市斤）。[②]哲蚌寺除具有其他大寺的种种特权外，还在一年一度的拉萨传召大法会期间，接管拉萨市民政大权，强行勒索群众财物，其铁棒喇嘛更是胡作非为，造成市区一片恐怖。

甘丹寺80名堪苏以上的中上层喇嘛中，有63人参加了叛乱；4037名普通僧人中有 2895人被迫参加叛乱。该寺曾派武装僧人到山南参加围攻驻泽

① 《西藏的民主改革》，西藏人民出版社1995年8月版，第24页。

② 倪扶汉：《甘丹寺、哲蚌寺民主改革琐忆》，载《中国藏学》1999年第1期，第84页。

当的分工委机关和人民解放军，强迫50名僧人到罗布林卡充当“敢死队”。工作队入驻甘丹寺后，发动贫苦僧众，揭露叛乱罪行，收缴各种枪101支，反动文件一部。僧人们说：“我们的甘丹寺成了真正的叛乱马基康（司令部），反动的活佛、堪布成了马基（武装司令）。”8月5日，工作队召集甘丹寺所属的22个宗豁、33座寺庙以及普通喇嘛、农牧民代表3200多人的斗争大会。在5天时间里，有100余人在会上激昂悲愤地揭露和控诉上层反动喇嘛的罪恶。大量事实证明，该寺不仅是叛乱的重要巢穴，而且对农牧民的残酷剥削和压迫罪恶累累。达赖喇嘛副经师赤江在德庆宗的私人寺庙管理机构赤江拉让，就打死打伤当地农奴和贫苦僧人300多人，把121人关进监狱，将89人流放外地，逼迫538人当奴隶，1025人被逼逃亡，有72人被折散婚姻，484名妇女被强奸。拉姆一个13岁的女儿被6个叛乱僧人轮奸，病倒几个月。从寺内搜出了多件人的头盖骨、人手、人心、人眼、人皮和少女的腿骨。有一个活佛的念珠，就是用108个男人和108个女人的头盖骨磨制成的。真是骇人听闻！该寺中用来残害农奴的刑具，除手铐、脚镣、棍棒外，还有割舌、挖眼、抽筋、剥皮用的刑具，令人触目惊心。参加斗争大会的广大农奴无比愤慨地说：“甘丹寺就是一座人间地狱”。8月10日，在农奴们的强烈要求下，将寺庙所有的派乌拉差役、放高利贷、卖身契等一切文书字据，投入熊熊烈火中化为灰烬。将各种封建特权制度全部废除。①

班禅额尔德尼在日喀则的驻锡地扎什伦布寺，属于没有参加叛乱的寺庙，但也是三大领主之一，也在改革之列。根据中央关于对班禅方面以团结为主、说理斗争、保护过关、区别对待的方针和对扎寺的改革时间可以放长一点，斗争方法可以和平一点的指示，西藏工委于1959年8月7日发出了《关于班禅堪厅地区民主改革的指示》。随后组成以日喀则专署专员刘鹏为主任、班禅堪厅副主任纳旺金巴、土丹尼玛为副主任的扎寺“双反”（扎寺没有反叛乱的任务）委员会，领导、组织该寺3500余名僧人学习，进行反封建特权、反封建剥削和算政治迫害账、等级压迫账、经济剥削账的“双反三算”运动。经过历时7个月的改革，宣布废除了寺里的生产资料所有制，对土地、房屋、农

① 魏克：《记甘丹寺的民主改革》，载《中国藏学》1999年第1期，第77—81页。

具等进行赎买，折合赎买金为596万元，分13年付清（1960年度支付45.3万元）。同时宣布废除寺庙委派官员、派乌拉差役、进行人身奴役、设立法庭监狱、强迫群众当僧人等特权。并把班禅堪布会议厅602名成员的生活和工作全部包了下来。根据班禅的意见，在扎什伦布寺保留1968名僧人，组成了民主管理委员会，挑选300名僧人组成佛教研究班。[①]在整个改革过程中，保护了寺内的正常宗教活动，体现了党的宗教信仰自由政策。

由于一些寺庙被叛乱武装破坏，加之众多的僧尼自愿还俗返家，有些寺庙已是僧（尼）去庙空。1961年1月，寺庙民主改革结束后，全区保留了寺庙553座，留寺僧尼7000多人，基本适应当时群众宗教活动的需要。所有寺庙均选出管理委员会，实行民主管理。留在寺里的宗教上层人士和老弱僧尼，由政府每月给予粮、钱补助。青壮僧尼分有土地，自食其力。愿意还俗者听其自便，愿意留寺的仍继续为僧，信教和不信教都是自由的，宗教信仰自由政策得到真正的贯彻。毛泽东在1961年1月23日同班禅额尔德尼谈话时说："过去有十一万喇嘛，现在留下几千人专门学经，有近十万人从事生产，这对发展经济和人口有很大好处。"[②]

西藏工委在《关于西藏地区土地制度改革方案》中强调指出：宗教信仰是广大群众的思想问题，必须认真地、长期地贯彻执行宗教信仰自由政策，除了在改革中废除的封建特权、封建剥削、人身依附、人身奴役外，还特别强调宗教信仰自由、保护爱国守法的寺庙、保护历史文物古迹，安置好僧尼的生活以及上层宗教人士的政治安排、生活补助等。[③]此前进行试点的甘丹寺就是这样做的，甘丹寺于9月15日成立了寺庙民主管理委员会，贫苦喇嘛洛桑诺拉当选为主任。安排了自愿留寺的312名喇嘛的生活，政府按定级定量发给生活用粮，还给寺里留下10万元的管理费用。将留给寺庙的339克（约合339亩）土地建成农场，以为寺庙僧人提供生活来源。根据僧人本人的意愿和要求，批准了300多名要求还俗的僧人还俗，13人当百货商店营业员，送一些年少的上学读书。甘丹寺经过民主改革，迅速获得了新生。各地根据西

① 曹自强：《和平改革，区别对待》，载《中国藏学》1999年第1期，第71—75页。
② 《毛泽东西藏工作文选》，中央文献出版社、中国藏学出版社2001年5月版，第216页。
③ 《西藏的民主改革》，西藏人民出版社1995年8月版，第146—147页。

藏工委的有关规定，认真做了寺庙改革后的处置，对没有参加叛乱的1167座寺庙的土地、耕畜等生产资料，也都实行了赎买政策，给活佛、堪布等留足一定数量的骑畜、奶牛、菜地。爱国进步并具有代表性的大活佛、堪布等，则留得更多一些。

1959年下半年自治区筹委会通过的《寺庙民主管理试行章程》规定：实行"政治统一，信教自由，政教分离"的方针，所有住寺僧尼都必须接受共产党的领导，反帝、爱国、守法，维护祖国统一和民族团结，走社会主义道路。住寺僧尼凡是国家公民的，均享有公民的权利，同时必须履行公民的义务，遵守政府的政策、法令。《章程》还规定各教派在政治上一律平等，各教派继续实行"各行其是，互不干涉"的原则。[①]这些规定是寺庙民主改革的结果，完全体现了中国共产党的宗教信仰自由政策，受到了宗教界爱国进步上层和广大信教群众的欢迎。正如周总理后来所说："过去宪法没有进庙门，寺庙里发生了叛乱。一平叛，把叛乱的搞掉了，现在宪法进了庙门，将来就可以管好了。"[②]

1959年12月，西藏第一届政协大会闭幕式上少先队员向领导献花。左起：谭冠三、张经武、张国华、阿沛·阿旺晋美。

1959年12月27日，中国人民政治协商会议西藏第一届委员会成立。政协会议于20日在拉萨举行。张经武在会上讲了话。会议通过了向毛主席的致敬电和西藏政协委员会在民主改革运动期间的任务决议。会议于27日宣告西藏政协正式成立。政协主席为谭冠三，副主席为甘丹赤巴·土登衮噶、周仁山、朗顿·贡噶旺秋、桑颇·才旺仁增、尧西·公保才旦、雪康·土登尼玛、邦达多吉、桑顶·多吉帕姆（女）。新成立的人民政协吸收了各教派的

① 《西藏的民主改革》，西藏人民出版社1995年8月版，第299—300页。

② 《周恩来与西藏》，中国藏学出版社1998年12月版，第234—235页。

爱国人士担任委员。如：甘丹赤巴·土登衮噶是格鲁派（黄教）创始人宗喀巴法台的合法继承人。女活佛桑丁·多吉帕姆是中国佛教协会西藏分会副会长。

1960年3月初，按照宗教习惯，拉萨举行传召大法会。中央人民政府代表、西藏工委书记张经武向僧众发放了布施。班禅大师在传召大会上讲了经。

民主改革后，一些重要的具有历史文物价值的寺庙，如哲蚌寺、色拉寺、甘丹寺、大昭寺、扎什伦布寺、萨迦寺、桑耶寺等，都被定为国家级或自治区级文物保护单位，政府予以保护和维修。1962年政府拨款11万元，维修了布达拉宫。后又陆续拨款维修了大昭寺、甘丹寺、扎什伦布寺、萨迦寺、白居寺、热振寺、夏鲁寺等。

第五节　城镇和边境的民主改革

城镇的民主改革

由于封建农奴制度严重阻碍了社会生产力的发展，旧西藏的工商业极不发达。在拉萨、日喀则、江孜、昌都等城镇中，除三大领主经营的一些商店和少数印度、尼泊尔商店外，大多数只是城市贫民拥有的小手工业和一些小摊小贩等。因此，在城镇进行民主改革，既要反对叛乱，区别叛与未叛，又要保护工商业。《关于西藏地区土地制度改革方案》中规定，对未参加叛乱的贵族和寺庙的工商业一律不动，对叛乱分子独资经营的工商业由军管会接管；对叛乱分子和其他非叛乱分子合资经营的商业由军管会进行登记监督，待查清情况后适当处理；迅速安置贫民，处理游民，组织就业、生产；对有利于国计民生的手工业要大力扶持；正确处理城乡关系，加强城乡物资交流；逐步进行市场管理。①

① 《西藏的民主改革》，西藏人民出版社1995年8月版，第149页。

拉萨市军管会成立后，迅速恢复市区秩序，开展反叛乱、反封建制度、反封建剥削、反封建特权和减租减息的"四反双减"运动，同时加强对农业、手工业和市场的管理。到年底，市区生活困难的8500多贫民得到救济，发放救济粮137万斤，建立居民委员会28个，建立公办小学3所、民办小学28所。先后安置了8700多贫苦游民和乞丐就业，收容了120多个孤、老、病、残者。到自治区成立的前一年，拉萨已变成一个没有乞丐、游民的城市。

昌都在5月1日宣布成立军事管制委员会后，随即收缴全市寺庙和个人的枪支，三天之内共收缴各种枪180支。4日，军管会发出布告，宣布废除一切封建差役制度。5日，宣布成立昌都县人民政府，开展民主改革工作，发动群众控诉叛乱罪恶，收缴枪支，向富裕户借粮，救济城市贫民，组织手工业生产，管理市场商贸活动等，使社会秩序迅速恢复，经济活动正常进行。

在江孜和亚东（下司马镇），和平解放前有英印的商埠和租借地。1954年签订中印协定废除了印度在亚东的特权后，印度商人仍来此经商。仅1956年，经亚东出入境的人数就有10万人次、货物10万余驮，进出口总值达6674万元。西藏地方政府在这两地设有较强的商务和民政管理机构——江孜"葱基"[①]和亚东总管（卓木基巧）。江孜镇的民主改革与农区同步进行，下司马镇则推迟到1959年底。两地的民主改革都是开展"三反双减"、发动群众反叛乱斗争，废除封建特权和剥削，建立起以贫苦市民为主的居民委员会，贯彻执行保护工商业的政策。对未叛的贵族、头人和寺庙的工商业一律不动，对叛乱分子经营的工商业由军管会接管经营。对有利于国计民生的手工业大力扶持。江孜是传统的织毯之乡，所织毛毯驰名中外。在改革中，人民政府大力进行了扶持。下司马镇由于边境来往和转口货易锐减，一批原为转口贸易服务的居民无事可做；亚东县委、人民政府遂将这些居民引导到农副业生产方面来，使他们的生活得到较妥善的安排。

收兑藏钞、藏币工作

作为民主改革的一项内容，收兑藏钞、藏币工作同时展开。西藏过去许多地方长期处于以物易物的状态。自16世纪中叶起，一种名为"郭章"的尼

① 即江孜商务总管。

泊尔币流入西藏，作为交易媒介逐渐流通起来。郭章是一种银币，因掺铜铸造成色不一，使用中经常发生纠纷。20世纪初，西藏设立扎其列空（管理金融机构），建造制币厂和夺底电站，开始铸造货币，后又印发纸币。藏币主要为银币和铜币两种（一段时间还铸造过金币）；藏钞为1913年开始发行的纸币，有单色和套色印刷各五种，亦称为藏银。藏币和藏钞的面额从100两到1钱不等。藏币、藏钞大量在城镇流通，并与印度卢比连在一起，混合使用。西藏和平解放后，解放军和进藏工作人员使用“袁大头”银元，对藏币不理、不用、不支持。1955年国务院第七次扩大会议决定停止使用藏币，撤销藏币制造厂，设立收兑机构。但因西藏地方政府多数官员、贵族反对而未能实行。随着“六年不改”、各项工作收缩，藏钞兑换工作遂搁置下来。

西藏民主改革开始后，国家主管经济工作的陈云副总理于5月19日提出收兑藏币藏钞问题：为了从“政治上争取西藏人民，其中包括寺庙贵族等未逃跑人民，我以为我们付出这一百万美金（指收兑藏币所需资金的折价），政治上十分主动有利，而不理藏钞反使寺庙贵族可以鼓动西藏人民来反对我们，历史上成为反对我们的一种借口”①。据此，西藏工委财委于7月22日提出收兑藏币的办法意见上报。中央于29日对有关收兑藏币与人民币的比价、收兑期限，筹备和调运物资应付市场需要，加强宣传等问题做了批示，并特别强调：“收兑藏币的时间，愈快愈有利”。②此前，自治区筹委会于1959年7月15日发出布告，以人民币为全区使用的合法货币。8月10日，自治区筹委会正式发出藏钞停止流通的布告，限期以人民币收兑藏钞，同时禁止外币流通。布告规定：1元人民币收兑藏钞50两，7角人民币兑换藏银币1枚，1元人民币兑换藏铜币大的40个、小的200个。

西藏人民银行调拨一批人民币，各地开始有组织地收兑藏币，较大城镇用10天左右，各县用20天左右完成。当年10月，已收兑藏币纸币5250万两、银币664967枚、大小铜币4041万枚③。到1960年底，共收兑藏币约1亿两，合人民币285万元。西藏和平解放8年后，人民币才在市面上正式流通，表明中央对西藏这一特殊地区使用人民币，也是耐心等待、稳步实施的。

---

①《西藏工作文献选编》，中央文献出版社2005年9月版，第236页。

②《西藏工作文献选编》，中央文献出版社2005年9月版，第237、238页。

③ 1960年4月，自治区筹委会财政处处长王永魁在自治区筹委会第七次扩大会议上的报告。

边境地区的民主改革

西藏地区有近4000公里的国境线，有22个县处于边境地区。边境地区的民主改革必然对邻国产生直接影响。而且境外敌对势力的造谣、煽动，极易引起边境地区动荡不安和边民外流。因此，西藏工委对边境地区的民主改革采取了更为稳妥的方针，要求做到宁肯慢些也要好些。特别要注意广泛宣传政策，揭露谣言，团结广大群众，开展上层统一战线工作。而且要在腹心地区完成改革、取得经验和边境地区民主改革的条件已经成熟时，才在稳定的前提下逐步开展。这一稳妥的方针，既较好地完成了民主改革，又保证了边境地区的基本安定，保持了边境群众的生产生活基本正常进行。

江孜地区的三个边境县（亚东、康马、岗巴）和一个区（打隆县江塘区），分别同锡金、不丹接壤，共有人口5200余户、3.4万人、耕地7.3万克、牲畜37万多头。边境地区的社会经济情况差别很大。有些区域以农业为主，商业和运输业较发达，人口相对稠密，受国外影响较大；另一些区域属高寒草甸区，以牧业为主，地广人稀。边境地区农牧民也深受三大领主的残酷剥削和压迫。边境居民与邻国有悠久的经济、文化联系和习惯性的友好往来。西藏平叛后，由于逃往国外的叛乱分子不断骚扰边境，印度政府实行封锁、禁运和制造边境冲突，致使边民的习惯性往来受阻，边境小额贸易中断。本着"稳妥、缓改"的方针，这些地区一般都在腹心地区改革结束后才进行，沿边境的一线乡，有的推迟到1963年才改革。在改革中，首先开展反叛乱，宣布废除封建特权和剥削，安排好群众生活、生产，发动群众建立农民协会，继而建立乡政权，然后才分配土地。边境地区的小额贸易、盐粮交换、边民过境往来，依从原有的习惯不变。整个改革过程中，一般没有搞面对面的斗争。由于步骤适当、政策比较稳妥、时间较短，又对群众生活给予了特殊的照顾和安排，对逃至境外的叛乱武装骚扰和农奴主的破坏而出现的不安定情况都采取了有力的措施，及时加以解决，从而保持了边境社会的相对安定，群众没有大量外流，生产、生活不断发展和改善，边防逐步巩固。

日喀则地区萨噶县地处中尼边境，民主改革中，工作组十分注意及时发现和培养积极分子，为基层建党建政创造条件。加加区噶雪乡贫苦牧民赤列思想进步，斗争反动农奴主态度坚定，跟党走的决心大，工作组重点培养。

1962年底，赤列当了乡长，很快入了党。1965年9月，作为萨噶县的代表，出席了自治区成立大会。

昌都地区的察隅县（现属林芝地区）地处中印、中缅边境上。这里的政策掌握得很稳，大多数的乡没有发生叛乱。当1956年民主改革的风吹到察隅时，有个名叫俄亥·朗加的头人，就主动把自己的土地分配给农奴，把家里的奴隶也遣散回家，然后带着妻子儿女到了陕西咸阳。经昌都分工委推荐，他们夫妇和儿子上了咸阳公学（后来朗加当过西藏人大代表、昌都政协副主席）。1960年正式开始民主改革时，执行政策更加缓和宽泛，没有搞激烈的阶级斗争，并强调干部深入基层，特别注意解决边境居民珞巴族的生产、生活困难，使整个边境始终稳定。

考虑到边境地区的特殊情况，还有个别小的地方未进行民主改革。如日喀则地区定结县的陈塘，吉隆县的汝村、樟村，山南隆子的玉门。玉门乡非常偏僻，全乡只有一户人家，父亲和女儿轮流当乡长。进入21世纪后，这个乡已经有了20多人。另阿里地区札达县的三个边境村子，也未进行改革。

1960年1月，国务院通过了《关于西藏地区市县行政区划分的决定》，将西藏原来的83个宗和64个相当于宗的独立豀卡合并划分为1个市（拉萨市）、72个县，设立7个专员公署（昌都、日喀则、山南、江孜、塔工、那曲、阿里）。到1960年底，乡级人民政府普遍建立，基本树立起翻身农奴和奴隶的政治优势，4400多名翻身农奴和奴隶出身的基层干部逐步成长起来。全区成立乡级政权1009个，区级政权283个；78个县（内包括县级区）和8个专区（市）的人民政权也都建立起来。本地藏族干部和其他少数民族干部总数增加到一万多人，比民主改革前增加了近两倍。其中乡级干部全是藏族，区级干部90%以上是藏族，有300多名藏族干部担任了县以上领导职务。其中在和平解放西藏初期参加工作的藏族干部洛桑慈诚、雍丕、群觉、扎西和他新等人，分别担任了山南、江孜、昌都、日喀则专员公署的第一任专员或副专员及拉萨市副市长。

1961年7月，国务院第111次会议通过了班禅堪布会议厅结束工作的申请报告，班禅堪厅委员会即行结束。这一决定，标志着西藏封建农奴制度的政权从历史上彻底消失。

1961年4月1日，西藏自治区筹委会给分得土地的翻身农奴颁发“土地证”工作结束。百万翻身农奴作了新社会的主人，在建设新西藏中迸发出极大的政治热情和生产积极性，促进了西藏经济的发展。

拉萨河南岸则巴村贫苦农奴旺堆领到土地证。

1961年，全区粮食由头一年的4.2亿斤增长至4.35亿斤。牲畜存栏数由头年的1084万头（只）增长至1205万头（只）。当年冬季，那曲地区遭受雪灾，牧民们依靠互助组集体的力量和国家的救助，保住了牲畜，第二年的接羔成活率达85%左右。亚东县帕里镇人民解放思想，在海拔4300多米的高寒环境下，试种1000多亩青稞等农作物成功，获得丰收。与此同时，交通建设随着平叛的进行而加快，全区两年内修建了长达2200余公里的简易公路，共24条。拉萨纳金水电站于1960年4月19日初步建成，有两台机组发电，拉萨市民首次用上了电灯。全区设立县级贸易网点232个，大批盐、茶、布匹、农具及时送到农牧民手中。全区新增公办小学和夜校600所，两万多名翻身农奴的孩子第一次踏进校门，学习藏汉语文和政治、科学知识。各地增设了医疗机构和医疗点，派医务人员下乡为群众免费治病。农村牧区群众生活改善，人民安居乐业。

1961年4月21日，中共中央在《关于西藏工作方针的指示》中说："中央高兴地看到自从1959年3月开始平息西藏的反革命叛乱以来，在不到两年的时间内，西藏工委领导进藏部队同西藏干部和西藏人民团结一致，共同努力，不仅基本上平息了反革命叛乱，而且基本上完成了民主改革，使西藏的社会制度和政治面貌发生了天翻地覆的变化，工作成就是伟大的。"①

西藏的民主改革，是西藏历史上的一次最深刻、最彻底的社会变革。它不仅摧毁了延续千年的封建农奴制度，改变了生产关系；极大地解放了生产力，还在封建农奴制度的废墟上建立起真正代表人民利益的新型政权。废除了封建等级制度、人身依附关系和各种野蛮刑罚，百万农奴和奴隶获得翻身解放，成为国家和西藏地方的主人，获得了宪法和法律规定的公民权利和自由，为实现民族区域自治扫清了社会制度障碍。而长期处于受压迫被奴役毫无人权的百万农奴得到解放，不但是中国人权事业的伟大进步，也是对世界人权事业作出的重大贡献。从此，西藏从封建农奴制度开始向社会主义前进。实现了西藏历史的大飞跃，是继和平解放西藏后的又一个伟大的里程碑，具有划时代的意义。

---

①《西藏的民主改革》，西藏人民出版社1995年8月版，第238页。

第九章
稳定发展，巩固国防，成立西藏自治区

1961年，西藏民主改革基本上完成，随即进入一个稳定发展时期。共产党领导西藏农牧民组织农村互助组，大力发展农牧业生产，并建设和平稳定的边防。在反对印度挑起的边境冲突、美国等西方反华势力支持外逃叛乱武装分子回窜骚扰等重大斗争中，西藏边防部队取得了中印边境自卫反击作战和反对叛乱武装回窜斗争的胜利。1965年，西藏自治区正式成立，标志着中国共产党领导西藏人民进行的新民主主义革命彻底完成和向社会主义过渡的开始。翻身农奴当家作主，各项生产建设事业蓬勃发展，人民生活空前改善。从此，西藏进入社会主义新的历史时期。

第一节　稳定发展方针的提出和实施

平息西藏上层反动集团叛乱和民主改革的伟大胜利，推动了西藏社会的进步，给各阶层特别是劳动群众带来了巨大利益。中国共产党、人民解放军在西藏人民心目中的威信更加提高，百万翻身农奴更加热爱毛主席、共产党。西藏上层反动集团发动的武装叛乱以惨败而告终，其妄图永远保持封建农奴制的丑恶面目暴露无遗。不甘心失败的分裂主义分子在国际反华势力的支持下，仍未放弃“西藏独立”的迷梦。逃亡印度的达赖集团组织“流亡政府”，收拢外逃的叛乱武装回窜骚扰边境地区。因此，巩固民主改革胜利成果的任务仍很艰巨，边防斗争仍须不断加强。

此时，国家三年经济困难期即将结束，国民经济正处于调整、巩固、充实、提高阶段。民主改革后的西藏地区农牧业生产虽有所发展，人民生活有所改善，但是经济基础很差，底子十分薄弱，仍然属于全国最落后的地区之一。因此，稳定个体所有制，进一步发展西藏经济，提高人民生活水平，成为各级党、政机关的艰巨任务。

稳定个体所有制问题的提出

在民主改革胜利的大好形势下，西藏工委领导起初认为，翻身农奴原在领主庄园的土地上一起劳动，土地私有观念淡薄，比内地农民更容易组织起来进行集体劳动生产；加之受内地人民公社化的影响，下面一些干部也想尽快在西藏试办农业生产合作社，开始农牧业的社会主义改造。在这种思想指导下，西藏工委在1960年7月20日发出的《关于必须彻底进行土改复查工作的紧急指示》中，提出各分工委可以选择几个点试办农业生产合作社。10月18日，西藏工委在第四季度工作安排中，又进一步强调了重点试办农业生产合作社的具体要求，几个月之内就办了七八十个农业生产合作社，将农牧民刚从民主改革中分得的生产资料又归并集体所有。这些急于改变生产关系、改变农牧民个体所有制的做法，在农村中造成了一些混乱，使相当一部分群众思想不安。有人煽动说："不久前才分给你们的土地，共产党又要收回去，是不是你们这些三大领主的农奴要变成共产党的农奴了？"当时在山南加查等县试办的一些合作社，效果都不好。群众的生产积极性受到挫伤，有的甚至对土改中分得的生产资料不加爱护，任意宰杀牲畜，影响了生产的发展。

中共中央及时发现上述情况，于1960年11月15日在批复西藏工委10月18日《关于试办农业生产合作社的工作安排》的电报中指出："中央认为西藏地区在几年之内不应试办合作社"。1961年1月5日，邓小平等领导人在听取张经武、杨静仁等向中央书记处汇报西藏情况时说：政策要让农民富起来。让农民家里有存粮，牛羊多点，修点房子，基础放在农民富上。一些政策包括贸易在内，一定要照顾习惯。手工业方面要兴一些。总之建立在农富上，农富是放在一家一家的上，不要放在一团一团的上，群众真正得益。合作社五年内不搞，包括牧区一样。要一家一家算，叫农户富起来。[①]1月23

① 《西藏工作文献选编》，中央文献出版社2005年9月版，第243-244页；《中国共产党西藏历史大事记》，中共党史出版社2005年9月版，第183页。

日，毛泽东在同班禅谈话时进一步指出：“西藏社会制度经过改革，从封建农奴制度改变成了农民个体所有制，要安定一个时期”。“现在只搞互助组不搞合作社，搞互助组，发展生产，使农牧民安定下来，生活得到改善”。[①] 1月24日，周恩来与班禅、张经武谈话时也强调：西藏地区辽阔，不要主观，一切从群众的需要出发。西藏的方针、政策概括起来就是，土地所有制是农民个体所有制，这个制度要继续好多年，中心是增加生产，这条要坚定不移地执行下去。

1961年1月23日，毛泽东在接见班禅额尔德尼·确吉坚赞时说，你们那里才进行了平叛和改革，基本上做得好，也发生了些毛病，不仅日喀则发生毛病，各地都有。毛病是“左”，反右必出“左”，反“左”必出右。第一是现在只搞互助组不搞合作社。第二是把上层人士的工作做好。第三是宗教方面，留那么几千人。在这个问题上，我们应该这样看，过去西藏一百二十万人口中间有十一万多人当喇嘛，养活不了，太多了，对发展生产和人口都不利。图为毛泽东主席和中央领导接见十世班禅时的合影。左起：李维汉、邓小平、刘少奇、班禅、毛泽东、周恩来、陈云、张经武。

几个月后，周恩来、邓小平主持召开中央会议，讨论了西藏工作，并于4月21日下达了《中央关于西藏工作方针的指示》。中央指出：“今后西藏工作必须采取稳定发展的方针，从今年算起，五年以内不搞社会主义改造，不搞合作社（连试点也不搞），更不搞人民公社，集中力量把民主革命搞彻底，

① 《毛泽东西藏工作文选》，中央文献出版社、中国藏学出版社2001年5月版，第214、216页。

让劳动人民的个体所有制稳定下来，让农（牧）民的经济得到发展，让翻了身的农奴群众确实尝到民主改革给他们带来的好处。在这五年，我们在西藏的一切政策包括经济政策、财贸政策、社会改革政策、民族政策、对上层人士的团结改造政策、宗教政策等等，都一定要力求稳妥，都要防‘左’防急”。中央明确指出：“在西藏这样一个民族、宗教关系很突出，经济、文化很落后，而又和印度等国为邻的边疆少数民族地区，在经过了近两年平叛和民主改革的激烈斗争以后，如果没有一个稳定发展的时期，使农民群众在自己得到的土地上安心生产，休养生息，并且通过实践接受民主和社会主义教育，而马上实行社会主义改造，他们是难以理解的，勉强去做将会带来极大的危害，不仅不利于保护和发展生产力，而且不利于民族团结和对上层的团结，也就不利于将来进行社会主义改造。”①

根据稳定发展方针，中央要求西藏必须切实做好六项工作：“第一，集中力量领导群众发展生产，繁荣经济，改善人民生活；第二，彻底完成民主改革，向群众深入进行民主革命的政治、思想教育，进行爱国主义教育和社会主义前途的教育；第三，肃清残余叛乱分子和其他反革命分子；第四，做好上层统一战线工作；第五，整顿干部作风，发展党的组织，培养藏族干部；第六，建立各级人民代表大会制度，成立西藏自治区。只要这些工作做好了，就可以进一步提高群众觉悟，增强人民的团结和汉藏民族间的团结，巩固党的领导，巩固工农联盟和人民民主专政，为西藏将来实行社会主义改造创造可靠的条件。”今后西藏“工作的重点，应该是集中力量发展农业，大力发展牧业，同时发展商业和为农、牧业服务的手工业。”“在西藏当前的具体情况下，所谓发展生产，主要的就是发展农（牧）民的个体经济，不要害怕农（牧）民富裕起来。现在的问题正是应该使农（牧）民富裕起来。”②

中央还提出：“一切工作要实事求是，要经过调查研究，从西藏的实际出发，不要机械搬用汉族地区的经验。必须坚决依靠群众，贯彻阶级路线和群众路线，处处看到群众的利益，发扬民主作风，贯彻民族平等政策，有事和藏族人民、藏族干部商量，并且同一切可以争取团结的上层人士和宗教界人

---

①《中国共产党西藏历史大事记》，中共党史出版社2005年9月版，第186、187页。

②《西藏的民主改革》，西藏人民出版社1995年8月版，第239—240页。

士团结起来，实行合作，踏踏实实地把西藏工作做好。”[①]

制定稳定发展的各项具体政策

西藏工委坚决贯彻执行中央的稳定发展方针。在中央批复下达后的第五天即1960年11月20日，即向全区发出停止试办农业生产合作社的紧急通知，要求各地将准备或正在试办中的合作社，坚决停下来；已建成的合作社，要通过细致的思想教育工作，坚决、慎重地逐步转为常年互助组。为了认真总结经验教训，检查纠正在指导思想上存在的急于求成问题，西藏工委于12月16日开始，用半个月时间召开了工委扩大会议，学习中央指示，进行整风。张经武代表工委作了检查。会议认为，在西藏急于试办农业生产合作社，搞社会主义改造，是脱离西藏实际、脱离群众、缺乏调查研究的表现，违背了西藏社会发展的规律，应予纠正。

1961年3月，西藏工委又制定了《关于整顿巩固农业生产互助组和停止试办农牧业生产合作社的方案》，进一步要求各地根据中央“五年不办合作社”的指示精神，处理好互助组中由于受试办合作社的影响而产生的不符合互助组性质的一切问题，确保农业生产在个体经济的基础上稳定发展。5月，工委又召集各部门30多位负责干部学习《中央关于认真进行调查研究工作的指示信》，联系思想和工作实际，提高对调查研究重要性的认识，切实转变作风。5月19日，工委发出《关于加强调查研究的决定》，要求各级党、政、军领导人深入实际，深入基层，大兴调查研究之风。张经武、谭冠三、周仁山、邓少东、郭锡兰等人分别带领6个调查组，深入到农村、牧区、边境进行调查研究，一面组织干部联系西藏实际，总结以往工作中的经验教训，一面研究制定具体的政策措施，保证把中央指示精神贯彻到实际工作中去。在此基础上，工委于6月先后制定了《关于农村中若干具体政策的规定》（简称农村26条），《关于牧区当前若干具体政策的规定》（简称牧区30条）。以后根据形势的发展，又陆续制定了《关于目前边境工作的指示》（简称边境10条）等一系列具体政策。还成立了西藏工委技术革新委员会，抓好以发展生产为中心的各项工作。

---

① 《西藏的民主改革》，西藏人民出版社1995年8月版，第248页。

工委领导深入农村调查研究。

《关于农村中若干具体政策的规定》的主要内容是：第一，稳定农民个体所有制，使农民安心发展生产。要求凡按民主改革政策应分给农户而尚未分配到农户的生产资料，坚决分配到户；动用了中等农奴（包括富裕农奴）的土地和多抽了富裕农奴的土地、财产的，都要退赔；互助组现已积累的公共财产，应合理分配给组员所有。第二，认真办好互助组，五年不办农业生产合作社。互助组必须认真贯彻自愿互利原则，每个互助组的户数，一般不超过十户，不可过大；互助组在今后两三年内不搞公共积累，当前不搞互助联组，两、三年内一般不搞集体副业和手工业生产；已试办的农业生产合作社和明组暗社要转为互助组。第三，大力开展爱国增产运动，积极发展生产，活跃农村经济。对增产成绩显著的农民和互助组，政府给予适当奖励和表扬；

积极扶助贫苦农民发展生产，对生活有困难的老、弱、残、疾，政府予以适当救济；提倡农牧土特产品自由交换，恢复原有集市和习惯性的物资交流会，鼓励和帮助农民增加马车、人力车等各种运输工具；允许自由借贷，允许雇工和出租多余房屋等。第四，以1960年核实的常年产量为计算基础，征收爱国公粮，增产不增税，五年不变；提倡节约粮食，存粮备荒。国家收购余粮，不超过农户余粮的50%，其余部分农户可以自行保存、出售或交换。第五，坚决保护农村劳动力，加强农业生产战线。

《关于牧区当前若干具体政策的规定》的主要内容是：第一，稳定牧民个体所有制，依法保护其牲畜及其他财产。牧民原有的及在“三反两利”运动中分得的牲畜、财产，均为牧民自己所有，被机关、部队占用的，一律退还；依法没收的和在平叛中缴获的牲畜、财产，除按规定应归公者外，应按政策分配到户；未叛牧主、领主及其代理人的牲畜及财产不没收、不赎买，依法保护；留给叛乱的牧主、领主及其代理人和家属的牲畜、财产，也依法予以保护；已完成“三反两利”运动的地区不再搞复查，继续贯彻“不分、不斗、不划阶级”的政策；从1961年起，至少五年不办牧业生产合作社（连试点也不搞），也不办公私合营牧场，更不办人民公社。第二，认真贯彻“两利”和依靠劳动牧民的政策，发挥牧工、牧民、牧主的积极性。允许牧主雇用牧工，依据“两利”政策，合理议定工资，订立合同；积极扶助贫苦牧民发展牲畜和从事可行的副业、手工业生产或其他生产事业。第三，贯彻以牧为主的生产方针，大力开展爱国增产保畜运动，认真办好互助组，积极发展生产。尊重牧民的生产习惯，如何放牧、配种、接羔等，均由牧民自定；逐步改良品种，提高牧畜质量，大力开展兽疫防治工作；尊重牧民原有的互助习惯，根据牧区实际情况认真办好互助组，坚持自愿、互利、等价原则；草场由牧民和国营试办的牧场共同使用，禁止买卖、破坏草场，合理解决草场纠纷；半农半牧区也要贯彻以牧为主的方针，不得开垦草场务农；积极扶助和发展手工业生产，允许自产自销，免予征税；保护现有森林和林卡，不准乱砍乱伐或开荒，提倡植树造林，谁植的归谁所有；保护牧区劳动力，严禁随意抽调。第四，活跃牧区经济，广泛开展自由交换。大力发展民间畜力运输，交换比价自议，交换收入归己，免予征税；加强对供销社和信用社的领导，买卖公平，允许自由借贷。第五，实行轻税政策，使牧民得以休养生息。规定1962年继续免征牧业税。

《关于目前边境工作的指示》，分别就边境地区的民主改革、打击回窜叛乱分子、镇压反革命、边民外逃回归和习惯性出入境、统战工作、涉外事宜、边境小额贸易等问题规定了一系列具体政策。总的精神是，对边境地区在工作步骤上要更加稳慎，政策上更加宽松一些，要求边境地区迅速安定下来。

由于这些具体政策都是经过深入调查研究认真制定出来的，实际上就是认识西藏特殊性的过程，是转变指导思想的过程，因而比较全面地体现了稳定发展方针的精神，使稳定发展方针具体化了。同时，它反映了西藏实际和人民群众的真实愿望，受到了广大干部和群众的衷心拥护。

各级党政组织在贯彻落实稳定发展方针和上述各项具体政策时，纷纷组成工作队或工作组深入农村牧区，一面认真宣传党的方针政策，一面妥善处理工作中存在的各种问题，着重抓好政策兑现和社转组的工作，并认真整顿和巩固互助组。到1961年底，农牧区的个体所有制就基本稳定下来了。1962年，通过对《关于农村中若干具体政策的规定》和《关于牧区当前若干具体政策的规定》的广泛深入宣传，使广大农村牧区以个体所有制为基础的互助生产进一步得到稳定和发展。到1965年上半年，西藏全区已有农业生产互助组22000多个，入组户数占农业总户数的90%；牧业互助组4000多个，入组户数占牧业总户数的34.2%。

大力发展农牧、工交、文卫等事业

党的稳定发展方针和农牧区的各项具体政策的落实，进一步调动了广大农牧民的生产积极性。随着互助组的整顿、巩固和提高，一个以互助生产为中心的爱国增产运动，在广大农牧区蓬勃兴起。农村牧区的广大干部、群众齐心协力，因地制宜地推广农业“八字宪法”①和牧业增产“八项措施”，努力改善生产条件，提高生产技术，兴修水利，扩大耕地面积，提高单位面积

①毛泽东为了发展农业，帮助农民学习科学种田，在多年深入农村调查研究、汇集农民历年的耕作方法和实际效果的基础上，于1958年提出了农业增产措施，即：土（改良土壤）、肥（合理施肥）、水（发展水利、合理灌溉）、种（改良种籽）、密（合理密植）、保（作物保护）、管（田间管理）、工（工具改革），当时称为农业“八字宪法”。

产量，提高幼畜成活率，使农牧业生产面貌发生了巨大变化。在稳定发展的第一年，全区就兴修农田水利工程8550多处，扩大灌溉面积85000多亩，全区耕地面积扩大了13%以上。在以后的几年里，各地每年都掀起农田水利建设热潮，全区的耕地面积和水利灌溉面积继续扩大。加上改进生产工具和耕作方法及其他一些增产措施，有力地促进了生产的迅速发展。过去社会地位低下的铁匠、木匠组成铁木生产小组，改良和制造农具，改进落后的木犁，推广和仿制大批新式步犁等。在耕作方法上普遍推广条播和点播，缩小了习惯的撒播面积。在牧业方面，加强了畜牧业的管理，从内地和国外引进良种马、牛、绵羊等，进行驯化或杂交，以改良畜种。保护并合理利用草地，进行人工草地建设。做好畜禽的繁殖和疫病防治工作等。1963年，全区粮食总产量达到5.3亿斤，比1960年增长29.3%；牧区牲畜头数达到1373万头（只），比1960年增长30.6%。

山南地区乃东县结巴乡的11户朗生（奴隶），白手起家，在1961年春带头办起“朗生互助组”。刚成立互助组时，缺这少那，困难重重。女共产党员次仁拉姆带领大家，坚决迎着困难前进。他们说：“过去领主没有把我们压迫死、饿死，现在有共产党的领导，只要团结互助，就没有克服不了的困难”。春耕时运肥没有驮畜，全体组员就起早摸黑，把肥料一筐筐往地里背。耕地缺少耕牛，就用人工同别的互助组换来牲畜。因朗生过去是领主的家奴，没有种过地，也不会播种锄草。组里就派人到别的组去学习播种技术，保证及时完成了播种任务。田间管理锄草时，会锄草的组员就带着他们边锄边教。经过这样顽强地苦干实干，不仅夺得了当年的丰收，还使互助组的生产不断发展，组员生活一年比一年好起来。经过几年的努力，这个组的耕牛由1961年的3头发展到1964年的14头，其他大小牲畜由93头（只）发展到234头（只）。1961年，组内有6家缺粮户，到1964年，全组户户有余粮。西藏工委及时宣传推广他们的事迹和做法，《西藏日报》刊登了他们“人穷志不穷”的硬骨头英雄气概和奋发图强、自力更生的雄心壮志，使这个互助组的艰苦创业精神，成为西藏高原百万翻身农奴学习的好榜样。

广大翻身农牧民同心协力发展互助生产，夺得了民主改革以后连续六年的丰收增产。到1965年，全区的粮食总产量达到5.8亿多斤，比民主改革前的1958年增长了88.6%；全区牲畜达到1800多万头（只），比1958年增长54.1%。西藏第一个进行民主改革的山南地区乃东县凯松乡，原先在农奴制度的束缚下，生产力停滞不前达三百多年。民主改革后，翻身农奴先后组成10个互助组，同心协力发展生产，经过六年的艰苦努力，全乡1600多克土地，平均每克产量由80公斤提高到309公斤，增长近三倍；耕牛由20头增加到80头，农具也成倍增加。民主改革初期，这个乡的119户农民中就有90多户缺少口粮；到1964年，不仅全乡农户家家都有足够的口粮、种子和饲料，而且95%的人家有了余粮。这个乡几年来的巨大发展变化，可以说是西藏农村发展变化的一个缩影。

藏北草原上的广大牧民群众在党的领导下艰苦奋斗，使畜牧业连年获得较大增产。1963年春，那曲地区遭受严重雪灾，人民政府除及时供应大批粮

丰收的喜悦。

食解决牧民生活外，还调拨了50万斤青稞，无偿地发给贫苦牧民作为幼畜、弱畜的不足饲料。当雄县250多个互助组发挥集体力量，战胜了几十年未遇的大雪灾，使当年牲畜纯增10%左右。那曲县罗马乡顿珠扎西互助组的3户贫苦牧民，自力更生，并坚持互助生产，连续战胜雪灾等各种困难，在办组两年中，使牲畜增长一倍多。他们说："只有共产党给我们指引的道路是最光明的。"

为了扶持贫苦农牧民更好地发展生产，人民政府还通过贷款贷粮等方式，从多方面帮助他们克服困难。从1959年到1964年，国家共发放了847万元无息和低息的农牧业贷款。其中包括种子、口粮4000多万斤，放贷耕牛18000多头，其他牲畜3500多头，羊13000多只，农具10万多件，制造农牧业生产工具的钢材95吨。此外，国家还发放无息贷款108万余元，先后扶持了9.8万多户贫苦农牧民和一批"穷棒子"互助组。1960年和1964年，政府两次降低对牧民的粮食供应价格，使每斤的价格比1959年开始供应时降低了50%。同时，人民政府还组织了以盐粮交换为中心的农牧产品交换活动。1961年冬季，牧区出动了13万头牦牛，驮载盐、碱、酥油、羊毛、肉类等土畜产品到农区交换粮食。1962年的农牧产品交换比1961年的规模还大，仅湖盐就有上千万公斤，交换了大批农牧产品和生活用品，有力地促进了全区农牧业生产的发展。

随着农牧业生产的发展，农牧民的生活得到了显著的改善，出现了买耕牛置农具的多、盖新房的多、有余粮的多的好景象。1962年，山南农民添置耕牛1200多头。哲古县有一个村子，每家都添了十多件农具。拉加里县盖新房的就有200多家。林芝地区米林县章达乡，农作物的产量比较高，每人平均有5克多地，每克地产量平均在10克以上。群众手中的存粮，1960年平均每人714斤，1961年1083斤，1962年达到1116斤。农牧民普遍反映："旧社会的苦日子泪水洗面，新社会的好生活比蜜还甜。躺在自己土地里的麦垛旁边，闻到青稞麦的香味也觉得很舒坦。"

民主改革的胜利，打破了束缚社会经济发展的封建农奴制桎梏，社会生产力得到了空前的解放，在农牧区大力开展生产运动，增产增收的同时，基础工业、交通运输、民族手工业、文教卫生等经济、社会事业也加快发展。西藏基础工业开始起步。于20世纪50年代中期和平解放后，中央政府根据《十七条协议》中“逐步发展西藏的农牧工商业，改善人民生活”的条款，冲破西藏上层反动集团的阻挠，创造条件初步兴建基础工业项目。过去，西藏没有现代意义的工业。20世纪20年代，在英国人的操纵下，西藏地方政府曾试办过羊绒厂、造币厂和小型水电站等，但因技术人员缺乏，除造币厂能勉强维持下去外，其余工厂均形同虚设。和平解放西藏后，国家派出的科学考察队在西藏进行了18个月的考察，在藏北和藏东北等地发现了矿产资源线索。中央人民政府曾设想帮助西藏建设一点基础工业，由于受到旧制度的限制和地方政府的阻挠，仅取得了有限的成就。1954年修筑青藏公路时在沱沱河附近发现煤层露头，1955年国家派工作组考察后，命名为“乌丽煤矿”（美丽的乌金），随即开始开发。1956年在拉萨北郊原废弃夺底沟发电厂的基础上，扩建夺底电站，装机容量为660千瓦。同年3月，在日喀则建成火力发电厂，装机容量为80千瓦。

按照国务院帮助西藏发展交通运输的决定，在国家交通部的支持下，1955年5～10月，先后成立青藏公路管理局（慕生忠兼任局长）、康藏公路管理局（程培兆代理局长）、交通部西藏交通局（杨笑萍任局长）。1956年春，全国有13个省市给西藏调配汽车驾驶员和修理人员。4月，经陈毅副总理批准，从抗美援朝归国部队中选调300名驾驶员，由部队封存的400辆汽车，分别给青藏、康藏公路管理局使用。加上原来的汽车，运输车辆已达1100多辆。汽车修理厂也陆续建立起来，1957年4月，建成拉萨汽车修配厂，从贵州调来一整套人马，共计215名。同时在拉萨招收学徒工，培养了西藏第一代藏族修理工人。9月，昌都汽车修理厂工人200人连同机器设备，一起调往格尔木，与青藏公路管理局保养场合并，成立格尔木汽车修配厂，到1959年已有职工700多人。两个汽车修配厂除承担大小汽车的修配任务外，还修理拖拉机和工程建筑机械等。

随着民主改革的不断深入，西藏现代工业建设逐步加快。1960年正式筹建拉萨机械修配厂。班戈湖区产的硼砂，因其为火箭发射动力燃料，苏联曾指名索要，作为偿还债务之用。为此，周恩来总理要求西藏1959年生产硼砂10万吨。国家下拨了大量经费和汽车运输、施工设备。西藏以交通局和军区

始建于1962年的拉萨水泥厂。

生产部共同开发，全军各大军区分配来复员军人4000人参加。为统一领导，由自治区筹委会和军区生产部联合组成西藏化工厂，由工委财委副主任夏仲远任厂长、军区生产部部长洪流任政委。藏北班戈湖硼砂矿过去由民间私人随意淘采向国外出售，矿资源遭到破坏和逐渐枯竭。化工厂成立后，在班戈湖以西100余公里处的杜加里，找到新的矿点。但此处没有公路，海拔4800米，环境极其艰苦。部队复员战士和西藏上万职工克服一切困难，自己动手修路、架桥、建厂、采矿，1960年基本完成周总理的要求，基本上偿还了外债，还为西藏财政积累了大量资金。到1962年共产硼砂36.8万吨，实现利润8460万元，为克服当时西藏经济困难作出了贡献。在拉萨平息叛乱的同时，西藏境内的国营煤矿——土门格拉煤矿，于1959年3月动工兴建，原乌丽煤矿人员并入土门煤矿，初期开挖露天煤，累计产煤60万吨。1959年，军区生产部从四川成都、青海格尔木请来200多名制革技术人员和工人，在拉萨西郊罗布林卡附近的乱石滩上，建设西藏第一座皮革厂，到1960年4月已能生产皮鞋、皮大衣、毛毡等皮革制品30多个品种，近两万件。1962年拉萨水泥厂投产，年产水泥3.2万吨。

同时，西藏交通运输事业也取得了巨大成绩。由军队和民工突击施工建设的当雄机场，于1956年底建成通航，开辟了北京至拉萨的首条航线；继川藏、青藏两路通车后，1956年又修建新疆至西藏阿里的公路。此公路从新疆叶城至阿里噶大克，全长1210公里，翻越昆仑山脉10个雪山大阪（山垭口），平均处于海拔4000米以上地区，由国家交通部和新疆方面联合修建，于1957年10月建成通车，比预定时间缩短一年半。中尼公路意义重大，国家十分重视，由国家交通部、西藏军区、铁道兵承建。组建以解放军副总参谋长杨成武为组长、军区司令部副参谋长陈子植为指挥长的领导小组。有铁道兵、工程兵、军区步兵及民工共计万余人参加施工。公路北起中国西藏日喀则，南至尼泊尔首府加德满都，全长549.38公里。从1963年春开始，中国方面不仅修建了日喀则至樟木友谊桥段，还应尼泊尔政府的请求，派人进入尼境修建，至1968年全线建成通车。从而使西藏地区有了4条通往境外的交通要道。此外，还分段建成拉萨至日喀则、江孜至亚东公路，建成黑河至噶大克、黑河至昌都、拉孜至普兰等公路。1965年，全区公路通车里程达1.5万多公里，90%以上的县通了公路。从1959年到1964年，仅从内地运到西藏的民用粮食、茶叶、布匹、生产工具、生活用品等就有42.8万多吨。随着交通运输业的发展，商业也迅速发展起来。到1964年，全区建立的国营商业机构比1958年增加了12倍。还在广大农村、牧区建立了供销社和消费社，初步形成了以国营商业为领导的社会主义商业网，大大活跃了农牧区经济，改善了农牧民生活。

民族手工业在西藏有悠久的传统，生产地毯、围裙、氆氇、木碗、藏刀、金银器等。西藏和平解放后，中央人民政府对手工业一直采取扶助的政策，从1953年至1956年共发放无息贷款136.6万元。1953年，组建拉萨市地毯厂。1954年北京地毯总厂派出技术人员，帮助设计图案、改进染织技术，促进了地毯业的发展。在同一时期，江孜分工委向江孜织毯工人发放无息贷款10万元，吸收了600个体生产者，恢复和发展了地毯的生产。此外，拉萨、日喀则、山南等地织氆氇业，山南贡噶县生产的围裙，昌都的绘画、雕刻、金银首饰，加查和吉隆的木碗等，也都得到恢复发展，从各方面满足了人民群众的生活需要。到1965年，日喀则的手工业户由解放前的399户发展到1598户。从1959年到1965年，全区民族手工业发展到33个行业，从业人员6670人，总产值由124万元增加到890多万元。平均年递增32%，为工业总类中增长最快的一个门类。

西藏的文化教育和卫生体育等事业，出现了蓬勃发展的新局面。1956年创办了西藏第一所中学——拉萨中学。到1965年西藏自治区成立时，全区共有80所公办小学，教职工2485名，学生66781名。有中学4所，教职工123名，学生1059名；中等师范学校1所，教职工110名，学生465名。在陕西咸阳公学的基础上，1965年创办了西藏第一所高等学府——西藏民族学院，有教职工703名，学生2251名。到1965年，全区已建立专业文艺团体和电影放映单位133个，农牧区的业余文艺队伍也迅速发展壮大起来。地方和军队的文艺工作者们创作和演出了大批反映现实生活的优秀节目。风靡全国的《洗衣歌》、《逛新城》、《丰收之夜》等优秀歌舞节目以及著名歌唱家才旦卓玛，都是在这一时期涌现出来的。以藏族演员为主，反映旧西藏封建农奴制度的电影《农奴》和话剧《不准出生的人》，以及反映藏汉民族团结历史的话

风靡全国的《洗衣歌》剧照。

剧《文成公主》等的演出，在西藏乃至全国都引起很大轰动，获得广泛好评。

解放初期开始培养的藏族医务人员，这时也大都走上工作岗位。在内地组派的医务人员的帮助下，到1965年，全区医疗机构发展到193个，为民主改革前的三倍多，卫生人员增加到2947人，为民主改革前的3.7倍。在体育事业上，以登山运动最为突出。西藏专门组建了一个登山营。到1965年，已培养出藏族运动健将13人，其中有第一次打破世界女子登山纪录的藏族登山队员西绕、潘多、其米和查姆金；有征服珠穆朗玛峰的藏族优秀登山运动员贡布。他们为发展祖国的体育事业作出了重要的贡献。

驻藏人民解放军在执行平叛改革任务中，仍然不忘生产。1960年，全区部队就收获粮食60.7万公斤、肉食127.75万公斤（内含宰杀自养畜肉6.25万公斤，打猎、捕鱼121.5万公斤），收获蔬菜1780万公斤，达到蔬菜全部自给，肉食自给8个月。1961年收获粮食140.5万公斤、蔬菜2475万公斤，生产肉食119.5万公斤。1963年收获粮食170.5万公斤、薯类270万公斤、蔬菜1940万公斤、油菜籽8.4万公斤。

为贯彻中央关于“屯垦戍边”、“建设西藏”的精神，1959年7月中央军委批准组建西藏军区生产部，以军区政治部两位副主任洪流、周特夫分任部长和政委。到1960年共有477名干部和近3000名老战士转业复员退伍，成为生产部职工。当年就在东起昌都、西至日喀则的1700多公里的地区，开荒生产，先后组建了林芝、米林、易贡、察隅、澎波、林周、江孜、浪卡子、拉孜等农场和羊八井牧场，加上早期成立的八一农场，当年开荒5.37万亩，播种7400亩。到1963年底面积达7.36万亩。头三年共收获小麦、青稞507.5万公斤，油菜籽16万公斤，养殖牛羊猪8500头（只）。西藏的农垦事业随之兴起，对全区的农、牧、副业的全面发展和科学技术的推广运用，起到了示范带头作用。

争取参叛外逃人员投诚回归

在边境工作上，西藏工委采取“稳慎、宽大、安定、建设”的方针，大力宣传《边境十条》规定的各项具体政策，从边境的实际出发，对敌斗争尽量缩小打击面，多方扶持照顾边民，贷款贷粮比腹心地区更为优厚，从而安定了人心，团结了群众，争取了上层人士的大多数，孤立和打击了最反动的分子。在坚持军事打击回窜的外逃叛乱分子的同时，遵照总政治部关于对境外叛乱武装实行军事上的反回窜和政治上的争取相结合，并以政治争取分化瓦解为主的方针，充分发动群众，大力开展政治争取和分化瓦解工作。对于归降分子坚持不杀、不关、不斗、不判的“四不”政策。西藏自治区筹委会和西藏军区联合发出了《对曾参加叛乱外逃的藏族同胞投诚归来的政策通告》，宣布凡投诚归来人员，不问过去罪恶大小，职务高低，一律不咎既往。对率众和持枪归来的人员，按规定予以奖励，并对他们的生产、生活进行妥善安排。1964年2月14日，西藏人民广播电台开办的对流落国外的藏族同胞的藏语广播，宣传祖国及西藏建设成就和人民的新面貌，宣传对外逃叛乱分子投诚、起义的政策，播放境内亲友致外逃藏胞的家信等。同时，在仲巴县扎东、定结县日屋两地设立边防联络站，分别对尼泊尔境内木斯塘、瓦隆冲古拉等地盘踞的大批外逃叛乱武装开展具体争取工作，争取了一批又一批的参叛外逃人员投诚归来。1963年9月，仲巴县穷果部落参叛外逃的头人巴洛玉加带领妻子儿女携械投诚归来。1964年7月，又有三股参叛外逃分子39人及其家属83人，在首领来绕和顿噶等人率领下从仲巴县境外投诚归来，交枪11支。边防部队、当地政府和群众对这些投诚人员，都给予热情接待和妥善安置，对动员和劝归有功人员分别给予了奖励。1964年下半年，仲巴、吉隆、萨噶三县边境，又有近千名外逃边民回归和一批外逃叛乱分子投诚归来。这些都鼓舞了境内各界人士，打击了达赖叛国集团，促进了边境地区的稳定。

平叛改革后，西藏的统一战线工作由原来的反帝爱国统一战线发展成为人民民主统一战线。西藏工委明确提出，在新形势下统战工作的主要任务是：进一步团结爱国上层人士，团结一切可以团结的人，加强教育，逐步改造，发展进步势力。对于爱国的上层人士，根据党的政策，把他们包下来，特别是对上层中的左派人士，一般都给他们安排了工作，使他们有职有权，帮助他们在工作上做出成绩，在政治上有所进步。通过一系列的工作，使大多数上层人士逐渐消除了在改革复查和镇压反革命时产生的怀疑和顾虑，出现了左派有发展、右派有分化的好形势。

中共中央提出在民主改革后实行稳定发展的工作方针，是完全符合西藏社会发展实际情况的正确方针。中央的指示，端正了西藏工委的思想路线。在稳定发展时期，由于党的政策的落实，农牧业生产连年丰收，各项建设事业得到发展。驻藏部队、进藏干部和各级党政干部进一步坚定了全心全意为西藏人民服务的思想，发扬一不怕苦、二不怕死的革命精神，把帮助西藏人民搞好革命和建设事业，把保卫国防、巩固内卫作为自己的神圣职责，在实践中继承发展了“老西藏精神”。广大翻身农奴们尝到了民主改革的好处以后，深深体会到党的方针、政策的英明正确，对共产党无比热爱和崇敬，对建设新西藏充满信心，对崭新的生活充满热爱，精神面貌也焕然一新。全区到处呈现一派兴旺发达、安居乐业、团结互助、奋发图强的喜人景象。因此，西藏广大人民群众和干部一致赞誉这是西藏和平解放以来最好的时期，是西藏的“黄金时期”。

统一西藏内部对平叛和改革的认识

对于西藏这场声势浩大的平叛和民主改革运动，广大翻身农奴发自内心的喜悦，纵情欢呼；一些爱国进步的朋友也积极拥护，大力支持。但是，有些农奴主分子则怀恨在心，肆意造谣诬蔑以至搞复辟活动。人民内部的认识和态度也不尽一致。随着民主改革进一步深入发展，在进行改革复查的时候，一些地方出现了两种情况：一种是一度出现打击面过宽和伤害了一些爱国朋友（包括日喀则地区班禅堪厅和扎什伦布寺发生的斗争爱国人士和搜查班禅大师父母等的住地），甚至伤害了一些群众（主要是中等农奴）以及试办农业生产合作社等，发生急和“左”的偏差；二是有些人包括有些上层爱国人士，对这场波澜壮阔的社会大变革不够理解，甚至在偏差已经纠正后仍然固执己见。

十世班禅额尔德尼是与中国共产党长期合作共事的朋友，是西藏一位最大的爱国者，属于统一战线内部的左派。他积极执行《十七条协议》，抵制西藏地方政府和上层反动集团的分裂叛乱活动，为西藏人民做过不少好事。1959年4月，西藏发生全面叛乱以及达赖叛逃后，国务院任命班禅额尔德尼为西藏自治区筹委会代理主任委员。他在主持西藏自治区筹委会期间，做了许多对西藏社会发展有影响的工作。在民主改革中，他曾组织自治区筹委会第二次全体会议，通过了《关于西藏全区进行民主改革的决议》，推动了民主改革的进程。长期以来，中共中央和西藏工委对班禅大师特别关怀，对班禅堪厅所辖地区和扎什伦布寺按未叛乱地区对待，对那里发生的问题也及时作了纠正，并发出《团结争取班禅集团的指示》，以保证今后进一步做好这方面的工作。

1960年9月，班禅到北京参加建国11周年庆祝活动，后由中央统战部的领导人和全国著名民主人士陪同他到南方参观访问。在陪同参观访问期间，统战部的领导人针对日喀则发生的问题及班禅对平叛、民主改革的片面理解及由此而产生的不满情绪，陆续同班禅做了几十次谈话，从讲一般革命道理到群众运动的规律和应持的态度等方面对他进行了开导。1961年1月23日，毛泽东同班禅谈话时指出：西藏的“平叛和改革，基本上做得好，也发生了些毛病”，“毛病是‘左’。反右必出‘左’，反‘左’必出右。”“左”的毛病，不仅日喀则，各地都有。“现在你们那里要纠正‘左’的偏向。”毛泽东还指出，西藏同时还要把上层和宗教工作搞好。对上层要安排生活和职位，思想改造要和风细雨。毛泽东谈到班禅方面和达赖集团不同，以及同西藏工委的关系，培养青年干部等问题。[①]毛主席对班禅十分耐心而又语重心长地帮助教育，使他对平叛改革特别是日喀则发生的问题的认识有所提高，已经比较能够正确对待。

1961年9月，中央通知班禅赴京参加全国人民代表大会。中央领导征求他对西藏工作的意见时，他已不是原来那样的情绪，而是表示“现在西藏的方针、政策执行得很好，一些问题都解决了，没有任何意见。”后因人大会议推迟，班禅改去新疆等地参观。班禅到达甘肃酒泉时，正值苏共二十二大召开，外电纷纷报道中苏两党关系破裂。他忧心忡忡，担心“苏美联合向我们进攻”，而“和我们友好的都是些穷国、小国，帮不了什么忙”，于是政治态度出现了很大变化。班禅从新疆回到北京在参加人大会议期间，甘、青、川地区一些藏族上层人士多次到他住地反映情况。1962年春节前，班禅又去青海了解了一些情况，然后与阿沛·阿旺晋美、帕巴拉·格列朗杰等人去四川向西南局汇报。班禅回到北京后，即提出要向周总理汇报，并准备写书面报告送中央。周总理派人做他的工作，劝他不要以书面形式向中央写报告；如

---

① 《毛泽东西藏工作文选》，中央文献出版社、中国藏学出版社2001年5月版，第213、214、216、217页。

果那样做，中央就不能默认其中的错误观点，不能不表态进行批评。但他还是坚持要写书面报告，并于1962年5月18日写成《关于西藏总的情况和具体情况以及西藏为主的藏族地区的甘苦和今后希望要求的报告》(报告有七万余字，称七万言书，或简称“上书”)，送给周恩来总理。

这“七万言书”的内容，有的是对的。如肯定西藏在中国共产党的领导下办了许多好事，尊重藏族人民的宗教信仰、语言文字和风俗习惯，免费医疗，办学校，发放贷款，救济灾民，修筑公路，培养民族干部，改变不合理的旧制度等；再如，平叛改革后，三年胜过过去几百年的发展。总之《十七条协议》中属中央要执行的都执行无遗，平叛改革使西藏发生翻天覆地的变化；等等。还承认1961年以后又纠正了一些错误的做法。同时该“七万言书”也有一些合理的建议。但上书中有的内容是不对的，主要集中在对平叛和民主改革问题上，即所谓“七个认识”。最突出的是把彻底平息叛乱、废除封建农奴制度、打击复辟势力而采取的一些措施，斥责为“灭族灭教”；把下边一些干部特别是民主改革运动中涌现出的积极分子说成是“投机分子”，并横加指责；对在平叛改革中出现的问题予以夸大。

中央接到班禅的“七万言书”后非常重视，尽管不同意他的一些错误观点和错误言论，但仍然责成中央统战部部长李维汉和在京的西藏工委、筹委几位负责人张经武、张国华、王其梅、夏辅仁、阿沛·阿旺晋美、帕巴拉·格列朗杰以及平杰三、刘春等人，同班禅共同研究，根据平叛改革进行的情况和有关政策，在7月19日形成了四个文件:《改进合作共事关系》、《培养和教育干部》、《关于继续贯彻执行宗教信仰自由政策的几项规定》、《继续贯彻执行处理反叛分子规定的意见》。

周恩来总理审阅了上述四个文件，并仔细地研究了班禅的“七万言书”，于7月24日就几个原则问题与班禅进行了开诚布公的谈话。周恩来指出，你提出意见是好事，但不等于说你提的问题都对，有对的，有不对的。周恩来还回答了六个问题。一、平叛。本来是有反必肃，有错必纠，因为西藏发生了叛乱，这次中央审核文件时加了一条有叛必平。青海、西康发生叛乱，最后西藏也发生了叛乱，这是事实。叛乱必须平息，这是肯定的。如果要说平叛中有缺点，就是我们有点疏忽，没有准备，叛乱以后我们才调了部队进去。现在我们有经验了，加上一条有叛必平。班禅大师报告中也指出来平叛是完全必要的。叛乱的原因很清楚，叛乱头子就是要维持他们的统治秩序，维护压迫剥削制度，他们提出了欺骗人民的口号，说是为了维护民族、宗教利益，这是假话。我们已经决定推迟改革，但是他们为了维护剥削压迫制度而发动叛乱，是为了少数人的利益。二、民主改革。我想，应该肯定民主改革是对的。把劳动人民从剥削制度下解放出来是伟大的成功。这个运动必然要彻底地发动群众，必然有群众运动，除非你搞改良主义。如果真正发动群众，就会有斗争，因为他们几千年受了剥削和压迫，在民主改革中他们要斗争、要出气、也是自然的。当然我们也承认运动有缺点，但是如果要从历史的发展来看，那只是一瞬间的事而已。有的地方在改革中甚至斗争了爱国的上层人士，这是因为群众发动起来了，一时搞不清楚。我们既然发现了民主改革中有错误，当然就要有错必纠，但是一定要注意不要因为纠正错误而把成绩否定了。站在农奴主的立场上，就会把平叛改革看得一无是处；站在农奴和奴隶的立场上，就会认为平叛改革的成绩是主要的，胜利是伟大的。不存在上书中所说的"灭族、灭教"问题。三、群众生活问题。任何减轻群众的负担要注意两件事：第一，必须关心最穷苦人民的生活，这些人不可能住在拉萨附近，而是住在穷乡僻壤；第二，要从西藏的水平来谈改善人民生活，不能同全国拉平。四、民主集中制。首先是要相信党中央和毛主席的领导，在西藏具体说就是要相信西藏工委。五、宗教问题。关键是中央批准的中央统战部《关于民族工作会议的报告》上的关于宗教问题的十一条规定和你在筹委会第四次会议报告中提出的五条原则。宪法要进庙门，过去宪法没有进庙门，寺庙里发生了叛乱。一平叛，把叛乱的搞掉了，现在宪法进了庙门，将来就可以管好了。六、民族问题。党中央是扶持各民族发展的。我们谈过多次，过去藏族在历史上有光荣的一页，党始终是要扶持藏族发展的。藏族只有在祖国大家庭中才能得到发展。西藏和平解放以后，我们就是这样做的。在帝国主义和反动的民族主义统治下，各民族是不能得到发展的。显然只有在社会主义大家庭里，各民族才会得到发展，这是肯定的。周恩来谈话后，班禅当面表示接受批评，并做了检讨，同时也做了说明。[①]

① 《中国共产党西藏历史大事记》，中共党史出版社2005年9月版，第198—199页；《周恩来同班禅等的谈话》，见《周恩来与西藏》，中央文献出版社1998年版，第230—236页。

对周恩来的谈话和教诲，班禅并未完全接受，仍坚持一些错误观点。班禅由京返藏后，召开筹委学习会，学习讨论在京共同协议的四个文件。在学习会上，在一些重大问题上仍然得不到解决。工委于8月24日就筹委当前工作与班禅等协商意见的问题，向中央请示报告。中央于8月24作了批示，指出："应该向班禅明确指出，西藏自治区筹委会应当在党的领导下按照民主集中制的原则办事。"9月17日，中央又指出："这次班禅既然利用筹委上层人士的学习会，发表了不正确的观点，我们就需要在学习会上同他们进行斗争"。"在批评班禅的错误的观点的时候和其他适当的场合，都应该主动地说明，关于西藏工作的四个文件，必须坚决执行。共产党要执行，政府也要执行，政府要在工委领导下执行，按照合作共事文件中规定的原则办事。"①

1964年9月18日至11月4日，西藏自治区筹委会举行第七次扩大会议，对班禅的问题进行了批判。由于当时在"以阶级斗争为纲"的思想指导下，与会人员开始把班禅问题当成一般的"阶级斗争"现象，后来逐渐升级为"班禅企图复辟封建农奴制度，图谋叛国，进行反人民、反祖国、反社会主义活动"。②随后，撤销了班禅的自治区筹委会副主任委员及代理主任委员的职务。后在第三届全国人大一次会议和全国政协第四届一次会议上，也进行了同样的批判，并且撤销了班禅全国人大常委会副委员长的职务和全国政协副主席职务，只保留了全国政协常委一职。后来班禅又成了"文化大革命"的受害者。③

① 《中国共产党西藏历史大事记》，中共党史出版社2005年9月版，第201、202、203页。

② 《中国共产党西藏历史大事记》，中共党史出版社2005年9月版，第219页。

③ 党的十一届三中全会以后，中央经过复查，认为对班禅的问题处理重了，应当逐步恢复职务，落实政策。在1978年全国政协第五届一次会议上继续选班禅为全国政协常委；在1979年5月全国政协第五届二次会议上，选他为全国政协副主席。1980年8月，邓小平约班禅谈话指出，你是一个最好的爱国者，对你的问题主要是处理重了，你的"七万言上书"有一部分是对的，有一部分是错的。（见《中国共产党西藏历史大事记》第338页）同年8月，在全国人大第五届三次会议上，班禅当选为全国人大常委会副委员长。

第二节　被迫进行中印边境自卫反击作战

从远古以来，在中国人民和印度人民之间就有了深厚的友谊。近代以来，中印两国人民又都进行了反对外国殖民主义的侵略和压迫的斗争，这就加深了中印两国人民之间的同情和了解。中印两国建立新的国家后，两国人民间的传统友谊又有了新的发展。中华人民共和国成立后，印度是最早承认新中国的几个亚洲国家之一。随后，中印两国签订了《中国西藏地方和印度之间的通商和交通协定》，还共同倡议了处理国际事务的和平共处五项原则。

但由于印度独立后，印度政府继承英国殖民主义者对中国西藏地方的野心，推行侵略扩张政策，开始就阻挠中国和平解放西藏。中国在西藏平息叛乱后，印度又利用历史上遗留下来的中印边界问题不断制造纠纷，甚至以武装蚕食、入侵手段改变边界现状。中国政府本着友好协商精神数次提出和平谈判解决边界争论建议，遭到印度政府断然拒绝，边界局势愈演愈烈。在领土主权一再受到威胁和人员等各方面都受到很大损失的情况下，中国边防部队不得不于1962年冬季进行了自卫反击作战，取得了辉煌胜利。中印边境地区出现了比较稳定的局面。1970年五·一节毛泽东在天安门接见各国驻华使节时，微笑着和印度驻华临时代办米什拉握手，并对他说，“印度是一个伟大的国家，你们是一个伟大的人民”，“我们总要友好的，不能老是这么吵下去嘛。”①在双方共同努力下，1976年印中两国结束了长达14年双方只驻代办的局面，向关系正常化迈进。现在中印关系正在继续向好的方面发展。

中印边界问题的由来

中印两国的边界线从来没有正式划定。1959年1月23日周恩来总理就致信印度政府总理尼赫鲁说：中印边界从未正式划定。②但是，两国政府和人民按照双方的行政管辖范围，在长期和平相处的过程中，形成了一条传统习惯边界线。该线全长约2000公里，分为东、中、西三段。东段，从中国、缅

① 赵蔚文：《印中关系风云录》，时事出版社2000年版，第215页。
② 《周恩来年谱》，中央文献出版社1997年版，第201页。

甸、印度三国交界处起至中国、不丹、印度三国交界处止,沿着喜马拉雅山脉的南麓；中段，从中国、尼泊尔、印度三国交界处至西段的东南端,沿着喜马拉雅山山脉；西段,指中国的新疆、西藏同印占克什米尔的拉达克沿喀喇昆仑山脉的接壤边界。①

东段中印边界传统习惯线向北到喜马拉雅山脊,是历来属于中国西藏地方管辖的门隅、珞渝、下察隅三个地区，居民分别为门巴族、珞巴族、僜人和一些藏族。1914年3月，英国驻印总督派人到上述地区踏勘和调查后，另行标画出一条基本上沿喜马拉雅山脊，从中国、缅甸接壤处到中国、不丹接壤处的“中印边界线”，提交给正在举行西姆拉会议的英方代表麦克马洪，炮制了所谓的“印藏边境”的“麦克马洪线”，硬将该线以南9万平方公里的中国领土划入英占印度版图。

1950年中国和平解放西藏时，当时印度政府曾竭力阻挠。在这一企图没有得逞的情况下，印度就在中印边界东段向非法的“麦克马洪线”推进，完全占领了传统习惯线以北和“麦克马洪线”以南的中国领土。②

中印边界西段和中段的传统习惯线以北和以东地区，历来都在中国政府的管辖之下。新中国成立后，中国人民解放军接管了西段中印边界传统习惯线的防务。古代商道和阿里人去新疆，以及从新疆向阿里运送物资，都是经过熊彩大雪山与阿克赛钦地区这条路。1956年3月至1957年10月，中国还建成纵贯阿克赛钦地区长达1200公里的新藏公路这一新疆、西藏间的交通命脉。在中印边界中段,印度除了已承继了英帝国主义对于桑、葱莎的占领外，又在1954年以后侵占了巨哇、曲惹、什布奇山口以西地区、波林三多、香扎、拉不底、乌热等地。在中印边界西段，1956年以后，印度侵占了巴里加斯。与此同时,印度在1954年出版的官方地图上片面修改中印之间的传统习惯线，把英帝国主义阴谋制造的中印边界线全盘托出,作为中印间的已定界强迫中国接受。中国政府不承认印度侵占中国领土的事实。中国政府主张中印边界问题应该通过和平谈判，求得友好解决。在解决以前，应该维持边境现状。中国不承认“麦克马洪线”，但是，为了争取谈判解决中印边界问题，中国也不

① 《中华人民共和国外交史》（第2卷），世界知识出版社1998年版，第72页。
② 《中华人民共和国外交史》（第2卷），世界知识出版社1998年版，第74页。

越过这条线。①

1959年3月，西藏上层反动集团发动全面武装叛乱时，印度政府于当年3月22日向中国政府提出领土要求，不但要把东段9万平方公里、中段2000平方公里历来属于中国的领土划入印度，而且要求把西段一向在中国政府有效管辖下的3.3万多平方公里的中国领土也划归印度。这些地方的总面积达12.5万平方公里。印度政府还先后令印军在兼则马尼（沙则）、朗久和塔马墩三地越过“麦克马洪线”。②此后，又企图将西藏错那县的拉则拉山以南克节朗河两岸的大片中国领土划入“麦克马洪线”以南，纳入印度版图。

印度不仅向中国提出了领土要求，而且还通过使用武力片面改变业已形成的边界现状，来实现它的领土要求。1959年6月，印度武装部队在东段越过非法的“麦克马洪线”，侵占了线以北的塔马顿、朗久和兼则马尼，并在1959年8月25日，在侵占朗久的过程中挑起了第一次边境流血冲突。10月21日，印度武装部队又在西段越过传统习惯边界，在空喀山口挑起了更严重的流血冲突。③

1959年9月13日，第二届全国人大常委会扩大的第八次会议通过《关

1959年9月11日，周恩来在第二届全国人大常委会举行的扩大的第六次会议上作关于中印边界问题的报告。

① 《中华人民共和国外交史》（第2卷），世界知识出版社1998年版，第74页。
② 《当代中国的西藏》上册，当代中国出版社1991年版，第324页。
③ 《中华人民共和国外交史》（第2卷），世界知识出版社1998年版，第75页。

于中印边界问题的决议》，督促印度方面迅速撤退入侵中国领土的据点，停止反华煽动，并且同中国开始和平解决边界问题的谈判。

为了有效地维持两国边界现状，为友好地解决边界问题创造良好气氛，周恩来总理于1959年11月7日致信尼赫鲁建议："中印两国的武装部队立即从东边的所谓麦克马洪线和西边的双方实际控制线各自后撤20公里；在双方撤出武装部队的地区，双方保证不再派遣武装人员驻守和巡逻，但是仍然保留民政人员和非武装的警察，以执行行政任务和维持秩序。""为了进一步商谈边界问题和两国关系中的其他问题，中国政府建议，两国总理在最近期间举行会谈。"①

11月16日，尼赫鲁致信周恩来总理，表示准备就中印边界问题同周恩来总理会晤，但不同意双方部队从实际控制线各自后撤20公里以脱离接触。为了表示中国政府坚持和平协商解决边界问题的诚意，中国政府宣布单方面在实际控制线的中国一侧20公里内停止巡逻。1960年4月，周恩来总理亲赴印度与尼赫鲁总理举行会晤。由于印度政府坚持已有的立场，致使中印边界问题的解决陷入僵局。

从1960年初开始，西藏军区、新疆军区遵照中央军委指示，在中印边境实际控制线本侧30公里地区内不打猎、不打枪、不巡逻、不越出边卡活动警戒线、不留难来往边民。教育干部、战士充分认识边防斗争的重大政治意义，即使一兵一卒、一枪一弹，都关系到党和国家的战略大局，必须贯彻军事斗争服从政治斗争的原则，强调要做到事无巨细，一律事先请示，积极配合国家力争以和平协商办法解决中印边界问题的政治、外交斗争。

由于中国方面采取一系列措施，尽了最大努力，使中印边境局势在1960年至1961年上半年期间一度有所缓和，但根本问题没有解决。

印军加紧蚕食中国领土，中国边防部队进行反蚕食斗争

1962年初至10月，印军在西段的中国新疆的奇普恰普河谷地区、加勒万河谷地区以及中国西藏的班公湖和斯潘古尔湖地区，不断蚕食中国领土，

① 《中华人民共和国对外关系文件集》第6集，世界知识出版社，第117、118页。

先后设立据点共达43个。在东段，印军又在“麦克马洪线”以北扩大侵占范围，从同年6月起，印军先后侵占了扯冬、绒布丢、扯果布、卡龙、章多、克宁乃、日挺布、汤、娘巴等地。在印军加紧对中国领土入侵的同时，印度飞机也加紧侵入中国领空，频繁地进行侦察，并空投成批军事人员和大量军事物资给印方设在中国境内的侵略据点。①

印军的蚕食活动，破坏了边界现状，严重威胁中国边防哨所的安全。中国政府外交部就此向印度政府提出严重抗议。②并照会印度政府，要求印度政府立即从中国领土上撤出侵略据点和军队。③

然而，尼赫鲁政府无视中国政府的严重警告，对中国政府提出的抗议全然不予置理。《印度斯坦旗报》称：“我们现在必须做的事情，就是保卫我们已经建立起来的任何一个据点。”④

中共中央、毛泽东主席对印军不断扩大对中国领土的入侵蚕食极为重视。中央及时提出了对中印边境西段入侵印军的斗争方针和应对措施。7月11日，毛泽东指出：“印度在我境内设点，我们完全有理由打，但是现在还要克制，不能急于打。一要进一步揭露尼赫鲁的真面目；二是要争取国际上正确认识中印边境斗争的是非问题。”⑤中央军委和总参谋部根据毛泽东的指示，提出了“决不退让，力争避免流血；犬牙交错，长期武装共处”反对印军蚕食的斗争方针。

新疆军区边防部队遵照这一方针，在执行“绝不退让”方面，与入侵印军迎头对峙，采取：“你不打，我不打；你逼近我，我逼近你；你包围我，我包围你；你切断我，我切断你”的顶逼、围堵手段。在“力争避免流血”方面采取：不先打第一枪，保持距离，留有余地，对逃跑之入侵印军网开一面的办法。经过艰苦、激烈、复杂的反蚕食斗争，在中印边境西段遏止了印军的渗透与推进，顶住了印军的蚕食，粉碎了印军侵占中国阿克赛钦地区、控制新藏公路的战略企图，在军事上赢得了主动和有利地位，有效地配合了政治、外交斗争。

---

① 《当代中国的西藏》上册，当代中国出版社1991年版，第324—325页。
② 《中华人民共和国对外关系文件集》第9集，世界知识出版社，第35页。
③ 《中华人民共和国对外关系文件集》第9集，世界知识出版社，第38页。
④ 《解放军报》1962年7月24日。
⑤ 《毛泽东传》（1949—1976），中央文献出版社2003年版，第1224页。

西藏军区根据中央军委指示，为在必要时配合中印边境西段的反入侵、反蚕食斗争，于6月11日成立了“军区前进指挥部”（代号为藏字四一九部队），由柴洪泉任司令员、阴法唐任政治委员，统一指挥一五四、一五五、一五七团和若干指挥保障分队，[①]进行战备训练。中印边境东段各边防团、营也均转入临战训练和战备工作。

6月18日，解放军总政治部下发《关于反对印度反动派军事挑衅的政治工作指示》，军区各部队依此普遍开展了以揭露尼赫鲁反华真面目为中心的控诉活动；使广大指战员了解中印边境问题的起因和实质，认清尼赫鲁政府联合帝国主义进行反华的真面目及其本质，激发大家的爱国主义热情和政治责任感。[②]

9月，印军将蚕食的重点转到了东段。鉴于印军入侵挑衅日益猖狂，西藏边防部队奉命于9月初恢复边境巡逻。9月17日，边防某团三连班长吴元明、崔道华前来换哨。印军吼叫着用枪瞄准他们二人，企图阻止中国士兵换哨。吴、崔二人未予理会，换哨后即开始在择绕桥桥西修筑防御工事。印军为阻挠中国哨兵构筑工事，举枪对准中国哨兵。吴、崔保持极大克制，一再向印军示意，这是中国的领土，要其立即撤出。但印军却继续在中方哨位周围构筑工事，以围逼中国择绕桥西的哨位。

18日16时20分，印军又在择绕桥西侧中方哨位的东、南、西三面各架机枪一挺，并向吴元明大声吼叫，进行威胁和恫吓。吴元明抱着宁肯牺牲自己也要坚决执行“不打第一枪”的边防政策的决心，严守岗位，毫不退缩，对入侵挑衅的印军连续发出十余次警告，令其撤走。印军不仅不听，反而增加兵力，加修工事，架设鹿砦，妄图逼走中国在择绕桥西侧的哨位。20日16时，4名印军继续向再次上哨位的吴元明围逼，并用木料拦住他的后路，将他夹在中间，进行挑衅。吴元明怒视着印军，伸手向逼近他的一名印军推去，这名印军绊在一块石头上仰倒在地。又一名印军用木料拦他的后路，被吴元明一脚踢开，木料压在印军身上。印军见围逼不成，无可奈何地退回其据点内。[③]

---

① 赵慎应：《张国华将军在西藏》，中国藏学出版社1998年版，第123页。

② 中国军事科学学会军事历史分会会刊《军事历史》，2005年第2期，第8页。

③ 魏克：《留在雪域高原的脚印》，民族出版社2000年版，第275-276页。

为表彰吴元明班长坚守桥西阵地，临危不惧，严守政策，寸步不退，机敏应对印军的大无畏精神，中华人民共和国国防部授予他“战斗英雄”称号。

21日零时，印军突然向择绕桥哨位发起进攻，并企图捕捉中国哨兵。从零时至7时，印军先后四次开枪，并投掷手榴弹，情况危急。负责西哨位的三连代理连长刘道臣即返回河东向指挥所报告情况，当他快接近桥头时，印军再次开火，子弹从他胸部穿过。他仍然命令哨位的战士在没有接到上级指示前，对印军进攻不要还击。他坚持爬回桥东的工事后，因伤势过重，光荣牺牲。印军还打伤一名中国战士。择绕桥边防分队忍无可忍，被迫进行自卫还击。[1]

1962年10月5日，印度国防部宣布在“东方军区”下成立一个专门对付中国的新兵团第四军，任命考尔中将为该军军长。12日，尼赫鲁总理宣布他已下令要把中国军队“清除掉”。14日，印度国防部长梅农宣称要同中国打到最后一个人、最后一支枪。16日，尼赫鲁总理刚从国外访问回到新德里，就立即召开高级军官会议，加紧作战部署。17日，印度军队在边界东、西两段同时对中方开始猛烈炮击。18日，印度国防部官员宣称，已经把中国人“赶回两英里”。[2]

克节朗方向的自卫反击作战

为了打击印度政府的嚣张气焰，保卫中国边疆的安全，创造和平解决中印边界问题的条件，中共中央决定对印度军队的进攻坚决予以反击。10月17日，毛泽东主席主持中央军委会议，到会的有周恩来、刘少奇、邓小平以及罗瑞卿等。会议定下了在中印边境进行反击印军的作战决心。后来毛泽东回顾说：“说不得了，欺负得我们厉害呀，我说，就让他欺负，无论如何不要打。后头怎么搞的，我也看到不打不行了，打就打嘛。你整了我们三年嘛。你看嘛，从1959年开始，1959年、1960年、1961年、1962年，四个年头了，我们才还手嘛。”[3] 17日当天，中央军委发出《歼灭入侵印军的作战命令》。[4]

① 魏克：《留在雪域高原的脚印》，民族出版社2000年版，第276页。
② 《中华人民共和国外交史》（第2卷），世界知识出版社1998年版，第77页。
③ 《毛泽东传》（1949—1976），中央文献出版社2003年版，第1261—1262页。
④ 中国军事科学学会军事历史分会会刊《军事历史》，2005年第2期，第9页。

克节朗地区位于中印边境东段的西端，在非法的“麦克马洪线”以北、拉则山脊以南，西接不丹，东临娘姆江曲河，是一条呈西北、东南走向的山谷，克节朗河流经其间。当地气候温和，森林密布，间有草场，总面积约100平方公里，是中国西藏自治区错那县勒村的夏季牧场。

东段西藏边防部队当面为印度陆军第四师的部分军队。这个师的一些营曾参加过第二次世界大战，是印军中历史较长、战斗力较强的“王牌”部队之一。

战前，印军第四师战术司令部指挥第七旅及炮四旅等部6000多人，分别集结于克节朗、棒山口、达旺地区，企图巩固已侵占的克节朗河以南地区，并向克节朗河以北继续进攻，[①]以实现其以“拉则山脊为界”的扩张企图。克节朗地区印军部署特点是前重后轻、正面宽、纵深浅，状似一个短腿“T”字。其左翼依托高山与纵深连结较紧，既是部署重点，又是要害。[②]其右翼侧突出暴露，比较薄弱。盘踞在克节朗河南岸卡龙等据点的第七旅部队凭借巉岩峭壁，修筑大量工事，不断向克节朗河北岸的中国边防部队开炮。[③]

西藏军区司令员张国华、参谋长王亢在京参加了中央军委会议后，于10月12日返回拉萨，随即在13日上午召开军区党委和西藏工委联席扩大会议，传达贯彻中央指示精神。张国华强调现在一切都要围绕打仗。会议结束后，他就同副司令员邓少东、赵文进、政治部主任吕义山、副参谋长石伴樵、后勤部副部长于一星等人组成的西藏军区前指，于10月15日到达麻麻，统一指挥前线作战。

为打好克节朗这第一仗，张国华听取了军区有关部门掌握的情况分析和四一九部队首长柴洪泉、阴法唐的作战意见，果断提出了对印军左右两翼同时打，歼灭印军一个旅的大胆计划。这个计划报上去之后，经呈报军委，毛泽东同意了西藏军区前指的作战方案。[④]

西藏边防部队于10月20日7时30分发起克节朗反击作战。西藏军区前

① 《当代中国的西藏》上册，当代中国出版社1991年版，第325−326页。

② 赵慎应：《张国华将军在西藏》，中国藏学出版社1998年版，第124页。

③ 《当代中国的西藏》上册，当代中国出版社1991年版，第326页。

④ 中国军事科学学会军事历史分会会刊《军事历史》，2005年第2期，第9页。

西藏军区司令员张国华（中）在中印边境自卫反击作战前线。

指以四一九部队全部、十一师一部和山南军分区一部以及炮兵工兵各一部，执行克节郎地区反击作战的任务。①

印度军队凭借密集地堡和强大交叉火力，拼命封锁中国边防部队的前进道路。中国边防部队一五五团在一五七团等佯动、迂回部队的协同配合下，以营、连为单位展开，采取分割包围，侧后攻击，交错前进，一个地堡一个地堡夺取的战法，发扬一不怕苦、二不怕死，英勇顽强、机动作战的战斗作风，冒着枪林弹雨，互相掩护，交错前进，充分发挥各种短兵火器的威力，与印军展开激战。负责摧毁卡龙据点的一五五团二连六班，在班长、共产党员阳廷安带领下，勇猛地向入侵印军的纵深冲击。班长在激战中牺牲后，副班长曾祥智指挥继续战斗。副班长牺牲后，其余战士仍然前仆后继，直至收复卡龙据点。在这次战斗中，六班在五班协同下，共攻克27个印军地堡，为驱逐入侵卡龙的印军第七旅打开了大门。战后，六班被中华人民共和国国务院授予“阳廷安班”英雄称号。经过连续十小时激战，迅速地歼灭了印度军队的“常胜军”第七旅。②

① 《军事历史》，2005年第2期，第10页。

② 《当代中国的西藏》上册，当代中国出版社1991年版，第326页。

二连九班班长谢道银身负重伤后，仍连续炸毁印军两座碉堡，抓获印军中校营长，荣记一等功。[①]

一五四团三营担任攻歼沙则、仲昆桥印军的任务。沙则是克节朗地区印军右翼的重要据点，印军苦心经营三年，防御体系比较完整坚固。该营在得芒边防队部分兵力配合下，发起攻击。九连副班长张映鑫为打开攻击通道，掩护全排安全，把最后一颗手榴弹投入敌人地堡后，挺身扑在地堡上，用双腿堵住射击孔，消灭了堡内印军，为全歼印军作出了重要贡献。张映鑫因伤势过重，抢救无效而牺牲。战后，张映鑫被国防部授予“战斗英雄”称号，[②]荣记一等功。

10月22日，中国国防部发言人正式宣布，印军越过“麦克马洪线”发动大规模进攻，破坏了这条线的约束。为防止印度卷土重来，中国边防部队在战斗中没有必要再受非法的“麦克马洪线”的约束。[③]遵此，西藏军区前指令各部不受“麦线”约束，乘胜发展，实施追击。印军望风逃遁。22日上午，四一九部队一五四团俘获了印军第七旅旅长季·普·达尔维准将。[④]

1962年10月22日，中国边防部队在克节朗战役中俘虏印度陆军第七旅旅长季·普·达尔维准将。

① 赵慎应：《张国华将军在西藏》，中国藏学出版社1998年版，第125页。
② 魏克：《留在雪域高原的脚印》，民族出版社2000年版，第279—280页。
③《人民日报》1962年10月22日。
④ 魏克：《留在雪域高原的脚印》，民族出版社2000年版，第281—282页。

至此，经过一天多的艰苦战斗，对越过“麦克马洪线”的印军七旅全部歼灭。克节朗战役告捷。西藏边防部队反击作战的胜利，受到中央军委的通令嘉奖。嘉奖令中指出：“这次对印度侵略军的自卫反击作战，参战部队全体指战员，在高原严寒的困难条件下，斗志高昂，艰苦卓绝，勇猛善战，干脆地歼灭敌人，取得了初战的伟大胜利。捷报频传，党中央、中央军委极为高兴。”

与此同时，昌都、林芝、山南军分区部队先后向当面印军实施反击，拔除了嘎灵公、林卡、拉木多、阿夏比拉等八个印军侵略据点，歼印军一部，乘胜进占了那底通、马尼岗、塔克新、哥里西娘等“麦线”以南的印军侵占地区，[①]一部攻至瓦弄前沿，与印军形成对峙。

新疆边防部队遵照总参谋部的命令，在西藏边防部队实施反击战的同时，对入侵红山头和加勒万河谷地区的印军发起反击。经激烈战斗，全歼入侵印军，并乘胜扩大战果。至29日，全部扫除了班公湖两岸及其以北地区的印军37个侵略据点，[②]随后又挥师南下，反击巴里加斯地区之印军。印军大部提前撤逃，一部被歼。

10月24日，在中国边防部队进行的自卫反击作战正取得节节胜利之际，中国政府发表声明指出：“最近，中印边境上发生了严重的武装冲突，这种情况的发生是十分不幸的。中印两国人民从来是友好的，今后也应该世世代代友好下去。中印两国竟由于边界问题而兵戎相见，这是中国政府和人民所不愿意看到的，也是全世界爱好和平的国家和人民所不愿意看到的。”中国政府郑重提出三项建议：

“（一）双方确认中印边界问题必须通过谈判和平解决。在和平解决前，中国政府希望印度政府同意，双方尊重在整个中印边界上存在于双方之间的实际控制线，双方武装部队从这条线各自后撤二十公里，脱离接触。

（二）在印度政府同意前项建议的情况下，中国政府愿意通过双方协商，把边界东段的中国边防部队撤回到实际控制线以北；同时，在边界的中段和

---

① 《当代中国人民解放军》上册，当代中国出版社1994年版，第211页。

② 《当代中国人民解放军》上册，当代中国出版社1994年版，第211页。

西段，中印双方保证不越过实际控制线，即传统习惯线。有关双方武装部队脱离接触和停止武装冲突事宜，由中印两国政府指派官员谈判。

（三）中国政府认为，为了谋求中印边界问题的友好解决，中印两国总理应该再一次举行会谈。在双方认为适当的时候，中国政府欢迎印度总理前来北京；如果印度政府有所不便，中国总理愿意前往德里，进行会谈。”[①]

为了配合中国政府的声明，总参谋部令西藏军区前指着东段反击作战部队暂不过达旺河。遵此，各部队即在达旺河以北地区集结休整。

中国政府在中国边防部队初战告捷、并主动停止反击行动之后，适时提出建议，表现出中国政府和平解决中印边界问题的最大诚意。

印度政府一面再次拒绝中国政府和平解决边界问题的三项建议，一面加紧进行战争动员，宣布全国处于“紧急状态”。[②] 10月25日，尼赫鲁又在印度各邦宣传部长会议上说：必须把印度的人力和全部生产能力投入这种“战争努力”，除此以外别无任何其他选择。他要求有效地利用一切宣传工具为“战争的努力”做出贡献。[③]

自印度宣布“紧急状态”后，印军在中印边境东西段地区增加了2个师部、9个旅及炮兵、装甲部队各一部，总兵力由2.2万人增至3万人。[④]综观印军布势，集重兵于提斯普尔至西山口之间，沿公路纵深梯次配置，达旺方向是其主要进攻方向。

10月30日至11月5日，达旺河南岸的印军以重炮轰击中国边防部队，发射炮弹600余发。11月6日，瓦弄地区的印军向中国边防部队发起进攻，被昌都军分区部队击退。在西段边境，印军也炮击中国边防部队。11月6日，中国政府向印度政府提出最强烈抗议，指出这是印军发动新进攻的前奏。[⑤]

西山口、德让宗、邦迪拉方向的自卫反击作战

当尼赫鲁政府拒绝中国政府的和平建议，决意再次使用武力后，中共中

① 《中华人民共和国对外关系文件集》第9集，世界知识出版社，第109－111页。
② 《当代中国的西藏》上册，当代中国出版社1991年版，第326－327页。
③ 《解放军报》1962年10月27日。
④ 《当代中国人民解放军》上册，当代中国出版社1994年版，第211页。
⑤ 赵慎应：《张国华将军在西藏》，中国藏学出版社1998年版，第127页。

央、毛泽东主席决定，给印军更沉重的打击，迫使印度政府放弃军事冒险，回到谈判桌上来。[①]

据此，中央军委命令：西藏军区前指担负向西山口、德让宗、邦迪拉方向的反击作战任务。五十五师立即入藏，归西藏军区前指指挥。由五十四军军长丁盛、副军长韦统泰、昌都军分区司令员郄晋武组成的指挥所（简称丁指），统一指挥一三〇师（欠炮兵五四〇团）和昌都军分区部队，担负瓦弄方向的反击作战任务。[②]由西藏军区负责指挥对里米金、梅楚卡、都登等地区的反击作战任务。由新疆军区康西瓦指挥所负责西线的反击作战任务。

从11月14日开始，印军在瓦弄、西山口两个方向，分别向中国边防部队发动猛烈的进攻和炮击。11月16日15时至17日9时30分，印军又在炮火掩护下，分多路向驻守江和略克图拉的中国边防部队发动猛烈攻击。

西山口、德让宗、邦迪拉之印军，为第四师战术司令部指挥的六十二、六十五、四十八、六十七等4个旅共1.2万余人，沿西山口至邦迪拉公路两侧成线式纵深梯次配置，重点在西山口。其布势特点，刘伯承元帅概括为“铜头、锡尾、背紧、腹松”。[③]印军企图依托西山口地区居高临下的有利地形，伺机向达旺、克节朗地区反扑。

西藏军区前指遵照中央军委命令，决心集中四一九部队、第十一师主力、第五十五师、山南军分区一部、炮兵、工兵各一部及勤务分队等，对西山口、邦迪拉地区的印军实施反击。在作战指导上实行大纵深的战役迂回，结合印军部署特点，采取“打头、切尾、斩腰、剖腹”，将印军分割数段，各个歼灭的战法，攻歼西山口、申隔宗、略马东、德让宗、邦迪拉地区之印军。[④]十一师负担向邦迪拉迂回和“切尾”的任务，四一九部队和五十五师及山南军分区各部队负责“打头”和“斩腰剖腹”。[⑤]

11月10日，十一师出发，经五天七夜长途跋涉，堵住了印军的退路，相机占领了邦迪拉并向南追击。11月14日，四一九部队、五十五师和山南军分

① 中国军事科学学会军事历史分会会刊《军事历史》，2005年第2期，第11页。
② 《苗丕一回忆录》，西藏人民出版社2005年版，第315页；《军事历史》，2005年第2期，第11页。
③ 《军事历史》，2005年第2期，第11页。
④ 魏克：《留在雪域高原的脚印》，民族出版社2000年版，第282页。
⑤ 《军事历史》，2005年第2期，第11页。

区部队先后陆续出发，克服高山、密林、峡谷、险隘等困难，从左右两翼向预定地域前进。

18日9时10分，中国边防部队在猛烈炮火准备后发起总攻。西山口、申隔宗地区的印军防御体系当即崩溃，守军全面撤逃。五十五师一六三团九连副班长庞国兴与3名战士一起深入印军阵地7公里多，孤胆作战，勇敢机智地连续夺取印军两个炮兵阵地，缴榴弹炮7门。战后庞国兴荣立一等功，其他三人荣立二等功。[①]

在中国边防部队的猛烈打击下，印军第四师防御体系迅速瓦解，大部被歼。遵照西藏军区前指的命令，一五四团乘胜向南追击，于21、22日先后占领打陇宗、普冬地区，控制吉莫山口，歼印军一部，在搜剿中，共歼印军1000余人，其中在普冬西山，部队与印军六十二旅旅长豪尔·辛格准将所率之外逃人员遭遇，交战中，豪尔·辛格被击毙。[②]在普冬村西南，溃逃的印军与该村170多名群众混在一起。该团二连予以包围后，令藏族战士呷朗上前向群众喊话，动员群众离开印军。呷朗在火力掩护下，三进三出，冲到近处，将数十名群众救出。此战共歼印军34人，群众和第二连均无伤亡。战后群众主动向该连献哈达表示感谢，呷朗荣立一等功。[③]

22日，奉总参命令，部队停止战役追击。已进至吉莫山口、查库、鹰窠山口等地的分队，遂就地组织防御。随后，各部队分片展开全面搜剿。至11月底，基本上肃清了溃散印军。

西山口—邦迪拉战役，历时20余天。由于指挥正确，部署得当，担任战役迂回的部队行动果敢迅速，按时达成战役的“截尾”任务；“打头”的部队坚决勇敢，震撼了印军布势；“斩腰”和“剖腹”的部队历经艰难险阻，直捣申隔宗、略马东等要点，切断了西山口印军的退路，堵住了印军南逃的道路，因而保证了歼敌任务的完成。战役适时展开追击和搜剿，更扩大了战果。此役，歼灭印军第六十二旅、炮兵第四旅，基本歼灭印军第四十八旅、第六十五旅、第六十七旅，共毙、俘印军5063人（其中毙印军豪尔·辛格准将以下

---

① 赵慎应：《张国华将军在西藏》，中国藏学出版社1998年版，第130−131页。

② 赵慎应：《张国华将军在西藏》，中国藏学出版社1998年版，第132−133页。

③ 赵慎应：《张国华将军在西藏》，中国藏学出版社1998年版，第133页。

官兵2886人，俘2177人），缴获各种枪3840支（挺）、各种火炮187门、汽车416台、坦克9辆。[①]

瓦弄方向的自卫反击作战

瓦弄地区之敌为印军第二师十一旅，约1800至2100人。

为了统一指挥瓦弄方向作战的一三〇师和昌都军分区部队，总参谋部决定由第五十四军军长丁盛、副军长韦统泰、昌都军分区司令员郄晋武组成指挥所（简称丁指），受西藏军区指挥。丁盛任司令员兼政委，韦统泰、郄晋武任副司令员，五十四军副政委钟池、昌都分工委书记苗丕一任副政委。[②]在昌都军分区一五三团和军分区独立营等部已经打下入侵印军一批据点、跨过那底曲河与入侵瓦弄印军形成对峙的情况下，丁指决心集中兵力，采取迂回包围，穿插分割，断印军退路的战法和近战夜战的手段，歼击印军。

各路进攻部队克服高山峡谷、水深流急、道路艰险等重重困难，经过猛攻，印军迅速瓦解，第四军军长考尔和十一旅旅长等人乘直升飞机逃窜，印军大部溃散。16日发起战役反击后，某部一个连队遭印军地堡火力猛烈射击受阻。战士陈代富机智地接近敌堡并投进手榴弹，但被堡内印军反投出来，陈代富腿和臂部负伤，但忍着巨痛爬上地堡，用手扒开堡顶积土，将爆破筒插入地堡；印军拼命往外推，但陈代富用身体顶住爆破筒，在即将爆炸的瞬间迅速滚下，炸毁了地堡，消灭了阻碍部队前进的火力点。[③]战后陈代富被国防部授予“战斗英雄”称号。

20日，东线瓦弄地区反击印军的作战胜利结束。一三〇师和昌都军分区等参战部队指战员克服了高山峡谷、水深流急、道路艰险等困难，歼灭印军1200余人，缴获了一批武器弹药（随即按中央军委命令交还印方）。中线达旺以南的西山口战役也胜利结束。中国政府发表声明，自11月22日零时起全线单方面停火。12月初，丁指及一三〇师部队撤出昌都地区。[④]

在中印边境东段进行反击作战的同时，新疆边防部队从11月18日至20日肃清了残存在中印边境西段中国班公洛地区的6个印军侵略据点，毙印军

---

① 赵慎应：《张国华将军在西藏》，中国藏学出版社1998年版，第134页。
② 《苗丕一回忆录》，西藏人民出版社2005年版，第315页。
③ 《当代中国人民解放军》上册，当代中国出版社1994年版，第212页。
④ 《苗丕一回忆录》，西藏人民出版社2005年版，第317页。

160人，俘5人。[①]

西藏人民积极支援前线

在中印边境东段自卫反击作战中，西藏工委向全区发出了“一切为了前线，一切为了胜利”的号召。10月14日，工委组成了以副书记、军区副政委王其梅为组长的支前领导小组，自治区筹委会各部门及有关地、市均成立了支前指挥机构。各级党政部门和各行各业把支前当作压倒一切的中心工作，全力以赴支援反击作战。自治区筹委会交通处、商业处、外贸局、银行和拉萨市委做到要人有人，要车有车，要物给物。全区先后抽调各级党政干部1280人，组成支前工作队（组），率领民工奔赴前线。

自治区筹委会交通处专门组成指挥所，由汤化东负责，出车完成支前运输140万吨公里物资的任务，并运送了一个团的部队到前方。还动员民工一万多人参加抢修公路，加上军工修路，保障了战时运输的畅通。自治区筹委会商业处提供的支前物资总价值近52万元；人民银行西藏分行拨给前线部队银元14万元、印度卢比11万盾；自治区筹委会组建俘虏医院2所，743人参加献血。

经过平叛改革获得翻身解放的西藏百万农奴，怀着“驱逐印度侵略军，保卫幸福生活”的心愿，以极大的爱国热情，踊跃地投入支前行列。许多地方出现了父母送子女、妻子送丈夫、兄弟姐妹争着上前线的动人情景，农村中90%以上的人积极报名支前。山南地区隆子县的翻身贫苦农奴南杰把自己的两个儿子、三个女儿都送上前线支前。山南、昌都、林芝、江孜、阿里等五个地区和拉萨市，共出动民工32237人（其中山南支前民工占当时山南总人口的7.78%）、民畜10575头（匹），支援糌粑112万公斤、酥油3万公斤、牛羊肉16万公斤、柴禾150万公斤、马料48万公斤、蔬菜15万公斤。[②]

在支前工作中，西藏各族优秀儿女，吃苦耐劳，不畏艰险，不怕流血牺牲，同边防部队指战员并肩战斗。他们在抢修道路、前运后送、救护和医治伤病人员、装御物资、打扫战场等各项勤务中，表现出高度的爱国热情，涌

---

① 《当代中国人民解放军》上册，当代中国出版社1994年版，第211页。

② 《当代中国的西藏》上册，当代中国出版社1991年版，第331—333页。

现出许多可歌可泣的英雄人物和模范事迹。山南乃东县卡多乡民工降巴次勒与另一民工布琼争着到沙则的战斗前线抬伤员。降巴次勒对布琼说:“你家里负担重,万一牺牲了,家里怎么办?我家没负担,还是我去。”降巴次勒抢到任务后,一次次地把伤员从前沿阵地背下来,出色地完成了任务,最后在前线不幸中弹牺牲。战后,乃东县委举行隆重的追悼会,当地人民为他塑了像,陈列在山南烈士纪念馆中。[①]

担负战区运输的民工,克服种种难以想象的困难,背送弹药,运送粮草,抬运伤员。有的鞋底磨穿就赤脚走路,有的肩、背磨破甚至化脓,也不肯休息,部队打到哪里,他们就支援到哪里。据不完全统计,山南地区组织担架250余副随队前进;在达旺方向,民工运物资达250万公斤;林芝地区仅第一批民工运送的物资即达30多万公斤。在克节朗反击战中,桑日县60名民工在完成将10箱手榴弹背运到拉则山口的任务中,他们说:“手榴弹多,消灭印军的人就多。”结果自动背了13箱。民工、共产党员朗吉益西看到战士们背120迫击炮弹上山时,也将一发120迫击炮弹卷进被子背上山。在他的影响下,其他民工也背炮弹上山,结果60个民工自动完成了背98发炮弹上山的任务。在抬运解放军伤员时,他们对伤员爱护备至,把自己的衣服脱下来给伤员盖,用洁白的哈达给伤员包扎,遇上险道就把伤员一个个背过去,有的民工还用自己的饭碗给伤员接小便。山南一个民工细心护理23个伤员,三天三夜没睡觉。[②]有好几个抬担架的藏族女民工,像解放战争时期山东沂蒙山区的“红嫂”一样,挤下自己的奶水喂担架上的解放军重伤员。

拉萨市城关区贫苦农奴出身的罗桑,是平叛中支前的积极分子,1960年4月曾出席了全国民兵代表大会,受到毛泽东主席和其他中央领导人的接见,并荣获了一支以毛主席名义授予的“五六”式半自动步枪。自卫反击战中,他又积极支前,带领一支担架队,奔跑在炮火连天的前沿阵地上。罗桑和他的伙伴们心中只有一个念头,就是拼着性命也不能丢下一个伤员。在运送伤员途中,他们宁肯自己不吃,也不让伤员挨饿;宁肯自己受冻,也不让伤员挨

① 《当代中国的西藏》上册,当代中国出版社1991年版,第334—335页。

② 《当代中国的西藏》上册,当代中国出版社1991年版,第336页。

冻。把伤员运到后方后，他们顾不得休息，又背上弹药，返回前线，往返运送弹药、物资和抬护伤员。罗桑的脚指甲盖冻掉了，痛得钻心，也不叫苦、不喊痛，仍带领全队积极顽强地完成任务。战后，罗桑荣获“支前模范”的光荣称号。[①]桑日县平邛乡民工索朗欧珠、索南平措等12人，在火线运送伤员时，发现了被打散的4名印军。他们在没有武器的情况下，隐蔽接近，勇敢机智地活捉了这4名印军。仅据山南地区统计，在自卫反击作战期间，支前民工就俘获印军11人，毙印军1人，缴获机枪1挺、长短枪42支。[②]在东段自卫反击战的全部支前队伍中，共有17名民工光荣牺牲。他们将宝贵的生命献给了祖国和人民。

绝大多数县、区领导干部都亲自担任了支前民工队的领队。他们时时以身作则，和民工一样背粮食、扛弹药。每当通过炮火封锁区和地雷区时，都走在前面。广大民工在干部们的带领下，出色地完成了各项艰巨任务。战后，评选出大批支前模范个人和集体；仅山南地区就评选出支前模范192人、模范小队（乡）和模范大队（县）72个。

西藏广大人民群众的积极支前，对自卫反击作战的胜利起了重大作用。张国华在中印边境东段自卫反击作战总结时说：“民工的作用很大，如果没有这些随军支前的民工，要定下战役决心，保证战役全胜，将是很困难的。”[③]

反击作战刚刚结束，西藏工委、西藏自治区筹委会及各界人士便组成慰问团，由西藏工委副书记、自治区筹委副主任委员杨东生和爱国上层人士金中·坚赞平措、雪康·土登尼玛带队，深入边防前线，对参战部队进行了广泛的慰问活动。部队回撤时，受到西藏党政机关和人民群众的热烈迎送。

做好对印军俘虏的工作

在自卫反击战的全过程中，西藏军区遵照中央军委、总政治部的有关指示，高度重视并督促参战部队认真做好对印军俘虏的工作。在战场上，广大指战员普遍做到对印俘一律不杀害、不打、不骂、不侮辱、不捆绑、不搜腰包，受伤者给予治疗，生活上予以照顾。

① 《当代中国的西藏》上册，当代中国出版社1991年版，第333—334页。
② 《当代中国的西藏》上册，当代中国出版社1991年版，第335页。
③ 《当代中国的西藏》上册，当代中国出版社1991年版，第333页。

中国边防部队把生病的俘虏送往卫生所诊治。

一些被俘印军伤病员亲口对中国边防部队首长说：他们是由中国边防部队从战场上、雪山上、森林里、河谷中抢救回来的。士兵南得新霍尔·辛格受伤后，心脏只有一点微弱的跳动了。中国医生发现后，立即抢救并送进医疗所，经半个月的治疗和护理，使他获得第二次生命。士兵吉里亚安因冻饿晕倒在雪山上，醒来时，几个中国边防战士正一勺一勺地往他嘴里灌热米汤，他被这种救命行动感动得流泪；中国边防战士又将他抬到山下医疗所，使他逐步恢复了健康。印军少尉杜倍在激烈战斗中负伤，中国边防部队冒着炮火把他抢救下来，并很快做了手术，将他胸部的四粒子弹取出，使他的性命得救。印军军医桑姆拉加德哈，身受五处伤，自认为难治，很悲观，但中国医生为他做了手术，保全了他的生命。他哭着对中国医生说："我现在才知道中国人民不是印度人民的敌人！"[①]

① 魏克：《释放被俘印军人员亲历记》，载《军事历史》2002年第6期，第63页。

印军伤病员中，冻伤患者约占40%多，且均比较严重，原因是他们被俘前仅穿单薄的衣裤和鞋袜。他们被俘后穿上中国边防部队发给他们的新棉衣、裤、帽、鞋和袜。一些中国医生、护士还利用晚上时间给他们赶制了许多厚毛袜送给冻伤患者；每天早晚各病房里炉火熊熊，中午太阳好时，医生、护士还把不能走动的患者抬到草坪上晒太阳，使许多冻伤印俘恢复了健康。①

印军第七旅旅长达尔维准将被俘时，已66小时没吃东西，饥渴交加，神情沮丧。四一九部队弄清他的身份后，给他安排一个单间住房，送上水壶、干粮。达尔维的情绪逐渐安定下来。四一九部队政治部主任魏克问他被俘后遇到什么麻烦没有？达尔维伸出戴着金壳手表和宝石戒指的手说："你看，我的东西丝毫无损，你们真是一支文明的军队。"②后来达尔维返国后一直对中国十分友好。

西藏军区在山南穷结、隆子和昌都的察隅开设了三个俘虏收容所。三个收容所中的3000多名印俘都得到妥善的生活安排：给发放被子、衣服，改善伙食，供应他们充足的蛋粉、牛羊肉、绿豆等食品，并尊重其风俗习惯和宗教信仰，按他们的爱好组织文体活动，为他们放电影，还开设专门的邮政信箱让其与家人通信。③印俘们极为感动地说："中国军队是世界上最人道的"，"我们从来没有见过这样好的军队。"一个印俘说："我到收容所后，已收到家里12封来信。"④印俘家属的许多来信都感谢中国军队对印俘的照顾。一个印俘的妻子来信说，她"每天都在为中印人民的友谊祈祷。"一个50岁的印俘老兵说："第二次世界大战时，我当了日本的俘虏，日本兵对俘虏随便打骂侮辱，而且食物糟得不如猪食，又吃不饱，死了不少人。同那时相比，我们就像是在这里作客。"⑤

停战撤军，退还战缴物资，释放俘虏

在中国边防部队取得中印边境自卫反击作战重大胜利、完全掌握战场主动权的情况下，中国政府仍坚持和平解决边界问题，继续进行外交努力。11

---

① 魏克：《释放被俘印军人员亲历记》，载《军事历史》2002年第6期，第63页。
② 魏克：《留在雪域高原的脚印》，民族出版社2000年版，第282页。
③《当代中国人民解放军》上册，当代中国出版社1994年版，第213页。
④ 魏克：《释放被俘印军人员亲历记》，载《军事历史》2002年第6期，第64页。
⑤ 魏克：《释放被俘印军人员亲历记》，载《军事历史》2002年第6期，第64页。

月19日，周恩来总理和陈毅副总理约见印度驻华大使馆临时代办班纳吉，向他表示："中印两国应该友好下去。我们应该向远处看。我们是有信心的。我们将不丧失一线希望。"周恩来总理还表示，可以去新德里谈判解决中印边界问题。[①]

同日，毛泽东从当天的《参考资料》上看到印度总理和总统在18日的讲话中，都说希望通过和平谈判解决中印边界冲突。他当即批示："突然大谈和平解决。送总理阅。请外交部研究一下，印度领导人过去几天，是否有过十八日这种论调。"20日，毛泽东和刘少奇、周恩来等中央领导研究决定，主动采取积极步骤，扭转中印边境的紧张局势。[②] 21日零时，中国政府发表声明，从22日零时起，中国边防部队在中印边界全线停火；自12月1日起，中国边防部队将从1959年11月7日存在于中印双方之间的实际控制线后撤20公里。这充分表明了中国的和解立场与诚意。

西藏军区根据总参谋部1962年11月21日下达的撤军命令，指挥各参战部队从12月1日开始，分批、分阶段地向实际控制线以北地区后撤，至1963年1月10日，全部后撤完毕。3月1日，中国国防部发表声明宣布：中国边防部队已全部撤至1959年11月7日双方实际控制线本侧20公里以后地区。[③]但是中国并没有放弃进行自卫的权利。希望印度政府以中印两国人民的友谊和亚非团结为重，正确理解中国的和平努力，做出积极的响应。在实际控制线本侧20公里地区内，中国设立26个民政检查站，担负维护边境地区社会治安，保证边境地区安定的任务。

1962年11月24日，周恩来总理在第二届全国人大常委会第70次会议上作《关于中印边界问题》的报告，针对有些党外朋友对政府采取的主动步骤认识不够等情况解释道："我们采取这样的措施——10月24日的三点建议，11月21日的紧急措施，主动的停火，主动的后撤，这样对不对？我们认为，这跟我们的国策，跟我们对外政策的总路线，跟我们的一贯方针，是没有违反的。"[④]周总理还说："我们打了不退行不行？就守在那个地方。当然，可以

① 《毛泽东传》（1949－1976），中央文献出版社2003年版，第1262－1263页。
② 《毛泽东传》（1949－1976），中央文献出版社2003年版，第1263页。
③ 《当代中国的西藏》上册，当代中国出版社1991年版，第328－329页。
④ 《周恩来年谱》，中央文献出版社1997年版，第515页。

这样设想。但是，这样子主动性不够，你停在那个地方，你虽然也是主动停火，但是随时有引起冲突的可能，对这个政策的实现就不彻底，你只有后撤到实际控制线后20公里，这表示我们政策实行得彻底，影响就大。”如果只主动停火而不后撤，还会给人另外一个错觉，就以为我们打算用武力改变现状。我们是反对以武力改变现状来达到领土要求的。①

为了进一步表示中国政府和平解决边界问题的诚意和创造和解气氛，中共中央于11月30日决定将在自卫反击作战中缴获的印军武器、弹药和其他军用物资交还给印度；对印方的民用设施，也一律不破坏、没收、回运。中国政府于1962年12月14日、16日，两次就此事照会印度政府，希望中印边境冲突不要再起，不再发生用这些武器来打中国的事。

为了表示中国政府和平解决中印边界问题的诚意，中国边防部队奉命于1962年12月6日、11日和19日，将缴获的印军武器、装备和物资交还印方。图为交还印方的重型武器和军车。

① 《周恩来军事活动纪事》，中央文献出版社2000年版，第576页。

参战部队认真执行中央指示。在把战场缴获物资交还印度前，各部队把要交还的武器、装备擦拭干净，将汽车、坦克和筑路机械灌满油料。各部于12月6日、11日和19日，分别在里米金、德让宗、梅楚卡和瓦弄等地将缴获之印军武器、装备和其他军用物资交还给了印方。据1963年1月17日《人民日报》报道，中国边防部队共计交还印方迫击炮、榴弹炮等153门，轻重机枪289挺，步枪、冲锋枪2744支，各种炮弹2.24万发，子弹213.9万发，汽车117辆，坦克2辆，运输机和直升飞机各1架。印方接收代表向中方代表表示感谢并感慨地说："这些武器、弹药和物资都整理得很整齐，擦拭得很干净。我没有想到会这样好。"[①]此举受到世界舆论的广泛赞扬，认为"这是一个伟大的创举"，并"希望印度政府按照理智的呼声，立即采取措施，重开和平谈判"。

自卫反击作战结束后，根据中央军委指示，西藏边防部队在停火、后撤过程中，从12月5日至31日，已先后在邦迪拉、梅楚卡、德让宗、瓦弄和江（让）等地，将731名被俘之印军伤病人员（内有15名印俘系看守中方交还印方之物资而随着物资交还释放的）交给了印方。

为了进一步表明中国政府和平解决边界问题的诚意，中国国防部于1963年4月2日发表声明，宣布释放全部印军被俘人员。4月10日至5月25日，中国边防部队分别在巴底通、棒山口、西路曲西岸、斯潘古尔湖以西和昆明等地，将被俘之印军人员3211名（其中准将1人、校级军官26人、尉级军官29人）及被俘后因病死亡之13名印军人员尸体或骨灰交还印方，并通过中印两国红十字会办理了交接手续。后在墨脱还释放了4名印俘。这些俘虏在被俘期间都受到了良好待遇，对中国人民有了友好的感情。释放时，他们纷纷与中方工作人员握手、拥抱、留言、送感谢信，互赠花环，有的洒泪告别，依恋不舍；有的高呼"印中人民是兄弟！""印中友谊万岁！"一个印俘说："回去以后永远不同中国兄弟打仗。"连印方接收俘虏的红十字会人员也对中方人员说："你们的工作好极啦，达到了绝妙的程度！"总政治部联络部张梓桢部长到释放印俘场观察，也称赞西藏边防部队的工作认真、细致、周到。[②]

① 王宏纬：《喜马拉雅山情结：中印关系研究》，中国藏学出版社1998年版，第241页。
② 魏克：《释放被俘印军人员亲历记》，载《军事历史》2002年第6期，第65页。

释放回去的印军俘虏,后来普遍赞扬中国好。他们心悦诚服地说:“我们被全部释放和遣返这件事,再一次显示中国政府谋求和平解决中印边界问题的诚意,应当载入史册。”这件事在印度国内影响很大。

中国边防部队在停火后撤中,主动帮助当地群众修桥铺路、挖水渠、割稻谷、打场、冬耕、背水担柴,用藤条编织筐篮等器具送给群众等,并把自己的粮食和食盐留给群众。部队的模范行动,受到各族人民的欢迎和拥护。当中国边防部队离开德让宗时,穿着节日盛装的藏族、门巴族男女老幼纷纷走上街头,向部队敬酒饯行,跳舞唱歌,祝福官兵一路平安。

自卫反击作战挫败了印军的猖狂进攻,大扬了中国的国威和军威,使中印边境的紧张局势实际上缓和下来。同时团结了世界进步力量,打击了国际上的反华逆流和西藏上层分裂主义势力,维护了祖国的统一和中华民族的尊严。

自卫反击战的胜利,教育和鼓舞了人民群众,提高了全国人民的政治觉悟和爱国主义思想,加强了全国各族人民的团结和凝聚力,增强了克服与战胜国家经济困难的信心。自卫反击作战,锻炼和考验了参战部队,取得了在高山、峡谷、密林地区作战的宝贵经验,丰富了毛泽东军事思想。

中国政府主动停火后撤、释放印军被俘人员以及交还战缴物资等非凡举措,引起了国际上的强烈反响。世界舆论高度赞扬中国政府奉行的和平外交

边防部队撤离德让宗时,人民群众欢送参战将士。

政策和采取的明智举动。巴基斯坦《战斗报》的社论说：在人类的历史上还从来未曾有过一个胜利的国家，在它的军队眼看就要使它的敌人遭到粉碎性的失败的时候，完全出于自己的原则和和平政策而作出这样一种表示的。中国领袖们坚持高尚的政治原则和正派的道义价值，应当受到一切赞扬。英国的《工人时报》发表社论说："中国政府关于和平结束边疆冲突的真诚愿望，再清楚不过地证明：所谓中国人民蓄谋侵犯印度的一些说法，现在已经完全揭穿，那些说法只不过是胡说八道。"香港《明报》发表评论说："中共的声明，宽宏大量之至，历史上的交战双方从来没有如此大方的。""突然停火退兵，要求和谈。这一招使得漂亮之极，潇洒之极。"法新社发出消息说：中国政府的声明是"惊人的主动态度"，"向全世界表明北京的和平愿望，表示它不愿意继续打一场即使是胜利的仗。"①

中国边防部队在中印边境地区实行自卫反击作战，完全是被迫的。周总理于1963年4月24日同埃及部长执行委员会主席阿里·萨布里谈话时说："中国有句古话说，'来而不往，非礼也。'你对我不好，欺侮我，逼得我不得不有所准备，要进行回击。否则，就会把我们看成为懦弱可欺。""'退避三舍'。这就是说，你来，我先退，给你警告。再来，再退，再给你警告，但事不过三。""有人可能视我可欺，逼我到墙角，我只好还击。其实，我们早已用这种做法来对付美国了，例如抗美援朝。""去年轮到印度身上，它却忘记了这条经验，竟也以为我们的忍让是软弱可欺。我可以告诉阁下，只要印度不挑衅，我们决不主动出击。"②

毛泽东主席对中印边境自卫反击作战的胜利给予了充分肯定，认为是"打了一个军事政治仗，或政治军事仗，与其说军事政治仗，不如说政治军事仗。"③中央军委在给边防部队的贺电中嘉勉说：你们发扬高度的爱国主义和革命的英雄主义精神，继承和发扬中国军队英勇善战不怕牺牲的传统战斗作风，创造了中国军队在高原地区作战的光辉范例。你们的英雄业绩，将同喜马拉雅山、喀喇昆仑山一样，永垂千古。

---

① 王宏纬：《喜马拉雅山情结：中印关系研究》，中国藏学出版社1998年版，第238—239页。
② 《周恩来外交文选》，中央文献出版社1990年版，第327—328页。
③ 赵慎应：《张国华将军在西藏》，中国藏学出版社1998年版，第135页。

第三节　反对外逃叛乱武装回窜破坏和境内反动农奴主的复辟活动

反对外逃叛乱武装回窜袭扰的斗争

1959年西藏上层反动集团发动的全面武装叛乱失败后，一部分叛乱武装逃亡印度。1960年以后，在美国中央情报局、印度反华势力的策划和资助下，经达赖“流亡政府”头目嘉乐顿珠等人具体组织策划，由原“卫教军”头目恩珠仓·贡布扎西、夏格仓·朗加多吉等人从外逃的叛乱武装中挑选了3200余名青壮年，经过军事训练，重新打起“四水六岗卫教志愿军”旗帜，分批从印度潜入中尼边境尼泊尔境内之木斯塘地区和瓦隆冲古拉地区。还有一些部落性的成股叛乱武装盘踞在尼泊尔的综、夺布绒、墨古等地。这些叛乱武装在尼泊尔建立基地，伺机回窜，袭扰西藏边境，破坏民主改革，与境内反动农奴主分子内外呼应，妄想复辟。

1960年冬，盘踞木斯塘之“卫教军”骨干分子巴巴益西、罗桑强巴、向秋金巴组成“卫教军”指挥部，人数最多时达3200人，下辖14个战斗连队、1个警卫队，指挥部设作战、行政、军械、军需4个机构。其电台直接与美国中央情报局联络，并接受其指挥。1961年，美国中央情报局向该股叛乱武装两次空投武器装备和物资，使其武器装备得到较大的改善。他们以木斯塘为基地，以国界为依托，采取打了就跑、袭扰抢劫之后即缩回木斯塘老巢的战法，危害甚大，已经成为达赖叛国集团和西藏反动农奴主阴谋复辟的急先锋，是一支带国际性的反华别动队。尼泊尔政府此时对于这支西藏叛乱武装也无可奈何。尼泊尔国王马亨德拉曾就此向中国国家主席刘少奇致歉。中国政府对此表示谅解。

木斯塘地区位于西藏仲巴县扎东、昆木加的正面，是尼泊尔北部伸向中国境内的一个突出部，三面与西藏相邻，面积约3200余平方公里，地形北高南低，木斯河自北向南纵贯其中，边境地区高山矗立，通往西藏境内的道路共有5条骡马路，内有2条可常年通行，另有6条季节性的小道。

1961年，西藏民主改革取得全面胜利。“卫教军”为了破坏西藏的稳定发展局面，先后在中尼边境回窜68起，重点在尼泊尔木斯塘以北、西藏境内马泉河以南之昆木加、里孜的东西地区，共劫走牛2655头、羊13015只、马64匹，掠走群众5人，杀害积极分子3人。西藏边防部队在中尼边境地区与回窜之叛乱武装进行战斗14次，歼敌77人，缴获各式步枪16支、土枪14支。部队、地方人员伤10人、亡16人。10月25日，日喀则军分区第五团副团长盛永琛等11人乘车从昆木加返回宗嘎（荣哈）途中，在牛库附近遭回窜叛乱武装伏击，人员全部牺牲，汽车被烧毁，几十份机密文件被劫走。叛乱武装的回窜活动，给边境地区群众生命财产造成巨大损失，助长了境内暗藏敌人的嚣张气焰。他们内外勾结，制造谣言，煽动边民外逃，使中尼边境地区动荡不安。反击外逃叛乱武装回窜袭扰的斗争，成为西藏边防斗争中一项带战略性的任务，也是中尼边境地区最突出而亟待解决的问题。

西藏工委、西藏军区分析了反回窜斗争形势，于1961年11月至1962年1月采取了几项重大措施：一、调整区划。经国务院批准，将日喀则专区原岗巴宗划归江孜专区，成立岗巴县；将阿里专区之仲巴县（不含冈底斯山以北的两个区）划归日喀则专区。调整后，日喀则专区正面为中尼边境，江孜专区正面为中锡、中不边境，有利于统一对敌斗争。二、加强扎东地区的一元化领导和军事指挥。日喀则分工委下设“中共日喀则扎东边防工作委员会”，统一领导仲巴、萨噶、吉隆三县三角地区的对敌斗争和边境群众工作，军事上成立扎东指挥所；三、抽调汉藏族干部、战士，组织四个精干的武装工作队，深入到工作薄弱的边境地区，开展对敌斗争和群众工作。四、发动群众，宣传党的政策，揭露谣言，保护群众生命财产，在当地县委、区委领导下，开展盐粮交换等边境贸易，保证边境群众必需的生活、生产资料的供应，稳定群众情绪，争取人心，孤立敌人。

采取上述措施之后，叛乱武装回窜逐步得到一定的遏制，回窜次数和人员有所减少。1962年，整个边境地区发现叛乱武装分子回窜62起、1234人，抢去牛1960头、羊10975只、马84匹。边防部队击毙叛乱武装分子21名，俘57名，缴枪41支。1963年，发现叛乱武装分子回窜39起、680人，抢走牛603头、羊3844只。边防部队击毙叛乱武装分子15名，俘32名，争取投诚7名，缴枪21支。但是，叛乱武装在扎东地区频繁回窜袭扰，部队很少能及时发现，即使发现后，也扑空多，歼灭少。叛乱武装仍气焰嚣张，群众情绪仍不稳定，斗争仍然被动。

1964年3月25日，西藏工委、西藏军区党委召开紧急会议，讨论研究扎东地区反回窜斗争问题。会议认为：在中印边境自卫反击作战之后，中尼边境的反回窜斗争已成为西藏边境地区当前和今后一个相当长时期最突出最现实的斗争任务。但是，工委、军区对这一变化的认识没有跟上，决心不大。扎东地区党的一元化领导还不够健全；军事打击、政治争取、发动群众工作做得都不够好，尤其是群众没有发动起来，叛乱武装的社会基础没有被摧毁。会议提出了加强反回窜斗争的措施，上报中央军委。

1964年春，工委、军区派副书记王其梅、副司令员王亢到扎东检查指导工作。7月7日，总参谋部下达了经中央批准的《关于加强反叛匪回窜斗争问题的指示》。遵此指示，西藏工委、西藏军区采取的主要措施是：组成以西藏工委代理秘书长张向明为书记的中共扎东特派委员会（简称扎东特委），驻海拔4700米的扎东，统一领导仲巴、吉隆、萨噶三县的地方工作和反回窜斗争。由步兵第十一师组成扎东前指，师长余致泉任指挥长、张向明兼政委，领导扎东地区所属部（分）队的反回窜斗争。同时增加兵力，调整部署，组建武工队，加强政治争取工作。西藏自治区筹委会、西藏军区认真贯彻总政治部1963年10月下达的《关于争取瓦解西藏外逃叛匪的指示》，颁发了《对曾参加叛乱外逃的藏族同胞投诚归来者的政策》等文件；大力开展边境地区的群众工作和瓦解叛乱武装的工作。军区副司令员赵文进赴扎东坐镇蹲点两个多月，副司令员曾雍雅[①]、王亢先后各带机关人员去扎东地区检查指导工作。

担任反回窜斗争任务的部队、民警分队和武工队执行以革命游击战对付反革命游击战的原则，经常研究叛乱武装回窜的活动规律，熟悉地形，采取以小对小、以隐蔽对隐蔽、以夜间对夜间、以便衣对便衣、以骑兵对骑兵的方法，以观察、巡逻、设伏等战术手段，寻机歼灭敌人，从而打击了叛乱武装的嚣张气焰，抑制了其回窜袭扰活动。经采取上述措施，1964年反回窜斗

① 曾雍雅（1917–1995），江西省于都人。1931年参加红军，1932年加入共产党。1955年被授予少将军衔。1963年进藏工作，先后任西藏军区副司令员、司令员。

争的形势有所好转。全年共发现叛乱武装回窜27起、255人，较1963年有较大幅度下降。但由于扎东与木斯塘接壤地区海拔高（4000至5000米），人烟稀少，地形开阔平坦，叛乱武装分子窜入国境后，到处可以通行，回旋余地大，一旦被部队发现，即迅速逃窜，进入尼境；部队因避免涉外事件，不能越境追击。执行反回窜任务的部队、武工队，虽然常年战斗在气候恶劣，海拔4500米左右的广漠荒原上，昼顶烈日，夜卧冻土，吃的是干粮，喝的是冰水，生活十分艰苦，但往往也难以全歼敌人。斗争形势仍未根本改变。

解放军战士巡逻在风雪边防线上。图为"查果拉"高原红色边防队。

1965年2月21日，罗瑞卿总参谋长在北京听取了张国华关于扎东反回窜斗争问题的汇报时说：对叛乱分子"要下最大决心，要创造条件，改善条件，要采取封堵的部署，堵它几年，来了就打，不来就算。"4月17日，总参谋部转来周恩来总理对总参《关于扎东地区反叛乱分子回窜斗争的问题》的批示。批示指出："扎东地区反叛乱分子回窜斗争，主要采取封堵方针，下决心把山口堵起来，堵上两年，不叫叛乱分子进来，这样可以促使叛乱分子内部、叛乱分子与尼泊尔的关系发生变化，也便于我们做好群众工作，从根本上扭转对我不利的局面。”根据周恩来、罗瑞卿以及总参谋部的指示，西藏军区反复认真研究后决定，“扎东地区反回窜必须从长期着眼，在一定时间内的部署上应以封堵为主”。针对扎东地区的地形和社会情况，将边境划分为东西两段，东段严密封堵，西段重点封堵，制定了执行封堵方针的预案。同时，组成军区扎东地区反回窜斗争指挥部(简称军区扎指)，由军区副参谋长郄晋武兼任指挥长、扎东特委书记张向明兼第一政委、军区政治部副主任张桂森兼任政委，郄、张参加扎东特委，均为常委，张桂森为副书记，负责东起热索桥，西至那木扎山口地段反回窜斗争的指挥。扎指机关由军区机关抽调人员组成参谋、政工、后勤三个科。

军区扎指抵达扎东后，召开有特委、第十一师前指、步兵第五团、第三十三团领导干部参加的会议，听取了情况汇报，传达军区领导指示精神，随后勘察地形，调整部署。郄晋武先后带领两个团的团长和部分机关干部，对整个战场进行了全面细致的勘察。由定日到聂拉木，尔后沿希夏邦马峰北侧，经佩枯湖、马拉山口、宗嘎到达吉隆。在吉隆听取了哨卡、边防情报站、当地政府、外事分处介绍敌社情及地形情况后，徒步到热索桥、沙勒，勘察了这段高山峡谷密林区。随后又重点勘察了贡当方向，研讨了严密封堵的部署。西段地形开阔，通外山口多，很多地方汽车可以通行，海拔在4500米以上，气候恶劣，人烟稀少，纯系牧区，生存条件恶劣。为此，扎指特别对木斯塘正面昆木加方向进行了反复勘察，研讨了西段重点封堵的部署。经过现地勘察，对整个扎东地区的地形、社情、气候有了实际的了解和体验，为调整部署、前推兵力、设点布防、指挥作战打下了可靠的基础。

在勘察地形的基础上，军区扎指决定由步兵第五团负责热索桥至桑堆山口东段的反回窜斗争，对格牙山口以东10个山口实施严密封堵，格牙山口以西4个山口采取重点封堵。由第三十三团担任西段反回窜斗争，对桑堆山口至那木扎山口等27个山口实施重点封堵。为积极有效地执行封堵任务，将一、二线13个边防点前推到制敌活动的要点上；在前沿共设了16个观察哨，实施不间断观察；各点不定期派出分队实施巡逻，在敌必经之路设伏或派出潜伏哨，争取早发现敌情，快速部署兵力，力争多消灭敌人。严格要求部队认真贯彻执行封堵方针，要把山口堵死，不准叛乱武装进来；一旦进来，就不准其再外逃出境，将敌歼灭在国境线中国一侧。同时，严格执行封敌不封民的政策，确保边民正常往来。

为了充分发动群众，挖出暗藏敌人，摧毁叛乱武装回窜活动的社会基础，在扎东特委统一领导下，部队抽调干部34人、战士157人参加工作组，到仲巴、萨噶、吉隆县的9个乡开展群众工作。部队驻地凡是有群众的地方，即负责发动群众。派到各乡的工作组、武工队，在当地党委领导下，围绕对敌斗争这一中心，深入农牧民家中宣传党的民族政策、民主改革政策、对叛乱分子区别对待的政策、对投诚回归人员的宽待政策以及有关的边防政策等。同时，继续组织开展边境贸易，保证边境群众（包括跨界群众）必需的生产、生活资料的供应；开放市场，搞好中尼边民的盐粮交换，确保边民正常往来，按照《中国西藏地方和尼泊尔之间的通商和交通协定》，允许尼方牧民过境放牧。通过这些工作，大多数基本群众逐渐发动起来，觉悟有所提高，暗藏的敌人活动有所收敛，生产有所恢复和发展。在此基础上，以乡为单位组建民兵，参加反回窜斗争。

反回窜斗争的一项重要内容，就是大力开展政治争取工作。扎东特委继1964年争取来绕、顿嘎两股较大叛乱武装投诚之后，在仲巴、吉隆、萨噶县的政治争取办公室和各边防部队广泛宣传西藏自治区筹委会、西藏军区颁布的《对曾参加叛乱外逃的藏族同胞投诚归来者的政策》，发动群众积极宣传和参加政治争取工作，取得了较好成效。1965年共回归外逃群众256人。特别是吉隆边防站、里孜边防站、扎东联络站在掌握敌情动态以及开展政治争取工作方面作出了贡献。

1965年夏秋，军区副司令员陈明义、王诚汉[①]、副政委任荣[②]、参谋长江潮、副参谋长李克林、郭瑞乐、后勤部部长杨以山都到吉隆等地检查指导工作。

---

① 王诚汉，1917年生于湖北省黄安县，1930年参加红军，1933年入党，历任连长、团长、抗大总校队长兼教员、团长兼政委、师长、军长等职。1955年授少将军衔。

② 任荣，1917年生于四川省苍溪县，1933年参加红军，1934年入党，历任干事、侦察队长、政治教员、股长、科长、团政委、师政委、志愿军政治部组织部长、政治部副主任、朝鲜军事停战委员会委员，军政委等，1955年授少将军衔。

本着“长期着眼，因地制宜，自己动手，急需先建”的精神，军区在扎东地区进行了战场建设，先后共建立据点13个、高堡（瞭望哨）4个，各据点初步形成防御体系；架设有线电话线路干线4条、支线45条，共233.55杆公里，保障了反回窜斗争的顺畅指挥。新修简易公路3条、222公里，加修改善边境公路120公里。重点维修了加加至吉隆的公路172公里、里孜至错戳龙的公路181公里，保证了部队的机动和物资补给。同时修建营房1795平方米，使所有分队住进了简易营房或活动房子和棉帐篷，基本上做到了安全过冬。

扎东地区在认真执行封堵方针和增大兵力之后，叛乱武装回窜次数明显减少。1965年5月至12月，回窜只有4次45人，窜入纵深不大于30公里，既未能抢走境内边民财产，也未能破坏部队的战场建设。其中三次回窜之敌被部队发现后，即逃窜缩回尼境，一次一人被击毙。这样，就打击了敌人气焰，激化了叛乱分子内部矛盾以及同尼泊尔民众的矛盾，加之争取了一部分外逃群众回归，边境群众情绪进一步稳定。至此，扎东地区反回窜斗争的形势日渐好转。1966年，军区扎指撤销，反回窜斗争由日喀则军分区负责指挥，继续执行“封堵方针”。至1970年的五年间，叛乱武装仅回窜13起191人，且都在边境附近活动，不敢深入腹地。1967年，一股回窜叛乱武装分子被第五团歼灭，毙敌6名。这一时期，西藏自治区、西藏军区进一步加强了政治争取工作，至1973年，共争取外逃参叛人员159人投降（带回家属103人）。中尼边境更趋安宁和稳定。

长期实行封堵方针，充分发动群众，广泛开展政治争取工作，达到了预期目的。盘踞在尼泊尔木斯塘及其两侧地区的外逃叛乱武装的内部矛盾不断加深，为争夺领导权和争抢给养而经常发生火并，“卫教军”内部的逃亡事件不断发生，实力逐渐减弱。尼泊尔群众深受叛乱武装长期蹂躏，苦不堪言，不断要求尼政府采取措施。因封堵方针发生效力，该股叛乱武装对西藏边境的骚扰作用越来越小，美国中央情报局对其支持力度也越来越小。该股叛乱武装处于内外交困的境地中。1972年中美关系开始解冻后，美国中央情报局逐渐与木斯塘叛乱武装脱钩。叛乱武装失去外国势力的豢养与支持，内外矛盾进一步加剧。1974年，尼泊尔政府终于下决心派出军队，解除了木斯塘地区“卫教军”的武装。中尼边境地区反外逃叛乱武装回窜的斗争遂告胜利结束。

西藏民主改革后的农奴主阶级复辟活动

1961年秋，达赖集团筹划在西藏军区部队暂未进驻的墨脱地区建立一个类似木斯塘的叛乱武装活动基地，先后从印度大吉岭派遣两批在美国受过训练的藏籍特工共12人去该地，纠集平叛中漏歼逃至墨脱的残余武装，煽动群众，散发反动宣传品，召开大会，将可招募为兵的青壮年登记造册，并修桥筑路，修建请求美国空投物资、武器的场地等，活动了一年的时间。

1962年6月，西藏军区决定林芝军分区派遣墨脱独立营和地方 工作人员进驻墨脱，随后该营又于10月投入中印边境自卫反击作战， 打到“麦线”以南的都登等地。该12名特工人员及叛乱组织仓皇逃跑；部队和地方工作人员在墨脱大力开展工作，团结当地藏、门巴、 珞巴等各族群众，使这一边防要地得以逐步巩固。

西藏在基本完成民主改革，进入稳定发展时期后，被打倒了的农奴主阶级并不甘心失败。党的工作也是在不断总结经验教训中前进。这时一些农奴主及农奴主代理人仍极力挣扎，个别地方还出现过反复，甚至有的妄图内外配合，复辟封建农奴制度。

1960年，西藏各地出现再叛、新叛和凶杀事件，一百多名干部和积极分子被杀。工委提出严厉打击反革命分子和农奴主破坏复辟活动后，又出现打击面偏宽的现象，1961年进行了纠正。但不久类似事件又有发生。个别地区的农奴主、代理人还企图阴谋组织暴乱，同外逃叛乱武装的回窜活动相策应。

一些农奴主、代理人设法争夺基层领导权，进行反攻倒算，搞阶级报复。有的地区的基层组织实际上已为农奴主、代理人所控制，篡夺了领导权。这种情况的出现，又多与基层干部被腐蚀、被拉下了水有关。日喀则嘎德乡得利村有个女农奴主代理人名叫普珍，30多岁，有几分姿色，她原来是管这个村的勒本。在民主改革时，曾经斗过她三次都不能平民愤，就把她关押起来。后来因她要生孩子，就暂时把她放了出来。她被放出来后，给干部送礼，请喝酒、吃饭。她分别给村里的治保主任、治安员、副村长送了被子、皮袄、衣服、鞋子等东西；村长和几个互助组组长也经常到她家里去吃吃喝喝，个别干部还同她有暧昧关系。这样，就在村里恢复了乌拉制度。她经常利用干部给她派差，叫农民给她打柴、背水、缝衣服、做鞋子、耕地、运肥、挖厕所等。这个村缺柴禾，有70克（约合70亩）地可长柴禾的地方被她倒算回去，分给贫苦农奴的树也要回去了。她还煽动落后群众不交公粮，说："我们收成不好，为什么还要交公粮呀？"中印边境斗争紧张的时候，她更是变本加厉，威胁那些分了她的房子的群众说："这房子是我的，以后还得还给我！"

还有些农奴主、代理人利用宗教迷信活动，传播宿命论思想，胁迫群众将胜利果实送还农奴主，甚至杀害干部和积极分子。普兰县科加寺为向群众索要东西，利用喇嘛念经胡说："你们要快给布施，要多念经，要将分得的财物送回寺庙，向被你斗过的人认错，这样你才能消灾免难，人畜平安"；还说："你命里不应该要人家的房子，不应该要人家的牛，赶快送回去！"用这种形式搞反攻倒算。山南乃东县凯松乡的代理人在那里搞跳神。有个党员觉得不对头，就向党支书汇报，党支书到现场去察看时，跳神的人说是神仙附体来了，就卡支书的脖子，差点把支书卡死了。乡长闻讯赶来，才将代理人逮捕了。有的地方一些反动活佛、喇嘛还用打卦、跳神等形式咒骂共产党和翻身农牧民，搞破坏活动，搞阶级报复，杀害积极分子。江孜县重孜乡农奴主代理人扎巴加措残忍地将揭发他罪行的一名奴隶用刀砍死，引起群众极大愤慨。江孜专署经过核实并报上级批准，召开了公审大会，将扎巴加措枪决。此举有效地震慑了反动农奴主的嚣张气焰，大长了人民群众的威风。

不少地方还发生恢复朗生制度现象。使用朗生的不仅有农奴主、代理人，还有富裕农奴、中等农奴等。他们利用雇工、养孤儿、招赘女婿、合家过生活等方式，将不善安排生活的农民拉去当朗生（家奴），搞剥削。丁青县郎通乡有九户农奴家养了十个朗生，其中富裕农奴三家、中等农奴五家、贫苦农奴一家。在仁布县，乡乡都有发现。这种现象，虽有人民内部问题，但还是与恢复旧制度紧密地联系在一起。

开展"三教"、"四清"运动

1962年11月，西藏工委召开扩大会议，传达了党的八届十中全会的精神，并结合上述情况和西藏全区平叛改革后阶级斗争总的形势，对1963年的工作作了安排，指导思想是：继续贯彻稳定发展方针，以阶级斗争为纲，以加强基层和教育干部为重点，以发展生产为中心，对农奴主阶级的反攻倒算、复辟活动及时予以打击。中共中央西南局对西藏工委《一九六二年工作总结和一九六三年工作安排》的报告作了批示。批示指出：鉴于西藏目前的阶级斗争形势，有必要把加强阶级教育、社会主义前途教育和爱国主义教育（简称“三教”），依靠贫苦农（牧）民，充分发动广大群众，团结改造民族上层人士，坚决打击农奴主阶级的反攻倒算复辟活动，作为一项重要任务提出，以便彻底完成民主革命任务。中共中央于1963年6月23日批复同意西藏工委的报告和西南局对报告所提的意见。从此，西藏农村的“三教”工作试点便逐步展开。此前，5月26日西藏工委向中央上报了关于“在西藏全区各阶层人民中进行揭露达赖叛国集团罪行的教育”①的请示。9月5日，工委在《下半年工作要点》中，要求各地“以阶级斗争为纲”，进行试点，抓好对群众进行三大教育，揭露达赖叛国罪行，打击农奴主阶级分子的反攻复辟，建立贫农团，整顿互助组等。1964年5月，西藏工委进一步强调狠抓阶级斗争，并部署在农村开展以阶级教育为中心的阶级教育、爱国主义教育和社会主义前途教育，使试点规模进一步扩大。

为了加强“三教”试点的力度和对“三教”工作的指导，西藏工委除向几个地区派出试点工作组和工作团外，还于1965年1月成立“三教”办公室。中共中央《关于在农村社会主义教育运动中目前提出的一些具体问题》（简称23条，错误地强调运动的重点是“整党内那些走资本主义道路的当权派”）下达后，西藏工委于1月10日进行了传达，将这个文件精神作为“三教”的指导思想，并在全区各机关、企事业单位迅速开展了“四清”（即清政治、清经济、清组织、清思想）运动。由此，“左”的现象开始上升。

在“三教”试点过程中，工委虽作过不少规定和严格纠正昌都地区一些干部和日喀则地区执行政策摇摆的现象，但由于西藏的“三教”、“四清”运动是在“以阶级斗争为纲”的思想指导下进行的，以致造成了某种程度的阶级斗争扩大化，使一些基层干部受到不应有的打击，有的地区还侵犯了中等

① 西藏工委向中央上报了关于“在西藏全区各阶层人民中进行揭露达赖叛国集团罪行的教育”的请示，请示中说：鉴于达赖叛逃印度后，组织流亡伪政府，公布伪宪法，叫嚷“西藏独立”，支持印度反动派对我国的侵略，并且组织叛乱武装在我边境窜扰；而西藏上层一部分人对达赖存在幻想，散布变天思想；绝大部分劳动人民对达赖的叛国罪行尚不了解真相；反革命分子和反动农奴主分子利用达赖影响，积极进行破坏活动。因此，决定在全区各基层人民中进行一次揭露达赖叛国罪行的教育活动，并拟定了具体办法，请示中央和西南局。见《中国共产党西藏历史大事记》，中共党史出版社2005年9月版，第210页。

农奴的利益。“四清”运动也使一些领导干部受到错误处理。

从当时的客观情况来看，西藏民主改革的时间较全国其他地区为晚，发展既很不平衡，情况又特别复杂，所以在中印边境自卫反击作战前后，国内外敌人互相配合，采取种种手段进行复辟破坏活动，阶级斗争仍比较尖锐。针对这种情况，为了巩固和保卫民主改革的胜利成果，彻底完成民主革命任务，提出注意抓阶级斗争，打击农奴主阶级分子的复辟破坏活动是必要的。通过“三教”、“四清”，对于提高农牧民的阶级觉悟、爱国主义思想和对社会主义前途的认识，对于处理好民主改革的遗留问题，对于巩固农牧区的革命阵地以及解决干部作风和经济管理等方面的问题，都起了一定的积极作用。特别是提出公开揭批达赖集团，揭去了达赖以宗教领袖面目出现的伪装，使广大人民群众认清了其背叛国家，与西方反华势力相勾结的真实面貌，教育了群众，使一些对达赖还抱有幻想的人迅速地向党靠拢，壮大了反对分裂、维护祖国统一的力量。

由于“三教”、“四清”处在当时全国的大环境、大背景下，对阶级斗争的形势估计得过于严重，认为西藏那时农村的主要矛盾是复辟与反复辟的斗争，把一些不同性质的问题都说成是阶级斗争或阶级斗争在党内的反映，所以在处理一些问题时混淆了两类不同性质的矛盾，扩大了打击面，伤害了一些基层干部和群众，影响到党的民族政策和宗教政策的正确贯彻执行。

当时因为“三教”试点有限，大部分试点单位和地区对党的民族政策掌握得较稳，一些问题得到了及时纠正，所以西藏总的形势仍在“稳定发展”方针指引下，向好的方面发展。

第四节　西藏自治区成立

实行民族区域自治，是中国共产党解决国内民族问题的基本政策，是保障少数民族平等权利的基础和前提。1949年9月产生的《中国人民政治协商会议共同纲领》明确规定："各少数民族聚集地区，应实行民族区域自治，按照民族聚居的人口多少和区域大小分别建立各种民族自治机关"。因此《十七条协议》规定"根据中国人民政治协商会议共同纲领的民族政策，在中央人民政府统一领导下，西藏人民有实行民族区域自治的权利"。但是由于西藏情况特殊，斗争复杂，政教合一僧侣贵族专政的西藏旧政权在西藏和平解放后几乎原封不动地保存了八年，民族区域自治政权建设却经历了一个由个别地区走向全区建设，从两种政权并存到建立统一的人民政权，从过渡性质的政权走向正式成立自治区的漫长过程。西藏和平解放以后经过了15年的迂回、曲折、复杂、艰苦的民主建政，终于在1965年9月正式成立西藏自治区。

民族区域自治的初期准备

西藏的和平解放为实现社会制度变革和落实民族区域自治政策奠定了政治基础，但当时西藏社会尚不具备实行民族区域自治的社会条件，还不可能直接建立人民民主专政的政权，而是在中央人民政府统一领导下，从西藏的实际情况出发，形成了中华人民共和国昌都地区人民解放委员会、西藏地方政府（噶厦）和班禅堪布会议厅委员会三类不同形式的政权并存的局面。

1950年10月昌都战役后，人民解放军向昌都地区所属各宗派出军代表，以维护社会秩序，保护人民利益。根据《中国人民政治协商会议共同纲领》的精神，12月27日，昌都召开了第一届人民代表会议，会议决定成立中华人民共和国昌都地区解放委员会。昌都解放委员会是在边疆民族地区建立的一个颇具特色的直属于中央人民政府的地方政权。昌都战役后，人民呼吁建立一个新政权，但建立与内地完全相同的人民政府，条件尚不成熟。于是便建立了一个统一战线性质的过渡阶段的政权机构。它既不同于旧的封建政权，又不同于人民民主专政的政权组织。

昌都地区人民解放委员会35名委员中，汉族干部有2人，民族干部33人。12个宗解放委员会中有汉族干部14人，民族干部154人。所有民族干部均系上层人士，各种重要任务的布置及重大问题的决定，都采取了召开各界人民代表会议的方式，同时与上层个别协商的办法进行解决。从解委会9名主任和副主任人选来看，只有2位是汉族，其余7位都是藏族，7位藏族中有6位都是上层人士。再从12个宗解放委员会和波密、三十九族两办事处及10个宗解放委员会来看，藏族占90%以上。所以昌都解放委员会各组织就其性质来说是一种统一战线性质政权。从民族形式看，它是以藏族为主体的，当然就可以成为未来建立正式自治区政权的基础。昌都地区人民解放委员会具有统一战线性质。它是通过昌都地区人民代表会议产生的，出席会议的人员不是经过选举而产生的人民代表，除几个人民解放军代表外，其他都是通过协商产生出来的各地方的土司、头人、活佛、商人和起义官员及在昌都的西藏地方政府的军政要员等僧俗上层人士。它是由中央人民政府政务院（1954年改称国务院）直接领导，西南军政委员会代管，而不是由西藏地方政府领导，是一种接受共产党领导，吸收原西藏上层力量，并且让部分基层群众参与的崭新政权形式。这个政权从1951年1月1日正式成立，到1959年撤销，前后存在了9年的时间，带有明显的过渡性质。

在西藏自治区筹备委员会成立之前，也即西藏自治区筹备委员会的酝酿时期，西藏的政权形式具有一个很大的特点。简单地说就是“三面四方”。三面即西藏地方政府（噶厦）、班禅堪布会议厅委员会、昌都地区人民解放委员会，加上进藏人民解放军和地方工作人员，实际上是中国共产党西藏工作委员会。

西藏和平解放后，中国共产党积极开展爱国统一战线工作，扶持一切反帝爱国的进步力量，尽力争取观望动摇的人士，就是过去的亲帝分子，只要脱离与帝国主义的联系，不进行破坏和捣乱，也一概加以团结，不咎既往。对于上层人士，一方面给他们安排适当的政治地位，保护他们正当的经济利益；另一方面也积极地对他们进行政治教育，组织他们到内地参观、访问，进行政治时事学习等。同时对一小撮亲帝分子所进行的违法活动，进行有理有利有节的斗争。经过积极工作，壮大了爱国力量，争取了中间力量，孤立了一小撮亲帝分子。在主要做好上层统战工作的同时，党还根据需要与可能的条件，进行影响群众的工作。人民解放军和进藏工作人员，严格执行“三大纪律八项注意”，模范地执行党的民族宗教政策，通过贸易、免费医疗、办学校、救灾以及发放无息农牧业贷款来消除民族隔阂，使群众逐渐从中加深了对党的民族政策的认识。党还重视对民族干部的培养，把大批青年送到干校和内地的学校学习，或吸收参加工作，在实践中加以锻炼。这些都为成立西藏自治区筹备委员会创造了条件。

按照《十七条协议》规定，本应在西藏成立军政委员会，这是为了保证协议的执行，仿照全国各省解放初期的办法，首先成立军政委员会。人民解放军进入西藏以后，上层人士对成立军政委员会顾虑很大，"人民会议"又为此进行捣乱破坏。中央照顾西藏的特殊情况，决定暂缓成立军政委员会。1954年9月，毛泽东接见出席第一届全国人民代表大会的达赖和班禅，同他们进行谈话时，提出不成立军政委员会，而成立西藏自治区筹备委员会的问题。11月2日，中央统战部部长李维汉召集达赖、班禅及在京的西藏主要官员和中共西藏工委在京的负责干部召开会议，提出成立西藏自治区筹备委员会筹备小组的问题。11月4日，西藏地方政府（噶厦）、班禅堪布会议厅委员会、昌都地区人民解放委员会、进藏人民解放军和地方工作人员四个方面正式成立了筹备小组。1955年3月9日，国务院第七次全体会议通过了《关于成立西藏自治区筹备委员会的决定》。经过一年的准备，西藏自治区筹备委员会于1956年4月22日成立。它的成立有力地推动了西藏民族区域自治的实现。

西藏自治区筹备委员会的成立，并未改变两种不同性质的政权同时并存的局面。西藏自治区筹备委员会在形式上统一了噶厦、班禅堪厅和昌都地区人民解放委员会，但这三方面仍各保有独立性，对暂时统一不起来的事情，仍各行其是。所以，有时只好由中央人民政府代表张经武出面与各方面协商，三个方面也可以直接向中央人民政府提出申请和要求，这三个方面的政权，都接受国务院的直接领导。那时候，进藏人民解放军和地方干部若到农牧区去工作，除持西藏自治区筹委会的介绍信外，还须持有噶厦的介绍信，才能够与农牧民接触。这虽然在行动上受牵制，但毕竟在开展影响群众工作方面打开了大门。上面是带有政权性质的自治区筹备委员会，下面是三种政权仍然同时并存，这种特殊局面，反映了西藏革命进程的曲折性和复杂性。

西藏自治区筹委会成立后是曲折前进的，第一阶段主要是进行成立自治区的筹备工作和改革的准备工作以及本身的建设等。第二阶段是因改革条件不成熟，为了争取上层人士赞成改革，等待他们的觉悟，中央决定在第二个五年计划期间不进行改革。在第三个五年计划期间是否进行改革，要看那时情况才能决定，同时进行对群众的影响工作。人民经过八年的观察、对比，逐步认识到，只有中国共产党才能真正代表西藏各族人民的利益，不能再忍受封建农奴制度的剥削和压迫，强烈要求进行民主改革，废除封建农奴制度。在此期间，各级党组织更加重视培训民族干部。到1958年，民族干部已达五千多名（其中在西藏公学学习的3000名）。形势的发展使反动势力日益孤立。他们为了反对改革，永远维持封建农奴制度，于1959年3月10日发动了全面武装叛乱。3月28日，国务院命令解散西藏地方政府，由西藏自治区筹备委员会行使西藏地方政府的职权。第十世班禅额尔德尼代理了主任委员，帕巴拉·格列朗杰为副主任委员，阿沛·阿旺晋美为副主任委员兼秘书长。接着，昌都地区人民解放委员会、班禅堪布会议厅委员会相继被撤销和结束工作。西藏自治区筹备委员会成为名副其实的人民民主专政性质的政权机构。随着迅速平息叛乱，并实行民主改革，推翻了政教合一的封建农奴制度，废除了封建等级制度、人身依附关系，百万农奴和奴隶翻身解放，成为国家和西藏地方的主人，获得了宪法和法律规定的公民权利和自由，为实现民族区域自治扫清了社会制度障碍。从此，自治区筹委会虽然在名义上仍叫筹委会，实际上它已经是西藏地区人民民主政权的实体了。“三面四方”的局面结束。筹委会的名义一直保留到1965年西藏自治区正式成立。

1961年，西藏各地开始实行西藏历史上从未有过的普选工作，翻身农奴和奴隶第一次获得当家作主的民主权利，选举产生了各级人民政权。直至1965年9月西藏自治区正式成立，标志着西藏全面实行了民族区域自治制度。西藏人民从此享有自主管理本地区事务的权利，与全国各族人民一道走上社会主义发展道路。

培养民族干部

培养民族干部是实行民族区域自治的组织基础和关键问题。毛泽东早在1949年11月就指出：“要彻底解决民族问题，完全孤立民族反动派，没有大批从少数民族出身的共产主义干部，是不可能的。”在确定进军西藏、经营西藏任务以后，毛泽东先后要求西北局、西南局注重训练藏民干部。邓小平也有同样的论述:“团结各民族于祖国大家庭的中心关键之一,是在于各民族都有一批热爱祖国并能联系群众的干部。”①周恩来在西藏自治区筹委会成立后多次讲到，在西藏工作的汉族干部，必须培养民族干部，要大量培养藏族干部。

遵照这些指示精神，早在1950年进军西藏前后，各有关单位就从北京、甘肃、青海、四川、西康等地吸收了几百名藏族青年学生，分别进行培养训练，为解放西藏准备了第一批民族干部。他们中的大多数人后来都成为西藏建设的骨干，不少人还担任了西藏的重要领导职务。

西藏和平解放后，人民解放军刚到拉萨不久，西藏工委和十八军就在拉萨开办藏语文训练班。随着形势发展的需要，1952年10月，藏语文训练班改成西藏军区藏语文干部学校（简称藏干校），由谭冠三兼任校长、党委书记，慕生忠兼任第二校长。1955年3月，《国务院关于帮助西藏地方进行建设事项的决定》,其中决定将西藏军区藏干校改为西藏地方干部学校,并予以扩建，加强了对藏族和其他民族干部的培养工作，使其由容纳200学生扩大至500学生。在此期间，还选送一些优秀藏族青年到中央民族学院、西南民族学院等高等院校学习，总数达1000人。这些被选入干部学校学习的干部，绝大多数是农奴或奴隶的子女，他们在旧社会深受阶级压迫与民族歧视，没有学习文化的机会。因此，在注重学习政治理论和文化知识的同时，引导他们联系旧社会的血泪史，对比解放前后的新变化，迅速提高了思想认识和政治觉悟。这些曾被三大领主诬蔑为“会说话的牲畜”,“连自己糌粑口袋都管不好的穷鬼们”，一旦掌握了革命理论和科学知识，就以极大的热情和毅力，投入到工作和学习中。培养民族干部既注重从劳动人民中选拔、培养，又注意对中上层人士子女和配偶的团结、教育。从1953年起，各地成立爱国青年文化联谊会、爱国妇女联谊会,组织这些青年和妇女们学习和参加社会活动,并赴内地参观访问等，使他们开阔眼界，增长才干，也造就了一批有用的人才。

西藏自治区筹备委员会成立之后,一项重要任务就是积极培养民族干部。

---

① 邓小平为西南民族学院的题词，载《西南民族学院学报》1998年第6期。

筹委会第四次常委会作出决议，1956年内选送500～700名藏、回族青年，到中央民族学院、西南民族学院学习。10月6日，第十四次常委会上作出《关于大力培养藏族干部的决定》，并就自治区筹备委员会所属各部门、各基巧办事处、宗级办事处培养吸收藏族干部等问题作出明确规定。决定要求帮助和培养民族干部，关心民族干部政治进步，认真解决他们生活上的困难，把民族干部放到适当的工作岗位上，使他们有职有权。1956年秋至1957年，西藏工委根据"六年不改，适当收缩"的方针，作出《关于精简在藏的汉族干部，发展藏族党员的决定》，在陕西咸阳组建了西藏公学和西藏团校，将新吸收参加工作的3400多名藏族青年送到两校学习，为西藏民主革命培养了一批重要的后备力量。

党培养起来的西藏第一批藏族干部巴桑和仁增旺杰等后来走上自治区领导岗位。图为上世纪60年代末巴桑（左二）和仁增旺杰（左四）与自治区领导任荣（左三）、天宝（左一）的合影。

西藏各级党组织为培养民族干部做了极大的努力，尽力为他们创造了良好成长的条件，一方面是大批进藏汉族干部的言传身教，给民族干部传带好思想、好作风；一方面是这些从黑暗的旧制度统治下挣脱出来的进步青年，怀着对共产党和新社会无限热爱的心情，冒着各种危险，参加工作和学习，在实践中承受锻炼。同时各级组织对反动势力打击和迫害民族干部的事进行坚决斗争。处理江孜反动头人本根却珠毒打藏族干部旺钦平措事件，自治区筹委会通过了关于免除国家机关工作人员和学员人役税的决定，提高了民族干部的人身权利和政治地位。

平叛改革胜利，百万农奴翻身解放，为西藏民族干部的成长发展创造了极为有利的条件。西藏工委在城镇、农牧区和各企事业单位发展党员，在基层建立共产党和共青团组织，从中有计划、有组织地大批培养民族干部。在各级党政组织的关怀培养下，在平叛改革斗争中，西藏民族干部迅速成长起来。在民主改革中，各地普遍注意兴办小学，让农牧区的适龄儿童大部分都能上小学，后来部分又上中学。还举办夜校，组织许多基层干部参加学习文化。在此基础上，一些中学生和基层干部后来又被送到内地民族学院学习。1959年，在北京的中央政法大学专门开设了西藏班，为西藏培养了一批又一批的公安干部。后来成为自治区领导干部的热地，就是当时政法大学西藏班的成员。对新成长起来的民族干部，在政治上强调阶级立场坚定的同时，要求民主作风好，能够贯彻执行党的政策。到自治区正式成立前夕，西藏全区藏族和其他少数民族干部已达16000余名，其中1000余名分别担任了县以上的各级领导职务。乡级干部全是藏族，区级干部90%以上是藏族。随着民主改革的深入发展，西藏进入经济、文化稳定发展时期，强调要注意培养革命知识分子和各类科学技术干部。使全区工、农、林、牧、交通运输、工程建筑、金融商贸、医疗卫生、教育、文艺、气象、邮电、新闻、公安等各条战线上，都有了一批民族干部。这些干部，大多数出身于劳动人民家庭，而且是从平叛斗争、民主改革、中印边境自卫反击作战和各项建设事业中涌现出来的先进分子，有较高的政治觉悟，50%以上参加了共产党或共青团。他们热爱祖国，密切联系群众，并有一定的工作能力，是党的宝贵财产。此外，还有约1400名上层爱国人士，他们同共产党长期合作，患难与共，是可以信赖的力量。还有两万多名藏族工人成长起来，其中包括数千名技术工人。藏族干部和工人队伍的成长和壮大，为藏族人民实现自治权利奠定了坚实基础，为西藏自治区的正式成立准备了最重要的条件。

普选建立各级人民政权

平叛改革为在西藏迅速而顺利地实行民族区域自治扫清了障碍。西藏工委和自治区筹委会在民主改革中，组织动员翻身农奴开展轰轰烈烈的民主建政工作。1959年10月30日，中共西藏工委发出指示，要求在民主改革中建立各级政权组织。指出在平叛后，西藏实行“三反”、“双减”，进行土地改革，逐步建立了县（大部分）人民政府，农区、半农半牧区大部分地区建立了县、区、乡农（牧）民协会，为今后在全区开展的建政工作打下了良好的基础。还指出，西藏的建政工作，必须贯彻人民民主专政和民族区域自治的原则和精神，自下而上地结合起来进行。鉴于西藏普选的条件尚未成熟，当前建政可用委派制度。随着民主改革的完成，逐步建立区、乡人民政府，县、区、乡人民政府成立时要召开人民代表会议。1960年1月7日，国务院通过《关于西藏地区市县行政区划分的决定》。4月，自治区筹委会对全区行政区划进行调整，将西藏地区原有的83个宗和64个相当于宗的独立谿卡，合并划为一个拉萨市以及昌都、江孜、日喀则、塔工、黑河、山南、阿里等7个专员公署，并分为72个县（包括县级区）。到1960年底，全区建立了区级政权283个、乡级政权1009个。在民主改革前后，各级负责干部主要是委派的，民主程序还不可能十分完善。为适应形势发展的需要和满足广大人民群众的要求，进一步建立和健全人民民主制度，在条件成熟的地区实行普遍选举，成立经过人民选举产生的政府，就成为一项迫切的重要任务。

为了做好普选工作，西藏工委在1961年初即决定成立普选工作筹备小组，负责普选前的一切准备工作。1961年5月，颁发了《西藏自治区各级人民代表大会选举条例》以及《西藏自治区各级人民代表大会和各级人民委员会组织条例》。《选举条例》中规定：“各级人民代表大会的代表，由自治区境内各民族人民普选的方法产生，不具备普选条件的乡、县，可以召开各界人民代表会议，代行人民代表大会的职权。各界人民代表会议的代表，由本级人民政府和有关方面协商产生。”《各级人民代表大会和各级人民委员会组织条例》中规定：“西藏自治区是中华人民共和国的一个行政区域，是民族自治地方。”“自治区各级人民代表大会和各级人民委员会，是工人阶级领导的、以工农联盟为基础的，团结各民族、各民主阶层和一切爱国人士的人民民主专政的地方国家机关。自治区人民代表大会和人民委员会是西藏自治区的自治机关。”“自治区各级人民委员会，即自治区各级人民政府，是自治区各级人民代表大会的执行机关，是地方各级国家行政机关。”

1961年9月，西藏自治区筹备委员会常委会决定在全区进行民主选举试点工作。9月19日，又决定成立西藏自治区选举委员会，由班禅额尔德尼任主席，张国华、阿沛·阿旺晋美、帕巴拉·格列朗杰等任副主席。经国务院批准，西藏自治区选举委员会于1962年8月25日正式成立。接着，西藏各级选举机构也相继成立，普选试点工作在各地先后展开。

各地基层普选工作进行得热烈、隆重。在选举的日子里，各乡各选区的投票站彩旗招展，锣鼓喧天，像过节一样。选民们穿着新衣，成群结队，手捧洁白的哈达，举着象征丰收的染色青稞穗，老人拄着拐杖，妇女有的怀里抱着婴儿，兴高采烈地走向投票站，投下自己庄严的一票。不识字的人，在候选人的背后放下一粒涂着红色的石子或蚕豆，作为投给最满意的人的一票，或者把候选人的帽子放在主席台上，将石子或蚕豆投入最满意的人的帽子里。选民们选出自己称心如意的代表，心情十分激动。墨竹工卡县塔巴乡的百岁老人库拉说：“在旧社会里，为领主支了一辈子差，干了一辈子牛马活，连说话的权利都没有。在新社会里，我们终于有了当家作主的权利。”堆龙德庆县古荣乡

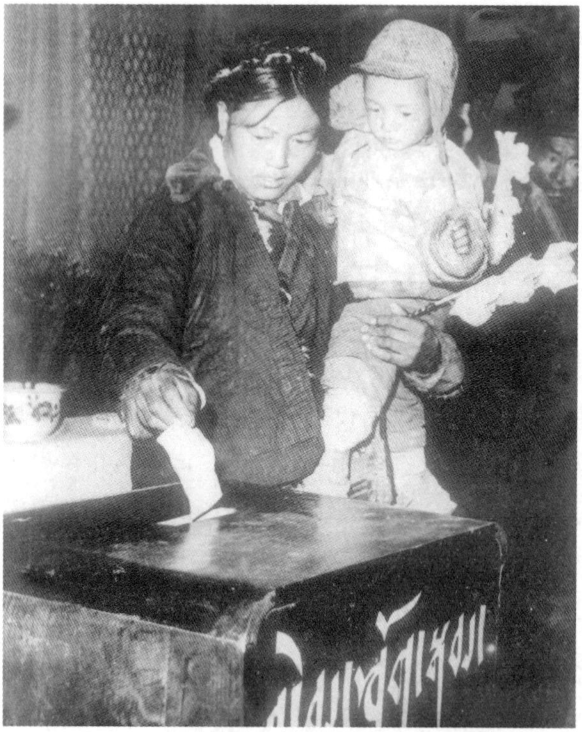

解放了的西藏人民庄严行使自己的民主权利。这是拉萨市城关区群众在投票。

64岁的翻身女农奴仁增拉姆说:“过去我是一头衰老的毛驴,终年驮着沉重的驮子,连说话的权利都没有。在共产党领导下,我真正成了主人啦!”选举结束后,选民们在篝火前彻夜狂欢,唱歌,跳舞,演藏戏,歌颂共产党。然后召开乡人民代表大会,选举产生了乡人民委员会。

到1965年7、8月份,全区的乡、县选举工作基本完成,共有1359个乡、镇召开了人民代表大会,选出了正副乡长、区长。另有567个乡、镇召开了人民代表会议,代行人民代表大会职权,选出了正副乡长、区长。这两项选举占全区乡、镇总数的92%。在完成基层选举的基础上,有54个县召开了各界人民代表大会,16个县召开了各界人民代表会议,选举出了正副县长。全区有11名昔日的女奴隶、女农奴当选为正副县长。据统计,在县、区和乡级人民政权中,农奴和奴隶出身的女干部分别占20%和50%。林周县人民代表大会选举的女副县长次登卓玛,过去是色拉寺的农奴。1951年农奴主害死她的阿爸,阿妈接替阿爸为农奴主支差。她从小就担起养活全家的重担。民主革命中,次登卓玛参加了工作,并被选为乡农会主任,积极带领群众参加改革和发展生产。1962年,林周县白朗村15户牧民被洪水围困,生活出现困难。此时她腰系绳子,跳入水中,直扑对岸,召集牧民开会,商讨自救办法,为群众解了危。她被选为副县长后,翻身农奴都说:“选对了,选对了!”经过各级选举,还选出301名出席自治区人民代表大会的代表(其中爱国上层人士占11%以上)。通过自下而上的民主选举,加强和巩固了人民民主专政,保证了人民充分行使当家作主的权利,为正式成立自治区打下了坚实的基础。

西藏地方的公安、法院、检察机构,在西藏自治区正式成立时先后建立起来,改变了1959年3月以前两种政权并存、两种法律制度同时施行的局面。

1952年1月10日,西藏工委社会部成立,王华任部长。同时组建了拉萨市公安局。不久社会部先后派出了山南和亚东两个边防站。以后随着各分工委的建立,相继成立了各分工委社会部。社会部既是西藏工委的业务部门,又是西藏公安的实体机构。当时西藏公安的首要任务是纯洁并巩固中央驻藏机关内部,防止敌人破坏;此外,进行广泛的社会调查是社会部工作的基本内容和经常任务。社会部在维护社会秩序方面做了许多工作。1956年4月西藏自治区筹备委员会成立后,于6月成立了自治区筹委会公安处和司法处。为适应斗争需要，根据《中华人民共和国宪法》和《中华人民共和国法院组织法》，从西藏尚未召开人民代表大会的实际情况出发，1957年7月，中共西藏工委决定在西藏建立最高人民法院西藏分院和西藏分院直属人民法院，任惠毅然为西藏分院院长。鉴于当时两种政权并存情况，司法审判机关存在三种类型。一是由西藏地方政府官员掌握司法权力，按照封建农奴制度的法律审判案件；一是由自治区筹委司法科基本上按照中华人民共和国法律审理筹委系统发生的刑事、民事案件；一是由最高人民法院西藏分院和西藏分院直属人民法院审理机关内部和公路运输系统内部发生的刑事、民事案件及有关政治案件。1958年1月，中华人民共和国最高人民检察院西藏分院和西藏分院直属检察院成立，由智泽民任西藏分院检察长。

西藏自治区筹备委员会行使地方政府职权后，最高人民法院西藏分院和最高人民检察院西藏分院接管了西藏地方政府的司法机关朗子辖、雪列空，直接受理各种案件。至此，两种政权、两种司法制度同时实行的状况宣告结束。

为适应平叛改革和西藏劳动人民行使民族区域自治权的需要，西藏地方的公安、法院和检察院的机构进行了调整和充实。民主改革后，公安工作的中心由保卫党政军机关安全为主转向为民主改革斗争服务，由防御转为全面进攻敌人，同人民解放军密切配合，放手发动群众，集中打击叛乱分子及其他反革命分子和组织，保卫民主改革的胜利成果。从1959年平叛到1961年上半年，司法机关主要是审判叛乱案件。1962年下半年，公、检、法机关对由于中印边境形势紧张而发生的现行破坏案件加强审理判处。同时还积极开展民事工作，受理各类民事案件，保障西藏社会安定，保障了西藏各族人民的民主权利。

西藏自治区正式成立

西藏自治区筹备委员会在九年多的时间里，特别是经过平叛改革和稳定发展时期，为筹备正式成立西藏自治区做了大量工作。此时，全区形势大好，政权巩固，社会稳定，民族团结，生产发展，人民生活改善，成立西藏自治区的条件已经成熟。西藏工委报请中央批准，正式成立西藏自治区。

此前，鉴于达赖辜负了中共中央和国务院对他的殷切期望，他出逃后在叛国的道路上越走越远，1964年12月17日国务院第151次会议讨论决定，撤销他的西藏自治区筹委会主任委员和委员的职务。1965年8月31日西藏军区军事法院根据惩办与宽大相结合的政策精神，宣判将在押期间低头认罪、有改恶从善表示的本珠仓·洛桑扎西（原西藏地方政府卸任司曹）、拉鲁·才旺多吉（原西藏地方政府卸任噶伦）、松多·坚村云登（原西藏地方政府仁希）等三人予以宽大释放。此举在境内外影响很大，增加了自治区即将成立的喜庆气氛。

1965年8月29日，中央代表团到达当雄机场，受到中共西藏工委领导的热烈欢迎。左起向后：全国人大副委员长阿沛·阿旺晋美、谢富治、刘春、张经武、西南局书记处书记阎秀峰、四川省副省长天宝、公安部副部长凌云。右起向后：工委副书记王其梅、帕巴拉·格列朗杰、郭锡兰、肖向荣、工委副书记麻贵书。

1965年8月23日，国务院全体会议举行第158次会议，讨论了西藏自治区筹委会关于正式成立西藏自治区的报告，同意1965年9月1日召开西藏自治区第一届人民代表大会第一次会议，正式成立西藏自治区，并将这一议案提交全国人民代表大会常务委员会第15次会议审议批准。第三届全国人民代表大会常务委员会会议批准了国务院的议案，通过了《关于成立西藏自治区的决议》。

8月29日中央代表团抵达拉萨，受中共中央委托，以国务院副总理谢富治为团长的中央代表团，到拉萨祝贺西藏自治区成立。随行的副团长有：中央人民政府驻西藏代表、中共中央西南局书记处书记张经武，中共中央统战部副部长、中华人民共和国民族事务委员会副主任刘春等。代表团包括中央部门、27个省市区、16个少数民族自治区的代表，以及6个文艺团体，共360多人。代表团受到拉萨各族各界人士和一万多名人民群众隆重、热烈的欢迎。8月30日、31日全国人大常委会和国务院分别发来电报，祝贺西藏自治区的成立。

为了庆祝即将正式成立西藏自治区，国务院拨下专款，西藏工委动员拉萨市党政军民一齐努力，在拉萨新建了劳动人民文化宫、西藏革命展览馆、百货商店、人民路饭店等一批崭新的现代化城区建筑。在没有碎石机的条件下，拉萨市委发动全体拉萨市民参加砸石块，修筑了西藏第一条柏油铺设的人民路。这些，使拉萨城区的面貌焕然一新，增强了浓烈的节日气氛。

1965年9月1日，西藏自治区第一届人民代表大会第一次会议在拉萨隆重开幕。出席大会的代表301人，西藏各民族代表占代表总数的80%，其中藏族226人，门巴族、珞巴族、回族、纳西族、怒族等共16人。代表中有农奴和奴隶出身的县长、区长、乡长和中共支部书记，有各条战线的先进人物，有爱国上层人士。中央代表团团长谢富治、中共西南局书记阎秀峰先后在大会上讲话，代表党中央、国务院、西南局向大会祝贺。与此同时，经中共中央批准，从1965年9月1日起，中共西藏工委改名为中共西藏自治区委员会，张国华为第一书记，谭冠三、周仁山、王其梅、郭锡兰、任明道、苗丕一、杨东生、麻贵书、郝平南为书记处书记。各分工委也相应改为中共地区委员会。张经武调回北京工作。

中共西藏自治区委员会第一书记张国华在会上作了题为《高举毛泽东思

想的伟大红旗，为争取社会主义革命的伟大胜利，为建设社会主义的新西藏而奋斗》的政治报告。他在报告中总结了党在西藏十五年来的工作，指出西藏自治区的成立，标志着西藏的革命和建设进入了一个新的时期，进入了社会主义改造的新时期。今后的工作任务是：依靠广大劳动人民，团结一切可以团结的力量，继续大力开展互助合作运动。同时在条件成熟时，逐步地、稳妥地进行社会主义改造。积极进行社会主义建设，加强国防建设，巩固国防。张经武在会上讲话。阿沛·阿旺晋美作自治区筹备委员会工作报告。报告回顾了筹备成立西藏自治区的过程中所经历的斗争，报告了筹委会成立之后西藏在经济、文化等方面所取得的主要成绩。报告中指出，西藏民主改革后六年农业连续丰收，粮食总产量1964年比平叛改革前的1958年增长45.7%强；牧业也有较大幅度的增长，1964年较1958年增长36.3%强。人民生活有显著改善。全区有中学7所，学生700余人，公办小学86所，民办公助和民办小学1590多所，还建立了培养干部的西藏民族学院、西藏行政干校、师范学校。全区有医院15所，卫生院、医疗保健站共140多所，为群众免费治病。大会代表以主人翁的负责精神，认真讨论并通过了上述报告。

一批翻身农牧奴出身的人民代表，破天荒第一次在这样全区性的重要大会上纷纷发言。巴青县牧奴出身的布德，在平叛中为那曲养护段纪路通林场送信，被叛乱分子剜去双目。他对叛乱罪行的愤怒控诉和他后来积极参加改革、被选为乡长的事迹，使到会的不少人感动得落泪。日喀则军分区独立营二连副指导员大扎西，讲述他从小要饭长大，参军后勇敢战斗、积极工作，由奴隶变成一名人民解放军干部的经历。日喀则城关镇的模范手工业者石达在发言中，说他出身铁匠家庭，小时被农奴主侮辱为下贱脏人，民主改革后带头组织铁木生产合作社，为农牧业生产服务，做出了突出成绩的事迹。乃东县结巴乡互助组组长次仁拉姆发言，生动讲述了她带领12名翻身奴隶克服困难，战天斗地，以突出的劳动成绩连续几年夺得农业丰收的经过。这些人民代表的发言，不仅对西藏各阶层人民有很深的教育意义，也感动了中央代表团到会祝贺的全体代表。

9月8日，大会举行了庄严的选举，以不记名投票方式选举产生了西藏自治区人民委员会。阿沛·阿旺晋美当选为西藏自治区人民委员会主席，周仁山、帕巴拉·格列朗杰、郭锡兰、协饶顿珠（杨东生）、朗顿·贡噶旺秋、崔科·顿珠才仁、生钦·洛桑坚赞当选为副主席。达瓦、仁钦索朗、扎西平措等37人当选为西藏自治区人民委员会委员。洛桑慈诚当选为自治区高级人民法院院长。

与此同时，政协西藏第二届委员会第一次会议也在拉萨举行，会议选举了政协西藏自治区第二届委员会主席、副主席、秘书长和常务委员。主席为张国华，副主席为周仁山、王其梅、协饶顿珠（杨东生）、桑颇·才旺仁增、扶廷修、江金·索南杰布、德格·格桑旺堆、邦达养壁、邦达多吉、江措林·土登格桑、坚白赤列、桑顶·多吉帕姆、拉敏·益西楚臣。

1965年9月9日，拉萨市各界群众三万多人隆重集会和游行，热烈庆祝西藏自治区正式成立。

9月9日上午，拉萨阳光明媚，各族各界三万多人在拉萨市体育场举行了盛大集会和群众游行，庆祝西藏自治区成立。中央代表团团长谢富治、西藏自治区党委第一书记张国华、西藏自治区人民委员会主席阿沛·阿旺晋美先后在大会上发表了热情洋溢的讲话。大会通过向毛主席致敬电，通过西藏自治区各级人民代表大会组织条例和各级人民委员会组织条例。然后，阿沛·阿旺晋美致闭幕词，大会胜利闭幕。会后，举行了盛大的群众游行，热烈庆祝西藏自治区的成立。

西藏自治区的成立，是西藏和平解放的历史成果和阶段性目标，是中国共产党的民族政策的光辉胜利。她标志着国家的进步统一和国内各族人民的团结更加巩固，标志着西藏地方在共产党领导下以工农联盟为基础的人民民主专政进一步巩固，标志着西藏民主革命的基本结束，实现了西藏从封建农奴主土地所有制转变到农牧民个体土地所有制后，进入了社会主义革命和社会主义建设的新时期。

基本经验总结

中共中央和毛泽东主席决定进军西藏、经营西藏至西藏自治区成立的十六年，是中国共产党在西藏进行的民主革命胜利的十六年，是经历了光辉伟大的社会变革的十六年，是极不平凡的十六年。西藏永远摆脱了帝国主义势力的侵略和羁绊，从反动、黑暗、残酷、野蛮的封建农奴制社会，跨跃到新民主主义社会，开辟了走向社会主义康庄大道的光明前途，发生了翻天覆地的变化，跨越了人类社会发展的几个历史阶段。这一社会变革，是在西藏政治情况极其复杂，斗争极其尖锐，自然、地理、气候异常特殊的条件下，奇迹般地出现的。

西藏原是一个和其他地方极其不同的民族地区，从当地的环境和政治、经济、文化到和祖国的关系以及帝国主义的影响等，都有很大的特殊性，而且这些又都和民族、宗教问题交织在一起。

中央解决西藏问题的本意是采用特有的和平解放的模式。既不同于和平统一，也不同于同样取得成功的其他地方的方式。所采取的政策、工作方式和手段多属首创。中央和毛泽东主席实际上是把西藏作为一个特殊地区对待，对西藏的一切问题，除特别重大的原则问题外，都抱着特别耐心的忍耐等待态度和尽可能用和平方式解决。根本要求是，人民解放军必须进入西藏，帝国主义侵略势力必须驱逐，由中央统一处理西藏的涉外事宜。其他诸如政治制度、宗教制度，连同达赖的固有政治地位以及武装力量、风俗习惯等，中央都不予变更，人民提出改革要求时还要与上层协商办理，并视情发展西藏的经济、文化事业。从各方面积极团结包括上层人士在内的西藏民族，谨慎地稳步前进。这样，在平息叛乱和民主改革后，西藏就在原有工作的基础上从新民主主义走上了社会主义道路。事实证明，中央和毛泽东主席根据马克思主义民族理论的普遍真理，结合西藏的实际情况，制定的治藏方略是完全正确的。毛泽东在解决西藏问题上有许多发展和独创。这些思想，成为整体毛泽东思想的重要组成部分。

西藏是中华人民共和国的一部分。西藏革命和建设成就的取得，许多原因都是与其他民族地区共同的。但因情况的差异和中国革命发展的不平衡性，西藏工作有很多不同的特点。首先，西藏同其他地区一样，只有在祖国大家庭中和走社会主义道路，才能得到解放和发展。这是共性。不同点是，西藏不仅从帝国主义的侵略、羁绊下解放得晚，长期处在极端落后的政教合一的封建农奴制统治下，且宗教影响很深，民族宗教问题更为复杂，民主改革也晚。西藏地方政府和上层反动集团在帝国主义和外国反动派怂恿支持下，开始是阻止解放军进藏，以后又一直闹分裂，搞“独立”。这是个性。其次，西藏同其他地区一样，只有在中国共产党的领导及毛泽东思想指引下，才能在工作中避免或少犯错误，实现真正的民族平等、团结、合作互助，经过改革，发展政治、经济、文化事业，达到富裕、文明、民主、繁荣。这是共性。不同点是，党中央和毛泽东、周恩来、邓小平等领导人对西藏特别关怀。毛泽东主席对西藏问题的处理，不仅对大的方针、政策，而且对具体问题也亲自过问，作的指示也最多。这又是个性。第三，只有人民解放军进藏，才能驱逐帝国主义侵略势力，保证《十七条协议》的实现，巩固国防，并从容应对、妥善处理突发事件。这是共性。不同点是，解放军在西藏必须具有特别顽强的精神，并发挥特殊的作用。这里又有个性。最后，“人民，只有人民，才是创造世界历史的动力”。紧紧依靠人民群众，动员组织群众起来，完成民主革命。这从总体上说，同全国各地是一样的，也是共性。不同点是，前八年还不能这样做，那时统战工作是第一位的。邓小平因怕进藏人员看不惯三大领主对农奴的压迫，曾说过“睁一只眼，闭一只眼”，那时的群众工作是很有限度的，不能好心去办坏事。这是个性。共性的方面，是在西藏取得成绩的根本原因，亦即主要原因，不能过分强调西藏的特殊。但是，西藏工作又必须照顾既不同于内地其他地区，也有别于其他少数民族地区的特殊情况，不能照搬照套其他地区的经验和作法。中国共产党和人民解放军在解放和建设西藏的进程中，十分注意个性方面的问题，采用了许多特殊的方针政策，这是取得成绩的另一重要原因，并积累了不少特殊的经验。这些经验，充分体现了实事求是、因地制宜的精神，既是正确处理局部与全局、个性与共性关系的结果，又是理论和实践相结合、战略和策略相统一的结果，十分宝贵。概括起来，大体有以下九个方面。

第一，认真贯彻执行中央有关西藏的方针、政策，坚持集中、统一的党的领导

在解放西藏的斗争中，同其他地区一样，党的正确、坚强领导是取得胜利的根本保证。但由于有很多特殊情况，新的问题特别多，所以党的集中、统一领导尤有特色，中央为确保党的正确路线、方针、政策的实现，对西藏工作抓得特别紧，指示特别多，也很具体。1952年4月8日，毛泽东主席根据处理西藏问题遇到的情况和西南局的建议，以中央名义电示西南和西藏工委，决定“我方和藏方”之间（主要指西藏工委与噶厦地方政府之间）发生的事件，“均集中由中央解决，西藏工委直接向中央作报告，同时告知西南局。西南局对这些问题的意见向中央提出。”还规定了严格的请示报告制度，强调事无大小，必须事前请示，事后报告。这就从体制上保证了党中央对西藏工作实施正确领导的问题。从此，不仅是党内工作，而且西藏上层人士、包括达赖、班禅等到京，毛泽东、周恩来、刘少奇、朱德等中央领导人都亲自接见，亲切谈话，并与他们商谈工作，直接作了许多重要指示，也体现了中央对西藏工作的集中统一领导。对部队方面，自从中央同意十八军担负进军西藏、经营西藏任务后，西南局、西南军区、第二野战军就决定十八军脱离五兵团建制，直接归西南军区领导，从各方面保证西藏革命和建设事业的胜利开展。

以张经武、张国华为主要领导的西藏工委、十八军党委、西藏军区党委，既能坚决地忠实地贯彻执行中央的方针、政策，又能创造性地把中央、中央军委的指示同西藏的革命斗争实践紧密结合起来，制订了一系列符合西藏实际情况的正确政策，并能采取恰当方式开展工作。西藏工委注意了坚决纠正党内出现的离开党中央正确指导思想和方针政策、另搞一套的思想和行为，力求用党内的团结、统一去推动党外势力集团的团结，促进西藏内部的团结。在解放西藏各个历史阶段的斗争和各项工作中，工委、军党委、军区党委都特别强调和坚持集中统一的领导，使全区党、政、军、民在西藏工委的统一领导下，拧成一股绳，上下一致，军地一致，军民一致，统一思想，统一计划，统一步调，统一方法，克服了一切艰难险阻，排除了内外干扰，使中央的方针、政策得以完整地、准确地落到实处。中国共产党的理论联系实际、密切联系群众和批评与自我批评的三大作风，在西藏工委和军区的工作中得到了很好的体现。这种优良的党风和干部作风，是西藏工作取得胜利的一个极为重要的因素。

另一方面，为保证中央和毛泽东制定的路线、方针、政策和指示的及时、有效地贯彻执行，在相当一段时间中，西藏工作实际上实行了类似抗日根据地时党的一元化领导。不仅表现在统一计划、统一行动等方面，而且在组织上，一些军事机关基本上就代表了党的机关，领导干部也多为军地兼职；甚至一些小的单位，如兵站和运输站等，都是在一起执行军地双重任务的。

由于西藏的特殊条件，进藏人民解放军在保证协议的实现和巩固国防的前提下，还必须承担许多地方工作。加上供应补给特别困难等原因，大家最易接受毛主席关于军队既是战斗队又是工作队、生产队的教导，而且在实践中充分表现出来。不仅部队和组成的随军工作队做地方工作，还抽出干部转业到地方工作。他们在严重缺氧、补给困难的情况下，放下背包就修路、搞生产，完全模范地执行了“三队”任务。在西藏工委、各分工委、市委、县委的一元化领导和上级首长的指挥下，部队既训练又打仗，又做统战、群众等项工作，在西藏革命、建设中发挥了特殊重要的作用，占有重要地位，凸显了人民解放军是在共产党领导下完成革命政治任务的武装集团的本色。正因为如此，西藏的军政关系、军民关系特别良好，感情融洽，真是军队地方一家亲，到处都呈现出一派拥军爱民、拥政爱民的可喜现象。毛主席的“军民团结如一人、试看天下谁能敌”名言，那时在西藏得到了最好的体现。

第二，解决西藏问题要着眼一个“和”字，但又要有两手准备

这里所说的“和”，是指用和平方式解决问题，主要是相对于战争来说的。中国共产党领导中国革命，解决革命中的问题，历来主张尽一切可能以政治手段，用和平方式来解决，只是在万不得已时才被迫采用必要的军事手段。在中国革命战争取得全国胜利前夕的党的七届二中全会上，更明确提出用不流血的斗争方式（如解决绥远问题的形式）解决问题；而且有些地方的解放，实际上还超出绥远的方式。在解决西藏问题中，中国共产党尤其强调这一点。中共中央和毛泽东主席将解放西藏的任务交给西南局后，邓小平率先提出“政治重于军事”的科学论断。此前，毛泽东主席在与来访的苏共领导人米高扬谈话中就谈到，西藏有补给困难和民族宗教等特殊问题，“不能简

单地把军队开去了事”。此后，朱德、刘少奇也讲到西藏问题最好以政治办法（谈判）解决。后来毛泽东还提出过西藏实行上下协商的和平改革。这一切都体现了着眼于“和”的精神。在西藏这样一个民族、宗教问题突出、情况极为特殊的边疆少数民族地区，实行和平解放、和平改革，可以把社会大变革引起的巨大震荡降至最低限度，有利于民族团结，有利于减少国家人力、财力、物力的无益消耗，有利于革命和建设事业的顺利发展，并在国际上产生良好影响，于国于民都有利。共产党、解放军在各方面都占绝对优势，其强大的军事实力和政治感召力影响着藏区各阶层，是西藏上层统治集团所无法抗拒的。所以，只要政策正确，措施得当，和平解决是可能实现的。这已经为解放西藏的胜利进程所证实。不仅这样，处理西藏地区的涉外和边防事宜，也是着眼于“和”的精神。取消印度继承英国的在藏特权，就是中国共产党运用和平谈判方式成功解决的，开创了国际先例。平叛过程中，部队全面进驻西藏边防时，也是按毛泽东主席提出的建设和平稳定的西南边防来设置的。对中印边界争端问题，中国政府又是反复多次采用政治、外交方法，力争谈判解决。这样才能与邻国和睦相处，有利于在南亚各国以至世界上展现新中国的良好形象，也有利于边境的安定和生产建设的发展。

当然，着眼于“和”并不是和平主义。马克思主义者是在谋取国家和最广大人民群众的根本利益的前提下去争取和平，而不可能无条件、无原则地主张一切和平并反对一切战争，并且认为在阶级社会中阶级斗争是绝对的，战争是不可避免的。和与战都是阶级斗争的形式。就西藏来说，人民解放军要坚定不移地进驻西藏、巩固国防，要支持西藏农奴群众的翻身解放，这些就是前提和原则，也是共产党的正义性所在。毛泽东明确提出反对非正义战争和拥护正义战争。自古以来，凡有作为的政治家必然是既有文事又有武备，其成功的和平行动都必须有武力作后盾，能战方能求和。当西藏地方政府在帝国主义支持下坚决阻止解放军进藏时；当他们顽固坚持“西藏独立”，反对任何改革而悍然发动武装叛乱时；当印度扩张主义者蓄意在边境上疯狂挑衅、侵犯中国领土主权而又不顾中国政府一再警告时，党中央和人民解放军采取各种政治手段均无效果，经过耐心等待，在忍无可忍、退无可退的情况下，只能被迫动武，坚决举行了昌都战役、平叛作战和中印边境自卫反击战，以正义的、必要的军事手段促进各项重大原则问题的和平解决。昌都战役胜利后，人民解放军可以却没有直进拉萨，甚至有的部队还后撤，表示和平诚意，并继续争取与西藏地方政府和谈，终于成功地签订了《关于和平解放西藏办法的协议》。平叛胜利后，中央仍然在西藏实行和平改革，兑现对未叛农奴主的赎买政策。中印边境自卫反击战大获全胜后，部队主动停火后撤，释俘并退还战缴物资，中国政府继续向印度政府建议应本着两国所倡导的和平共处五项原则，经过谈判解决边界争端。所以，这些动武根本上还是为了和，军事斗争完全服从于国家的政治、外交斗争。毛泽东所说的“先礼后兵，兵后再礼”，就是这种和武并用、实意在和的生动概述，对西藏的历次斗争取得军政双胜起了重要的指导作用。

第三，在西藏进行新民主主义革命也要分两步走

西藏革命同全国革命一样，是分两步走的，即第一步进行新民主主义革命，第二步进行社会主义革命。毛泽东在1950年1月2日电报中指出，（西藏）必须占领，并改造为人民民主的西藏。这已规定和反映了进军、经营西藏的规律性和阶段性。在西藏进行的新民主主义革命却又分为两步走，这与内地是不同的。在内地一般是反帝反封建两步（在解放战争时期还要反官僚资本主义）同时进行（仅抗日战争时期例外），而在西藏却有明显的区别，第一步先反帝，暂不反封，首先把西藏从帝国主义侵略压迫下解放出来；第二步为西藏劳动人民的阶级解放创造条件，待条件成熟时再反封，争取将他们从封建农奴制度的桎梏下解放出来。这就形成了在西藏进行的新民主主义革命也分成反帝和反封建两步走的特点（西藏还没有形成官僚资产阶级，所以没有反官僚资本主义的任务。）毛泽东指出：“研究任何过程，如果存在两个以上的矛盾的复杂过程的话，就要用全力找出它的主要矛盾。捉住了这个主要矛盾，一切问题就迎刃而解了。”西藏从解放军进藏到平息叛乱和进行民主改革这一段，固然社会的基本矛盾是农奴阶级和农奴主阶级的矛盾，但当时突出的是西藏的上层反动分子在帝国主义和外国反动派怂恿支持下阻止解放军进藏，并企图把西藏从祖国大家庭中分离出去，因而那时的主要矛盾是西藏人民（包括上层绝大部分人）与帝国主义、外国反动派的矛盾。因此，在这八年中，中国共产党在西藏地区的主要任务是驱逐帝国主义势力，取消外

国特权，大力宣传反帝爱国，驳斥“西藏独立”，抵制对祖国的离心倾向，增强对祖国的向心力等。这时，不但没有触动封建农奴制度，反而是努力团结除极少数死心踏地追随帝国主义的分裂主义分子以外的所有农奴主阶级分子，包括其政教领袖达赖喇嘛，争取他们站到反帝爱国立场上来，与共产党、解放军合作共事。这是西藏新民主主义革命不同于内地的一大特点。

西藏自古属于中国的一部分，元代纳入中央政府有效管辖范围，后世治理趋于制度化，但由于长期实行羁縻与间接统治，导致中央政府对西藏管理松散，约束无力；西藏在体制上与全国整体存在很大差别，表现出政治统一的程度较低。进军和经营西藏的实现，解决了西藏与全国行政体制的不一致甚至完全另搞一套的问题，达到最大程度的政治统一，从而更奠定了西藏作为祖国不可分割的一部分的事实基础。这是必须肯定的至要历史功绩。

经过八年的深入细致工作，反帝的第一步走好了，当农奴群众逐步觉醒，要求改革，而反动农奴主顽固反对改革并发动叛乱，农奴和农奴主之间的阶级矛盾上升为主要矛盾时，中国共产党才不失时机地在仍有反帝任务的同时以主要力量领导百万农奴走好了反封建的这个第二步，埋葬了封建农奴制度，取得了在西藏反帝反封建的新民主主义革命的胜利。

这也表明，进军西藏、经营西藏，有力地捍卫了中国国家的主权，完成了西藏民主革命两个阶段的反帝反封任务。在改变西藏的经济基础和上层建筑的过程中，还促使其社会制度和社会结构等方面与全国尽量一致，解决了因这方面差异造成的隔离和分裂性等问题，巩固了国家统一的政治基础，也创造了西藏与全国共同前进的必要条件。

第四，必须坚持慎重稳进方针，一切从西藏的实际情况出发

对于党中央和毛泽东进行一切工作必须实行“慎重稳进”的方针，贵在认识和坚持。

西藏外有帝国主义和反动派插手，内有错综复杂的情况和矛盾，特别是民族、宗教问题，加之环境闭塞，进步的革命思想很少进入，解放前中国共产党在西藏没有工作基础，对情况了解很少，缺乏工作经验。因此，解决西

藏问题需要特别慎重。“慎重稳进”方针，成为毛泽东主席治藏方略中的一个突出亮点，也是中国共产党历来倡导的实事求是思想路线在西藏工作中的体现，是正确地认识世界和改造世界的辩证唯物主义方法论在西藏革命中的具体运用。当时，西藏地方政府虽然军事力量处于劣势，但在社会势力方面却还处于强势，反动上层还能利用民族、宗教和其他欺骗性宣传统治和掌握群众。共产党的工作一旦发生偏差，不但历史上遗留的问题解决不了，还会增加西藏各阶层人士的疑虑，造成新的隔阂，给分裂主义分子及外国敌对势力以挑拨离间的口实。因此，在《十七条协议》签订的当天，毛泽东就强调指出“一切工作必须慎重稳进”。接着，邓小平也指出，西藏工作的基本方针是，应该紧紧抓住一个“稳”字。一切问题的处理必须是稳步前进。就是说，要摸着石头过河，不要事事都想一下搞出伟大的成绩来。如成立军政委员会的问题，《十七条协议》有规定，但西藏地方政府害怕，中央就决定暂不成立，后来改为直接成立自治区，并先成立筹备委员会进行筹备。以后又因条件不成熟，一直拖到1965年，才正式成立西藏自治区，筹备了十年，如从西藏和平解放起，时间就更长。足见中国共产党的耐心等待和坚持慎重稳进方针的决心。

事实证明，“慎重稳进”方针是西藏新民主主义革命十六年唯一正确的工作方针。它不是一般的工作方法问题，而是一切工作必须遵循的政治原则和做好各种工作的基本方针和方法；无论什么工作都不能离开它，更不能违背它。

慎重稳进是积极而不是消极的方针。它是一个问题的两个方面，是辩证的统一，既要慎重又要稳进，不是不进，也不是盲目乱进，而完全要根据条件决定。“条件成熟，不失时机，条件不足，不作勉强，当进则进，当退则退，退中有进，以退为进，当快则快，当慢则慢，稳中有快，以稳求快。”

事实还证明，凡是遵循这一方针办事的，就成功，就前进；凡是违背这一方针的，就失败，就后退，教训是深刻的，经验也是丰富的。1956年急于进行改革准备，就碰了钉子；后来实行“六年不改”，反而提前进行了改革。1960年急于进行合作社试点，引起群众不安；后来确定“五年不办社”，却出现了稳定发展的大好形势。

以后的情况虽然变化了，但“慎重稳进”方针的基本精神仍然有它的重要指导意义。盲目地脱离实际的乱进是冒进，情况允许大跨度前进时却仍踏步不前，也是违背“慎重稳进”方针的。

第五，从大力开展反帝爱国统一战线工作到人民民主统一战线

西藏的统一战线，也同全国的统一战线一样，是革命胜利的法宝之一，但又有许多特点。西藏上层人士（基本上是三大领主）既压迫、剥削劳动人民，又在历史上曾领导西藏人民反抗过帝国主义入侵和国内封建王朝、反动统治的大民族主义压迫，维护过西藏民族的利益，因而在相当程度上代表着西藏人民。解放初期，藏汉隔阂仍然较大，群众对共产党、解放军很不了解，加上帝国主义和西藏上层反动分子的挑拨离间，群众还受控于上层人士。所以，西藏平叛改革前的八年间，西藏工作是以上层统战工作为中心的，其他各项工作、包括群众工作都要服从于上层统战工作。这是中国共产党在西藏工作中的一大特点。

由于那时在西藏的主要矛盾体现为西藏人民（包括上层人士）与帝国主义及其分裂主义分子的矛盾，所以西藏的统战工作是以《十七条协议》为纲领的反帝爱国统一战线，对象非常广泛。而上层统战也有重点，首先是争取、团结达赖和班禅及其上层集团的大多数，而对达赖、班禅又是以争取和团结达赖为首要任务。这是由达赖、班禅的地位和影响，特别是达赖的地位、影响和实力及其代表性所决定的，是长期历史和社会条件形成的。

当时的统战工作几乎是全党全军动手，形式、内容、方法灵活多样，而又特别注意团结和稳定，根据上层人士政治态度的左、中、右对象等不同的情况，积极开展工作。工作的实质是对上层人士进行爱国主义教育。其中，对爱国进步的上层人士予以鼓励支持，对违背《十七条协议》、损害团结的予以批评帮助。有时不得不斗争，但斗争也是为了团结。有时既有团结又有斗争，有时还有让步，力求做到有理有利有节。即使对暂时还没有揭掉假面具的亲帝分裂主义分子如索康之流，也是这样对待的。只有对极少数公开闹“独立”的亲帝分裂主义分子如鲁康娃、夏格巴之流，才予以坚决打击。

事实证明，执行上层反帝爱国统一战线，稳住上层，以争取达赖及其集

团的大多数为首要任务等方针是正确的，对他们的工作是成功的。不仅争取达赖两次回归拉萨，做到使达赖集团基本上同共产党、解放军共事了八年，同时又团结了一切可以团结的人，减少了工作中的阻力，增加了爱国力量，培养了一大批领导骨干，包括成为国家领导人的阿沛·阿旺晋美、班禅额尔德尼·确吉坚赞、帕巴拉·格列朗杰等。

以后虽然由于1959年西藏发生了全区性的叛乱，统一战线的性质适时地改变为人民民主统一战线，工作力度也有了转化，但统战工作仍有其特殊重要性。统战工作不仅为实现《十七条协议》，也为平叛改革和稳定发展西藏局势，成立自治区，完成西藏的新民主主义革命，以及以后的社会主义革命和建设等都打下了重要的上层基础，创造了争取团结农奴主阶级出身的多数上层人士与共产党一道进行革命和建设的先例。对未叛农奴主实行赎买，这也是共产党、毛主席把马克思主义经典作家关于无产阶级在推翻资本主义制度的革命进程中，对资产阶级实行赎买的设想，运用到推翻西藏封建农奴制度的大胆尝试，并取得完全成功的伟大创举，具有重要的历史意义和较大的国际影响。

第六，从积极进行影响群众工作到放手发动群众

人民是创造历史的动力，群众工作是共产党的基本工作，群众路线是共产党的根本路线。任何时候都要为了群众、相信群众、依靠群众、团结群众，一刻也不能脱离群众。所以，共产党、解放军无论在哪里进行革命和建设，都要抓好发动群众工作。而在西藏，尽管群众工作也是非常重要的，最终群众是要起来的，但由于要首先做好上层统战工作的特殊原因，中央人民政府又在《十七条协议》中明确地作出“对于西藏的现行政治制度，中央不予变更”的承诺，因此，共产党、解放军必须从实际出发，在平叛改革前的八年中不去突出群众工作，而是在服从上层统战工作的前提下相应地进行群众工作。就其性质说，只能称为影响群众工作。这是中国共产党在西藏工作中的又一大特点。

影响群众工作，也是群众工作，但不是一般意义的群众工作，是一种还不能正常开展的群众工作，是在不便进行阶级教育和发动群众开展斗争情况

下的特殊形式的群众工作。影响群众工作就是做工作影响群众，或者说做一些能够使群众受益的工作，使群众从受影响到受感动，进而受到启发和启示。为此，进藏人民解放军和工作人员必须模范地遵守党的民族、宗教等政策和三大纪律八项注意以及各项章程、守则、制度等，既尊重群众，丝毫不侵犯他们的利益，还积极地为他们做好事，如免费治病，放农贷，发布施，搞救济，助民劳动，修桥补路，抢险救灾，帮助群众解决急需的困难等；并通过这些工作和开荒生产、搞贸易、办学校以及利用放电影、演节目等形式，大力宣传《十七条协议》、反帝爱国、汉藏一家、共产党和解放军及地方工作人员到西藏的目的、意义等。这些工作，既未触动上层的根本利益，又是通过上层进行、得到他们同意的。事实证明，这样做很得人心，群众从耳闻目睹中提高了认识，引起想象和对比。他们逐渐感到共产党、解放军同清兵、军阀部队、藏军完全不一样，是“嘉萨巴”（新汉人）、“菩萨兵”。同时在他们心目中，解放军就是共产党，共产党就是解放军，两位一体。他们逐步认识到三大领主是欺压他们的，真正代表他们利益的是共产党、解放军，从而逐渐提高了思想觉悟，树立了祖国观念，消除了民族隔阂，增强了民族团结，日益热爱共产党、毛主席、解放军。这样，当1959年西藏发生全面叛乱时，看了八年、比了八年、想了八年的西藏群众，就很容易看清西藏反动上层顽固地维护封建农奴制、反对改革的丑恶面目，因而他们就积极拥护、支持、参加平息叛乱，并发出强烈要求改革的呼声。这时，群众工作的性质也随即起了变化，影响群众工作改变为真正意义上的群众工作，即直接依靠群众开展工作，在群众中进行阶级教育，发动组织群众进行阶级斗争。西藏工作也从以上层统战为主及时转到以群众工作为主。接着，就在共产党的领导下，依靠贫苦农奴和奴隶，团结中等农奴（包括富裕农奴）和一切可以团结的人，向叛乱的和反动的三大领主开展斗争，西藏百万农奴如同万马奔腾，燎原烈火，顷刻间砸碎了封建农奴制枷锁，得到翻身解放。这个由量变到质变的过程，是共产党、解放军在西藏的群众工作特别成功之处。

第七，特别注意积极物色、大力培养、放手使用民族干部

毛泽东在建国初期就指出：“要彻底解决民族问题，完全孤立民族反动

派，没有大批从少数民族出身的共产主义干部，是不可能的。”大力培养和使用少数民族干部，是坚持民族平等、促进民族繁荣以及彻底解决中国民族问题的关键，是实行民族区域自治的核心问题。少数民族干部是党和政府联系少数民族群众、沟通民族关系的桥梁，具有不可替代的优势，对于少数民族地区的革命建设，有着非常重要的作用。在西藏更有其特殊的重要意义。

西藏没有像祖国内地那样，受过新民主主义革命思想的熏陶，解放前没有党的组织和干部，解决民族干部问题，既迫切又困难，必须在认识其重要性的基础上开阔视野，拓宽思路，利用各种渠道，采用多种形式去解决。如进军西藏初期从外区调来天宝、杨东生等党早期培养起来的藏族干部和中央“藏民研究班”的学员，在川康吸收专家学者和西康巴塘的党员及青年，十八军和其他进藏部队在甘、青、康、滇和南疆（包括途中）吸收了一批藏族青年等。这些，形成了解放西藏早期的藏族干部队伍和领导骨干。部队进藏后，又在当地陆续吸收数千名青年（包括送学的）和随后在民主改革过程中吸收涌现出来的大批积极分子参加工作，形成区内第一批民族干部队伍和基本骨干。

在基本上没有本地民族干部的情况下开展工作，第一位的是根据条件先吸收一些藏族干部进行培养，并不断扩大。在西藏的特定情况下，首先是本人自愿，一般的还必须取得上层同意。而有些上层则极力阻挠，这就出现了斗争。江孜发生的本根却珠事件就是明显的一例。后来坏事变成好事。经过自治区筹委会与西藏地方政府协调，免除了参加工作人员和学员的差徭，使他们从乌拉差役中解放出来。这是本地吸收民族干部的一大胜利。有了对象就是培养、使用问题。数量固然是重要的，而提高他们的质量、素质则更加重要。为此，又采取多种办法去培养，并大胆使用。对参加工作的藏族人员，在工作岗位上传、帮、带，或先培训后工作，或先工作后培训，或边工作边培训，促其逐步成长。再即送校（咸阳西藏民院或中央、西南等民院）培养，工作一段时间即送学。或从社会上吸收青年直接送校学习。其中一大批男女学员因在西藏平叛改革时请缨返藏参加斗争而提前毕业分配，仅西藏军区部队就接收近500人。这些藏族干部，在各地成为改革的骨干力量，在军队成为平叛和巩固国防的重要力量。西藏工委、西藏军区和各分工委、军分区（包括师、警备区）还办有短期培训班，或藏干校、藏训班；进藏干部不仅在工作岗位上学习藏语文，还调一部分到藏干校或培训班学习。另外，西藏全区和各地区成立的爱国青年联谊会和爱国妇女联谊会或协议学习委员会、训练班等，又是吸收、培养上中层青年为干部的一种特殊渠道，并卓有成效。

这些逐步成长起来的藏族干部，到1965年自治区成立前夕，不仅数量上已达16000多名（其中1000多人已担任各级领导职务），而且经过革命锻炼和学习，文化知识、思想觉悟、政策水平、工作能力不断提高，在各种工作岗位上都发挥了重大的作用，并成为重要的骨干力量。这是西藏民族发展史上的一件大事。西藏工委和西藏军区各级领导，对他们特别重视，政治上信任，工作上大胆使用，待遇上优先照顾，生活上多方关怀，使他们有职有权，放手工作。

当然，重视本民族干部不等于搞干部“民族化”。党的干部政策的先决条件是社会主义、共产主义的理想和信念，德才兼备，密切联系群众；再是坚持“五湖四海”和各民族谁也离不开谁的原则。同时也认识到，要彻底改变民族自治地方智力贫乏、缺少足够的干部和各种专业人才的状况，必须大力培养本民族干部，但是，单靠培养本民族的干部，也是不能在短期内迅速得以解决的。西藏各级党组织在大力培养藏族干部的同时，也注意防止单纯强调干部“民族化”的资产阶级民族主义思潮。西藏革命和建设，除需要本民族干部外，也离不开汉族和其他民族干部进藏工作。多几个民族的干部在一起工作，有利无害。西藏工委、军区强调藏汉干部团结，各自克服地方民族主义和大民族主义倾向，互相尊重，互相学习，取长补短。事实上，进藏的内地干部在西藏的革命和建设中发挥了重要作用。他们中的绝大多数，在实际工作中自觉遵守民族政策，维护民族平等和民族团结，用自己的聪明才智，与藏族干部和群众一道，为发展和振兴西藏而奋斗，同藏族人民建立了亲密的联系，为西藏地区的发展和对藏族干部的“传帮带”作出了积极的贡献；同时也学习了藏族干部的许多优点和知识，提高了自己。西藏新民主主义革命胜利的十六年，就是汉藏和其他各民族干部团结奋斗的十六年。由此也形成了藏族离不开汉族、汉族离不开藏族的政治局面。

第八，坚持自力更生、艰苦创业和全国支援相结合

在多民族的祖国大家庭中，各民族各地区间的帮助和支援是相互的，也是共同的责任，而不是额外负担。毛泽东主席在1955年就说，“民族之间的帮助是互相帮助”，“比如拿国防来说，西藏对我们的帮助也是很大的。将来在经济上西藏也会对我们有很大的帮助。”他还说过各民族要“共同建设”。西藏由于一穷二白、底子薄等特殊情况，革命和建设没有全国的支援和帮助，几乎是不可能的，或者要推迟相当长的时间。但又因西藏遥远、交通不便等原因，驻藏部队和工作人员特别需要发扬自力更生、艰苦奋斗的精神。就是交通改善了，支援帮助力度加大了，这种精神也不能丢。外因是重要条件，但更重要的是内因。任何时候都不要有等、靠、要思想，自己努力还是主要的。

中央对西藏的革命和建设事业极为关心。进军初期，在毛泽东的“进军西藏，不吃地方”等号召下，全国在人、财、物上大力支援西藏，以后还动员成千上万的职工、干部、科教文卫等人员，源源不断地投入西藏的革命建设事业。从解放初期起，工委、军区领导进藏部队和工作人员，团结西藏广大人民群众，共同担负起建设西藏的各种任务，进行开荒生产，修公路，建机场，组织运输，打通内外贸易等，冲破了反动上层的封锁，粉碎了敌人企图困死、饿跑进藏部队的阴谋，在西藏站稳了脚跟。接着又在各种困难都很大的情况下，白手起家，逐步办起了西藏第一个汽车修配厂、机修厂、皮革厂、毛纺厂、水泥厂、农场，修建起第一座大型水电站、第一个现代化的医院、第一所现代化的小学、中学、农牧科研单位以及第一个国营商贸、银行、邮电等机构。这些都是以驻藏部队、地方工作人员和藏族民工为主力来建成的，为尔后全区生产建设和文教卫生等各项事业的迅猛发展奠定了良好基础。

事实证明，将坚持自力更生、艰苦创业和全国支援有机结合起来，是西藏革命和建设成功的根本途径。

第九，树立和发扬“老西藏精神”，克服困难，争取胜利

人要有一种精神，没有精神就没有灵魂。驻藏人民解放军和工作人员，包括后来当地的藏族干部，在解放西藏初期遇到的特别复杂的情况和各种各样的困难是难以想象的。如果没有坚韧不拔的坚强意志和大无畏的无私奉献

精神，是无法完成任务的。物质越贫乏，遇到的困难越多，越需要革命精神的保证。进藏任务，主要靠加强和发挥政治思想工作的威力，提高指战员的觉悟，调动大家的积极因素，去奋力完成。也正是这种艰苦的斗争实践，培养了“老西藏精神”。十八军和新疆、云南、青海等各路部队接受进军任务后，即特别重视部队的思想建设问题，重温《将革命进行到底》的号召和《向全国进军的命令》，传达学习中央和西南局、西南军区关于形势和进军西藏的任务要求，特别是遵守政策纪律、克服困难等方面的指示，进行诉苦、回忆对比教育，学先进，学长征精神，学张思德、白求恩的伟大崇高品德，解决世界观、人生观、苦乐观等问题。这样，使广大指战员的思想，不仅从安家川南转为愉快接受进军西藏任务，还逐步升华。从“三年一换”到西南局、西南军区提出的“长期建藏”，再到西藏工委、西藏军区提出的“长期建藏、边疆为家”；从十八军党委开始提出“以苦为荣、以苦为乐”到昌都战役时的“吃大苦、耐大劳”，从修筑公路中的“让高山低头、叫河水让路”，到在半饥饿中战天斗地开荒生产、建工厂，再到中印边境自卫反击战时的“一不怕苦、二不怕死”。而且进军西藏和建设西藏，又是在严格遵守政策纪律和照顾西藏人民利益的前提下进行的。

经过西藏工委、军区党委进行卓有成效的思想政治工作，并长抓不懈，大家把实现共产主义伟大理想和西藏革命建设的现实斗争紧密结合起来，把热爱祖国和热爱西藏结合起来，把为人民服务和为西藏人民谋福祉结合起来，并把革命利益置于个人利益之上，以革命英雄主义和乐观主义精神战胜了国内外的敌人，克服了种种困难，取得了一个个的胜利。这样，就从斗争中铸就了“长期建藏、边疆为家，一不怕苦、二不怕死，自觉遵守政策纪律，自力更生、艰苦创业，特别能吃苦、特别能战斗、特别能忍耐、特别能团结、特别能奉献”（简称长期建藏两不怕，艰苦创业守政纪和“五个特别”）的老西藏精神。这种精神，是“井冈山精神”、“长征精神”、“延安精神”、“西柏坡精神”的继承和发扬，与后来的雷锋精神相一致，是西藏现代精神文明建设中的一个突出闪光点，成为中国共产党、人民解放军和全中国人民的一项宝贵的精神财富。有了这种精神，才能战胜各种困难，长期坚持在西藏工作，并按党的指示和政策纪律，紧密地与西藏人民团结在一起，像建设自己的家园一样，建设西藏，巩固国防。在西藏工作时间有先有后，时间有长有短，但这种精神不能丢。所以，江泽民同志于1990年视察西藏时，题词充分肯定了老西藏精神，号召“发扬老西藏精神，戍边卫国建新功”。胡锦涛同志也对弘扬老西藏精神作过多次指示。

当然，精神并不是万能的，也不能简单地代替物质保障。提倡个人利益服从革命利益，绝不是说要取消个人利益。工委、军区在抓精神建设为主的同时，也按照党中央和毛泽东主席指示的原则，认真负责地逐步研究解决了进藏部队和干部、职工的一些实际问题，注意提高大家的福利待遇。这样，使大家感到革命队伍的温暖，就更加安心愉快地在藏工作。崇高的思想境界和恰当的物质待遇相结合，因而出现了大批能够在高原坚持工作二三十年甚至更长时间的“老西藏”。这是西藏革命建设中特有的可贵现象。而“老西藏精神”培育出来的人，在克服困难、建设西藏、创造财富中，又使精神转化为物质。

后　记

《解放西藏史》经过六年多的不懈努力，现在终于付梓了。这部凝聚着许多同志心血和智慧的史书出版，是中国共产党西藏历史研究的又一重要成果。这一重要成果的形成，可以说经历了一个不平凡而又艰苦的过程。

2000年10月，时任中国藏学研究中心副总干事的李国清同志在参加24日西藏昌都解放五十周年庆祝活动时，感慨地向在场的阴法唐同志提出撰写《进军西藏史》的动议。阴法唐从昌都返回成都和北京后，分别召集居住在成都、北京两地早期参加过进军和解放西藏的部分老同志酝酿征求意见。到会同志在赞同之余，又谈了很多看法，认为出版这样一本书十分必要，并一再阐发撰写这部史书的指导思想及重要意义和迫切性，并根据吴晨等同志意见，将这部史书定名为《解放西藏史》，由阴法唐同志主持展开了撰写的准备工作。几位老同志开始策划邀请顾问、筹组编审委员会、确定编辑部和撰写成员，研究制定编写结构。2001年春，先由吴晨同志草拟出提纲，经反复讨论确定后，编辑部的各位同志分头进行初稿的撰写。初期具体分工为：前言和第一章由王贵撰写，第二章由杨一真撰写，第三、五章由黄可撰写，第四章由王泉撰写，第六章由王富荣撰写，第七、八章由夏万金撰写，第九章由石洪生撰写，基本经验总结和其他章节有的难点问题由阴法唐同志撰写。初稿于2002年秋完成。

2002年10月，由吴晨、黄可开始统稿，2003年5月完成首次统稿。尔后由吴晨根据部分编委意见对统稿进行了一次编审，送编委各委员广泛征求意见。2003年10月，顾草萍、吴晨又根据编委同志意见修改两遍，形成《解放西藏史》二审稿。2003年12月，编审委员会成员由阴法唐同志召集，在成都珠峰宾馆召开评审会，老同志们倾注满腔热忱和心血，以对历史负责，对后代负责的态度，严格按照党中央关于正确处理历史问题的方针原则提出修改意见。2004年4月，编辑部顾草萍、吴晨、王贵、黄可四人根据成都会议及各方意见，在京对《解放西藏史》二审稿进行系统修改。之后，两主编对书稿又进行了反复修改、充实、调整，形成第二次评审稿。2005年3月，在阴法唐主持下，在成都再一次召开编审会，这次编审会到会同志仅省军级老干部就有32人，西藏自治区党史研究室主任车明怀同志也到会听了意见。会议对书稿予以充分肯定，经过老同志热烈讨论，对有些争议较大的问题求大同，存小异，最终基本上达到了共识，基本通过了二审稿。会后由姜洪泉和吴晨在京组织王贵、王富荣等同志进行史实核对，文字修饰、润色，注释补充和部分内容的修改。

2005年11月至12月，阴法唐同志在参加《天宝与西藏》审稿会之后，在成都召集部分编委会副主任和部分委员、主编、副主编对书稿中的有的重大问题进行审定，同时，对以后书稿的编辑、出版、经费申请等重大问题进行了专门研究。在这次会上，编委会研究并报自治区党委领导批准，增补自治区党委副秘书长罗广武、区党史研究室主任车明怀为编委会成员，同时请示自治区党委，请区党委党史研究室协助出版《解放西藏史》，请示很快得到自治区党委的批准。这次审稿会后，由黄可、王小彬同志根据会上意见进行梳理，对书稿进行部分修改和充实，移交西藏自治区党史研究室进行出版前的编辑，2006年2、3月间，根据编委会领导小组和党史研究室确定，组成了由阴法唐、车明怀、黄可、王贵、王富荣、李天明、王小彬等人组成的出版统稿小组，对全书进行了认真统稿，对有误的内容进行了改动，补充了缺漏的资料并增补了注释。5月24日，阴法唐在北京召集车明怀、王贵、王小彬等并特邀翟向东一起研究处理书稿中有关争议不决的问题，并确定由翟向东根据大家的意见在8、9月份对有关争议问题进行修改和补充。2006年10月23日，根据各方的修改意见汇总后的情况，区党史研究室报经区党委领导同意，由车明怀同志到京商请阴法唐、姜洪泉等老领导作最后补充、修改，并正式编排、配图设计，于2006年12月交由中共党史出版社印制出样书分送北京、成都、拉萨的编委最后征求意见。2007年2月，根据反馈回来的意见，阴法唐同志进行了归纳与核证，列出了需要审定小组、编委、出版社共同商定解决的有关问题。2007年3月1日，阴法唐、姜洪泉、罗广武、审定小组召集车明怀和中共党史出版社吴江、李亚平等同志对有关意见和问题进行了最后讨论、核证和确定，修改后交中共党史出版社出版。

参加本书编写的顾问和编审委员会成员及编辑部人员大多是经历过解放西藏全过程的、八十岁至九十岁以上高龄的老干部，执笔人员也多已六七十岁以上，住地又分布在九个省、区、市，加之解放西藏十六年的情况特别复杂和其他不利因素，撰写这部书的困难是可想而知的。但因这些老同志对那段历史有亲历、亲见、亲闻等优势，又有对党、对人民、对西藏革命历史高度负责的精神，积极、主动、认真、细致、刻苦地工作。他们还充分运用过去党史、军史研究成果，查调、挖掘、搜集新的资料，终以集体的力量克服了困难。同时，几年来，汉、藏等几个民族和各个方面的同志紧紧团结在一起，在不同岗位上工作过的同志和从事党史、军史研究工作的专家、学者相结合，老同志、青年作者相结合，不厌其烦地反复讨论研究、修改，因而收到集体创作之成效。在本书编写的过程中已有十多位顾问、编委成员等在未见到本书的出版前就抱憾先后去世，在本书即将付梓时，我们可以告慰他们，并对他们表示深切缅怀和思念。

西藏自治区党委对《解放西藏史》的编写十分重视、关怀。自治区党委书记张庆黎同志、副书记胡春华、张裔炯同志、自治区党委原书记郭金龙、杨传堂同志曾先后作出重要指示，要求区党史研究室积极协助老同志们把这一重要课题搞好，不仅对党的事业负责，对党在西藏的历史负责，还要让老同志们满意。区党委常务副书记、人大主任列确，区党委常务副书记、政府主席向巴平措，区党委副书记、纪委书记布穷等领导同志都以口头或书面意见给予指导和肯定，自治区党委秘书长金书波、公保扎西同志先后给予了高度重视。自治区党史研究室根据区党委指示，正式将此书的编撰、出版列入党史研究的一个重要项目。区党委副秘书长罗广武先后几次参加了讨论书稿的会议，提出许多好的意见和建议，并给以有益的指导。此书开始编写时，是在基本没有经费的条件下，由几个老同志自筹经费起步的。在编写过程中特别是中后期得到自治区党委党史研究室的经费援助，同时党史研究室承担了全部编排校改任务和出版印刷经费。在经费及其他方面提供支持的还有：北京军区司令部在经费、录排、打印等方面的热情帮助；军事科学院第一干休所、第二炮兵特别是缸瓦市招待所、北京军区征兵办公室等单位在统稿中为编辑部人员的食宿方面给予了很大的帮助；西藏军区驻川办事处两次为评审会议提供了有力的保障；西藏自治区财政厅，西藏日报社，西藏自治区档案馆，西藏自治区人民政府驻成都、北京办事处也给予了各种形式的帮助；编委大量事务工作、组织服务工作、图片收集工作由李天明、王业本、程满祥担任，杨付静参与了前期的校改工作。关心和帮助此书编写的领导和个人还有邓锐龄等，不一一列举。对于各级领导的关心和各有关部门及个人的支持和帮助，我们在此表示深深的谢意。

最后还对中共中央老领导和中央军委老领导的支持表示敬意和感谢。

由于解放西藏史涉及面广，情况复杂，成书难度大，疏漏和不足之处在所难免，衷心希望曾在西藏工作战斗过的老同志和广大读者批评指正。

《解放西藏史》编委会

2007年3月

主要参考文献

一、国内部分

（一）报纸类

《新华社新闻稿》、《人民日报》、《新华月报》、《西藏日报》

（二）期刊类

《中国西藏》、《西藏研究》、《中国藏学》、《中央民族学院学报》、《西北民族学院学报》、《西南民族学院学报》、《西藏民族学院学报》、《军事历史》

（三）专著、文集、文献类

《中国共产党西藏历史大事记》，中共党史出版社 2005 年版。

《辉煌的二十世纪新中国大纪录 · 西藏卷》，红旗出版社 1999 年版。

《西藏工作文献选编》，中央文献出版社 2005 年版。

《毛泽东军事文集》，军事科学出版社、中央文献出版社 1993 年版。

《军事家邓小平》，中国青年出版社 2004 年版。

《西藏公路交通史》，人民交通出版社 1999 年版。

《和平解放西藏》，西藏人民出版社 1995 年版。

《平息西藏叛乱》，西藏人民出版社 1995 年版。

《西藏的民主改革》，西藏人民出版社 1995 年版。

《中国通史》，范文澜著，人民出版社 1978 年版。

《在历史巨人身边》，师哲著，中央文献出版社 1991 年版。

《西藏历史地位辨》，王贵等著，民族出版社 1995 年版。

《当代中国的西藏》，当代中国出版社 1991 年版。

《当代中国人民解放军》，当代中国出版社 1994 年版。

《周恩来与西藏》，中国藏学出版社 1998 年版。

《毛泽东西藏工作文选》，中国藏学出版社、中央文献出版社 2001 年版。

《近代藏事研究》，喜饶尼玛著，西藏人民出版社、上海书店出版社 2000 年版。

《西藏人权研究》，史金波等著，中国藏学出版社、中国社会科学出版社 1999 年版。

《张国华将军在西藏》，赵慎应著，中国藏学出版社 1998 年版。

《修筑川藏公路亲历记》，高平著，中国藏学出版社 2001 年版。

《十八军先遣侦察科进藏纪实》，王贵、黄道群著，中国藏学出版社 2001 年版。

《中央驻藏代表张经武》，赵慎应著，中国藏学出版社 2001 年版。

《天宝与西藏》，中共党史出版社 2006 年版。
《张经武与西藏解放事业》，中共党史出版社 2006 年版。
《中共党史资料》第 27 集，中共党史出版社 1988 年版。
《星火燎原》第 10 集，人民文学出版社 1963 年版。
《达赖喇嘛传》，牙含章编著，人民出版社 1984 年版。
《夏格巴的〈西藏政治史〉与西藏历史的本来面目》，民族出版社 1996 年版。
《西藏革命史》，西藏人民出版社 1991 年版。
《国民政府女密使赴藏纪实》，民族出版社 1998 年版。
《朱德年谱》，人民出版社 1986 年版。
《朱德选集》，人民出版社 1983 年版。
《中国反对外国侵略干涉西藏地方斗争史》，杨公素著，中国藏学出版社 1992 年版。
《中华民族多元一体格局》，费孝通主编，中央民族大学出版社 1999 年版。
《藏族简史》，西藏人民出版社 1985 年版。
《新中国民族工作大事概览》，罗广武编著，华文出版社 2001 年版。
《民族问题文献汇编》，中共中央党校出版社 1991 年版。
《新时期统一战线文献选编》，中共中央党校出版社 1985 年版。
《新时期统一战线文献选编》（续编），中共中央党校出版社 1997 年版。
《元明两代中央与西藏地方的关系》，邓锐龄著，中国藏学出版社 1989 年版。
《班禅额尔德尼传》，牙含章编著，西藏人民出版社 1987 年版。
《昌都战役文献资料汇编》，四川民族出版社 2000 年版。
《邓小平军事文选》，军事科学出版社、中央文献出版社 2004 年版。
《贺龙军事文选》，解放军出版社 1989 年版。
《中华人民共和国对外关系文件集》第 1、6、9 集，世界知识出版社 1959 年版。
《中华人民共和国外交史》第二卷，世界知识出版社 1998 年版。
《当代中国的外交》，中国社会科学出版社 1988 年版。
《印中关系风云录》，赵蔚文著，时事出版社 2000 年版。
《喜马拉雅山情节——中印关系研究》，王宏纬著，中国藏学出版社 1998 年版。
《百战将星——吴忠》，曲爱国著，解放军文艺出版社 2000 年版。
《首批进军西藏的女兵们》，西藏人民出版社 2001 年版。
《建国以来毛泽东文稿》第 7 册，中央文献出版社 1992 年版。
《当代中国西藏人口》，中国藏学出版社 1992 年版。
《论西藏政教合一制度》，东嘎·洛桑赤列著，中国社会科学院民族研究所 1983 年版。

《西藏经济简史》，多杰才旦、江村罗布主编，中国藏学出版社 1995 年版。
《西藏自治区概况》，西藏人民出版社 1984 年版。
《西藏地方与中央政府关系史》，车明怀等编著，西藏人民出版社 1995年版。
《毛泽东传》（1949—1976）（下），中央文献出版社 1995 年版。
《周恩来年谱》，中央文献出版社 1997 年版。
《周恩来军事活动纪事》，中央文献出版社 2000 年版。
《周恩来外交文选》，中央文献出版社 1990 年版。
《陈毅传》，当代中国出版社 1991 年版。
《苗丕一回忆录》，西藏人民出版社 2005 年版。
《西藏历史档案荟粹》，西藏自治区档案馆编，文物出版社 1994 年版。
《达赖集团与国外藏胞研究》，唐家卫著，中国藏学研究中心 1999 年版。
《西藏革命回忆录》第 1、2 辑，西藏人民出版社 1981 年版。
《西藏革命回忆录》第 3、4 辑，西藏人民出版社 1988 年版。
《西藏文史资料选辑》第1—17辑，西藏自治区政协文史资料研究委员会编。
《国外藏学研究译文集》第 1—12 辑，西藏人民出版社。
《藏学研究论丛》第 1—8 辑，西藏人民出版社。

二、国外部分

《喇嘛王国的覆灭》(A History of modern Tibet,1913—1951 The Demise of the Lamaist State)，（美）梅·戈尔斯坦（Melvyn C·Goldstein.）著，时事出版社 1994 年版，杜永彬译。
《现代西藏的诞生》(The Making of Modern Tibet)，(加拿大) 谭·戈伦夫（A·Tom Grunfeld）著，中国藏学出版社 1990 年版，伍昆明、王宝玉译。
《英国侵略西藏史》，（英）佛兰西斯·荣赫鹏（Francis Younghusband）著，西藏社会科学院资料情报研究所编印，孙熙初译，1983 年 6 月，拉萨。
《西藏的贵族和政府》(ARISTOCRACY AND GOVERNMENT IN TIBET)，(意) 毕达克（Luciano Petech ）著，中国藏学出版社 1990年版，沈卫荣、宋黎明译。
《印度对华战争》，（澳）内维尔·马克斯韦尔著，三联书店 1971 年版。
《冷战孤儿——美国和西藏为争取生存的抗争》，（美）约翰·肯尼斯·克瑙斯著。
《没有讲过的故事》，（印）B·M·考尔著，成都军区政治部联络部 1977 年译印。
《克节朗之战——喜马拉雅山的失策》，（印）J·P·达尔维著，成都军区政治部群工部译印。

部分专有名词汉藏文对照表

（只列本书中第一次出现并易出错之名）

第一章

导语

乌思藏	དབུས་གཙང་	康区	ཁམས་
安多	ཨ་མདོ་	卫	དབུས་
藏	གཙང་	塔波	དྭགས་པོ་
工布	ཀོང་པོ་		

第一节

年楚河	མྱང་ཆུ་	狮泉河	སེང་གེ་གཙང་པོ་
孔雀河	རྨ་བྱ་གཙང་པོ་	昆仑山	ཁུ་ནུ་རི་བོ་
唐古拉	གདང་ལ་	冈底斯	གངས་ཏི་སེ་
念青唐拉	གཉན་ཆེན་ཐང་ལྷ་	拉萨河	སྐྱིད་ཆུ་
尼洋河	ཉང་ཆུ་		

第二节

松赞干布	སྲོང་བཙན་སྒམ་པོ་	唃斯啰	རྗེ་སྲས་
赤德祖赞	ཁྲི་ལྡེ་གཙུག་བཙན་	萨班·贡噶坚赞	ས་པཎ་ཀུན་དགའ་རྒྱལ་མཚན་
八思巴	འཕགས་པ་	恰那多吉	ཕྱག་ན་རྡོ་རྗེ་
彭措林	ཕུན་ཚོགས་གླིང་	扎什伦布	བཀྲ་ཤིས་ལྷུན་པོ་
噶举	བཀའ་བརྒྱུད་	拉章(让)	བླ་བྲང་
帕竹	ཕག་གྲུ་	强曲坚赞	བྱང་ཆུབ་རྒྱལ་མཚན་
第司	སྡེ་སྲིད་	中甸	རྒྱལ་ཐང་
噶玛巴	ཀརྨ་པ་	维西	འབའ་ལུང་
格鲁	དགེ་ལུགས་	德钦	བདེ་ཆེན་
宗喀巴	ཙོང་ཁ་པ་	《水牛年文书》	ཆུ་གླང་ཕང་ཤུ་ཚུར་ཕུལ་གྱི་དེབ་

丹迥旺布	བསྟན་སྐྱོང་དབང་པོ་	甘丹颇章	དགའ་ལྡན་ཕོ་བྲང་
楚布寺	མཚུར་ཕུ་དགོན་པ་	阿旺洛桑嘉措	ངག་དབང་བློ་བཟང་རྒྱ་མཚོ་
擦绒	ཚ་རོང་	贡觉仲尼	དཀོན་མཆོག་འབྱུང་གནས་
德央厦	བདེ་ཡངས་ཤར་	殊胜三地殿	ས་གསུམ་རྣམ་རྒྱལ་ལྷ་ཁང་
塔尔寺	ཧེ་སྐུ་འབུམ་	阿尔布巴	ང་ཕོད་པ
达扎活佛	སྟག་བྲག་རིན་པོ་ཆེ་	康济鼐	ཁང་ཆེན་ནས་

第三节

雅隆	ཡར་ལུང་	吞弥桑布扎	ཐོན་མི་སམ་བྷོ་ཊ་
悉补野	སྤུ་རྒྱལ་	格萨尔王传	གེ་སར་རྒྱལ་པོའི་སྒྲུང་
聂尺赞普	གཉའ་ཁྲི་བཙན་པོ་	苯教	བོན་པོའི་ཆོས་ལུགས་
苏毗	སུམ་པ་	噶当	བཀའ་གདམས་
吐谷浑	འ་ཞ་	宁玛	རྙིང་མ་
藏博	གཙང་པ་	囊日论赞	གནམ་རི་སློན་བཙན
囊日松赞	གནམ་རི་སྲོང་བཙན་	象雄	ཞང་ཞུང་
白兰	པའི་ལེན་	党项	མི་ཉག་
盐井	ཚྭ་ཁ་ལྷོ		

第四节

雄格却松	གཞུང་སྒེར་ཆོས་གསུམ་	差巴	ཁྲལ་པ་
堆穷	དུད་ཆུང་	朗生	ནང་ཟན་
基索	སྤྱི་སོ་	差乌拉	ཁྲལ་ཨུ་ལག་
豁卡	གཞིས་ཀ་	豁堆	གཞིས་སྡོད་
乌拉	ཨུ་ལག་	佐扎	གཙོ་དྲག་
冈卓	རྐང་འགྲོ་	强佐	ཕྱག་མཛོད་
拉顿	ལག་འདོན་	涅巴	གཉེར་པ་
内差	ནང་ཁྲལ་	根保	རྒན་པོ་
外差	ཕྱི་ཁྲལ་	乌拉牌票	ལམ་ཡིག་
尧西达拉	ཡབ་གཞིས་སྟག་ལྷ་	艾马岗	ཨེ་མ་སྒང་
康萨	ཁང་གསར་	沙丁	ས་སྡིང་
倾多	ཆུ་མདོ་	加堆	བྱ་སྡོད་
叶柏洼	ཡས་པ་	才巴	ཚེ་དཔག་

桑珠	བསམ་གྲུབ་	朗子辖	སྣང་རྩེ་ཤག་
托吉	ཐོབ་རྒྱལ་	雪列空	ཞོལ་ལས་ཁུངས་
朗赛林	རྣམས་སྲས་གླིང་	基巧	སྤྱི་ཁྱབ་
桑雄	གསང་གཞུང་	错	ཚོ་
阿巴	འ་པ་	定	ཞིང་
索姆	སོག་མོ་	马基康	དམག་སྤྱི་ཁང་
卓嘎	སྒྲོལ་དཀར་	拉洽列空	བླ་ཕྱག་ལས་ཁུངས་
孜洽列空	རྩེ་ཕྱག་ལས་ཁུངས་	甲马赤岗	རྒྱ་མ་ཁྲི་ཁང་
协尔康列空	བཤེར་ཁང་ལས་ཁུངས་	噶玛	སྐར་མ་
扎其列空	གྲྭ་བཞི་ལས་ཁུངས་	孜康	རྩིས་ཁང་
拉西	གླ་ཤི་	孜本	རྩིས་དཔོན་
布德	སྤུ་བདག་	译仓	ཡིག་ཚང་
鲁布邦仓	ཀླུ་བུ་སྤྲང་ཚང་	仲译钦波	དྲུང་ཡིག་ཆེན་པོ་
品(藏银)	རྗེ་ཚད་	仲译钦莫	དྲུང་ཡིག་ཆེ་མོ་
摄政	སྲིད་སྐྱོང་	噶本	སྒར་དཔོན་
司伦	སྲིད་བློན་	卓木基巧	གྲོ་མོ་སྤྱི་ཁྱབ་
藏基	གཙང་སྤྱི་	总堪布	སྤྱི་ཁྱབ་མཁན་པོ་
多麦基巧	མདོ་སྨད་སྤྱི་ཁྱབ་	扎萨	ཇ་སག་
台吉	ཐའི་ཇི་	囊马岗	ནང་མ་སྒང་
堪穷	མཁན་ཆུང་	色囊巴	སྲས་རྣམས་པ་
仁希	རིམ་བཞི་	洛基	ལྷོ་སྤྱི་
绛基	བྱང་སྤྱི་	玛基	དམག་སྤྱི་
工布基巧	ཀོང་པོ་སྤྱི་ཁྱབ་	代本	མདའ་དཔོན་
如本	རུ་དཔོན་		

第五节

拉达克	ལ་དྭགས་	隆吐	ལུང་ཐུར་
堆纳	ཏུད་སྣ་	则里拉	རྫ་ལེབ་ལ་
曲米辛古	ཆུ་མིག་གསོངས་ཀོ་	拉丁色	ལྷ་སྡིང་སྲས་
白玉	དཔལ་ཡུལ་	雅砻江	ཉག་ཆུ་
乃宁寺	གནས་རྙིང་དགོན་པ་	绒坝岔	རོང་པ་ཚ་

罗桑巴桑	བློ་བཟང་པ་སངས་	夏扎	བཤད་སྒྲ་
新龙	ཉག་རོང་	雪康	ཞོལ་ཁང་
强钦	ཆང་ཁྲིམ་	伦钦	བློན་ཆེན་
白马岗	པད་མ་བཀོད་	达桑占堆	ཟླ་བཟང་དགྲ་འདུལ་
门达旺	མོན་རྟ་དབང་	门隅	མོན་ཡུལ་
瓦弄	ཝ་ལུང་	珞渝	ཀློ་ཡུལ་(གློ་ཡུལ་)
热振·土登坚白益西丹巴坚赞	རྭ་སྒྲེང་ཐུབ་བསྟན་འཇམ……… དཔལ་ཡེ་ཤེས་བསྟན་པའི་རྒྱལ་·· མཚན་	下察隅	རྫ་ཡུལ་རོང་སྨད་
达扎·阿旺松绕	སྟག་བྲག་ངག་དབང་གསུང…… རབ་	恩达	ལྷོ་མདའ་
贡觉	གོ་འཇོ་	三岩	ས་ངན་

第二章

第一节

柳霞·土登塔巴	སྙེའུ་ཤར་ཐུབ་བསྟན་ཐར་པ་	桑吉悦希	སངས་རྒྱས་ཡེ་ཤེས་
然巴·土登滚钦	རམ་པ་ཐུབ་བསྟན་ཀུན་མཁྱེན་	益西楚臣	ཡེ་ཤེས་ཚུལ་ཁྲིམས་
喜饶嘉措	ཤེས་རབ་རྒྱ་མཚོ་	邦达仓	སྤོམ་མདའ་ཚང་
白利寺	བེ་རི་དགོན་	基巧堪布	སྤྱི་ཁྱབ་མཁན་པོ་
格达活佛	དགེ་རྟག་སྤྲུལ་སྐུ་	堪穷土登桑杰	མཁན་ཆུང་ཐུབ་བསྟན་སངས་རྒྱས་
玉隆	ཡིད་ལྷུང་	定甲·多吉坚赞	སྡིང་བྱ་རྡོ་རྗེ་རྒྱལ་མཚན་
夏克刀登	བྱ་ཁོད་སྟོབས་ལྡན་	邦达多吉	སྤོམ་མདའ་སྟོབས་རྒྱལ་
科麦（即桑昂曲宗）	གསང་སྔགས་ཆོས་རྫོང་		

第二节

平措旺阶	ཕུན་ཚོགས་དབང་རྒྱས་	营官寨	རྫོང་ཞབས་

第三节

马尔康	འབར་ཁམས་	波巴	བོད་པ་

第四节

折多山	རྒྱ་ལ་	折多塘	རྩེ་ཐོག་
朱倭	ཏྲེ་ཧོར་	长坝春	ཁྲམ་པ་གྲོང་
炉霍	བྲག་འགོ་	格洛	དགེ་སློང་
格桑悦希	སྐལ་བཟང་ཡེ་ཤེས་	嘉萨巴	རྒྱ་གསར་པ་
张西郎杰	བཀྲ་ཤིས་རྣམ་རྒྱལ་	卡松渡	མཁར་སུམ་མདོ་
益西郎杰	ཡེ་ཤེས་རྣམ་རྒྱལ་	岗拖	སྐམ་ཐོག་
降央白姆	འཇམ་དབྱངས་དཔལ་མོ་	毛垭土司（瓦旭云如本）	ཕ་ཤུལ་གཡོན་རུ་དཔོན་

第五节

通天河	འབྲི་ཆུ་	何巴顿	པ་སངས་དོན་གྲུབ་
鄂陵	སྔོ་རིང་	改则	སྒེར་རྩེ་
扎陵	སྐྱ་རིང་	扎麻芒保	གྲ་མ་མང་པོ་
赤门·索南班觉	ཁྲི་སྨོན་བསོད་ནམས་དཔལ……འབྱོར་	玛朗巴	རྨར་ལམ་པ་
奇林湖	སེར་གླིང་མཚོ་	才旦朋杰	ཚེ་བརྟན་ཕུན་རྒྱལ་
丽江	ས་དམ་	扎西才让	བཀྲ་ཤིས་ཚེ་རིང་
称多	ཁྲི་འདུ་	囊谦	ནང་ཆེན་
日月山	རྗེ་ཉིན་ཟླ་	门工	སྨན་ཁྲུངས་
鄂伦山	སྔོ་ལ་	竹瓦根	འགྲོ་བ་དགོན་
黄河沿	རྨ་ཆུ་ཁ་	巴颜喀拉山	བ་ཡན་ཧ་རི་

第六节

道孚	རྟའུ་	东俄洛	མགོ་ལོག་ཐོག་
大渡河	རྒྱལ་རོང་རྒྱལ་མོ་རྔུལ་ཆུ་	觉雍	སྐྱོ་གཞུང་
雅江	ཉག་ཆུ་ཁ་	海子山	བཞག་བྲ་རི་
竹庆	རྫོགས་ཆེན་		

第三章

第一节

当才活佛	སྟག་འཚེར་སྤྲུལ་སྐུ་	夏日仓	ཤར་ཚང་

第二节

先灵活佛	ཞ་ལུ་སྤྲུལ་སྐུ་	拉卜楞	བླ་བྲང་
聂荣宗	སྙན་རོང་རྫོང་	格西	དགེ་བཤེས་
牟霞	མུ་བྱ་	德格・格桑旺堆	སྡེ་དགེ་སྐལ་བཟང་དབང་………འདུས་
大金寺	དར་རྒྱས་དགོན་	黄南隆务寺	རྨ་ལྷོ་རོང་བོ་དགོན་
拉鲁・才旺多吉	ལྷ་ཀླུ་ཚེ་དབང་རྡོ་རྗེ་	噶伦堡	ཀ་བློན་སྤུག་
堪穷土登结波	མཁན་ཆུང་ཐུབ་བསྟན་རྒྱལ་པོ་		

第三节

三十九族	ཧོར་ཚོ་སུམ་ཅུ་སོ་དགུ་	噶炯娃	དཀར་བྱུང་བ་
邦达	སྤང་མདའ་	甲桑卡	ལྕགས་ཟམ་ཁ་
碧土	སྦལ་ཐོག་	生达	སྲིབ་མདའ་
雀儿山	ཁྲོ་ལ་	色扎	སེར་ཚ་
郭堆	གོ་སྟོད་	硕般多	ཤོ་པ་མདོ་
巴塘(草原)	དཔལ་ཐང་	玉曲	གཡུ་ཆུ་
牙夏松多	ཡར་བྱ་སུམ་མདོ་	都兰多	རྡོ་ལྷ་མདོ་
同普	ཐང་ཕུ་(རོང་གསུམ་)	仁达	རི་མདའ་
竹巴笼	གྲུ་པ་ནང་	藏巴拉	གཙང་པ་ལགས་
古雪	འགུ་ཤོད་	基甲・扎西多吉	སྐྱི་ལྕག་བཀྲ་ཤིས་རྡོ་རྗེ་
宇妥	གཡུ་ཐོག་	硕达洛松	ཤོ་སྟར་ལྷོ་གསུམ་
玉曲卡	གཡུ་ཆུ་ཁ་	恰日巴	བྱ་རིགས་པ་
小乌拉	ཤའུ་ལ་	夏江苏巴	ཤག་བྱང་ཟུར་པ་
永嘎拉	ཡངས་དཀར་ལ་	噶仲	བཀའ་དྲུང་
磨格日峰	མོ་གེ་རི་	崔科	མཚོ་སྐོར་
知牙桥	དྲིད་ཡ་ཟམ་པ་	金中	རྫེ་མགྲོན་

昂曲河	ངོམ་ཆུ་	宗本	རྫོང་དཔོན་
则美	འཛི་སྨད་	玛雅	རྨ་བྱ་
拉者山口	ལ་བཞི་ལ་	曲宗	ཆོས་རྫོང་
拉贡	ལ་གོང་	南噶江村	ནམ་མཁའ་རྒྱལ་མཚན་
朱古(竹阁)寺	གྲུ་གུ་དགོན་	玉噶	གཡུང་དགའ་
霍尔康	ཧོར་ཁང་	洞洞竹卡	མདུང་སྟོང་གྲུ་ཁ་
仲扎马噶	དྲུང་དྲག་དམག་སྒར་	定本	ལྡིང་དཔོན་
罗布顿珠	ནོར་བུ་དོན་གྲུབ་	久本	བཅུ་དཔོན་
曲美巴珍	འཆི་མེད་དཔལ་སྒྲོན་	颇本	ཕོགས་དཔོན་
龚垭	ཀྱུང་ར་	协尔邦	བཤེར་དཔང་
扎曲(澜沧江)	རྫ་ཆུ་	扎那	བྲག་ནག་
次成	ཚུལ་ཁྲིམས་	那恩	ནམ་དངོས་
甲本	བརྒྱ་དཔོན་	梅里雪山	རོང་བཙན་ཁ་བ་དཀར་པོ་
金珠玛米	བཅིངས་འགྲོལ་དམག་མི་	达玛拉	སྟག་མ་ལ་
日通	རི་དྲུང་		

第四节

普隆巴·扎巴次登	ཕུ་ལུང་བ་གྲགས་པ་ཚེ་བརྟན་	索康·旺钦次旦	ཟུར་ཁང་དབང་ཆེན་ཚེ་བརྟན་
孜托	རྩི་ཐོག་	散丹嘉措	བསམ་གཏན་རྒྱ་མཚོ་
马利	དམར་རི་	洛杰拉	ནོར་རྒྱས་ལགས་
松宗	གསུམ་འཛོམས་	易贡	ཡིད་འོང་
强巴林寺	བྱམས་པ་གླིང་དགོན་	察雅·罗登协饶	བྲག་གཡབ་བློ་ལྡན་ཤེས་རབ་
司曹	སྲིད་ཚབ་	马尼干戈	མ་ཎི་གད་འགོ་
瓦合山	ཡིག་དྲུག་ལ་	金通	འཁྲིང་ཐང་
瓦合塘	ཕ་སྟོ་	嘉玉桥	ཞབས་གཡས་ཟམ་པ་
义达拉	ཡི་དྭགས་ལ་	扎西旺徐	བཀྲ་ཤིས་དབང་ཕྱུག་

第四章

第一节

尧西·彭措扎西	ཡབ་གཞིས་ཕུན་ཚོགས་བཀྲ······ ཤིས་	拉敏·益西楚臣	ལྷ་སྨོན་ཡེ་ཤེས་ཚུལ་ཁྲིམས་

班禅拉章	པཎ་ཆེན་བླ་བྲང་

第二节

副官长帕拉	མགྲོན་གཉེར་ཆེ་མོ་ཕ་ལྷ་	群培土登	ཆོས་འཕེལ་ཐུབ་བསྟན་
洞波	ཇོམ་པོ་	孜恰	རྩེ་ཕྱག་
扎西林巴·钦饶汪秋	བཀྲ་ཤིས་གླིང་པ་མཁྱེན་རབ……དབང་ཕྱུག་	雪康·顿珠多吉	ཞོལ་ཁང་དོན་གྲུབ་རྡོ་རྗེ་
东噶寺	དུང་དཀར་དགོན་	甘托克	སྒང་ཐོག་
噶章·落桑仁增	དགའ་བྲང་བློ་བཟང་རིག……འཛིན་	乃推拉	ན་ཐོས་ལ་
土登饶扬	ཐུབ་བསྟན་རབ་ཡངས་		

第三节

雪顿节	ཞོ་སྟོན་དུས་ཆེན་	香日德	ཤིང་སྡེ་
桑达本贡	བསམ་མདའ་བོན་དགོན་	则拉宗	རྩེ་ལ་རྫོང་(རྩེ་སྒང་རྫོང་)
冷拉	ཞིང་ལ་	通麦	ཐང་སྨད་
门达拉	འབིན་མདའ་ལ་	拉月	ལ་ཡོལ་
戳拉	ཁྲོ་ལ	鲁朗	ཀླུ་ནང་
德庆	བདེ་ཆེན་	巴塔松多	སྤྱི་ཐ་སུམ་མདོ་
嘉雪奔噶	རྒྱ་ཤོད་བན་དཀར་	恩朱格	རྫོད་གྲོ་སྐྱིད་
金达	སྤྱི་མདའ་	仁希多德	རིམ་བཞི་མདོ་སྡེ་
堪穷德旺	མཁན་ཆུང་བདེ་དབང་	先喀·居美多吉	ཤན་ཁ་འགྱུར་མེད་རྡོ་རྗེ་
夏贡拉	ཤར་གངས་ལ་	倒淌河	རིག་མོ་གཞུང་
鲁贡拉	ནུབ་གངས་ལ་	曲麻莱	ཆུ་དམར་ལེབ་
阿兰多	ཨ་ལ་མདོ་	察瓦龙	ཚ་བ་རོང་
东君拉	ཇོམ་ཆུང་ལ་	祖秀拉	གཙུག་ཤོད་ལ་
日秀拉	རི་ཞོལ་ལ་	沙马	ས་སྨད་

第四节

达那	ཏ་ནག་	孜仲林卡	རྩེ་དྲུང་གླིང་ཁ་

谢通门	བཞད་མཐོང་སྨོན་	龙厦	ལུང་ཤར་

第五节

纳旺金巴	ངག་དབང་སྦྱིན་པ་	吉日	སྐྱིད་རས་
孝登寺	ཞབས་བརྟན་དགོན་པ་	甘丹赤巴	དགའ་ལྡན་ཁྲི་པ་
扎什伦布	བཀྲ་ཤིས་ལྷུན་པོ་		

第五章

第一节

朵森格	རྡོ་སེང་གེ་	基宗	སྐྱི་རྫོང་

第二节

药王山	ལྕགས་པོ་རི་	桑都仓	ས་འདུ་ཚང་
祈祷大法会（传昭）	སྨོན་ལམ་ཆེན་པོ་	彭哲	ཕུན་བཀྲས་
降央达瓦	འཇམ་དབྱངས་ཟླ་བ་	群则平措	ཆོས་མཛད་ཕུན་ཚོགས་
铁棒喇嘛	ཚོགས་ཆེན་ཞལ་ངོ་		

第三节

赤江 · 洛桑益西	ཁྲི་བྱང་བློ་བཟང་ཡེ་ཤེས་	坚赞平措	རྒྱལ་མཚན་ཕུན་ཚོགས་
洛桑三旦	བློ་བཟང་བསམ་གཏན་	唐麦 · 贡觉白姆	ཐང་སྨད་དཀོན་མཆོག་དཔལ་མོ་
尧西 · 泽仁卓玛	ཡབ་གཞིས་ཚེ་རིང་སྒྲོལ་མ་	噶炯 · 次仁顿珠	དཀར་བྱུང་ཚེ་རིང་དོན་གྲུབ་
德木	དེ་མོ་	朗顿 · 贡噶旺秋	གླང་མདུན་ཀུན་དགའ་དབང་ཕྱུག་
臣莱德钦	འཕྲིན་ལས་བདེ་ཆེན་	甘丹赤巴 · 土登衮噶	དགའ་ལྡན་ཁྲི་པ་ཐུབ་བསྟན་ཀུན་དགའ་
霍尔加色	ཧོར་རྒྱ་སྲས་	拉敏 · 索朗伦珠	ལྷ་སྨོན་བསོད་ནམས་ལྷུན་གྲུབ་
江巴悦西	བྱམས་པ་ཡེ་ཤེས་	吉普 · 平措次登	སྐྱིད་སྦུག་ཕུན་ཚོགས་ཚེ་བརྟན་
雪康 · 土登尼玛	ཞོལ་ཁང་ཐུབ་བསྟན་ཉི་མ་	绒辖	རོང་ཤར་
崔科 · 顿珠才仁	མཚོ་སྨོ་དོན་གྲུབ་ཚེ་རིང་	协嘎尔	ཤེལ་དཀར་

生钦·洛桑坚赞	སེང་ཆེན་བློ་བཟང་རྒྱལ་མཚན་	桑丁·多吉帕姆	བསམ་སྡིང་རྡོ་རྗེ་ཕག་མོ་
宗噶	རྫོང་དཀའ་	江中·扎西多吉	ལྕང་གྲོང་བཀྲ་ཤིས་རྡོ་རྗེ་
丹巴饶杰	བསྟན་པ་རབ་རྒྱས་		

第四节

措美	མཚོངས་སྨེད་	门巴	སྨན་པ་
加查宗	རྒྱ་ཚ་རྫོང་	林仓	གླིང་ཚང་
恰多湖	ཕྱུག་རྡོར་མཚོ་	巴河	ཟག་ཆུ་
雪苦巴	ཤུད་ཁུད་པ་		

第五节

热邦桑松	ར་སྤོམ་ས་གསུམ་	邦达仓	སྤོམ་མདའ་ཚང་
热振拉章	ར་སྒྲེང་བླ་བྲང་		

第六节

然拉根	ར་ནག་ཀན་	玉扑(帕隆)藏布	ཕར་ལུང་གཙང་པོ་
卡贡	མཁར་སྣང་	扎木	ཐྲ་མོག་
巴卡	ཐ་ཁ་	二十五族	དེམ་ཧྲུ་ཉི་ཤུ་རྩ་ལྔ་
欧希	དངོས་གཞི་	洛桑根秋	བློ་བཟང་དཀོན་མཆོག་

第七节

柯鹿洞	འཁོར་ལོ་མདོ་	列亚	གླེ་ཡ་
矮拉山	སྟེས་ལ་	迫龙	འཕེལ་ལུང་
甲皮拉	བྱ་འཕྱིར་ལ་	加龙坝	རྒྱ་ལུང་ཕུ་
然乌	ར་འོག་	色霁拉	སེར་ཁྲིམ་ལ་
冷曲	གླིང་ཆུ་	吞巴堪穷	ཐོན་པ་མཁན་ཆུང་
安久拉	ཇ་མཇུག་ལ་	鲁珠朗杰	ཀླུ་སྒྲུབ་རྣམ་རྒྱལ་
年拉	ཉན་ལ་	敏拉(擦拉玛涅)	ཚ་ལ་རྨམ་ཉ་
上清卡	ཟམ་ཆེན་ཁ་	楚玛尔河	ཆུ་དམར་

铁虎年耕耘差率簿	ལྕགས་སྟག་ཞིབ་གཞུང་	堆龙	སྟོད་ལུང་

第九节

下司马	ཤར་གསིང་མ་	尼藏条约	གོར་བོད་ཆིངས་ཡིག་

第六章

第一节

协饶顿珠	ཤེས་རབ་དོན་གྲུབ་	乌斯江	འོད་ཟེར་ཀྱང་
阿南拉	ཨ་ནན་ལགས་	东久	སྟོང་མཇུག་

第二节

接官厅	སྐྱིད་ཚལ་ཀླུ་སྡིངས་	塔工	དྭགས་ཀོང་

第三节

桑颇·才旺仁增	བསམ་ཕོ་ཚེ་དབང་རིག་འཛིན་	噶雪·曲结尼玛	ཀ་ཤོད་ཆོས་རྒྱལ་ཉི་མ་
当雄	འདམ་གཞུང་	纳金电站	ཛ་ཆེན་གློག་ཁང་

第四节

色达	གསེར་ཐར་	噶尔	སྒར་
义敦	སྙག་ཤོད་	本根却珠	དཔལ་མགོན་མཆོག་གྲུབ་
旺钦平措	དབང་ཆེན་ཕུན་ཚོགས་		

第五节

乡城	ཕྱག་ཕྲེང་	竹卡	གྲུ་ཁ་
丁雍阿臣	སྡེངས་ཡང་ཨ་ཁྲིམས་	荣许	རང་ཤོད་
帕拉·土登维登	ཕ་ལྷ་ཐུབ་བསྟན་འོད་ལྡན་	贡噶喇嘛	གངས་དཀར་བླ་མ་
俄马日郎	འོ་མ་རིག་ནང་	普巴本·楚臣江村	ཕུ་པ་དཔོན་ཚུལ་ཁྲིམས་རྒྱལ་མཚན་

土登诺桑	ཐུབ་བསྟན་ནོར་བཟང་	欧希・土登桑却	དངོས་གཞི་ཐུབ་བསྟན་བསམ…མཆོག་
齐美公布	འཆི་མེད་མགོན་པོ་	妥坝	ཐོ་པ་
雪霁拉	སྐྱི་ཅི་ལ་		

第六节

恩珠仓・贡布扎西	ཨ་འབྲུག་ཚང་མགོན་པོ་བཀྲ……ཤིས་	芒左桑松	སྨར་མཛོ་གསང་གསུམ་
曲细岗珠	ཆུ་བཞི་སྒང་དྲུག་	直乌康巴	ཏྲེ་ཧོར་ཁམས་པ་
色莫岗	ཟལ་མོ་སྒང་	擦瓦岗	ཚ་བ་སྒང་
贡噶江村	ཀུན་དགའ་རྒྱལ་མཚན་	波绷岗	སྤོ་འབོར་སྒང་
理塘阿塔	ལི་ཐང་ཨ་ཐར་	芒康岗	སྨར་ཁམས་སྒང་
洛孜	བློ་རྩེ་	玛杂岗	དམར་རྫ་སྒང་
木雅绕岗	མི་ཉག་རབ་སྒང་	哲古宗	གྲི་གུ་རྫོང་
夏格仓・朗加多吉	བྱ་ཚོད་ཚང་རྣམ་རྒྱལ་རྡོ་རྗེ་	甲马仓・桑培	ཇ་མ་ཚང་བསམ་འཕེལ་
卫教军	བསྟན་སྲུང་དམག	桑都仓・洛年扎	ས་འདུ་ཚང་བློ་སྙན་གྲགས་
多宗	རྡོ་རྫོང་	娘索渡口	ཉ་སོག་གྲུ་ཁ་
洛桑坚赞	བློ་བཟང་རྒྱལ་མཚན་	甘丹青科寺	དགའ་ལྡན་ཆོས་འཁོར་དགོན་
班觉晋美	དཔལ་འབྱོར་འཇིགས་མེད་	乌郁宗	འོད་ཡུག་རྫོང་
马所拉	རྨ་སོག་ལ་	旦竹松多	དན་གྲུབ་སུམ་མདོ་
阿扎寺	ཨར་ཙ་དགོན་	松多	སུམ་མདོ་
凯松	ཁེ་གསུམ་	根浪沟	གྱེན་ལམ་ཕུ་
昌珠	ཁྲ་འབྲུག་	郭浪沟	འགོ་ལམ་ཕུ་
东达八扎	སྟོབས་ལྡན་བག་ཏྲོ་	迪庆	བདེ་ཆེན་(འཛོལ་ནང་)
平措	ཕུན་ཚོགས་	德瑞仁珍	བདེ་རབ་རིག་འཛིན་
仲孜会议	དྲུང་རྩིས་ཚོགས་འདུ་	蔡刀	ཚེ་སྟོབས་
白地	དཔལ་དི་	纪路通	བརྒྱ་ཏུབ་ཐང་
呷日本	དཀར་རུ་དཔོན་	绒布寺	རོང་པོ་དགོན་
许木宗	ཤུལ་མོ་རྫོང་	毁教军	བསྟན་བཤིག་དམག་
江村	རྒྱལ་མཚན་	扎西群培	བཀྲ་ཤིས་ཆོས་འཕེལ་

岭溪	གླིང་གཞིས་	旺姆	དབང་མོ་
达珠本	སྟག་དྲུག་དཔོན་	扎堆	བྲག་སྟོད་
堪苏	མཁན་ཟུར་	饶赛	རབ་གསལ་

第七章

第一节

夏苏·居美多吉	བཤད་ཟུར་འགྱུར་མེད་རྡོ་རྗེ་	格桑阿旺	སྐལ་བཟང་ངག་དབང་
墨本	མི་དཔོན་	江措林活佛	རྒྱ་མཚོ་གླིང་སྤྲུལ་སྐུ་
郭卡娃·泽旺仁增	སྒོག་མཁར་བ་ཚེ་དབང་རིག……འཛིན་	达旦颇章	རྟག་བརྟན་ཕོ་བྲང་
俊巴	འཇུན་པ་	索朗降措	བསོད་ནམས་རྒྱ་མཚོ་
堪仲大喇嘛	མཁན་དྲུང་ཏཱ་བླ་མ་	江金·索朗杰布	ལྕང་ཅན་བསོད་ནམས་རྒྱལ་པོ་
绒朗色·土登诺桑	རོང་རྣམ་སྲས་ཐུབ་བསྟན་ནོར··བཟང་	雪印经院	ཞོལ་པར་ཁང་
土登降央	ཐུབ་བསྟན་འཇམ་དབྱངས་	热玛岗	ར་མ་སྒང་
雪苦巴·江央凯珠	ཤུད་ཁུད་པ་འཇམ་དབྱངས……མཁས་གྲུབ་	夏格巴·旺秋德丹	ཞྭ་སྒབ་པ་དབང་ཕྱུག་བདེ་ལྡན་
堪穷达热	མཁན་ཆུང་ཏ་ར་	邛多江	ཆུ་མདོ་རྒྱང་
洛珠格桑	བློ་གྲོས་སྐལ་བཟང་	沙则	ས་རྩེ་
功德林扎萨	ཀུན་བདེ་གླིང་ཇ་སག་	仲昆桥	འབྲི་གུང་ཟམ་པ་
威色坚赞	འོད་ཟེར་རྒྱལ་མཚན་		

第二节

钦饶江巴	མཁྱེན་རབ་བྱམས་པ་	擦第·益西朗杰	ཚ་རྟེ་ཡེ་ཤེས་རྣམ་རྒྱལ་
木鹿寺	རྨེ་རུ་དགོན་པ་	郭苏	རྐོད་ཟུར་
尧西林卡	ཡབ་གཞིས་གླིང་ཁ་	噶尔昆沙	སྒར་དཀུན་ས་
朗顿·白玛	གླང་མདུན་པད་མ་		

第三节

打隆	སྟག་ལུང་	拉加里	ལྷ་རྒྱ་རི་
甲巴	ཇ་པ་	麦地卡	སྨི་ཏི་ཁ་
彭措湖	ཕུ་མཚོ་	羌纳	ཆབ་ནག་

平措旺加	ཕུན་ཚོགས་དབང་རྒྱལ་	温宗	འོན་རྫོང་
桑巴	སངས་པ་	达马宗	དར་མ་རྫོང་
如林	རོང་ཤིང་	拉多	ལྷ་ཐོག་
洛桑欧珠	བློ་བཟང་དངོས་གྲུབ་	然日德朗	རབ་རིགས་བདེ་ནང་
仁增旺杰	རིག་འཛིན་དབང་རྒྱས་	刀登扎巴	སྟོབས་ལྡན་གྲགས་པ་
泽仁	ཚེ་རིང་	刚达寺	འགུ་སྟག་དགོན་པ་
巴贡	དཔལ་གོང་	班戈	དཔལ་མགོན་

第四节

德格·顿月	སྡེ་དགེ་དོན་ཡོད་	门董寺	སྨན་སྟོང་དགོན་པ་
扎西次科	བཀྲ་ཤིས་ཚེ་ཁོ་	夏仲	ཞབས་དྲུང་
比如寺	འབྲི་རུ་དགོན་	阿旺洛桑	ངག་དབང་བློ་བཟང་
谢瓦拉	ཞི་བ་ལྷ་	马泉河	རྟ་མཆོག་གཙང་པོ་
乌嘎	དབུ་དགའ་	里孜	ལེགས་རྩེ་
普顿堆	པུ་བདུད་འདུལ་	公珠湖	ཀུང་རྒྱུད་མཚོ་
顿堆曲英	བདུད་འདུལ་ཆོས་དབྱིངས་	朋帕里洋	པུམ་བར་ཡངས་
康多嘎多	ཁམས་མདོ་དགའ་རྗེ་	毕久拉	དཔེ་རྒྱུད་ལ་
生俄松多	སེང་ངོ་གསུམ་མདོ་	穷果	ཆོས་འཁོར་
东拉	དུང་ལ་	布多	སྤོབ་སྟོད་
卡达寺	མཁར་ལྟག་དགོན་པ་	戈尔登	སྒོར་དན་
昂旺沛穷	ངག་དབང་ཕུལ་བྱུང་	昆木加	གོང་གུ་ག(ཐག་རྒྱུ་)
百合色宗	བེ་ཧོར་གསེར་རྫོང་	科里山口	སྐོར་རི་ལ་
杂多	རྫ་སྟོད་	康宁寺	ཁང་སྙིང་དགོན་
龙卡寺	ལུང་མཁར་དགོན་	八角喇嘛	བར་སྐོར་བླ་མ་
老哇喇嘛	ལོ་བ་བླ་མ་	色阿比	སྲུས་ཨ་བི་
索德部落	སོག་སྡེ་རུ་བ་	公达种	སྐང་མདའ་སྒྲོང་
罗布次仁	ནོར་བུ་ཚེ་རིང་	擦拉寺	ཚ་ལེབ་དགོན་
赤来	འཕྲིན་ལས་	喜曲	སྲིད་ཆུ་
尼热错更	ཉིས་ར་མཚོ་རྐན་	达拉曲	རྟ་ར་ཆུ་
章清	གྲང་ཆེན་	马相本	མ་ཤམ་དཔོན་
保保阿公	སྤོ་པོ་ཨ་མགོན་	戈波本	གོ་པོ་དཔོན་
阿热仓	ཨ་རག་ཚང་	沙夷	ས་བཞི་

坦羊湖	དེའུ་ཡངས་མཚོ་	加卡	བཅར་ཁ་
扎玉	བྲག་ཡོལ་		

第五节

然次卡	ར་ཁྲི་ཁ་	吉措本・龙中郭布	རྒྱབ་ཚོགས་དཔོན་ལུང་གྲོང……མགོན་པོ་
益西旺加	ཡེ་ཤེས་དབང་རྒྱལ་	阿旺洛桑	ངག་དབང་བློ་བཟང་
扎巴喇嘛	གྲགས་པ་བླ་མ་	强堆才旺	བྱམས་ལྡན་ཚེ་དབང་
四朗巴登	བསོད་ནམས་དཔའ་ལྡན་	乌金尼玛	ཨོ་རྒྱན་ཉི་མ་
宗西	གཙང་ནོད་	木嘎山	མུ་ག་རི་
尼玛本・杜荣	ཉི་མ་དཔོན་གདུགས་རབ་	多吉	རྡོ་རྗེ་
麦巴本	སྨད་པ་དཔོན་	齐米加布	འཆི་མེད་རྒྱལ་པོ་
登甲群培	བསྟན་རྒྱས་ཆོས་འཕེལ་	邦达乡	སྤོམ་མདའ་ཤང་
奇比	ཁྲི་བེ་	次仁琼宗	ཚེ་རིང་ཆོས་འཛོམས་

第八章

第一节

蔡公堂	ཚལ་གུང་ཐང་	羊达	ཡབ་མདའ་

第二节

生格	སེང་གེ་	白格	དཔལ་སྐྱིད་
尼池	ཉིང་ཁྲི་	阿达松	མངའ་བདག་གསུམ་
恩久多杰	ངུལ་ཆུ་རྡོ་རྗེ་	索朗	བསོད་ནམས་
扎西	བཀྲ་ཤིས་	帕拉・旺秋	ཕ་ལྷ་དབང་ཕྱུག་
乌金	ཨོ་རྒྱན་	江措林・土登格桑	རྒྱ་མཚོ་གླིང་ཐུབ་བསྟན་སྐལ……བཟང་
民觉	མི་འགྱུར་	坚白赤列	འཇམ་དཔལ་འཕྲིན་ལས་
蔡	ཚལ་	丁杰・洛桑班丹	གཏིང་སྐྱེས་བློ་བཟང་དཔལ……ལྡན་
仁增卓玛	རིག་འཛིན་སྒྲོལ་མ་	拉鲁・央宗	ལྷ་ཀླུ་གཡང་འཛོམས་

次尼	ཚེ་ཉི་	龙马	ལུང་དམར་
丹增	བསྟན་འཛིན་	次旺扎西	ཚེ་དབང་བཀྲ་ཤིས་

第三节

吉美其美	སྐྱི་མེད་འཆི་མེད་	扎西彭措	བཀྲ་ཤིས་ཕུན་ཚོགས་
吉约其约	སྐྱི་ཡོད་འཆི་ཡོད་	扎央	བཀྲ་གཡང་
门堆	མན་བདེ་	群单多吉	ཆོས་ལྡན་རྡོ་རྗེ་
赤巴	ཁྲི་པ་	丹增	བསྟན་འཛིན་
多仁	རྡོ་རིང་	白玛才塔	པད་མ་ཚེ་ཐར་
才却	ཚེ་ཆོག་	维色朗杰	འོད་ཟེར་རྣམ་རྒྱལ་
朗吉	གནམ་སྐྱིད་	谷露	ཀོ་ལུག་
然伙	ར་ཧོར་		

第四节

赤江拉让	ཁྲི་བྱང་བླ་བྲང་	东噶	གདོང་དཀར་
拉姆	ལྷ་མོ་	郎中	ནམ་གྲོང་
洛桑诺拉	བློ་བཟང་ནོར་ལྷ་	土丹尼玛	ཐུབ་བསྟན་ཉི་མ་
白居寺	དཔལ་ཆོས་དགོན་པ་	尧西·公保才旦	ཡབ་གཞིས་མགོན་པོ་ཚེ་བརྟན་
热振寺	ར་སྒྲེང་དགོན་པ་	萨迦寺	ས་སྐྱ་དགོན་པ་
夏鲁寺	ཞ་ལུ་དགོན་པ་	桑耶寺	བསམ་ཡས་དགོན་པ་

第五节

葱基	ཚོང་སྤྱི་	樟	གཙང་
郭章	གོར་ཏམ་	夺底电站	དོག་སྡེ་གློག་ཁང་
玉门	ཡུལ་སྨད་	江塘	བྱང་ཐང་
扎达	ཙ་མདའ་	洛桑慈诚	བློ་བཟང་ཚུལ་ཁྲིམས་
陈塘	འདྲེན་ཐང་	雍丕	གཡང་འཕེལ་
汝	རུད་	群觉	ཆོས་འབྱོར་
他新	མཐར་ཕྱིན་		

第九章

第一节

结巴	སྐྱེར་པ་
次仁拉姆	ཚེ་རིང་ལྷ་མོ་
顿珠扎西	དོན་གྲུབ་བཀྲ་ཤིས་
章达	གྲ་མདའ་
西绕	ཤེས་རབ་
潘多	ཕན་ཛོགས་
其米	འཆི་མེད་
查姆金	མཚོ་མོ་སྐྱིད་
贡布	མགོན་པོ་
木斯塘	གློ་སྨན་ཐང་
班戈湖	བྲང་ཁོག་མཚོ་
罗马	རོ་མ་
樟木	འགྲམ་
才旦卓玛	ཚེ་བརྟན་སྒྲོལ་མ་
扎东	སྒྲ་བདུན་
日屋	རི་བོ་
巴洛玉加	བ་ཡོགས་གཡུལ་རྒྱལ་
来绕	ལས་རབ་
顿噶	དོན་དགའ་

第二节

桑	ཟངས་
巨哇	རྒྱུད་པ་
什布奇	ཤྲིབ་སྐྱིད་
乌热	ཨུར་རི་
香扎	ཤང་བྲག་
拉不底	ཐྲ་བསྟི་
巴里加斯	པར་ལྒགས་ཟེ་
波林三多	སྤུ་གླིང་གསུམ་མདོ་
兼则马尼	གྱེན་འཛོགས་མ་ཎི་
扯果布	འཚེར་མགོ་ཕུ་
卡龙	མཁའ་ལུང་
汤	ཐང་
拉则拉	ལ་རྩེ་ལ་
择绕桥	ཚེ་རབ་ཟམ་པ་
娘姆江曲	ཉ་བ་ཤང་ཆུ་
葱莎	ཚོང་ས་
曲惹	ཆུ་རི་
沙则	ས་རྩེ་
班公湖	མཚོ་མོ་ངང་ལྷ་རིང་པོ་
空喀山口	དགུན་ཁ་ལ་
斯潘古尔湖	སྤང་འགོར་མཚོ་(སྨན་སྡོང་ཙ
绒布丢	རོང་པོ་རྡེའུ་
扯冬	འཚེར་གདོང་
朗久	ལུང་མཇུག་
塔马墩	སྟག་མ་སྡེམས་
日挺布	ཟེ་ཐིང་ཕུ་
娘巴	ཉང་པ་
克节朗	ཁེ་ཙི་ནང་
棒山口	སྦོམ་ལ་
仲昆桥	འབྲི་གུང་ཟམ་པ་

得芒(门语)	ཏེ་མང་	勒	སླད་
西山口(色拉)	ཟེ་ལ་	克宁乃(门语)	ཁེ་ཉིང་ནེ་
章多(门语)	བྲང་མདོ་	麻麻	མག་མང་
德让宗	ཇེ་རང་རྫོང་	邦迪拉	བུམ་ལྡིར་ལ་
嘎灵公	ག་གླིང་གོང་	江	བྱང་
拉木多	བཙ་མདོ་	略克图拉(门语)	ལུག་ཐུར་ལ་
林卡	གླི་ཁ་	申隔宗	སེང་གེ་རྫོང་
阿夏比拉(珞语)	ཨ་ཤ་པི་ལ་	略马东	གཞུག་མ་གདུང་
那底通	ན་སྡེ་ཐང་	里米金(珞语)	གླི་སྨིན་ཀེན་
马尼岗	མ་ཎི་སྒང་	梅楚卡	སྨན་ཆུ་ཁ་
塔克新(珞语)	སྟར་ཀ་ཤིང་	都登(珞语)	ཏུ་ལྡིང་
哥里西娘(珞语)	དགེ་ལི་ཤི་ཉའ་	莫多	སྨུག་ཏོག་
邦嘎江寺	སྤང་ག་བྱང་དགོན་པ་	打陇宗	སྟག་ལུང་རྫོང་
那地曲	ན་སྡེ་ཆུ་	班公洛	སྤང་གོ་སྟོ་
吉莫山口(门语)	སྐྱིད་མོ་ལ་	南杰	རྣམ་རྒྱལ་
普冬	ཕུ་ཐུང་	卡多	མཁར་ཐོག་
呷朗	སྐར་རྣམ་	降巴次勒	བྱམས་པ་འཕྲིན་ལས་
鹰窠山口	འབྲུ་རས་ལ་	布琼	བུ་ཆུང་
查库	ཁྲ་ཁྲུ་	朗吉益西	རྣམ་རྒྱལ་ཡེ་ཤེས་
巴底通	བང་དི་ཐང་	西路曲	སྐྱིད་ལུང་ཆུ་
罗桑	བློ་བཟང་	索朗欧珠	བསོད་ནམས་དངོས་གྲུབ་
平邛	ཕུན་བྱུང་	索南平措	བསོད་ནམས་ཕུན་ཚོགས་

第三节

综	གཙུམ་	马拉山口	མ་ལ་
夺布绒	རྡོ་པོ་རོང་	沙勒	ས་སླེ་
墨古	སྨུ་གོང་	贡塘	གུང་ཐང་
巴巴益西	འབའ་པ་ཡེ་ཤེས་	桑堆山口	བཟང་སྟོད་ལ་
罗桑强巴	བློ་བཟང་བྱམས་པ་	格牙山口	སྐེ་ཡ་ལ་

向秋金巴	བྱང་ཆུབ་སྦྱིན་པ་	错戳龙	མཚོ་གྲོ་ལུང་
木斯河	སྨན་ཆུ་	嘎德	དགའ་སྡེ་
牛库	སྨྱུག་ཁུག་	重孜	འབྲོང་རྩེ
热索桥	རི་ཟུར་ཟམ་པ་	普珍	ཕུར་སྒྲོན་
那木扎山口	རྣམ་ཟེ་ལ	科加寺	འཁོར་ཆགས་དགོན་པ་
希夏邦玛峰	ཤི་ཤ་སྦང་མ་	郎通	ལྷ་མཐོང་
佩枯湖	པད་ཁུད་མཚོ་		

第四节

塔巴	ཏྭགས་པ་	次登卓玛	ཚེ་བརྟན་སྒྲོལ་མ་
库拉	ཁུ་བོ་ལགས་	白朗村	དཔལ་ནང་
古荣	ཀྱུ་རུམ་	仁增拉姆	རིག་འཛིན་ལྷ་མོ་
石达	སྲིད་དར་	达瓦	ཟླ་བ་
扎西平措	བཀྲ་ཤིས་ཕུན་ཚོགས་	仁钦索朗	རིན་ཆེན་བསོད་ནམས་
邦达养壁	སྤོམ་མདའ་ཡར་འཕེལ་		

图书在版编目(CIP)数据

解放西藏史/《解放西藏史》编委会著．—北京：中共党史出版社，2008.3(2014.3 修订)

ISBN 978-7-80199-903-0

Ⅰ.解… Ⅱ.解… Ⅲ.西藏—地方史—1949—1964
Ⅳ.K297.5

中国版本图书馆 CIP 数据核字(2007)第 081540 号

责任编辑：吴　江
装帧设计：金骑士
出版发行：中共党史出版社
社　　址：北京市海淀区芙蓉里南街6号院1号楼
邮　　编：100080
网　　址：www.dscbs.com
经　　销：新华书店
印　　刷：北京汇林印务有限公司
开　　本：170mm×240mm　1/16
字　　数：547 千字
印　　张：36　　2 面插图
印　　数：28001—32000 册
版　　次：2008 年 3 月第 1 版　　2014 年 3 月修订
印　　次：2022 年 4 月第 8 次印刷

ISBN 978-7-80199-903-0
定　　价：78.00 元
